中国高等学校信息管理与信息系统专业规划教材

# 信息系统
# 审计、控制与管理

陈耿　韩志耕　卢孙中　编著

清华大学出版社
北京

## 内 容 简 介

本书围绕现代信息系统审计的三大基本职能(审计、控制、管理)进行编写,在审计职能方面,突出审计的目的与本质,按照真实性审计、安全性审计和绩效审计等三个基本审计类型展开;在控制职能中,以IT安全为核心介绍了IT内部控制的方方面面;在管理职能中,以IT风险为导向,围绕IT风险管理展开。本书结构新颖独特,既具有较好的系统性和理论性,又具有很强的实战性和可操作性。

全书每一篇均包含一个案例,可以围绕案例组织教学,适用于高校信息管理类、会计、审计、财务管理、企业管理、计算机应用等专业本科生和研究生作为教材或参考书;书中还提供了大量实用表格等,为信息系统审计师、内部审计师、注册会计师、管理咨询师、企业管理人员等专业人士提供工作指导,是一本实用的工具书。

本书封面贴有清华大学出版社防伪标签,无标签者不得销售。
版权所有,侵权必究。举报:010-62782989,beiqinquan@tup.tsinghua.edu.cn。

**图书在版编目(CIP)数据**

信息系统审计、控制与管理/陈耿等编著.--北京:清华大学出版社,2014(2024.2重印)
中国高等学校信息管理与信息系统专业规划教材
ISBN 978-7-302-33839-0

Ⅰ.①信⋯  Ⅱ.①陈⋯  Ⅲ.①信息系统—审计—高等学校—教材  Ⅳ.①F239.6

中国版本图书馆 CIP 数据核字(2013)第 215848 号

责任编辑:闫红梅　赵晓宁
封面设计:常雪影
责任校对:时翠兰
责任印制:杨　艳

出版发行:清华大学出版社
　　　　网　　址:https://www.tup.com.cn,https://www.wqxuetang.com
　　　　地　　址:北京清华大学学研大厦A座　　　邮　编:100084
　　　　社 总 机:010-83470000　　　　　　　　　邮　购:010-62786544
　　　　投稿与读者服务:010-62776969,c-service@tup.tsinghua.edu.cn
　　　　质量反馈:010-62772015,zhiliang@tup.tsinghua.edu.cn
印 装 者:三河市君旺印务有限公司
经　　销:全国新华书店
开　　本:185mm×260mm　　印　张:28.25　　字　数:671 千字
版　　次:2014 年 1 月第 1 版　　　　　　　　 印　次:2024 年 2 月第 8 次印刷
印　　数:3403~3502
定　　价:79.00 元

产品编号:041964-03

# 序

在信息技术刚刚兴起的时候,信息系统还没有作为一个专门的学科独立出来,它更多的只是计算机学科的一个附属。但是,随着信息技术的跳跃式发展和计算机系统在生产、生活、商务活动中的广泛应用,信息系统作为一个独立的整体逐渐独立出来,并得到了迅速发展。由于信息系统是基于计算机技术、系统科学、管理科学以及通信技术等多个学科的交叉学科,因此,信息系统是一门跨专业,面向技术和管理等多个层面,注重将工程化的方法和人的主观分析方法相结合的学科。

早在1984年,邓小平同志就提出了要开发信息资源,服务四个现代化(工业现代化、农业现代化、国防现代化和科学技术现代化)建设。1990年,江泽民同志曾经指出,四个现代化恐怕无一不和电子信息化有着紧密的联系,要把信息化提到战略地位上来,要把信息化列为国民经济发展的重要方针。2004年,胡锦涛同志在APEC(亚洲太平洋经济合作组织)上的讲话明确指出:"信息通信技术改变了传统的生产方式和商业模式,为亚太地区带来了新的经济增长机遇。为把握住这一机遇,我们应抓住加强信息基础设施建设和人力资源开发这两个关键环节。"我国的经济目前正处在迅速发展阶段,信息化建设正在成为我国增强国力的一个重要举措,信息管理人才的培养至关重要。因此,信息系统学科面临着新的、更为广阔的发展空间。

近年来,我国高等学校管理科学与工程一级学科下的"信息管理与信息系统"专业领域的科研、教学和应用等方面都取得了长足的进步,培养了一大批优秀的技术和管理人才。但在整体水平上与国外发达国家相比还存在着不小的差距。由于各所高校在相关专业的发展历史、特点和背景上的差异以及社会对人才需求的多样化,使得我国信息管理与信息系统专业教育面临着前进中的机遇和挑战。如何适应人才需求变化进行教育改革和调整,如何在基本教学规范和纲要的基础上建立自己的教育特色,如何更清晰地定义教育对象和定位教育目标及体系,如何根据国际主流及自身特点更新知识和教材体系等都是我们在专业教育和学科建设中需要探讨和考虑的重要课题。

2004年,教育部高等学校管理科学与工程类学科专业教学指导委员会制订了学科的核心课程以及相关各专业主干课程的教学基本要求(简称《基本要求》)。其中,"管理信息系统"是学科的核心课程之一,"系统分析与设计"、"数据结构与数据库"、"信息资源管理"和"计算机网络"是信息管理与信息系统专业的主干课程。该《基本要求》反映了相关专业所应构建的最基本的核心课程和主干课程系统以及涉及的最基本的知识元素,旨在保证必要的教学规范,提升我国高等学校相关专业教育的基础水平。

2004年6月,IEEE/ACM公布了"计算教程CC2004"(Computing Curriculum 2004),其中包括由国际计算机学会(ACM)、信息系统学会(AIS)和信息技术专业协会(AITP)共同

提出的信息系统学科的教学参考计划和课程设置（IS 2002）。与过去的历届教程相比，IS 2002 比较充分地体现出"技术与管理并重"这一当前信息系统学科领域的主流特点。IS 2002 中的信息系统学科也涵盖了"信息管理"（IM）、"管理信息系统"（MIS）等相关专业，与我国的信息管理与信息系统专业相兼容。

为了进一步提高我国高等学校信息系统学科领域课程体系的规划性和前瞻性，反映国际信息系统学科的主流特点和知识元素，进一步体现我国相关专业教育的特点和发展要求，清华大学经济管理学院与中国人民大学信息学院共同组织，于 2004 年秋成立了"中国高等院校信息系统学科课程体系 2005"（CISC 2005）课题组，通过对国内外信息系统的发展现状与趋势进行分析，参照 IS 2002 的模式，课题组研究探讨了我国信息系统教育的指导思想、课程体系、教学计划，确定了课程体系的基础内容与核心内容，制订出了一个符合我国国情的信息管理与信息系统学科的教育体系框架，我们希望 CISC 2005 有助于我国信息管理与信息系统学科的建设，促进我国信息化人才的培养。

2006 年，根据 CISC 2005 的指导思想编写的系列教材——《中国高等学校信息管理与信息系统专业规划教材》被列入教育部普通高等教育"十一五"国家级规划教材。同年，CISC 2005 通过了教育部高等学校管理科学与工程类学科专业教学指导委员会组织的专家鉴定。为了能够使这套教材尽快出版，课题组成员和清华大学出版社一道，对教材进行了详细规划，并组织了国内相关专家学者共同努力，力争从 2007 年起陆续使这套教材和读者见面。希望这套教材的出版能够满足国内高等学校对信息管理与信息系统专业教学的要求，并在大家的努力下，在使用中逐渐完善和发展，从而不断提高我国信息管理与信息系统人才的培养质量。

陈国青

# 前言

自改革开放以来,我国经济之所以能够保持住平稳快速发展,创造出众多的经济奇迹,迅速跃居世界第二大经济体,审计起到了保驾护航的作用。坚持深入贯彻落实科学发展观,牢固树立科学审计理念,紧紧围绕保持经济平稳较快发展这条主线,切实履行审计监督职责,充分发挥审计在保障国家经济社会健康运行方面的"免疫系统"功能,这是审计人的"审计梦"。

随着我国信息化建设的不断深入,"以信息化带动工业化,以工业化促进信息化"的发展模式早已深入人心,日益显现出其强大的生命力。然而,伴随着信息化技术在国家经济生活中的广泛运用,以往公认的安全状态已经发生了显著的转变,信息及系统安全已经成为影响国家经济安全的重要因素。频频发生的安全事件正影响着企业的发展,严重损害着企业的信用。如何在企业数据海量增长、非法访问日益增多、隐私泄露频繁发生、企业应用趋于分布、信息系统广泛互联、内部风险与外部威胁并存的复杂信息环境中,保障企业信息行为的有效性、安全性和真实性,是摆在信息系统使用者、管理者和审计人员面前的重要任务。

本书没有采取传统的一般控制与应用控制的组织模式,而是按照现代信息系统审计的三大基本职能(即审计、控制、管理)进行编排。所有环节均依据信息系统的本质有序展开,如审计职能按照真实性、安全性和绩效等基本类型展开;内部控制职能以信息系统安全为中心展开;管理职能则以信息技术风险为导向展开。本书结构新颖独特,既具有较好的系统性、理论性,又具有很强的可操作性。

全书由陈耿教授统稿,具体分工如下:第1章(陈耿),第2章(陈耿、卢孙中、李庭燎),第3章(陈耿、韩志耕、刘林源、景波),第4章(卢孙中、唐明伟、陈耿),第5章(韩志耕、陈耿),第6章(韩志耕),第7章(韩志耕、陈耿、卢孙中),第8章(韩志耕、陈耿),第9章(陈耿、张晋津),第10章(陈耿、张晓东、卢孙中),第11章(韩志耕),第12章(陈耿、和秀星、卢孙中),第13章(龚媛媛、刘林源),第14章(陈耿),第15章(杨琴、陈耿、韩志耕),第16章(杨琴、韩志耕),第17章(陈耿、韩志耕、杨琴),第18章(陈耿、李庭燎、韩志耕),第19章(韩志耕),第20章(韩志耕,陈耿)。

本书得到了国家自然科学基金(70971067,71271117)、江苏省自然科学基金(BK2010331)、江苏省高校自然科学基金(12KJB520005)、江苏省网络与信息安全重点实验室项目(BM2003201)的资助。

审计署昆明特派办也给予我们大力支持,提供了大量信息系统审计案例,特别是周应良副特派员、夏军峰处长、朱立辉处长、赵辉处长等多次参与了讨论,提出了许多宝贵意见,在此表示衷心感谢。

南京审计学院副院长、著名审计专家王会金教授在百忙之中也审阅了书稿,提出了许多宝贵意见。在写作过程中科研处也给予了关心和帮助,科研处处长何平教授、副处长刘爱龙

教授提出了修改意见,向他们表示衷心感谢。

  书稿经过不断修改,投入了大量精力,感谢我的妻子和女儿对我的理解和支持。同时也感谢清华大学出版社的广大员工,本书是在他们的不断帮助和鼓励下完成的。

  本书可用于信息管理与信息系统专业、企业管理专业、会计专业、审计专业和计算机应用专业本科生和研究生的教材,每篇一个案例,可以围绕案例组织教学。书中还提供了大量信息丰富且实用的表格等,可以给企业管理人员、内部审计师、注册会计师、信息系统审计师、管理咨询人员等专业人士提供帮助和指导,是一本非常实用的参考书。

陈 耿

于润泽湖畔

# 目录

## 第一篇 总论

### 第1章 信息系统审计概述 — 3
- 1.1 信息系统审计的历史 — 3
  - 1.1.1 早期的信息系统审计 — 3
  - 1.1.2 现代信息系统审计的形成 — 3
- 1.2 信息系统审计的概念 — 6
  - 1.2.1 信息系统审计定义 — 6
  - 1.2.2 信息系统审计辨析 — 7
  - 1.2.3 信息系统审计分类 — 9
  - 1.2.4 信息系统审计目标 — 10
  - 1.2.5 信息系统审计职能 — 12
  - 1.2.6 信息系统审计过程 — 12
  - 1.2.7 信息系统审计方法 — 14
  - 1.2.8 信息系统审计依据 — 14
- 1.3 信息系统审计的规范 — 15
  - 1.3.1 与信息系统审计相关的组织 — 15
  - 1.3.2 ISACA的准则体系 — 15
  - 1.3.3 审计师的职业准则 — 18
  - 1.3.4 与IT服务管理相关的规范 — 20
  - 1.3.5 与信息安全技术相关的标准 — 23
  - 1.3.6 与计算机犯罪相关的法律 — 26

### 第2章 信息系统审计实施 — 27
- 2.1 管控审计风险 — 27
  - 2.1.1 什么是审计风险 — 27
  - 2.1.2 审计风险的特征 — 27
  - 2.1.3 审计风险的模型 — 29
  - 2.1.4 评估固有风险和控制风险 — 30
  - 2.1.5 确定重要性水平 — 32
  - 2.1.6 控制检查风险 — 33
- 2.2 制订审计计划 — 35
  - 2.2.1 审计计划的作用 — 35
  - 2.2.2 审计计划的规范 — 35
  - 2.2.3 审计计划的内容 — 35
  - 2.2.4 审计计划中风险评估的运用 — 36
- 2.3 收集审计证据 — 37
  - 2.3.1 审计证据的属性 — 37
  - 2.3.2 审计证据的种类 — 37
  - 2.3.3 数字证据的特点 — 38
  - 2.3.4 数字证据的形式 — 38
  - 2.3.5 收集证据的充分性 — 39
  - 2.3.6 收集证据的适当性 — 39
  - 2.3.7 收集证据的可信性 — 40
- 2.4 编制工作底稿 — 40
  - 2.4.1 工作底稿的作用 — 40
  - 2.4.2 工作底稿的分类 — 41
  - 2.4.3 编制工作底稿的注意事项 — 42
  - 2.4.4 工作底稿的复核 — 42
  - 2.4.5 工作底稿的管理 — 43
- 2.5 编写审计报告 — 43
  - 2.5.1 审计报告的作用 — 43
  - 2.5.2 审计报告的规范 — 44
  - 2.5.3 审计报告的格式 — 44
  - 2.5.4 编写审计报告的注意事项 — 45

### 第3章 信息系统审计方法 — 46
- 3.1 证据收集方法 — 46
  - 3.1.1 证据收集方法概述 — 46
  - 3.1.2 收集证据的方法 — 46
- 3.2 数字取证方法 — 50
  - 3.2.1 数字取证的概念 — 50

| | | |
|---|---|---|
| 3.2.2 数字取证的作用 | 50 | |
| 3.2.3 数字取证的方法 | 51 | |
| 3.2.4 数字取证的工具 | 52 | |
| 3.2.5 数字取证的规范 | 53 | |
| **3.3 数据库查询方法** | 54 | |
| 3.3.1 数据库查询工具 | 54 | |
| 3.3.2 对单个表的查询 | 55 | |
| 3.3.3 对单个表的统计 | 56 | |
| 3.3.4 生成审计中间表 | 57 | |
| 3.3.5 对多个表的查询 | 58 | |
| 3.3.6 应用实例 | 58 | |
| **3.4 软件测试方法** | 59 | |
| 3.4.1 概述 | 59 | |
| 3.4.2 黑盒测试 | 60 | |
| 3.4.3 白盒测试 | 61 | |
| 3.4.4 基于故障的测试 | 63 | |
| 3.4.5 基于模型的测试 | 64 | |
| **案例 1 安然公司破产——信息系统审计的转折点** | 66 | |

## 第二篇 真实性审计

| | |
|---|---|
| **第 4 章 真实性审计概述** | 69 |
| **4.1 真实性审计概念** | 69 |
| 4.1.1 真实性审计的含义 | 69 |
| 4.1.2 真实性审计的内容 | 69 |
| 4.1.3 真实性审计的分类 | 70 |
| 4.1.4 业务流程审核 | 71 |
| 4.1.5 财务处理审核 | 72 |
| 4.1.6 交易活动审核 | 72 |
| 4.1.7 真实性审计的方法 | 72 |

| | |
|---|---|
| **4.2 管理信息系统** | 75 |
| 4.2.1 管理信息系统的定义 | 75 |
| 4.2.2 管理信息系统的特征 | 75 |
| 4.2.3 管理信息系统的发展 | 76 |
| 4.2.4 管理信息系统的概念结构 | 77 |
| 4.2.5 管理信息系统的层次结构 | 77 |
| 4.2.6 管理信息系统的系统结构 | 78 |
| 4.2.7 管理信息系统的硬件结构 | 80 |
| **4.3 系统流程审核** | 81 |
| 4.3.1 系统流程的审计目标 | 81 |
| 4.3.2 数据流图的概念 | 81 |
| 4.3.3 分析业务流程 | 83 |
| 4.3.4 画出数据流图 | 84 |
| 4.3.5 分析数据的逻辑关系 | 85 |
| 4.3.6 发现审计线索 | 86 |
| **第 5 章 财务数据的真实性** | 87 |
| **5.1 财务信息系统** | 87 |
| 5.1.1 财务信息系统的发展过程 | 87 |
| 5.1.2 财务信息系统的功能 | 88 |
| 5.1.3 销售与应收子系统 | 88 |
| 5.1.4 采购与应付子系统 | 90 |
| 5.1.5 工资管理子系统 | 91 |
| 5.1.6 固定资产子系统 | 92 |
| 5.1.7 财务信息系统对审计的影响 | 93 |
| 5.1.8 财务信息系统审计内容 | 93 |
| **5.2 账务处理的真实性** | 93 |
| 5.2.1 总账子系统的真实性问题 | 93 |
| 5.2.2 总账子系统的主要功能 | 94 |
| 5.2.3 总账子系统的处理流程 | 95 |

| | | |
|---|---|---|
| 5.2.4 总账子系统的数据来源 | 95 | |
| 5.2.5 系统的初始化 | 97 | |
| 5.2.6 科目与账簿设置 | 97 | |
| 5.2.7 自动转账凭证的设置 | 99 | |
| 5.2.8 总账子系统的审计 | 100 | |
| **5.3 财务报表的真实性** | 100 | |
| 5.3.1 报表子系统的真实性问题 | 100 | |
| 5.3.2 报表子系统的主要功能 | 100 | |
| 5.3.3 报表子系统的处理流程 | 101 | |
| 5.3.4 财务报表自动生成原理 | 102 | |
| 5.3.5 报表子系统的审计 | 108 | |

## 第6章 交易活动的真实性 … 109

**6.1 电子商务** … 109
 6.1.1 电子商务的概念 … 109
 6.1.2 电子商务的功能 … 110
 6.1.3 电子商务体系结构 … 111
 6.1.4 电子商务工作流程 … 112
 6.1.5 电子商务对审计的影响 … 113
 6.1.6 电子商务审计 … 113
**6.2 电子交易方的真实性** … 114
 6.2.1 身份冒充问题 … 114
 6.2.2 身份认证概述 … 114
 6.2.3 单向认证 … 115
 6.2.4 双向认证 … 117
 6.2.5 可信中继认证 … 118
 6.2.6 Kerberos 系统 … 121
**6.3 电子交易行为的真实性** … 124
 6.3.1 交易欺诈问题 … 124
 6.3.2 不可抵赖证据的构造 … 124

 6.3.3 不可否认协议概述 … 125
 6.3.4 不可否认协议安全性质 … 125
 6.3.5 Zhou-Gollmann 协议 … 127
 6.3.6 安全电子支付协议 … 130
**案例 2 超市上演"无间道"——舞弊导致电子数据不真实** … 131

# 第三篇 安全性审计

## 第7章 安全性审计概述 … 137

**7.1 安全性审计概念** … 137
 7.1.1 安全性审计的含义 … 137
 7.1.2 安全性审计的内容 … 137
 7.1.3 调查了解系统情况 … 138
 7.1.4 检查验证安全状况 … 138
 7.1.5 安全性审计的方法 … 139
**7.2 系统安全标准** … 143
 7.2.1 可信计算机系统评价准则 … 143
 7.2.2 信息技术安全评价通用准则 … 145
 7.2.3 信息系统安全等级划分标准 … 148
**7.3 物理安全标准** … 149
 7.3.1 数据中心安全标准 … 149
 7.3.2 存储设备安全标准 … 151

## 第8章 数据安全 … 156

**8.1 数据的安全问题** … 156
 8.1.1 数据的安全性 … 156
 8.1.2 数据的保密性 … 156
 8.1.3 数据的完整性 … 157
 8.1.4 数据的可用性 … 157
 8.1.5 数据安全审计 … 158

- 8.2 数据的加密技术 ... 159
  - 8.2.1 数据加密与安全的关系 ... 159
  - 8.2.2 对称加密算法 ... 159
  - 8.2.3 非对称加密算法 ... 160
  - 8.2.4 散列加密算法 ... 162
- 8.3 数据的访问控制 ... 163
  - 8.3.1 访问控制与安全的关系 ... 163
  - 8.3.2 自主访问控制 ... 164
  - 8.3.3 强制访问控制 ... 166
  - 8.3.4 基于角色的访问控制 ... 167
- 8.4 数据的完整性约束 ... 167
  - 8.4.1 完整性与安全的关系 ... 167
  - 8.4.2 数据完整性 ... 168
  - 8.4.3 完整性约束条件 ... 168
  - 8.4.4 完整性约束机制 ... 170
  - 8.4.5 完整性约束的语句 ... 171
  - 8.4.6 完整性约束的实现 ... 171

## 第9章 操作系统安全
- 9.1 操作系统的安全问题 ... 173
  - 9.1.1 操作系统的概念 ... 173
  - 9.1.2 操作系统的种类 ... 174
  - 9.1.3 操作系统的结构 ... 174
  - 9.1.4 操作系统面临的威胁 ... 174
  - 9.1.5 操作系统的安全策略 ... 175
  - 9.1.6 操作系统安全等级的划分 ... 175
  - 9.1.7 操作系统的安全机制 ... 176
  - 9.1.8 操作系统安全性的测评 ... 178
- 9.2 Windows 安全机制 ... 178
  - 9.2.1 Windows 安全机制概述 ... 178

- 9.2.2 身份验证 ... 179
- 9.2.3 访问控制 ... 180
- 9.2.4 加密文件系统 ... 181
- 9.2.5 入侵检测 ... 181
- 9.2.6 事件审核 ... 182
- 9.2.7 Windows 日志管理 ... 183
- 9.3 UNIX 安全机制 ... 184
  - 9.3.1 UNIX 安全机制概述 ... 184
  - 9.3.2 账户的安全控制 ... 184
  - 9.3.3 文件系统的安全控制 ... 185
  - 9.3.4 日志文件管理 ... 186
  - 9.3.5 密码强度审查 ... 187
  - 9.3.6 入侵检测 ... 188
  - 9.3.7 系统日志分析 ... 188

## 第10章 数据库系统安全
- 10.1 数据库系统的安全问题 ... 190
  - 10.1.1 数据库系统的概念 ... 190
  - 10.1.2 数据库系统的组成 ... 190
  - 10.1.3 数据库系统的结构 ... 191
  - 10.1.4 数据库管理系统 ... 192
  - 10.1.5 数据库系统面临的威胁 ... 194
  - 10.1.6 数据库系统的安全需求 ... 194
  - 10.1.7 数据库系统安全等级划分 ... 195
- 10.2 数据库系统安全机制 ... 195
  - 10.2.1 数据备份策略 ... 195
  - 10.2.2 数据库备份技术 ... 196
  - 10.2.3 数据库恢复技术 ... 198
  - 10.2.4 数据库审计功能 ... 198
  - 10.2.5 数据库访问安全 ... 199

10.3 Oracle 审计机制 ........201
 10.3.1 Oracle 审计功能 ........201
 10.3.2 标准审计 ........202
 10.3.3 细粒度的审计 ........204
 10.3.4 审计相关的数据字典视图 ........206
10.4 SQL Server 审计机制 ........206
 10.4.1 SQL Server 审计功能 ........206
 10.4.2 服务器审计 ........207
 10.4.3 数据库级的审计 ........208
 10.4.4 审计级的审计 ........209
 10.4.5 审计相关的数据字典视图 ........210

第11章 网络安全 ........212
11.1 网络的安全问题 ........212
 11.1.1 计算机网络 ........212
 11.1.2 网络的体系结构 ........213
 11.1.3 网络协议的组成 ........215
 11.1.4 网络面临的威胁 ........215
 11.1.5 网络的安全问题 ........215
11.2 网络入侵的防范 ........216
 11.2.1 网络入侵问题 ........216
 11.2.2 网络入侵技术 ........217
 11.2.3 网络入侵防范 ........220
11.3 网络攻击的防御 ........222
 11.3.1 服务失效攻击与防御 ........222
 11.3.2 欺骗攻击与防御 ........224
 11.3.3 缓冲区溢出攻击与防御 ........229
 11.3.4 SQL 注入攻击与防御 ........231
 11.3.5 组合型攻击与防御 ........232
案例3 联通盗窃案——信息资产
   安全的重要性 ........232

## 第四篇　绩效审计

第12章 IT 绩效审计概述 ........237
12.1 绩效审计概念 ........237
 12.1.1 绩效审计的出现 ........237
 12.1.2 绩效审计的定义 ........237
 12.1.3 绩效审计的目标 ........238
 12.1.4 绩效审计的对象 ........238
 12.1.5 绩效审计的分类 ........239
 12.1.6 绩效审计的方法 ........240
 12.1.7 绩效审计的评价标准 ........240
 12.1.8 绩效审计的特点 ........241
12.2 IT 绩效审计概念 ........242
 12.2.1 IT 绩效审计的必要性 ........242
 12.2.2 IT 绩效审计的含义 ........243
 12.2.3 IT 绩效审计的特点 ........244
 12.2.4 IT 绩效审计的评价标准 ........244
 12.2.5 IT 绩效审计的视角 ........245
 12.2.6 IT 绩效审计的阶段 ........246
 12.2.7 IT 绩效审计的方法 ........246
12.3 信息化评价指标 ........247
 12.3.1 评价指标的提出 ........247
 12.3.2 评价指标的内容 ........247
 12.3.3 评价指标适用性 ........251
 12.3.4 评价标准的层次 ........252

第13章 IT 项目经济评价 ........254
13.1 资金等值计算 ........254
 13.1.1 资金的时间价值 ........254
 13.1.2 若干基本概念 ........254
 13.1.3 资金等值计算 ........256

13.2 软件成本估算 … 262
　13.2.1 软件估算方法 … 262
　13.2.2 软件规模估算 … 262
　13.2.3 软件工作量估算 … 265
　13.2.4 软件成本估算 … 266
13.3 项目效益评价 … 269
　13.3.1 效益评价方法 … 269
　13.3.2 项目现金流分析 … 269
　13.3.3 财务静态分析法 … 273
　13.3.4 财务动态分析法 … 275

第 14 章 IT 项目应用评价 … 282
14.1 IT 应用评价的复杂性 … 282
　14.1.1 企业信息化的作用 … 282
　14.1.2 ERP 投资陷阱 … 283
　14.1.3 IT 生产率悖论 … 284
　14.1.4 IT 应用评价的作用 … 285
14.2 IT 评价理论的发展 … 285
　14.2.1 IT 评价的内涵 … 285
　14.2.2 IT 评价的发展历程 … 286
　14.2.3 IT 评价的种类 … 288
14.3 平衡计分卡技术 … 289
　14.3.1 平衡计分卡的提出 … 289
　14.3.2 平衡计分卡的作用 … 290
　14.3.3 平衡计分卡的内容 … 290
　14.3.4 平衡计分卡的使用 … 293
14.4 IT 平衡计分卡构建 … 293
　14.4.1 IT 平衡计分卡 … 293
　14.4.2 财务评价 … 294
　14.4.3 用户体验评价 … 295
　14.4.4 内部流程评价 … 295

　14.4.5 创新能力评价 … 296
　14.4.6 指标权重计算 … 297
案例 4 许继公司 ERP 实施失败——
　　　　绩效审计的作用 … 297

# 第五篇　内部控制

第 15 章 IT 内部控制概述 … 301
15.1 IT 内部控制的概念 … 301
　15.1.1 内部控制观念 … 301
　15.1.2 财务丑闻 … 302
　15.1.3 IT 内控重要性 … 304
　15.1.4 IT 内控的定义 … 305
　15.1.5 IT 内控的准则 … 306
15.2 IT 内部控制的构成 … 312
　15.2.1 IT 内控的目标 … 312
　15.2.2 IT 内控的要素 … 312
　15.2.3 IT 内控的特征 … 313
　15.2.4 IT 内控的分类 … 314
15.3 IT 内部控制的设计 … 314
　15.3.1 控制设计原则 … 314
　15.3.2 IT 内控的作用 … 316
　15.3.3 控制措施设计 … 316
　15.3.4 控制涉及对象 … 317
　15.3.5 控制的实施 … 318

第 16 章 IT 内部控制应用 … 320
16.1 一般控制 … 320
　16.1.1 概述 … 320
　16.1.2 组织控制 … 321
　16.1.3 人员控制 … 324
　16.1.4 日常控制 … 328

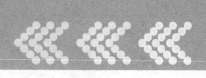

- **16.2 应用控制** ... 332
  - 16.2.1 概述 ... 332
  - 16.2.2 输入控制 ... 332
  - 16.2.3 处理控制 ... 336
  - 16.2.4 输出控制 ... 340

### 第17章 软件资产控制 ... 342
- **17.1 概述** ... 342
  - 17.1.1 信息资产的含义 ... 342
  - 17.1.2 软件生命周期与过程控制 ... 343
  - 17.1.3 软件开发方法 ... 345
  - 17.1.4 软件开发方式与控制评价 ... 347
- **17.2 软件全过程控制** ... 348
  - 17.2.1 总体规划阶段 ... 348
  - 17.2.2 需求分析阶段 ... 349
  - 17.2.3 系统设计阶段 ... 349
  - 17.2.4 系统实施阶段 ... 349
  - 17.2.5 系统运行与维护阶段 ... 352
  - 17.2.6 软件资产控制措施 ... 354
  - 17.2.7 软件资产变更控制措施 ... 356
- **17.3 软件质量控制** ... 357
  - 17.3.1 软件质量标准 ... 357
  - 17.3.2 软件质量控制方法 ... 359
  - 17.3.3 软件质量控制措施 ... 359
- **案例5 法国兴业银行事件——传统内控的终结** ... 363

## 第六篇 风险管理

### 第18章 IT风险管理概述 ... 367
- **18.1 IT风险** ... 367
  - 18.1.1 IT风险管理 ... 367
  - 18.1.2 IT风险评估 ... 368
  - 18.1.3 IT风险识别 ... 369
  - 18.1.4 IT风险计算 ... 370
  - 18.1.5 IT风险处理 ... 374
  - 18.1.6 IT风险控制 ... 375
- **18.2 IT治理** ... 375
  - 18.2.1 IT治理的定义 ... 375
  - 18.2.2 IT治理的内容 ... 376
  - 18.2.3 IT战略制定 ... 376
  - 18.2.4 IT治理的目标 ... 377
  - 18.2.5 IT治理委员会 ... 378
  - 18.2.6 首席信息官 ... 378
  - 18.2.7 内部IT审计 ... 380
- **18.3 IT管理** ... 381
  - 18.3.1 IT管理的定义 ... 381
  - 18.3.2 IT管理的目标 ... 382
  - 18.3.3 IT管理的资源 ... 382
  - 18.3.4 IT管理的内容 ... 382

### 第19章 安全应急管理 ... 387
- **19.1 概述** ... 387
  - 19.1.1 应急响应目标 ... 387
  - 19.1.2 组织及其标准 ... 387
  - 19.1.3 应急响应体系 ... 390
- **19.2 应急准备** ... 392
  - 19.2.1 任务概述 ... 392
  - 19.2.2 应急响应计划准备 ... 392
  - 19.2.3 应急响应计划编制 ... 393
  - 19.2.4 应急响应计划测试 ... 394
  - 19.2.5 其他准备事项 ... 395
- **19.3 启动响应** ... 395

| | | |
|---|---|---|
| 19.3.1 任务概述 | 395 | |
| 19.3.2 信息安全事件分类 | 395 | |
| 19.3.3 信息安全事件确定 | 399 | |
| 19.3.4 信息安全事件分级 | 401 | |
| 19.4 应急处置 | 404 | |
| 19.4.1 任务概述 | 404 | |
| 19.4.2 遏制、根除与恢复流程 | 405 | |
| 19.4.3 处理示例 | 405 | |
| 19.5 跟踪改进 | 408 | |
| 19.5.1 任务概述 | 408 | |
| 19.5.2 证据获取 | 408 | |
| 19.5.3 证据分析 | 409 | |
| 19.5.4 行为追踪 | 409 | |
| 第 20 章 业务连续性管理 | 410 | |
| 20.1 业务连续性计划 | 410 | |
| 20.1.1 业务连续性的重要性 | 410 | |
| 20.1.2 影响业务连续性的因素 | 411 | |
| 20.1.3 业务连续性计划的制定 | 411 | |
| 20.1.4 业务影响分析 | 412 | |

- 20.1.5 业务连续性计划的更新　413
- 20.2 安全防范体系建设　414
  - 20.2.1 网络安全防范原则　414
  - 20.2.2 网络安全体系结构　415
  - 20.2.3 IPSec 安全体系建设　415
  - 20.2.4 防火墙系统建设　418
- 20.3 灾难恢复体系建设　421
  - 20.3.1 灾难恢复计划　421
  - 20.3.2 灾难恢复能力划分　421
  - 20.3.3 容灾能力评价　425
  - 20.3.4 灾备中心的模型　426
  - 20.3.5 灾备中心的解决方案　428
  - 20.3.6 灾备中心的选址原则　429
  - 20.3.7 制定灾备方案的要素　430
  - 20.3.8 建立有效的灾备体系　430
- 案例 6　9·11 事件——IT 风险对企业的影响　431

**参考文献**　433

# 第一篇 总 论

　　现代企业的运营越来越依赖信息系统,如航空公司的网上订票系统、银行的资金实时结算系统、携程旅行网的客户服务系统等。没有信息系统的支撑,这些公司的业务开展就举步维艰、难以为继,企业经营就很可能陷入瘫痪状态。当前,一些新兴产业和新兴企业,其商业模式则完全依赖于信息系统,如各种网络公司(如新浪)、各种电子商务公司(如阿里巴巴)。没有信息系统,这些企业将彻底失去生存的空间。因此,信息系统和数据的"资产"性价值越来越受到重视,成为企业继资金、人力资源之后又一个重要资产;保障这一类资产的合法、安全、真实是信息系统审计的主要职责。

# 第1章 信息系统审计概述

## 1.1 信息系统审计的历史

### 1.1.1 早期的信息系统审计

虽然审计的历史非常悠久,但是信息系统审计的概念直到20世纪50年代才出现,它是伴随着计算机的产生而产生。

第一台计算机诞生于20世纪40年代中期,主要用于科学计算。随着技术的进步,计算机也进入信息处理领域。到了20世纪60年代初,计算机已经应用在企业管理方面,其中应用最早、最有效的是企业财务数据处理和会计核算等。为了进一步开拓计算机的商业应用价值,当时主要的计算机制造商IBM出版了《电子数据处理审计》(Audit Encounters Electronic Data Processing)和《内部电子处理和审计轨迹》(In-line Electronic Processing and Audit Trail)等,给出了在电子数据环境下的内部审计规则和组织方法,提出了许多新的概念、术语和审计技术等,成为信息系统审计方面最早的文献。与此同时,由于工作上的需要,会计师和审计师也自然成为最早关注信息系统审计的一群人,美国执业会计师协会也于1968年出版了《电子数据处理系统与审计》,次年在洛杉矶成立了电子数据处理审计师协会(Electronic Data Processing Auditor Association,EDPAA)。可见,这时信息系统审计的含义比较窄,主要是针对财务数据的审计。

1994年,电子数据处理审计师协会更名为信息系统审计与控制协会(Information System Audit and Control Association,ISACA),以适应信息系统审计发展的需要,总部在美国的芝加哥。目前在世界上100多个国家设有160多个分会,现有会员2万多人。该协会是影响最大的信息系统审计方面的国际性组织,它还是职业资格考试——注册信息系统审计师(Certified Information System Auditor,CISA)考试的发起者和组织者。CISA资格得到许多国家的认可。在这一阶段,虽然信息系统审计发展很快,但仍属于传统信息系统审计的范畴。

### 1.1.2 现代信息系统审计的形成

互联网的普及导致了现代信息系统审计的形成。信息系统审计的外延得到了极大的拓展,其内涵也越来越丰富,改变了信息系统审计与财务审计之间的关系,提升了信息系统审计在企业管理中的作用,具体表现在以下4个方面。

### 1. 企业的生存与发展越来越依赖信息系统

与"信息孤岛"时期的信息系统在企业经营管理活动中的作用完全不同,在互联网时代,企业的经营管理活动越来越依靠信息系统,信息系统的安全与可靠也越来越重要。企业信息系统的安全问题已经不仅关系到企业的生存与发展,更关系到国家经济的安全。

由财政部会同证监会、审计署、银监会、保监会联合发布《企业内部控制基本规范》之《企业内部控制应用指引第 18 号——信息系统》中明确指出,现代企业的运营越来越依赖于信息系统。例如,航空公司的网上订票系统、银行的资金实时结算系统、携程旅行网的客户服务系统等,如果没有信息系统的支撑,业务开展就将举步维艰、难以为继,企业经营就很可能陷入瘫痪状态。还有一些新兴产业,其商业模式完全依赖于信息系统,如新浪、网易、百度等网络公司,阿里巴巴、京东商城等电子商务公司,假如没有信息系统,这些企业将失去生存的空间。

据 Gartner Group 公司的调查,在经历大型灾难而导致信息系统停运的企业中,至少有 40% 的公司再也没有恢复运营,而剩下的企业中,也有 1/3 在两年内破产。英国特许管理协会关于企业危机事件的调查指出,企业最普遍面对的危机事件包括失去信息系统、失去关键员工、极端天气状况、失去通信系统等,其中失去信息系统被排在第一位。由此可见,企业的业务已经越来越多地依赖于信息系统,信息系统审计的重要性也越来越突出。

### 2. 来自互联网的威胁成为企业经营的潜在风险

20 世纪末,互联网技术迅速普及,电子商务彻底改变了企业信息系统的"孤岛"现象,企业在享受电子商务的便捷、高效、低成本的同时,负面影响也不断显现,比如一个病毒可以使远隔千里的企业遭殃。这时候,我们才发现企业的经营风险不仅仅来自市场风险、金融风险、技术风险、自然灾害等,互联网也成为企业经营风险的重要来源之一。

我国计算机病毒应急处理中心的《2009 年中国计算机病毒疫情调查技术分析报告》显示,2009 年计算机病毒感染率为 70.51%,较 2008 年有所下降,但仍然维持在比较高的水平,其中多次感染病毒的比率为 42.71%。病毒的制造者、传播者追求经济利益的目的越来越强,这种趋利性引发了大量的网络犯罪活动,这种情况与我国计算机病毒主要以木马病毒为主有关。潜伏性、隐蔽性是木马病毒的特征,病毒制造、传播者在巨大利益的驱使下,利用病毒木马技术进行网络盗窃、网络诈骗活动,通过互联网贩卖病毒、木马,教授病毒编制技术和网络攻击技术,这些形式的网络犯罪活动明显增多,严重威胁企业信息系统安全,制约了基于互联网的企业业务的健康发展。

从病毒造成破坏的情况来看,密码和账号被盗、受到远程控制、系统(网络)无法使用、浏览器配置被修改是计算机病毒造成的主要破坏后果。自 2006 年以来,随着病毒破坏性的变化,病毒破坏性调查项目增加了"密码、账号被盗"选项。调查结果显示,用户密码、账号被盗的比例仍然呈上升趋势,2009 年密码被盗占调查总数的 27.14%,比 2008 年增长了 8.44%,位居当年计算机病毒造成的主要危害的首位。

从图 1-1 和图 1-2 可见,网络世界潜伏着各种危险因素,它们随时威胁着企业信息系统的安全,导致系统中断、个人信息泄密或者数据被破坏等,危及企业生存,损害消费者利益,进而对整个国家的经济安全和信息安全造成严重影响。因此,保障企业的信息资产和信息系统安全已经成为信息系统审计师最主要的职能之一。

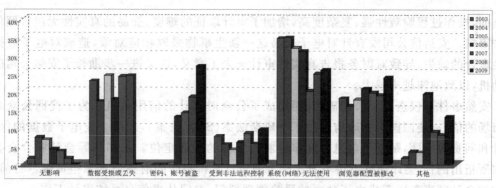

图 1-1　2009 年计算机病毒造成破坏的后果①

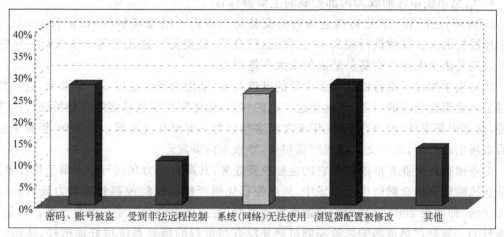

图 1-2　2009 年计算机病毒造成的主要危害②

**3. 信息系统审计成为外部审计不可或缺的一环**

自 2001 年以来,美国的安然、世界通信、默克制药、施乐和法国的威旺迪等国际大公司相继曝出假账丑闻,而且愈演愈烈。这些丑闻严重打击了投资者的信心,欧美股市不断创历史新低。

从 1990—2000 年,安然公司的销售收入从 59 亿美元上升到了 1008 亿美元,净利润从 2.02 亿美元上升到 9.79 亿美元。1999 年,安然公司创建了基于互联网的全球商品交易平台——"安然在线",提供从电和天然气现货到复杂的衍生品等 1500 多种商品,在不到一年时间内,"安然在线"发展成为年交易规模近 2000 亿美元的全球最大的电子商务交易平台,从一家名不见经传的普通天然气经销商,逐步发展成为世界上最大的天然气采购商和出售商、世界最大的电力交易商、世界领先的能源批发商,在全球拥有 3000 多家子公司,拥有世界最大的电子商务交易平台,被评为最具创新精神的公司。然而,安然公司利用复杂的关联企业网,通过电子商务交易平台进行虚假的关联交易,形成虚假利润,误导公众,抬高股价,并最终导致了泡沫破灭,公司破产、股民巨亏,而公司的高管却通过抛售股票获得巨额收益。电子交易的特点是虚拟化、无纸化、匿名、支付手段电子化,信息流、物资流和资金流是完全

---

① 引自《2009 年中国计算机病毒疫情调查技术分析报告》
② 引自《2009 年中国计算机病毒疫情调查技术分析报告》

分离的,操作过程隐蔽性强、复杂度高,增加了审计取证的难度,交易的真实性无法按照传统方法审核。安达信公司没有针对电子交易这一新生事物采取相应对策,造成对电子数据真实性审计的缺失,导致对财务报告真实性审计失去了意义,这又进一步助长了安然公司的舞弊动机,以致泡沫越来越大。

安然事件不仅造成了公司破产,更造成了公众对审计的信用危机。为了挽回公众对资本市场的信心,美国国会和政府通过了萨班斯法案(SOX法案),规范企业电子数据的保存、审计和问责等问题,赋予了信息系统审计前所未有的功能定位。正如国际会计联合会会长梅尔所指出的:"会计师将不得不对实际上通过计算机报告的财务信息承担责任。"目前,一些大的会计师事务所都成立了独立的风险管理部门,专门从事信息系统审计工作。

**4. 信息系统审计师成为内部控制的主要参与者**

2008年,法国第二大银行兴业银行的交易员杰罗姆·凯维埃尔(Jerome Kerviel)进行的未经授权的交易导致该行损失49亿欧元(约合72亿美元),这几乎等于该银行一年的总收入。这是历史上单个交易员造成的最大一笔损失。

凯维埃尔闯过了银行信息系统设置的五道关卡,动用的资金超过500亿欧元,这一数字超过了兴业银行当时的市值,远远超过了他的权限,他还利用信息系统隐瞒他所进行的违规交易,规避内部审计,因而在2007年末之前这些行为一直没有被发现。但2008年新年假期过后市场出现动荡,他的交易造成严重损失,导致东窗事发。

兴业银行最受业界推崇的是它的金融投资业务,其赢利能力在同行业中属于佼佼者,尤其是在风险较高的金融衍生品市场中,兴业银行凭借严格的风险控制管理能力长时间位居头把交椅,即使在2007年夏天的金融市场动荡期,行业杂志仍然给予它最高评级。可是,兴业银行的一整套严格成熟的风险控制机制并没有与银行的信息系统很好地衔接,从而让凯维埃尔钻了空子。

兴业银行事件值得我们思考:当企业的许多内部控制机制已经程序化、数字化、虚拟化以后,内部控制与信息系统已经成为相互融合的一个整体,这是内部控制面临的新问题。我国的《企业内部控制基本规范》对"信息系统"做了这样的阐述:"信息系统是指企业利用计算机和通信技术,对内部控制进行集成、转化和提升所形成的信息化管理平台。"该定义非常准确地描述了信息系统与内部控制的关系。内部控制建设问题更多地变成了信息系统建设问题,对内部控制的审计更多地变成了对信息系统的审计。因此,信息系统审计师要参与企业内部控制的修订,向决策层提供咨询,从信息系统入手加强业务风险控制体系的建设和管理,以帮助企业充分考虑信息系统控制与业务风险控制的协调。

## 1.2 信息系统审计的概念

### 1.2.1 信息系统审计定义

由于信息系统审计(information system audit,ISA)仍处于不断发展变化之中,目前还没有一个公认的定义。下面分别介绍三种比较有代表性的定义。

日本通产省情报处理开发协会信息系统审计委员会的定义(1985年)为:"信息系统审计是由独立于审计对象的信息系统审计师,站在客观的立场上,对以计算机为核心的信息系统进行综合的检查、评价,向有关人员提出问题与劝告,追求系统的有效利用和故障排除,使系统更加健全。"该定义比较偏重于技术角度，没有强调企业经营风险与计算机技术之间的关系。1996年，该委员会对信息系统审计重新定义为"为了信息系统的安全、可靠与有效，由独立于审计对象的信息系统审计师，以第三方的客观立场对以计算机为核心的信息系统进行综合的检查与评价，向信息系统审计对象的最高领导层，提出问题与建议的一连串的活动"。该定义中强调了独立性问题。

信息系统审计领域的著名专家威伯（Ron Weber）教授的定义（1999年）是："信息系统审计是收集并评估证据，以判断一个计算机系统（信息系统）是否有效做到保护资产、维护数据完整、完成组织目标，同时最经济地使用资源。"显然，该定义比日本通产省的定义好得多，既体现了信息系统的外部审计的鉴证目标，即对被审计单位的信息系统保护资产安全及数据完整的鉴证，又体现了内部审计的管理目标，即被审计信息系统保护资产安全、数据完整性以及信息系统的有效性目标。

对信息系统审计影响最大的国际组织——国际信息系统审计和控制协会（ISACA）的定义如下："信息系统审计是一个获取并评价证据，以判断计算机系统是否能够保证资产的安全、数据的完整以及有效率地利用组织的资源并有效果地实现组织目标的过程。"该定义比威伯的定义更详细一些。

同时，国际信息系统审计和控制协会还提出了信息系统审计的主要内容包括：

（1）信息系统审计程序：依据信息系统审计标准、准则和最佳实务等提供信息系统审计服务，以帮助组织确保其信息技术和运营系统得到保护并受控。

（2）IT治理（信息技术治理）：确保组织拥有适当的结构、政策、工作职责、运营管理机制和监督实务，以达到公司治理中对IT方面的要求。

（3）系统和基础建设生命周期管理：系统的开发、采购、测试、实施（交付）、维护和（配置）使用，与基础框架，确保实现组织的目标。

（4）IT服务的交付与支持：IT服务管理实务可确保提供所要求的等级、类别的服务，来满足组织的目标。

（5）信息资产的保护：通过适当的安全体系（如安全政策、标准和控制），保证信息资产的机密性、完整性和有效性。

（6）灾难恢复和业务连续性计划：一旦连续的业务被（意外）中断（或破坏），灾难恢复计划在确保（灾难）对业务影响最小化的同时，及时恢复（中断的）IT服务。

综上所述，信息系统审计紧紧围绕信息系统这个中心展开审计工作，例如企业的持续能力和容灾能力，它们是企业信息系统安全性的综合体现；企业的信息基础设施则是企业信息系统安全的物质基础；网络架构、通信设备与技术等是信息系统安全的结构基础；操作系统是信息系统安全的软件基础；数据库系统的安全可靠直接影响信息系统中数据的安全与真实；财务软件可以影响财务审计的真实性，电子商务软件可以影响交易的真实性，其他的应用软件则对企业业务数据的真实性产生影响。图1-3反映了信息系统审计的各个部分以及相互之间的关系。

## 1.2.2 信息系统审计辨析

信息系统审计与计算机审计两个概念长期模糊不清，难分彼此。可是，两者有着本质区别。我国对于计算机审计概念的正式表述最早可以追溯到2001年。2001年11月国务院

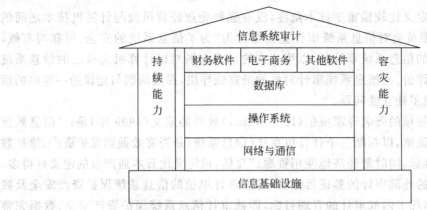

图 1-3 信息系统审计的各个部分的关系

办公厅文件《关于利用计算机信息系统开展审计工作有关问题的通知》(国办发[2001]88号文)对"计算机审计"做了如下描述:"简单地讲,计算机审计包括对计算机管理的数据进行检查和对管理数据的计算机进行检查。"

日本会计检察院对于计算机审计的理解与我国的88号文基本一致,但表述更具体,认为计算机审计有两方面的含义:一是对计算机系统本身的审计,包括系统安装、使用成本,系统和数据、硬件和系统环境的审计;二是计算机辅助审计,包括用计算机手段进行传统审计,用计算机建立一个审计数据库,帮助专业部门进行审计。

李学柔等编写的《国际审计》一书对"计算机审计"作了如下定义。计算机审计与一般审计一样,同样是执行经济监督、鉴证和评价职能。其特殊性主要在两个方面:

① 对执行经济业务和会计信息处理的计算机系统进行审计,即计算机系统作为审计的对象。

② 利用计算机辅助审计,即计算机作为审计的工具。

总之,无论是对计算机进行审计还是利用计算机进行审计都统称为计算机审计。

上述对计算机审计的理解称为"广义的计算机审计",2002年以前大部分学者对计算机审计的理解是广义的,研究内容既有涉及对计算机系统本身的审计,又有计算机辅助审计。但是,2001年安然事件发生,由于安然公司通过计算机报告的财务数据严重失实,损害了投资人的利益,动摇了公众对审计的信心,要求审计人员对通过计算机报告的财务信息承担责任,于是有大量学者开始研究信息系统的安全性与真实性等问题,研究内容涉及IT内控、IT治理、信息系统的安全性、信息系统的真实性等问题,研究的核心是如何保障信息系统的真实、安全、合法等,这些研究主要使用"信息系统审计"这一术语,从而使得"对计算机系统本身的审计"这一含义逐步从"计算机审计"这一概念中剥离出来,并且逐渐成为"信息系统审计"这一概念的专属含义。

对于"采用计算机技术对计算机管理的数据进行检查"这一类问题的研究,学者们仍然使用"计算机审计"这一术语,也常常使用如"计算机辅助审计"、"审计信息化"、"数字审计"等术语。显然,这里的"计算机审计"概念仅包含"采用计算机技术对计算机管理的数据进行检查",即"狭义的计算机审计"。

实际上,应当将计算机审计与信息系统审计作为两个并列的概念对待,两者的本质区别主要体现在以下两个方面。

(1) 审计目标与范围不同。对于计算机审计而言,国际审计准则(ISAs)第 401 号《计算机信息系统环境下的审计》(2004)指出:"在计算机信息系统环境下,并不改变审计的总体目标和范围",我国的《独立审计具体准则第 20 号——计算机信息系统环境下的审计》(1999)也指出:"注册会计师在计算机信息系统环境下执行会计报表审计业务,应当考虑其对审计的影响,但不改变审计目的和范围。"

信息系统审计目标比较明确,它是指对信息系统等资产的保护,对信息系统的可用性、安全性、完整性和有效性发表审计意见,具体而言包括真实性、完整性、合法性、可用性、安全性、保密性、可靠性、效益性、效果性、经济性等。因此决定其审计内容包括:

① 信息系统购买、开发、应用等方面的安全性和合法性等;
② 信息系统在使用过程中,其数据和程序的真实性和完整性等;
③ 信息系统项目投资的绩效等。

因此信息系统审计必须采用单独的审计准则体系。

(2) 基础理论与研究方法不同。计算机审计的主要基础是计算机科学,包括数据库、人工智能、数据挖掘、网络与通信、信息安全等,同时也融合了审计学、管理学、经济学等社会科学的理论,采用了系统论、工程论等方法,强调系统的观点和复杂性的观点。如审计数据的取证技术与方法、审计信息的分析技术与方法、审计系统的挖掘技术与方法、审计证据的融合技术与方法等。

信息系统审计采用的研究方法是以传统的审计基本理论为指导,并且吸收了大量的计算机知识等,信息系统审计工作主要由会计师事务所承担。

## 1.2.3 信息系统审计分类

信息系统审计的分类方式各不相同,主要是把信息系统审计分为一般控制审计和应用控制审计等两种类型。所谓一般控制是对信息系统运行环境的控制,立足于管理角度,所采用的控制措施普遍适用于某一单位的信息系统,控制对象包括信息系统的组织结构、运行环境,信息系统的开发、维护和运行,信息系统的使用人员等。应用控制则是对信息系统运行过程的控制,立足于技术角度,不同的应用系统有不同的控制要求,但一般都包括输入控制、计算机处理与数据文件控制以及输出控制。一般控制是应用控制的基础,应用控制是一般控制的深化。这样的分类方式虽然突出了信息系统审计与内部控制之间的关系,但是不能全面反映信息系统审计的功能,而且两种类型之间存在大量重复交叉,导致实际应用中产生许多混乱。在进行分类时必须使得不同的类型之间交集尽可能少,这是分类的基本原则。根据信息系统审计目标,本书把信息系统审计划分成真实性审计、安全性审计和绩效审计这三种基本类型。

**1. 真实性审计**

真实性审计的主要目标是审核企业信息系统和电子数据的真实性、完整性、合法性,为财务审计提供依据。

安然虚构交易量是通过电子商务平台实现的,可是这些电子数据是否真实地反映了实际情况,财务审计的方法和手段已经无能为力了。因此,信息系统审计的作用就是审核企业计算机系统所提供的数据,只有保证计算机系统中的数据是真实、完整、合法,基于这些数据之上的财务审计才能是真实而有效的,也才能防止"假账真审"现象的出现,为财务审计保驾护航。因此，真实性审计属于财务审计的必要组成部分，两者相互印证，共同承担审计职能。

**2. 安全性审计**

安全性审计的主要目标是审查企业信息系统和电子数据的安全性、可靠性、可用性、保密性等。一是预防来自互联网对信息系统的威胁，二是预防来自企业内部对信息系统的危害。

现代企业的风险不仅来自市场、财务，也来自互联网和信息系统自身。来自互联网的病毒、木马、黑客等可以中断企业的正常业务，甚至导致企业破产。一些恐怖事件或地质灾害等破坏信息系统导致企业业务中断等。与此同时，来自企业信息系统自身的漏洞也可能给企业造成伤害，甚至造成毁灭性打击，例如凯维埃尔利用信息系统的缺陷等越权进入系统，进行违规操作导致百年银行几乎破产。

可见，信息资产已经成为企业最重要的资产之一，审计师仅为投资者、债权人、经营者提供财务风险鉴证是不够的，他们还需要对企业的信息系统和信息资产安全提供审计服务。

安全性审计是真实性审计的基础与前提，为真实性审计提供依据。很难想象一个在安全方面存在严重问题和缺陷的信息系统，它提供的数据会真实可靠。

安全性审计也可以是专门审计事项，它向投资人、债权人、经营者提供信息资产安全方面的审计和咨询服务。

**3. 绩效审计**

信息系统的绩效审计是对企业在信息系统方面的投入产出比的审核，即效果性、效率性、经济性等。首先，信息系统为企业创造的经济效益不是直接的，难以简单地用货币进行核算，所以如何衡量信息系统的贡献是十分困难和复杂的事情。其次，信息化应用项目实施非常复杂与困难，耗费的时间长，投入大，但是成功率又比较低，因此常常被称为"投资黑洞"。但是虽然面临种种困难，企业仍然必须不断地推广应用信息技术，以提升自身的核心竞争力。因此，企业在投资信息系统、管理信息系统的开发和应用、评价信息系统的使用效果等方面需要加强风险控制、监督和评价工作，这些都是信息系统绩效审计面临的挑战。如何正确、合理地评价企业信息系统投资的绩效，给企业的投资者、债权人、经营者、管理者等提供决策参考，是信息系统绩效审计需要解决的重要问题。

信息系统绩效审计属于绩效审计的范畴，只不过审计的对象是信息系统本身，其中对信息系统使用效果的评价是关键，也是难点。

### 1.2.4　信息系统审计目标

审计本质上是根据审计的目标对收集的证据进行分析评价并得出结论的过程。一切的审计活动都是为了实现一定的审计目标，并围绕审计目标来进行的。可以说，审计目标是审计工作的"纲"，它贯穿审计活动的一切方面和审计过程的始终。为此，清楚地认识和理解所要达到的审计目标，是有效开展审计工作的一个首要条件。信息系统审计的目标由一组目标构成：真实性、完整性、合法性、安全性、可靠性、保密性、可用性、效果性、效率性、经济性等。

**1. 真实性**

真实性是指信息系统中的数据要如实地反映企业的实际生产经营活动。通过一系列技术手段可以确保数据的真实性，如数字签名、时间戳、不可否认协议、不可修改存储装置等。这种真实性的破坏可能来自企业高层的舞弊行为，例如通过财务软件故意作假账，通过电子商务系统虚构交易等，达到虚增或虚减利润的目的；也可能来自企业的中层和基层员工的舞弊行为，例如通过非法访问或修改信息等手段，达到非法牟利目的等；也可能来自企业外部，如黑客入侵所引发的企业虚假信息发布等。

### 2. 完整性

完整性是指信息系统中的数据不被偶然或蓄意地删除、修改、伪造、乱序、重放、插入等破坏和丢失的特性。在信息系统中，数据与元数据是存放在不同地方的，数据的逻辑地址与物理地址也不一样，因此设备故障、误码、人为攻击、计算机病毒等都会破坏数据完整性。在信息系统中，数据完整性是数据真实性的基础。

### 3. 合法性

合法性是指信息系统在购买、使用、开发、维护过程中，以及信息系统里的数据在生产、加工、修改、转移、删除等处理中都必须符合相关法律、法规、准则、行规以及企业内部的规定等。

### 4. 安全性

安全性是指信息系统在遭受各种人为因素破坏的情况下仍然能正常运行的概率。威胁信息系统安全性的因素可能来自信息系统和企业的外部，也可能来自企业和信息系统的内部。外部如黑客入侵、病毒攻击、线路侦听、木马、非法用户访问等，内部包括授权用户的越权访问、修改、删除等操作。

### 5. 可靠性

可靠性是指信息系统在遭受非人为因素破坏或误操作情况下仍然能正常运行的概率。威胁信息系统可靠性的因素包括自然灾害对硬件和环境的破坏、误操作对软件和硬件的破坏，以及设备故障、软件故障等。可靠性与安全性不同，可靠性所指的破坏因素是非人为的，安全性所指的破坏因素是人为的。

### 6. 保密性

保密性是指防止信息系统中数据泄漏给非授权用户的特性。常用的保密技术包括防侦收、信息加密、物理隔离等措施。保密性与安全性不同，保密性是指信息系统中信息的外泄，安全性是指对信息系统的入侵。

### 7. 可用性

可用性也是信息系统安全性的一个重要指标，是指信息可被授权实体访问并按需求使用的特性，即信息系统在提供服务时允许被使用的属性，或者是信息系统在部分受损或需要降级使用时，仍能为用户提供有效服务的属性。信息系统最基本的功能是提供服务，而用户的需求是信息系统的可用性。可用性还体现在身份识别与确认、远程控制、数据跟踪等方面。由于数据的访问与数据存储介质、显示介质、软件版本等有关，无法访问的数据也无真实安全可言，因此可用性还体现在数据访问方面。

### 8. 效果性

效果性是指信息系统在企业生产管理应用中产生的效果，即信息系统的应用使企业在生产、管理、产品、服务、财务、人力管理等方面的改善和提升。如减少了产生时间，提高了资金周转率，降低了库存，增加了服务质量，扩大了产品种类等。

### 9. 效率性

效率性是指信息系统的应用对提高企业的劳动生产率所做的贡献，如提升了人均生产率、降低了人均成本等。

### 10. 经济性

经济性是指信息系统的投入产出比,通过同行业类比等方法,核算信息系统的投入与产出的比率,得到信息系统的效益值。

由此可见,经济性、效果性和效率性是绩效审计的目标,经济性是可以用货币核算的,而效果性和效率性需要采用其他方法进行评价。对于安全性审计而言,安全与保密是从人为角度看,可靠性是从技术层面看,可用性是信息系统的特有性质。而真实性审计的目标是真实、合法和完整,完整性也是信息系统的特性。表 1-1 列出了三类基本的信息系统审计与审计目标之间的关系。

表 1-1 三类信息系统审计的审计目标

| | | 真实性 | 完整性 | 合法性 | 安全性 | 可用性 | 可靠性 | 保密性 | 效果性 | 效率性 | 经济性 |
|---|---|---|---|---|---|---|---|---|---|---|---|
| 信息系统审计 | 真实性审计 | √ | √ | √ | | | | | | | |
| | 安全性审计 | | | | √ | √ | √ | √ | | | |
| | 绩效审计 | | | | | | | | √ | √ | √ |

### 1.2.5 信息系统审计职能

信息系统审计具有审计、控制、管理三大职能。

**1. 审计职能**

所谓审计职能,就是以相关规定、标准等为评价依据,评价被审计对象的信息资产和信息系统是否安全、可信,反映的财务收支和经济活动的电子轨迹是否合法、合规、合理和有效,从而督促被审计对象遵纪守法,提高经济效益。

**2. 控制职能**

内部信息系统审计人员作为企业内部控制系统中一个重要组成部分,是企业内部控制的监督者,因其受企业主要负责人的直接领导,能够站在企业发展的全局来分析和考虑问题,检查信息系统运行是否得到有效控制,以及控制程度和效果,提出控制中存在的不足和问题,实现控制系统的最终目标。

**3. 管理职能**

信息系统审计师有义务和责任对企业的信息资产安全与信息系统运行状况提供决策咨询,确保 IT 发展与企业的战略一致,在工作中发现问题,对制度、管理和控制等方面有针对性地提供咨询服务,预防出现大的信息技术风险和管理漏洞,为企业各管理层提供服务,不断改进经营管理水平。

### 1.2.6 信息系统审计过程

信息系统审计由接受审计委托、评估审计风险、制定审计计划、收集审计证据、出具审计报告、后续工作等 6 个阶段组成,如图 1-4 所示。

**1. 接受审计委托阶段**

如果信息系统审计师接受了信息系统审计业务的委托,与委托人签订委托书,据以确认审计业务的委托与受托关系,明确委托的目的、审计范围及双方责任与义务等事项,最终形成书面合约。审计业务委托书一旦签订便具有了法定的约束力。

第1章 信息系统审计概述 13

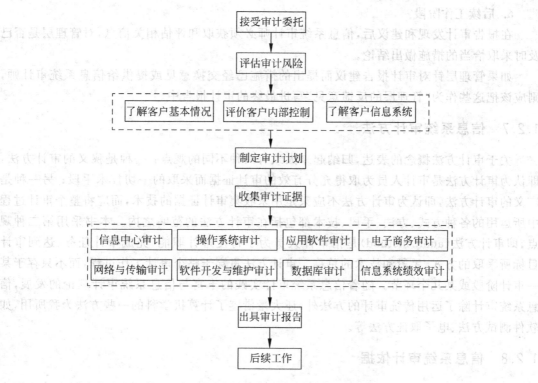

图 1-4 信息系统审计过程

签订委托书时应当注意：信息系统审计职能或信息系统审计任务的目的、责任、授权方和义务应在委托书中予以正确地记录。

委托书应在组织内的适当层次得到同意和通过。

**2. 评估审计风险阶段**

信息系统审计师接受委托任务后，在了解被审计单位的基本情况、信息系统的现状以及内部控制情况的基础上，进行审计风险评估。一般采取现场了解、问卷调查、询问等方法。

**3. 制定审计计划阶段**

信息系统的审计计划阶段是指从接受审计任务开始，到制定出审计实施方案、发出审计通知书为止的过程。

**4. 收集审计证据阶段**

收集审计证据是执行信息系统审计工作的主要部分，信息系统审计师可以运用检查、复核、观察、查询、函证、白盒测试、黑盒测试、计算机取证等方法以获取审计证据。审计证据必须具备充分性、适当性和可信性。信息系统审计师应评估其审计期间所获得证据的充分性、适当性和可信性。如果觉得其所掌握的证据不足以达到以上标准，信息系统审计师应该获取更多的审计证据。

**5. 出具审计报告阶段**

信息系统审计师应当对获取的审计证据进行分析和评价，以形成相应的审计结论。出具审计报告阶段是实质性审计工作的结束，包括整理、评价收集到的审计证据；编写审计报告；向被审计单位发出审计结论和建议等。

### 6. 后续工作阶段

在报告审计发现和建议后，信息系统审计师必须获取和评估相关信息，对管理层是否已及时采取恰当的措施做出结论。

如果管理层针对审计报告建议而提出的措施已经交换意见或提供给信息系统审计师，则应该把这些作为"管理层的反馈意见"写进最终的审计报告中。

## 1.2.7 信息系统审计方法

关于审计方法概念的表达，归纳起来大致有两种不同的观点：一种是狭义的审计方法，即认为审计方法是审计人员为取得充分有效的审计证据而采取的一切技术手段；另一种是广义的审计方法，即认为审计方法不应只是用来收集审计证据的技术，而应将整个审计过程中所运用的各种方式、方法、手段、技术都包括在审计方法的范畴之内。本书采用第二种观点，即审计方法（audit method）是指审计人员为了行使审计职能、完成审计任务、达到审计目标所采取的方式、手段和技术的总称。审计方法贯穿于整个审计工作过程，而不只存于某一审计阶段或某几个环节。随着信息系统审计实践的丰富与信息系统审计理论的发展，信息系统审计除了运用传统审计的方法外，还大量借鉴了计算机学科的一些方法为我所用，如软件测试方法、电子取证方法等。

## 1.2.8 信息系统审计依据

与信息系统审计相关的法律法规庞杂，相互之间既有区别又有交叉，大致归纳起来主要有四大类，即与职业相关的准则，与技术相关的标准，与管理相关的规范，与行为相关的法律等。

与职业相关的准则，如信息系统审计与控制协会的准则，我国也陆续有一些相关的准则，如内部审计具体准则第 28 号（信息系统审计）、独立审计具体准则第 20 号（计算机信息系统环境下的审计）、企业内部控制基本规范、商业银行内部控制指引、商业银行信息科技风险管理指引、证券公司内部控制指引、中央企业全面风险管理指引、企业内部控制评价指引、企业内部控制审计指引、上海证券交易所上市公司内部控制指引、深圳证券交易所上市公司内部控制指引等。

与技术相关的标准，主要包括信息系统安全保障评估框架、数据库管理系统安全评估准则、操作系统安全评估准则、信息安全风险评估规范、信息系统灾难恢复规范、信息安全事件分类分级指南、信息安全风险管理指南、信息安全应急响应计划规范、信息系统物理安全技术要求等国家标准。

与管理相关的规范，主要有 COSO 框架（内部控制及风险管理框架）、COBIT（信息及相关技术控制目标）、CMMI（能力成熟度模型）、ITIL（信息技术基础设施库）、ISPL（信息服务采购库）、BISL（企业信息服务库）、ISO20000（信息技术服务管理）、ISO27001（信息安全管理体系）、PMBOK（项目管理知识体系）、PRINCE2（受控环境下项目管理）、Six Sigma（六西格玛）等。

与行为相关的法律，主要是 1994 年 2 月 18 日颁布的《中华人民共和国计算机信息系统安全保护条例（国务院令第 147 号）》；1997 年刑法中新增加了三条与计算机有关的犯罪行为，即第二百八十五条"非法侵入计算机信息系统罪"、第二百八十六条"破坏计算机信息系统罪"、第二百八十七条"利用计算机实施的犯罪"。

## 1.3 信息系统审计的规范

### 1.3.1 与信息系统审计相关的组织

信息系统审计是知识经济发展到一定阶段的产物，是信息社会特有的现象。其产生的原因来自两个"信息不对称"，即财产所有权与经营权的分离所导致的信息不对称问题，企业信息空间与实际空间的分离所导致的信息不对称问题，企业信息的真实、安全、可信是企业高效、健康发展的关键，客观上要求有独立的第三方对企业提供的财务等信息发表意见和进行鉴证，这个角色只能由注册会计师和信息系统审计师共同承担。

目前，与信息系统审计相关的组织建设和准则制定仍处于初级发展阶段，颁布过与信息系统审计相关的规定、准则和标准的组织，或者与信息系统审计师有关的组织如下。

(1) 国际组织：国际最高审计机构组织（International Organization of Supreme Audit Institutions，INTOSAI）、国际会计联盟（International Federation of Accountants，IFAC）、信息系统审计与控制协会（The Information System Audit and Control Association，ISACA）、国际内部审计师协会（The Institute of Internal Auditors，IIA）等。

(2) 国内组织：审计署、财政部、证券监督管理委员会（证监会）、银行业监督管理委员会（银监会）、保险业监督管理委员会（保监会）、国务院国有资产监督管理委员会（国资委）、中国审计学会（China Audit Society，CAS）、中国会计学会（Accounting Society of China，ASC）、中国内部审计协会（China Institute of Internal Audit，CIIA）、中国注册会计师协会（The Chinese Institute of Certified Public Accountants，CICPA）等。

在这些组织中，专门从事信息系统审计的机构有国际最高审计机构组织的 IT 审计委员会、信息系统审计与控制协会、中国审计学会计算机审计分会等。

国际最高审计机构组织（INTOSA）于 1991 年成立了 IT 审计委员会（是 9 个常设委员会之一）。目前该委员会共有 31 个成员国，中国于 2000 年参加 IT 审计委员会，为各国审计同行提供一个交流 IT 审计技术的平台，同时及时反映 IT 审计委员会的活动。

信息系统审计与控制协会（ISACA）这方面影响最大，它推出了一系列计算机审计准则、职业道德准则等规范性文件。在世界上 100 多个国家设有 160 多个分会，它还设立了信息系统审计与控制基金会，从事相关领域的研究工作。它每年还在世界各地举办信息系统审计师（CISA）资格考试。

### 1.3.2 ISACA 的准则体系

在研究和制定信息系统审计准则方面信息系统审计与控制协会（ISACA）的贡献最大，影响也最广泛。近几年，我国也加快了这方面工作，颁布了一系列有关准则和规定，但是到目前为止还没有形成一个完整的体系。这里主要介绍 ISACA 的信息系统审计准则体系。

信息系统审计准则是由 ISACA 协会下的准则部（Standard Board）制定的，准则部成员每年通过选举产生，任期一年，负责制定相关的标准、程序等。在准则发布之前一般先予以公开，广泛征求意见，修改之后再发布生效。

信息系统审计准则体系由审计职业道德、审计执行和其他等三个方面构成，每一个方面又由标准（standard）、指南（guideline）和程序（process）等三个层次组成，标准反映了信息系统审计领域的纲领性内容,指南是标准的具体化,程序则是一些工作范例。体系结构如图 1-5 所示。

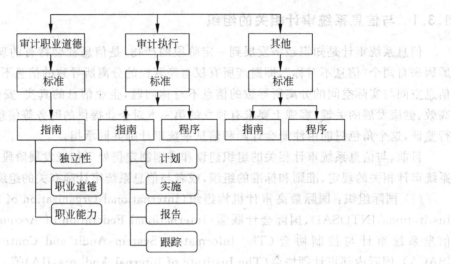

图 1-5 信息系统审计的准则体系

**1. 信息系统审计标准**

标准为信息系统审计工作定义了基本要求,它规定了:信息系统审计师执业时应达到的最低职业道德规范;管理层和其他利益方对信息系统审计师在专业工作上的期待;信息系统审计师资格持有人未能遵守标准时,可能会导致 ISACA 董事会或相应 ISACA 委员会对其进行调查并处分等。到目前为止,生效的标准共有 16 条,如表 1-2 所示。

表 1-2 标准

| 代 码 | 名 称 | 生 效 日 期 |
| --- | --- | --- |
| S1 | 审计宪章(Audit Charter) | 2005 年 1 月 1 日生效 |
| S2 | 独立性(Independence) | 2005 年 1 月 1 日生效 |
| S3 | 职业道德和标准(Professional Ethics and Standards) | 2005 年 1 月 1 日生效 |
| S4 | 专业能力(Competence) | 2005 年 1 月 1 日生效 |
| S5 | 审计计划(Planning) | 2005 年 1 月 1 日生效 |
| S6 | 审计工作的实施(Performance of Audit Work) | 2005 年 1 月 1 日生效 |
| S7 | 审计报告(Reporting) | 2005 年 1 月 1 日生效 |
| S8 | 后续工作(Follow-Up Activities) | 2005 年 1 月 1 日生效 |
| S9 | 违规和违法的行为(Irregularities and Illegal Acts) | 2005 年 9 月 1 日生效 |
| S10 | IT 治理(IT Governance) | 2005 年 9 月 1 日生效 |
| S11 | 风险评估在审计计划中的应用(Use of Risk Assessment in Audit Planning) | 2005 年 11 月 1 日生效 |
| S12 | 审计实体(Audit Materiality) | 2006 年 7 月 1 日生效 |
| S13 | 应用其他专家的成果(Using the Work of Other Experts) | 2006 年 7 月 1 日生效 |
| S14 | 审计证据(Audit Evidence) | 2006 年 7 月 1 日生效 |
| S15 | IT 控制(IT Controls) | 2008 年 2 月 1 日生效 |
| S16 | 电子商务(E-commerce) | 2008 年 2 月 1 日生效 |

## 2. 信息系统审计指南

指南是信息系统审计标准的具体化，为信息系统审计师在执行审计业务中如何遵守审计准则提供指导。信息系统审计师在标准的实施程序中应参考指南，同时做出职业判断，对背离标准的做法应随时提供解释。信息系统审计指南的目标是为达到信息系统审计标准提供进一步信息。到目前为止，生效的指南共有39条，如表1-3所示。

表1-3 指南

| 代码 | 名 称 | 生 效 日 期 |
|---|---|---|
| G1 | 使用其他审计师的工作成果（Using the Work of Other Auditors） | 2008年3月1日修订 |
| G2 | 审计证据要求（Audit Evidence Requirement） | 2008年5月1日修订 |
| G3 | 计算机辅助审计技术的应用（Use of Computer Assisted Audit Techniques，CAATs） | 2008年3月1日修订 |
| G4 | 信息系统活动的外包（Outsourcing of IS Activities to Other Organizations） | 2008年5月1日修订 |
| G5 | 审计宪章（Audit Charter） | 2008年2月1日修订 |
| G6 | 审计信息系统的实质性概念（Materiality Concepts for Auditing Information Systems） | 2008年5月1日修订 |
| G7 | 应有的职业关注（Due Professional Care） | 2008年3月1日修订 |
| G8 | 审计文件（Audit Documentation） | 2008年3月1日修订 |
| G9 | 违规的审计考虑（Audit Considerations for Irregularities） | 2000年3月1日生效 |
| G10 | 审计取样（Audit Sampling） | 2000年3月1日生效 |
| G11 | 广泛的信息系统控制的效果（Effect of Pervasive IS Controls） | 2000年3月1日生效 |
| G12 | 组织的关联与独立性（Organizational Relationship and Independence） | 2000年9月1日生效 |
| G13 | 在审计计划中的风险评估方法（Use of Risk Assessment in Audit Planning） | 2000年9月1日生效 |
| G14 | 应用系统评论（Application Systems Review） | 2001年11月1日生效 |
| G15 | 计划修订（Planning Revised） | 2002年3月1日生效 |
| G16 | 在组织的IT控制中第三方的作用（Effect of Third Parties on an Organization's IT Controls） | 2002年3月1日生效 |
| G17 | 在信息系统审计师的独立性方面非审计角色的作用（Effect of Nonaudit Role on the IS Auditor's Independence） | 2002年7月1日生效 |
| G18 | IT治理（IT Governance） | 2002年7月1日生效 |
| G19 | 违规和违法的行为（Irregularities and Illegal Acts） | 2002年7月1日生效 |
| G20 | 审计报告（Reporting） | 2003年1月1日生效 |
| G21 | 企业资源规划系统评论（Enterprise Resource Planning Systems Review） | 2003年8月1日生效 |
| G22 | B2C电子商务评论（Business-to-consumer E-commerce Review） | 2003年8月1日生效 |
| G23 | 系统开发生命周期评论的评论（System Development Life Cycle Review Reviews） | 2003年8月1日生效 |
| G24 | 互联网银行（Internet Banking） | 2003年8月1日生效 |
| G25 | VPN评论（Review of Virtual Private Networks） | 2004年7月1日生效 |
| G26 | 业务流程再造项目评论（Business Process Reengineering Project Reviews） | 2004年7月1日生效 |
| G27 | 移动计算（Mobile Computing） | 2004年9月1日生效 |
| G28 | 计算机司法鉴定（Computer Forensics） | 2004年9月1日生效 |
| G29 | 职位执行评论（Post-implementation Review） | 2005年1月1日生效 |
| G30 | 审计能力（Competence） | 2005年6月1日生效 |
| G31 | 隐私（Privacy） | 2005年6月1日生效 |

续表

| 代码 | 名称 | 生效日期 |
|---|---|---|
| G32 | 基于愿景的业务持续计划评论（Business Continuity Plan Review From It Perspective） | 2005年9月1日生效 |
| G33 | 在互联网应用方面的总则（General Considerations on the Use of the Internet） | 2006年3月1日生效 |
| G34 | 责任、权利和义务（Responsibility, Authority and Accountability） | 2006年3月1日生效 |
| G35 | 后续工作（Follow-up Activities） | 2006年3月1日生效 |
| G36 | 生物控制（Biometric Controls） | 2007年2月1日生效 |
| G37 | 配置管理过程（Configuration Management Process） | 2007年11月1日生效 |
| G38 | 存取控制（Access Controls） | 2008年2月1日生效 |
| G39 | IT组织（IT Organization） | 2008年5月1日生效 |

### 3. 信息系统审计程序

程序为信息系统审计师提供了工作范例，规定了信息系统审计师在项目审计中应该遵循的步骤。程序文件提供了信息系统审计工作应如何开展才能达到相关标准的信息，但并非硬性规定。信息系统审计程序的目标是为达到信息系统审计标准提供进一步的信息。到目前为止，生效的程序共有11条，如表1-4所示。

表1-4 程序

| 代码 | 名称 | 生效日期 |
|---|---|---|
| P1 | 信息系统风险评估（IS Risk Assessment） | 2002年7月1日生效 |
| P2 | 数字签名（Digital Signatures） | 2002年7月1日生效 |
| P3 | 入侵检测（Intrusion Detection） | 2003年8月1日生效 |
| P4 | 病毒和其他恶意代码（Viruses and other Malicious Code） | 2003年8月1日生效 |
| P5 | 控制风险的自我评估（Control Risk Self-assessment） | 2003年8月1日生效 |
| P6 | 防火墙（Firewalls） | 2003年8月1日生效 |
| P7 | 违规和违法行为（Irregularities and Illegal Acts） | 2003年11月1日生效 |
| P8 | 安全隐患测试和弱点分析（Security Assessment-Penetration Testing and Vulnerability Analysis） | 2004年9月1日生效 |
| P9 | 密码方法在管理控制中的评价（Evaluation of Management Controls Over Encryption Methodologies） | 2005年1月1日生效 |
| P10 | 商业应用改变控制（Business Application Change Control） | 2006年10月1日生效 |
| P11 | 电子资金转移（Electronic Funds Transfer） | 2007年5月1日生效 |

## 1.3.3 审计师的职业准则

信息系统审计师是一个特殊的职业，审计的质量与审计师主体高度相关，特别是审计人员的独立性、职业道德、专业能力等因素将对审计质量产生决定性的影响，因此在这方面的规定比较多，信息系统审计师必须牢牢掌握这方面的规定，并且在审计过程中严格执行这些规定。

### 1. 独立性

独立性是审计主体的根本，有独立性才会有客观性，有客观性才会有审计质量的保证。ISACA的审计准则中涉及独立性的有：标准2"独立性"（S2），指南12"组织的关联与独立性"(G12),指南16"在组织的IT控制中第三方的作用"(G16),指南17"在信息系统审计师的独立性方面非审计角色的作用"(G17),指南34"责任、权利和义务"(G34)。ISACA的审计准则对"独立性"的阐述如下。

（1）职业独立性：对于所有与审计相关的事务,信息系统审计师应当在态度和形式上独立于被审计单位。

（2）组织独立性：信息审计职能应当独立于受审查的范围或活动之外,以确保审计工作完成的客观性。

（3）审计章程或委托书中应当针对审计职能的独立性和义务做出相应的规定。

（4）信息系统审计师应该在审计过程中随时保持态度和形式上的独立性。

（5）如出现独立性受损的现象,无论是在实质上还是在形式上,应向有关当事人披露独立性受损的细节。

（6）信息系统审计师应当在组织上独立于被审计的范围。

（7）信息系统审计师、管理层和审计委员会（如果设立）应当定期对独立性进行评估。

（8）除非被其他职业标准或管理机构所禁止,当信息系统审计师虽然参与信息系统项目,但是担当的并不是审计角色的时候,则并不要求信息系统审计师保持独立性,或者在形式上表现出独立性。

**2. 职业道德**

所谓职业道德,就是与人们的职业活动紧密联系而符合职业特点所要求的道德准则、道德情操与道德品德的总和。职业道德不仅是从业人员在职业活动中的行为标准和要求,而且是本行对社会所承担的道德责任和义务。职业道德是社会道德在职业生活中的具体化表现。

ISACA的审计准则对"职业道德"的阐述集中在标准3"职业道德和标准"（S3）中。具体如下：

（1）信息系统审计师应当遵守ISACA职业道德规范的要求。

（2）信息系统审计师应当正确履行审计职责,其中包括遵守相应的职业审计标准。

（3）由ISACA所发布的职业道德规范将会被不定期地修订,以保证与审计行业中最新出现的趋势和要求的一致性。ISACA的成员及信息系统审计师应当与最新的职业道德规范保持一致,并且在以信息审计师身份担任审计职责时遵照执行。

（4）由ISACA所发布的信息审计标准会被定期审查,以不断改进,并且会随着审计行业中不断出现的挑战做出必要的修订。ISACA的成员及信息系统审计师应当了解最新适用的信息系统审计标准,并且在执行审计任务过程中正确地履行审计职责。

（5）如果未能遵守ISACA职业道德规范以及/或者信息审计标准,相关ISACA成员或CISA持有人就会受到操行方面的调查,最终还会受到纪律处分。

（6）ISACA的成员及信息系统审计师应当与他们同工作组的成员进行沟通,确保各工作组在执行审计任务的过程中,遵守职业道德规范和适用的信息系统审计标准。

（7）信息系统审计师在承担审计任务中,应该按照适用的职业道德规范和信息系统审计标准,妥善处理所有的利益关系。如果无法完全遵守或在形式上无法完全遵守职业道德规范和信息系统审计标准,信息系统审计师应该考虑退出所从事的审计项目。

（8）信息系统审计师应当保持最高度的诚实和正直,在争取和执行审计任务的过程中,不得采取任何可能被看做非法的、不道德的或非专业的方法。

### 3. 专业能力

信息系统审计师要提供高质量的专业服务，除必须具备良好的职业品德外，还须具有较强的业务能力和具备高水平的职业判断能力。因此，专业能力要求是信息系统审计师职务道德的一项重要内容。专业能力应包括以下几个方面：

(1) 不得从事不能胜任的业务。信息系统审计师不能承接其不能胜任或不能按时完成的业务。

(2) 信息系统审计师对助理人员和其他专业人员的责任。信息系统审计师所从事的大部分业务都需要业务助理人员的参加，某些特殊的业务也往往需要聘请其他专业人员的帮助才能胜任，但审计报告则要由信息系统审计师签章，信息系统审计师应对审计报告负责任，也就要求信息系统审计师对助理人员和其他专业人员的工作结果负责。

(3) 接受后续教育。由于计算机技术的飞速发展，知识更新的周期越来越短，信息系统审计师的业务领域也在不断地拓展和深化。信息系统审计师必须适应时代的要求，不断地接受后续教育，更新和提升其专业知识。

(4) 技术规范。信息系统审计师应遵守一些工作程序和工作方法的基本规定。

ISACA 的审计准则对专业能力的解释主要在标准 3 "专业能力" (S4) 和指南 30 "审计能力" (G30) 中。具体如下：

(1) 信息系统审计师应该有合格的专业能力，具备进行审计工作的相应知识和技能。

(2) 信息系统审计师应该通过持续的专业教育和培训保持良好的专业能力。

(3) 信息系统审计师必须合理保证在开始某个项目前具备良好的专业能力（包括与所计划的任务相关的专业技能、专业知识和工作经验）。不具备的信息系统审计师，则应拒绝或退出相关项目。

(4) 如果具备 CISA 认证或其他审计相关职业资格，信息系统审计师必须符合持续职业教育或其他的职业发展要求。ISACA 的成员如不具有 CISA 认证证书或其他的审计相关特定职业资格，在其从事信息系统审计相关工作时，必须经过足够的正规教育、培训和工作经验。

(5) 当领导一个审计组从事某项审计项目时，信息系统审计师必须合理保证审计组中的每个人员都具备完成该审计项目相应的专业能力水平。

### 1.3.4 与 IT 服务管理相关的规范

COBIT、ITIL、ISO20000、ISO27001、PRINCE2 和 PMBOK 在 IT 管理上各有侧重，如 COBIT 重点在于 IT 控制和 IT 度量；ITIL 重点在于 IT 过程管理，强调 IT 支持和 IT 交付；ISO20000 是面向 IT 服务管理的质量体系标准，强调以流程的方式达到质量管理标准；ISO27001 是面向信息安全的质量标准规范，强调以风险控制点的方式来达到信息安全管理的目的；PRINCE2 是基于过程的结构化的项目管理；PMBOK 提出了项目管理的解决方案。

**1. COSO 内部控制和风险管理框架**

1985 年，由美国注册会计师协会 (AICPA)、美国会计协会 (AAA)、财务经理人协会 (FEI)、内部审计师协会 (IIA)、管理会计师协会 (IMA) 联合创建了反虚假财务报告委员会（通常称 Treadway 委员会），旨在探讨财务报告中的舞弊产生的原因，并寻找解决之道。两年后，基于该委员会的建议，其赞助机构成立 COSO (Committee of Sponsoring Organization,

COSO)委员会,专门研究内部控制问题。1992年9月,COSO委员会发布《内部控制整合框架》(COSO-IC),简称COSO报告,1994年进行了增补。这些成果得到了美国审计署(GAO)的认可,美国注册会计师协会(AICPA)也全面接受其内容并于1995年发布了《审计准则公告第78号》。由于COSO报告提出的内部控制理论和体系集内部控制理论和实践发展之大成,成为现代内部控制最具有权威性的框架,因此在业内备受推崇,成为美国上市公司内部控制框架的参照性标准。

在《COSO内部控制整合框架》中,内部控制的目标是:
① 财务报告的可靠性。
② 经营的效果和效率。
③ 符合适用的法律和法规。

把内部控制划分为5个相互关联的要素,即控制环境、风险评估、控制活动、信息与沟通、监控。

2003年7月,美国COSO委员根据萨班斯法案的相关要求,颁布了"企业风险管理整合框架"的讨论稿,该讨论稿是在《内部控制整合框架》的基础上进行了扩展而得来的,2004年9月正式颁布了《企业风险管理整合框架》(COSO-ERM)。

《企业风险管理整合框架》把风险管理的要素分为8个:内部环境、目标制定、事件识别、风险评估、风险反应、控制活动、信息与沟通、监督。

这些成果得到了美国审计署(GAO)的认可,美国注册会计师协会(AICPA)也全面接受其内容并于1995年发布了《审计准则公告第78号》。由于COSO报告提出的内部控制理论和体系集内部控制理论和实践发展之大成,成为现代内部控制最具有权威性的框架,因此在业内备受推崇,成为美国上市公司内部控制框架的参照性标准。

**2. COBIT(Control Objectives for Information and related Technology)**

1994年,国际信息系统审计与控制协会(ISACA)为满足COSO对IT控制环境的要求,制定了COBIT控制框架。是目前影响最大的IT管理和控制的标准,以满足业务需求为主要目标,为理解、实现和评估IT能力、绩效和风险提供了统一的框架。

COBIT提出了三维模型,即IT目标、IT资源、IT领域。IT目标涉及有效性、效率、保密性、完整性、可用性、一致性、可靠性;IT资源涉及应用系统、数据、设施、人员等;IT领域涉及计划与组织、获取与实施、交付与支持、监控与评价。

通过这4个IT领域,COBIT归纳了34个常用IT流程。多数企业已建立了明确的IT计划、建设、运行和监控职责,或多数有相同的关键流程,但是很少有企业完整地使用COBIT的34个流程或建立与之完全一致的流程架构。COBIT提供一系列完整的流程列表,用于验证活动和职责的完整性,但企业并不需要全部采纳这34个流程,更多情况下应按照企业的需要进行裁剪组合。每一个流程均指明了业务目标与其所支持的IT目标之间的联系,同时也提供了如何衡量目标、关键活动、主要交付物以及由谁负责等相关信息。

**3. ITIL(Information Technology Infrastructure Library)**

ITIL是一套被广泛承认的用于有效IT服务管理的实践准则。1980年以来,英国政府商务办公室(OGC,原称政府计算机与通信中心)为解决"IT服务质量不佳"的问题,逐步提出和完善了一整套对IT服务的质量进行评估的方法体系,叫做ITIL。2001年,英国标准协会在国际IT服务管理论坛itSMF上正式发布了以ITIL为核心的英国国家标准BS15000。这成为IT服务管理领域具有历史意义的重大事件。ITIL实际上是由一系列所谓"最佳实践"(Best Practice)形式的图书(共7本)构成,2007年发布最新ITIL V3.0版本,成为IT服务管理的事实标准。

ITIL以流程为导向、以客户为中心,它通过整合IT服务与企业业务,提高了企业的IT服务提供和运营管理的能力和水平。ITIL可引导组织高效和有效地使用技术,让既有的信息化资源发挥更大的效能。

IT服务管理是ITIL框架的核心,它是一套协同流程(Process),并通过服务级别协议(SLA)来保证IT服务的质量。ITIL把IT管理活动归纳为1项管理功能和10个核心流程。这10个核心流程是:配置管理(Configuration Management)、变更管理(Change Management)、发布管理(Release Management)、事件管理(Incident Management)、问题管理(Problem Management)、服务级别管理(Service Level Management)、财务管理(Financial Management of IT Services)、可持续性管理(Continuity of IT Services)、容量管理(Capacity Management)、可用性管理(Availability Management)。

**4. ISO20000(International Standard Organization 20000)**

ISO20000是一套IT服务管理的国际标准,最早来源于英国标准协会发布的BS15000。ISO20000标准着重于通过"IT服务标准化"来管理IT问题,即将IT问题归类,识别问题的内在联系,然后依据服务水平协议进行计划、推行和监控,并强调与客户的沟通。该标准同时关注体系的能力,体系变更时所要求的管理水平、财务预算、软件控制和分配。标准被认为是任何一个组织能够被认为是在IT服务管理方面流程有效的最低需求。适用于IT服务提供商组织,适用于所有产业部门,也适用于各种规模的组织。

ISO20000的体系框架包含五大流程,即服务交付流程、控制流程、发布流程、解决流程和关系流程,其中又细分为13个具体的服务管理流程,分别是服务报告、能力管理、可持续性管理、可用性管理、信息安全管理、IT服务预算编制与会计核算、配置管理、变更管理、发布管理、事件管理、问题管理、业务关系管理和供应商管理,其中事件管理、问题管理、配置管理、变更管理和发布管理是最核心的服务管理流程。

**5. ISO27001(International Standard Organization 27001)**

ISO27001系列标准来源于英国标准协会(BSI)的信息安全管理标准体系BS 7799。该标准由BSI于1995年2月提出,并于1995年5月修订而成。

ISO27001标准从组织的整体业务风险的角度,为建立、实施、运行、监视、评审、保持和改进文件化的信息安全管理体系(Information Security Management System,ISMS)规定了要求。强调信息安全管理体系的有效性、经济性、全面性、普遍性和开放性,目的是为希望达到一定管理效果的组织提供一种高质量、高实用性的参照,其最大特点就是广泛但不深入,而且仅作参考之用。

ISO27001:提供了一个管理方案,规定了根据独立组织的需要和信息安全的要求应实施安全控制的要求,主要内容包括安全方针、安全组织、资产分类与控制、信息安全管理体系(人员安全、物理与环境安全、通信与运行管理、系统开发与维护)、管理责任(访问控制)、ISMS内部审查(信息安全事件管理)、ISMS管理评审(业务持续性管理)、ISMS改善符合性等。

**6. PMBOK(Project Management Body of Knowledge)**

PMBOK是美国项目管理协会(PMI)对项目管理所需的知识、技能和工具进行的概括性描述,现已成为国际社会普遍接受的项目管理知识体系标准。作为PMI的出版物,PMBOK在1996、2000、2004、2008年先后发布了不同的版本,体系不断完善。该知识体系也成为了项目管理领域权威认证——项目管理专家认证（HPMPH）考试的基础。

PMBOK 为项目管理提供通用的词汇，确定和描述项目管理中被普遍接受的知识。在对项目管理知识体系的子集进行专业分类和描述的基础上，把项目管理从功能上分为 9 个知识领域，即范围管理、时间管理、成本管理、质量管理、人力资源管理、沟通管理、采购管理、风险管理和综合管理；从过程上分为 5 个过程组，以更好地管理和控制项目，这 5 个过程组包括启动、计划、执行、控制和结束。

**7. PRINCE2（Projects In Controlled Environments）**

PRINCE2 是一种对项目管理的特定方面提供支持的方法，由英国政府商务部（OGC）拥有并开发。从最早 20 世纪 70 年代 PROMPT 项目管理方法到 1996 年形成版本 PRINCE2，经历了一个不断充实的成长过程。PRINCE2 包括 8 类管理要素（component）、8 个管理过程（process）以及 4 种管理技术（technology）。

PRINCE2 所定义的 8 个管理要素是组织（organization）、计划（plans）、控制（controls）、项目阶段（stages）、风险管理（management of risk）、在项目环境中的质量（quality in a project environment）、配置管理（configuration management）以及变更控制（change control）。这些管理要素是 PRINCE2 管理的主要内容，它们的管理贯穿于 8 个管理过程中。

PRINCE2 提供从项目开始到项目结束覆盖整个项目生命周期的基于过程（process-based）的结构化的项目管理方法，共包括 8 个过程，每个过程描述了项目为何重要（why）、项目的预期目标何在（what）、项目活动由谁负责（who）以及这些活动何时被执行（when）。8 个过程是指导项目（directing a project, DP）、开始项目（starting up a project, SU）、启动项目（initiating a project, IP）、管理项目阶段边线（managing stage boundaries, SB）、控制一个阶段（controlling a stage, CS）、管理产品交付（managing product delivery, MP）、结束项目（closing a project, CP）、计划（planning, PL）。其中指导项目和计划过程贯穿于项目始终，支持其他 6 个过程。

PRINCE2 提出的 4 种管理技术是：基于产品的规划（product-based planning）、变更控制方法（change control approach）、质量评审技术（quality review technique）以及项目文档化技术（project filing techniques）。有效使用这些技术为项目管理的成功提供了有力的保障。

## 1.3.5 与信息安全技术相关的标准

与信息安全有关的国家标准如表 1-5 所示，感兴趣的读者可以到网站上查到这些标准的详细内容，这里不再详述。

表 1-5 信息安全国家标准

| 标 准 号 | 标 准 名 称 |
| --- | --- |
| GB/T 16264.8—2005 | 《信息技术 开放系统互连 目录 第 8 部分：公钥和属性证书框架》 |
| GB/T 19717—2005 | 《基于多用途互联网邮件扩展（MIME）的安全报文交换》 |
| GB/T 19771—2005 | 《信息技术 安全技术 公钥基础设施 PKI 组件最小互操作规范》 |
| GB/T 19713—2005 | 《信息技术 安全技术 公钥基础设施 在线证书状态协议》 |
| GB/T 19714—2005 | 《信息技术 安全技术 公钥基础设施 证书管理协议》 |
| GB/T 20518—2006 | 《信息安全技术 公钥基础设施 数字证书格式》 |
| GB/T 15843.5—2005 | 《信息技术 安全技术 实体鉴别 第 5 部分：使用零知识技术的机制》 |
| GB/T 17902.2—2005 | 《信息技术 安全技术 带附录的数字签名 第 2 部分：基于身份的机制》 |
| GB/T 17902.3—2005 | 《信息技术 安全技术 带附录的数字签名 第 3 部分：基于证书的机制》 |

续表

| 标 准 号 | 标 准 名 称 |
|---|---|
| GB/T 20008—2005 | 《信息安全技术 操作系统安全评估准则》 |
| GB/T 20009—2005 | 《信息安全技术 数据库管理系统安全评估准则》 |
| GB/T 20011—2005 | 《信息安全技术 路由器安全评估准则》 |
| GB/T 20010—2005 | 《信息安全技术 包过滤防火墙安全评估准则》 |
| GB/T 19715.1—2005 | 《信息技术 信息技术安全管理指南 第1部分:信息技术安全概念和模型》 |
| GB/T 19715.2—2005 | 《信息技术 信息技术安全管理指南 第2部分:管理和规划信息技术安全》 |
| GB/T 20520—2006 | 《信息安全技术 公钥基础设施 时间戳规范》 |
| GB/T 20519—2006 | 《信息安全技术 公钥基础设施 特定权限管理中心技术规范》 |
| GB/T 20274.1—2006 | 《信息安全技术 信息系统安全保障评估框架 第1部分:简介和一般模型》 |
| GB/T 20274.2—2008 | 《信息安全技术 信息系统安全保障评估框架 第2部分:技术保障》 |
| GB/T 20274.3—2008 | 《信息安全技术 信息系统安全保障评估框架 第3部分:管理保障》 |
| GB/T 20274.4—2008 | 《信息安全技术 信息系统安全保障评估框架 第4部分:工程保障》 |
| GB/T 20983—2007 | 《信息安全技术 网上银行系统信息安全保障评估准则》 |
| GB/T 20987—2006 | 《信息安全技术 网上证券交易系统信息安全保障评估准则》 |
| GB/T 20276—2006 | 《信息安全技术 智能卡嵌入式软件安全技术要求(EAL4增强级)》 |
| GB/T 20281—2006 | 《信息安全技术 防火墙技术要求和测试评价方法》 |
| GB/T 20272—2006 | 《信息安全技术 操作系统安全技术要求》 |
| GB/T 20279—2006 | 《信息安全技术 网络和终端设备隔离部件安全技术要求》 |
| GB/T 20277—2006 | 《信息安全技术 网络和终端设备隔离部件测试评价方法》 |
| GB/T 20282—2006 | 《信息安全技术 信息系统安全工程管理要求》 |
| GB/T 20270—2006 | 《信息安全技术 网络基础安全技术要求》 |
| GB/T 20273—2006 | 《信息安全技术 数据库管理系统安全技术要求》 |
| GB/T 20269—2006 | 《信息安全技术 信息系统安全管理要求》 |
| GB/T 20271—2006 | 《信息安全技术 信息系统通用安全技术要求》 |
| GB/T 20275—2006 | 《信息安全技术 入侵检测系统技术要求和测试评价方法》 |
| GB/T 20280—2006 | 《信息安全技术 网络脆弱性扫描产品测试评价方法》 |
| GB/T 20278—2006 | 《信息安全技术 网络脆弱性扫描产品技术要求》 |
| GB/T 20283—2006 | 《信息安全技术 保护轮廓和安全目标的产生指南》 |
| GB/T 21054—2007 | 《信息安全技术 公钥基础设施PKI系统安全等级保护评估准则》 |
| GB/T 21053—2007 | 《信息安全技术 公钥基础设施PKI系统安全等级保护技术要求》 |
| GB/T 21052—2007 | 《信息安全技术 信息系统物理安全技术要求》 |
| GB/T 20984—2007 | 《信息安全技术 信息安全风险评估规范》 |
| GB/T 18336.1—2008 | 《信息技术 安全技术 信息技术安全性评估准则 第1部分:简介和一般模型》 |
| GB/T 18336.2—2008 | 《信息技术 安全技术 信息技术安全性评估准则 第2部分:安全功能要求》 |
| GB/T 18336.3—2008 | 《信息技术 安全技术 信息技术安全性评估准则 第3部分:安全保证要求》 |
| GB/T 20979—2007 | 《信息安全技术 虹膜识别系统技术要求》 |
| GB/T 22186—2008 | 《信息安全技术 具有中央处理器的集成电路(IC)卡芯片安全技术要求(评估保证级4增强级)》 |
| GB/T 21050—2007 | 《信息安全技术 网络交换机安全技术要求(评估保证级3)》 |
| GB/T 18018—2007 | 《信息安全技术 路由器安全技术要求》 |
| GB/T 20945—2007 | 《信息安全技术 信息系统安全性审计产品技术要求和测试评价方法》 |
| GB/T 21028—2007 | 《信息安全技术 服务器安全技术要求》 |

续表

| 标 准 号 | 标 准 名 称 |
|---|---|
| GB/T 20988—2007 | 《信息安全技术 信息系统灾难恢复规范》 |
| GB/T 20986—2007 | 《信息安全技术 信息安全事件分类分级指南》 |
| GB/T 20985—2007 | 《信息技术 安全技术 信息安全事件管理指南》 |
| GB/T 22239—2008 | 《信息安全技术 信息系统安全等级保护基本要求》 |
| GB/T 22240—2008 | 《信息安全技术 信息系统安全保护等级定级指南》 |
| GB/T 22081—2008 | 《信息技术 安全技术 信息安全管理实用规则》 |
| GB/T 22080—2008 | 《信息技术 安全技术 信息安全管理体系 要求》 |
| GB/T 17964—2008 | 《信息安全技术 分组密码算法的工作模式》 |
| GB/T 15843.1—2008 | 《信息技术 安全技术 实体鉴别 第1部分：概述》 |
| GB/T 15843.2—2008 | 《信息技术 安全技术 实体鉴别 第2部分：采用对称加密算法的机制》 |
| GB/T 15843.3—2008 | 《信息技术 安全技术 实体鉴别 第3部分：采用数字签名技术的机制》 |
| GB/T 15843.4—2008 | 《信息技术 安全技术 实体鉴别 第4部分：采用密码校验函数的机制》 |
| GB/T 15852.1—2008 | 《信息技术 安全技术 消息鉴别码 第1部分：采用分组密码的机制》 |
| GB/T 17903.1—2008 | 《信息技术 安全技术 抗抵赖 第1部分：概述》 |
| GB/T 17903.2—2008 | 《信息技术 安全技术 抗抵赖 第2部分：采用对称技术的机制》 |
| GB/T 17903.3—2008 | 《信息技术 安全技术 抗抵赖 第3部分：采用非对称技术的机制》 |
| GB/Z 24294—2009 | 《信息安全技术 基于互联网电子政务信息安全实施指南》 |
| GB/T 24364—2009 | 《信息安全技术 信息安全风险管理指南》 |
| GB/T 24363—2009 | 《信息安全技术 信息安全应急响应计划规范》 |
| GB/T 25070—2010 | 《信息安全技术 信息系统等级保护安全技术设计要求》 |
| GB/T 25057—2010 | 《信息安全技术 公钥基础设施 电子签名卡应用接口基本要求》 |
| GB/T 25059—2010 | 《信息安全技术 公钥基础设施 简易在线证书状态协议》 |
| GB/T 25060—2010 | 《信息安全技术 公钥基础设施 X.509数字证书应用接口规范》 |
| GB/T 25061—2010 | 《信息安全技术 公钥基础设施 XML数字签名语法与处理规范》 |
| GB/T 25069—2010 | 《信息安全技术 术语》 |
| GB/T 25062—2010 | 《信息安全技术 鉴别与授权 基于角色的访问控制模型与管理规范》 |
| GB/T 25065—2010—2010 | 《信息安全技术 公钥基础设施 签名生成应用程序的安全要求》 |
| GB/T 25056—2010 | 《信息系统安全技术 证书认证系统密码及其相关安全技术规范》 |
| GB/T 25055—2010 | 《信息安全技术 公钥基础设施安全支撑平台技术框架》 |
| GB/T 25058—2010 | 《信息安全技术 信息系统安全等级保护实施指南》 |
| GB/T 25067—2010 | 《信息技术 安全技术 信息安全管理体系审核认证机构的要求》 |
| GB/T 25064—2010 | 《信息安全技术 公钥基础设施 电子签名格式规范》 |
| GB/T 25063—2010 | 《信息安全技术 服务器安全测评要求》 |
| GB/T 25066—2010 | 《信息安全技术 信息安全产品类别与代码》 |
| GB/T 25068.3—2010 | 《信息技术 安全技术 IT网络安全 第3部分：使用安全网关的网间通信安全保护》 |
| GB/T 25068.4—2010 | 《信息技术 安全技术 IT网络安全 第4部分：远程接入的安全保护》 |
| GB/T 25068.5—2010 | 《信息技术 安全技术 IT网络安全 第5部分：使用虚拟专用网的跨网通信安全保护》 |

### 1.3.6 与计算机犯罪相关的法律

我国与计算机犯罪相关的法律法规主要是 1994 年的《中华人民共和国计算机信息系统安全保护条例(国务院令第 147 号)》,1997 年《刑法》规定了三个罪:非法侵入计算机信息系统罪(第二百八十五条)、破坏计算机信息系统罪(第二百八十六条)、利用计算机实施的犯罪(第二百八十七条),这三种犯罪行为被归结到其第六章"妨害社会管理秩序罪"中,相关法律条文如下所示。

刑法第二百八十五条规定:违反国家规定,侵入国家事务、国防建设、尖端科学技术领域的计算机信息系统的,处三年以下有期徒刑或者拘役。

刑法第二百八十六条规定:对于违反国家规定,对计算机信息系统功能进行删除、修改、增加、干扰,造成计算机信息系统不能正常运行,后果严重的,处五年以下有期徒刑或者拘役;后果特别严重的,处五年以上有期徒刑。违反国家规定,对计算机信息系统中存储、处理或者传输的数据和应用程序进行删除、修改、增加的操作,后果严重的,依照前款的规定处罚。故意制作、传播计算机病毒等破坏性程序,影响计算机系统正常运行,后果严重的,依照第一款的规定处罚。

刑法第二百八十七条规定:利用计算机实施金融诈骗、盗窃、贪污、挪用公款、窃取国家秘密或者其他犯罪的,依照本法有关规定定罪处罚。

# 第 2 章 信息系统审计实施

## 2.1 管控审计风险

### 2.1.1 什么是审计风险

《柯勒会计词典》把审计风险解释为:"一是已鉴定的财务报表,实际上未能按公认会计原则公允地反映被审计单位财务状况和经营成果的可能性;二是在被审计单位或审计范围中存在重要的错误,未被审计人员觉察的可能性。"

《美国审计准则说明》第 47 号认为:"审计风险是审计人员无意地对含有重要错报的财务报表没有适当修正审计意见的风险。"加拿大特许会计师协会的观点是:"审计风险是审计程序未能觉察出重大错误的风险。"

国际审计准则第 25 号《重要性和审计风险》将审计风险定义为:"审计风险是指审计人员对实质上误报的财务资料可能提供不适当意见的风险。"

中国注册会计师协会在 1996 年底公布的《独立审计具体准则第 9 号——内部控制和审计风险》中对审计风险定义为:"所谓审计风险是指会计报表存在重大错误或漏报,而注册会计师审计后发表不恰当审计意见的可能性。"

由于审计所处的环境日益复杂,审计所面临的任务日趋艰巨,审计也受到成本效益原则的约束。这些原因的存在决定了审计过程中存在审计风险。这在客观上要求审计人员注意风险存在的可能性,并采取相应措施尽量避免风险和控制风险。

### 2.1.2 审计风险的特征

审计风险表现为五大特征。

**1. 审计风险的客观性**

现代审计的一个显著特征是采用抽样审计的方法,即根据总体中的一部分样本的特性来推断总体的特性,而样本的特性与总体的特性或多或少有一点误差,这种误差可以控制,但一般难以消除。因此,不论是统计抽样还是判断抽样,若根据样本审查结果来推断总体,总会产生一定程度的误差,即审计人员要承担一定程度的作出错误审计结论的风险。即使是详细审计,由于经济业务的复杂、管理人员道德品质等因素,仍存在审计结果与客观实际不一致的情况。因此,风险总是存在于审计活动过程中,只是这些风险有时并未产生灾难性的后果,或对审计人员并未构成实质性的损失而已。所以,通过审计风险的研究,人们只能认识和控制审计风险,只能在有限的空间和时间内改变风险存在和发生的条件,降低其发生的频率和减少损失的程度,而不能,也不可能完全消除风险。

**2. 审计风险的普遍性**

虽然审计风险通过最后的审计结论与预期的偏差表现出来,但这种偏差是由多方面的因素引起的,审计活动的每一个环节都可能导致风险因素的产生。因此,有什么样的审计活动,就有与之相适应的审计风险。因此,审计风险具有普遍性,它存在于审计过程的每一个环节,任何一个环节的审计失误,都会增加最终的审计风险。

**3. 审计风险的潜在性**

审计责任的存在是形成审计风险的一个基本因素,如果审计人员在执业上不受任何约束,对自己的工作结果不承担任何责任,就不会形成审计风险,这就决定审计风险在一定时期里具有潜在性。如果审计人员虽然发生了偏离客观事实的行为,但没有造成不良后果,没有引起相应的审计责任,那么这种风险只停留在潜在阶段,而没有转化为实在的风险。审计风险是在错误形成以后经过验证才会体现出来,假如这种错误被人们无意中接受,即不再进行验证,则由此而应承担的责任或遭受的损失实际没有成为现实。所以,审计风险只是一种可能的风险,它对审计人员构成某种损失有一个显化的过程,这一过程的长短因审计风险的内容,审计的法律环境,经济环境,以及客户和社会公众对审计风险的认识程度而异。

**4. 审计风险的偶然性**

审计风险是由于某些客观原因,或审计人员并未意识到的主观原因造成,即并非审计人员故意所为。审计人员在无意间接受了审计风险,又在无意间承担了审计风险带来的后果。承认审计风险具有偶然性这一特点非常重要,因为只有在这一前提下,审计人员才会努力设法避免减少审计风险,对审计风险的控制才有意义。倘若审计人员因某种私利故意做出与事实不符的审计结论,则由此承担的责任并不形成真正意义上的审计风险,因为这种审计人员故意的舞弊行为谈不上在对审计风险进行控制,而这种行为本身是受到职业道德的谴责,应承担法律责任。

**5. 审计风险的可控性**

审计要为其报告的正确性承担责任风险早已为人们所熟悉,然而现代审计的指导思想从制度基础审计进一步发展到风险审计表明,审计职业界并未被越来越多的审计风险捆住手脚而失去其活力,而是逐步向主动控制审计风险的方向发展。正确认识审计风险的可控性有着重要意义,一方面不必害怕审计风险,虽然审计人员的责任会导致审计风险的产生,一旦发生,且对审计职业的影响也是重大的,但可以通过识别风险领域,采取相应的措施加以避免,没有必要因为风险的存在,而不敢承接业务。只要风险降低到可接受的水平,仍可对客户进行审计。另一方面,我们意识到了审计风险的可控性,说明审计风险是可以通过努力而降低其水平的,可以促使我们研究审计方法,提高审计质量。

## 2.1.3 审计风险的模型

美国注册会计师协会发布的第47号审计标准说明中提出了审计风险模型：审计风险＝固有风险×控制风险×检查风险。可见，审计风险是由固有风险、控制风险和检查风险3个要素构成。

**1. 固有风险**

固有风险是指在不考虑被审计内部控制的情况下，其信息系统本身存在的安全性和可靠性等问题出现的可能性。它是审计人员无法改变其实际水平的一种风险。固有风险有如下几个特点。

(1) 固有风险取决于信息技术的发展水平以及企业采用的技术水平。不同的业务，对技术的依赖度不同，所以固有风险水平也不同；对于不同的软件，固有风险水平也不同。

(2) 固有风险的产生与被审计单位采用的信息技术有关，与审计师无关。审计师无法通过自己的工作来降低固有风险，只能通过必要的审计程序来分析和判断固有风险水平。

(3) 固有风险独立存在于审计过程中，又客观存在于审计过程中，且是一种相对独立的风险。这种风险水平的大小需要经过审计师的认定。

**2. 控制风险**

控制风险是指被审计单位未能通过管理与控制及时防止或发现其信息系统出现问题或缺陷的可能性。同固有风险一样，审计人员只能评估其水平而不能影响或降低它的大小。控制风险有以下几个特点。

(1) 控制风险水平与被审计单位的控制水平有关。如果被审计单位的内部控制制度存在重要的缺陷或不能有效地工作，那么错弊就会进入被审计单位的信息系统，由此产生了控制风险。

(2) 控制风险与审计师的工作无关。同固有风险一样，审计师无法降低控制风险，但审计师可以根据被审计单位相关部分的内部控制的健全性和有效性情况，设定有关控制风险的计划评估水平。

(3) 控制风险是审计过程中一个独立的风险。控制风险独立存在于审计过程中。这种风险与固有风险的大小无关。它是被审计单位内部控制制度或程度的有效性的函数。有效的内部控制将降低控制风险，而无效的内部控制将增加控制风险。由于内部控制制度不能完全保证防止或发现所有信息系统问题和缺陷，因此，控制风险不可能为零，它必然会影响最终的审计风险。

**3. 检查风险**

检查风险指信息系统审计师通过预定的审计流程未能发现被审计单位在信息系统的安全性、真实性、绩效等方面存在的问题或缺陷的可能性。检查风险是审计风险要素中唯一可以通过审计师进行控制和管理的风险要素。其特点是：

(1) 它独立地存在于整个审计过程中，不受固有风险和控制风险的影响。

(2) 检查风险与审计师工作直接相关,是审计程序的有效性和审计师运用审计程序的有效性的函数,其实际水平与审计师的工作有关,它直接影响最终的审计风险。在实践中审计师就是通过收集充分的证据来降低检查风险,从而把总审计风险保持在可接受的水平上。

(3) 检查风险水平和重要性水平共同决定了审计人员需要实施的实质性测试的性质、时间和范围以及所需收集证据的数量。

检查风险直接影响最终的审计风险。固有风险和控制风险对最终的审计风险的影响是间接的,因为即使存在固有风险和控制风险,其产生的后果最终可以通过审计师的工作予以克服。如果审计师不能发现存在的问题,造成错报或漏报,从而直接引起审计风险。这里应该注意的是检查风险不等同于审计风险,检查风险只是审计风险的一个要素,而审计风险是各个风险要素共同作用的结果。

### 2.1.4 评估固有风险和控制风险

固有风险和控制风险是审计风险的一个重要组成部分,正是因为固有风险和控制风险的存在才导致了审计风险的存在。可见,固有风险和控制风险与审计风险成正比例关系。审计师为了完成审计的目标,必须对固有风险和控制风险水平做出正确的评估。审计人员要调查了解被审计单位信息系统的状况,包括从硬件到软件等与信息系统有关的全部内容,如:

- 数据(各种电子数据、技术文档、合同、管理规定等);
- 应用系统(财务软件、办公软件、生产软件、电子商务软件、客户关系管理软件等);
- 数据库系统;
- 中间件(防火墙、杀毒软件等);
- 操作系统;
- 硬件设备(计算机主机、打印机、存储设备、网络设备等);
- 辅助设施(机房、UPS、电缆、防雷击设施等)。

由于信息系统的程序和数据都是被审计业务的体现,因此,还必须了解被审计单位的经营情况等,如:

- 业务类型、产品和服务的种类、经营特点;
- 行业类型、行业受经济状况变动影响的程度、主要的产业政策等;
- 关联方及其交易的存在情况;
- 影响被审计企业及所属行业的法律、法规等;
- 被审计单位内部控制;
- 提供给有关管理机关的报告的性质。

表 2-1~表 2-3 提供了非常实用的工具,帮助审计人员初步分析被审计单位的信息系统的固有风险和控制风险的水平,在审计过程中,需要经过对信息系统的了解、分析、评价和测试来确定固有风险和控制风险的水平。

表 2-1 被审单位信息系统基本情况调查表

| 序号 | 信息系统基本情况调查表 | | | | | | 运行环境 | | | | | 系统使用时间 | | 可提供资料 | | | | |
|---|---|---|---|---|---|---|---|---|---|---|---|---|---|---|---|---|---|---|
| | 基本情况 | | | | | | | 软件环境 | | | | | | | | 相关手册 | | |
| | 系统名称 | 使用此系统的部门名称 | 维护此系统的部门名称 | 用途 该系统核算业务处理的具体内容 | 所处理数据来源 系统处理的数据的来源 | 开发公司 该系统的开发单位名称 | 数据库系统 系统后台数据库类型 | 联系人及联系方式 该系统使用部门负责人信息 | 硬件环境 按照CPU、内存、硬盘顺序列出 | 工作方式 单机版、C/S、B/S | 操作系统 支持该系统运行的操作系统类型 | 数据库系统 支持该系统运行的数据库类型 | 其他环境要求 其他未提到的环境要求 | 开始日期 系统开始使用日期 | 截止日期 系统停止使用时间 | 安装程序 | 程序备份数据 | 数据库备份 | 安装手册 | 用户使用手册 | 数据结构说明 | 其他 |
| 填写说明 | | | | | | | | | | | | | | | | 如可提供在相应栏打"√" | | |
| | | | | | | | | | | | | | | | | | | |
| | | | | | | | | | | | | | | | | | | |
| | | | | | | | | | | | | | | | | | | |
| | | | | | | | | | | | | | | | | | | |

其他需说明情况:

表 2-2 被审单位信息系统基本情况调查表

| 财务/业务系统名称 | | 启用的时间 | |
|---|---|---|---|
| 系统开发者名称 | | | |
| 软件基本情况 | 操作系统 | | |
| | 数据库管理系统 | | |
| | 网络通信软件 | | |
| 系统模块名称和功能 | | | |
| | | | |
| | | | |
| | | | |
| | | | |

备注：

审计人员：　　　　审计日期：　　　　复核人员：　　　　复核日期：

表 2-3 应用软件基本情况调查表

| 调 查 内 容 | 是 | 否 | 不适用 | 评价 |
|---|---|---|---|---|
| 1. 基本情况<br>(1) 应用软件是否为正版软件？<br>(2) 是否具有软件维护和技术支持？<br>(3) 应用软件如为自行开发或购买，是否经过上级主管部门及专家鉴定批准？ | | | | |
| 2. 软件文档资料<br>(1) 软件的功能是否违反了国家的法律法规？<br>(2) 软件功能是否达到了用户的要求？<br>(3) 程序中是否存在违法违规的代码？<br>(4) 软件在功能、性能、安全性和可靠性方面是否达到需求说明书的要求？<br>(5) 应用软件中是否存在欺诈行为，如利用应用软件进行舞弊、提供虚假信息等？ | | | | |
| 3. 软件程序代码<br>(1) 程序代码中是否存在错误？<br>(2) 是否有选择性地对程序进行检查？<br>(3) 程序运行前是否进行了测试？ | | | | |

调查结果：

审计人员：　　　　审计日期：　　　　复核人员：　　　　复核日期：

## 2.1.5 确定重要性水平

审计重要性水平是针对特定被审单位、特定审计事项而言的，具有相对性和个性差异，需要从审计目标、被审对象及审计报告的使用者三方面去理解和把握。例如，对同一家企业而言，信息系统处于不同的阶段，会导致审计事项重要性的变化；即使处于信息系统应用时期，由于审计目的不同，审计侧重点也会发生变化，重要事项和次要事项可能发生相互转移。即使审计目的相同，由于企业信息系统的规模、应用的范围和程度不同，审计重要性内容也可能截然不同。一般而言，来自企业内部的威胁比外部的更严重；基于信息技术的舞弊行为比误操作等更严重;来自企业高层的信息系统舞弊比中层、基层的舞弊更严重;软件设计上舞弊比利用软件漏洞的舞弊更严重;等等。信息系统审计师在确定重要性水平时应当考虑以下一些因素(但不限于这些因素)。

(1) 以往的经验。重要性水平的判断,是信息系统审计师的一种专业判断,审计师可以以过去所运用的重要性水平为依据,考虑被审对象信息系统的变化加以修正,判断本次审计事项的重要性水平。

(2) 内部控制与风险评估结果。如果内部控制较为健全,可信赖程度高,审计风险相对较低,可以将重要性水平定得低一些;如果评估的审计风险较高,审重要性水平较高,需扩大审计范围。

(3) 信息系统规模和应用的程度。如果企业信息系统的规模越大,确立审计重要性水平应该越高。

(4) 产品对信息系统的依赖度。同一企业的不同产品对信息系统的依赖度和敏感度不同,根据审计的要求和范围的不同,重要性水平也是不一样的。

(5) 不同行业对信息系统的依赖度是不一样的,也直接影响审计师对重要性水平的判断。

(6) 企业因开拓新业务、改变管理模式或更新技术平台等,对信息系统做大规模的更新、升级、调整等,那么就有理由重点关注,提高重要性水平。

(7) 从企业信息系统的角度分析,可以把基于信息系统的业务持续能力计划和业务恢复能力计划等置于最重要的地位,它体现了企业决策层(高层)对信息系统的重视程度;信息系统的功能与结构,如财务系统、报表系统、电子商务系统等的功能与结构处于较重要的位置,包括设备采购流程、通用软件采购流程、软件更新流程、软件维护流程、专用软件定制流程,它体现了企业管理制度的制定等;日常操作情况,即制度的实施情况,位于第三重要的位置,包括口令、账户等使用情况,维护、更新、转移等的执行情况等,它体现了企业管理制度的执行情况等。

## 2.1.6 控制检查风险

检查风险独立地存在于整个审计过程中。检查风险是不受固有风险和控制风险的影响而独立地存在于审计过程中的一种风险。检查风险是审计风险的独立变量,任何一个环节的失误都会导致检查风险产生。

检查风险与审计师工作的有效性直接相关。检查风险是审计程序的有效性和注册会计师运用审计程序的有效性的函数。与固有风险和控制风险不同,检查风险的实际水平与审计师的工作有关,它是唯一能够通过审计人员的主观努力而加以控制的风险。使用比较有效的审计程序可导致比较低的检查风险。因此,审计师需要注意以下几点。

(1) 接受客户的恰当性。审计师在审计活动中首先要做出的抉择便是对受审计个体的选择。审计师在接受审计项目时就存在检查风险,这种风险称为接受客户的风险或接受任务的风险。尽管许多审计师都希望不断扩大客户数量,但职业的谨慎性要求审计师在接受客户以前对其可信任程度进行必要的调查。如果客户对审计师隐瞒,使其不能发现真实情况,审计师容易做出错误的判断和结论。这种风险取决于审计师对客户情况了解的充分性。

(2) 委派人员的合适性。审计师的业务能力是审计质量的重要保证。会计师事务所一且接受审计任务,就要委派具有足够的审计知识和经验并能胜任该项信息系统审计任务的审计师。如果委派的注册会计师的知识水平和业务能力与审计项目的要求相差甚远,他们不能及时发现问题,就会造成检查风险。委派人员失当造成的风险称为委派人员的风险。克服这种风险主要依赖于委派与审计项目的特点相适应的审计人员去从事该项审计工作。同时还应考虑审计费用和委派人员风险之间的适当权衡,避免由此产生过高的审计成本或过高的委派人员风险。

(3) 审计方案的科学性。在审计工作进行之初要制定审计工作方案。科学的审计工作方案可以使整个审计过程得到有效的控制,减少失误。审计工作方案的失当会带来检查风险。这种风险称为制定审计方案风险。审计师在制定审计方案时要充分了解被审计单位的信息系统情况,调阅以前的审计档案和审计结论,同有关方面进行必要的沟通,制定科学合理的审计工作方案,以减少制定审计方案的风险。

(4) 审计证据取得的适当性。审计师在审计过程中要取得必要的审计证据。审计证据取得得恰当与否,首先取决于注册会计师所采用审计方法的恰当性,不同的审计证据要用不同的方法去取得;其次取决于审计证据数量的恰当性,高风险的审计项目所需的审计证据数量也较多;最后,还与所取得的审计证据的质量相关,与证据的证明力相关。要避免取证风险,就要做到审计方法恰当、审计证据的数量和质量恰当,同时还应兼顾取证的成本效益。

(5) 分析性审核的合理性。审计过程离不开分析性审核。要评估被审计单位信息系统固有风险的水平,一般要经过分析性审核的程序,分析性审核的失当会使审计师做出错误的判断,由此形成检查风险。

(6) 符合性测试的恰当性。内部控制制度是被审计单位信息系统使用的环境。一个健全和有效的内部控制制度能够在一定程度上防止问题的发生。所以,审计师可以通过符合性测试来评价内部控制制度。控制风险虽然与审计师的工作无关,但审计师可以对控制风险进行评估。对控制风险的评估结果将会影响审计师的审计策略。

(7) 审计抽样的恰当性。通过对样本的检查来确定样本的性质,以此推断总体的性质。不论是采用判断抽样的方法,还是统计抽样的方法,样本的选择都是至关重要的。在判断抽样的方式下,审计师必须根据经验来确定抽查的重点和数量。审计师的判断失误会带来检查风险。审计抽样方法所引起的风险称为抽样风险。抽样风险在一般情况下可以通过数学模型来计算。

(8) 运用审计标准的恰当性。在审计过程中,审计人员要采用一定的审计标准对所取得的审计证据进行衡量。当审计标准比较确定的时候,审计师不易发生失误。但是,如果审计标准的内容很多,采用的审计标准不恰当,会导致做出错误的审计结论。即使选用了恰当的审计标准,还需要审计师充分理解并正确使用这些标准。否则,也会造成审计的检查风险。这一风险称为运用审计标准的风险。

(9) 出具审计报告的恰当性。签发审计报告是审计结束阶段的工作。审计师是否准确地表达了所要表述的内容,语言是否准确,有无模棱两可使人读后不知所云,或者表达不严谨使审计师以后陷入被动等,都会形成检查风险。由于签发审计报告是否恰当所引起的检查风险称为报告风险。

## 2.2 制订审计计划

### 2.2.1 审计计划的作用

审计计划就是审计组织为了完成信息系统审计任务,在审计前通过计划的编制、执行和监督来协调各类资源以顺利达到审计目的的过程。审计计划是审计管理的一项重要职能,是有效进行审计管理的重要工具之一。做好审计计划工作,对于提高审计管理效率和效益,促进审计工作质量和水平具有重要意义。

简言之,审计计划的作用就是初步了解审计风险,因而在审计实施的过程中运用审计方法来控制或降低审计风险。

根据不同的划分标准,审计计划可作不同的划分。根据时间要素可分为长期审计计划、中期审计计划和短期审计计划。根据内容要素可分为审计工作计划和审计项目计划。根据范围要素可分为总体审计计划和具体审计计划。

### 2.2.2 审计计划的规范

信息系统审计与控制协会已就信息系统审计计划提出了相关标准,具体规定如下。

(1) 审计人员必须计划信息系统审计的纲要,以针对审计目标并符合相关法规和职业审计标准。

(2) 审计人员必须起草并以书面形式记录一份基于风险评估的审计方法。

(3) 审计人员必须起草并以书面形式记录一份审计计划书,详述审计目标及其性质、审计时间和范围以及所需相关资源。

(4) 审计人员必须起草审计项目计划和审计程序。

(5) 内部审计部门必须对延续性的工作至少按年度起草/更新计划书。此计划书将作为今后审计工作的框架并明确审计章程所阐述的职责。新的或更新过的计划书必须获得审计委员会(如设立)的通过。

(6) 外部审计人员参与每项审计或非审计任务时通常应当备妥计划书。此计划书必须以书面形式说明该审计项目所要达到的目标。

(7) 审计人员必须了解审计对象的活动。审计对象组织的属性、组织所处的环境、风险以及审计目标决定这种了解所需达到的程度。

(8) 审计人员必须进行风险评估,以保证在其审计工作中涵盖所有重要材料。之后,才可以制定相应的审计策略、重要性水平,并掌握审计资源。

(9) 当审计工作中出现新的风险、不正确的假设,或从已经执行的程序中得到新的发现,则审计项目和/或计划书可能需要随之做出针对性调整。

### 2.2.3 审计计划的内容

审计计划包括总体审计计划和具体审计计划。

**1. 总体审计计划**

总体审计计划是审计人员从接受审计委托到出具审计报告整个过程基本工作内容的综合规划。总体审计计划要求思路清晰,内容协调,文字准确,格式规范。具体包括如下内容:

(1) 被审单位的基本情况(特别是信息系统的状况)。
(2) 审计目的、审计范围及审计策略。
(3) 重点问题及主要范围。
(4) 审计工作进度及时间、费用预算。
(5) 审计小组组成及人员分工。
(6) 审计重要性的确定及审计风险的评估。
(7) 对以前审计结果的利用。

**2. 具体审计计划**

具体审计计划是依据总体审计计划判定的,对实施总体审计计划所需要的审计程序的性质、时间和范围所做的详细规划与说明,具体审计计划要求目标明确,程序稳妥,步骤详细,内容具体。包括以下4个方面的基本内容:
(1) 审计目标。
(2) 审计要求。
(3) 审计方法。
(4) 执行人及执行日期。

### 2.2.4 审计计划中风险评估的运用

信息系统审计与控制协会针对审计计划实施过程中如何运用风险评估提出了一系列的规定。

(1) 在制定信息系统总体审计计划和确定有效分配信息系统资源的优先性时,审计人员应运用相应的风险评估技巧或方法。

(2) 在计划个别审查项目时,审计人员应确认和评估与审查范围相关的风险。

(3) 风险评估是一种技巧,用于检查信息系统审计领域中可以进行审计的单元,并选择审查范围以将包含最大风险的部分纳入信息系统审计年度计划中。

(4) 可以进行审计的单元被定义为每个被审单位及其信息系统的独立分部。

(5) 信息系统审计领域的确定应该基于对被审单位信息技术战略性计划的了解、运作情况以及与管理层所进行的讨论。

(6) 为制定信息系统审计计划而进行的风险评估工作应该至少每年进行一次并书面记录。被审单位的战略性计划、目标和企业风险管理框架应作为风险评估工作的组成部分来考虑。

(7) 在选择审计项目时运用风险评估,可以使审计人员对完成信息系统审计计划或一项特定的审查所需的信息系统审计资源的数量进行量化并予以证实。另外,审计人员可以根据对风险的认识来区分预定审查的优先次序,并且有助于为风险管理框架书面记录。

(8) 审计人员应该对有关审查范围的风险进行初步评估工作。每项特定审查的信息系统审计业务目标应该体现这种风险评估的结果。

(9) 在完成审查之后,审计人员应该确保被审单位的企业风险管理框架或者风险登记册得到更新(如果建立了一个登记册),以体现审查的结果、建议以及之后采取的行动。

## 2.3 收集审计证据

### 2.3.1 审计证据的属性

信息系统审计证据是指用以说明审计的实际情况,形成鉴定结论的材料。审计证据有三个基本的属性:内容、形式和功能。

所谓内容是指真实客观的情况。真实性和客观性是审计证据的基本要求。

所谓形式是指作为证据的事实必须符合法定形式。只有那些外在表现形式符合证据法规定形式的事实才能成为证据。《审计机关审计证据准则》第三条就对审计证据的法律形式作了明确的规定,如书面证据、实物证据、口头证据等。凡是不符合法律形式的材料都不能视为审计证据,这是证据形式合法的体现和要求。

所谓功能是指据内容具有支撑结论的作用,即证明力。如审计证据概念中"用以说明审计的实际情况,形成鉴定结论的"要求,就是对审计证据功能的规定。

在审计实施阶段,审计证据的收集、分析、筛选、整理等工作是中心环节。审计人员可以通过检验、观察、询问、重复操作、验算、计算、核对、分析步骤、测试、分析流程、数字取证以及其他可接受方法获取审计证据。审计人员必须根据审计目标和要求决定审计证据收集的程序。

审计人员必须对获得的审计证据进行充分性、适当性、可信性等评估,并据此筛选和整理相关证据。审计人员将根据审计证据的充分性、适当性、可信性等决定是否调整原来的审计程序。

### 2.3.2 审计证据的种类

按审计证据与审计对象的关系可分为直接证据和间接证据;按审计证据的来源可分为内部证据、外部证据和审计人员自己获得的证据;按审计证据的内容可分为审计执行的程序、审计人员操作程序的结果、原始文件(电子或文本形式)、档案记录,以及审计的相关佐证资料、审计工作的发现和结果等;按审计证据的形式可分为实物证据、书面证据、数字证据、口头证据和环境证据等。下面按证据形式分类进行介绍。

**1. 实物证据**

实物证据通常是证明企业的实际情况与信息系统中的数据所反映是否一致的证据,以此确认信息系统数据的真实性。

**2. 书面证据**

书面证据包括业务持续能力计划、业务恢复能力计划、各种制度与规定、软件开发文档、软件维护文档、软件更新文件、会议记录、合同等。

**3. 数字证据**

数字证据包括存放在信息系统中的凭证、账簿、报表、表格、数据、软件、日志文件、字典、权限表、数字签名等。

**4. 口头证据**

口头证据是被审计企业职员或其他有关人员对审计人员的提问做口头答复所形成的一类证据。这类证据可靠性较差,证明力较小,主要作用是发掘一些重要的线索,以搜集到更为可靠的证据。

**5. 环境证据**

环境证据是指对被审计企业的信息系统产生影响的各种环境事实。包括以下几种：有关内部控制情况，软件、硬件等的运行状况，管理水平，人员素质等。

### 2.3.3 数字证据的特点

信息系统审计一个显著特点是需要处理大量的数字证据，我们必须了解数字证据的特点，特别是它们与传统证据的区别，值得我们加以探讨。

(1) 内容显示具有间接性。数字证据实质上只是一堆按编码规则处理成的二进制信息，必须借助专门的设备和软件，以文字、图形、表格、数字、声音等形式显示或打印出来，供人们识读。

(2) 存放介质具有多样性。电子信息本身具有无形性，必须依附于有形的介质，根据存储形式的不同(可以是电信号、光信号、磁信号等)，分别存储在光盘、磁带、磁盘、U 盘等各种存储介质上。

(3) 内容修改或删除没有痕迹。对电子信息的修改和删除操作可以不留下任何痕迹，无法通过差异比对等方法进行鉴别。

(4) 内容复制具有无磨损性。电子信息的复制过程是无磨损的，因此，没有正本副本的区别。而且，复制及传播方便、快捷。

### 2.3.4 数字证据的形式

目前对于数字证据形式的定位问题仍然存在比较多的争论，这里仅作简要介绍。

**1. 数字证据属于视听资料**

首先，在 1982 年的《民事诉讼法(试行)》中明确规定了视听资料这一新的证据种类，并把录音、录像、计算机存储资料等划归其中。其次，视听资料与数字证据在存在形式上有相似之处，即存储的视听资料及数字证据均需借助一定的工具或以一定的手段转化为其他形式后才能被人们直接感知，最后，两者的正本与副本均没有区别等。

**2. 数字证据属于书证**

书证是指以文字、图画、符号等表达的思想内容来证明事实的资料。它与数字证据的相同之处在于两者都以表达的思想内容来证明事实。我国《合同法》第十一条规定："书面形式是指合同书、信件及数据电文(包括电报、电传、传真、电子数据交换和电子邮件)等可以有形地表现所载内容的形式。"而且，数字证据通常通过打印到纸上或显示在屏幕上等，才能被人们看见、利用，因而具有书证的特点。

**3. 数字证据属于物证**

奥恩·凯西(Eoghan Casey)在《数字证据与计算机犯罪》(Digital Evidence and Computer Crime)中提出："数字证据是物证的一种。尽管数字证据不像其他形式的物证那样有形，它仍然属于物证。"

**4. 数字证据属于混合证据**

"混合证据说"认为数字证据是若干传统证据的组合，而非独立的一种新型证据，也非传统证据中的一种。

**5. 数字证据属于独立证据**

鉴于数字证据种类划分的复杂性和其本身的特殊性,并参考国外的数字证据立法,有学者提出,将数字证据作为一种独立的证据种类。由于数字证据有区别于其他证据的显著特征,它的外在表现形式亦是多媒体的,几乎涵盖了所有的传统证据类型,把它塞入哪一类传统证据都不合适。

## 2.3.5 收集证据的充分性

要对审计结果做出合理结论,审计人员必须获得充分的审计证据。在审计期间,审计人员应当认真评估所获证据的充分性。

所谓充分性,是指审计证据数量的最低要求。当审计证据相关性与可靠程度较高时,所需审计证据数量较少;反之,所需数量较多。特别是单一证据,在一定数量基础上,各证据之间应通过逻辑推理方式形成有效的证据链。充分性并不是说证据数量越多越好,受审计成本限制,审计人员应把需要足够数量的审计证据控制在最低限度。

审计人员在进行证据充分性评估时,必须注意以下几点。

(1) 如果审计证据支持所有关于审计目标和范围的实质问题,则可以被视为充分的证据。

(2) 审计证据应该客观充分,使得一个有资格的独立方可以重复操作审计检查并获得同样结果。审计证据应该与审计项目的实质性以及所涉及的风险相称。

(3) 充分性用来衡量审计证据的量,而正确性用来衡量审计证据的质,两者相互关联。在这种情况下,当审计人员使用从其他机构获取的信息来进行审计工作时,应当要求并强调所获信息的正确性和完整性。

(4) 当审计人员认为无法获取充分审计证据时,应当用与表明审计结果一致的方法来公开审计证据。

## 2.3.6 收集证据的适当性

在审计期间,审计人员收集的审计证据不是越多越好,在筛选审计证据时应评估所获证据的适当性。

所谓适当性,是指证据与审计事项或审计目标之间有逻辑上的联系,能够证明审计事项的存在或不存在。与审计事项或审计目标相关程度越高,其证明力越强;相反,则证明力弱,甚至不能作为审计证据。

审计人员在进行证据适当性评估时,必须注意以下几点。

(1) 审计证据表明审计工作是在遵守现行法律、法规和政策的条件下开展的。

(2) 当审计人员通过控制测试来获取审计证据时,应考虑审计证据的完整性是否能够支持控制风险的评估等级。

(3) 应正确识别审计证据,相互参照并将其分类。

(4) 审计人员应考虑选取最经济有效的方法收集必要的审计证据来达到审计的目标并规避风险。然而,困难和成本并非构成省略一个必要审计步骤的充分理由。

(5) 收集审计证据的程序应根据正在受审项目的内容(如审计事项的性质、审计的时间安排、专业的判断)来变化。

### 2.3.7 收集证据的可信性

不同的证据其可信度也不一样,在分析与筛选审计证据时,审计人员应当评估所获证据的可信性。

所谓可信性,是指审计证据反映审计事项客观现实的程度。审计证据可信性越强,其证明力越强。有的审计证据虽然有相同的客观属性,但不同形式、不同来源以及不同时间段的审计证据可信程度则不同。一般认为,书面证据比经口头询问而获取的证据可靠,书面证据中,国家机关、社会团体依职权制作的公文书证比其他书证可靠;物证档案、鉴定结论、勘验笔录或经过公证、登记的书证比其他书证、视听资料和证人证言可靠;外部取得的证据比从被审单位内部获得的证据可靠;原始证据比复制证据可靠;直接证据比间接证据可靠;审计人员亲自取得的证据比被审计企业提供的证据可靠;向独立的第三方获取的证据比向被审计企业有利害关系者获取的证据可靠;被审企业内部控制较好时比内部控制较差时提供的内部证据可靠;不同渠道或不同性质的审计证据能相互印证时,比来自单一渠道单一证据可靠;越及时的证据越可靠;客观证据比主观证据可靠。可靠性具有高度的综合概括性,需要审计人员针对具体情况运用专业判断对审计证据进行分析、比较。

审计人员在分析审计证据的可信度时,应当注意以下两点。

(1)一般来说,审计证据的可信度在以下情况下更大:

① 以书面形式而非口头表达。
② 取自独立来源。
③ 由审计人员而非被审方获取。
④ 经独立的第三方证实。
⑤ 被独立的第三方保存。

(2)审计人员应考虑其获取的任何线索和证据的来源、性质(书面、口头、视觉、电子)以及真实性(数字和亲手签名、印章)等属性,以便评估这些线索和证据的可信度和进一步确认的需要。

## 2.4 编制工作底稿

### 2.4.1 工作底稿的作用

工作底稿是信息系统师对制订的审计计划、实施的审计程序、获取的相关审计证据以及得出的审计结论做出的记录。工作底稿是审计证据的载体,是审计人员在审计过程中形成的审计工作记录和获取的资料。它形成于审计过程,也反映整个审计过程。

工作底稿具有如下作用。

**1. 联结审计工作的纽带**

审计工作经常由多个审计人员进行,他们之间存在不同的分工协作。审计工作在不同阶段有不同的测试程序和实现目标。工作底稿可以把不同人员的审计结果、不同阶段的审计结果有机地联系起来,使得各项工作都围绕对会计报表发表意见这一总体目标来进行。

**2. 形成审计报告的材料**

审计人员的审计结论和审计意见是审计过程中一系列专业判断的结果,这些专业判断的客观依据是审计证据。信息系统审计师所搜集到的审计证据与形成的专业判断都完整记录在工作底稿中,因此,工作底稿是得出审计结论、发表审计意见、形成审计报告的直接依据。

工作底稿是审计证据的载体,审计证据是工作底稿的主要内容,两者是形式与内容的关系。任何内容都离不开形式的表达。离开了工作底稿,审计证据就无法清晰地呈现在审计人员面前;审计人员就无法对审计证据进行分析评价,作出专业判断,从而无法形成正确的审计意见。总之,正确的审计意见应当建立在充分适当的审计证据和准确的专业判断基础之上,而充分适当的审计证据和专业判断都应当完整地记录在工作底稿中。

**3. 明确审计责任的依据**

发表客观公正的审计意见是信息系统审计师的责任。审计人员在审计过程中是否执行了执业准则,选择的审计是否恰当、合理,所做出的专业判断是否准确等都直接反映在工作底稿中。因此,要考核一个审计人员的工作能力,可以通过审阅其工作底稿来判断。一旦对某项审计项目有异议,可通过审核其工作底稿来明确信息系统审计师的责任。一般说来,只要在工作底稿上显示出审计人员是按照执业准则,采用了合理的审计程序,搜集了充分、适当的审计证据,认真进行了专业判断,即使有差错也可以减轻责任。

**4. 控制审计质量的标准**

审计质量是审计工作质量和审计报告质量的总称,而审计报告质量又依赖于审计工作质量,因此严格控制审计工作质量是保证审计质量的关键。

审计工作质量很大程度上体现在工作底稿上,要控制审计工作质量,必须对工作底稿的编制和复核规定一整套严格的程序。只有这样,才能保证应该实施的审计程序没有遗漏,已实施的审计程序足够说明问题,所作的专业判断是合适的,才能使审计质量的控制和监督落到实处。

## 2.4.2 工作底稿的分类

在审计工作的各个环节都会形成一系列的工作底稿。在审计计划阶段,获得有关被审计单位信息系统的基本状况的资料、软件文档、营业执照、政府批文、合同章程和协议、董事会会议纪要等,由审计人员编制的调查表、审计风险与重要性评价初步评估资料、审计计划、审计程序表、分析性测试表以及由双方共同签订的审计业务约定书等;在审计实施阶段,针对内控制度进行符合性测试的程序和结果资料,针对交易和金额进行实质性测试的询证函、控制矩阵表、测试大纲、调查分析表、日志文件、数据字典、业务流程分析文档、程序流程分析文档等;在审计报告阶段,形成或获取的期后事项审核表、管理当局声明书、律师声明书、审计报告等。

工作底稿可以由审计人员根据有关资料进行加工后形成,也可以由被审单位或其他第三者提供并经过审计人员审核后直接形成。

工作底稿一般分为综合类工作底稿、业务类工作底稿和备查类工作底稿。

**1. 综合类工作底稿**

综合类工作底稿指注册会计师在审计计划阶段和审计报告阶段,为规划、控制和总结整个审计工作并发表审计意见所形成的工作底稿。它主要包括审计业务约定书、审计计划、审计总结、科目代码字典、数据字典、报表取数公式、系统权限表、审计报告、管理建议书、被审单位管理当局声明书以及注册会计师对整个审计工作进行组织管理的所有记录和资料。

**2. 业务类工作底稿**

业务类工作底稿指审计人员在审计实施阶段为执行具体审计程序所形成的工作底稿。包括调查表、业务流程图、系统流程图、询证函、测试表、技术文档等。

**3. 备查类工作底稿**

备查类工作底稿指注册会计师在审计过程中形成的、对审计工作仅具有备查作用的工作底稿。主要包括被审计单位的设立批准证书、营业执照、合营合同、协议、章程、组织机构及IT治理图、董事会会议纪要、重要软件采购合同、IT内部控制制度、软件维护记录、技术文档。备查类工作底稿随被审单位有关情况的变化而不断更新,应详细列明目录清单,并将更新的文件资料随时归档。通常,备查类工作底稿是由被审单位或第三者根据实际情况提供或代为编制,因此,注册会计师应认真审核,并对所取得的有关文件、资料标明其具体来源。

### 2.4.3 编制工作底稿的注意事项

工作底稿作为注册会计师在整个审计过程中形成的审计工作记录资料,在编制上应注意以下几点。

(1) 资料翔实。即记录在工作底稿上的各类资料来源要真实可靠,内容完整。

(2) 重点突出。即工作底稿应力求反映对审计结论有重大影响的内容。

(3) 繁简得当。即工作底稿应当根据记录内容的不同,对重要内容详细记录,对一般内容简单记录。

(4) 结论明确。即按审计程序对审计项目实施审计后,信息系统审计师应在工作底稿中对该审计项目明确表达其最终的专业判断意见。

(5) 要素齐全。即构成工作底稿的基本内容应全部包括在内。

(6) 格式规范。即工作底稿所采用的格式应规范、简洁。

(7) 标识一致。即审计符号的含义应前后一致,并明确反映在工作底稿上。

(8) 记录清晰。即工作底稿上记录的内容要连贯,文字要端正,计算要准确。

### 2.4.4 工作底稿的复核

由于一张单独的工作底稿往往由一名审计人员编制完成,难免造成在资料引用、专业判断方面的误差。因此,对已经编制完成的工作底稿必须安排有关专业人员进行复核,以保证审计意见的正确性和工作底稿的规范性。通常实行三级复核制度。

第一级复核称为详细复核,指由项目经理负责的,对下属各类审计人员编制或取得的工作底稿逐张进行复核。其目的在于按照准则的规范要求,发现并指出问题,及时加以修正完善。

第二级复核称为一般复核,指由部门经理负责的,在详细复核的基础上,对工作底稿中重要审计事项和审计结论进行复核。一般复核实质上是对项目经理负责的详细复核的再监督。其目的在于按照有关准则的要求对重要审计事项进行把关、监督。

第三级复核也称重点复核,是由指定代理人负责的,在一般复核的基础上对审计过程中的重大审计事项和重要的工作底稿进行复核。重点复核是对详细复核结果的二次监督,同时也是对一般复核的再监督。重点复核的目的在于使整个审计工作的计划、进度、实施、结论和质量全面达到审计准则的要求。通过重点复核后的工作底稿方可作为发表审计意见的基础,然后归类管理。

### 2.4.5 工作底稿的管理

审计人员在审计结束后应做好工作底稿的整理、归档和保密工作。

对工作底稿的分类整理和汇集归档构成工作底稿整理工作的全部内容。审计档案是注册会计师在规划审计工作、实施审计程序、发表审计意见和签署审计报告过程中形成的记录,并综合整理分类后形成的档案资料。审计档案是重要历史资料和宝贵财富,应妥善管理。

审计档案分为永久性审计档案和当期审计档案两种。永久性审计档案是指那些记录内容相对稳定、具有长期使用价值,并对以后的审计工作具有重要影响和直接作用的审计档案,如审计报告、管理意见书等。当期审计档案是指那些记录内容经常变化,只供当期审计使用和下期审计参考的审计档案,如业务类工作底稿和综合类工作底稿的其他部分资料。

为了维护被审计单位及相关单位的利益,会计师事务所对工作底稿中涉及的商业秘密保密,建立健全工作底稿保密制度。

## 2.5 编写审计报告

### 2.5.1 审计报告的作用

信息系统审计报告阶段是信息系统审计工作的最后阶段,信息系统审计报告是信息系统审计工作的最后产品,也是审计人员向委托人报告问题、提出建议的工具。

在信息系统审计完成后,审计人员应提交一份符合格式要求的信息系统审计报告。信息系统审计报告应陈述信息系统审计工作的范围、目标、周期、性质等,并限定报告提交对象。在报告中还应陈述信息系统审计结论、信息系统审计建议和保留意见。它具有以下三方面的作用。

**1. 鉴证作用**

审计人员签发的信息系统审计报告,是以超然独立的第三方身份,对被审单位信息系统管理的安全性、产生数据的真实性、运行的绩效等方面发表意见。这种意见具有鉴证作用,得到了政府及其各部门和社会各界的普遍认可。企业的股东以及潜在的投资者,除了依据注册会计师提供的审计报告外,还要参考消息系统审计师的报告来综合判断企业披露的信息(包括财务信息等)是否全面、真实、公允地反映了企业的经营状况。

**2. 保护作用**

审计人员通过审计,可以对被审计企业出具不同类型审计意见的审计报告,以提高或降低企业披露信息的可信度,能够在一定程度上对被审计企业的财产、债权人和股东的权益及公司利害关系人的利益起到保护作用。在进行投资之前,投资者必须要查阅投资企业的会计报表、注册会计师的审计报告以及信息系统审计师的报告,了解企业的经营情况和财务状况。

**3. 证明作用**

审计报告是对审计人员任务完成情况的总结,它可以表明审计工作的质量并明确审计人员的责任。通过审计报告,可以证明审计人员审计责任的履行情况。审计人员的审计责任,是指审计人员应对其出具的报告的真实性、合法性负责。审计报告的真实性是指审计报告应如实反映审计人员的审计范围、审计依据、已实施的审计程序和应发表的审计意见。审计报告的合法性是指审计报告的编制和出具必须符合相关法律、法规、准则等的要求。

必须指出,由于技术、方法、人的能力等局限性,审计报告具有"审计真实",而不是"客观真实"。所谓"客观真实"的要求是指对事实的证明达到反映事物的本来面目的程度,但由于种种客观条件的限制,实际上难以做到。民事诉讼法规定了民事诉讼的证明标准是"法律事实",即"以能够证明的案件事实为依据做出判决"。同样道理,依据审计证据作出的审计报告也只能是"审计真实"。也就是说,审计报告的证明力或鉴证力是在一定范围内起作用的。

### 2.5.2 审计报告的规范

信息系统审计与控制协会标准管理委员会提出了有关信息系统审计报告内容等方面的规范。

(1) 审计人员在其审计项目完成后,必须以适当的格式递交一份审计报告。报告中必须明确表明被审单位、须送达人员和发布过程中的任何限制条件。

(2) 审计报告必须写明审计范围、审计目标、审计覆盖的时间跨度和所执行审计工作的性质、时间和范围。

(3) 报告中也应写明审计发现、审计结论、建议和审计人员对该审计的任何保留意见、限制性或局限性。

(4) 审计人员必须拥有足够的、恰当的审计证据来解释报告中的审计结果。

(5) 当审计报告发布时,审计人员必须按审计章程或委托书上的相关条款在其上签字、签署日期并分发出去。

(6) 审计报告的具体格式和内容随审计业务和审计项目的不同而有所不同。审计人员可从事如下业务:

① 审计(直接或验证)。
② 审阅(直接或验证)。
③ 协商确定的审计流程。

### 2.5.3 审计报告的格式

与注册会计师审计的审计报告不同,信息系统审计报告没有统一强制性的报告形式。但是,根据信息系统审计报告的内容和作用,信息系统审计报告应当由题头段、正文段、结论段和结尾段等4部分构成。

**1. 第一部分:题头段**

(1) 收件人。审计主体不同,审计报告的收件人也可能不同。例如,审计报告的收件人可以是被审单位的管理层、董事会或董事会组建的审计委员会或是政府。

(2) 被审单位的名称、被审计方负责人的签名和报告日期。

(3) 审计范围。本次审计工作的范围。

(4) 审计时间。本次审计工作的持续时间。

**2. 第二部分:正文段**

(1) 审计目的。

(2) 审计实施步骤和时间。

(3) 审计依据。

(4) 采用的技术与方法。
(5) 审计发现。

**3. 第三部分：结论段**

(1) 审计结论。在信息系统的安全性、真实性、绩效等方面给出的总体评价和基本判断。
(2) 存在的主要问题。
(3) 建议与对策。

**4. 第四部分：结尾段**

(1) 审计人员（包括审计人员的姓名、职务、签字等）。
(2) 审计组织（包括审计组织的名称、地址、公章等）。
(3) 报告日期（包括审计报告提交的日期）。

### 2.5.4 编写审计报告的注意事项

信息系统审计与控制协会标准管理委员会还针对信息系统审计报告的编制等方面提出了一系列的规定和要求。

(1) 当审计人员被要求针对某一审计项目为内部控制环境出具意见，而证据表明有实质性或重大缺陷时，审计人员绝对不能给出内部控制机制为有效的结论。审计人员的审计报告中必须叙述实质性的或重大的缺陷，以及该缺陷给实现控制目标造成的影响。

(2) 审计人员在定稿和最终报告发布前，应该和管理层就报告草案的各方面内容进行交流，并在最终发布的报告中包括对管理层的评论。

(3) 一旦在内部控制环境中发现重大不足，审计人员必须和审计委员会或者负责审计职能的权威机构进行交流和讨论，并在报告中披露此重大不足以作沟通。

(4) 当审计人员发布了单独的专项报告，最终报告中必须列明已发布的全部单项报告。

(5) 在某一内部控制不足却不属于严重或重大不足时，审计人员应该考虑和衡量是否就此与管理层进行沟通。在这样的情况下，审计人员必须与审计委员会或负责审计职能的权威机构沟通，并表明已就此内部控制不足与管理层沟通过。

(6) 审计人员必须获取前期审计报告中的审计发现、审计结论和建议等信息，进行评估，并以此决定是否以及时采取针对性的措施。

# 第 3 章  信息系统审计方法

## 3.1 证据收集方法

### 3.1.1 证据收集方法概述

审计人员在审计过程中的一项重要工作是收集、整理、分析审计证据,并据此作为发表审计意见的基础。这是审计工作的核心,也是考核评定审计质量的关键。一个审计事项的完成,必须依据审计的目的、种类和范围来确定其收集和查阅的相关资料,获取相关的审计证据。不同的审计项目,其审计的依据和查看的审计资料虽然不尽相同,但收集证据的步骤和方法却大体是相同的。因此,审计人员必须坚持实事求是的科学态度,以高度的责任感,并按照一定的原则来做好审计证据的收集工作。一般来说,审计证据的收集分为事前收集、事中获取、证据鉴定三个步骤。

事前收集:主要是在审计前收集与审计项目相关的审计证据,也就是评价标准,它是衡量和判断审计对象的正确性、真实性、合法性、合规性、有效性的尺度,主要包括被审计单位自己制定的依据、上级单位起草制定下发的各类文件资料以及国家颁布实施的法律法规等。

事中获取:是审计人员在现场审计中收集的证据,这是审计证据的主要来源。现场审计证据收集的方法很多,信息系统审计与控制协会标准管理委员会提出了信息系统审计师获取审计证据的方法,包括检验、观察、询问和确认、重复操作、验算、计算、分析步骤,以及其他可接受的方法等。

证据鉴定:审计并不是证据越多越好,应以能说明问题为限。那么,审计人员通过各种途径收集到的审计证据,尽管具有证明力,但其证明力还是潜在的,还不能直接用来证明审计项目,必须对证据的相关性、重要性、真实性进行鉴定。对于证据与被审计事项没有内在联系的应果断剔除;只有在证据与证据之间存在联系,且能够相互证实时,其证据才能够被利用。在证据与证据之间内容不一致或存在矛盾的情况下,还应收集更多的相关证据进行判断。同时,对经过鉴定的证据还必须加以综合,也就是说对相关证据从总体上加以归纳、分析、整理,使其条理化。通过综合,选出最适宜的、充分的、有说服力的证据,以此作为发表审计意见和做出审计结论的重要依据。

### 3.1.2 收集证据的方法

本节介绍的方法与传统的审计方法基本一致,如观察法、问询法、函证法、查阅法、复核法等,但在内容上有较大的差别。后面几节介绍的方法,如数字取证、软件测试、数据库查询等则完全超出了传统财务审计方法的范畴。

**1. 观察法**

观察法是指审计人员到被审单位的经营场所、信息系统使用部门以及计算机机房等有关场所进行实地察看,来证实审计事项的一种方法。通过直接地观看视察,了解信息系统操作流程的规范程度以及内部制度的执行情况等,注意其是否符合审计标准和书面资料的记载,从中发现薄弱环节和存在的问题,借以收集书面资料以外的证据。一个经验丰富的审计人员通过观察可以获得被审单位执行情况和信息系统使用情况的直观感受。

但观察法获得的信息是有限的,如观察提供的审计证据仅限于观察发生的时点,并且在相关人员已知被观察时才是有效的。信息系统操作人员、维护人员等相关人员可能采取与日常执行不同的做法,这会影响审计人员对真实情况的了解,甚至给审计人员造成错觉。

**2. 问询法**

问询法是指审计人员通过调查和询问被审单位内外有关人员证实审计事项的一种方法。问询法可以发现书面资料未能详尽提供的信息以及书面资料本身存在的问题,从而弄清事实真相,取得审计证据。

问询法又分为面询法和问卷法。面询法是由审计人员向被审单位有关人员当面征询意见、核实情况的一种方法。面询法有集体询问、小范围询问、个别询问等多种方式。集体询问指将众人集中于一处,采取会议式的群体询问的方法,适于范围广泛。小范围询问指对二至三人进行查询取证。小范围询问既有别于集体询问,也不同于个别询问,它是分头对少数几人实施询问。其谈话的话题可以相对自由一些,气氛可以宽松一些;当然对询问的对象,审计人员要认真研究和选择,小范围询问适用于两三位被询问者之间无利害冲突,对某些问题有共同的认识,容易达成一致,或者共同参与和介入某些业务。个别询问指审计人员对被查单位内外某一个人单独进行询问。个别询问给人的感觉有些不自在,被询问人总担心说错了什么,心理压力和防备是明显的,这种压力既来自审计人员,也来自被审单位的环境。

每种方式各有利弊,应当根据问询内容的重要性和敏感性,以及被询问人员的职级等因素慎重选择询问方式。如果选择不当,不仅影响查询的效果,有时会使询问陷入僵局。而且调查询问的方式也可以因工作需要而改变,同一被询问者不宜出现在集体询问,又出现于小范围询问和个别询问;多次询问后调查的效果会呈现出递减之势。

问卷法是指审计人员根据审计的目标和要求,根据事先设计的问题表格请被审单位有关人员进行回答来对某些审计事项予以证实以获得审计线索和证据的一种方法。问卷法在信息系统审计中是最重要和最有效地获取审计线索和证据的方法之一,本书提供了许多问卷调查表供读者在今后的信息系统审计工作实践中参考。

"问卷"译自法文 questionnaire 一词,其原意是"一种为统计或调查用的问题单"。问卷设计的好坏将直接影响到审计的质量和工作效率。一般而言,设计问卷有 6 种形式。

(1) 自由叙述式:不给被调查者提供任何答案让其按自己的思想用文字自由地回答。

(2) 多重选择式:让被调查者从提供的互不矛盾的答案中选择出一个或几个答案来。

(3) 判断式:让被调查者以"是"或"否"二择一的方法回答提供的答案。

(4) 评定量表法:让被调查者按规定的一个标准尺度对提供的答案进行评价。

(5) 确定顺序式:让被调查者对提供的几种答案按一定的标准(好恶或赞同与否等)作

出顺序排列。

（6）对偶比较式：把调查项目组成两个一组让被调查者按一定的标准进行比较。

这六种问卷类型各有其优点和缺点，审计人员要根据审计目标和任务等，综合运用这几种形式，精心设计调查问卷。因此，设计调查问卷必须具备扎实的信息系统审计理论和丰富的信息系统审计实践经验。需要注意的是，调查问卷也可以包括审计人员已掌握的线索，通过回答情况以判断问卷的质量和采信的程度，审计人员可以据此考虑是否修改审计程序或实施追加的审计程序。

**3. 函证法**

函证法是指审计人员向有关单位或个人发函以证明某一审计事项的一种方法。它通过直接来自第三方对有关信息和现存状况的声明，以获取和评价审计证据。如：为了证实信息系统提供的应收款项和应付款项的准确性，以及电子交易本身的真实性等，常常运用这种方法进行核实。

函证法又分为肯定式函证和否定式函证。所谓肯定式函证就是向有关单位或个人发出询证函，要求其证实所函证的审计事项是否正确，无论对错都要求复函。而否定式函证是向有关单位或个人发出询证函，如果所函证的审计事项相符时不必复函，只有不符时才要求复函。

这两种函证方式各有优缺点，肯定式函证所获取的审计证据较为可靠，但审计成本较高；否定式函证因不可知因素的存在，所获取的审计证据相较而言不可靠，但成本相对较低。必须指出的是，对于重要的应收账项和电子交易不应以审计成本的高低作为减少审计程序的理由。具体采用哪种方式应根据不同情况做出选择，如对电子交易的真实性存在争议，或者数额较大时采用肯定式函证。当符合以下所有条件时，可采用否定式函证：相关的内部控制是有效的；预计差错率较低；欠款余额小的债务人数量很多；有理由确信大多数被函证者能认真对待询证函，并对不正确的情况予以反馈。这里应注意，上述函证方式的选择并不是绝对的，有时候两种方式结合起来使用，将其优缺点互补，可能会更适宜。

询函的设计要突出审计人员提出的问题，且易于理解，便于回答，不至于导致误解和异议。询函的形式可以有多种，常见的是调查表格，但也可以是图表式和文字式。回答问题的方式可以是说明式、是否式、填充式、打钩式等，应当留出空间给被调查人发表自己意见。调查的内容应包括以下几个方面：

（1）审计部门或单位的名称，即说明函询者主体的身份；如是审计机关，应写"××审计机关函件"字样；如是会计师事务所，应写明"××会计师事务所函件"字样。

（2）被函询单位和个人名称，单位应写明法定全称，个人应写明其所在单位或通讯地址。

（3）函询的目的，要求证实的内容和提供资料数据，此项内容应说明清楚，指向明确，写清应证实的业务名称、内容、经手人、涉及的人与事、发生的时间、数量规模、金额凭证及其号码等，并留有被函询人回答问题的空当。

（4）函询的具体要求，包括回答的方式、内容、格式和复函的时间、回答人的签名、单位的盖章等。

（5）其他礼貌之语。

（6）发函单位的名称（盖章）、发函时间等。

询函的格式设计各审计单位有所不同,没有统一的要求。

**4. 查阅法**

查阅法是指审计人员通过查阅被审单位的有关资料和技术文档等获得审计线索和证据的一种方法。查阅法要求对被审单位的业务资料、财务资料和信息系统技术资料等从形式到内容进行认真阅读,阅读中不能断章取义、片面理解,要在全面分析、客观公正的基础上,寻求相关的审计证据。对审计发现的问题,在做好笔录的同时,必须获得相关材料的影印件,这样收集的证据才是有价值的证据。

查阅软件文档是了解被审计组织的信息系统的最重要手段之一。软件文档(document)是用来记录、描述、展示软件项目开发过程中一系列信息的处理过程,通过书面或图示的形式对软件项目整体活动过程或结果进行描述、定义、规定、报告及认证。它描述和规定了软件项目开发的每一个细节,使用软件的操作命令,及软件产品投产以后,对产品使用过程中意见及产品缺陷、质量等方面的说明。它和计算机程序共同构成了能完成特定功能的计算机软件(有人把源程序也当做文档的一部分)。软件文档的编制,可以用自然语言、特别设计的形式语言、介于两者之间的半形式语言(结构化语言)、各类图形和表格。文档可以书写,也可以在计算机支持系统中产生,但它必须是可阅读的。按照文档产生和使用的范围,软件文档大致可分为三类。

(1)开发文档:这类文档是在软件开发过程中,作为软件开发人员前一阶段工作成果的体现和后一阶段工作依据的文档。包括软件需求说明书、数据要求说明书、概要设计说明书、详细设计说明书、可行性研究报告、项目开发计划。

(2)管理文档:这类文档是在软件开发过程中,由软件开发人员制定的须提交给管理人员的一些工作计划或工作报告,使管理人员能够通过这些文档了解软件开发项目安排、进度、资源使用和成果等。包括项目开发计划、测试计划、测试报告、开发进度月报及项目开发总结。

(3)用户文档:这类文档是软件开发人员为用户准备的有关该软件使用、操作、维护的资料。包括用户手册、操作手册、维护修改建议、软件需求说明书。

根据查阅目的的不同,查阅法又可以细分为审阅法、核对法、分析法和比较法等几种形式。

审阅法是对被审计组织的信息系统的文档资料以及被审单位的会计资料和其他资料进行详细的阅读和审查的一种审计方法。审阅法侧重于包括软件文档在内的书面资料的真实性、合法性。审阅法是最基本、最重要的方法。

核对法是指核对被审计组织的信息系统处理流程与相关软件文档内容等的一致性、系统处理流程与业务处理流程的一致性、系统操作执行与内部控制规定的一致性等,以获取审计证据的方法。可以采用软件测试手段核对信息系统实际处理流程与技术文档之间的一致性。

分析法是对被审计组织的信息系统流程的分析,目前业务流程的分析,采用数据流图、控制流程图等技术进行分析,通过分析了解被审单位的管理情况、内部控制情况、信息系统运行情况等。

比较法通过信息系统输入与输出的比较、信息系统应用与实际结果的比较,以及与同行业其他企业信息系统投入与功能等方面的比较,以证实某个审计事项的真实性和可靠性,获得审计证据的一种方法。在实际工作中,应当灵活运用这些方法,才能收到比较好的效果。

### 5. 复核法

复核法是指审计人员对被审计组织的信息系统的输出结果进行一次重复性的验算，以证明信息系统提供的输出结果是否正确的一种方法。复核法的具体内容包括：审计人员通过财务软件系统把被审单位提供的财务数据重新生成财务报表，以证明被审单位是否存在两套账或财务报表生成方式是否存在错弊等；通过软件黑盒法，在财务软件系统输入一个数字，根据在财务总账、明细账、报表中出现的位置来验算被审单位的财务归结方面是否存在错弊问题。这里讨论的复核法虽然与传统审计中的名称一样，但包含的内容完全不同。

## 3.2 数字取证方法

### 3.2.1 数字取证的概念

数字取证（digital forensics）是指为了揭示与数字产品相关的犯罪行为，利用一切科学、合法、正确的计算机技术与工具，对计算机系统中的数据进行检查、识别、收集、分析、提取、保存的活动。计算机系统既是取证的工具也是取证的对象。

基于单机的数字取证是针对一台可能含有证据的非在线计算机进行证据获取的技术，包括存储设备的恢复技术、解密技术、隐藏数据的显现技术、磁盘映像拷贝技术和信息搜索与过滤技术等。

基于网络的数字取证是在网上跟踪犯罪分子或通过网络通信的数据信息资料获取证据的技术，包括IP地址获取技术、针对电子邮件和新闻组的取证技术、网络入侵追踪技术、数据挖掘技术、网络数据包截获技术等。

在实际应用中往往将基于单机和设备的数字取证技术与基于网络的数字取证技术结合使用，以利于充足可靠的数字证据的发掘和收集。

### 3.2.2 数字取证的作用

《审计准则第1301号：审计证据》中明确将电子介质的记录形式列为审计证据，同时认为它比口头形式的审计证据更可靠。其中的第三十四条指出："某些会计数据和其他信息只能以电子形式存在，或只能在某一时点或某一期间得到，审计人员应当考虑这些特点对审计程序的性质和时间的影响。当信息以电子形式存在时，审计人员可以通过使用计算机审计技术实施某些审计程序。"

2010年颁布的《审计准则》第七十六条指出："审计人员在检查被审计单位相关信息系统时，可以利用被审计单位信息系统的现有功能或者采用其他计算机技术和工具，检查中应当避免对被审计单位相关信息系统及其电子数据造成不良影响。"第八十七条提出："采集被审计单位电子数据作为审计证据的，审计人员应当记录电子数据的采集和处理过程。"此外，2012年发布的《信息系统审计指南——计算机审计实务公告第34号》第十五条要求审计人员"在对电子数据的真实性产生疑问时，有权要求被审计单位按照审计机关提供的方案实施信息系统的系统测试和数据测试；对被审计单位信息系统不符合法律、法规和政府有关主管部门有关规定的，有权责令限期整改；对故意开发或者使用舞弊功能的单位和个人，有权依法追究其责任。"

由此可见，由于被审计组织的高度信息化，审计人员在收集审计证据时数字取证方法已经成为一种必不可少的证据收集方法。

### 3.2.3 数字取证的方法

数字取证的方法分为六大类。

**1. 识别类方法**

识别类方法是用于判定可能与断言或与突发事件时间相关的项目、成分和数据的一种数字取证方法。识别类方法中使用到的典型技术有事件检测、签名处理、配置检测、误用检测、系统监视以及审计分析技术等。

进行证据识别的数据主要来源于计算机主机系统、计算机外部设备和网络方面。从计算机主机系统可以获取的数据信息包括系统类型、主机配置、主机运行环境变量、系统存在的漏洞信息、硬盘中存储的其他数据信息；计算机的外部设备如打印机、复印机、扫描仪等设备中很可能存在案件的关键线索和重要信息，因此对外部设备的取证也是取证不容忽视的环节；通过网络或者其他接口对犯罪主机或被侵害主机进行勘查取证或者在网络中对涉案数据进行截获，可以获取关于操作系统类型、网络的拓扑结构、端口服务、用户的地理位置和身份、攻击行为、服务器日志记录等数据信息。证据识别中可能用到的具体技术包括数据复制技术、数据恢(修)复技术、数据解密技术、端口及漏洞扫描技术、对比搜索技术、数据挖掘技术、日志分析技术等。

**2. 保全类方法**

保全类方法是用于保证证据状态的完整性的一种数字取证方法。保全类方法中使用到的典型技术有镜像技术、证据链监督技术、时间同步技术等。

证据保全是指采取有效措施保护电子证据的完整性、原始性及真实性。具体手段有：运用镜像拷贝或不可擦写光盘对数据进行备份；对于服务器上记载的电子证据可以采用加密、数字签名、物理隔离、建立安全监控系统监控的方法进行保全；采用关联数据保全的方法对可能包含有涉案证据但无法与涉案数据分离的数据进行整体备份和保存。证据保全可以划分为三个阶段：证据分析前的保全、证据分析过程中的保全和分析后对证据的保全。证据分析前的保全是分析前的必要工作，目的在于避免分析过程中因操作失误造成数据的丢失；证据分析过程中的保全是一个动态的过程，在分析的过程中适时进行保全可以为解释操作行为的合理性提供有力保障，为法庭质证提供审计依据；证据分析后的保全比较简单，这里不再介绍。证据保全中可能使用到的具体技术包括数据复制技术、数据加密技术、数据隐藏技术、数字摘要技术、数字签名和数字时间戳技术、数字审计技术等。

**3. 收集类方法**

收集类方法是用于提取或捕获突发事件的项及其属性的一种数字取证方法。该类方法与调查人员为在数字环境下获取证据而使用的特殊手段和产品相关。收集类方法中使用到的典型技术有复制软件、无损压缩以及数据恢复技术等。

证据收集的具体任务包括：原始数据的备份或打印；系统软硬件配置信息、日志记录和其他存储在计算机系统或网络中的原始数据信息以及其他显在数据信息的收集；隐藏数据的显现、被删除数据的恢复、毁坏数据的修复；时间、日期信息及具体操作步骤的详细记录等。该过程中可能用到的技术包括数据复制技术、扫描技术、数据恢(修)复技术、数据截取技术、"陷阱"取证技术等。

**4. 检查类方法**

检查类方法是用于对突发事件的项及其属性或特征进行仔细的检查的一种数字取证方法。检查类方法涉及从收集来的数据中进行检查并识别和提取潜在的证据。检查类方法中典型的技术有追踪、过滤技术、模式匹配、隐藏数据发现以及隐藏数据提取等。

证据检查是以证据收集为基础的,它是对收集来的数据进行检查并从中识别和提取可以作为证据的数据的过程。另外,在取证过程结束时,审计人员通过回顾检查的方式检查取证过程可能存在的漏洞时往往涉及证据检查技术的运用。证据检查中可能用到的具体技术有数据挖掘技术、对比搜索技术、扫描技术、数据解密技术等。

**5. 分析类方法**

分析类方法是用于为了获取结论而对数字证据进行融合、关联和同化的一种数字取证方法。分析类方法中典型的技术有追踪技术、统计分析技术、协议分析技术、数据挖掘技术、时间链分析技术等。

利用证据收集技术所获取的涉案数据是最原始的形式,为揭示这些数据与案件的联系就必须对这些数据进行检查和分析,证明这些数据就是攻击或者犯罪的证据,从而为证明案件真相提供证据支持。证据分析类技术包含检查类技术和分析技术。用于证据分析的技术包括对比分析技术、日志分析技术、数据挖掘技术、数据解密技术、攻击源追踪技术等。

**6. 呈堂类技术**

呈堂类技术是用于客观、清晰、准确地报告舞弊事项的一种数字取证方法。证据呈堂过程中可能用到的主要技术有证据链监督技术、数字摘要技术、数字签名技术、数字时间戳技术等。

数据呈堂的主要任务如下:

① 通过计算机作案的日期和时间、计算机运行环境变量、操作系统版本、计算机硬盘的状况以及其他相关情况记录的归档处理。

② 从取证工作的准备阶段到证据呈堂整个过程中证据的完整性情况证明。

③ 病毒评估分析报告、文件种类、取证工具许可证书、专家对电子证据的分析结果的归档处理和呈交。

④ 其他需要说明和解释事项的处理等。

### 3.2.4 数字取证的工具

数字取证工具即数字取证中所使用的软件和硬件工具。数字取证工具是由取证过程中所使用的软件、操作系统中已存在的一些命令工具、专门开发的工具软件、取证工具包以及某些工具性的硬件设施所组成的。它能够通过网络嗅探、网络追踪与定位、审计线索的搜索与分析,对审计证据进行保全、恢复和分析,最终生成审计报告。数字取证工具为数字取证带来了专业化和智能化的取证手段,方便了审计证据的搜集、获取、保全乃至数字取证的整个环节。因此,取证工作的成功与否在很大程度上取决于审计人员所使用的取证工具。

**1. 非专用取证工具**

非专用取证工具包括证据识别类的密码破译工具、数据恢复工具、文件浏览工具和网络监控工具等;证据保全类的磁盘镜像工具、反删除工具、加密工具、磁盘擦除工具等;证据收集类的磁盘镜像工具、数据截取、数据欺骗工具等;证据检查类的图片检查工具、文本搜索工具、磁盘分区检测工具等;证据分析类的磁盘分析工具、数据挖掘工具、日志分析工具、对比搜索工具、密码破译工具等；证据呈堂类的归档工具等。这些软件虽然不是专门为取证开发的工具，但是完全可以为数字取证所用。

**2. 专用取证工具**

Guidance Software 公司开发的 Encase 是目前使用最广的一款专用的多功能取证软件工具，被美国知名信息安全杂志《SC Magazine》评鉴为五颗星，在法庭上具有相当高的接受度，已累积不少个案，美国 FBI 取证实验室采用 Encase 作为其作数字取证的工具。

Encase 是一款基于图形界面的取证应用程序，支持在不同类型操作系统、文件系统、储存媒体中，甚至是在运行的系统中进行取证。Encase 能够在 Windows、Macintosh、Linux、UNIX 等一些主流平台上运行，主要功能有数据浏览、搜索、磁盘浏览、数据预览、建立案例、创立证据文件、保存案例等。

AccessData 公司的 Forensic Tool Kit(FTK) 是 UTK 中最主要的工具，已经逐渐为执法人员与民营企业所接受，其处理电子邮件证据功能相当优秀，尤其是电子邮件已经逐渐成为计算机犯罪判决的关键证物，FTK 可以迅速地从磁盘影像中过滤出所有的电子邮件，撷取出邮件中所包含图像文件以及可供检索的信息，这是取证工具中首屈一指的分析功能。同时，FTK 也可以产生一份图文并茂的完整取证报告。

e-fense 公司主要从事数字取证、计算机安全以及相关的培训，其产品 Helix 是基于 Knoppix 软件对数字取证和事件回报功能整合的取证工具。e-fense 公司在网络上提供了开放源码的 Live-Linux 光盘套件，并定期更新维护。Helix 软件支持 Windows 以及 UNIX 系统的相关取证，通过 Live-Linux 光盘可以直接启动计算机并执行，可针对运行中或已关机的系统进行分析。由于该系统是基于 Linux 平台开发的，故支持 Ext2/Ext3 的文件系统，以及支持一些比较少见的 ReiserFS、JFS 与 XFS 文件系统。Helix 最大的特点在于：通过它的 Live-Linux 光盘开机，Helix 不会挂载任何硬盘上面的分割区，而且是以只读模式开启硬盘上的信息，Helix 不会涉及 swap space，也就是说可以确保不会改变证据现场。

计算机取证勘查箱被认为是适应范围广、复制功能强、携带方便、使用灵活的移动取证平台。硬盘拷贝机能够在不借助计算机和操作系统的情况下 100% 地复制硬盘中的数据，这是任何拷贝软件所无法做到的，并且硬盘拷贝机通过计算校验和的方式确保数据复制的准确性。

### 3.2.5 数字取证的规范

**1. 证据识别规范**

证据识别是对被取证计算机中的数据及与之相关设备上的数据进行认知和判断，从计算机所储存的数据中找出与审计事项相关的数据证据。因此证据识别规范应包括人员配置规范、现场保护规范、全面检查规范、记录规范，以及工具选用和操作方法规范等。

**2. 证据保全规范**

在证据保全时应要求取证人员做到：合理选用和操作保全工具；制作并保管备份；确保证据保存环境的绝对安全；严格监督管理等。对于证据的移交、保管、开封、拆卸等要详细记录，保障证据的完整性和真实性。

**3. 数字证据的收集、检查和分析规范**

数字证据的收集、检查和分析这三个过程紧密联系，在检查的同时进行证据的分析和收集,在收集和分析的基础上进行检查,以查缺补漏。

#### 4. 数字证据呈堂规范

数字证据呈堂规范也称证据的移交规范,是数字取证的最后一个环节,负责将获取的数字证据移交有关部门。要采取相应的措施确保数字证据和取证结论内容从取证结束到法庭证据公示前的完整性。

## 3.3 数据库查询方法

### 3.3.1 数据库查询工具

SQL(structured query language,结构化查询语言)属于高级的非过程化编程语言,是沟通数据库服务器和客户端的重要工具,允许用户在高层数据结构上工作。它不要求用户指定对数据的存放方法,也不需要用户了解具体的数据存放方式,所以,具有完全不同底层结构的不同数据库系统,可以使用相同的 SQL 作为数据输入与管理的接口。

SQL 是 IBM 的圣约瑟研究实验室为其关系数据库管理系统 SYSTEM R 开发的一种查询语言,它是以 Codd 的理论为基础开发的。SQL 结构简洁,功能强大,简单易学,所以自从 IBM 公司 1981 年推出以来,SQL 得到了广泛的应用。如今无论是像 Oracle、Sybase、DB2、Informix、SQL Server 这些大型的数据库管理系统,还是像 Visual Foxpro、PowerBuilder 这些 PC 上常用的数据库开发系统,都支持将 SQL 作为查询语言。

1992 年,ISO(国际标准化组织)和 IEC(国际电子委员会)发布了 SQL 国际标准,称为 SQL-92。ANSI(美国国家标准局)随之发布的相应标准是 ANSI SQL-92,有时称为 ANSI SQL。尽管不同的关系数据库使用的 SQL 版本有一些差异,但大多数都遵循 ANSI SQL 标准。SQL Server 使用 ANSI SQL-92 的扩展集,称为 T-SQL,其遵循 ANSI 制定的 SQL-92 标准。SQL 语言包含 4 个部分:

(1) 数据定义语言(DDL),如 CREATE、DROP、ALTER 等语句。
(2) 数据操作语言(DML),如 INSERT(插入)、UPDATE(修改)、DELETE(删除)语句。
(3) 数据查询语言(DQL),如 SELECT 语句。
(4) 数据控制语言(DCL),如 GRANT、REVOKE、COMMIT、ROLLBACK 等语句。

SQL 语句可以嵌入宿主语言(如 C、Java 语言等)中使用,也可在终端上以联机交互方式使用,在信息系统审计时,审计人员利用 SQL 工具查询信息系统中的数据。

SQL 提供了 SELECT 语句进行数据库查询。SQL 的数据查询语句的语法格式为:

```
SELECT [DISTINCT]<属性表> FROM R₁[<别名>],…,Rₙ[<别名>]
WHERE condition
[GROUP BY<分组属性表>[HAVING<分组选择条件>]]
[ORDER BY<列名>[< ORDER >],…,<列名>[< ORDER >]]
```

其中,属性表是作为查询结果的新关系所包含的属性,可选项 DISTINCT 表示查询结果中不出现重复元组。$R_1…R_n$ 是 n 个不同的关系,"别名"是各个关系的简化名称,condition 是查询条件表达式,由逻辑运算符、算术比较符、常值和属性名等构成。可选从句 GROUP BY…HAVING 表示依照<分组属性表>中的属性值和<分组选择条件>把结果关系分组,ORDER BY 从句实现查询结果排序。

整个 SELECT 语句操作过程如下：将 FROM 子句所指出的关系进行连接，从中选取满足 WHERE 子句中条件 condition 的行（元组），然后按 GROUP 子句给定列的值进行分组，并按 ORDER 子句的要求排序，最后根据 SELECT 子句给出的列名或列表达式将查询结果表输出。

下面介绍如何采用 SQL 查询工具查询、统计、分析信息系统中的数据。

### 3.3.2 对单个表的查询

SQL 语句的语法是"SELECT * FROM 表名 WHERE 条件"。用 WHERE 指定查询条件，可以指定单个条件或多个条件，并可配合函数或关键字使用，也可以不用 WHERE，只用函数查询。是否能准确找到所需的数据，条件设置是关键，同时审计人员也要了解被审计单位的业务和信息系统流程等。表 3-1 罗列了一些常用的查询条件。

表 3-1 常用的查询条件

| 查询条件 | 谓 词 |
| --- | --- |
| 比较 | =,>,<,<=,>=,<>,! >,! <,! = |
| 范围 | BETWEEN AND, NOT BETWEEN AND |
| 集合 | IN, NOT IN |
| 匹配 | LIKE, NOT LIKE |
| 空值 | IS NULL, IS NOT NULL |
| 逻辑 | AND, OR, NOT |

（1）单个条件的查询，设定的条件放在 WHERE 后面。如在存款表中查询所有存款金额 10 万元以上（含 10 万元）的记录：

SELECT * FROM 存款表
   WHERE 金额>＝100000;

这是最基本的查询语句。

（2）多个条件的查询，各条件间可能是 and 或 or 的关系。如在存款表中查询存款金额 10 万元以上（含 10 万元），并且存款时间 2 年以上（含 2 年）的全部记录：

SELECT * FROM 存款表
   WHERE 金额>＝100000 and 存款年限>＝2;

对多个条件的查询，根据关键字 and 或 or 来决定各种条件之间的关系。

（3）对关键字的内容进行查询。如把所有摘要中含有"招待费"的凭证找出来：

SELECT * FROM 凭证表
   WHERE 摘要 like '% 招待费 %';

查询包含某些关键字的条件也可以是多个，采用关键字 and 或 or 进行组合。

（4）查询内容包含在一定的范围内。如在科目代码表中查询科目代码分别是 101、102 的记录：

SELECT * FROM 科目代码表
   WHERE 科目代码 IN ('101','102');

常用在已基本确定查询范围之后。当所关心内容类别较多时可使用下面将提到的两张表的嵌套查询。

(5) 不用写条件，用聚集函数进行查询。如要查找最大的一笔存款额：

SELECT max(发生金额) FROM 存款表；

函数在审计实际工作当中非常有用，我们在下一部分详细介绍。

### 3.3.3 对单个表的统计

审计人员还可以利用查询语句提供的强大功能进行分组、排序、计算等统计工作，综合运用聚集函数、GROUP BY、ORDER BY 等可以进行各种统计分析，形成一系列的审计中间表。

```
SELECT count( * ) FROM 凭证表
       WHERE 金额 >= 100000;
SELECT avg(发生金额) FROM 存款表；
```

一些常见的聚集函数如表 3-2 所示。

表 3-2 常见的聚集函数

| 函 数 形 式 | 功 能 说 明 |
| --- | --- |
| COUNT(*) | 统计元组的个数 |
| COUNT(列名) | 统计某一列中字段的个数 |
| AVG(列名) | 计算某一列中值的平均值 |
| SUM(列名) | 计算某一列中值的和 |
| MAX(列名) | 求出某一列中的最大值 |
| MIN(列名) | 求出某一列中的最小值 |

(1) 对多个条件的查询，得到符合条件的某字段的合计值：

```
SELECT sum(金额) FROM 存款表
       WHERE 金额 >= 100000 and 存款时间 >= #2011-1-1#
           and 存款时间 <= #2011-12-31#
       ORDER BY 金额 DESC, 存款时间 ASC；
```

该情况一般用于统计某种条件下的合计值，常用于对某种情况下的总金额情况进行了解。

(2) 对某个字段进行分组，查询各字段属性分别对应的发生次数，并按发生次数进行排序：

```
SELECT 款项代码, count(款项代码) AS 次数 FROM 大额现金支取表
    GROUP BY 款项代码
  ORDER BY count(款项代码) DESC；
```

该情况常用于对某个所关心字段的分类统计，得出每个类别所发生的次数，并可按发生次数进行排序。

(3) 按某个字段的长度进行分类并进行排序：

SELECT len(科目代码) AS 发生次数 FROM 科目代码表

```
GROUP BY len(科目代码)
ORDER BY len(科目代码) DESC;
```

该情况用于了解某字段的长度分组情况，可对所取得的原始数据进行验证，以证实原始数据的规范性或找出不规范情况的问题所在。

(4) 分组查询，GROUP BY 与 HAVING 联用：

```
SELECT 客户号,count(*) AS 发生次数 FROM 存款表
    WHERE 发生金额>=100000
    GROUP BY 客户号
    HAVING count(*)>1;
```

常用于要列出所关心某字段的某一个或几个条件限制下发生次数超出某范围的情况。如查询发生多次（即同一关键字发生的记录数大于1）大额存取的客户号及其存取次数，查询结果按客户号分组。

GROUP BY 子句将表按列的值分组，列值相同的分在一组，GROUP BY 后可以有多个列名，先按第一列名分组，按第二列名在已分得的组中再分组，直到 GROUP BY 子句所指名的列都是具有相同的值基本组。使用 GROUP BY 子句后，SELECT 子句所取的值必须在基本组中是唯一的，即只能是 GROUP BY 子句所指名的列或聚集函数。上例中，按学号对学生选课情况进行分组后，SELECT 子句所取的值 SNAME 和 SUM(GRADE)在每个基本组中都是唯一的。

### 3.3.4 生成审计中间表

以上介绍了如何对单个表进行查询和统计，但是这些结果并未直接存储成新表，不利于对查询结果进一步分析利用，审计人员常常使用"SELECT * INTO 表名（审计中间表）FROM 表名 WHERE 条件"这种语句格式把查询结果保存在审计中间表中（一张新表）。这些审计中间表非常有用，其作用类似审计工作底稿，审计人员可以直接对这些中间表做进一步统计分析等。

(1) 例如审计人员可以把查出的金额超过 10 万元的存款记录放在一张审计中间表中，这张审计中间表称为"大额存款发生情况表"。具体语句如下：

```
SELECT * INTO 大额存款发生情况表
    FROM 存款表
    WHERE 金额>=100000;
```

(2) 两张结构相同的表合并生成一张新表，使用关键字 UNION 进行联合查询：

```
SELECT * INTO 审计中间表 FROM
(SELECT * FROM 原始表1 UNION SELECT * FROM 原始表2);
```

该情况常用于对多个原始表的整理以生成中间表，便于后续的查询工作。如合并采集到的原始数据，将原本分月存储的数据表合并成分年度存储的数据表。

(3) 连接两张表，生成新的中间表：

```
SELECT a.*,b.客户名称 INTO 含客户名称的现金支取表
    FROM 现金支取表 AS a,客户基本信息表 AS b
```

WHERE a.款项代码 = b.款项代码;

使用该类语句的前提是两张表存在相关联的关键字,常用于一张表根据两表的连接关键字引入另一张表的某些字段,为后续的查询准备好中间表。此处使用别名可以简化 SQL 语句的输入,如财务数据中采集到的凭证表是两张表时,可连接两表引入摘要字段等。

### 3.3.5 对多个表的查询

若一个查询同时涉及两个以上的表,则称之为连接查询,包括等值连接查询、非等值连接查询、简单连接查询和复合连接查询等。

这种情况下必须对各表的对应关键字进行关联,一般情况下是对两张表的关联查询,当有更多张表要操作时可以每次对两张表操作后再和剩余的表关联操作,也可以扩展 SQL 语句同时对两个以上的表操作,以下只列出对两张表操作的情况。

(1) 两张表的关联查询:

SELECT a.*,b.科目代码 FROM 对公活期存款明细表 AS a,活期存款账户动态表 AS b
    WHERE a.款项代码 = b.款项代码 and 科目代码 LIKE '201%';

该情况可看做对两张表连接的扩展,即根据 WHERE 所限定的条件来对两张表关联查询。

(2) 两张表的嵌套查询,两层查询间要使用关键字 IN:

SELECT * INTO 频繁发生大额现金支取表 FROM 大额现金支取表
    WHERE 交易金额 >= 100000 and 款项代码 IN
    (
        SELECT 款项代码 FROM 款项代码发生次数_大额现金支取
            WHERE 次数 >= 10
    )
    ORDER BY 款项代码,交易金额,记账日期;

这种情况也可理解为简单查询,不同的是其中 WHERE 所指定的某个条件是由另一张表的又一个查询所指定的,与单表查询的语句

SELECT * FROM 科目代码表 WHERE 科目代码 in ('101','102');

进行对比后发现,可将两张表的嵌套查询看做如上语句的扩展。如利用大额现金支取表和大额现金支取的款项代码发生次数表查询交易金额大且发生次数多的情况。再比如利用贷款表和股东表查询贷款表中含股东贷款的情况。

嵌套查询使我们可以用多个简单查询构成复杂查询,从而扩充 SQL 的查询能力。以多层嵌套的方式来构造程序,正是 SQL 中"结构化"的含义所在。

### 3.3.6 应用实例

**1. 房产税征缴审计目标与流程**

房产税征缴审计目标是检查地方税务机关房产税收入的真实性、完整性、合法性,以及征管控制的有效性。

通过关联纳税人基本信息表和税款征收数据表,分析纳税人房产税缴纳情况,以及比对

纳税人近几年缴纳房产税是否异常,审查地方税务机关房产税收入是否真实完整、合法合规,是否对纳税人及时足额缴纳房产税实施有效监控。房产税征缴审计逻辑关系见图3-1。

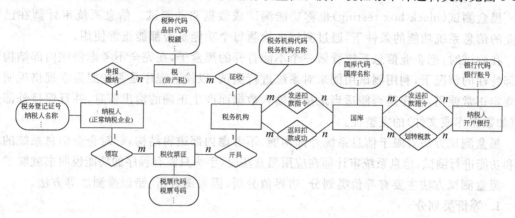

图 3-1 房产税征缴审计的 E-R 图

**2. 建立缴纳房产税差额较大纳税人的查询模型**

纳税金额较大的企业一般都有自己的固定房产,且缴纳的房产税较稳定,因此将正常缴纳税款但未缴纳房产税,或缴纳房产税较少的、近两年房产税纳税金额变化较大的重点税源户,确定为延伸审计对象;延伸时重点关注税务机关的征管措施,同时审查纳税人拥有的房产和变化情况以及相关涉税资料,检查是否及时、足额申报纳税。所以建立缴纳房产税差额较大纳税人的查询如下:

```
SELECT 税务登记证号,纳税人名称,sum(实纳税额)   AS 本年税款总额
    FROM 分析表_房产税税款征收数据表
        WHERE 税种代码 = '11' AND 冲负调整标志<>'9' AND 税款状态代码 = '08' AND year(税款状态改变日期) = @审计年度
        GROUP BY 税务登记证号
JOIN
SELECT 税务登记证号,纳税人名称,sum(实纳税额)   AS 上年税款总额
    FROM 分析表_房产税税款征收数据表
        WHERE 税种代码 = '11' AND 冲负调整标志<>'9' AND 税款状态代码 = '08' AND year(税款状态改变日期) = (@审计年度 - 1)
        GROUP BY 税务登记证号
```

## 3.4 软件测试方法

### 3.4.1 概述

软件测试按方法理论划分,有白盒测试和黑盒测试;按是否运行程序划分,有静态测试和动态测试;按阶段划分,有单元测试、集成测试、系统测试、验收测试、α测试(内测)、β测试(公测)、回归测试等;按测试手段划分,有手动测试和自动测试。

软件测试是信息系统审计的重要方法之一,本节主要介绍两种经典的软件测试方法,即黑盒测试和白盒测试,以及两种新发展的软件测试方法,即基于故障的软件测试方法和基于模型的软件测试方法。

### 3.4.2 黑盒测试

黑盒测试(black box testing)也称功能测试或数据驱动测试。信息系统审计师在已知企业的信息系统功能的条件下,通过测试来检测每个功能是否都能正常使用。

在测试时,把企业信息系统看做一个不能打开的黑盒子,在完全不考虑程序内部结构和内部特性的情况下,利用测试用例来对系统进行测试,以检查程序是否按照需求规格说明书的规定正常使用,程序是否能适当地接收输入数据而产生正确的输出信息,并且保持外部信息(如数据库或文件)的完整性。

黑盒测试方法着眼于信息系统外部功能,不考虑内部逻辑结构,针对企业信息系统的界面和功能进行测试,信息系统审计师在应用黑盒法时,手头只需有程序的功能说明书就够了。

黑盒测试方法主要有等价类划分、边界值分析、因果图分析、错误推测法等方法。

**1. 等价类划分**

等价类划分法的基本思想为,如果将输入数据的可能值分成若干个"等价类",就可以合理地假定:每一类的一个代表性的值在测试中的作用等价于这一类中的其他值,也就是说,如果某一类中的一个测试用例发现了错误,这一等价类中的其他测试用例也能发现同样的错误;反之,如果某一类中的一个测试用例没有发现错误,则这一类中的其他测试用例也不会查出错误(除非等价类中的某些测试用例又属于另一等价类,因为几个等价类是可能相交的)。

设计等价类的测试用例一般分为两步进行:

(1) 划分等价类并给出定义。

(2) 选择测试用例。

选择的原则是:有效等价类的测试用例尽量公用,以期进一步减少测试的次数;无效等价类必须每类一例,以防漏掉本来可能发现的错误。

划分等价类时,需要研究程序的功能说明,以确定输入数据的有效等价类和无效等价类。在确定输入数据的等价类时常常还需要分析输出数据的等价类,以便根据输出数据的等价类导出对应的输入数据等价类。

**2. 边界值分析**

经验表明,处理边界情况时程序最容易发生错误。例如,许多程序错误出现在下标、纯量、数据结构和循环等的边界附近。因此,设计使程序运行在边界情况附近的测试方案,暴露出错误的可能性更大一些。

使用边界值分析方法设计测试用例首先应该确定边界情况,这需要经验和创造性,通常输入等价类和输出等价类的边界,就是应该着重测试的程序边界情况。选取的测试数据应该刚好等于、小于和大于边界值。也就是说,按照边界值分析法,应该选取刚好等于、稍小于和稍大于等价类边界值的数据作为测试数据,而不是选取每个等价类内的典型值作为测试数据。

**3. 因果图分析**

因果图分析是为了解决边界值分析和等价划分的一个弱点,即未对输入条件的组合进行分析。因果图用一个系统的方法选择出此类高效的测试用例集,并且可以指出规格说明的不完整性和不明确之处。

因果图是一种形式语言(有严格语法限制的语言),是将自然语言描述的规格说明转换为因果图。实质上,是一种数字逻辑电路(一个组合的逻辑网络),但没有使用标准的电子学符号,而是使用了稍微简单点的符号。借助因果图列出输入数据的各种组合与程序对应动作效果之间的阶段联系,构造判定表,由此设计测试用例是生成测试用例的有效办法。

#### 4. 错误推测法

人们也可以通过经验或直觉推测程序中可能存在的各种错误,从而有针对性地编写检查这些错误的例子,这就是错误推测法。

错误推测法在很大程度上靠直觉和经验进行。它的基本想法是列举出程序中可能有的错误和容易发生错误的特殊情况,并且根据它们选择测试用例。对于程序中容易出错的情况也有一些经验总结出来,例如,输入数据为零或输出数据为零往往容易发生错误;如果输入或输出的数目允许变化(例如,被检索的或生成的表的项数),则输入或输出的数目为0和1的情况(例如,表为空或只有一项)是容易出错的情况。还应该仔细分析程序规格说明书,注意找出其中遗漏或省略的部分,以便设计相应的测试用例,检测程序员对这些部分的处理是否正确。

### 3.4.3 白盒测试

白盒测试(white box testing)也称结构测试或逻辑驱动测试,它是知道产品内部工作过程,可通过测试来检测产品内部动作是否按照规格说明书的规定正常进行,按照程序内部的结构测试程序,检验程序中的每条通路是否都能按预定要求正确工作,而不顾它的功能。白盒测试的主要方法有逻辑驱动、基路测试等,主要用于软件验证。

白盒测试方法需要全面了解企业信息系统的内部流程。白盒法是穷举路径测试,测试者必须检查程序的内部结构,从检查程序的逻辑着手,得出测试数据。贯穿程序的独立路径数可能是天文数字,而且即使每条路径都测试了仍然可能有错,因为穷举路径测试决不能查出程序违反了设计规范,即程序本身是个错误的程序;其次,穷举路径测试不可能查出程序中因遗漏路径而出错;最后穷举路径测试可能发现不了一些与数据相关的错误。对于信息系统审计师而言,测试时不需要穷举路径,只需要测试一些主要流程是否符合要求与规范。

白盒测试法的覆盖标准有逻辑覆盖、循环覆盖和基本路径测试。其中逻辑覆盖包括语句覆盖、判定覆盖、条件覆盖、判定/条件覆盖、条件组合覆盖和路径覆盖。

#### 1. 语句覆盖

为了暴露程序中的错误,至少每个语句应该执行一次。语句覆盖的含义是,选择足够多的测试数据,使被测试程序中的每个语句至少执行一次。

例如,图3-2是一个被测模块的流程图。它的源程序如下:

```
PROCEDURE  EXAMPLE (A,B:REAL; VAR X :REAL)
           BEGIN
              IF (A > 1)AND (B = 0)
                 THEN X : = X/A
              IF (A = 2) OR  (X > 1)
                 THEN X : = X + 1
           END;
```

图3-2 某段程序的流程图

为了使每个语句都执行一次,程序的执行路径应该是 sacbed,为此只需要输入下面的测试数据(实际上 X 可以是任意实数):

A=2,B=0,X=4

语句覆盖对程序的逻辑覆盖很少,在例子中两个判定条件都只测试了条件为真的情况,如果条件为假时处理有错误,显然不能发现。此外,语句覆盖只关心判定表达式的值,而没有分别测试判定表达式中每个条件取不同值时的情况。在上面的例子中,为了执行 sacbed 路径,以测试每个语句,只需两个判定表达式(A>1)AND (B=0)和(A=2) OR(X>1)都取真值,因此使用上述一组测试数据就够了。但是,如果程序中把第一个判定表达式中的逻辑运算符"AND"错写成"OR",或把第二个判定式中的条件"X>1"误写成"X<1",使用上面的测试数据并不能查出这些错误。

综上所述,可以看出语句覆盖是很弱的逻辑覆盖标准,为了更充分地测试程序,可以采用下述的逻辑覆盖标准。

**2. 判定覆盖**

判定覆盖的含义是,不仅每个语句必须至少执行一次,而且每个判定的可能的结果都应该至少执行一次,也就是每个判定的每个分支都至少执行一次。

对于上述例子来说,能够分别覆盖路径 sacbed 和 sabd 的两组测试数据,或者可以分别覆盖路径 sacbd 和 sabed 的两组测试数据,都满足判定覆盖标准。例如,用下面两组测试数据就可以做到判定覆盖:

① A=3,B=0,X=3  (覆盖 sacbd)
② A=2,B=1,X=1  (覆盖 sabed)

判定覆盖比语句覆盖强,但是对程序逻辑的覆盖程度仍然不高,例如,上面的测试数据只覆盖了程序全部路径的一半。

**3. 条件覆盖**

条件覆盖的含义是,不仅每个语句至少执行一次,而且是判定表达式中的每个条件都取到各种可能的结果。

图 3-2 的例子中共有两个判定表达式,每个表达式中有两个条件,为了做到条件覆盖,应该选取测试数据,使得在 a 点有下述各种结果出现:

A>1,A≤1,B=0,B≠0

在 b 点有下述各种结果出现:

A=2,A≠2,X>1,X≤1

只需要使用下面两组测试数据就可以达到上述覆盖标准:

(1) A=2,B=0,X=4  (满足 A>1,B=0,A=2 和 X>1 的条件,执行路径 sacbed)
(2) A=1,B=1,X=1  (满足 A≤1,B≠0,A≠2 和 X≤1 的条件,执行路径 sabd)

条件覆盖通常比判定覆盖强,因为它使判定表达式中每个条件都取到了两个不同的结果,判定覆盖却只关心整个判定表达式的值。例如,上面两组测试数据也同时满足判定覆盖标准。但是,也可能有相反的情况,虽然每个条件都取到了两个不同的结果,判定表达式却始终只取一个值。例如,如果使用下面两组测试数据,则只满足条件覆盖标准并不满足判定覆盖标准(第二个判定表达式的值总为真):

(1) A=2,B=0,X=1 （满足 A>1,B=0,A=2 和 X≤1 的条件,执行路径 sacbed）
(2) A=1,B=1,X=2 （满足 A≤1,B≠0,A≠2 和 X>1 的条件,执行路径 sabed）

**4. 判定/条件覆盖**

既然判定覆盖不一定包含条件覆盖,条件覆盖也不一定包含判定覆盖,自然会提出一种能同时满足这两种覆盖标准的逻辑覆盖,这就是判定/条件覆盖,它的含义是,选取足够多的测试数据,使得判定表达式中的每个条件都取到各种可能的值,而且每个判定表达式也都取到各种可能的结果。

对于图 3-2 的例子而言,下述两组测试数据满足判定/条件覆盖标准：
(1) A=2,B=0,X=4
(2) A=1,B=2,X=1

但是,这两组测试数据也就是为了满足条件覆盖标准最初选取的两组数据,因此,有时判定/条件覆盖也并不比条件覆盖更强。

### 3.4.4 基于故障的测试

目前,市场上已有多个基于故障的软件测试系统。基于故障的测试的好处有如下几个方面。

(1) 针对性强。如果说某种故障是经常发生的,并且在被测软件中是存在的,则面向故障的测试可以检测出此类故障,不会像白盒测试和黑盒测试那样具有不确定性。

(2) 有些故障一次性测试是检测不出来的,这种故障用白盒测试和黑盒测试这两种方法是检测不出来的。例如,存储器泄露故障、空指针引用故障等。

(3) 可以避免其他测试方法对"小概率"检测效率比较低的情况。

故障检测的一般步骤是：在给定源代码的前提下,通过分析源代码,计算出和故障模型相匹配的程序代码,这个过程称为计算检查点(inspective points,IP)。当 IP 确定以后,接下来的工作是判断 IP 的性质。

IP 的性质分为 3 类：故障 IP、正确的 IP 和不能确定的 IP。

(1) 故障 IP：该 IP 经过计算肯定是存在一个故障。
(2) 正确的 IP：该 IP 经过计算肯定不是一个故障。
(3) 不能确定的 IP：该 IP 经过计算无法确定是故障或者是正确的。

**1. 计算检查点**

计算检查点的过程可以用图 3-3 来描述,它的输入是源代码,输出的是由 IP 组成的数据库,数据库的每一个记录代表一个 IP。检查点计算算法有两个性能指标：一是计算复杂性；二是计算的精度。算法分析表明,对任何一类故障,计算 IP 的过程是线性复杂性。计算精度是指算法是否能计算出所有的 IP,分析表明,在控制流图上进行 IP 计算,其结果比较准确。

**2. 计算检查点的性质**

计算检查点的性质可以自动判断也可以人工判断。对某些语法规则比较简单的 IP 可以采用自动计算的办法,而对某些复杂 IP,目前还必须经过人工计算。在现阶段,给出一个判断所有 IP 性质的算法是比较困难的,大约只有 30% 的 IP 可以自动判断,一般的仍需要人工判断。

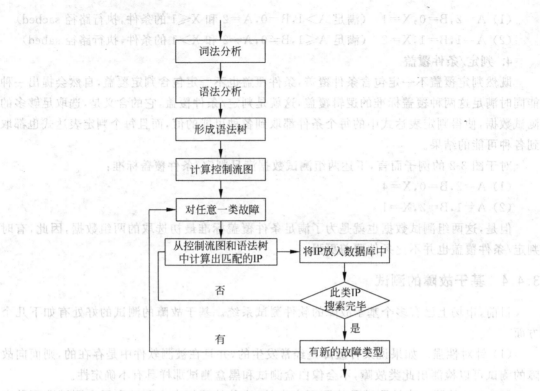

图 3-3 检查点的计算过程

面向故障的软件测试是今后软件测试发展的重要方向,因为只有对故障准确地认识才能实施有效的测试,所以面向故障测试今后所有解决的问题是高效率的 IP 计算方法和自动化的 IP 性质计算。

### 3.4.5 基于模型的测试

随着面向对象软件开发技术的广泛应用和软件测试自动化的要求,基于模型的软件测试(model-based software testing)逐渐得到重视。基于模型的测试最初应用于硬件测试,后来广泛应用于电信交换系统的测试,目前在软件测试中得到了一定的应用。

软件模型是对软件行为和软件结构的抽象描述。软件行为可以用系统输入序列、活动、条件、输出逻辑或者数据流进行描述,软件结构则使用组件图、部署图等进行描述。针对测试任务,通过对软件功能和结构进行抽象并用易于理解的方式进行描述,获得的模型就是对被测试软件系统精确的描述,可以用于软件测试。一般对软件不同行为要用不同模型进行描述。例如:控制流图、数据流图和程序依赖图表达了程序和代码结构间的行为关系,决策表和状态机则可以描述软件外部行为。

基于模型的软件测试可以根据软件行为模型和结构模型生成测试用例。当前随着软件规模的不断增长,使得基于程序的测试十分困难,而基于模型的软件测试则大大提高了测试的自动化水平,部分解决了测试失效的辨识问题,并可以应用成熟的理论和技术获得比较完善的分析结果。

基于模型的软件测试过程主要包括如下 5 个步骤。

**1. 分析和理解被测试软件**

基于模型的软件测试要求充分理解被测试软件。构造可以用于测试的模型的工作主要是根据测试目的确定测试对象和测试特征，针对被测试软件的相关属性建立相应模型。这个阶段的具体工作包括：

(1) 充分了解软件需求规范和设计文档、用户手册，和开发队伍充分交流。

(2) 识别软件系统的用户，枚举每个用户的输入序列，研究每项输入的可能取值范围，包括合法值、边界值、非法值以及预期输出。这项工作往往需要工具支持。

(3) 记录输入发生条件和响应发生条件。软件系统的响应是指用户能够得到的输出或可见的软件内部状态的改变。其目的是设计可以引发特定响应的测试例和评价测试结果。

(4) 研究输入序列。例如，输入发生时刻，软件系统接收特定输入的条件，输入处理顺序。

(5) 理解软件内部数据交换和计算过程，产生可能发现缺陷的测试数据。

**2. 选择合适的测试模型**

不同的模型适用于不同类型软件的测试，因此需要根据软件特点选择模型。模型的选择标准如下：

(1) 了解可用的模型。不同的应用领域要使用不同的测试模型。

(2) 根据模型特征进行选择。只有充分理解模型和软件系统，才能选择合适的模型对软件进行测试。

(3) 人员、组织和工具对模型选择的影响。基于模型的软件测试对测试人员的知识结构和技术水平提出了一定要求，另外开发组织所使用的测试工具也影响模型的选择。

**3. 构造测试模型**

下面以基于状态机模型的测试为例说明如何构造测试模型。首先要抽象出软件系统状态，状态抽象一般要根据输入及输出条件进行，一般包括以下过程。

(1) 生成一个输入序列并说明每个输入的适用条件，称做输入约束。例如，电话未摘机时，才允许有摘机动作发生。

(2) 对每个输入要说明产生不同响应的上下文环境，称做响应约束。例如，电话摘机时，如果当前状态为振铃，则进行通话，否则为拨号音。

(3) 根据输入序列、输入约束和响应约束构造相应状态机模型。

**4. 生成和执行测试用例**

测试用例的自动生成依赖于测试所使用的模型。以状态机模型为例，被遍历路径中弧的标记构成的序列就是测试用例。在构造满足测试准则的路径时，必须考虑约束条件，如路径长度限制。生成了满足特定的测试充分性准则的测试用例集合后就可以执行测试用例。以状态机模型为例，首先要写出仿真该软件系统的每个不同外界激励的脚本，称为仿真脚本，每个仿真脚本对应模型中一个不同的迁移，然后把测试用例集合翻译为测试脚本。测试用例的执行就是测试脚本的执行过程。

**5. 收集测试结果并进行分析**

基于模型的软件测试方法并没有解决测试失效的辨识问题，仍然要人工检查输出是否正确。但是通过状态验证可以部分解决测试失效的辨识问题，状态是内部数据的抽象，比较容易验证。另外与传统测试相比，基于模型的软件测试的优势之一就是可以根据测试结果分析软件的其他质量因素，如可靠性。

## 案例1　安然公司破产——信息系统审计的转折点

【资料】

安然公司从1990年到2000年的10年间，销售收入从59亿美元上升到了1008亿美元，净利润从2.02亿美元上升到9.79亿美元，成为与通用、埃克森、美孚、壳牌等百年老店平起平坐的新一代商业巨擘。1999年11月，面对美国网络经济的繁荣，安然公司创建了第一个基于互联网的电子商务平台——"安然在线"，提供从电和天然气现货到复杂的衍生品等1500多种商品交易。不到一年时间，即发展成为年交易规模近2000亿美元的全球最大的电子商务交易平台。高效率的电子商务交易平台成就了安然的辉煌，使其成为最具创新精神的公司。同时也埋下了安然崩塌的隐患，高效率的电子商务交易平台也使安然可以"方便、高效、快捷"地实现在关联企业之间进行"对倒"，通过"对倒"创造交易量，创造利润，创造"经营神话"。公司经历了4大步跨越，从名不见经传的一家普通天然气经销商，逐步发展成为世界上最大的天然气采购商和出售商、世界最大的电力交易商、世界领先的能源批发做市商、世界最大的电子商务交易平台，一步一个高潮，步步走向辉煌。

2001年12月，在全球拥有3000多家子公司，掌控着美国20%的电能和天然气交易的安然公司突然申请破产保护。

【思考题】

1. 审计师在审计企业的收入时，常常要通过函证等方法证实或证伪交易的真实性，从而核实其收入的真实性，但是电子商务的出现使得传统的审计方法面临挑战，审计师应该怎么办？

2. 信息系统审计师如何与注册会计师合作共同评估电子交易的真实性呢？

3. 分析电子商务是如何影响企业的内部控制和财务数据产生的，特别是对百度、阿里巴巴等完全依靠网络的新型企业而言，注册会计师和信息系统审计师应该如何面对？

4. 找几个典型行业，分析这些行业对信息系统的依赖程度，讨论信息系统的作用。

# 第二篇 真实性审计

安然事件从根本上动摇了人们对审计的信心：企业通过信息系统产生的各种数据，特别是财务数据是否真实可靠？审计人员如果仅仅审核这些数据本身，而不去了解加工和存储这些数据的信息系统，如何才能保证这些数据的真实合法呢。正如国际会计联合会会长梅尔指出的："审计师将不得不对实际上通过计算机报告的财务信息承担责任。"所以，信息系统审计师需要审核信息系统本身的真实与否，真实性审计是信息系统审计的核心内容之一。

# 第4章 真实性审计概述

## 4.1 真实性审计概念

### 4.1.1 真实性审计的含义

信息系统真实性审计是指被审计单位的管理信息系统,特别是财务信息系统中的数据和流程是否有错误,使用过程中是否存在错弊,应当通过一定的审计程序,由信息系统审计人员对信息系统中数据的真实可信程度发表意见,信息系统真实性审计的作用就是审核组织的信息系统所提供的数据是真实、完整、合法的,为财务审计保驾护航。

财务真实性审计是指被审计单位的会计资料能够真实、公允地反映其财政、财务收支情况,会计处理符合会计准则和有关会计制度的规定的检查。由于财务数据全部出自信息系统,因此,审计师将不得不对实际上通过计算机报告的财务信息承担责任。可是经由信息系统产生的数据并不当然是真实可信的,因此开展信息系统真实性审计是审计本质的客观需要。

真实性审计的目标是信息系统和电子数据的真实性、完整性、合法性。

### 4.1.2 真实性审计的内容

随着企业信息化建设的不断深入,不仅企业的大量信息存储在计算机系统中,而且信息处理的流程也实现了电子化、程序化、虚拟化。针对此情况,国际上众多知名的会计师事务所相继意识到会计信息系统所带来的审计风险,进而让信息系统审计师协助审计小组工作。

信息系统审计人员主要关注财务数据的真实性,而财务数据的真实性不仅与财务软件的处理流程有关,也与其他数据的真实性密切相关,例如航空企业中,生产统计子系统中包含了飞机航油的情况,所以对审计成本数据的真实性有重要参考价值;票务子系统中包含了机票销售情况,所以对收入数据的真实性有重要影响;航班查询子系统可以进一步核实生产统计子系统、票务子系统数据的真实性。

注册会计师和信息系统审计师必须相互配合才能完成审计工作。但是,注册会计师和信息系统审计师从管理信息系统中获取的信息是不一样的(如图4-1所示)。对于信息系统审计师而言,他们最关注的有三个模块,即财务系统、业务系统、电子商务系统。因为财务数据的处理流程是由财务管理信息系统(软件)实现的,业务数据的处理流程是由业务管理信息系统(软件)实现的,交易数据的处理流程是由电子商务系统(软件)实现的。因此,业务系统的审计目标就是审查业务数据处理流程的真实性和合法性,以及业务数据输入环节的真实性和合法性；财务系统的审计目标就是审查财务数据处理流程的真实性和合法性，以及财务数据输入环节的真实性和合法性；电子商务系统的审计目标就是审查电子交易的真实性，以及电子交易处理流程的合法性。另外，还要审查业务系统、财务系统、电子商务系统之间，以及与其他信息系统之间的逻辑一致性。只有通过这样的审计程序，审计人员才能对信息系统中的数据真实可靠的程度发表意见，降低财务审计的风险。

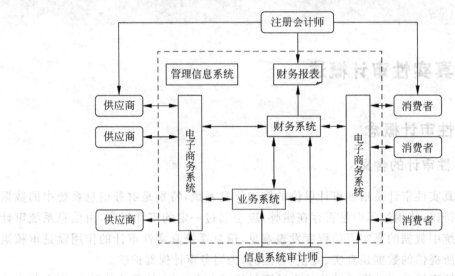

图 4-1　真实性审计的内容

由此可见，真实性审计的主要目标是通过审核被审计单位的计算机系统，主要是管理信息系统，即业务系统、电子交易系统、财务系统等，确保系统中的财务数据、交易数据和业务数据的真实、合法、完整。数据的完整是数据真实性的充分条件，数据的合法是数据真实性的必要条件。

### 4.1.3　真实性审计的分类

管理信息系统是企业最重要的信息资产，是真实性审计的主要对象。任何管理信息系统都是一个 IPO 系统，即由输入数据、数据加工处理和输出数据三个部分组成。其中加工处理是业务处理规则和处理逻辑的体现，是具体的、确定的。输出数据完全依赖于输入数据，这种逻辑依赖关系是加工处理的结果。因此，真实性审计可分为输入审计、处理审计、输出审计，如图 4-2 所示。

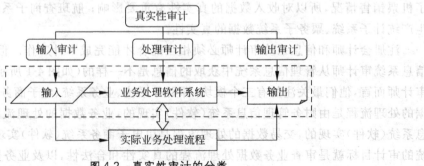

图 4-2　真实性审计的分类

**1. 数据输入审计**

数据输入审计包括以下内容。

（1）数据录入和导入控制测评。检查系统有无设置不符合国家、行业或者单位规范的数据录入、导入接口等数据采集功能，数据采集的身份与权限控制是否合理、有效。

（2）数据修改和删除控制测评。检查系统有无设置不符合国家、行业或者单位规范的数据修改或者删除功能，用户数据修改和删除等身份与权限控制是否合理、有效。

（3）数据校验控制测评。检查数据录入、导入接口等数据采集功能的校验控制是否符合国家、行业或者单位的规定，校验控制是否有效。

（4）数据入库控制测评。检查录入、导入接口等采集的数据、缓冲区数据与进入数据库的最终数据是否一致。

（5）数据共享与交换控制测评。检查系统有无设置不符合国家、行业或者单位规范的数据共享与交换功能，用户或者系统的数据共享与交换的身份与权限控制是否合理、有效。

（6）备份与恢复数据接收控制测评。检查数据备份与恢复的数据接收功能的身份与权限控制是否合理、有效，接收数据与输出数据是否一致。

**2. 数据处理审计**

数据处理审计包括以下内容。

（1）数据转换控制测评。检查系统采集外部数据和转换过程中的各项控制，是否符合国家、行业或者单位的数据转换标准和格式规范。

（2）数据整理控制测评。检查采集数据的分类入库、数据库中相关数据的清洗、数据库间和数据表间的数据抽取与合并、数据库或者数据表的生成与废除等功能的控制，是否符合系统需求和设计要求。

（3）数据计算控制测评。检查系统中经济业务活动的计量、计费、核算、分析，以及数据勾稽、数据平衡、断号重号等计算功能的控制，是否符合国家、行业或单位的相关规定和规范。

（4）数据汇总控制测评。检查系统中经济业务活动的财政财务科目汇总、报表汇总和相关业务汇总等功能实现的控制，是否符合国家、行业或单位的相关规定和规范。

**3. 数据输出审计**

数据输出审计包括以下内容。

（1）数据外设输出控制测评。检查计算机显示、打印和介质复制等数据输出功能的身份与权限控制。

（2）数据检索输出控制测评。检查利用单项检索、组合检索等检索工具对系统中部分数据或者全部数据的检索输出功能的身份与权限控制。

（3）数据共享输出控制测评。检查系统内部相关子系统之间、系统与外部系统之间通过信息交换或者信息共享方式数据输出功能的身份与权限控制。

（4）备份与恢复输出控制测评。检查运行系统向备份系统、备份系统向恢复系统数据输出的身份与权限控制是否合理、有效。

### 4.1.4 业务流程审核

管理信息系统的功能、结构等与企业的业务性质、管理文化、商业模式、规模形态等密不可分，所以不同企业的管理软件大相径庭。因为财务处理流程、电子交易流程相对规范，所以这些不同集中体现在业务处理流程，导致审查业务系统流程的难度最大。数据流程图等分析技术与工具是信息系统审计师打开企业管理软件系统这个黑匣子的一把钥匙。

业务数据常常是发现财务数据错弊的重要线索。许多企业为了规避审计，在财务数据处理上比较规范，可是在业务数据的处理上存在错报、漏报或瞒报，所以对业务数据的真实性和合法性审计非常重要。但是企业的业务差异大，造成其业务信息系统的功能、结构和实现方案等也大相径庭，不像财务处理流程统一规范有章可循，所以审计难度大，这里提出了以下4个步骤：

（1）借助业务流程图等工具，了解分析业务过程，画出业务流程图。
（2）根据业务流程图，画出数据流程图。
（3）根据数据流向分析相关数据项之间的标准关联依赖逻辑。
（4）从数据库读取相关数据，验证实际数据项之间与业务信息系统处理流程之间的符合性。不符合依赖关系的处理构成审计线索。

### 4.1.5 财务处理审核

在财务信息系统环境下开展财务报表审计工作，必须要充分认识并考虑财务系统潜在的风险，并且实施相应的审计程序，以合理保证财务信息系统产生数据的真实性，达到降低审计风险的目的。

传统财务系统非常强调对业务活动的使用授权批准与职责、正确性与合法性。在财务信息系统下，原来使用的靠账簿之间互相核对实现的差错纠正控制已经不复存在，光、电、磁介质也不同于纸张介质，它所载信息能不留痕迹地被修改和删除，使企业内部财务控制面临失效的安全隐患。因此，财务信息系统处理流程的真实合法是真实性审计的核心内容。

### 4.1.6 交易活动审核

电子交易是反映企业收入和成本的真实性的基础，这种虚拟化、电子化的交易行为彻底颠覆了原来的审计方法，即使财务处理合法规范真实可靠，但是由于交易数据的不正确，直接指导财务数据的虚假。

从系统角度看，交易数据既是电子商务系统的输出数据，又是财务系统的输入数据，如果输入数据不真实，即使处理流程正确，输出数据也是不真实的。所以，单独对财务系统进行审计，而不审核电子商务系统，这样的审计是不可靠的。但是，真实性审计必须以财务数据审核为中心，通过与交易数据、业务数据相互印证，形成证据链，才能对数据的真实可靠程度发表意见。

### 4.1.7 真实性审计的方法

对于审计人员而言，企业的财务数据、业务数据、交易数据的真实性、合法性是最重要的，审计小组应该首先了解信息系统的运行情况、管理措施实施情况等，根据审计对会计信息数据的需求，实施一定的信息系统审计流程来测试财务信息系统产生数据的有效性，以达到降低审计风险的目的。

审计人员在调查性访谈前，应准备调查问卷，提高访谈效率。调查性访谈的主要对象一般可以包括：

（1）组织的领导、信息化主管领导、信息部门领导。

(2) 业务部门主管,以及业务管理、业务操作人员。
(3) 财务部门主管,以及财务软件操作人员、财务软件维护人员。
(4) 信息安全主管及网络管理员、系统管理员、数据库管理员、文档介质管理人员。
(5) 内部审计人员。
(6) 系统建设主管及建设管理、软件开发、系统集成人员。
(7) 外包服务方主管及外包方运行、维护人员。

审计人员应当根据实际需要,设计一些调查问卷和检查表等,调查表格应保证结构清晰、系统、详细,确保问题的答案是明确的,不能产生二义性。对审计内容应建立检查表,检查表结构清晰、涵盖所有审计事项,如表 4-1~表 4-4 所示。

表 4-1 管理信息系统调查表

| 管 理 措 施 | 是 | 否 | 不适用 | 评价 |
|---|---|---|---|---|
| 1. 输入控制 | | | | |
| (1) 是否有必要的控制措施保证只有经授权的业务才允许执行和输入? | | | | |
| (2) 是否有必要的控制措施保证所有经授权的业务都能得到及时的执行和输入? | | | | |
| (3) 是否有必要的控制措施保证数据准备过程的及时和准确? | | | | |
| (4) 数据输入后是否有足够的程序化控制以保证输入的正确性和准确性? | | | | |
| (5) 数据输入后是否按规定保留必要的审计线索? | | | | |
| (6) 是否有足够的控制措施保证错误数据得到及时改正并重新输入控制系统? | | | | |
| 2. 处理控制 | | | | |
| (1) 是否有必要的控制措施保证数据处理的完整性和准确性? | | | | |
| (2) 处理过程是否留有必要的审计线索以备检查之用? | | | | |
| 3. 输出控制 | | | | |
| (1) 是否有足够的控制措施保证输出的完整性和准确性? | | | | |
| (2) 是否有足够的控制措施保证输出结果发送到经过授权的人手中? | | | | |

调查结果:

审计人员:　　　　审计日期:　　　　复核人员:　　　　复核日期:

表 4-2 管理信息系统输入分析表

| 序号 | 控 制 措 施 | 目 标 | | | | 备注 |
| | | 输入数据的正确性 | 输入数据的合理性 | 输入数据的安全性 | 输入数据的完整性 | |
|---|---|---|---|---|---|---|
| 1 | 只有批准的人才能进行输入操作并要作操作日志记录 | | | | | |
| 2 | 对输入的数据进行程序校验或人工复核 | | | | | |
| 3 | 对输入数据的格式、类型、范围进行检查 | | | | | |
| 4 | 对输入数据的完整性进行检查,如果输入的数据不完整则应拒绝接受不完整的数据,并提示错误 | | | | | |
| 5 | 如果信息系统要求数据不能重复,则当输入重复的数据时提示错误,并拒绝接受重复的数据 | | | | | |
| 6 | 输入的界面应当简单、清晰、一致 | | | | | |
| 7 | 当输入出错时应能提示错误信息,拒绝接受输入的数据并让操作人员重新输入 | | | | | |

审计人员:　　　　审计日期:　　　　复核人员:　　　　复核日期:

表 4-3  管理信息系统预处理分析表

| 序号 | 控制措施 | 目标 | | | | 备注 |
|---|---|---|---|---|---|---|
| | | 输入数据的正确性 | 输入数据的合理性 | 输入数据的安全性 | 输入数据的完整性 | |
| 1 | 只有批准的人才能执行信息系统中数据的处理工作 | | | | | |
| 2 | 在进行处理之前程序自动检查处理条件是否满足 | | | | | |
| 3 | 使用程序对处理结果的正确性进行自动检查 | | | | | |
| 4 | 在进行处理之前程序自动检查待处理的数据是否合理 | | | | | |
| 5 | 在进行处理之后程序自动检查处理的结果是否合理 | | | | | |
| 6 | 在程序中采取措施防止数据经过处理以后发生丢失的情况 | | | | | |
| 7 | 在程序中采取措施保证所有需要处理的数据都被处理 | | | | | |
| 8 | 在程序中保证需要处理的数据不会被重复处理 | | | | | |
| 9 | 在进行数据处理之前,保证将要处理的数据确实是需要处理的数据 | | | | | |
| 10 | 在处理过程中如果发生错误,信息系统必须令处理终止,向操作人员提示出错,把信息系统内部数据的状态恢复到处理之前的状态,同时记录错误信息 | | | | | |

审计人员:      审计日期:      复核人员:      复核日期:

表 4-4  管理信息系统输出分析表

| 序号 | 控制措施 | 目标 | | | | | 备注 |
|---|---|---|---|---|---|---|---|
| | | 输出信息的正确性 | 输出信息的完整性 | 输出信息的及时性 | 输出信息的安全性 | 输出信息的格式符合用户要求 | |
| 1 | 只有批准的人才能进行显示、打印、传输或复制数据的操作 | | | | | | |
| 2 | 对各种纸质的输出数据妥善保管,只有授权的人员才能阅读 | | | | | | |
| 3 | 对输出保存在磁盘、磁带或光盘上的重要数据进行访问控制,只有授权的人员才能阅读 | | | | | | |
| 4 | 对敏感的电子数据应加密以后再输出 | | | | | | |
| 5 | 信息系统进行输出之前检查是否满足输出的条件 | | | | | | |
| 6 | 输出之前数据正确性的检查 | | | | | | |
| 7 | 数据不完整的情况下应拒绝输出并提示出错 | | | | | | |
| 8 | 输出数据的格式必须要满足使用部门的要求 | | | | | | |
| 9 | 输出的格式要简单清晰、易读易懂 | | | | | | |
| 10 | 数据及时输出给用户 | | | | | | |
| 11 | 在输出过程中如果发生故障,信息系统应能提示出错 | | | | | | |

审计人员:      审计日期:      复核人员:      复核日期:

## 4.2 管理信息系统

### 4.2.1 管理信息系统的定义

管理信息系统(management information systems,MIS)最早由 Walter T. Kennevan 于 1970 年提出:"以书面或口头的形式,在合适的时间向经理、职员以及外界人员提供过去的、现在的、预测未来的有关企业内部及其环境的信息,以帮助他们进行决策"。很显然,这个定义是从管理角度出发的,不涉及信息技术。

1985 年,被誉为管理信息系统创始人的 Gordon B. Davis 教授对管理信息系统做了如下定义:"管理信息系统是一个利用计算机软硬件资源进行作业、分析、计划、控制和决策的模型以及数据库人—机系统。它能提供信息以支持企业或组织的运行、管理和决策功能"。这个定义已经较符合当代管理信息系统的特点。

在我国,管理信息系统一词始于 20 世纪 70 年代末 80 年代初,在《中国企业管理百科全书》中,对管理信息系统做了如下定义:"管理信息系统是一个由人、计算机等组成的能进行信息的收集、传递、储存、加工、维护和使用的系统。管理信息系统能实测企业的各种运行情况;利用过去的数据预测未来;从企业全局出发辅助企业进行决策;利用信息控制企业的行为;帮助企业实现其规划目标"。这个定义体现了管理信息系统是一个人机交互系统。

目前比较流行的定义为:管理信息系统是一个以人为主导,利用计算机硬件、软件、网络通信设备以及其他办公设备,进行信息的收集、传输、加工、储存、更新和维护,以企业战略竞优、提高效益和效率为目的,支持企业的高层决策、中层控制、基层运作的集成化的人机系统。

### 4.2.2 管理信息系统的特征

管理信息系统具有如下特征。

**1. 面向管理决策**

管理信息系统本质上是一种具有企业或组织管理流程和思想的计算机软件,其目的在于为企业或组织提供管理决策,一个经过良好设计和符合用户管理需求的管理信息系统,能够及时收集和提供相关的信息,辅助决策者做出决策。

**2. 管理信息系统是一个人机系统**

管理信息系统的目的在于通过计算机来辅助一个企业或组织进行相关决策,而决策只能由人来做,因而管理信息系统必然是一个人机结合的系统。在管理信息系统中,各级管理人员既是系统的使用者,又是系统的组成部分。这一特点也是正确界定人和计算机在系统中的地位和作用的依据。在开发和部署管理信息系统过程中,要充分发挥人和计算机各自的长处,使系统整体性能达到最优。

**3. 现代管理方法和信息技术相结合的系统**

管理信息系统虽然属于计算机软件系统的一种,但它并不仅仅是简单地采用信息技术处理简单的计算或仅仅提高处理速度,而是融合了先进的企业或组织管理思想和方法的计算机软件系统。管理信息系统要发挥其在管理中的作用,就必须将先进的管理方法和信息技术相结合,在开发管理信息系统时,以管理方法为指导核心,利用信息技术高效地实现管理方法的自动化。

**4. 管理信息系统是一个综合的系统**

一个具有完整功能的管理信息系统,其必然包含了一个企业或组织的各类业务工作,而这些工作在系统中又可表现为相对独立的子系统。不同的子系统通过业务关系进行综合,最终组成一个完整的系统。除此之外,它是人与技术的综合体,也是硬件与软件的综合体。它包括了管理人员、系统分析人员、系统设计人员、程序员和工作人员等,也包括了计算机、通信工具、网络设备等各种硬件设备。

**5. 管理信息系统是一个动态的系统**

管理信息系统是一种计算机软件产品,其存在依赖于企业或组织的内部或外部环境。当管理信息系统由于环境发生变化而不能满足企业或组织的要求时,就需要通过对系统的不断更新维护以延长其生命周期。而当环境变化过大,无法继续更新或更新成本高于重新开发的成本时,就需要在新的条件和环境下开发新的管理信息系统。

### 4.2.3 管理信息系统的发展

20世纪60年代初,信息技术首次被用于库存管理,这意味着管理信息系统的雏形产生了。在这一基础上,物料需求计划(MRP)被推出。这可视为最早的真正意义上的管理信息系统。自MRP开始,经过近半个世纪的发展,又产生了制造资源计划(MRPII)、企业资源计划(ERP)以及功能上更为专注的业务系统。

**1. 物料需求计划**

物料需求计划(MRP)是一种应用物料清单、库存数据、车间在制品数据,以及生产计划(MPS)来计算相关需求的一种技术。利用这种技术,可以较好地保证用户订单需求数量和交货日期。MRP的基本内容是编制零件的生产计划和采购计划。

**2. 制造资源计划**

制造资源计划(MRPII)产生于20世纪70年代末,它把企业的生产、库存、销售、财务、成本等各个部门联系起来,逐渐地发展成为一个涵盖企业各个部门和全部生产资源的管理信息系统。MRPII是在模拟制造企业生产经营的基础上建立起来的。它本身并不是一个具体、确定的管理信息系统软件,而是一种适合于制造企业管理的思想。MRPII在MRP的基础上,增加了对企业生产中心、生产能力等方面的管理,实现计算机安排生产,形成以计算机为核心的闭环管理系统,以动态监察产、供、销的全部生产过程。

**3. 企业资源计划**

企业资源计划(ERP)产生于20世纪90年代,是物料需求计划的进一步发展。它是针对物资资源管理(物流)、人力资源管理(人流)、财务资源管理(资金流)、信息资源管理(信息流)集成一体化的企业管理软件。与MRPII相比,其包含了更多的企业业务,且在技术上更为成熟,可视为管理信息系统的集大成者。

**4. 其他业务系统**

随着信息技术的进一步发展,以及管理信息系统的广泛使用,人们发现ERP系统虽然大而全,但并不是最符合需求的。如物流企业可能更关注供应,猎头公司可能更关注客户管理,在这种情况下,产生了一些专用业务系统。比较常见的有供应链管理(SCM)系统、客户关系管理(CRM)系统、进销存系统、决策支持系统、专家系统等。这类管理信息系统,相比较 ERP，具有小而精的特点，并且能最大程度地满足企业的特殊需求，而且从实施成本上也明显低于 ERP。目前，对于一些特大型企业，由于其管理业务复杂，会选择部署 ERP，而对于一些发展中或者业务性较强的企业，则往往灵活地部署其所需要的业务系统。

### 4.2.4 管理信息系统的概念结构

从概念上划分，管理信息系统由 4 大部件组成：信息源、信息处理器、信息用户和信息管理者，如图 4-3 所示。

图 4-3 管理信息系统概念结构

信息源是信息的产生地；信息处理器担负信息的传输、加工、保存等任务；信息用户是信息的使用者，一般利用信息进行决策；信息管理者则负责信息系统的设计实现以及负责信息系统的运行和协调。

### 4.2.5 管理信息系统的层次结构

管理活动可分为战略规划层（战略层）、管理控制层（战术层）、运行和操作控制层（业务层）三个不同层次，因此管理信息系统也可做相应的层次划分，即层次结构，如图 4-4 所示。

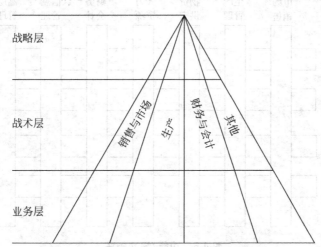

图 4-4 管理信息系统的层次结构

**1. 战略层管理信息系统**

由于战略层的管理活动涉及企业的总体目标和长远发展规划，如制定市场开发战略、产品开发战略等，因此，为战略层服务的管理信息系统，它的数据和信息来源是广泛和概括性的，其中包括相当数量的外部信息，如当前社会的政治、经济形势，本企业在国内外市场上的地位和竞争力等。由于战略层管理信息系统又是为企业制定战略计划服务的，因此它所提供的信息也必须是高度概括和综合性的,如对市场需求的预测、对市场主要竞争对手的实力分析及预测等信息。它们都可以为企业制定战略计划提供参考价值。

**2. 战术层管理信息系统**

战术层的管理活动属于中层管理,它包括各个部门工作计划的制定、监控和各项计划完成情况的评价等主要内容。因此,战术层管理信息系统主要是为各个部门负责人提供信息服务,以保证他们在管理控制活动中能够正确地制定各项计划。战术层管理信息系统的信息来源于两个方面:一方面来源于战略层,包括各种预算、标准和计划等;另一方面来自业务处理层,包括企业各种计划的完成情况和经过业务处理层加工后的信息等。战术层管理信息系统所能提供的信息主要有各部门的工作计划、计划执行情况的定期报告和不定期报告、对管理控制问题的分析评价、对各项查询的响应等。

**3. 业务层管理信息系统**

业务层的管理活动属于企业基层管理,它是有效利用现有资源和设备所展开的各项管理活动,主要包括作业控制和业务处理两大部分。由于这一层的管理活动比较稳定,各项管理决策呈结构性,可按一定的数学模型或预先设计好的程序和规划进行相应的信息处理。一般来说,业务层管理信息系统包括事务处理、报告处理和查询处理等功能信息处理方式。

### 4.2.6 管理信息系统的系统结构

管理信息系统软件结构是指支持管理信息系统各种功能的软件系统或软件模块所组成的系统结构,一个管理系统可用一个功能/层次矩阵表示,如图 4-5 所示。

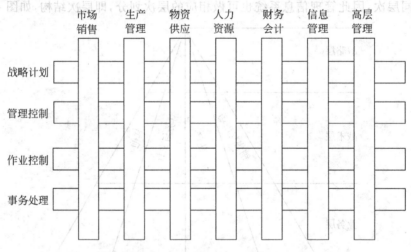

图 4-5 功能/层次矩阵

由软件模块组成的软件结构,其中每个方块是一段程序块或一个文件,每一个纵行是支持某一个管理领域的软件系统。对应于这个管理系统的软件结构如图 4-6 所示。

图中每一列代表一种软件功能,每一行表示一个管理层次,行列交叉表示每一种功能子系统,各个职能子系统的简要职能如下。

**1. 市场销售子系统**

市场销售子系统包括销售和推销;在运行控制方面包括雇用和训练销售人员、销售和

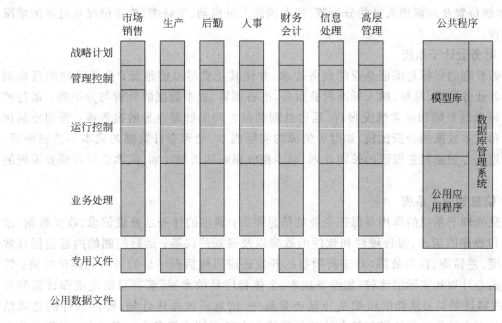

图 4-6　管理信息系统的系统结构

推销的日常调度,还包括按区域、产品、顾客的销售数量的定期分析等;在管理控制方面,包含总的成果和市场计划的比较,它所用的信息有顾客、竞争者、竞争产品和销售力量要求等;在战略计划方面包含新市场的开发和新市场的战略,它使用的信息包含顾客分析、竞争者分析、顾客评价、收入预测、人口预测和技术预测等。

2. **生产子系统**

生产子系统包括产品设计、生产设备计划、生产设备的调度和运行、生产人员的雇用和训练、质量控制和检查等;典型的业务处理是生产订货(即将成品订货展开成部件需求)、装配订货、成品票、废品票、工时票等;运行控制要求把实际进度与计划相比较,发现卡脖子环节;管理控制要求进行总进度、单位成本和单位工时消耗的计划比较;战略计划要考虑加工方法和自动化的方法。

3. **后勤子系统**

后勤子系统包括采购、收货、库存控制和分发;典型的业务包括采购的征收、采购订货、制造订货、收货报告、库存票、运输票和装货票、脱库项目、超库项目、库营业额报告、卖主性能总结、运输单位性能分析等;管理控制包括每一后勤工作的实际与计划的比较,如库存水平、采购成本、出库项目和库存营业额等;战略分析包括新的分配战略分析、对卖主的新政策、"作和买"的战略、新技术信息、分配方案等。

4. **人事子系统**

人事子系统包括雇用、培训、考核记录、工资和解雇等;其典型的业务有雇用需求的说明、工作岗位责任说明、培训说明、人员基本情况数据(学历、技术专长、经历等)、工资变化、工作小时和离职说明等;运行控制关心的是雇用、培训、终止、变化工资率、产生效果;管理控制主要进行实情与计划的比较,包括雇用数、招募费用、技术库存成分、培训费用、支付工资、工资率的分配和政府要求符合的情况;战略计划包括雇用战略和方案评价、工资、训练、收益、建筑位置及对留用人员的分析等,把本国的人员流动、工资率、教育情况和世界的情况进行比较。

**5. 财务会计子系统**

财务管理的目标是保证企业的财务要求,并使其花费尽可能地低;会计管理的目标则是把财务业务分类、总结,填入标准财务报告,准备预算、成本数据的分析与分类等;运行控制关心每天的差错和异常情况报告、延迟处理的报告和未处理业务的报告等;管理控制包括预算和成本数据的分析比较,如财务资源的实际成本,处理会计数据的成本和差错率等;战略计划关心的是财务保证的长期计划、减少税收影响的长期计划、成本会计和预算系统的计划。

**6. 信息处理子系统**

信息处理子系统的作用是保证企业的信息需要;典型的任务是处理请求、收集数据、改变数据和程序的请求、报告硬件和软件的故障以及规划建议等;运行控制的内容包括日常任务调度、差错率、设备故障,对于新项目的开发还应当包括程序员的进展和调试时间;管理控制关心计划和实际的比较,如设备成本、全体程序员的水平、新项目的进度和计划的对比等;战略计划关心功能的组织是分散还是集中、信息系统总体计划、硬件软件的总体结构。办公室自动化也可算做与信息处理分开的一个子系统或者是合一的系统,当前办公室自动化主要的作用是支持知识工作和文书工作,如字符处理、电子信件、电子文件和数据与语音通信。

**7. 高层管理子系统**

每个组织均有一个最高领导层,如公司总经理和各职能域的副总经理组成的委员会,这个子系统主要为他们服务。其业务包括查询信息和支持决策、编写文件和信件便笺、向公司其他部门发送指令;运行控制层的内容包括会议进度、控制文件、联系文件;管理控制层要求各功能子系统执行计划的总结和计划的比较等;战略计划层关心公司的方向和必要的资源计划;高层战略计划要求广泛的综合的外部信息和内部信息,这里可能包括特级数据检索和分析,以及决策支持系统,它所需要的外部信息可能包括竞争者的信息、区域经济指数、顾客喜好、提供的服务质量。

### 4.2.7 管理信息系统的硬件结构

管理信息系统硬件结构是指系统的硬件组成及其联接方式,并说明硬件所能达到的功能、物理位置安排。

**1. 单机模式**

单机模式是一种早期的管理软件系统开发的结构模式,一般适用于系统规模较小、数据流量不大的情况。单机系统中,客户端应用程序和数据库在同一台计算机上。客户端应用程序一般通过本地化的数据引擎来访问相应的数据库,例如VB中的Jet引擎。单机模式的管理信息系统适合小微企业。

**2. 中央集中模式**

中央集中模式是采用大型主机和终端结合的系统,这种模式将操作系统、数据库管理系统和访问数据库的应用程序都放在作为中心的主机上运行,终端和主机之间以专线的方式连接,终端没有任何处理能力,只是用来显示主机发送的数据以及供用户输入数据。这种模式的最大优点是数据与管理高度集中,管理比较方便,系统安全性比较高,适合计算量特别大的用户,或信息处理量特别大的用户作为中心节点。

**3. C/S模式**

C/S模式是20世纪80年代出现的一种模式,在这种结构中,网络中的计算机分为两个有机地联系起来的部分:客户机和服务器。客户机是由功能一般的微机来担任,它可以使用服务器中的资源。服务器可以是一台功能较强的具有大磁盘空间的微机服务器或工作站型计算机,也可以是一台小型机。用户只与客户机打交道,感觉不到服务器的存在。对于用户发出的请求,如果客户机能够满足就直接给出结果,否则,客户机就会将请求传送给服务器,并根据服务器回送的处理结果进行分析,然后显示给用户。因此,该模式在客户机和服务器之间合理均衡事务处理量。

**4. B/S模式**

B/S模式出现在C/S模式之后,它由浏览器、Web服务器、数据库服务器三个层次组成。在这种模式下,客户端使用一个通用的浏览器,代替了形形色色的各种应用软件,用户的所有操作都是通过浏览器进行的。该结构的核心部分是Web服务器,它负责接受远程或本地的请求,然后根据请求到数据库服务器处理相关数据,再将处理结果传送回到提出请求的浏览器。

## 4.3 系统流程审核

### 4.3.1 系统流程的审计目标

管理信息系统数据的本质是对业务活动的反映和记录,管理信息系统记录了在每次业务活动中活动主体之间的物质流动和信息流动,任何与事实不符的记录都会导致有关电子记录数据项之间的逻辑相悖或数据信息与实际的经营活动之间的不符(包括有意作弊错误和无意录入错误)。

所以通过验证输入数据与输出数据对标准依赖关系的符合性即可判定管理信息系统处理流程的正确性。如果一个系统的数据输入与数据输出违背了应该存在的依赖关系,则系统必然存在不合规的业务处理环节。但反之却不然,即一个符合依赖的输入和输出并不能确定整个系统是合规的,还需要确认输入数据本身的真实性。

根据业务活动过程中以各种形式存在的数据,确立相关数据之间的逻辑依赖关系,分析数据项之间的实际关系与信息系统中的关系的符合程度,即可审核管理信息系统处理流程的正确性。

### 4.3.2 数据流图的概念

数据流图(data flow diagram,DFD)是一种图形化技术,它描绘信息流和数据从输入移动到输出的过程中所经受的变换,是信息系统逻辑功能的图形表示方法。审计人员可以采用数据流图了解被审计单位的业务流程和信息系统内部的处理流程。

**1. 四种基本图形符号**

数据流图有四种基本符号:正方形(或立方体)表示数据的源点或终点;圆角矩形(或圆形)代表变换数据的处理;开口矩形(或两条平行横线)代表数据存储;箭头表示数据流,

即特定数据的流动方向,如图 4-7 所示。注意,数据流与程序流程图中用箭头表示的控制流有本质不同,千万不要混淆。在数据流图中应该描绘所有可能的数据流向,而不应该描绘某个数据流的条件。

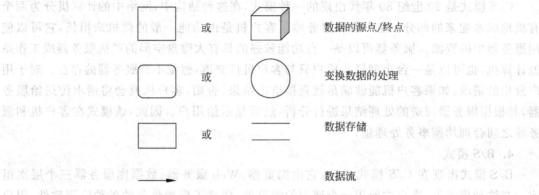

图 4-7 数据流图基本图形符号

### 2. 数据流图的基本成分

系统部件包括系统的外部实体、处理过程、数据流和数据存储 4 个组成部分。

1) 外部实体

外部实体指位于系统外部,又和系统有联系的人或事物,它说明了数据的外部来源和去处,属于系统的外部和系统的界面。外部实体中支持系统数据输入的实体称为源点,支持系统数据输出的实体称为终点。通常外部实体在数据流图中用正方形框表示,框中写上外部实体名称,为了区分不同的外部实体,可以在正方形的左上角用一个字符表示,同一外部实体可在一张数据流图中出现多次,这时在该外部实体符号的右下角画上小斜线表示重复。

2) 处理过程

处理指对数据逻辑进行处理,也就是数据变换,它用来改变数据值。而每一种处理又包括数据输入、数据处理和数据输出等部分。在数据流图中处理过程用带圆角的长方形表示,长方形分三个部分,标识部分用来标识一个功能,功能描述部分是必不可少的,功能执行部分表示功能由谁来完成。

3) 数据流

数据流是指处理功能的输入或输出。它用来表示中间数据流,但不能用来改变数据值。数据流是模拟系统数据在系统中传递过程的工具。在数据流图中用一个水平箭头或垂直箭头表示,箭头指出数据的流动方向,箭线旁注明数据流名。

4) 数据存储

数据存储表示数据保存的地方,它用来存储数据。系统处理从数据存储中提取数据,也将处理的数据返回数据存储。与数据流不同的是数据存储本身不产生任何操作,它仅仅响应存储和访问数据的要求。

### 3. 数据流图的画法

1) 画数据流图的基本原则

画数据流图的基本原则如下。

(1) 数据流图上所有图形符号必须是前面所述的 4 种基本元素。

(2) 数据流图的主图必须含有前面所述的四种基本元素,缺一不可。
(3) 数据流图上的数据流必须封闭在外部实体之间,外部实体可以是一个,也可以是多个。
(4) 处理过程至少有一个输入数据流和一个输出数据流。
(5) 任何一个数据流子图必须与它的父图上的一个处理过程对应,两者的输入数据流和输出数据流必须一致,即所谓"平衡"。
(6) 数据流图上的每个元素都必须有名字。
2) 画数据流图的基本步骤
画数据流图的基本步骤如下。
(1) 把一个系统看成一个整体功能,明确信息的输入和输出。
(2) 找到系统的外部实体。一旦找到外部实体,则系统与外部世界的界面就可以确定下来,系统的数据流的源点和终点也就找到了。
(3) 找出外部实体的输入数据流和输出数据流。
(4) 在图的边上画出系统的外部实体。
(5) 从外部实体的输入流(源)出发,按照系统的逻辑需要,逐步画出一系列逻辑处理过程,直至找到外部实体处理所需的输出流,形成数据流的封闭。
(6) 将系统内部数据处理又分别看做整体功能,其内部又有信息的处理、传递、存储过程。
(7) 如此一级一级地剖析,直到所有处理步骤都很具体为止。

### 4.3.3 分析业务流程

业务流程图是目前审计人员用于了解审计环境、把握审计重点的常用工具。它用少数几种图形符号描述系统内各部门、人员之间业务关系、作业顺序和管理信息流向。业务流程图描述了业务过程的具体环节和业务流程的实际处理步骤。

业务流程图以业务处理过程为中心,强调处理活动、处理部门及流动的管理信息,对审计人员理顺业务过程、掌握内控及管理薄弱环节、确定审计重点具有重要意义。但是业务流程图无法对计算机辅助审计直接提供帮助,因为业务流程图忽略了系统存在的大量数据,无法体现动态活动所涉及动态数据与静态电子数据之间的映射关系,进而无法与信息系统存在的电子数据之间产生关联,电子数据无法充分利用。

审计组开展了"某省辖淮河流域水污染防治效益专项审计调查"工作,对各类环保资金(补助)项目执行情况和相关财政预算资金收缴使用情况进行审计调查,其中的排污费征收、管理和使用是该次审计调查内容的重要组成部分。

案例针对排污费收缴合规性,从熟悉业务流程入手,以数据流图为工具,发现排污费征收过程中以各种形式存在的数据并确立相关数据之间应有的逻辑关联关系,利用计算机工具验证各种关联关系的一致性和符合性,从而发现排污费征收过程中的违规环节和不当行为。

业务流程图中共有5种符号,其中圆圈表示业务处理单位或部门;方框表示业务处理内容;报表符号表示输入输出数据(报表、报告、文件等);不封口的方框表示存档文件;矢量连线表示业务过程联系。排污费征收业务流程图如图4-8所示。

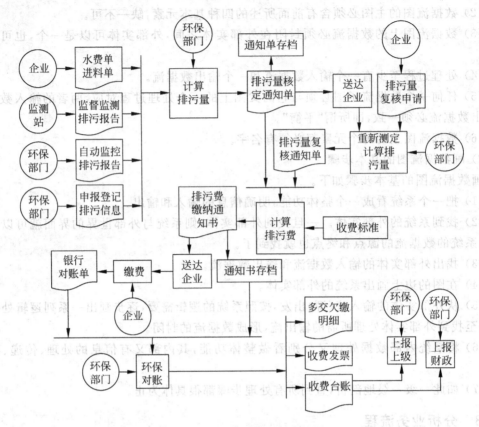

图 4-8 排污费征收业务流程图

### 4.3.4 画出数据流图

数据流图是实现动态活动数据到静态电子数据映射的最佳工具。数据流图以图形方式刻画数据信息从输入到输出的移动变换过程,综合反映出信息和数据在系统中的存储、输出－输入流动和处理情况。被审计的电子数据与数据流图中数据具有对应关系。

数据流图以数据为中心,摒弃了业务活动的时间、人员、场所等具体物理因素,以数据为线索将繁杂的业务活动实现条理化。数据流图能准确描述系统中数据的存在形式以及子系统之间数据的输出－输入关系。其中的数据流元素指出了系统存在的各种数据以及数据的来源和去向,这将有利于发现具有关联关系的数据项;加工处理元素是指由输入数据到输出数据的加工过程和处理逻辑,决定了相关数据项之间应有的确定的逻辑关联关系。因此,数据流图可以很好地辅助审计人员发现相关数据项以及数据项之间的确定逻辑,是实现将动态的业务处理过渡到可验证的静态电子数据的重要工具。可以说,有了系统的数据流程图,也就明确了静态电子数据在计算机审计中的利用方式。

数据流图同样只有很少的 4 种图形符号:矩形表示数据的外部单位实体数据;圆表示变换数据的处理逻辑;少右边的矩形表示数据的存储;箭头表示数据流。

根据排污费征收业务流程图我们得到了排污费征收数据流图,如图 4-9 所示。

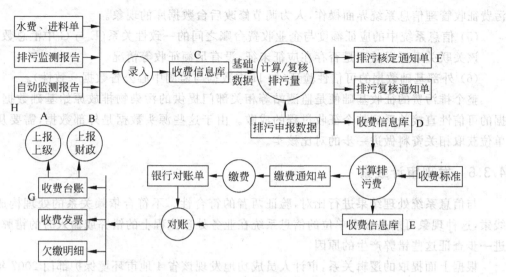

图 4-9 排污费征收数据流图

### 4.3.5 分析数据的逻辑关系

根据排污费征收数据流图,具有逻辑相关性典型数据项组合如下。

(1) 信息系统应征排污费汇总数据分别与上报上级环境保护局汇总数据与上报财政局汇总数据之间具有一致性关系(图 4-9 中 A 与 B 数据之间的关系)。

应征额度与实征额度之间应该具有一致性,台账汇总数据是针对实征数据的汇总,所以应征额度与汇总数据之间应具有相等(约等)关系一致性。该关联关系可以从整体上验证环保部门是否做到足额征收、是否虚列财政收入、是否存在违规核定排污费等行为。

(2) 每个企业污染物排放量核定基础数据和最终核定量之间的关联关系(图 4-9 中 C 与 D 之间的排污量核定相关数据)。

污染物排放量的核定值是根据核定基础数据和相关规定计算得来的,而且在基础数据确定时,计算结果也是确定的,两者应该存在连贯的相等关系。该关联关系可以验证环保部门是否遵守了国家相关规定按照相关标准和规定核定企业的污染物排放量。

(3) 信息系统中的污染物核定量与排污费应征额度之间的关联关系(图 4-9 中 E 与 D 之间的排污费核定相关信息)。

排污费应征额度是根据核定的污染物排污费量数据和相关规定计算得来的,而且一旦污染物排放核定数据确定,排污费应征额度数据也必将是确定的,因此两者应该存在连贯的一致性关系。该关联关系可以验证环保部门是否遵守了国家相关规定,按照相关规定核定企业排污费。

(4) 各种外部数据与信息系统录入数据、各种信息系统数据与打印数据之间具有一致性,如信息系统中的污染物排放量核定值与污染物排放核定通知书中的污染物排放量核定值、信息系统中的应征额度与缴费通知书中的应缴数额之间关联关系(如图 4-9 中 D 数据和 F 数据一致性)。

信息系统内部和外部数据之间的一致性抽查检验可以验证环保部门是否存在不按照排

污费征收管理信息系统界面操作,人为调节修改后台数据库的现象。

(5) 信息系统中的应征额度与企业收费台账之间的一致性关系(E 与 G 中汇总数据)。该关联关系可以验证是否存在应征未征、没有足额征收等情况。

(6) 外部基础数据的可信性验证(如 H 中数据与监测中心公告数据一致性)。

整个排污费的征收基础便是监测站等相关部门提供的污染物排放原始基础数据,该数据的可信性直接关系到整个征收过程的成败。由于这些源头数据是外部数据,需要从外部单位获取相关资料做进一步的对比核实。

### 4.3.6 发现审计线索

与信息系统处理结果进行比对,验证两者的符合性。不符合依赖关系的处理构成审计线索,这种现象可能是被审单位的信息系统在业务处理流程上的错弊或输入时的错弊,并且进一步查证这些错弊产生的原因。

根据上面提取的逻辑关系,审计人员成功地发现该省 4 地市环境保护部门 2007 年在排污费申报、核定、征收、上缴等环节存在不同程度的多征少征、人为核定等违规行为,包括排污费少征 1700 余万元、虚列财政收入 800 余万元。

这些审计问题的发现归功于对被审计单位的业务信息系统处理流程的审查,如果采用一般的审查被审计单位的财务数据和财务信息系统的方法,此类问题是无法查出的。

# 第5章 财务数据的真实性

## 5.1 财务信息系统

### 5.1.1 财务信息系统的发展过程

财务信息系统是企业管理信息系统的一个子系统,是专门用于企事业单位处理会计业务,收集、存储、传输和加工各种会计数据,输出会计信息,并将其反馈给各有关部门,为企业的经营活动和决策活动提供帮助,为投资人、债权人、政府等部门提供财务信息的系统。

财务信息系统随着信息技术的发展以及管理思想的不断创新而不断发展。从最初的单一的会计核算功能向更强的支持企业管理的方向发展。

**1. 单项型财务信息系统**

该阶段的财务信息系统基本上是运行在 DOS 操作平台的单项型财务信息系统,在功能上仅仅是完成一个独立的财务处理工作。

**2. 基于局域网的核算型财务信息系统**

该阶段的财务信息系统是基于局域网(local area network,LAN)的核算型软件,应用范围从单机模式扩展到具有一定数据共享能力的小型局域网的应用,仍然是局限于事后的核算,与企业的管理严重脱钩。

**3. 管理型财务信息系统**

该阶段的财务信息系统采用客户/服务器(client/server,C/S)模式,开始涉及企业的管理内容,如财务分析、财务预测、财务控制等,因此称为管理型财务信息系统。

**4. 基于互联网的决策型财务信息系统**

随着 Internet 的日益普及与电子商务的发展,企业对财务管理系统提出更高的要求,该阶段的信息系统是基于浏览器/服务器(browser/server,B/S)模式,采用 Web 技术、多媒体技术和 Internet 的管理软件,符合企业经营方式向电子商务发展的战略,支持跨国企业的全球化经营与决策。

**5. 商务智能型财务管理系统**

该系统是财务信息系统的重要发展方向。财务数据是企业管理中最重要的经济数据,是企业决策者必须关注的数据。由于财务数据的复杂性,在没有财务管理系统的时代,决策者更多的是看到当前月份或年度的财务数据,而深入的财务分析往往难以实现。在财务管理系统基础上,继续发展能够自动进行财务分析的管理系统,主要功能是支持数据库的应用,实现联机分析处理(on-line analytical processing,OLAP)智能数据挖掘分析,以及提供更细致的会计报表,支持进行财务状况、损益和现金流量的结构分析、比较分析和趋势分析等主要财务指标的分析功能。

### 5.1.2 财务信息系统的功能

财务部分主要由总账(账务处理)、工资管理、固定资产管理、采购与应付管理、销售与应收管理、成本核算、会计报表、资金管理等子系统组成(见图 5-1)。这些子系统以总账子系统为核心,为企业的会计核算和财务管理提供全面、详细的解决方案。

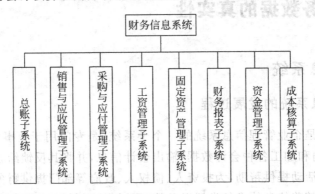

图 5-1 财务信息系统的功能结构

在各种财务信息系统中一般都有成本核算子系统,成本核算子系统是以生产统计数据及有关工资、折旧和存货消耗数据为基础数据,按一定的对象分配、归集各项费用,以正确计算产品的成本数据,并以自动转账凭证的形式向总账子系统传送数据。但是,由于不同企业的生产性质、流程和工艺有很大的区别,单纯为成本核算而设计的系统应用范围有限。

### 5.1.3 销售与应收子系统

企业通过出售产品、商品或提供劳务获得生产经营成果,实现企业的销售收入。销售活动包括两个方面:一方面是将生产的产品发送给购货单位,另一方面还要按销售价格收取货款。在商业信用环境下,由于大部分销售活动表现为赊销,即在产品和劳务的提供和货款的收回之间存在着一定的时间延迟,所以,在财务信息系统中,往往将销售与应收作为一个独立的子系统。但对不同行业而言,销售与应收的管理和核算有所不同。在商品流通企业中,由于商品的采购、保管与销售是一个联系紧密的有机整体,为了业务处理和核算的方便,常常将购、销、存管理与核算集成于一个子系统,形成了商品流通企业的购销存子系统。在工业企业中,在采购与销售之间多了一个生产环节,对产品成本需要进行复杂的成本核算工作,所以,购销存之间的联系不像商品流通企业那样紧密,从而将采购、存货管理与销售分开,分别建立子系统进行核算和管理。因此,购销存子系统主要适用于流通企业,销售与应收子系统主要适用于生产企业。

图 5-2 所示为销售与应收子系统的数据流图。

销售与应收子系统是财务信息系统中一个较为复杂的子系统,主要包括系统初始化、销售业务处理、报表输出、转账处理和系统管理等功能模块。

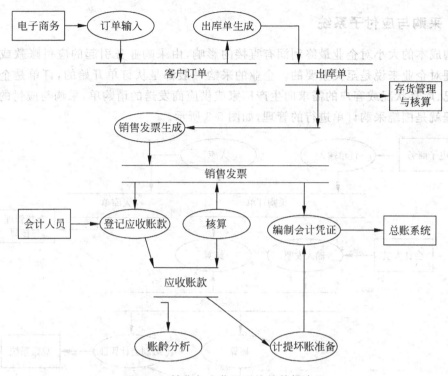

图 5-2　销售与应收子系统的数据流图

**1. 系统初始化**

销售与应付子系统的初始设置功能主要作用是建立客户档案资料和设置与销售业务相关的公共代码和名称。

**2. 销售业务处理**

销售业务处理主要是销售订单、发货单、销售发票、收款单、退货单、货款结算、往来账核销等的处理。根据销售方式的不同,用户可以从销售订单开始处理销售业务,也可以从销售发票、收款单开始处理销售业务。对各种单据进行处理时,应保持数据的一致性,即尽量利用已处理的单据生成另一种单据,如利用销售订单生成销售发票。在与存货子系统集成情况下,发货单可以从存货子系统中调用。

**3. 报表输出**

报表输出模块可以输出用户需要的各种统计分析报表。主要包括销售日报表、客户结算情况一览表、销售费用表、账龄分析表、销售人员业绩考核表、应收账款明细表、按各种销售方式销售的汇总表等。

**4. 转账处理**

转账处理功能是根据输入的销售业务数据生成记账凭证。由于销售与应收的财务核算科目与结算及交易方式有明确的对应关系,因此可依据结算方式、交易方式和账务处理子系统设置的财务科目,进行转账凭证设置。

**5. 系统管理**

系统管理模块主要完成销售与应收子系统数据的管理。一般包括系统建账、年初建账、数据备份、数据恢复、数据输出等功能。

### 5.1.4 采购与应付子系统

采购成本的大小对企业最终利润有直接的影响,由采购业务引起的应付账款或预收账款的管理对企业来说是至关重要的。企业的采购一般都是从订单开始的,订单是企业根据市场状况、库存状况或客户的需求向生产厂家或供应商发送的请购单,采购与应付的核算与管理过程就是围绕采购订单进行的管理,如图 5-3 所示。

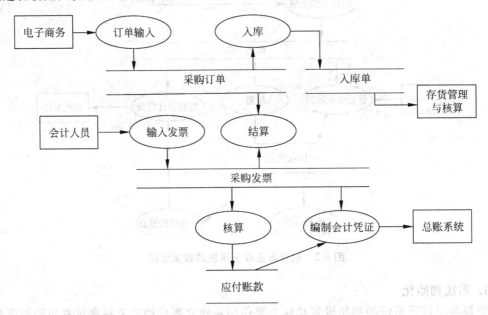

图 5-3 采购与应付子系统的数据流图

由于采购与应付之间存在密切的联系,大部分财务信息系统将采购与应付作为一个子系统。采购与应付子系统和账务处理子系统的关系主要体现在凭证的传递关系上,一般由账务处理子系统进行凭证处理和输出应付账款总账,而采购与应付子系统进行往来账的核销和输出应付账款明细账。

采购与应付子系统的主要功能包括系统初始化、业务单据输入、报表输出、转账处理和系统管理等。

**1. 系统初始化**

系统初始化包括系统建账,建立供应商档案,设置付款方式、付款条件,设置进项税率,以及建立存货档案、仓库档案、部门档案等。

**2. 业务单据输入**

业务单据输入包括生产计划单、采购订单、入库单、采购发票、付款单、退货单等的录入,以及往来账核销、采购结算等。

**3. 报表输出**

报表输出功能提供采购与应付核算与管理中需要的各种报表。主要包括订购情况表、采购情况表、入库情况表、结算情况表、货到票未到情况表、票到货未到情况表、采购费用情况表、增值税抵扣情况表、账龄分析表、供应商往来账等。

### 4. 转账处理

转账处理功能根据采购业务生成记账凭证,以便传递到总账务子系统中,以提高凭证处理的效率。由于采购业务使用的会计科目与结算和交易方式有明确的对应关系,因此,可依据结算方式、交易方式和账务处理子系统设置的会计科目,进行转账凭证设置。编制采购业务的记账凭证将根据设置的转账凭证、采购发票、付款单等进行,确认后,调用传递转账凭证功能将记账凭证自动传递到账务处理子系统。

### 5. 系统管理

系统管理包括系统建账、数据备份、数据恢复、系统维护和修改口令等。

## 5.1.5 工资管理子系统

工资管理子系统的数据主要来源于人事变动通知单、考勤记录和各项扣款通知单等原始记录,通过对这些变动数据的输入或更新,将形成工资文件中各相应记录的本期发生的数据,然后计算每位职工的应发工资和实发工资,输出工资结算单和工资条。根据工资文件计算汇总生成工资汇总文件,输出工资汇总表。月末对工资文件进行计提和分配处理生成工资费用分配文件,并输出工资费用分配表和自动转账处理传递到账务处理子系统/成本子系统,如图 5-4 所示。

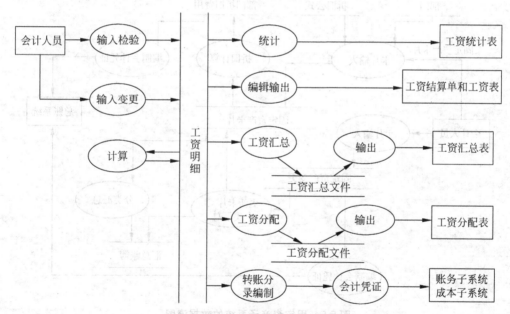

图 5-4 工资管理子系统的数据流图

工资管理子系统主要是完成工资结算、工资分配和计提福利费的任务。主要功能有:改变每一职工每月各项工资和各种扣款数据,查询每一职工的工资内容以及各工资项目的汇总数据,计算、汇总工资,打印工资条、工资存档表、工资汇总表,计提职工福利费和分配工资,打印工资分配表和福利费计提表,结转工资费用和职工福利费用,以及系统初始化功能。

由于工资子管理系统原始数据量大,涉及的部门比较多。为提高原始数据输入的效率,可对输入数据进行分类,以便根据其特点,采用相应的输入方法。一般按工资数据变动频率的不同,可将其分为基本不变数据和变动数据两类。

基本不变数据是指固定不变的数据和在较长时间内很少变动的数据,如参加工作时间、职工代码、姓名、基本工资等。只有在人员调出、调入、内部调动或调资时更新此文件数据。

变动数据是指每月都有可能发生变动的数据,这种变动可以是数值大小的变动,如病、事假天数,不固定的津贴和代扣款项等。变动数据文件中的数据则需在月初始化后每月输入或修改。

### 5.1.6 固定资产子系统

固定资产是指使用年限较长,单位价值较高,并且在使用过程中保持原来实物形态的主要劳动资料和其他物质设备。它是企业进行生产经营活动的物质基础,在企业的资产总额中占有相当大的比重。固定资产管理与总账管理及成本管理密切相关,固定资产的增加、减少、修理、改扩建、折旧、减值都是总账需要反映的内容,折旧费的计提和分配则是成本计算中折旧费的依据。

图 5-5 所示为固定资产子系统的数据流图。

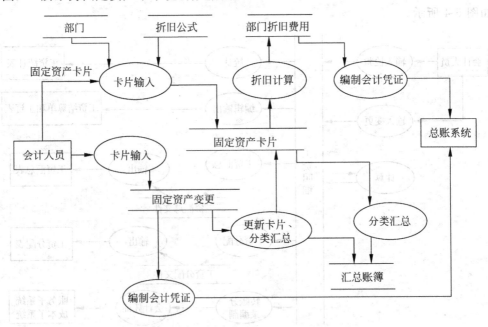

图 5-5 固定资产子系统的数据流图

固定资产子系统的主要功能模块包括初始化模块、业务处理模块、账表输出模块、自动转账模块、系统管理模块。

**1. 系统初始化设置**

系统初始化设置主要完成部门档案设置、资产类别设置、增减方案设置、使用状况设置、折旧方式定义、固定资产卡片项目及样式设置、部门对应折旧科目设置,以及固定资产由手工转入计算机管理时将原始固定资产卡片输入。

### 2. 业务处理

固定资产子系统业务处理功能主要包括资产增加处理、资产减少处理、资产变动处理、工作量输入（按工作量计提折旧的固定资产必须输入）、折旧计算及折旧分配、减值准备变动单处理等。

### 3. 账表输出

固定资产子系统输出的账表主要包括固定资产总账、固定资产明细账、固定资产登记簿、部门构成分析表、固定资产统计表、折旧计提清单、按类别或部门计提的折旧分配表等。

### 4. 自动转账

固定资产子系统的自动转账包括转账凭证设置、编制转账凭证以及自动转账。

### 5. 系统管理

系统管理包括数据备份、数据恢复、系统维护、修改口令以及年初建账等。

## 5.1.7 财务信息系统对审计的影响

在手工会计的条件下，审计可根据具体情况对会计资料进行顺查、逆查或抽查。审查一般采用审阅、核对、分析、比较、调查和证实等方法。这些审查工作基本都是由人工完成的。审计线索对审计来说是极为重要的。由于会计处理的信息化，审计线索发生了很大的变化。在手工财务系统中，凭证、账簿及会计报表等各种审计资料都是按照一定的标准填写与登记，整个财务处理过程由不同职责分工的人员共同完成，并有经手人签字，整个过程都会留下可见的文字、数字记录，审计线索十分清楚，审计人员完全可以根据需要跟踪审计线索，进行顺查、逆查或抽查。企业一旦实现会计信息化，手工会计系统中的审计线索在信息化条件下会中断甚至会消失，传统的审计方法对信息化会计主体已不适用。

在会计信息化环境下，从原始数据进入计算机，到最终财务报表的输出，这中间的全部处理都集中由计算机程序指令完成，各项处理再没有直接的责任人，会计处理过程已经数字化、虚拟化。而且所有的纸质凭证、账簿和报表都存放在磁性介质上，以机器可读的形式存在，不再是肉眼所能识别的，存放在磁性介质上的财务数据可能被多次反复地修改而不会留下痕迹，审计人员面临"入不了电子门，打不开电子账，审不了电子数据"的局面，直接影响到审计效率和质量。可见，会计信息化对审计的影响是颠覆性的。

## 5.1.8 财务信息系统审计内容

虽然市场上各种财务软件层出不穷，从审计人员的角度看，购买现成的商品软件的真实可靠度最高，委托定制的财务软件次之，自己开发的财务软件再次之。审计人员必须通过一定的审计程序，对产生财务数据的账务处理流程和产生财务报表的报表生成流程是否真实合法提出意见，为财务审计工作提供参考依据，以避免财务审计出现"假账真审"的尴尬局面，这是电子财务数据真实性的保障，也是信息系统真实性审计的核心内容之一。

## 5.2 账务处理的真实性

### 5.2.1 总账子系统的真实性问题

总账子系统又叫账务处理子系统，是财务信息系统的重要组成部分。它以记账凭证为原始数据，通过对记账凭证的输入和处理，完成记账、结账以及对账工作，输出各种总分类账、日记账、明细账和有关辅助账。它反映了取得和填制记账凭证，并生成账簿的全过程。因此，会计核算是否真实合法主要体现在总账子系统中。

利用软件舞弊的形式非常多。一是无中生有，直接输入虚假的会计数据。如某承包企业 2008 年底为了完成合同中预定的利润指标，于是在 12 月份的会计核算时，直接捏造收入数据，输入财务软件，系统生成的当月主营业务收入账簿、总账账簿以及利润表上，凭空多出了 40 多万元利润。二是偷梁换柱，篡改系统中已经存在的数据。该舞弊方式常常是利用工具软件，直接对系统中保存数据的文件进行修改。如某企业会计同物资仓库保管员关系密切，两人合谋盗取企业生产的成衣。由会计进入总账系统，篡改产成品账面金额，将 28.8 万元的成衣库存改成 23.5 万元，保管员再设法在库存系统中进行修改，将"多出"的成衣运出仓库出售。三是瞒天过海，删除科目或者科目余额。此手段类同篡改数据，但性质更为恶劣，且不留痕迹。如某纸箱厂会计杨某受利益驱使，删除相关科目余额，即应收纸箱厂客户——某食品公司货款 10 万余元，致使该食品公司对纸箱厂的债务不存在，而杨某亦从食品公司获取 2 万元的回报。

总账子系统几乎可以包括所有经济业务的会计核算，如采购业务核算、存货业务核算、销售业务核算、工资业务核算等，各种业务都可以在总账子系统中进行制单及记账处理。因此，科目设置是否合理合法，记账凭证的填制是否合理合法，各类账册生成程序是否合理合法，从其他系统输入的数据是否真实（如职工数、销售额、库存数量等），期末（如月末、季末、年末）的各种结转是否合理合法，转账凭证的生成程序是否符合相关规定等，所有这些环节都会影响通过总账系统输出的数据的真实性。

### 5.2.2 总账子系统的主要功能

总账子系统的主要功能（如图 5-6 所示）如下。

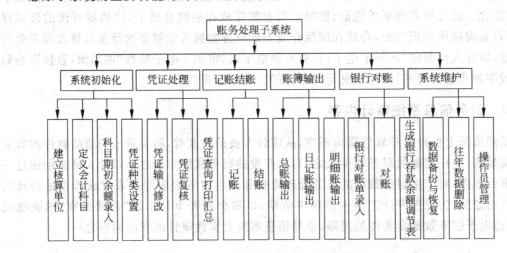

图 5-6 账务处理子系统功能模块图

（1）系统初始化：包括系统工作环境设置，账套设置，科目、凭证种类、初始余额录入，初始银行未达账，初始未核销往来账等设置。

(2) 凭证处理：凭证录入、凭证修改、凭证删除、凭证复核、凭证查询、凭证打印、凭证汇总等功能。

(3) 记账结账：记账就是将已录入的记账凭证根据其会计科目登记到相关的明细账簿中的过程。经过记账的凭证以后将不再允许修改，只能采取补充登记或红字更正法进行更正。结账就是完成期末结转业务记账凭证的自动编制和期末结账工作，包括月末的"月结"及年末的"年结"操作。

(4) 账簿输出：根据记账凭证生成总账、日记账、明细账各种账簿。

(5) 银行对账：与银行进行账单核对。

(6) 系统维护：主要包括口令管理，数据备份等。

### 5.2.3 总账子系统的处理流程

账务处理一般流程可以简单地概括为"原始凭证→记账凭证→账簿"，依据这一处理流程来描述总账子系统的处理流程（如图5-7所示）。

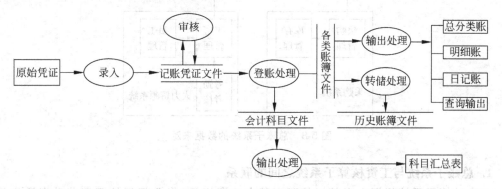

图5-7 总账子系统的数据流图

(1) 根据原始凭证在计算机上制作记账凭证，并存储在凭证文件中。

(2) 审核输入凭证的正确性。

(3) 将审核无误的记账凭证从记账凭证数据库文件追加到账簿文件中，同时更新科目数据库文件。

(4) 根据账簿数据库文件和科目数据库文件的数据，以及科目字典、账簿字典、自动结转公式等文件，形成各式账簿和查询资料。

(5) 输出处理，计算和结转各个会计科目的本期发生额和期末余额，生成相应的总账、明细账和日记账等，同时结束本期的账务处理工作。结账后产生的账簿和报表才是完整的，结账前产生的账簿和报表不一定能反映该月的全部业务。

### 5.2.4 总账子系统的数据来源

在会计业务处理过程中，所有会计记账凭证通过总账子系统记录到会计总分类账中，以生成会计报表。总账子系统处于财务信息系统的核心地位，其他核算子系统向总账子系统传递记账凭证数据，它们与总账子系统之间的数据联系表现为记账数据的传递关系，会计记账凭证的数据结构是它们的数据接口形式。

总账子系统的数据来源参见图 5-8。

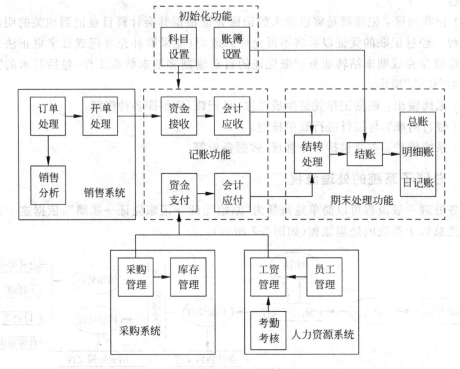

图 5-8 总账子系统的数据来源

**1. 总账子系统与工资核算子系统之间的联系**

工资核算子系统根据人事部门的职工基本工资记录、作业部门的职工劳动考勤记录和后勤部门的职工代扣款项记录计算出职工的应付工资和实发工资,根据应付工资计提职工福利费、工会经费和职工教育经费,并将工资费用汇总分配计入有关费用账户。这些核算涉及应付工资、应付福利费、生产成本、制造费用、管理费用等会计科目,在工资核算子系统完成核算后,将自动生成会计记账凭证,向总账子系统传递记账凭证数据,由账务处理子系统根据传递来的记账凭证数据进行登账处理。

**2. 总账子系统与固定资产核算子系统的联系**

固定资产核算子系统每月记录固定资产增加、减少、变更,计算固定资产折旧费用和编制固定资产折旧费用分配表,根据固定资产增、减、变动情况以及消耗情况进行总分类核算和折旧与分配。这些核算涉及固定资产、累计折旧、固定资产清理、待处理财产损益、营业外收支等会计科目,一般采用自动编制记账凭证方式生成会计凭证,然后向账务处理子系统传递凭证信息,由账务处理子系统进行总账的信息处理。

**3. 总账子系统与采购、材料核算、应付子系统的联系**

采购、材料核算、应付子系统主要负责材料采购、库存材料、材料领用、委托加工材料、应付账款等的会计核算工作。根据外购材料的采购单、采购发票、收料凭证、结算凭证、发料凭证、材料计划成本等编制有关记账凭证,涉及材料采购、原材料、委托加工材料、材料成本差异以及相关的费用科目、应付账款等会计科目,这些子系统输出会计凭证,传递到总账子系统并进行登账处理。

**4. 总账子系统与销售、产成品核算、应收账款子系统的联系**

产品销售核算业务涉及产成品入库、出库核算、产品销售收入核算、销售成本、销售费用、销售税金核算、应收账款核算等。在销售循环中,这些核算子系统通过业务驱动而联系在一起,并将生成的财务凭证传递到总账系统。

### 5.2.5 系统的初始化

初始化是指会计软件在正式投入使用之前所进行的一系列的初始设置,是手工核算过渡到电算化处理的桥梁。各种会计软件在初始化的细节方面各不相同,但基本流程大同小异,主要包括会计前期数据收集与输入、科目体系的设置、账簿体系的设置、控制信息的设置等。

**1. 会计前期数据收集与输入**

会计软件在初次使用前,需要把以前的会计数据输入软件系统,从而完成手工核算向电算化的转换,如科目余额资料等。为保证初始化时输入数据的准确性,提高核算质量,收集的数据一定要全面正确。

**2. 科目与账簿体系的设置**

手工核算一般只使用会计科目名称而不用编码,在使用计算机后,会计软件必须对所有信息进行数字化后才能识别,所以会计科目也要编码。在电算化条件下,会计科目设置既要符合企业会计准则,又要满足企业内部管理与核算的需要,还要考虑软件对科目编码的要求。

账簿定义就是对账簿的格式和余额进行规定。账簿的格式分三栏式、多栏式和数量金额式。余额指年初数、累计发生额和本期余额的借贷方向和金额。如果已记录过手工账,将手工账转为计算机记账,那么,要将手工账转入计算机中的数据是在账簿定义这一环节完成,也就是将账簿上要结转的数据的借贷方向、发生额和余额,在此环节输入计算机,以便以后按期输入凭证。

**3. 控制信息的设置**

控制信息的设置中最重要的是设置用户及其权限。根据会计分工的要求设置用户,并规定其操作权限。

### 5.2.6 科目与账簿设置

通过观察账簿设置和存放位置等,了解企业是否存在两套或两套以上账簿的情况,以确认电子账簿设置的真实性。

**1. 科目的概念**

会计科目指的是按照经济业务内容和经营管理的需要对各个会计要素进行分类所形成的项目。设置会计科目是为全面系统地反映和监督企业各项会计要素的增减变化情况。每一个项目都规定一个名称,每一个会计科目都明确地反映一定的经济内容。

**2. 科目的分类**

会计科目按其所反映的经济内容的不同,可分为资产类、负债类、所有者权益类、损益类和成本类会计科目五大类。

会计科目按其隶属关系,可分为总账科目、子目和细目。

**3. 科目编码的原则**

手工核算一般只使用会计科目名称而不用编码,在使用计算机后,账务子系统必须对所有信息进行数字化后才能识别,所以会计科目也要编码。在电算化条件下,会计科目设置既要符合企业会计准则,又要满足企业内部管理与核算的需要,还要考虑软件对科目编码的要求。

会计科目编码就是将企业会计核算中所使用的会计科目逐一地按系统要求描述给系统,以便计算机识别、分类、汇总、查询,它是会计信息系统初始化中最烦琐、最复杂、最主要的部分,它直接影响到初始化成败问题。会计科目编码应遵循以下基本原则:

(1) 唯一性。一个编码只表示一个科目,而一个科目也只能有一个编码。

(2) 可扩展性。编码要为今后企业发展保留一定的空间,以便增加新的内容。

(3) 稳定性。可扩展性是稳定性的前提条件。科目编码的稳定性与会计信息系统的稳定性是密切相关的。

(4) 规范性。编码必须具有一定的结构、格式,以便于计算机处理、存储、统计、查询等。

**4. 科目编码、属性设置与账簿设置**

由于中华机械股份有限公司的会计信息系统采用了总账、明细账核算形式,一级科目的编码由财政部统一规定。我们根据中华机械股份有限公司所使用的会计软件的要求,设计明细科目的编码。

(1) 一个科目是否设置明细账,应根据管理需求,确定其层次和内涵。一个单位的现金总账,在无外币的前提下,可以不设明细账。应收账款是以每个债务人的名称设置一个明细账,企业可能有几十、几百,甚至几千个明细账,若该科目明细太多,科目数据库就庞大,将会影响运算速度,因此,企业将这些债务人按省市区设二级账。二级账下再设明细账,或单列一个模块——将应收账款列入辅助核算范围,这样更能体现管理的需求。

(2) 分析企业以往的核算情况,并充分考虑企业未来的发展需求,确定各级科目的位数。两位数表示该级科目可以设置 01—99 个科目,三位数表示该级科目可以设置 001—999 个科目。一旦确定,要想更改,就受到严格限制。

(3) 财务会计软件要求客户自行定义科目结构(又叫科目级长),科目编码结构是指科目的编码有几段(几级),每段有几位,代表一个科目的级别。科目编码与会计科目必须严格对应。各科目编码往往采用全码原则,即:本级科目全码=上一级科目全码+本级科目编码。例如,3—2—2—2—2 科目结构表示:一级科目三位数,如 102 银行存款;二级科目两位数,如 10201 人民币存款;三级科目两位数,如 1020101 工行存款等。

表 5-1 为经过上述方法初始化后所得到的中华机械股份有限公司的会计科目编码、属性及账簿格式等一览表,它是账务子系统的核心,是初始化工作的主要内容,也是信息系统审计师需要审计的重点内容。

表 5-1 会计科目表（部分）

| 科 目 名 称 | 科目代码 | 科目级次 | 借贷 | 登账形式 | 账 簿 格 式 |
|---|---|---|---|---|---|
| 应收票据 | 1121 | 1 | 平 | 汇总 | 基本三栏式 |
| 应收票据——虹飞机械厂 | 1121001 | 2 | 平 | 明细 | 对方科目三栏式 |
| 应收票据——中华机械厂 | 1121002 | 2 | 平 | 明细 | 对方科目三栏式 |
| ⋮ | | | | | |
| 应收账款 | 1122 | 1 | 借 | 汇总 | 基本三栏式 |
| 应收账款——虹飞机械厂 | 1122001 | 2 | 平 | 明细 | 对方科目三栏式 |
| 应收账款——江中机电公司 | 1122002 | 2 | 借 | 明细 | 对方科目三栏式 |
| ⋮ | | | | | |
| 预付账款 | 1123 | 1 | 借 | 汇总 | 基本三栏式 |
| 预付账款——钢铁公司 | 1123001 | 2 | 借 | 明细 | 对方科目三栏式 |
| 预付账款——电费 | 1123002 | 2 | 平 | 明细 | 对方科目三栏式 |
| 预付账款——水费 | 1123003 | 2 | 平 | 明细 | 对方科目三栏式 |
| 预付账款——报刊费 | 1123004 | 2 | 平 | 明细 | 对方科目三栏式 |
| 预付账款——汽车养路费 | 1123005 | 2 | 平 | 明细 | 对方科目三栏式 |
| 预付账款——车辆保险费 | 1123006 | 2 | 平 | 明细 | 对方科目三栏式 |
| 应收股利 | 1131 | 1 | 借 | 汇总 | 基本三栏式 |
| 应收股利——机械公司 | 1131001 | 2 | 平 | 明细 | 对方科目三栏式 |
| 应收股利——中冶公司 | 1131002 | 2 | 平 | 明细 | 对方科目三栏式 |
| ⋮ | | | | | |
| 应收利息 | 1132 | 1 | 平 | 汇总 | 基本三栏式 |
| 其他应收款 | 1221 | 1 | 借 | 汇总 | 基本三栏式 |
| 其他应收款——个人 | 1221001 | 2 | 借 | 明细 | 对方科目三栏式 |
| 其他应收款——个人——李华 | 1221001001 | 3 | 平 | 明细 | 对方科目三栏式 |
| 其他应收款——个人——张三多 | 1221001002 | 3 | 平 | 明细 | 对方科目三栏式 |
| ⋮ | | | | | |
| 其他应收款——单位 | 1221002 | 2 | 借 | 明细 | 对方科目三栏式 |
| 其他应收款——单位——东仓公司 | 1221002001 | 3 | 平 | 明细 | 对方科目三栏式 |
| 其他应收款——单位——苏燃公司 | 1221002002 | 3 | 平 | 明细 | 对方科目三栏式 |
| ⋮ | | | | | |

## 5.2.7 自动转账凭证的设置

期末业务是会计部门在每个会计期末都需要完成的特定业务。总账处理软件的工作原理是这样的：期末业务处理的主要数据来源于会计科目中的借方、贷方和余额，期末的摊、提、结转业务的处理流程由企业的会计人员给出，软件根据设置好的处理流程自动运算并生成总账、明细账、日记账等。

总账子系统都通过调用事先设置好的转账凭证模板（自动转账凭证），由计算机自动生成转账凭证来完成。使用转账凭证生成功能需要注意以下几个问题。

(1) 转账凭证模板必须事先进行设置。

(2) 期末的摊、提、结转业务具有严格的处理顺序，结转顺序如果发生错误，即使所有的转账凭证模板设置都正确，转账凭证中的数据也可能是错误的。为了避免结转顺序发生错误,转账凭证模板提供了转账序号,进行期末的摊、提、结转业务处理时,通过指定转账顺序号就可以分期、分批完成转账和记账工作。

(3) 结转生成的记账凭证系统将存于未记账凭证库,这些凭证还需要进行审核和记账操作才能记入账簿。对这些凭证的审核主要是审核结转是否正确。

(4) 期末结转工作是一项比较复杂而重要的工作,审计人员应进行验证。

自定义转账凭证模板可以完成的转账业务主要有:

(1) "费用分配"的结转,如工资分配、制造费用等。

(2) "税金计算"的结转,如增值税等。

(3) "提取各项费用"的结转,如提取福利费等。

(4) "客户核算、部门核算、项目核算、供应商核算"的结转。

定义完转账凭证后,每月月末只需调用自定义凭证,即可由计算机快速生成转账凭证,在此生成的转账凭证将自动追加到未记账凭证中去,通过审核、记账后才能真正完成结转工作。

由于转账凭证中定义的公式基本上取自账簿,因此,在进行月末转账之前,必须将所有未记账凭证全部记账,否则,生成的转账凭证中的数据可能不准确。特别是对于一组相关转账分录,必须按顺序依次进行转账生成、审核、记账。

### 5.2.8 总账子系统的审计

通过账簿设置,并且在被审计企业相关人员的配合下执行总账子系统的自动结转功能,以确认电子账簿设置的真实性。

审计人员应当掌握总账子系统的处理流程,确认是否符合相关规定和准则。

对信息系统审计而言,科目设置、账簿设置、期末结转设置是审计的突破口。被审计企业的账务软件系统在内部流程方面是否存在舞弊等问题,这三部分是关键。

## 5.3 财务报表的真实性

### 5.3.1 报表子系统的真实性问题

财务报表是总括地反映一个单位财务状况和经营成果的书面报告,是企业对外提供的反映企业某一特定日期的财务状况和某一会计期间的经营成果、现金流量等财务信息的文件。财务报表至少应当包括资产负债表、损益表、现金流量表等。小企业编制的财务报表可以不包括现金流量表。

通过报表子系统产生的财务报表是否真实,取决于两个方面,一是输入的数据是否真实合法,这些输入数据是总账子系统的输出数据,所以其真实合法问题提供审计总账子系统解决;二是数据归结是否符合相关财务制度和财务准则的要求,财务报表生成的相关参数是否按照相关财务制度和财务准则的要求进行设置,只有这样产生的财务报表才是真实合法可靠的。

### 5.3.2 报表子系统的主要功能

报表子系统不仅能够编制各种对外报表,也能够编制各种各样的内部管理报表,以及进行报表汇总和报表合并。报表子系统的主要功能见图5-9。

**1. 报表名称登记**

报表名称登记模块主要功能是登记、查询、删除各种报表。只有经过注册的报表才能对它定义报表的结构、数据来源,并对它进行操作。查询功能显示系统中的报表以及相关的信息,删除功能不仅将系统中不需的报表从数据库中删除,而且同时删除与该报表相关的结构定义以及有关文件。

**2. 报表定义**

报表定义功能模块主要对系统中已经登记的报表定义它的结构。由用户输入标题名、表头、表体、表尾。标题和表尾的

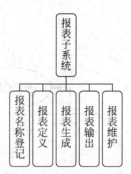

图5-9 报表子系统功能结构

输入较简单,系统将用户输入的标题和表尾作为记录存入数据库文件。表头输入的数据包括表体各栏目的名称。报表格式设置实质上是设置一个模板,使用这个模板可以无限制复制相同格式的表格供用户使用。

在报表定义中一个重要的步骤是设置报表生成公式。一般商品化的财务软件系统都提供一系列的取数函数和运算符号。用户按照报表的要求,将系统提供的函数与运算符定义生成公式。从报表编制的角度看,报表数据处理主要涉及两个方面的内容,一是数据来源,即到哪里提取数据;二是数据归结,即如何根据财务准则的要求归结。

用户完成定义格式和公式工作后,系统自动生成一个报表模板的数据库文件。当用户需要对该报表的表体结构进行修改,只要调出报表模板文件就可以对该表体进行更改。

**3. 报表生成**

报表生成模块根据报表模板文件,自动提取数据、计算并生成财务报表。对于设置好的报表模板只要运行报表生成功能就可以产生财务报表,无须每次重新定义报表的结构。

**4. 报表输出**

报表输出功能除了在计算机屏幕上显示报表的会计信息外,更主要是打印输出已编号的报表,因此,报表输出的功能中一般包含打印设置功能,定义打印的字体、字号,使打印输出的财务报表美观。

**5. 报表维护**

报表维护功能主要为报表处理提供强有力的服务。包括删除旧报表、更改报表注册名称、进行报表结构复制、报表数据的备份与恢复等。

### 5.3.3 报表子系统的处理流程

报表子系统就是专门生成财务报表的软件系统,其处理方式与手工编织报表不完全一样。在手工财务核算过程中,财务人员根据财务核算资料整理、汇总编制财务报表。在财务信息系统中,财务报表是根据账务系统中科目的金额和报表公式由计算机自动生成的。

手工编制财务报表的数据流程图如图5-10所示,资产负债表的数据可以直接根据总分类账户余额填写,根据若干个总分类账户余额分析计算填写,根据明细分类账余额填写,根据若干明细分类账户分析计算填写,根据报表项目之间的关系计算填写;损益表数据要根据账户的发生额及报表项目间的关系分析计算填写;现金流量表数据则根据资产负债表和损益表的有关项目、有关账户的发生额和余额分析计算填写。

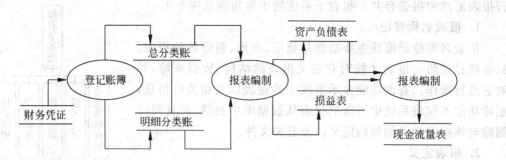

图 5-10 手工编制财务报表的数据流图

报表子系统的数据来源包含财务信息系统中的凭证文件、账簿文件,以及自身系统中的报表格式文件等,处理流程如图 5-11 所示。

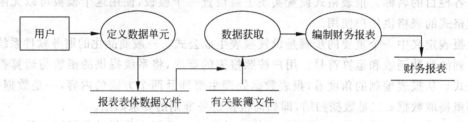

图 5-11 报表子系统的数据流图

对于电子财务报表中数据的真实性和合法性,一是审查被审单位是否遵循了财务准则,二是审查财务报表软件系统是否按照财务准则要求进行设置和运行的。在目前的审计实务中,前一部分工作由注册会计师完成,后一部分工作由信息系统审计师完成。虽然审计目标都是报表的真实性和合法性,但审计内容和方法完全不同。

### 5.3.4 财务报表自动生成原理

**1. 账务数据类型表**

一般而言,财务报表的管理是由专门的报表管理子系统来实现的。虽然市面上的财务信息系统千差万别,但是实现的基本原理是一样的。为了更好地了解报表生成的原理,又不纠缠于一些技术细节,可以抽象出财务报表管理软件的一个报表生成模型,首先,我们将企业信息系统中的财务数据归纳成 38 种类型(有的软件可能多一些,有的软件少一些,但大同小异,见表 5-2),并且用字母 I 加上账务数据性质码 $i$ 表示成 $I_i$,其中 $i=1,2,3,\cdots,37$。

**2. 报表生成公式**

在财务报表管理软件中还有一个重要概念就是报表生成公式,有时也称为报表取数公式。

财务报表生成公式的一般表达式如下:

$$LxCy = 取数表达式$$

其中,公式的左边为报表中某个数据项的位置,$Lx$ 表示第 $x$ 行,$Cy$ 表示第 $y$ 列。公式右边的取数表达式为数据的来源,数据来源于系统中某个会计科目下的某类账务数据,如会计科目用字母 S 加"科目代码"表示,如 S101 表示"现金"科目;账务数据用"账务数据编码"

表 5-2 账务数据类型表

| 编码 | 说明 | 编码 | 说明 |
|---|---|---|---|
| I0 | 所属最细目借方与贷方发生额简单累计 | I19 | 所属最细目期末贷方数量之和 |
| I1 | 年初余额 | I21 | 年初借方余额 |
| I2 | 月初余额 | I22 | 年初贷方余额 |
| I3 | 年内借方发生额 | I23 | 月初借方余额 |
| I4 | 年内贷方发生额 | I24 | 月初贷方余额 |
| I5 | 月内借方发生额 | I25 | 期末借方余额 |
| I6 | 月内贷方发生额 | I26 | 期末贷方余额 |
| I7 | 期末余额 | I27 | 所属最细目年初借方余额之和 |
| I8 | 所属最细目期末借方余额之和 | I28 | 所属最细目年初贷方余额之和 |
| I9 | 所属最细目期末贷方余额之和 | I29 | 所属最细目月初借方余额之和 |
| I11 | 年初数量 | I30 | 所属最细目月初贷方余额之和 |
| I12 | 月初数量 | I31 | 年初外币余额 |
| I13 | 年内借方发生数量 | I32 | 月初外币余额 |
| I14 | 年内贷方发生数量 | I33 | 年内借方外币发生额 |
| I15 | 月内借方发生数量 | I34 | 年内贷方外币发生额 |
| I16 | 月内贷方发生数量 | I35 | 月内借方外币发生额 |
| I17 | 期末结余数量 | I36 | 月内贷方外币发生额 |
| I18 | 所属最细目期末借方数量之和 | I37 | 期末外币余额 |

表示,如 I1 表示年初余额(见表 5-2),S101I1 则表示"现金"科目的年初余额数。

例如,资产负债表中"货币资金"项是这样计算出来的:

$$L2C1 = S101I1 + S102I1 + S109I1$$

上式的含义是:资产负债表中第二行(L2)第一列(C1)的数据项"货币资金年初余额"的取数公式为现金(S101)的年初余额(I1)、银行存款(S102)的年初余额(I1)、其他货币资金(S109)的年初余额(I1)之和。

资产负债表中"货币资金期末余额"项是这样计算出来的:

$$L2C2 = S101I7 + S102I7 + S109I7$$

上式的含义是:资产负债表中第二行(L2)第二列(C2)的数据项"货币资金期末余额"的取数公式为现金(S101)的期末余额(I7)、银行存款(S102)的期末余额(I7)、其他货币资金(S109)的期末余额(I7)之和。

**3. 举例**

以某股份有限公司编制的××年 12 月损益表为例说明在软件系统中设置生成报表的方法。

该企业由软件系统自动生成的损益表见表 5-3,表中每个数据项的生成公式如下(数据类型见表 5-2,相关科目编码见表 5-4)。

表 5-3  损益表

会企 02 表

编制单位：某股份有限公司　　　　　××年12月　　　　　　　　　　　　单位：元

| 项　目 | 序号 | 本期金额 | 上期金额 |
|---|---|---|---|
| 一、营业收入 | 1 | 6 919 379.92 | 5 889 006.27 |
| 　减：营业成本 | 2 | 3 678 288.35 | 2 755 602.51 |
| 　　营业税金及附加 | 3 | 151 181.27 | 130 849.06 |
| 　　销售费用 | 4 | 281 360.01 | 290 890.54 |
| 　　管理费用 | 5 | 600 774.30 | 806 726.60 |
| 　　财务费用 | 6 | 82 538.97 | 80 436.98 |
| 　　资产减值损失 | 7 | 523 479.77 | 498 765.32 |
| 　加：公允价值变动收益（损失以一号填列） | 8 | 75 000.00 | −6 000.00 |
| 　　投资收益（损失以一号填列） | 9 | 195 600.03 | 180 811.11 |
| 　　其中：对联营企业和合营企业的投资收益 | 10 | | |
| 二、营业利润（亏损以一号填列） | 11 | 1 872 357.28 | 1 014 448.40 |
| 　加：营业外收入 | 12 | 1 765 720.00 | 1 176 326.20 |
| 　减：营业外支出 | 13 | 229 100.00 | 161 877.80 |
| 　　其中：非流动资产处置损失 | 14 | | 0.00 |
| 三、利润总额（亏损总额以一号填列） | 15 | 3 408 977.28 | 2 384 145.71 |
| 　减：所得税费用 | 16 | 2 509 241.33 | 2 269 333.59 |
| 四、净利润（净亏损以一号填列） | 17 | 899 735.95 | 245 661.18 |
| 五、每股收益： | 18 | | |
| 　（一）基本每股收益 | 19 | | |
| 　（二）稀释每股收益 | 20 | | |

单位负责人：　　　　财会负责人：　　　　复核：　　　　制表：

表 5-4　与损益表相关的会计科目

| 科目名称 | 科目代码 | 科目级次 | 借贷 | 登账形式 | 账簿格式 |
|---|---|---|---|---|---|
| 生产成本 | 5001 | 1 | 借 | 汇总 | 基本三栏式 |
| 生产成本——基本生产成本 | 5001001 | 2 | 借 | 明细 | 基本三栏式 |
| 生产成本——基本生产成本——装配车间 | 5001001001 | 3 | 借 | 明细 | 基本三栏式 |
| 生产成本——基本生产成本——装配车间——切管机 | 5001001001001 | 4 | 借 | 明细 | 基本三栏式 |
| 生产成本——基本生产成本——装配车间——切管机——直接材料 | 5001001001001001 | 5 | 借 | 明细 | 基本三栏式 |
| 生产成本——基本生产成本——装配车间——切管机——直接动力 | 5001001001001002 | 5 | 借 | 明细 | 基本三栏式 |
| 生产成本——基本生产成本——装配车间——切管机——直接人工 | 5001001001001003 | 5 | 借 | 明细 | 基本三栏式 |
| 生产成本——基本生产成本——装配车间——切管机——制造费用 | 5001001001001004 | 5 | 借 | 明细 | 基本三栏式 |
| 生产成本——基本生产成本——铸造车间 | 5001001003 | 3 | 平 | 明细 | 基本三栏式 |
| 生产成本——基本生产成本——铸造车间——直接材料 | 5001001003001 | 4 | 平 | 明细 | 基本三栏式 |

续表

| 科 目 名 称 | 科 目 代 码 | 科目级次 | 借贷 | 登账形式 | 账簿格式 |
|---|---|---|---|---|---|
| 生产成本——基本生产成本——铸造车间——直接人工 | 5001001003002 | 4 | 平 | 明细 | 基本三栏式 |
| 生产成本——基本生产成本——铸造车间——制造费用 | 5001001003003 | 4 | 平 | 明细 | 基本三栏式 |
| 生产成本——辅助生产成本 | 5001002 | 2 | 平 | 明细 | 基本三栏式 |
| 生产成本——辅助生产成本——维修车间 | 5001002001 | 3 | 平 | 明细 | 基本三栏式 |
| 生产成本——辅助生产成本——动力车间 | 5001002002 | 3 | 平 | 明细 | 基本三栏式 |
| 生产成本——自制半成品 | 5001003 | 2 | 借 | 明细 | 数量三栏式 |
| 生产成本——自制半成品——铸铁件 | 5001003001 | 3 | 借 | 明细 | 数量三栏式 |
| 制造费用 | 5101 | 1 | 平 | 汇总 | 数量三栏式 |
| 制造费用——装配车间 | 5101001 | 2 | 平 | 明细 | 数量三栏式 |
| 制造费用——铸造车间 | 5101002 | 2 | 平 | 明细 | 数量三栏式 |
| 主营业务收入 | 6001 | 1 | 平 | 汇总 | 数量三栏式 |
| 主营业务收入——切管机 | 6001001 | 2 | 平 | 明细 | 数量三栏式 |
| 其他业务收入 | 6051 | 1 | 平 | 汇总 | 数量三栏式 |
| 其他业务收入——出租包装物收入 | 6051001 | 2 | 平 | 明细 | 数量三栏式 |
| 其他业务收入——出租房屋收入 | 6051002 | 2 | 平 | 明细 | 数量三栏式 |
| 其他业务收入——提供劳务收入 | 6051003 | 2 | 平 | 明细 | 数量三栏式 |
| 其他业务收入——出售原材料收入 | 6051004 | 2 | 平 | 明细 | 数量三栏式 |
| 公允价值变动损益 | 6101 | 1 | 平 | 汇总 | 数量三栏式 |
| 公允价值变动损益——股票 | 6101001 | 2 | 平 | 明细 | 数量三栏式 |
| 公允价值变动损益——基金 | 6101003 | 2 | 平 | 明细 | 数量三栏式 |
| 投资收益 | 6111 | 1 | 平 | 汇总 | 数量三栏式 |
| 投资收益——收益 | 6111001 | 2 | 平 | 明细 | 数量三栏式 |
| 投资收益——减值准备 | 6111002 | 2 | 平 | 明细 | 数量三栏式 |
| 投资收益——现金股利 | 6111003 | 2 | 平 | 明细 | 数量三栏式 |
| 营业外收入 | 6301 | 1 | 平 | 汇总 | 数量三栏式 |
| 主营业务成本 | 6401 | 1 | 平 | 汇总 | 数量三栏式 |
| 主营业务成本——切管机 | 6401001 | 2 | 平 | 明细 | 数量三栏式 |
| 其他业务成本 | 6402 | 1 | 平 | 汇总 | 数量三栏式 |
| 营业税金及附加 | 6403 | 1 | 平 | 汇总 | 数量三栏式 |
| 销售费用 | 6601 | 1 | 平 | 明细 | 多栏式 |
| 销售费用——工资 | 6601001 | 2 | 平 | 明细 | 基本三栏式 |
| 销售费用——福利费 | 6601002 | 2 | 平 | 明细 | 基本三栏式 |
| 销售费用——广告费 | 6601003 | 2 | 平 | 明细 | 基本三栏式 |
| 销售费用——招待费 | 6601004 | 2 | 平 | 明细 | 基本三栏式 |
| 销售费用——差旅费 | 6601005 | 2 | 平 | 明细 | 基本三栏式 |
| 销售费用——代销手续费 | 6601006 | 2 | 平 | 明细 | 基本三栏式 |
| 管理费用 | 6602 | 1 | 平 | 明细 | 多栏式 |
| 管理费用——工资 | 6602001 | 2 | 平 | 明细 | 基本三栏式 |
| 管理费用——福利费 | 6602002 | 2 | 平 | 明细 | 基本三栏式 |
| 管理费用——职工教育经费 | 6602003 | 2 | 平 | 明细 | 基本三栏式 |

续表

| 科目名称 | 科目代码 | 科目级次 | 借贷 | 登账形式 | 账簿格式 |
|---|---|---|---|---|---|
| 管理费用——工会经费 | 6602004 | 2 | 平 | 明细 | 基本三栏式 |
| 管理费用——差旅费 | 6602005 | 2 | 平 | 明细 | 基本三栏式 |
| 管理费用——办公费 | 6602006 | 2 | 平 | 明细 | 基本三栏式 |
| 管理费用——劳动保险费 | 6602007 | 2 | 平 | 明细 | 基本三栏式 |
| 管理费用——公积金 | 6602008 | 2 | 平 | 明细 | 基本三栏式 |
| 管理费用——水电费 | 6602009 | 2 | 平 | 明细 | 基本三栏式 |
| 管理费用——业务招待费 | 6602010 | 2 | 平 | 明细 | 基本三栏式 |
| 管理费用——税金 | 6602011 | 2 | 平 | 明细 | 基本三栏式 |
| 管理费用——维修费 | 6602012 | 2 | 平 | 明细 | 基本三栏式 |
| 管理费用——研发费用 | 6602015 | 2 | 平 | 明细 | 基本三栏式 |
| 管理费用——通信费 | 6602016 | 2 | 平 | 明细 | 基本三栏式 |
| 管理费用——摊销 | 6602017 | 2 | 平 | 明细 | 基本三栏式 |
| 管理费用——折旧 | 6602018 | 2 | 平 | 明细 | 基本三栏式 |
| 管理费用——辅助费用 | 6602019 | 2 | 平 | 明细 | 基本三栏式 |
| 管理费用——坏账准备 | 6602020 | 2 | 平 | 明细 | 基本三栏式 |
| 管理费用——其他费用 | 6602021 | 2 | 平 | 明细 | 基本三栏式 |
| 管理费用——存货跌价准备 | 6602022 | 2 | 平 | 明细 | 基本三栏式 |
| 管理费用——存货损失 | 6602023 | 2 | 平 | 明细 | 基本三栏式 |
| 财务费用 | 6603 | 1 | 平 | 明细 | 多栏式 |
| 财务费用——利息支出 | 6603001 | 2 | 平 | 明细 | 基本三栏式 |
| 财务费用——利息收入 | 6603002 | 2 | 平 | 明细 | 基本三栏式 |
| 财务费用——手续费支出 | 6603003 | 2 | 平 | 明细 | 基本三栏式 |
| 资产减值损失 | 6701 | 1 | 平 | 汇总 | 基本三栏式 |
| 资产减值损失——存货跌价准备 | 6701001 | 2 | 平 | 明细 | 基本三栏式 |
| 资产减值损失——存货跌价准备——库存商品 | 6701001001 | 3 | 平 | 明细 | 基本三栏式 |
| 资产减值损失——存货跌价准备——原材料 | 6701001002 | 3 | 平 | 明细 | 基本三栏式 |
| 资产减值损失——长期股权减值准备 | 6701002 | 2 | 平 | 明细 | 基本三栏式 |
| 资产减值损失——长期股权减值准备——股票 | 6701002001 | 3 | 平 | 明细 | 基本三栏式 |
| 资产减值损失——固定资产减值准备 | 6701003 | 2 | 平 | 明细 | 基本三栏式 |
| 资产减值损失——固定资产减值准备——机器设备减值准备 | 6701003001 | 3 | 平 | 明细 | 基本三栏式 |
| 资产减值损失——固定资产减值准备——房屋、建筑物减值准备 | 6701003002 | 3 | 平 | 明细 | 基本三栏式 |
| 资产减值损失——在建工程减值准备 | 6701004 | 2 | 平 | 明细 | 基本三栏式 |
| 资产减值损失——无形资产减值准备 | 6701005 | 2 | 平 | 明细 | 基本三栏式 |
| 资产减值损失——坏账准备 | 6701006 | 2 | 平 | 明细 | 基本三栏式 |
| 营业外支出 | 6711 | 1 | 平 | 汇总 | 基本三栏式 |
| 所得税费用 | 6801 | 1 | 平 | 汇总 | 基本三栏式 |

1）营业收入
$$L1C1 = S6001I7 + S6051I7 + S6001I5 + S6051I5$$
含义：6001 主营业务收入期末余额＋6051 其他业务收入期末余额＋6001 主营业务收入月内借方发生额＋6051 其他业务成本月内借方发生额

2）营业成本
$$L2C1 = S6401I7 + S6402I7 + S6401I6 + S6402I6$$
含义：6401 主营业务成本期末余额＋6402 其他业务成本期末余额＋6401 主营业务成本月内贷方发生额＋6402 其他业务成本月内贷方发生额

3）营业税金及附加
$$L3C1 = S6403I7 + S6403I6$$
含义：6403 营业税金及附加期末余额＋6403 营业税金及附加月内贷方发生额

4）销售费用
$$L4C1 = S6601I7 + S6601I6$$
含义：6601 销售费用期末余额＋6606 销售费用月内贷方发生额

5）管理费用
$$L5C1 = S6602I7 + S6602I6$$
含义：6602 管理费用期末余额＋6602 管理费用月内贷方发生额

6）财务费用
$$L6C1 = S6603I7 + S6603I6$$
含义：6603 财务费用期末余额＋6603 财务费用月内贷方发生额

7）资产减值损失
$$L7C1 = S6701I7 + S6701I6$$
含义：6701 资产减值损失期末余额＋6701 资产减值损失月内贷方发生额

8）公允价值变动收益
$$L8C1 = S6101I7 + S6101I5$$
含义：6101 公允价值变动收益期末余额＋6101 公允价值变动收益月内借方发生额

9）投资收益
$$L9C1 = S6111I7 + S6111I5$$
含义：6111 投资收益期末余额＋6111 投资收益月内借方发生额

10）营业利润
$$L11C1 = L1C1 - L2\sim 7C1 + L8\sim 9C1$$
含义：营业收入－（营业成本＋销售费用＋管理费用＋财务费用＋资产减值损失）＋公允价值变动收益＋投资收益

11）营业外收入
$$L12C1 = S6301I7 + S6301I5$$
含义：6301 营业外收入期末余额＋6301 营业外收入月内借方发生额

12）营业外支出
$$L13C1 = S6711I7 + S6711I6$$
含义：6711 营业外支出期末余额＋6711 营业外支出月内贷方发生额

13）利润总额（计算）

$$L15C1 = L11C1 + L12C1 - L13C1$$

含义：L11C1 营业利润＋L12C1 营业外收入－L13C1 营业外支出

14）所得税费用

$$L16C1 = S6801I7 + S6801I6$$

含义：6801 所得税费用期末余额＋6801 所得税费用月内贷方发生额

15）净利润（计算）

$$L17C1 = L15C1 - L16C1$$

含义：利润总额－所得税费用

### 5.3.5 报表子系统的审计

报表子系统审计中，审计人员应当了解手工报表编制流程与财务报表软件编制流程的区别，抓住"财务数据类型表"和"生成公式"这两个核心概念，报表子系统真实性、合法性审计问题便迎刃而解。

**1. 调查**

审计人员应当向被审单位索取财务信息系统中的财务数据类型表（各个软件的数据类型略有出入，编码形式也可能不同，但基本含义是一致的，如表 5-2 所示）、科目编码表（各企业不一样）、生成公式（各个软件叫法不一），这些资料在财务软件操作手册和维护手册中都能找到。

**2. 复核**

根据财务准则的要求，复核全部或部分生成公式的合法合规性，即生成公式的取数方法是否与财务准则的规定一致。

**3. 验算**

在被审单位相关人员的配合下，用复核过的软件系统重新生成全部或部分报表，以确认企业所提供的财务报表的真实性、合法性。

# 第6章 交易活动的真实性

## 6.1 电子商务

### 6.1.1 电子商务的概念

电子商务最早产生于20世纪60年代的美国,发展于20世纪90年代,其产生和发展的重要条件主要是计算机的广泛应用、网络的普及和成熟,以及政府的支持与推动。电子商务的发展可以分成两个阶段:基于电子数据交换(electronic data interchange,EDI)的电子商务和基于Internet的电子商务。20世纪90年代,在互联网爆炸性发展的推动下,电子商务也急剧发展。我们现在讨论的电子商务主要是指基于互联网的电子商务。

电子商务至今并没有形成一个完整统一的定义,其本身的含义仍处于不断发展和完善的过程中。电子商务研究者从不同角度给出了许多定义,下面我们介绍一些组织、企业、学术团体对电子商务的描述。

联合国经济合作和发展组织(OECD)的定义:电子商务是发生在开放网络上的包含企业之间、企业和消费者之间的商业交易。

联合国国际贸易法律委员会(UNITRAL)的定义:电子商务是采用电子数据交换(EDI)和其他通信方式增进国际贸易的职能。

全球信息基础设施委员会(GIIC)电子商务工作委员会的定义:电子商务是运用电子通信作为手段的经济活动,通过这种方式,人们可以对带有经济价值的产品和服务进行宣传、购买和结算。这种交易的方式不受地理位置、资金多少或零售渠道的所有权影响,企业、政府、各种社会团体、个人都能自由地参加经济活动。电子商务能使产品在世界范围内交易,并向消费者提供多种多样的选择。

联合国国际贸易程序简化工作组的定义:电子商务是采用电子形式开展的商务活动,它在供应商、客户、政府及其参与方之间通过电子工具,如EDI、Web、电子邮件等,共享非结构化或结构化商务信息,并管理和完成在商务活动、管理活动和消费活动中的各种交易。

IBM公司的定义:电子商务是E-business,即在互联网技术与传统信息技术相互结合的背景下,应运而生的一种在互联网上展开的相互关联的动态商务活动。

HP公司的定义:电子商务是通过电子化手段来完成商业贸易活动的一种方式,使我们能够以电子交易为手段来完成物品和服务等的交换,是商家和客户之间的联系纽带。

维基百科的定义:电子商务是指在互联网、企业内部网和增值网上以电子交易方式进行的交易活动和相关服务活动,是传统商业活动各环节的电子化、网络化。

由于研究的角度不同,对电子商务的定义也不尽相同,但把握一个概念关键不是定义,而是其属性。了解电子商务必须把握它的两个基本属性:

(1) 以互联网为主要平台,各种现代化信息技术为支撑;

(2) 以电子信息的传输来实现各种商务活动(包括商品交换、提供服务与信息、资金交割等)。

### 6.1.2 电子商务的功能

电子商务可提供网上交易和管理等商务活动全过程的服务,其功能涉及企业业务组织、信息发布与广告宣传、咨询洽谈、网上订购、网上支付、网上金融与电子账户、信息服务传递、意见征询和调查统计、交易管理等多个方面。

**1. 企业业务组织**

电子商务是一种基于信息的商业进程,在该进程中企业内外的大量业务被重组,使整个企业更有效地运作。企业对外通过 Internet 加强了与合作伙伴之间的联系,打开了面向客户的窗口;对内则通过 Intranet 提高业务管理的集成化和自动化水平,以实现高效、快速和方便的业务活动流程。

**2. 信息发布与广告宣传**

电子商务可凭借企业的 Web 服务器发布各类商业信息,以供客户浏览。客户可借助网上的搜索引擎工具迅速地找到所需商品信息,而商家则可利用网上主页和电子邮件在全球范围内作广告宣传。与以往的各类广告相比,网上的广告成本最为低廉,宣传范围覆盖全球,同时能给顾客提供最为丰富的信息。

**3. 咨询洽谈**

在电子商务活动中,顾客可以借助非实时的电子邮件(E-mail)、新闻组(News Group)和实时的论坛(BBS)来了解市场和商品信息,洽谈交易事务,如有进一步的需求,还可利用网上的交互平台来交流即时的图文信息。网上的咨询和洽谈能超越人们面对面洽谈的限制,提供多种方便的异地交谈形式,甚至可以在网络中传输实时的图片和视频片段,产生如同面对面交谈的感觉。

**4. 网上订购**

网上订购通常都是在产品介绍的页面上提供十分友好的订购提示信息和订购单。当客户填完订购单后,系统会通过发送电子邮件或其他方式通知客户确认订购信息。通常订购信息会采用加密的方式来传递和保存,以保证客户和商家的交易信息不会泄漏。

**5. 网上支付**

网上支付是电子商务不可缺少的一个重要环节。客户和商家之间可采用电子货币、电子支票、信用卡等系统来实现支付,网上支付比起传统的支付手段更为高效和方便,可节省交易过程中许多人员的开销。不过,由于网上支付涉及机密的交易信息,所以,需要提供安全可靠的信息传输机制,以防止欺骗、窃听、冒用等非法行为的出现。

**6. 网上金融与电子账户**

网上支付需要获得电子金融的支持,即银行或信用卡公司以及保险公司等金融机构为客户提供可在网上操作的金融服务,而电子账户管理是其基本的组成部分,信用卡号或银行账号都是电子账户的一种标志,而其可信度需配合必要的技术措施来保证,诸如数字凭证、数字签名、加密等技术手段可为电子账户操作提供相应的安全保障。

**7. 信息服务传递**

一方面,交易过程中的信息服务传递,如订货信息、支付信息、物流配送信息等均可通过各种网络服务来实现。另一方面,信息是交易商品的一种形式,如软件、电子读物、信息服务等,可直接通过网络传递到客户手中。

**8. 意见征询和调查统计**

在网页上采用"选择"、"填空"等问卷调查方式收集用户对产品及服务的反馈意见,使企业的市场运营形成一个回路。通过对反馈意见的分析,对交易数据的统计,可以了解用户的需求和爱好,有效地把握市场的发展趋势,使企业获得改进产品、扩大市场的商业机会。

**9. 交易管理**

在商务活动中,对整个交易过程的管理需要涉及人、财、物多个方面以及企业与企业、企业与客户、企业内部等各个方面的协调,因此,交易管理会涉及商务活动的全过程。电子商务通过提供一个良好的网络交易环境及多种多样的安全交易服务,极大地方便了对电子交易的管理。

### 6.1.3 电子商务体系结构

从总体上看,电子商务系统是三层框架结构:底层是网络平台,它是传送信息的载体和用户接入的手段,包括各种各样的物理传送平台和传送方式;中间层是电子商务基础平台,包括身份认证、支付网关、客户服务中心、社会配送体系及公关广告公司等,其真正的核心是CA(certificate authority);第三层是各种各样的电子商务应用系统,诸如网上交易系统、内部网系统、外部网系统,还包括电子商厦、远程医疗、股票交易和视频点播等。前两层属于社会经济环境,取决于政府或社会其他部门,而第三层是企业及其合作伙伴的业务应用。电子商务安全系统主要负责整个电子商务体系结构的安全与可信。基于三层框架体系结构的电子商务系统如图6-1所示。

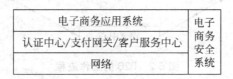

图6-1 电子商务的体系架构

其中第二层是核心,该层各组成元素的作用介绍如下。

**1. 认证中心**

由于电子商务是用电子方式通过网络进行的商务活动,通常参与各方是互不见面的,因此,身份的确认与信息的安全十分重要。解决办法就是建立权威的、中立的、公正的电子商务认证中心(CA),给个人、企事业单位和政府机构签发数字证书,用来确认电子商务活动中各自的身份,并通过加解密的方法实现网上安全的信息交换与安全交易。

**2. 支付网关**

支付网关是信息网与金融网连接的中介,它承担双方间的支付信息转换工作,所解决的关键问题是让传统的、封闭的金融网络能够通过网关面向因特网的广大用户,提供安全方便的网上支付功能。

**3. 客户服务中心**

客户服务中心也称呼叫中心,与传统的呼叫中心的区别在于它不但支持电话接入方式,也支持 Web、E-mail 和传真等多种接入方式,使用户的任何问题都能很快地获得响应与帮助。客户服务中心不是每个企业独立建设和运作的,而是统一建设,再将席位出租,从而大大简化和方便中小企业在电子商务活动中为客户提供咨询和帮助。

## 6.1.4 电子商务工作流程

最基本的电子商务应用集中在企业对企业(B2B)、企业对消费者(B2C)、企业对政府机构(B2G)、消费者对政府(C2G),以及消费者对消费者(C2C)这五大领域,它们构成了现有电子商务应用进一步拓展的基础,体现了电子商务体系结构的基本规律,具有类似的运营结构,从而构成了电子商务的顶层结构。虽然一些更新颖的模式如 B2B2C 已经出现,但大规模发展还需经过一个漫长的时间。考虑到 B2G、C2G 是与政府相关的电子商务行为,不以营利为目的,主要包括政府采购、网上报关、报税等,对整个电子商务行业不会产生大的影响。因此,本节介绍 B2B、B2C、C2C 这三种电子商务模式的工作流程。

**1. B2B 的工作流程**

B2B 电子商务系统中,涉及认证中心、供应商开户银行、制造商开户银行、供应商、制造商/销售商以及物流中心等实体,他们之间的交互关系可用图 6-2 来描述。

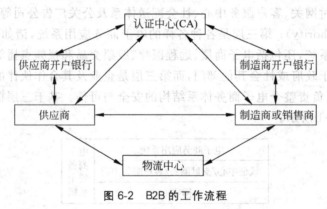

图 6-2 B2B 的工作流程

B2B 电子商务系统中的供应商开户银行、制造商开户银行、供应商和制造商/销售商实体均需事先到认证中心申请证书,在以后的交互过程中都需用证书来表明身份。

**2. B2C 的工作流程**

目前的 B2C 电子商务是基于信用卡的,其工作流程如图 6-3 所示。

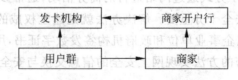

图 6-3 B2C 的工作流程

图 6-3 中的 B2C 电子商务系统主要涉及具有 Web 浏览器的用户群、处理信用卡业务并提供主页的商家、为商家处理信用卡的商家的开户行和发卡机构等实体。其工作流程可描述如下。

第一阶段：用户购物阶段。

（1）用户访问商家主页，得到有关商家货物的明细清单。

（2）用户将所需物品放入购物车，填写订货单，并选择信用卡方式向商家支付。

（3）商家服务器访问其开户银行，以对用户的信用卡号码及所购货物的数量进行认证，银行认证完后，通知商家购物过程是否继续向下进行。

（4）商家通知用户业务是否完成。

第二阶段：用户账目向商家账目转账阶段。

（5）商家服务器访问商家的开户银行，并向银行提供购物的收据。

（6）商家银行访问发卡机构，以取得商家出售物品所得到的钱。

（7）用户余额查询。

**3. C2C 的工作流程**

C2C 电子商务模式主要应用于网上拍卖，目前采用 C2C 模式的主要有 eBay 易趣、淘宝、拍拍等公司。该模式的工作流程为：

（1）拍卖方或竞拍方（有时双方同时）进入拍卖网站，进行注册或登记，应用系统接收信息，并对会员进行信息管理，建立会员档案。

（2）一方面，拍卖方登记拍卖物品，系统接受登记并进行拍卖物品信息处理，建立拍卖商品目录；而后系统接受拍卖方修改和确认拍卖物品，并进行拍卖商品管理。

（3）另一方面，竞拍方搜索查找所需物品，应用系统接受信息查询；而后系统接收竞拍方参与拍卖的信息。

（4）经过信息处理和拍卖商品管理后，确认拍卖和竞拍，网站拍卖结束。

（5）双方通过 E-mail 或者其他方式进行下一步的联系。

## 6.1.5　电子商务对审计的影响

在传统商务模式中，每个交易环节都是面对面进行，都有相关的文字记录和经手人签字，这使得每笔交易都存在一系列相互关联的不可抵赖证据，审计人员通过使用顺查（从原始单据开始追踪到报表为止）与逆查（从报表开始溯源到原始单据为止）两种方法可对交易中发生的诸如虚报冒领、阴阳发票、无中生有、侵吞不报、模仿签字、假公济私、瞒天过海、里应外合、暗度陈仓、浑水摸鱼、偷梁换柱、张冠李戴及监守自盗等舞弊行为进行及时追踪与准确溯源。但在电子商务环境中，所有交易通过网络进行，物流、资金流和信息流都以统一的信息流形式通过网络传输，传统的单据及报表等纸质记录也已演变为磁性介质上的电子数据。互联网自身存在的安全与管理缺陷以及电子数据的易复制、易伪造和易修改等特点使得审计师对电子商务交易行为的认定变得更加困难。

## 6.1.6　电子商务审计

收入的真实性是建立在企业与下游企业或消费者之间销售交易行为的真实性之上的，成本是建立在企业与上游企业之间的采购行为的真实性之上的，对于收入核算和成本核算是财务系统审计的内容,而基于信息平台发生的销售收入和采购成本本身的真实性则是电子商务审计的内容。因此,电子商务审计和财务系统审计共同构成了信息系统真实性审计的核心内容,对通过计算机系统产生的财务数据的真实性提供鉴证。

电子商务的核心是电子交易,电子商务审计的关键是电子交易的真实性。电子交易的真实性取决于两个因素,即交易方的真实性、交易行为的不可否认性。因此,审计人员应当从电子交易方真实性认证和电子交易记录真实性认证两个方面入手。

## 6.2 电子交易方的真实性

### 6.2.1 身份冒充问题

电子交易安全开展的前提是交易双方的身份必须真实。在传统的商务模式中,由于交易通常是面对面地进行,因此对买卖双方身份真实性的确认非常容易。在电子商务环境中,交易双方通常会相隔千里,对交易方身份真实性的认定需要在网络时空中完成。然而,现有网络安全问题的存在使得对交易方身份的认定不再具有确定性。入侵者可以利用这种不确定性冒充他人身份发布命令、调阅文件、欺骗合法用户,冒充管理人员骗取或修改用户使用权限、密码、占用合法用户的资源等,从而引发电子交易诈骗。

2005 年 6 月,嫌疑人柳某在广州市番禺区一间网吧里,利用其掌握的电脑技术,进入到四川一家公司深圳办事处的业务员夏某的电子邮箱内,截留了一份也门客户发给夏某的电子邮件,再自建了一个与也门客户同名的电子邮箱从而来实施诈骗行为。近年来,借助桥接技术实施身份欺骗在电子交易中也时有发生。A 拿 B 的商品卖给 C,最终 B 和 C 均被 A 所骗。在淘宝就出现过这类欺骗:战某是淘宝店家,名为 car1971 的"买家"用某聊天工具联系她购买 9 克金饰,但却要求战某通过担保交易进行付款。之后,该账号向支付宝打了款,支付宝也通知战某发货。此时,car1971 通过聊天工具要求战某更改了发货地址。战某向"新地址"发货后,付款账号始终未确认收货。再后来,付款账号以没收到货为由申请退款。原来,付款账号不是 car1971 所有。付款账号所有人刘某称,他发布求购信息,一个"卖家"通过聊天工具找到他,称自己有货并让刘某提供账号以创建交易进行付款。car1971 通过桥接技术同时欺骗了真实的买家刘某和真实的卖家战某。

为确保电子交易活动的真实性,防止任何交易方存在身份冒充行为,必须要保证电子身份描述信息与交易实体之间映射的准确性,这需要依赖身份认证技术的帮助。

身份认证的难点在于如何防范身份欺骗,以杜绝恶意用户对合法身份的冒充。在电子商务环境中,目前常用的认证方法可以划分为单向认证和双向认证两类。这两类认证方法在具体实现时通常需要借助可信中继技术。在已有的身份认证系统中,MIT 为 Athena 计划开发的 Kerberos 分布式认证服务系统最为著名。

### 6.2.2 身份认证概述

身份认证是指计算机及网络系统确认操作者身份的过程。也就是证实用户的真实身份与其所声称的身份是否符合的过程。身份认证是安全系统中的第一道关卡,一旦身份认证系统被攻破,系统的所有安全措施将形同虚设。身份认证一般涉及两个方面的内容。

(1)识别:明确访问者的身份,要求可区分不同的用户,例如使用不同的用户标识符。

(2) 验证：对访问者声称的身份进行确认。

识别信息是公开的，而验证信息是保密的。个人身份验证方法可分为四类：

(1) 验证他知道什么，如口令。

(2) 验证他拥有什么，如通信证或智能卡。

(3) 验证他的生物特征，如指纹或声音。

(4) 验证他的下意识动作的结果，如签名。

### 6.2.3 单向认证

单向认证的目的是验证对方身份的真实性。

**1. 一次性口令**

传统的基于口令的身份认证技术实现简单、使用方便，但安全性差。其安全性仅仅基于用户口令的保密性，一旦约定的口令、密码泄露或被截取，任何非授权人都可以冒充。而且，在网络中传输的口令更容易遭受攻击。为了解决口令传送的安全性，20 世纪 80 年代初美国科学家 Leslie Lamport 首次提出了利用哈希(Hash)函数产生一次性口令(one-time password, OTP)的设想，即用户在每次同服务器连接过程中所使用的口令在网上传输时都是加密的密文，而且这些密文在每次连接时都是不同的，也就是说，口令密文是一次有效的。

OTP 认证的基本思想是：在登录过程中基于用户的秘密通行短语(Secure PassPhrase，SPP)加入不确定因素，使每次登录过程中摘录所得的密码（即 OTP）都不相同，用户真正的秘密通行短语(SPP)根本不在网络上传输，从而可以提高登录过程的安全性。

OTP 认证是一种摘要认证，单向散列函数(即信息摘录函数，也叫安全 Hash 函数)在其中起着非常重要的作用，它以变长的信息为输入，把其压缩成一个定长的值输出，即使输入的信息只有微小的改变，输出的定长值(信息摘录)就会发生很大的变化。对于单向散列函数而言，给定输入计算对应的输出在计算上容易实现，而给定输出去寻找对应的输入则是计算上不可行的，所以将单向散列函数值(信息摘录)在网上传输是安全的。目前，著名的安全 Hash 函数有 MD4，MD5 和 SHA 等，MD5 是 MD4 的扩展，被认为是具有足够的安全强度，但计算速度比 MD4 慢，MD5 的设计是面向 32 比特的，它计算出的信息摘录长度为 128 比特。OTP 认证技术常用的实现机制有挑战/应答(challenge-response)机制、口令序列(S/Key)机制、时间同步(time synehronization)机制等。

**2. 使用对称加密方法**

基于对称加密的方法是一次一密(OTP)方法的变形。通信双方 $A$ 和 $B$ 共享一个通信密钥，在 $A$ 方请求鉴别时，$B$ 方向 $A$ 方发送一个随机数 $R$，$A$ 将其加密后送还 $B$，$B$ 方使用同一个密钥对其进行解密，并同原来的 $R$ 进行比较，以进行鉴别。由于 $R$ 每次不同，因此即使被窃听者捕获，他也无法再次使用。这种方法的缺陷在于：

(1) 鉴别是单向的，即假冒者可冒充 $B$（向 $A$ 发送任意一个 $R$ 而不管 $A$ 返回的密文），而使 $A$ 无法察觉。

(2) 这种方法要求端系统可靠，否则假冒者可从 $B$ 处获得 $A$ 的隐蔽密钥。

(3) 由于 $R$ 的明文和密文同时传送，所以双方的密钥不经常更换，假冒者可进行选择明文破译。

上述方法可做如下变形。在 $A$ 方请求鉴别时，$B$ 向 $A$ 发送一个随机数 $R$ 的密文形式，

$A$ 使用同一密钥将其解密后送还给 $B$，$B$ 将其与原来的 $R$ 进行比较，以进行鉴别。这种方法的特点是：

(1) 要求加密算法存在逆运算，否则 $A$ 无法还原 $R$，而前一种方法中加密算法可以是散列函数，$B$ 方可以将 $R$ 与密钥的混合值进行散列（$A$ 也采用同样的计算方法），并与 $A$ 送来的散列值进行比较；真正的加密算法在技术扩散方面比散列函数存在更大的限制。

(2) 假冒者无须窃听即可获得密文（只要向 $B$ 发出鉴别请求），因此他可以进行已知算法的密文破译。

(3) 如果假冒者截获了 $B$ 发来的 $R$ 密文，则他以后可以对 $A$ 冒充 $B$；但若在 $R$ 密文中加入时标，即规定有效期，则这种方法可使 $A$ 同时鉴别 $B$。

基于上述思想，存在第二种变体，即 $A$ 在请求鉴别时直接向 $B$ 发送一个用共享密钥加密的时标，$B$ 使用同一个密钥对其进行解密，若认为合理，则接受这个鉴别。这个变体的特点是：

(1) 只需一个单向交互，相当于口令鉴别方式的变形，效率较高。

(2) 即使假冒者可以截获 $A$ 发出的加密时标，只要 $B$ 方进行有效期控制，如在有效期内保留 $A$ 发来的时标，则冒充者无法对 $B$ 重复使用；但这时假冒者可对 $C$ 冒充 $A$，为防止这类情况，需要在 $A$ 的时标中加上使用对象的标识，如 $B$ 或 $C$，这样一个时标智能对一个对象使用。

(3) 这个方法的困难性在于 $B$ 究竟要保存多少 $A$ 使用过的时标，若有效期较长而 $A$ 的访问又比较频繁，$B$ 的存储负担会较重；若有效期不长且在最后一个时标过期后 $A$ 没有发出新的请求，则 $B$ 就失去了对 $A$ 的顺序记录，攻击者有可能用过去截获的时标冒充 $A$，因此需要 $B$ 对 $A$ 至少保留一个记录。

同对称密钥加密的基本方法一样，这两个变形均需要端系统可靠，否则攻击者可从 $B$ 处获得 $A$ 的秘密密钥来冒充 $A$。这个方法可防止对过去的鉴别信息的重复使用，但不能察觉新产生的虚假鉴别信息。

**3. 使用公开密钥方法**

如图 6-4 所示，使用公开密钥进行身份认证的方法为：在 $A$ 向 $B$ 提出请求要求 $B$ 对其身份进行鉴别时，$B$ 随机选取一个随机数 $R$ 发送给 $A$，$A$ 收到 $R$ 后使用其私钥对 $R$ 进行加密后送还给 $B$，$B$ 用 $A$ 的公钥进行解密，将解密结果与原先的 $R$ 进行比较，以鉴别 $A$ 身份的真实性。

图 6-4 基于公开密钥的基本认证方式

这种方法有以下特点：

(1) 假冒者若不能进入 $A$ 方系统，则他无法从其他渠道获得 $A$ 的私钥，从而不能冒充 $A$ 方。

(2) 公开密钥方法的计算开销大。

(3) 假冒者可冒充 $B$ 并选择 $E_A(X)$ 作为 $R$ 送给 $A$，从而欺骗 $A$ 解密出 $X$ 的内容。

类似地，也可采用对称密钥的第一种变形，即让 $B$ 方首先发送用 $B$ 方私钥加密的 $R$，让 $A$ 方返回用 $B$ 的公钥解密后又用 $A$ 的私钥加密的 $R$，让 $B$ 再用 $A$ 的公钥将其解开，从而使 $A$ 和 $B$ 双方鉴别。这种变形可防止假冒者从信道和端系统的攻击，但仍不能防止 $B$ 对 $A$ 的欺骗，因此要求 $A$ 和 $B$ 本身应该互相信任。

### 6.2.4 双向认证

**1. 对称密钥方式**

在单向认证方式中，总是由 $B$ 方(认证处理方)提出一个信息交由 $A$ 方进行指定变换，以验证其身份。双向认证则把这个原则应用到 $A$、$B$ 双方，即互相提出一个信息要求对方变换，该认证过程的三次握手如图 6-5 所示。

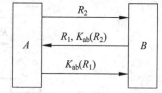

图 6-5 基于对称密钥的双向认证方式

这种认证方式存在遭受桥接攻击的危险。若 $C$ 要冒充 $A$，唯一的困难是 $K_{ab}(R_1)$，这时，$C$ 可以同时向 $B$ 发起两个鉴别，一先一后，在第二个鉴别中将从第一个鉴别中收到的 $R_1$ 作为 $R_2$ 发给 $B$，从而从 $B$ 处骗得 $K_{ab}(R_1)$ 以满足第一个鉴别的要求。由于这种攻击容易实现，因此威胁很大。解决的办法可以有如下几种。

(1) 使用不同密钥：要求 $A$ 和 $B$ 使用不同的密钥加密，这样使 $C$ 不能向 $B$ 重复使用 $K_{ab}(R_1)$。但这种方法要求 $A$ 和 $B$ 使用和保存的密钥量加倍。

(2) 使用不同的明文值：如 $A$ 方的 $R$ 值为奇数，而 $B$ 方的 $R$ 值为偶数，于是 $C$ 不能将从 $B$ 处发来的 $R$ 值再返回 $B$ 去骗取密文，即要求每一方的明文带有一定的特征。

同样，在上述的对称密钥方法中，攻击者不需窃听即可发起口令破译攻击，因为他可不断地向 $B$ 发出鉴别请求(尽管不成功)而获得大量的明文密文对，从而可进行选择明文破译。

从上可以看到认证协议的两个基本原则：

(1) 不能让双方做同样的事情(防止反射)。

(2) 让发起方首先证明身份(先提供密文，防止口令破译)。

**2. 公开密钥方式**

公开密钥方式与单向认证方式中公开密钥方法的变形基本相同，只不过 $A$ 和 $B$ 使用不同的 $R$ 值。由于 $A$、$B$ 双方的密钥是非对称的，因此桥接攻击不起作用。这里要注意的是，如何取得对方的公开密钥，这需要可靠中继的帮助。如果拿到了假冒的公开密钥，则会受到攻击。

**3. 时标方式**

从单向认证方式可知，使用时标作为鉴别信息可减少鉴别的交互次数。从双向认证的角度出发，$A$ 和 $B$ 必须交换不同的时标，并保持各自的次序。

### 6.2.5 可信中继认证

**1. 基于 KDC 的认证协议**

在使用加密机制的网络中，节点之间的相互认证需要使用对方的密钥。为了减少每个节点所保存的密钥数量，需要一个如密钥分配中心（KDC）那样的可靠的中介节点来保存和传递密钥，这就是可信中继的概念。

KDC 的工作原理如图 6-6 所示，其中 $K_a$ 是 KDC 与 $A$ 之间使用的对称密钥，$K_b$ 是 KDC 与 $B$ 之间使用的对称密钥，$K_{ab}$ 是 $A$ 和 $B$ 之间使用的对称密钥，KDC 发出的 $K_b(K_{ab}, A)$ 等称为通知单（ticket）。尽管攻击者可冒充 $A$ 或 $B$ 去向 KDC 请求 $K_{ab}$，但由于他不知道双方各自的密钥，因此得不到 $K_{ab}$ 的明文。

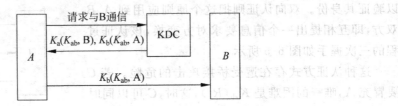

图 6-6 KDC 工作原理

基于 KDC 的鉴别方法有以下几种。

（1）Needham-Schroeder 协议（N-S 协议）（1978 年）

N-S 协议的核心是基于 KDC 的密钥分配再加双向鉴别，其基本思想如图 6-7 所示。

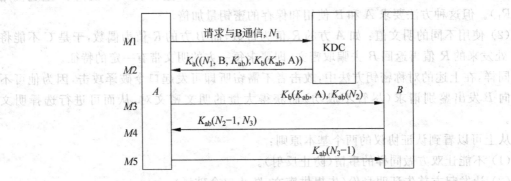

图 6-7 基于 KDC 的 Needham-Schroeder 认证协议

N-S 协议是经典的基于 KDC 仲裁的认证协议，后来的许多认证协议，包括 Kerberos 协议也是基于这个方法。

$M1$ 表示 $A$ 方向 KDC 申请 $K_{ab}$，$N_1$ 是一个新鲜值，用于唯一标识 $A$ 的这次申请，以防止攻击者冒充 KDC，让 $A$ 和 $B$ 继续使用已被他掌握了的旧密钥（$K_{ab'}$、$K_b(K_{ab'})$ 和 $K_a(K_{ab'})$，他并不需要知道 $K_a$ 和 $K_b$）。

$M2$ 是 KDC 对 $M1$ 的响应。由于在 $M2$ 中指明了这个密钥是用于 $A$、$B$ 之间的会话，因此攻击者不能将它用于冒充 $A$ 与其他人进行通信。

$M3$ 用于向 $B$ 转发 $K_{ab}$。$N_2$ 是一个新鲜值，用于验证 $M3$ 的接收者确为 $B$，因为只有 $B$ 知道 $K_b$（当然还有 KDC），从而能够解出 $K_{ab}$。

$M4$ 用于向 $A$ 表明 $B$ 的身份,同时为 $B$ 证实 $A$ 的身份;而 $M5$ 则是 $A$ 向 $B$ 表明它的身份。为了防止攻击者对密文的破译,$N_2$ 和 $N_3$ 均不是原值返回。

其中新鲜值是任意的或非重复的值,该值仅使用一次,用于保证认证协议的活跃度以及避免协议遭受重放攻击。新鲜值可以是一个序列号、随机数或时标。

(2) 扩展的 Needham-Schroeder 协议(1987 年)

N-S 协议存在安全缺陷。如果攻击者窃取了 $A$ 的密钥 $K_a$,则他可以冒充 $A$ 向 KDC 去申请 $K_{ab}$。在此之后,攻击者掌握了一个 $K_a$ 和一个 $K_{ab}$,或者攻击者破译了一个 $K_b$,则在上述的 N-S 协议下,攻击者可实施桥接攻击,即使 $A$ 已经更新了密钥 $K_a$,但他仍能用掌握的密钥和过去截获的 $K_b(K_{ab},A)$ 构造 $M3$ 和 $M5$,从而让 $B$ 继续接受那个已泄露的 $K_{ab}$。

为解决该问题,扩展的 N-S 协议增加了两个交互信息(协议描述如图 6-8 所示)。其基本思想是在 $A$ 向 KDC 申请 $K_{ab}$ 之前,先与 $B$ 交互一次并获得一个新鲜值。KDC 将这个新鲜值包含在通知单中,从而使 $B$ 可以确信这个 $K_{ab}$ 是新产生的。

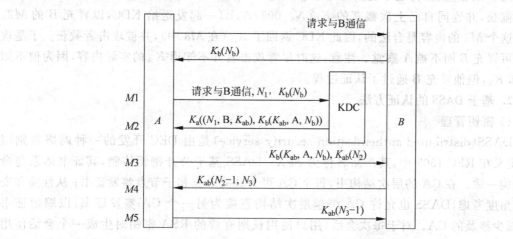

图 6-8 扩展的 Needham-Schroeder 认证协议

(3) Otway-Rees 协议(O-R 协议)(1987 年)

Dave Otway 和 Owen Rees 在 1987 年在 Operating Systems Review 上提出了包含三方主体的私钥认证 Otway-Rees 协议。该协议没有使用同步时钟或双重加密,仅用少量的信息提供了良好的时效性。Otway-Rees 协议的目标是实现发起者和响应者之间的双向认证并且分发服务器产生的会话密钥。Otway-Rees 协议描述如图 6-9 所示。

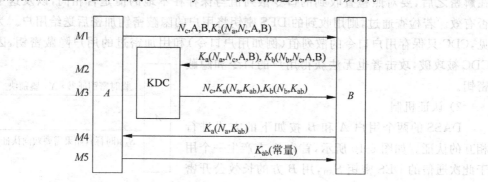

图 6-9 Otway-Rees 认证协议

在 $M1$ 中,$A$ 产生了两个新鲜值,其中 $N_a$ 用于鉴别自己,$N_c$ 用于鉴别所有参与者。

在 $M2$ 中,$B$ 不仅将 $A$ 的密文转发给 KDC,而且产生一个包含两个新鲜值的密文,$N_b$ 表示自己的参与,$N_c$ 表示自己确实拥有 $K_b$。

在 $M3$ 中,KDC 返回 $N_c$ 的明文以认可 $A$ 和 $B$ 对 $N_c$ 的加密,既认可 $A$ 和 $B$ 的身份,也表明了自己的身份(知道 $K_a$ 和 $K_b$),同时分别给出了 $A$ 和 $B$ 的通知单。

$B$ 用 $M4$ 将 $A$ 的通知单转发给 $A$,$A$ 用 $M5$ 表明他已知道 $K_{ab}$(同时也与 $B$ 确认这个 $K_{ab}$ 的正确性),并认为经过 $M2$ 和 $M3$,$B$ 已被 KDC 确认。

值得指出的是,在 O-R 协议中,$N_c$ 应当是不可预测的,否则攻击者可利用桥接攻击向 $A$ 冒充 $B$。例如,设当前 $N_c$ 为 007,而下一个 $N_c$ 为 008,并被攻击者猜到。于是攻击者构造一个 $(008, A, B, \text{garbage})$ 并送给 $B$,而 $B$ 以为 garbage 是 $K_a$ 加密的内容,便将其转发给 KDC,并加上自己的 $K_b(N_b, 008, A, B)$。攻击者将 $B$ 发送的内容截获并保存起来。KDC 将拒绝 $B$ 的信息,因为它不能解出那个 garbage。等到 $A$ 发出 $K_a(N_a, 008, A, B)$ 时,攻击者将其截获,并连同自己上次截获的 $K_b(N_b, 008, A, B)$ 一起发送给 KDC,以冒充 $B$ 的 $M2$。由于这个 $M2$ 的内容是合法的,因此 KDC 返回了 $K_{ab}$(在 $M3$ 中),并被攻击者截获。于是攻击者可冒充 $B$ 而不被 $A$ 察觉。注意,这时尽管攻击者并不知道 $K_{ab}$ 的实际内容,因为他不知 $K_a$ 和 $K_b$,但他冒充 $B$ 通过了认证过程。

**2. 基于 DASS 的认证方法**

1) 密钥管理

DASS(distributed authentication security service)是由 DEC 开发的一种网络鉴别服务,定义在 RFC 1507 中,其产品名称为 SPX。DASS 基于公开密钥体制,其证书体系与命名结构一致。在 CA 的层次结构中,每个 CA 可为其父节点和子节点签发证书;从性能和安全的角度考虑,DASS 也允许 CA 跨越层次结构直接为另一个 CA 签发证书,以缩短证书链,减少涉及的 CA。对于每次会话,用户使用长期有效的 RSA 密钥对生成一个会话使用的临时性 RSA 密钥对,并为这个临时密钥签发一个证书,这种方式适用于服务器较为忙碌而客户端相对较为空闲的情形。

DASS 使用 CDC(certificate distribution center)来存放证书和用户的隐蔽密钥,其中证书是允许阅读的,而对隐蔽密钥的访问需要基于口令的鉴别交换。用户在获得自己存储在 CDC 的隐蔽密钥之前,必须向 CDC 提交自己的口令。具体地,用户要选择一个 DES 密钥、连同自己口令的散列值和一个时标,在用 CDC 的公开密钥加密之后传送给 CDC。CDC 在解密之后,要对照检查收到的口令散列值与保存在本地的值是否相同,以及这个时标是否有效。若检查通过,则用收到的 DES 密钥将用户的隐蔽密钥加密后送给用户。为安全起见,CDC 只保存用户口令的散列值(例如用户口令)和用加密过的用户隐蔽密钥,因此即使 CDC 被攻破,攻击者也无法获得用户的口令和隐蔽密钥。

2) 认证机制

DASS 的两个用户 $A$ 和 $B$ 按如下的方式进行相互的认证。如图 6-10 所示,首先 $A$ 方产生一个用于此次通信的 DES 密钥 $S_{AB}$,用 $B$ 方的长效公开密钥进行加密,然后用自己的临时隐蔽密钥对这个密

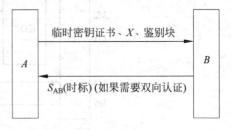

图 6-10 DASS 的认证方式

文进行签名,密文和签名一起记为 $X$,$A$ 方还需要 $S_{AB}$ 对一个时标进行加密(称为鉴别块),以表明这个会话密钥是即时产生的,而不是某个攻击者存储并回放的过时密钥。$A$ 方将自己的临时密钥证书、$X$ 和鉴别块一起送给 $B$。

$B$ 方在收到这些信息后,首先与 CDC 交互以确认 $A$ 方的长效公开密钥,用以验证对方临时密钥证书中用于此次会话的临时公开密钥的真实性。然后 $B$ 用 $A$ 的临时公开密钥验证 $A$ 的签名,用自己的长效隐蔽密钥解出 $S_{AB}$,用 $S_{AB}$ 解出鉴别块中的时标进行检查。若要进行双向的鉴别,则 $B$ 方需要向 $A$ 方返回一个用 $S_{AB}$ 加密的时标。

3) DASS 代理

通信方 $A$ 可以委托通信方 $B$ 代为进行通信活动,即经过鉴别之后,$B$ 可以受 $A$ 委托代替它参加后续的有关通信活动。在进行代理时,$A$ 要向 $B$ 发送用 $B$ 的长效公开密钥加密的 $S_{AB}$、用 $S_{AB}$ 加密的 $A$ 的临时隐蔽密钥和含有临时公开密钥的密钥证书。注意这时 $A$ 不对 $S_{AB}$ 进行签名,因为 $B$ 已知道 $A$ 的临时隐蔽密钥,所有这个签名没有意义。

### 6.2.6 Kerberos 系统

Kerberos 是 MIT 在 20 世纪 80 年代中期为其 Athena 计划开发的一种基于 KDC 概念和 Needham-Schroeder 认证协议的分布式认证服务系统,它可以在不安全的网络环境中为用户对远程服务器的访问提供自动的认证、数据安全性和完整性服务,以及密钥管理服务。版本 1—3 只在麻省理工学院内部发行,当前使用的主要是 4 和 5 两个版本。Kerberos 版本 4 发布于 1980 年末,主要设计者是 Steve Miller and Clifford Neuman,该版本基于 TCP/IP,可用于 Internet,结构上较为简单,性能较好,主要针对 Project Athena。版本 5 在 1993 年作为 RFC 1510 颁布(在 2005 年由 RFC 4120 取代),由 John Kohl 和 Clifford Neuman 设计,相较于版本 4,其安全性更好,更具有通用性,诸如增加了代理功能、改进了安全机制、在鉴别符中增加了子密钥的概念(可用于群通信),等等。

Kerberos 提供了一个集中式的认证服务器结构,认证服务器的功能是实现用户与其访问的服务器间的相互认证。Kerberos 系统将用户称为主体,将用户使用的工作站称为客户,将 KDC 称为认证服务器(AS),并将用户登录进网络到退出网络的这段时间称为一次会话。Kerberos 服务主要是针对会话设计的。从实现结构来看,Kerberos 系统包括一个 KDC 和一个可向系统和用户提供 Kerberos 服务的子程序库。该系统使用对称密钥体制中 CBC 加密方式的一个变形 PCBC(plaintext cipher block chainning)来实现数据的加密和完整性。

Kerberos 系统要求用户使用其用户名和口令作为自己的标识,而客户和服务器之间的交互则使用由对应的用户名和口令所生成的会话密钥。每个用户都与 KDC 共享一个从自己的口令中导出的密钥,称为主密钥。当用户 $A$ 登录进本系统时,便从 KDC 获得一个访问 KDC 所需的会话密钥 $S_a$ 和一个 TGT(Ticket Granting Ticket),因此 KDC 又可称为 TGS(Ticket Granting Server)。当 $A$ 要访问 $B$ 时,便凭借所获得的 TGT 向 KDC 申请一个临时的会话密钥 $K_{ab}$,客户使用这个会话密钥与对应的服务器交互。KDC 自己拥有一个主密钥,用于在自己颁发的各种通知单中放置一块认证信息,以防止对通知单的伪造。

**1. 认证机制**

在 Kerberos 系统中,认证机制主要用于用户与 KDC 之间和用户之间。

### 1) 获得TGT

用户为了访问网络资源,必须首先从KDC处获得TGT和会话密钥,其过程如图6-11所示。

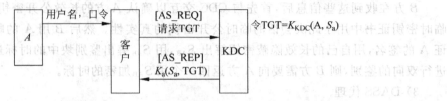

图6-11  TGT和会话密钥的获得

客户用$A$输入的口令生成$K_a$,经过交互之后,它再检查收到的$K_a(S_a, TGT)$的正确性,若正确,则丢弃$K_a$而使用$S_a$。经过此过程,$A$便获得了在此次会话期间与KDC交互所需的会话密钥和TGT。在TGT中实际还包含有这个TGT的有效期,以防攻击者截获后使用。TGT可看做用户与KDC交互的口令,因为是用KDC的密钥加密的,所以用户不了解其内容,也不能修改。由于使用了$S_a$,用户的口令不必保存在客户机中,因此他可在网络中漫游,从任一客户机登录。但是KDC并没有要求$A$首先证明自己,因此攻击者不必窃听就可获得$A$的口令密文。

### 2) 用户与KDC

每当用户要发起远程访问时,他必须首先向KDC申请远程访问所用的会话密钥,其过程如图6-12所示。

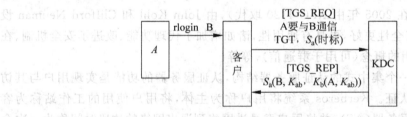

图6-12  远程访问密钥的获得

为了认证,$A$要提供自己的时标,并要求与KDC基本保持时钟同步,KDC从TGT中解出$S_a$,然后解出时标,并根据这个时标来判定这个请求是否攻击者截获的旧信息。若认证通过,KDC将产生$A$和$B$会话所需的密钥$K_{ab}$,以及给$B$的通知单。

### 3) 用户与用户

用户在开始正式的信息交互之前要进行互相认证,如图6-13所示。同时,发起方要将KDC产生的通知单转发给响应方。

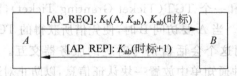

图6-13  用户之间的认证过程

$B$ 首先用自己的密钥解出由 $A$ 转来的会话密钥,并用它来检查 $A$ 发来的时标,以确认这次请求的有效性。为此,$B$ 必须将最近(为一个参数,通常为 5 分钟)收到的时标保存下来。为完成双向认证,$B$ 将收到的时标递增后用 $K_{ab}$ 加密并返回给 $A$,以表示自己拥有 $K_{ab}$,也即拥有 $K_b$。

**2. 密钥的管理**

Kerberos 系统的一个严重问题是它必须依赖 KDC 进行工作,这不仅是单一故障点,而且是性能瓶颈,因此在网络中必须有 KDC 的备份(用户名及对应口令密文的数据库)。由于对 KDC 的访问绝大多数是读操作(进行认证),所以这些 KDC 备份可以减轻主服务器的负担。但是当 KDC 数据库的内容发生变化时,如用户修改口令或用户发生变化,则对所有的备份也要进行更新。在进行数据库复制时要有数据完整性保护,由于口令已经是密文存放,所以不必再加密。

**3. Kerberos 域**

由于 KDC 拥有全部的用户名及其口令,这对于互联网的环境就不适合,为此 Kerberos 系统设立了域(realm)的概念,一个 KDC 所控制的网络范围为一个域,这样在互联网中 Kerberos 系统就是一个多 KDC 域系统。为了实现垮域的认证,需要将一个域的 KDC 作为另一个域的一个用户,因此对用户而言,访问另一个域的 KDC 与访问本域的其他用户没有区别。要强调的是,对于用户而言,本域的 KDC 是可信赖的,但非本域的 KDC 并不是可信赖的。因此,在 Kerberos 系统的 V4 版本中,不允许跨域的代理,即 $A$ 若要访问 $C$ 域,不可通过 $B$ 域中转,必须直接与 $C$ 域的 KDC 交互,以防 $B$ 域的 KDC 冒充自己。为此,在 TGT 中包含了拥有者的 IP 地址,而且必须唯一。

(1) Kerberos 系统中跨域的服务访问有两种,诸如一个用户可能需要访问另一个 Kerberos 域中应用服务器,一个应用服务器也可以向其他领域中的客户提供网络服务。

(2) Kerberos 系统中域间互通的前提为:支持不同域之间进行用户身份鉴别的机制;互通域中的 Kerberos 服务器之间必须共享一个密钥;两个 Kerberos 服务器必须进行相互注册。

Kerberos 域间的认证机制如图 6-14 所示。

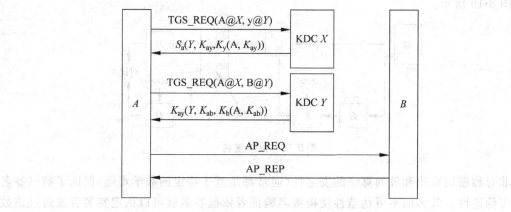

图 6-14 域间认证机制

## 6.3 电子交易行为的真实性

### 6.3.1 交易欺诈问题

2011年2月,阿里巴巴承认在2009年和2010年,分别有1219名及1107名签约的中国供应商涉及诈骗全球买家。阿里巴巴内部审计不到位,使得阿里巴巴的一些不法供应商,在内部员工协助下进行欺诈交易。阿里巴巴欺诈门使得公司面临着严重的诚信危机,并最终导致公司利益迅速受到下挫,第二天,阿里巴巴的股价大幅下挫8.63%。

身份认证技术保证了电子交易中双方身份的真实性,审计人员通过分析企业在电子交易中采取了哪些身份认证技术,从而确认电子交易双方身份的真实可靠程度,但是这还不能保证电子交易行为是真实合法的,审计人员还需要其他证据证实交易行为的真实性。

在传统商务模式中,交易是面对面的,有相关的文字记录和经手人签字,这使得每笔交易都存在一系列可以查证的纸质证据,审计人员从原始单据开始追踪到报表为止对交易的真实性进行审查。但在电子商务环境中,所有交易都是通过网络进行,而且电子数据具有易复制、易伪造和易修改等特点,因此,审计人员取得的这些证据应当具有不可抵赖性,即为特定交易行为唯一绑定不可抵赖证据。这需要应用网络不可否认技术。目前Zhou-Gollmann协议是最具代表性的不可否认技术,大部分安全电子交易协议在设计时都借鉴了其思想。

### 6.3.2 不可抵赖证据的构造

不可抵赖证据通常利用数字签名技术来构造。数字签名的生成与鉴别过程如下:

先使用一个散列算法 $H$ 为要签名的数据 $M$ 产生一个定长的很短的摘要,再使用签名者的私钥 $Kra$ 加密该摘要。$E_{Kra}(H(M))$ 就是签名者对数据 $M$ 的签名。签名者将数据 $M$ 和它的签名 $E_{Kra}(H(M))$ 一起交给签名鉴别者。鉴别者使用相同的散列算法 $H$ 生成 $M$ 的摘要,并使用签名者的公钥 $Kua$ 解密签名 $E_{Kra}(H(M))$。最后将生成的摘要和解密的结果进行比较。如果两者相同则说明 $M$ 所附带的签名是正确的。整个签名的生成和鉴别的过程如图6-15所示。

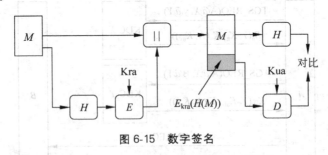

图6-15 数字签名

非对称密码算法和散列算法的安全性(通常都是基于特定的数学难题)保证了数据签名的不可伪造性。签名的不可伪造性使得签名验证者依据签名就可以认定签名者发送过该数据或拥有该数据。

## 6.3.3 不可否认协议概述

不可否认服务是国际标准化组织(ISO7498—2)定义的五项安全服务之一,用于防止电子世界中的否认问题。与其他安全服务不同,不可否认服务不是用来防止非法用户的攻击,而是为了防止通信对方的欺骗行为。单纯的数字签名等技术只能防止发送方否认(无法防止接收方否认),更一般意义上的不可否认要通过专门的不可否认协议来实现。

虽然对不可否认协议的研究最早可追溯到 20 世纪 80 年代初,但对它的研究却一直落后于对一般密码协议的研究,直到近二十年来才得到了较大的发展。原因是多方面的。

(1) 早期对不可否认协议的需求不如其他密码协议紧迫。如认证协议、密钥分配协议在很多常见的应用中都需要,而不可否认协议只在电子交易等重要的应用场合中需要。

(2) 电子商务等需要不可否认服务的应用是在 20 世纪 90 年代中期 Web 技术出现后才逐步出现的。对不可否认协议的研究也是从那时开始得到了较多的关注。

(3) 不可否认协议产生的证据需要得到法律的认可才有意义。各国家和地区对电子证据的法律效力相关的立法工作也是在近十多年内开展起来的。例如,自从 2005 年 4 月 1 日我国《中华人民共和国电子签名法》生效后,对不可否认协议的应用形成了极大的促进。

目前不可否认协议的数量有很多,根据不同的分类标准可以形成如下分类。

(1) 根据应用分类。

和不可否认协议一样要防止通信对方欺骗的协议还有公平交换协议、电子合同签署协议和签收邮件协议等。

(2) 根据是否需要 TTP 分类。

根据协议中是否需要可信第三方 TTP(trusted third party)的参与可以将其分为不需要 TTP 的协议和需要 TTP 的协议。

(3) 根据通信实体的数量分类。

根据协议中参与通信的实体的数量可以将不可否认协议分为两方不可否认协议和多方不可否认协议。

## 6.3.4 不可否认协议安全性质

为确保证据生成的完备性,必须保证不可否认协议的安全性。通常来讲,安全的不可否认协议必须具备如下基本性质。

1) 不可否认性

不可否认性(non-repudiality)是不可否认协议的基本性质,它要求协议能在通信事件发生后防止某些实体否认通信事件的发生。一个不可否认协议必须能保证信息发送方和接收方的不可否认性。

发方不可否认性(non-repudiality of origin,NRO):设 $A$ 和 $B$ 为通信实体,$E_b$ 和 $M$ 是数据。密码协议 $P$ 具有发方不可否认性,如果对于任意一次 $P$ 的成功的运行实例 $R$ 都有,

- $R$ 之前:$A$ 持有 $M$,$B$ 不持有 $E_b$ 和 $M$。
- $R$ 之后:$B$ 持有 $M$ 和 $E_b$。
- 如果 $B$ 持有 $E_b$ 和 $M$,那么 $A$ 持有 $M$。

收方不可否认性(non-repudiality of receipt,NRR):设 $A$ 和 $B$ 为通信实体,$E_a$ 和 $M$ 是

数据。密码协议 $P$ 具有收方不可否认性,如果对于任意一次 $P$ 的成功的运行实例 $R$ 都有,
- $R$ 之前:$A$ 持有 $M$ 且 $A$ 不持有 $Ea$,$B$ 不持有 $M$。
- $R$ 之后:$B$ 持有 $M$ 且 $A$ 持有 $Ea$。
- 如果 $A$ 持有 $Ea$,那么 $B$ 持有 $M$。

根据上述不可否认性的定义,可以将不可否认协议的定义修改为:

不可否认协议:密码协议 $P$ 是不可否认协议,如果 $P$ 既有发方不可否认性,又有收方不可否认性。

2) 公平性

上述定义中考虑的都是协议成功运行时的性质,这是理想的情况。实际上,协议的通信环境不可能是理想的,实体也可能是不诚实的。一个实用的不可否认协议必须考虑到现实环境中的各种情况。不可否认协议必须具有的一个重要性质就是公平性(fairness)。公平性保证了协议中任何实体都无法欺骗其他实体。

根据公平程度的不同,公平性可分为强公平性和弱公平性。

强公平性:设 $A$ 和 $B$ 为通信实体,$Ea$、$Eb$ 和 $M$ 是数据。不可否认协议 $P$ 是强公平的,如果对于任意一次 $P$ 的运行实例 $R$ 都有,
- $R$ 之前:$A$ 持有 $M$ 且 $A$ 不持有 $Ea$,$B$ 不持有 $Eb$ 和 $M$。
- $R$ 之后:$A$ 持有 $Ea$ 且 $B$ 持有 $M$ 和 $Eb$,或者 $A$ 不持有 $Ea$ 且 $B$ 不持有 $Eb$ 和 $M$。
- 如果 $A$ 持有 $Ea$,那么 $B$ 持有 $M$;如果 $B$ 持有 $Eb$ 和 $M$,那么 $A$ 持有 $M$。

弱公平性:设 $A$ 和 $B$ 为通信实体,$J$ 是仲裁实体,$Ea$、$Wa$、$Eb$、$Wb$ 和 $M$ 是数据。不可否认协议 $P$ 是弱公平的,如果对于任意一次 $P$ 的运行实例 $R$ 都有。
- $R$ 之前:$A$ 持有 $M$ 且 $A$ 不持有 $Ea$ 和 $Wa$,$B$ 不持有 $Eb$、$Wb$ 和 $M$。
- $R$ 之后:
  - $A$ 不持有 $Ea$ 和 $Wa$,$B$ 不持有 $Eb$、$Wb$ 和 $M$;
  - $A$ 持有 $Ea$,$A$ 不持有 $Wa$,$B$ 持有 $M$ 和 $Eb$ 且 $B$ 不持有 $Wb$;
  - $A$ 持有 $Ea$,$A$ 不持有 $Wa$,$B$ 持有 $M$ 和 $Wb$ 且 $B$ 不持有 $Eb$;
  - $A$ 持有 $Wa$,$A$ 不持有 $Ea$,$B$ 持有 $M$ 和 $Eb$ 且 $B$ 不持有 $Wb$。
- 如果 $A$ 持有 $Ea$,那么 $B$ 持有 $M$;如果 $B$ 持有 $Eb$ 和 $M$,那么 $A$ 持有 $M$。
- 如果 $A$ 持有 $Wa$,那么 $B$ 持有 $M$ 和 $Eb$;如果 $B$ 持有 $Wb$,那么 $A$ 持有 $M$ 和 $Ea$。

强公平性比弱公平性的要求更高。强公平性要求:只要数据传输成功,收发双方都应该收集到所需的证据。弱公平性则要求:如果实体没有收到所需的证据,而其他实体收到了所需的证据,那么它能收到证据来证明这个事实。

不可否认协议弱公平性在有的环境是不能满足要求的。例如,发送方发送的信息具有非常高的重要性和机密性,他需要在确定能证明对方收到该消息时才能将信息发送给接收方。

3) 时限性

时限性(timeliness)是实用的不可否认协议应该具有的另一个重要性质。时限性要求协议保证诚实的协议实体在协议的任何阶段都能采取措施在有限时间内结束协议的运行,以免实体在不知道协议是否已结束的情况下需要无限期地维持协议状态以维持协议的公平性。

时限性:$P$ 是一个不可否认协议,$A$ 是 $P$ 中的通信实体(接收方或发送方),$R$ 是 $P$ 的

一次运行实例，$Tr$ 是 $R$ 的开始时间。$P$ 具有时限性，如果对于任意的 $R$ 都有：如果 $A$ 是诚实的，在任何时间 $T$，$A$ 都能在时间 $T+t(t<+\infty)$ 之前结束 $R$，而且 $A$ 在 $T+t$ 获得的公平性级别不低于 $A$ 在 $T$ 获得的公平性级别。

时限性要求协议结束后实现的公平性级别不低于实体开始结束协议时的公平性级别。例如，$A$ 在时间 $T$ 已经获得了强公平性，那么在协议结束后就不能不满足公平性要求，也不能只满足弱公平性要求，而必须满足公平性要求。

### 6.3.5　Zhou-Gollmann 协议

**1. 不可否认协议描述符号**

描述不可否认协议需要使用如下符号。

- $A,B$：不可否认协议信息交互的产生者和接收者。
- $TTP,J$：提供公共网络访问服务的可信第三方和解决争端的仲裁者。
- $A\rightarrow B$：$X$：实体 $A$ 向实体 $B$ 发送信息 $X$。
- $A\leftarrow B$：$X$：实体 $A$ 从实体 $B$ 获取信息 $X$。
- $X,Y$：两个信息 $X$ 和 $Y$ 的连接。
- $eK(X),dK(X)$：用密钥 $K$ 通过对称加密系统将信息 $X$ 加密或解密。
- $sK_A(X)$：用实体 $A$ 的私有密钥对信息 $X$ 进行数字签名。
- $eK_A(X)$：用实体 $A$ 的公开密钥对信息 $X$ 进行加密。
- $dK_A(X)$：用实体 $A$ 的私有密钥对信息 $X$ 进行解密。
- $P_A,S_A$：实体 $A$ 的公共/私有密钥。
- $M,K,C$：$A$ 要发给 $B$ 的信息，用来加密信息的密钥和加密后的密文，即 $C=eK(M)$。
- $L$：标示一次特定协议运行中所有协议消息的唯一标签。
- $f_{XXX}$：表示各种不可否认证据的标志。

**2. Zhou-Gollmann 协议描述**

1996 年，J. Zhou 和 D. Gollmann 在网络安全领域国际顶级会议 SP 上提出了一个著名的不可否认协议，协议提出后得到广泛的讨论和研究。在 Zhou-Gollmann 协议中，发送者将待发送的信息分为两部分：信息的密文和加密密钥，并将密文直接发送给接收者，而将密钥发送给 TTP。然后 TTP 同时向发送者和接收者发送不可否认证据。

Zhou-Gollmann 协议是一个简单高效的不可否认协议。协议中，待发送的信息 $M$ 被分成两个部分：加密密钥 $K$ 和密文 $C$。首先信息产生者 $A$ 将密文 $C$ 发送给接收者 $B$。$B$ 用一个消息 $NRR$ 进行响应。然后 $A$ 将密钥 $K$ 发送给 TTP。TTP 将该密钥发布在自己的公共目录中。$B$ 就能从 TTP 的公共目录中获得密钥 $K$ 并将密文 $C$ 解密，$A$ 也能获得证据 $con\_K$ 并将其保存。

除了假设各实体拥有相应的签名私钥和验证公钥外，协议还有一个基本假设：网络不会永久不可用。所以只要 TTP 发布了密钥 $K$，$B$ 就总能获得它。也就是说，协议假设 TTP 和 $A$、TTP 和 $B$ 之间的通信信道是弹性信道。

Zhou-Gollmann 协议的交互步骤如图 6-16 所示。

协议运行完成后，可能产生的争端有两种：

（1）$B$ 接收了 $A$ 发送的 $M$，但 $A$ 否认发送过 $M$。

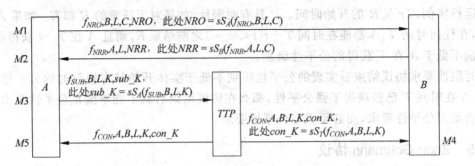

图 6-16　Zhou-Gollmann 协议交互步骤

(2) $A$ 发送了 $M$ 给 $B$，但 $B$ 否认接收过 $M$。

对第一种情况，$B$ 可以将 $M,C,K,L$ 和不可否认证据 $NRO,con\_K$ 提交给仲裁者 $J$，$J$ 通过如下验证判断 $A$ 是否发送过信息 $M$ 给 $B$：

- 验证 $con\_K$ 是 $TTP$ 对 $(f_{CON},A,B,L,K)$ 的签名。
- 验证 $NRO$ 是 $A$ 对 $(f_{NRO},B,L,C)$ 的签名。
- 验证 $M=dK(C)$。

如果以上三次验证都正确，仲裁者 $J$ 就相信 $A$ 发送过信息 $M$ 给 $B$。

如果接收者 $B$ 宣称它没有收到来自 $A$ 的信息 $M$。$A$ 可以将 $M,C,K,L$ 和不可否认证据 $NRR,con\_K$ 提交给仲裁者 $J$。$J$ 通过如下验证判断 $B$ 是否收到 $A$ 发送的信息 $M$：

- 验证 $con\_K$ 是 $TTP$ 对 $(f_{CON},A,B,L,K)$ 的签名。
- 验证 $NRR$ 是 $B$ 对 $(f_{NRR},A,L,C)$ 的签名。
- 验证 $M=dK(C)$。

如果以上三次验证都正确，仲裁者 $J$ 就相信 $B$ 收到了 $A$ 发送的信息 $M$。

Zhou-Gollmann 协议的优点有：

(1) 协议交互步骤少，只有 5 个交互步骤。

(2) 协议假设少且协议的假设基本符合现实网络应用环境，因此较实用。

(3) 协议对 $TTP$ 的依赖小，$TTP$ 在协议中起的是验证中心的作用，而不是作为传递代理使用。

**3. 对 Zhou-Gollmann 协议的改进**

Zhou-Gollmann 协议不具有时限性，这是它的致命缺陷。Zhou-Gollmann 协议对接收者是不公平的。在协议步骤 M2 执行完后，如果 $A$ 不向 $TTP$ 提交密钥 $K$ 而停止协议的执行，$A$ 和 $B$ 都应该能安全地删除已收到的部分证据。但事实是 $B$ 必须保存它从 $A$ 收到的 $NRO$。如果 $B$ 删除了 $NRO$，$A$ 可以在以后向 $TTP$ 发送 $sub\_K$，$TTP$ 照样会发布证据 $con\_K$。那么 $A$ 就能获得所有的证据证明 $B$ 收到了信息 $M$，但 $B$ 却因已经将 $C$ 删除而无法复原 $M$。

因而，该协议让 $A$ 处于更有利的位置，是不公平的。造成这种情况的原因在于该协议没有时限性：即使 $B$ 是诚实的，协议也不能在有限的时间内结束。

1) J. Zhou 和 D. Gollmann 的改进

对于这个缺陷，J. Zhou 和 D. Gollmann 提出了一种在协议消息中增加时间限制信息的改进办法。改进后的协议（变体1）交互步骤如图 6-17 所示。

$T$ 是 $A$ 和 $B$ 能获得 $K$ 和 $con\_K$ 的最终期限，$TTP$ 将在期限 $T$ 过后将 $con\_K$ 从公共目

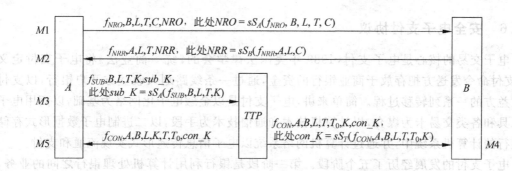

图 6-17 Zhou-Gollmann 协议变体 1 的交互步骤

录中删除。$T_0$ 是 TTP 发布 con_K 的时间。如果 $B$ 不同意 $A$ 规定的期限 $T$,它可以在步骤 M2 就停止协议的执行。另外该改进使得协议不但能确定事件是否发生,还能确定事件发生的时间($B$ 在 $T$ 到 $T_0$ 之间收到了信息 $M$),这在有的应用中也是很重要的。

2) K. Kim 等人的改进

K. Kim 等人指出 J. Zhou 和 D. Gollmann 改进后的协议仍然存在原协议同样的问题。如果 $A$ 在期限 $T$ 快到时将 sub_K 发送给 TTP,那么 TTP 就会在刚将 con_K 发布到目录后不久就将其删除。这样,$B$ 就必须在时间 $T$ 附近不断监视 TTP 的公共目录。而 $A$ 可以在这时候干扰网络或 $B$ 的计算机系统,防止 $B$ 接收 con_K。

为此,他们提出了一个更为彻底的改进。改进后的协议(变体 2)步骤如图 6-18 所示。

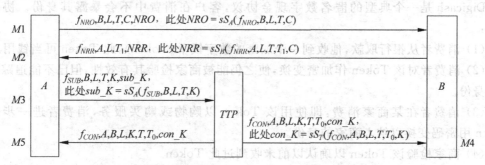

图 6-18 Zhou-Gollmann 协议变体 2 的交互步骤

$T$ 和 $T_0$ 的作用与它们在 Zhou-Gollmann 的改进中的相同。$T_1$ 是由 $B$ 规定的 $A$ 必须将 $K$ 发送给 TTP 的最迟时间。只要 $T_1$ 和 $T$ 之间的时间足够长,$B$ 就能在自己方便时($T_1$ 到 $T$ 之间)从 TTP 的公共目录获得 con_K。下面以两种争端中的一种为例说明该改进中争端解决的过程。当 $B$ 否认收到 $A$ 发送的信息 $M$ 时,$A$ 可以向仲裁者 $J$ 提交 $M$,$C$,$K$,$L$,$T$,$T_1$,$T_0$ 和证据 $NRR$,con_K。$J$ 进行以下验证确定 $B$ 是否收到了 $M$:

- 验证 con_K 是 TTP 对 ($f_{CON}$,$A$,$B$,$L$,$T$,$T_0$,$K$) 的签名;
- 验证 $NRR$ 是 $B$ 对 ($f_{NRR}$,$A$,$L$,$T$,$T_1$,$C$) 的签名;
- 验证 $T_0 < T_1 < T$;
- 验证 $M = dK(C)$。

K. Kim 等人的改进协议能解决 Zhou-Gollmann 协议的问题,使 $A$ 和 $B$ 处于平等的位置。

## 6.3.6 安全电子支付协议

电子交易的核心是电子支付,1989 年美国法律学会的《统一商业法》将电子支付定义为,支付命令发送方把存放于商业银行的资金,通过一条线路划入收益方开户银行,以支付给收益方的一系列转移过程。简单来讲,电子支付是以金融电子化网络为基础,以商用电子化机具和各类交易卡为媒介,以计算机技术和通信技术为手段,以二进制电子数据形式存储在银行的计算机系统中,并通过计算机网络系统以电子信息传递形式实现流通和支付。

电子支付的发展经历了五个阶段。第一阶段是银行利用计算机处理银行之间的业务,办理结算;第二阶段是银行计算机与其他机构计算机之间资金的结算;第三阶段是利用网络终端向客户提供各项银行服务;第四阶段是利用银行销售点终端(POS)向客户提供自动的扣款服务;第五阶段是网上支付阶段,电子支付可随时随地通过互联网络进行直接转账结算,形成电子商务环境。

针对电子商务环境,CommerceOne 提出了互联网开放式贸易协议(Internet open trading protocol,IOTP),用于为电子商务提供互操作性框架。目前该框架已经得到了包括 Hewlett Packard、IBM、JCP、国际万事达信用卡、综合智能卡、Sun 微系统以及 Wells Fargo 银行等大公司和权威机构的支持。IOTP 可支持多种电子支付协议,诸如 DigiCash、Netbill 和 SET(secure electronic transaction)等。

### 1. Digicash——匿名数字现金协议

Digicash 是一个典型的匿名数字现金协议,客户在消费中不会暴露其身份。协议步骤为:

(1) 消费者从银行取款,他收到一个加密的数字钱币(Token),此 Token 可当钱用。

(2) 消费者对该 Token 作加密变换,使之仍能被商家检验其有效性,但已不能追踪消费者的身份。

(3) 消费者在某商家消费,即使用该 Token 以购物或购买服务,消费者进一步对该 Token 用密码变换以纳入商家的身份。

(4) 商家检验该 Token 以确认以前未收到过此 Token。

(5) 商家给消费者发货。

(6) 商家将该电子 Token 送银行。

(7) 银行检验该 Token 的唯一性。至此消费者身份仍保密。若银行查出该 Token 被消费者重复使用,则消费者身份会暴露,消费者欺诈行为也被揭露。

### 2. Netbill——电子支票支付协议

Netbill 是一个典型的电子支票支付协议,由卡内基·梅隆大学 J. D. Tygar 教授牵头开发,并已获得 CyberCash 的商业许可。协议步骤为:

(1) 客户向商家查询某商品价格。

(2) 商家向该客户报价。

(3) 客户告知商家他接受该报价。

(4) 商家将所请求的信息商品用密钥 $K$ 加密后发送给客户。

(5) 客户准备一份电子采购订单(electronic purchase order,EPO),即三元组<价格、加密商品的密码单据、超时值>的数字签名值,客户将该已数字签名的 EPO 发送给商家。

(6) 商家会签该 EPO，商家也签上 K 的值，然后将此两者送给 Netbill 服务器。

(7) Netbill 服务器验证 EPO 签名和会签；检查客户的账号，保证有足够的资金以便批准该交易，同时检查 EPO 上的超时值看是否过期；确认没有问题时，Netbill 服务器即从客户的账号上将相当于商品价格的资金划往商家的账号，并存储密钥 K 和加密商品的密码单据；然后准备一份包含值 K 的签名收据发给商家。

(8) 商家记下该收据单传给客户，然后客户将(4)中收到的加密信息商品解密。Netbill 协议就这样传送信息商品的加密复件，并在 Netbill 服务器契据中记下解密密钥。

**3. SET——信用卡为基础的安全电子支付协议**

SET 由美国 Visa 和 MasterCard 两大信用卡组织会同一些计算机供应商共同开发，于 1997 年 5 月 31 日正式推出 1.0 版。它是一种应用于因特网环境下，以信用卡为基础的安全电子支付协议，给出了一套电子交易的过程规范，主要应用于 B2C 模式中保障支付信息的安全性。SET 通过采用双重签名技术对交易过程中消费者的支付信息和订单信息分别签名，保证客户交易信息的保密性和完整性；借助不可否认机制确保了商家和客户交易行为的不可否认性；实施数字证书验证确保了商家与客户的合法性。交易流程为：

(1) 客户就商品与商家磋商，然后发出请求购买信息。

(2) 商家要求客户用电子钱包付款。

(3) 电子钱包提示客户输入口令后与商家交换握手信息，确认商家和客户两端均合法。

(4) 客户的电子钱包形成一个包含订购信息与支付指令的报文发送给商家。

(5) 商家将含有客户支付指令的信息发送给支付网关。

(6) 支付网关在确认客户信用卡信息之后，向商家发送一个授权响应的报文。

(7) 商家向客户的电子钱包发送一个确认信息。

(8) 将款项从客户账号转到商家账号，然后向顾客送货，交易结束。

## 案例 2　超市上演"无间道"——舞弊导致电子数据不真实

**【资料】**

上海乐购连锁超市开业以来生意十分兴隆，但从 2005 年 3 月份开始，经营者突然发现很多反常的情况，经常有货物不翼而飞。通过盘点发现，不仅仅是在上海金山区的一家超市，在其他的几家连锁店都存在着库存急剧减少的情况。

在检查了超市的收银系统后，警方发现了一个被称为"漏斗"的软件。这个软件就像漏斗一样，可以自动将货款分流。就是有了这样一个安装在电脑系统中的神秘软件，超市每天的一部分营业额就"蒸发"了。警方迅速锁定了监控方向，那就是可以接触到计算机的收银员和资讯员。2006 年初，犯罪嫌疑人超市收银员韩诗晨落网。

据韩诗晨交代，每天下班以前他在键盘上按几个键，就可以提出营业额的 20%。但是 20% 的营业款并不是全部进了自己的腰包，他们只能提取其中的一部分，剩下的则要上交给一些神秘的人。在超市里他不是第一个也不是唯一这样做的人。经过周密部署，这个犯罪团伙中的 43 名犯罪嫌疑人相继落网。团伙的核心人物方元曾经担任过超市的资讯组长，是"漏斗"程序的设计者。二号人物陈炜嘉曾经是超市的驾驶员，负责招收可靠的收银员。三号人物于琪曾任超市的资讯组长，负责秘密安装"漏斗"程序。

除了以上的 3 个主要领导者，其他的 40 名成员也全部都是超市的资讯员和收银员，就是他们联手编织了一张贪婪之网。在2004年5月到2005年8月间,将超市近400万元据为己有。

## 一、IT高手与"内鬼"合作

2001年5月,方元被上海乐购超市真北店录用为资讯员,负责维护超市收银机程序的正常运转。2002年6月的一天,方元闲得无聊,就对收银机里的数据进行修改。后来,他惊讶地发现,当天营业结束时显示的营业额竟等同于他修改后的金额。于是,他便设计了一个专门修改收银系统数据的程序。

为了贪小便宜,方元想了个办法:先让面包和饮料经过正常的收银过程,再利用程序将面包和饮料的收银记录删除。这样一来,他占有了面包和饮料,而超市实际上并没收到货款。

一次闲谈中,方元对同事陈炜嘉偶然说起了超市收银程序存在的缺陷。言者无意,听者有心。陈炜嘉劝说他利用收银程序去截留超市的营业款。此时的方元已经辞职。陈炜嘉告诉他,超市内定货物允许有千分之五的损耗率,肯定不会出事。两人决定一起实施这个计划。不过,要将超市款项顺利截留必须里应外合。方元找到了自己原先在真北店超市资讯组的同事王荣和向君傲。

## 二、"地下培训班"授技收银员

方元很快就把程序设计好了。这个被称为"漏斗"的软件之"神奇"在于:当它正式在收银系统内运行后,只要收银员按照特定的指令进行操作,程序就可以删除当天该收银台营业款的20%左右。这样,安插在超市内的收银员就可将这些营业款顺利拿出。

过了程序设计这一关,日后的分赃问题也摆上了议事日程。"陈炜嘉说他拿截留款的1/3,收银员风险大且比较辛苦,也拿1/3,另1/3归资讯员。"方元在庭上交代了具体的分赃方案。

方元说,因为他和陈怕那些见钱眼开的"卧底收银员"报"假账",陈炜嘉还让他设计了一个数据反馈程序。这样一来,所有截留款项的流向,便全在他们的掌控之中了。

从那以后,方元家便成了"卧底收银员"们的培训基地。为了提高"听课"效果,方元专门搬来一台收银机现场演示,而陈炜嘉还特意写下了操作中的注意事项。

非法程序的运行效果让方元和陈炜嘉很满意。据指控,2004年6月到2005年4月6日期间,王荣和向君傲共同在乐购超市真北店的收银系统内植入非法程序,使"卧底"收银员顺利截留真北店营业款654 724.90元。

不过,频繁的非法截留行为,也让王荣和向君傲承受了巨大的心理压力。

2005年4月和5月,两人先后辞职。"我心里很害怕,考虑到要结婚了,我想图个太平。"向君傲这样解释他坚持要辞职的原因。

虽然有人退出了,可犯罪队伍还在不断壮大。2005年初,得知原同事于琪在上海乐购超市金山店担任资讯组长。方元便找他密谈,商讨联手截留超市营业款之事,两人一拍即合。

屡屡得手让方元、于琪等人更加肆无忌惮。2005年5、6月间,于琪又先后发展被告人朱永春、陈翔、武侃佳加入这个团伙,分别负责上海乐购超市金山店、真北店、七宝店有关资讯方面的犯罪行为。

"我们是超市的卧底。"于琪在案发后接受采访时说。

不法分子的猖獗导致超市的损失居高不下。2005年9月初,乐购超市金山店的工作人员在账面盘点时发现,货品缺损率大大超过了业内正常的物损比例,价值上百万元。更离奇的是,超市行窃者一般将目标放在那些体积小、价值高的物品上,很少光顾油盐酱醋等生活用品,可油盐酱醋等日常用品的销售与实收货款差别很大,怀疑公司内部有人在暗中做手脚,但经过内部调查却没有发现任何破绽。

9月7日,上海乐购超市金山店向上海市公安局金山分局报了案。随后,在上海乐购超市七宝店和真北店,也发现了类似情况。金山公安分局接报后高度重视,成立了专案组调查此案,初步判断这是一起由公司内部人员有组织地实施的监守自盗案件。经过深入调查后发现,乐购超市缺损的货物门类繁多,通常行窃者不太光顾的衣服鞋帽油盐酱醋等低价值日常用品也出现大量短缺,而根据以往的案例,超市内的盗窃行为往往是针对那些便于携带且价值较高的化妆品等相对贵重物品。同时,警方在查看监控录像和检查防盗系统后也没有发现有大宗货物被窃的迹象。因此,警方把主要目标锁定到收银环节上,而嫌疑最大的当然是最易在收银系统上做手脚且负责管理、维修收银系统的资讯人员。经过进一步调查后,金山警方对金山乐购超市资讯组组长朱某进行传唤,决定从朱某的身上打开突破口。朱某一开始装作一无所知,企图蒙混过关,但在警方根据证据指出其修改电脑程序的作案手段后,朱某的侥幸心理被彻底击溃,一件由隐藏在乐购超市内部的犯罪团伙实施的特大职务侵占案件浮出了水面。

警方的深入调查终于揭开了货物集体"蒸发"的谜团:原来,侦查人员发现超市原有的收银系统被装入了一个攻击性的补丁程序,只要收银员输入口令、密码,这个程序就会自动运行,删除该营业员当日20%左右的销售记录后,再将数据传送至财务部门。这样一来,财务部门便只能按实际营业款的80%左右向收银员收取营业款,而另20%左右的营业款就被不法分子侵吞。

法院经审理查明:2004年6月至2005年8月期间,被告人方元为了获得巨额利益,先后组织被告人于琪、陈炜嘉、赵一青、陈琦、施雯君等骨干成员,指使乐购真北店、金山店、七宝店部分资讯员、收银员,利用资讯员、收银员的职务便利,共同实施侵吞乐购超市营业款的活动,逐步形成了以被告人方元为首的截留营业款的组织。被告人方元负责设计具有自动删减约10%~20%的营业额数据的非法程序,并根据收银员的增减或者超市收银系统版本的升级随时更新非法程序;被告人王荣、向君傲、于琪、朱永春、陈翔、武侃佳等主要成员,利用担任乐购超市资讯组长或资讯员的职务便利,将该非法程序植入乐购真北店、金山店、七宝店收银系统,并根据方元的指令不断更新;被告人陈炜嘉、赵一青、陈琦、施雯君等骨干成员则从社会上物色人员,通过应聘安插到乐购真北店、金山店、七宝店收银员岗位,或者直接从现职收银员中物色对象,然后进行截留营业款的操作方法和注意事项的技能传授,再由收银员按照传授所掌握的技能截留营业款。通过上述手法,先后在乐购真北店、金山店、七宝店实施截留行为,侵吞乐购真北店营业款人民币2 120 102元,金山店营业款人民币1 482 203.60元,七宝店营业款人民币374 252.40元,合计人民币3 976 558元。上述截留款由收银员逐级上交到被告人方元、于琪、陈炜嘉、赵一青、陈琦、施雯君等人手中后,由组织成员按比例分成,各得截留款数千元至数十万元不等。

【思考题】

1. 实地调查一家企业,分析信息系统存在的问题,并为此讨论信息系统真实性审计的必要性。

2. 2010年，一些消费者反映自己的手机在关机后莫名其妙被扣GPRS流量费，通话时长被不规则分割计费，计费数据被随便删改。面对质疑，移动公司给出的解释是"计费系统出错"。中国移动相关负责人坦承，尽管拥有先进成熟的计费系统，但是中国移动承担为超过5.5亿户的客户提供准确计费服务的职责，深感压力和责任巨大。他表示，来自社会的批评和监督是推动企业改进服务的动力，真诚欢迎政府部门、行业协会、新闻媒体、广大客户及社会独立第三方机构等对中国移动的计费等客户服务工作进行检查、监督，中国移动会认真听取来自各方的意见和建议，切实改进工作，为客户提供满意服务。你如何看待移动的"计费门"事件？

# 第三篇　安全性审计

　　9·11事件发生后,随着世贸大厦的轰然倒塌,同样置身于世贸大厦的德意志银行和纽约银行却境况完全不同,德意志银行因为在异地建立了数据灾备中心,第二天就逐步开始恢复业务,而纽约银行却因数据的丢失在数月后被迫破产清盘。据IDC的统计数据表明,美国在2000年以前的10年间发生过灾难的公司中,有55%当时倒闭,剩下的45%中,因为数据丢失,有29%也在两年之内倒闭,生存下来的仅占16%。信息安全问题直接关系到企业的生存与发展已经成为共识,加强企业信息系统的安全性审计职能是企业健康可持续发展的重要保障。

# 第7章 安全性审计概述

## 7.1 安全性审计概念

### 7.1.1 安全性审计的含义

信息技术对企业发展的作用是一把双刃剑,既可以给企业创造巨大的价值,也可以给企业造成潜在的巨大风险。安全性审计的主要目标就是审查企业信息系统和电子数据的安全隐患。这种安全危害可能来自企业外部,如黑客攻击、数据外泄、系统瘫痪等;也可能来自企业内部,如舞弊、系统中断、非法更改、不恰当的访问等。这些安全隐患可能中断企业的正常经营活动,丢失宝贵的信息资产,泄露企业的商业机密等,因此,当企业管理当局权衡信息系统所带来的潜在风险时,他们需要通过中介机构对安全性做出检查和评价。审计师为投资者、债权人、经营者提供财务风险鉴证是远远不够的,他们还需要对企业的信息系统和信息资产安全提供鉴证。

此外财务审计也需要对信息系统的安全状况做出评价,为正确判断财务信息的真实性、可靠性提供依据。我们很难想象一个在安全方面存在严重问题和缺陷的信息系统,它提供的数据会真实可靠。因此,信息系统的安全性审计也是真实性审计的前提。

具体而言,安全性审计的目标是信息系统和电子数据的安全性、保密性、可靠性、可用性。

### 7.1.2 安全性审计的内容

安全性审计主要包括数据安全、操作系统安全、数据库系统安全、网络安全、设备安全、环境安全等方面。

操作系统介于硬件和其他软件之间,是所有软件运行的基础,因此操作系统的安全性决定了整个软件系统的安全状况;而环境安全、设备安全属于硬件安全。

数据库系统是管理信息系统最重要的支撑软件,数据库系统是否安全直接影响企业数据(特别是财务数据)的真实性和安全性。长期积累下来的数据是企业最宝贵的数字资源,它们反映了企业的经营状况和财务状况,同时也为决策提供依据,甚至也隐藏着企业的许多商业秘密,这些宝贵的数据不能被恶意篡改,不能未经授权的访问,必须始终处于安全状态,这是安全性审计的根本目的。

企业通过电子商务平台建立了采购网络和销售网络,可是信息系统受到的威胁也大量来自互联网,如黑客攻击、木马钓鱼、病毒传播等,给企业运作造成极大的影响,甚至威胁到企业的生存,如何抵御外部攻击,网络安全至关重要。

### 7.1.3 调查了解系统情况

审计人员为了解系统安全的基本情况,必须做好两项工作,一是设计调查问卷,二是确定调查对象。

调查问卷的主体是问题,一般而言,问题分为开放式和封闭式两种。开放式问题就是调查者不提供任何可供选择的答案,由被调查者自由答题,这类问题能自然地充分反映调查对象的观点、态度,因而所获得的材料比较丰富、生动,但统计和处理所获得信息的难度较大。开放式问题又分为填空式和回答式。

封闭式问题的后面同时提供调查者设计的几种不同答案,这些答案既可能相互排斥,也可能彼此共存,让被调查对象根据自己的实际情况在答案中选择。它是一种快速有效的调查问卷,便于统计分析,但提供选择答案本身限制了问题回答的范围和方式,这类问卷所获得的信息的价值很大程度上取决于问卷设计自身的科学性、全面性程度。封闭式问题又可分为是否式、选择式、评判式。

是否式问题就是把问题的可能性答案列出两种相矛盾的情况,请被调查人从中选择其一:"是"或"否"、"同意"或"不同意"。

选择式问题就是在每个问题后列出多个答案,请被调查人从答案中选择自己认为最合适的一个或几个答案并作上记号。

评判式问题就是在问题后面列有许多个答案,请被调查人依据其重要性评判等级,又称为排列式,是数字表示排列的顺序。

信息系统审计的问卷设计大部分采用封闭式问题,这样便于统计分析。

其次,审计人员应认真确定被调查的对象,一般而言,安全性审计的对象主要包括:

(1) 组织的领导、信息化主管领导、信息部门领导。
(2) 物理安全主管及资产管理、机房值守、机房维护人员。
(3) 运行维护主管及网络管理、系统管理、数据库管理、应用软件维护、硬件维护、文档介质管理人员。
(4) 信息安全主管及安全管理、审计管理人员。
(5) 系统建设主管及建设管理、软件开发、系统集成人员。
(6) 外包服务方主管及外包方运行、维护人员。
(7) 业务部门主管,以及应用管理、业务应用、业务操作人员。
(8) 人事部门主管,以及人事管理、应用培训人员等。

### 7.1.4 检查验证安全状况

审计人员需要进行一系列的符合性检查,检查的主要内容包括:
(1) 信息安全方针、政策、计划、规程、系统要求文档。
(2) 系统设计和接口规格文档。
(3) 系统操作、使用、管理及各类日志管理的相关规定。
(4) 备份操作、安全应急及复审和意外防范计划演练的相关文档。

(5) 安全配置设定的有关文档。
(6) 技术手册和用户/管理员指南。
(7) 其他需要进行符合性检查的内容。

同时，审计师不但要检查企业的安全管理制度是否健全，还要验证其有效性，具体包括：
(1) 针对访问控制策略、制度，采用验证工具进行功能性验证。
(2) 针对标识与鉴别和审计机制的功能检验。
(3) 针对安全配置设定的功能检验。
(4) 针对物理访问控制的功能检验。
(5) 针对信息系统备份操作的功能检验。
(6) 针对事件响应和意外防范规划能力的检验。

### 7.1.5 安全性审计的方法

审计人员应当根据审计的具体需要，设计检查分析表，检查分析表的结构要清晰，问题要明确，要涵盖所有的审计事项的详细情况见表7-1～表7-8。

表7-1 系统环境安全管理控制调查表

| 控 制 措 施 | 是 | 否 | 不适用 | 评价 |
| --- | --- | --- | --- | --- |
| 1. 环境安全的控制 | | | | |
| (1) 是否远离人造和自然灾害的多发区？ | | | | |
| (2) 是否有良好的供电和稳压系统？ | | | | |
| (3) 备份文件是否远离系统存放？ | | | | |
| 2. 系统安全管理控制 | | | | |
| (1) 是否只有经过授权批准的人员才能接触系统和操作系统？ | | | | |
| (2) 维修人员与用户工作人员是否权限分明？ | | | | |
| (3) 检查系统日志开启是否正常，审计线索有否中断和篡改？ | | | | |
| 3. 灾难恢复计划 | | | | |
| (1) 是否建立后备的第二工作场所？ | | | | |
| (2) 是否建立灾难恢复队伍？ | | | | |
| (3) 灾难发生时确定系统恢复的重要部分？ | | | | |
| 调查结果： | | | | |
| 审计人员： 审计日期： 复核人员： 复核日期： | | | | |

表7-2 系统运行管理控制调查表

| 控 制 措 施 | 是 | 否 | 不适用 | 评价 |
| --- | --- | --- | --- | --- |
| 1. 系统日常操作管理 | | | | |
| (1) 是否制定了信息系统的上机守则？ | | | | |
| (2) 操作人员是否经过培训？ | | | | |
| (3) 对不同的操作岗位是否定期进行轮换？ | | | | |
| (4) 是否定期检查信息系统的运行和性能并向管理部门汇报？ | | | | |
| (5) 是否配有专门的系统维护技术人员？ | | | | |
| 2. 系统文档管理 | | | | |
| (1) 信息系统日常运行所需的文档是否齐全？ | | | | |

续表

| 控 制 措 施 | 是 | 否 | 不适用 | 评价 |
|---|---|---|---|---|
| (2) 人员调离岗位时是否及时收回其拥有的文档? | | | | |
| (3) 信息系统中重要的技术和业务文档是否由专人保管? | | | | |
| (4) 信息系统中重要的文档是否需要通过权限才能阅读? | | | | |
| (5) 是否对信息系统中重要的文档进行了备份? | | | | |
| 3. 系统硬件和软件管理 | | | | |
| (1) 添置和更换硬件设备时是否说明新设备的扩展性和与原有设备的兼容性? | | | | |
| (2) 是否记录了硬件的升级或更新日志? | | | | |
| (3) 是否记录了计算机软件的升级或更新日志? | | | | |
| (4) 信息系统中重要的软件及其文档资料是否由专人保管? | | | | |
| 4. 信息系统日志管理 | | | | |
| (1) 是否每天都记录了系统的运行日志? | | | | |
| (2) 是否记录了出现故障的情况和相应的维修日志? | | | | |
| (3) 系统是否记录了操作人员的操作日志和程序的运行日志? | | | | |
| 调查结果: | | | | |

审计人员:　　　　审计日期:　　　　复核人员:　　　　复核日期:

表 7-3　数据资源管理控制调查表

| 控 制 措 施 | 是 | 否 | 不适用 | 评价 |
|---|---|---|---|---|
| 1. 备份控制 | | | | |
| (1) 对系统的软件和数据文件是否有备份制度? | | | | |
| (2) 比较重要的业务处理过程(如月末、年末结转等)是否也进行备份? | | | | |
| (3) 关键的信息是否有应急备份制度? | | | | |
| 2. 访问控制 | | | | |
| (1) 信息系统内是否建立了严格控制措施? | | | | |
| (2) 是否能有效地防止无关人员使用系统和越权操作? | | | | |
| (3) 是否存在人员权限设定的控制制度? | | | | |
| (4) 是否存在建立操作日志的相关制度? | | | | |
| (5) 访问时是否要求进行身份验证? | | | | |
| 调查结果: | | | | |

审计人员:　　　　审计日期:　　　　复核人员:　　　　复核日期:

表 7-4　安全防范措施调查表

| 调 查 内 容 | 是 | 否 | 不适用 | 评价 |
|---|---|---|---|---|
| 1. 硬件接触控制 | | | | |
| (1) 是否制定了人员出入机房的制度? | | | | |
| (2) 机房管理制度的制定是否合理、健全? | | | | |
| (3) 是否严格执行机房管理制度? | | | | |
| (4) 机房和数据存放地是否设置了安全的接触控制措施(如门禁制度、监视录像等)? | | | | |
| (5) 人员出入机房和数据存放地时是否进行登记? | | | | |
| (6) 是否严格采用了物理锁,如常规的钥匙、电子通道证章锁、加密锁、组合锁或生物锁等? | | | | |

续表

| 调 查 内 容 | 是 | 否 | 不适用 | 评价 |
|---|---|---|---|---|
| (7) 是否在重要区域的入口处安排了安全警卫或安装了视频监控设备和报警系统等监视装置,安全警卫是否可靠安全? | | | | |
| (8) 重要的设备是否使用了电磁屏蔽,防止重要数据通过电磁辐射泄漏? | | | | |
| (9) 重要数据的备份是否由专人负责存放? | | | | |
| (10) 生产机或存放重要数据的计算机设备是否安全存放? | | | | |
| 2. 预防灾害措施 | | | | |
| (1) 是否有适当的防火设备和措施来防范火灾对机房和设备的毁坏? | | | | |
| (2) 是否有适当的防水设备和措施来防范水灾对机房和设备的毁坏? | | | | |
| (3) 是否有适当的防电源变化的措施? | | | | |
| (4) 是否有适当的防潮防尘设备和措施? | | | | |
| (5) 是否有适当的防雷设备和措施来防范雷电对机房和设备的毁坏? | | | | |
| (6) 是否制定了"硬件灾难的补救计划",即一旦硬件被毁损应立即采取的措施及恢复系统的步骤和方法? | | | | |
| (7) 是否建立了保险制度来减少由于意外事件造成的损失? | | | | |
| 3. 网络物理环境安全 | | | | |
| (1) 电线和网线是否老化或裸露? | | | | |
| (2) 网络是否采取了安全隔离措施? | | | | |
| (3) 是否采用了网络冗余措施? | | | | |
| 调查结果: | | | | |
| 审计人员:　　　　审计日期:　　　　复核人员:　　　　复核日期: | | | | |

表 7-5　物理环境设备调查表

| 调 查 内 容 | 是 | 否 | 不适用 | 评价 |
|---|---|---|---|---|
| 1. 支持方式 | | | | |
| (1) 供水和供电是否能保证信息系统的正常运行? | | | | |
| (2) 办公建筑是否能满足被审计单位的需求? | | | | |
| (3) 办公建筑是否配备了空气调节和湿度控制等相应的设备? | | | | |
| (4) 办公环境是否具有机房电力设备? | | | | |
| 2. 硬件设备 | | | | |
| (1) 硬件设备的购买是否合法,生产厂商是否可靠? | | | | |
| (2) 计算机和外围设备的选型是否合理? | | | | |
| (3) 是否定期检查、测试硬件的可靠性? | | | | |
| (4) 是否记录硬件的升级或更新日志等? | | | | |
| (5) 添置和更换硬件设备时是否说明新设备的扩展性和与原有设备的兼容性? | | | | |
| 3. 网络物理环境 | | | | |
| (1) 网络硬件设备(如路由器、硬件防火墙、交换机等)的选型是否合理? | | | | |
| (2) 网络通信的速度和带宽、服务器的种类和型号、路由器的速度和端口数目、文件存储系统容量如何? | | | | |
| (3) 网络的拓扑结构和网络的布线是否合理? | | | | |
| (4) 网络中各个节点的级别分配是否合理? | | | | |
| (5) 网络中心机房的构建以及网络设备是否进行定期升级和维护? | | | | |
| 调查结果: | | | | |
| 审计人员:　　　　审计日期:　　　　复核人员:　　　　复核日期: | | | | |

表 7-6　操作系统安全分析表

| 调 查 内 容 | 是 | 否 | 不适用 | 评价 |
|---|---|---|---|---|
| 1. 操作系统软件<br>(1) 操作系统是否符合整个信息系统的软件环境的需求？拥有的用户群数为多少？<br>(2) 操作系统是否设置了密码？屏幕保护时是否设置了密码？外围设备的驱动程序是否正常运行？<br>2. 数据库管理系统<br>(1) 被审计单位所采用的数据库管理系统的类型是什么？<br>(2) 数据库是否采取了安全措施？<br>(3) 数据库是否能对并发操作进行控制？<br>(4) 数据库是否进行备份，备份是否安全可靠？<br>(5) 数据库是否采取了访问控制？<br>(6) 数据库是否采取了保密控制？<br>(7) 数据资源的存储环境是否恒温，是否能够防潮、防霉和防止强磁场干扰？<br>(8) 是否定期检查并记录存放数据的介质是否存在故障？ | | | | |
| 调查结果： | | | | |

审计人员：　　　　审计日期：　　　　复核人员：　　　　复核日期：

表 7-7　网络软件基本情况调查表

| 调 查 内 容 | 是 | 否 | 不适用 | 评价 |
|---|---|---|---|---|
| 1. 网络配置<br>(1) 路由信息是否易被泄漏？<br>(2) 交换机和路由器设备配置是否合理？<br>(3) 服务器以及移动设备在管理使用上是否存在安全漏洞？<br>2. 网络协议和协议软件<br>(1) 是否存在未经授权非法访问业务网络和业务调度系统？<br>(2) 是否存在系统被监听的情况，用户的口令密码和通信密码是否易被窃取？<br>(3) 是否对网络的安全漏洞进行探测扫描？<br>(4) 是否对通信线路和网络设备实施拒绝服务攻击，防止线路拥塞和系统瘫痪？<br>3. 网络通信软件<br>(1) 是否对敏感的数据采用加密通信或数字签名？<br>(2) 是否在通信的数据中插入校验码？<br>(3) 是否在数据通信过程中使用确认应答与超时重传机制？ | | | | |
| 调查结果： | | | | |

审计人员：　　　　审计日期：　　　　复核人员：　　　　复核日期：

表 7-8　系统安全基本情况调查表

| 调查内容 | 是 | 否 | 不适用 | 评价 |
|---|---|---|---|---|
| 1．入侵检测系统<br>(1) 入侵检测系统是否能满足信息系统网络环境安全的需求？<br>(2) 入侵检测系统与防火墙/路由器间的通信是否安全？<br>(3) 入侵检测系统中是否包含用于生成日常事件日志的工具和自动响应机制？<br>(4) 入侵检测系统是否能提供适当的安全保证？<br>2．病毒和其他恶意代码<br>(1) 各个终端用户是否采取了防病毒策略？<br>(2) 系统中是否存在未授权的软件？<br>(3) 防病毒软件厂商是否安全可靠？<br>(4) 防病毒软件是否能提供信息系统所需的安全保证？<br>3．防火墙技术<br>(1) 防火墙是否能根据网络变化提供新的配置服务？<br>(2) 是否能对数据包过滤进行检查？<br>(3) 是否具有系统的分离特性？<br>(4) 防火墙本身是否自带了审计工具？<br>(5) 是否具有弱点探测的能力？<br>(6) 是否具有报警与报告的能力？ | | | | |
| 调查结果： | | | | |

审计人员：　　　　审计日期：　　　　复核人员：　　　　复核日期：

## 7.2　系统安全标准

### 7.2.1　可信计算机系统评价准则

美国国防部的可信计算机系统评价准则（Trusted Computer System Evaluation Criteria，TCSEC）是计算机系统安全评估的第一个正式标准，具有划时代的意义。该准则于1970年由美国国防科学委员会提出，并于1985年12月由美国国防部公布。TCSEC将安全分为4个要素：安全策略、责任、保证和文档。每个安全要素又细分为若干项，具体内容如下。

**1．安全策略（Security Policy）**

(1) 自主存取控制（Discretionary Access Control，DAC）。

(2) 客体重用（Object Reuse）。

(3) 标记（Labels）。

① 标记完整性（Label Integrity）。

② 标记信息的扩散（Labeled Information Exploration）。

③ 主体敏感度标记（Subject Sensitivity Labels）。

④ 设备标记（Device Labels）。

(4) 强制存取控制（Mandatory Access Control，MAC）。

**2．责任（Accountability）**

(1) 标识与鉴别（Identification & Authentication）。

(2) 审计(Audit)。

**3. 保证(Assurance)**

(1) 操作保证(Operational Assurance)。

① 系统体系结构(System Architecture)。

② 系统完整性(System Integrity)。

③ 隐蔽信道分析(Covert Channel Analysis)。

④ 可信设施管理(Trusted Facility Management)。

⑤ 可信恢复(Trusted Recovery)。

(2) 生命周期保证(Life Cycle Assurance)。

① 安全测试(Security Testing)。

② 设计规范和验证(Design Specification & Verification)。

③ 配置管理(Configuration Management)。

④ 可信分配(Trusted Distribution)。

**4. 文档(Documentation)**

(1) 安全特性用户指南(Security Features User's Guide)。

(2) 可信设施手册(Trusted Facility Manual)。

(3) 测试文档(Test Documentation)。

(4) 设计文档(Design Documentation)。

TCSEC 根据这四个安全要素将计算机系统分为四类七个等级,按可信程度从最低到最高依次是 D、C1、C2、B1、B2、B3、A1,见表 7-9,具体内容如下:

D 级:是最低级别,无须任何安全措施。保留 D 级的目的是将一切不符合更高标准的系统,统统归于 D 组。如 DOS 就是操作系统中安全标准为 D 级的典型例子。它具有操作系统的基本功能,如文件系统、进程调度等,但在安全性方面几乎没有什么专门的机制来保障。

C1 级:只提供了非常初级的自主安全保护。能够实现对用户和数据的分离,进行自主存取控制(DAC),保护或限制用户权限的传播。

C2 级:可控的访问保护。控制粒度更细使得允许或拒绝任何用户访问单个文件成为可能。系统必须对所有的注册、文件的打开、建立和删除进行记录。审计跟踪必须追踪到每个用户对每个目标的访问。能够达到 C2 级的常见操作系统有 UNIX 系统、XENIX、Windows NT。数据库产品有 Oracle 公司的 Oracle 7、Sybase 公司的 SQL Server 等。

B1 级:有标记的安全保护。对系统的数据加以标记,并对标记的主体和客体实施强制存取控制(MAC)以及审计等安全机制。B1 级能够较好地满足大型企业或一般政府部门对于数据的安全需求,这一级别的产品才认为是真正意义上的安全产品。数据库方面则有 Oracle 公司的 Trusted Oracle 7、Sybase 公司的 Secure SQL Server。

B2 级:结构化保护。建立形式化的安全策略模型并对系统内的所有主体和客体实施 DAC 和 MAC。经过认证的、B2 级以上的安全系统非常少。例如,符合 B2 标准的操作系统有 Trusted XENIX 等,数据库方面没有符合 B2 标准的产品。

B3 级:安全域。系统的安全功能足够小,以利广泛测试。该级的 TCB 必须满足访问监控器的要求,审计跟踪能力更强,并提供系统恢复过程,系统高度抗侵扰。

A1级：可验证的设计。最初设计系统就充分考虑安全性。有"正式安全策略模型"，其中包括由公理组成的数学证明。系统的顶级技术规格必须与模型相对应，系统还包括分发控制和隐蔽信道分析。

表7-9 TCSEC信息系统安全等级划分

| 序 号 | 代 码 | 解 释 |
| --- | --- | --- |
| 1 | D | 无安全保护 |
| 2 | C1 | 自主的安全保护 |
| 3 | C2 | 可控的访问保护 |
| 4 | B1 | 有标记的安全保护 |
| 5 | B2 | 结构化的保护 |
| 6 | B3 | 安全域 |
| 7 | A1 | 可验证的设计 |

B2级以上的系统标准更多地还处于理论研究阶段，产品化以至商品化的程度都不高，其应用也多限于一些特殊的部门，如军队等。但美国正在大力发展安全产品，试图将目前仅限于少数领域应用的B2级安全级别或更高安全级别下放到商业应用中来，并逐步成为新的商业标准。

一般而言，如果支持自主存取控制的系统大致属于C级，而支持强制存取控制的系统则可以达到B1级。当然，存取控制仅是安全性标准的一个重要方面（即安全策略方面），不是全部。为了使系统达到一定的安全级别，还需要在其他三个方面提供相应的支持。例如支持审计功能就是达到C2以上安全级别必不可少的一项指标。

## 7.2.2 信息技术安全评价通用准则

在美国的TCSEC、欧洲的ITSEC、加拿大的CTCPEC、美国的FC等信息安全准则的基础上，6个国家7方（美国国家安全局和国家技术标准研究所、加、英、法、德、荷）共同提出了"信息技术安全评价通用准则"（The Common Criteria for Information Technology security Evaluation），简称CC标准，该标准综合了已有的信息安全的准则和标准，形成了一个更全面的框架。制定CC标准的目的是建立一个各国都能接受的通用的信息安全产品和系统的安全性评估准则。1996年6月CC第一版发布，1998年5月CC第二版发布，1999年10月CC V2.1版发布，并且成为ISO标准。

CC标准是信息技术安全性评估标准，用来评估信息系统、信息产品的安全性。CC标准包括三个部分：第一部分——简介和一般模型；第二部分——安全功能要求；第三部分——安全保证要求。其核心内容是：当在PP（保护轮廓）和ST（安全目标）中描述TOE（评测对象）的安全要求时，应尽可能使用其与第二部分描述的安全功能要求和第三部分描述的安全保证要求相一致。也就是说，CC将评估过程划分为安全功能要求和安全保证要求两部分。

PP是满足特定的用户需求的，独立于实现的一组安全要求。PP回答"需要什么"，不涉及"如何实现"。PP实际上就是安全需求的完整表示。而ST依赖于实现的一组安全要求和说明，ST回答"提供什么"、"如何实现"，ST实际上就是安全方案。

(1) 安全功能要求。CC 将安全功能要求分为 11 类、包括安全性审计类、通信类（主要是身份真实性和抗抵赖）、密码支持类、用户数据保护类、标识和鉴别类、安全管理类（与安全功能有关的管理）、隐秘类（保护用户隐私）、安全功能保护类（TOE 自身安全保护）、资源利用类（从资源管理角度确保安全功能的安全）、TOE 访问类（从对 TOE 的访问控制确保安全性）、可信路径/信道类。

这 11 类又分为 66 个子类、135 个组件，其中组件是对具体安全要求的基本描述。如果对 CC 这些类的内容稍加分析便可看出，其中的前七类的安全功能是提供给信息系统使用的，而后四类安全功能是为确保安全功能模块的自身安全而设置的，因而可以看成对安全功能模块自身安全性的保证。

(2) 安全保证要求。安全保证要求在对 PP 和 ST 的评估进行说明以后，将具体的安全保证要求分为以下 10 类：保护轮廓评估类、安全目标评估类、配置管理类、分发和操作类、开发类、指导性文档类、生命周期支持类、测试类、脆弱性评定类、保障维护类。按照对上述 10 类安全保证要求的不断递增，CC 将 TOE 分为七个安全保证级，见表 7-10。

表 7-10　CC 评估保证级划分

| 评估保证级 | 说　　明 | TCSEC 安全级别（近似相当） |
| --- | --- | --- |
| EAL1 | 功能测试（functionally tested） | |
| EAL2 | 结构测试（structurally tested） | C1 |
| EAL3 | 系统地测试和检查（methodically tested and checked） | C2 |
| EAL4 | 系统地设计、测试和复查（methodically designed, tested and reviewed） | B1 |
| EAL5 | 半形式化设计和测试（semiformally designed and tested） | B2 |
| EAL6 | 半形式化验证的设计和测试（semiformally verified designed and tested） | B3 |
| EAL7 | 形式化验证的设计和测试（formally verified designed and tested） | A1 |

先介绍 CC 中的几个重要术语。

(1) 评估对象（target of evaluation，TOE）：评估申请方提供的被评估对象。

(2) 安全组件包：多个安全要求组件构成一个安全组件包。安全组件包用于构造 PP 或 ST。

(3) 保护轮廓（protect profile，PP）：对于某一类 TOE 而言的高级抽象的安全要求说明书，与 TOE 的实现无关。

(4) 安全目标（security target，ST）：与 PP 类似，是针对某一特定安全产品而言，与 TOE 安全环境相关的安全要求与概要设计说明书，可以引用某个（些）PP。

(5) 评估保证级（evaluation assurance level，EAL）：代表 TOE 的安全保证程度。CC 标准将 EAL 分为 7 级。

相应地 CC 评估也分为 3 部分：PP 评估、ST 评估和 TOE 评估。

**1. PP 测评和 ST 测评的不同**

安全防护结构（PP）和安全目标（ST）从不同的角度出发，前者从结构的角度出发，后者从目标的角度出发，综合考虑其防护结构（框架）的安全需求是完全的、一致的和健全的。在评估中,要评估其安全动机和安全需求理由,要给出安全结构,能够对抗信息安全的威胁级别(错误使用、蓄意直接攻击和精心设计的有组织攻击)要求及安全机制强度要求。PP测评带有类属性质,一类安全产品,例如防火墙、路由器等,具有类属产品的标准性质,提出PP测评的往往是领域和行业的组织;而ST测评是实例性的,是某一类属的特定产品,例如某某厂商的防火墙产品、路由器产品等,提出ST测评的是产品厂商。

**2. EAL测评的七个安全认证级别**

EAL测评是一种安全级别测评。这种测评是按照配置管理、递交与操作、开发、文档、生存期支持、测试和脆弱性分析几个方面进行安全级别测评的。其级别划分为EAL1到EAL7七个级别(如表7-11所示)。ISO/IEC 15408准则的TOE评估定义了七个安全认证级别类别,它们是:

表7-11 EAL测评的安全认证级别

| 认证类别 | 认证族 | 评估认证级别认证部件 | | | | | | |
|---|---|---|---|---|---|---|---|---|
| | | EAL1 | EAL2 | EAL3 | EAL4 | EAL5 | EAL6 | EAL7 |
| 配置管理 | 配置管理自动化 | | | | 1 | 1 | 2 | 2 |
| | 配置能力 | 1 | 2 | 3 | 4 | 4 | 5 | 5 |
| | 配置管理范围 | | | 1 | 2 | 3 | 3 | 3 |
| 递交与操作 | 递交 | | 1 | 1 | 2 | 2 | 2 | 3 |
| | 安装、生成与开始 | 1 | 1 | 1 | 1 | 1 | 1 | 1 |
| 开发 | 功能说明 | 1 | 1 | 1 | 2 | 3 | 3 | 4 |
| | 高级设计 | | 1 | 2 | 2 | 3 | 4 | 5 |
| | 实现表示 | | | | 1 | 2 | 3 | 3 |
| | TCB(TSF)内部 | | | | | 1 | 2 | 3 |
| | 低级设计 | | | | 1 | 2 | 2 | 2 |
| | 表示的一致性 | 1 | 1 | 1 | 1 | 2 | 2 | 2 |
| | 安全策略模型 | | | | 1 | 3 | 3 | 3 |
| 指南文档 | 管理员指南 | 1 | 1 | 1 | 1 | 1 | 1 | 1 |
| | 用户指南 | 1 | 1 | 1 | 1 | 1 | 1 | 1 |
| 生存期支持 | 开发安全 | | | 1 | 1 | 1 | 2 | 2 |
| | 漏洞弥补 | | | | | | | |
| | 生存期定义 | | | | 1 | 2 | 2 | 3 |
| | 工具与技术 | | | | 1 | 2 | 3 | 3 |
| 测试 | 覆盖 | | 1 | 2 | 2 | 2 | 3 | 3 |
| | 深度 | | | 1 | 1 | 2 | 2 | 3 |
| | 功能测试 | | 1 | 1 | 1 | 1 | 1 | |
| | 独立测试 | 1 | 2 | 2 | 2 | 2 | 2 | 3 |
| 脆弱性评估 | 隐蔽通道分析 | | | | | 1 | 2 | 2 |
| | 错误使用 | | | 1 | 2 | 2 | 3 | 3 |
| | TOE安全功能强度 | | 1 | 1 | 1 | 1 | 1 | 1 |
| | 脆弱性分析 | | 1 | 1 | 2 | 3 | 4 | 4 |

TOE评估表是根据认证类别中的7个类型,考虑它们的认证族,并选择族中的认证部件进行定义的,表中的数字1、2、3、4、5等表示族中的部件序列号。例如EAL5列的配置能

力单元格中的数字"4",表示配置管理类别配置能力族的第 4 个认证部件——支持和接受过程部件,其他依次类推。

### 7.2.3 信息系统安全等级划分标准

我国的《计算机信息系统安全保护等级划分准则》把信息系统划分成五个安全等级,即用户自主保护级、系统审计保护级、安全标记保护级、结构化保护级、访问验证保护级,见表 7-12,下面具体介绍每一级的含义。

表 7-12 中国的信息系统安全级别划分

| 级 别 | 名 称 |
| --- | --- |
| 1 级 | 用户自主保护级 |
| 2 级 | 系统审计保护级 |
| 3 级 | 安全标记保护级 |
| 4 级 | 结构化保护级 |
| 5 级 | 访问验证保护级 |

第一级 用户自主保护级。

本级的计算机信息系统可信计算基(trusted computing base,TCB)通过隔离用户与数据,使用户具备自主安全保护的能力。它具有多种形式的控制能力,对用户实施访问控制,即为用户提供可行的手段,保护用户和用户信息,避免其他用户对数据的非法读写与破坏。

本级一般采用自主访问控制机制,每个用户对属于他们自己的客体具有控制权。此外,在身份鉴别方面,系统中的用户必须用注册的用户名和匹配的密码验证其身份,以阻止非授权用户访问系统。在数据完整性方面,计算机信息系统通过自主完整性策略,阻止非授权用户修改或破坏敏感信息。

第二级 系统审计保护级。

与用户自主保护级相比,本级的计算机信息系统可信计算基实施了粒度更细的自主访问控制,它通过登录规程、审计安全性相关事件和隔离资源,使用户对自己的行为负责。

本级仍采用自主访问控制机制,但访问控制的粒度是单个用户,而不是组。在身份鉴别方面,计算机信息系统除验证用户的用户名和密码外,还将身份标识与该用户所有可审计行为相关联。本级的另一个特点是引入了客体重用,即,在计算机信息系统可信计算基的空闲存储客体空间中,对客体初始指定、分配或再分配一个主体之前,撤销该客体所含信息的所有授权。当主体获得对一个已被释放的客体的访问权时,当前主体不能获得原主体活动所产生的任何信息。

本级最重要的特点在于引入审计。计算机信息系统能创建和维护受保护客体的访问审计跟踪记录,并能阻止非授权的用户对它访问或破坏。对计算机信息系统不能独立分辨的审计事件,审计机制将提供审计记录接口,供授权主体调用。

第三级 安全标记保护级。

本级的计算机信息系统可信计算基具有系统审计保护级的所有功能。此外,还需提供有关安全策略模型、数据标记以及主体对客体强制访问控制的非形式化描述,具有准确地标记输出信息的能力;消除通过测试发现的任何错误。

本级除了使用自主访问控制机制外,还对所有主体及其所控制的客体(例如进程、文件、段、设备)实施强制访问控制,为这些主体及客体指定敏感标记。这些标记是等级分类和非等级类别的组合,它们是实施强制访问控制的依据。计算机信息系统可信计算基仍然使用身份和鉴别机制,鉴别用户的身份,保证用户创建的计算机信息系统外部主体的安全级并授予该用户安全级和相应的授权控制。在数据完整性方面,计算机信息系统可信计算基通过自主和强制完整性策略,阻止非授权用户修改或破坏重要数据。在网络环境中,使用完整性敏感标记来确保信息在传送中未被篡改。

第四级 结构化保护级。

本级的计算机信息系统可信计算基建立于一个明确定义的形式安全策略模型之上,要求将第三级系统中的自主和强制访问控制扩展到所有主体与客体。此外,还要考虑隐蔽通道。本级的计算机信息系统可信计算基必须结构化为关键保护元素和非关键保护元素;计算机信息系统可信计算基的接口也必须明确定义,使其设计与实现能经受更充分的测试和更完整的复审;加强了鉴别机制、支持系统管理员和操作员的职能、提供可信设施管理、增强了配置管理控制;系统具有相当的抗渗透能力。

与第三级相比,本级进一步要求能够审计利用隐蔽存储信道时可能被使用的事件,增加了隐蔽信道分析、可信路径建立等内容。

第五级 访问验证保护级。

本级的计算机信息系统可信计算基满足访问监控器需求。访问监控器仲裁主体对客体的全部访问,其本身是抗篡改的;必须足够小,能够分析和测试。为了满足访问监控器需求,计算机信息系统可信计算基在其构造时,排除那些对实施安全策略来说并非必要的代码;在设计和实现时,从系统工程角度将其复杂性降低到最小程度。支持安全管理员职能;扩充审计机制,当发生与安全相关的事件时发出信号;提供系统恢复机制,系统具有很高的抗渗透能力。

与第四级相比,本级增加了可信恢复的内容,保证计算机信息系统失效或中断后,可以进行不损害任何安全保护性能的恢复。除此以外,在审计、隐蔽信道分析、可信路径建立等方面也增加了一些功能。例如,在审计方面增加了报警机制和中止事件的能力,在隐蔽信道分析方面要求彻底搜索隐蔽信道,在可信路径方面要求可信路径在逻辑上与其他路径上的通信相隔离。

除了《计算机信息系统安全保护等级划分准则》(GB 17859—1999)外,我国还提供了一系列标准,例如《信息系统等级保护安全设计技术要求》(GB/T 25070—2010)、《信息系统安全等级保护实施指南》(GB/T 25058—2010)、《信息安全风险管理指南》(GB/Z 24364—2009)等。审计人员在进行操作系统、数据库系统、管理信息系统的安全性审计时,首先要评估这些系统处于哪个安全等级,其次,要分析审核系统运行的安全状况。

## 7.3 物理安全标准

### 7.3.1 数据中心安全标准

数据中心是一个组织内部集中存放计算机主机及相关设备的场所,有时候也是灾备中心。数据中心安全是企业基于IT的业务持续能力和灾难恢复能力的物质基础。为确保数据中心安全,国家陆续颁布了多项与数据中心建设直接相关的国家标准,包括《电子信息系统机房设计规范》(GB 50174—2008)、《电子信息系统机房施工及验收规范》(GB 50462—2008)、《计算机场地通用规范》(GB/T 2887—2011)、《计算站场地安全要求》(GB/T 9361—2011)、《电子信息系统机房环境检测标准》、《数据中心综合监控系统工程技术规范》等。这些标准成为审计人员审核数据中心安全的主要依据。

**1. 防盗**

数据中心的设备不仅昂贵,更重要的是存储的数据是企业宝贵的资源,这些信息包含着企业的商业秘密,所以防盗、防破坏是数据中心安全的基础。防盗系统包括报警系统、监控系统、门禁系统等,同时要加强对进出人员管理等措施。

**2. 防火**

数据中心要建立有效的防火监测体系,包括火灾监测设施、灭火设备(包括人工灭火设备和自动灭火设备)、定期的巡查制度等。

**3. 防静电**

计算机系统属于弱电系统,静电不仅会对计算机运行造成随机故障,而且还会导致某些元器件和集成电路的损坏。此外,还会影响操作人员和维护人员的正常工作和身心健康。

静电是数据中心发生最频繁、最难消除的危害之一。静电引起的故障偶发性多,重复性不强,一般是随机性的故障,这种故障不仅很难查出,有时还会误认为是软件故障,从而造成工作混乱。

静电故障出现的季节,主要是冬春干燥期,静电发生的可能性是随湿度变小而增大的。静电与计算机房采用的地板、使用的家具以及工作人员的服装质地等有关。

**4. 防雷击**

雷击是一种自然现象,它能够释放出巨大的能量,具有极强的破坏力。雷击对计算机等电子设备危害有两类:一是直接引起电路短路,造成设备损坏、数据丢失、系统宕机等;二是发生雷击时,在电源和通信线路中感应的电流浪涌引起的感应电磁脉,沿着电力线路及信号线路进入电子设备内部,导致通信中断、数据丢失及设备损坏等。

数据中心防雷措施包括外部防雷和内部防雷。外部防雷包括空气截雷系统,即避雷针或避雷带、引下线或接地系统。内部防雷系统主要是对建筑物内易受过电压破坏的设备,如计算机及其通信口、UPS、数据传输线等电子设备加装过电压保护装置,在设备受到过电压侵袭时,保护装置能快速动作将能量泄放,从而保护设备不受损坏。

**5. 防电磁干扰**

电磁辐射干扰对计算机系统的稳定性、可靠性和安全性有着直接影响,电磁辐射对计算机系统及其数据所产生的干扰、破坏、窃取与篡改的危险性与日俱增,成为严重的社会问题。

采取电磁屏蔽及良好接地等手段,使系统中的设备既不因外界和其他设备的电磁干扰而影响其正常工作,也不因自身的电磁辐射影响周围其他设备的正常工作。

**6. 温度、湿度要求**

数据中心的温度、湿度要求,按开机时和停机时分别加以规定。开机时机房的温度、湿度要求见表7-13,停机时机房的温、湿度要求见表7-14。

表 7-13 开机时机房温、湿度要求

| 环境条件 | 级别 | | | | |
|---|---|---|---|---|---|
| | A 级 | | B 级 | | C 级 |
| | 夏季 | 冬季 | 夏季 | 冬季 | |
| 温度/℃ | 24±1 | 20±1 | 24±2 | 20±2 | 15～30 |
| 相对湿度/% | 40～60 | | 35～65 | | 30～80 |
| 温度变化率/(℃/h) | <5,不得凝露 | | <10,不得凝露 | | <15,不得凝露 |

表 7-14 停机时机房温、湿度要求

| 环境条件 | 级别 | | |
|---|---|---|---|
| | A 级 | B 级 | C 级 |
| 温度/℃ | 5～40 | | |
| 相对湿度/% | 20～80 | | |

**7. 电力保障**

使用商业用电带来的几个主要问题有供电故障、电压不稳、电频变化等问题,解决这些问题的设备有电压调节器、发电机、蓄电池组等。数据中心供电要求详见表 7-15。

表 7-15 供电要求

| 电源参数 | 级别 | | |
|---|---|---|---|
| | 一类 | 二类 | 三类 |
| 稳态电压偏移范围/% | -3～+3 | -5～+5 | -10～+10 |
| 稳态频率偏移范围/Hz | -0.5～+0.5 | -0.5～+0.5 | -1～+1 |
| 电压波形畸变率/% | 3 | 5 | 10 |
| 允许断电持续时间/ms | <4 | <20 | 不要求 |

数据中心机房作为整个计算机系统的核心区域,内部设备众多,互相协调性高,同时要求有良好的机房环境(供配电、UPS、空调、消防、保安等)作为基础条件,才可能高效地发挥数据中心机房的运行效率。而机房管理牵涉的专业很多,单靠几个人的管理有相当的难度,一旦机房环境设备出现故障,就会影响到计算机系统的运行,对数据传输、存储及系统运行的可靠性构成威胁,如事故严重又不能及时处理,就可能损坏硬件设备,给企业造成严重后果。

为了解决这些问题,已经有越来越多的数据中心机房在建设中引入了机房综合监控管理系统,对机房内设备运行环境和机电设备的运行状况进行严密监测,实现了机房各类设备的统一监控,提高了系统的可靠性,实现了机房的科学管理,降低了管理成本,提高了工作效率。

## 7.3.2 存储设备安全标准

**1. 存储设备安全**

存储设备是用于储存信息的设备,通常是将信息数字化后再以利用电、磁或光学等方式的媒体加以存储。一般作为长期存储的设备主要是硬盘、磁带和光盘。

1) 硬盘

硬盘是一种采用磁介质的数据存储设备。硬盘在上电后保持高速旋转,位于磁头臂上的磁头悬浮在磁盘表面,可以通过步进电机在不同柱面之间移动,对不同的柱面进行读写。所以在上电期间如果硬盘受到剧烈振荡,磁盘表面就容易被划伤,磁头也容易损坏,这都将给盘上存储的数据带来灾难性的后果。

很多人把高性能硬盘(是指企业级的硬盘,而不是用户级别的硬盘)当做一个很好的记录并且保存数据很多年的方式。随着硬盘价格不断下降,如今采用硬盘来存储数据变得更加节省成本了。一旦数据被存储到提供的硬盘内,它就能够离线并且采用自动设备经常性地检查每一个硬盘。

在长期存储方面主要需要考虑的事项并不是介质本身的寿命问题,而是是否被使用的硬件或者界面将来是不是还被支持。另外一个考虑的方面是需要多长时间来进行一次"提前迁移",即重新复制这些数据到这个介质的新的版本中,或者到一个完全新的格式下。一个很好的办法是每年对现有的数据进行一下检查(或每两年),并且提前迁移每隔5~6年进行一次。

2) 磁带

磁带是所有存储媒体中单位存储信息成本最低、容量最大、标准化程度最高的常用存储介质之一。它互换性好、易于保存,近年来由于采用了具有高纠错能力的编码技术和即写即读的通道技术,大大提高了磁带存储的可靠性和读写速度。根据读写磁带的工作原理可分为螺旋扫描技术、线性记录(数据流)技术、DLT(digital linear tape,数字线性磁带)技术以及LTO(linear tape-open,开放线性磁带)技术等。

3) 光盘

光盘属于非磁性记录介质,经激光照射后可形成小凹坑,每一凹坑为一位信息。根据凹坑和未烧蚀区对光反射能力的差异,利用激光读出信息。

刻录数据到CD或者DVD现在对于一些个人用户或者小企业来说变得越来越普遍了,并且看起来采用DVD或者CD看起来任何时候不存在向后兼容性支持方面的问题。

阳光对于盘片有破坏性是不争的事实。同时,刻录盘片也是会发霉的,长期放在潮湿阴暗的环境中,刻录面会生出一层霉菌,运气好的话,擦一下就擦掉了,运气不好的话,资料面可能就毁了。因此收藏时要注意避免潮湿。

**2. 存储安全管理措施**

表7-16提出了介质的环境要求。没有一种介质可以永久地保存资料,企业应当定期进行数据迁移。国家标准《电子文件归档与管理规范》(GB/T 18894—2002)对长期存储提出一系列的要求,如下。

(1) 推荐采用的介质,按优先顺序依次为只读光盘、一次写光盘、磁带、可擦写光盘、硬磁盘等;不允许用软磁盘作为归档电子文件长期保存的载体。

(2) 对磁性载体每满2年、光盘每满4年进行一次抽样机读检验,抽样率不低于10%,如发现问题应及时采取恢复措施。

(3) 对磁性载体上的归档电子文件,应每4年转存一次。原载体同时保留时间不少于4年。

表 7-16 媒体存放条件

| 环 境 条 件 | 种类 | | | | | |
|---|---|---|---|---|---|---|
| | 纸媒体 | 光盘 | 磁媒体 | | 闪存盘 | |
| | | | 已记录的 | 未记录的 | 已记录的 | 未记录的 |
| 温度/℃ | 5～50 | -20～50 | <35 | 5～50 | <35 | 5～45 |
| 相对湿度/% | 30～70 | 10～90 | 20～80 | | 20～80 | |
| 磁场强度/A/m | — | — | <3200 | <4000 | — | |

企业应当制定相关的管理措施与工作流程,如数据备份政策、数据迁移政策、数据保密等级、设备保管流程、环境要求、电子文档分类等。国家标准《电子文件归档与管理规范》提出一个电子文件类别代码,如表 7-17 所示。

表 7-17 电子文件类别代码表

| 类 别 代 码 | 电子文件属性 |
|---|---|
| T | 文本文件 |
| I | 图像文件 |
| G | 图形文件 |
| V | 影像文件 |
| A | 声音文件 |
| O | 超媒体链接文件 |
| P | 程序文件 |
| D | 数据文件 |

### 3. 存储架构安全

系统故障造成的企业业务中断可以通过系统重启的方式恢复,但是企业经年累月存储的数据一旦遭到破坏,将永远无法恢复,所以存储架构的安全性是存储安全的重要保障。

1) 直接连接存储系统

计算机主机直接与存储设备连接的方式,这样的存储设备称为直接连接存储(direct attached storage,DAS)系统,如图 7-1 所示。这种方式是给每一个计算机主机分配相应的存储设备。

基于 DAS 方式的存储可以采用镜像技术,对存储设备进行本地冗余备份,确保数据不因存储设备故障而丢失。

2) 网络连接存储系统

所谓网络连接存储(network attached storage,NAS)系统是把存储设备集中在一起,通过互联网与计算机主机相连接,所有在网络上的计算机共享该存储系统,如图 7-2 所示。可见,NAS 是基于 LAN(局域网)的,按照 TCP/IP 协议进行通信,以文件的 I/O(输入/输出)方式进行数据传输。在 LAN 环境下,NAS 已经完全可以实现异构平台之间的数据级共享,比如 NT、UNIX 等平台的共享。

NAS 是将存储设备优化,使得通过现有的 TCP/IP 网络来满足文件共享的理念。NAS 方案很容易实施而且成本不高,因为大多数的客户已搭好了 LAN 环境。

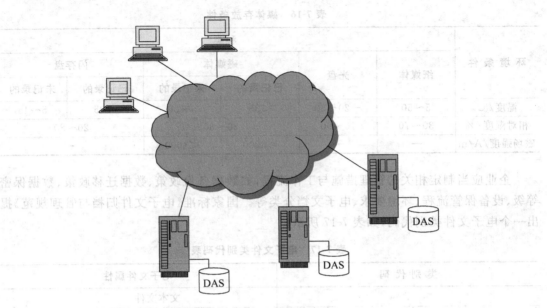

图 7-1　DAS 的连接方式

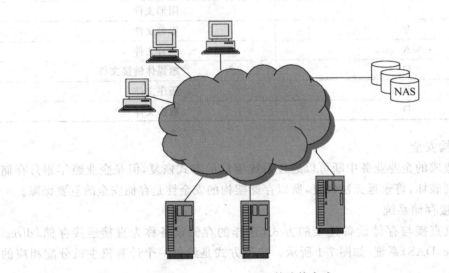

图 7-2　NAS 的连接方式

基于 NAS 方式的存储系统可以为企业提供便捷的远程异地数据备份,确保本地的灾害或故障不会造成数据丢失。

3）存储区域网络

存储区域网络(storage area networks,SAN)是物理上分布的存储设备和专门的管理服务器组成的网络,如图 7-3 所示。SAN 采用了光纤通道交换机等高速网络设备,构成一个数据存储网络,网络内部的数据传输率很快,成本也高。

基于 SAN 方式的存储系统为企业提供了本地或异地存储设备之间的高速相互备份,这样的冗余可以避免数据丢失。

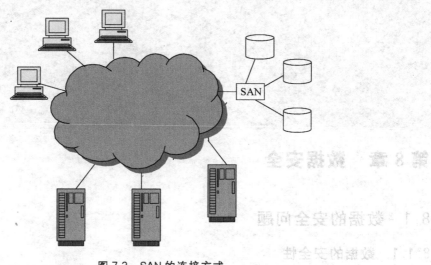

图 7-3 SAN 的连接方式

# 第8章 数据安全

## 8.1 数据的安全问题

### 8.1.1 数据的安全性

据美国国家计算机安全协会统计,对企业来说,每丢失20MB的关键数据,销售/市场营销部门将损失US＄17 000,财务部门将损失US＄19 000,工程部门将损失US＄98 000。数据比软件往往有更大的社会价值和经济价值,它比软件更容易受到侵害和攻击。数据的安全性由保密性、完整性和可用性等要素构成。

(1) 保密性(confidentiality):确保数据仅被已授权用户访问。

(2) 完整性(integrity):确保数据及处理方法的一致,防止非授权修改或者非人为的破坏。

(3) 可用性(availability):确保已授权用户在需要时可以使用数据。

### 8.1.2 数据的保密性

数据的保密性是针对数据被允许访问对象的多少来定义的。所有人可以访问的数据为公开的信息,而需要限制访问的数据一般称为敏感信息或秘密。秘密可以根据信息的重要程度和保密要求分为不同的密级,《国家保密法》规定依据秘密泄露对国家经济、安全利益所造成的影响(后果),将国家秘密分为秘密、机密、绝密三个等级。"绝密"是最重要的国家秘密,泄露会使国家的安全和利益遭受特别严重的损害;"机密"是重要的国家秘密,泄露会使国家的安全和利益遭受严重的损害;"秘密"是一般的国家秘密,泄露会使国家的安全和利益遭受损害。

信息化建设提高了数据交换的效率,但与此同时也给数据的保密提出了挑战。企业应当制定自己的数据保密等级和不同的保护措施,在保护与效率之间取得平衡。企业数据保护策略与制度的制定应当注意以下几点。

**1. 明确数据保密重点**

数据保密建设应该进行统筹规划,明确数据保密的类型和数据保密的重点。数据保密类型不应该以数据格式进行区分,而应该在数据应用表现形式上进行区分,明确数据是企业内部的所有数据,还是应用系统中的数据,抑或是基于部分文件的数据。

**2. 对安全尺度进行客观评价**

没有绝对的安全,要客观理性地对待安全,尽量站在实用角度考虑,以便在安全和便利之间寻求平衡。充分认识到数据保密是一项需长期完善和总结的工程,需要不断地结合企业的实际情况进行灵活的调整。盲目地追求绝对安全,追求一劳永逸的产品技术只能说是纸上谈兵,无法真正意义上投入使用。

**3. 构建面向企业全面安全的管理体系**

不同的职能部门和不同的使用角色,对数据的操作方式和应用方式完全不同。针对同样的管理措施,对技术部可行,对销售部而言则很有可能无法正常开展业务。不同的使用角色,如企业领导层、一般使用人员、出差驻外人员,他们对数据的应用方式也会随之不同,甚至不同的企业文化在人员管理方式上的差别,同样也会在数据保密管理模式上产生不同的需求。因此在数据保密建设过程中,数据的交换方式一定要和企业内部的组织架构及管理模式紧密结合。

对于数据的保密性而言,最直接的方法就是对敏感数据实施加密。全面分析用户数据的防护重点,提供基于环境、应用系统和文件等多种类型的数据加密技术,通过降低数据泄密的风险,进一步提升业务的可靠性和稳定性。

### 8.1.3 数据的完整性

数据完整性有两层含义,一方面是指数据在使用、传输、储存的过程中不被人为或者非人为地篡改、丢失、缺失等;另一方面是指数据的处理方法正确。不当的误操作,或者程序错误等都属于处理方法不正确。

数据保密性是为了确保非授权用户不得访问相应的数据,而数据完整性则是保护数据不被非法修改或删除。文件加密系统在确保数据保密性方面作用显著,但它对于数据完整性却无能为力。然而,在很多计算机环境中,数据完整性比数据机密性更为重要。例如,在银行系统中,账户信息被删除比账户信息被公开严重得多,后者是丑闻,而前者是灾难。因此,企业应该尽可能地确保数据的完整性。

从信息系统角度分析,破坏数据的完整性包括三个层面:

(1) 与传输数据有关,在传输过程中丧失了完整性,解决方案是提供可靠传输协议和网络架构。

(2) 与存储有关,一旦存储设备受损造成完整性丧失,通过灾难备份计划、设备冗余、数据备份等方法解决。

(3) 与处理数据有关,主要与语义完整性有关。语义完整性约束可以防止数据库中存在不符合逻辑的数据,也可以防止误操作等影响数据质量的行为。语义完整性的实现主要在数据库设计和应用软件设计阶段进行,但是任何一个软件系统都不可能设计得完美无缺,审计人员可以利用违反完整性约束的情况发现审计线索。

### 8.1.4 数据的可用性

数据的价值是通过使用体现出来的,不可使用的数据不能视为安全的数据。事实上,可用性与保密性是互补的概念,保密性强调非授权用户不能访问,可用性强调授权用户一定能访问。

同时保密性与可用性之间也存在矛盾,例如如果数据重要一定要多备份,防止因为各种意外造成数据的不可用,但是保密性则要求尽可能少备份,减少泄密的几率。因此制定数据备份策略非常重要,一方面,合理的备份策略可以增强系统数据的安全性;但另一方面,不恰当的备份策略未必会起到同样的作用,甚至可能会更糟,可能会带来新的安全隐患。从物理安全角度看,备份设备最好不要与原设备放在一起。如果它们被放在一起,那么无论是遇到失窃、火灾还是自然灾害,都会使你的备份显得毫无意义。从数据安全的角度看,企业要妥善保管备份设备。尽管文件保护和密码可以保护计算机硬盘上的信息,但如果物理设备丢失,那么数据泄露的可能性将会变得很大。因此,企业必须首先制定备份策略,然后再进行备份,而不能认为只要做了备份就万事大吉。

访问控制是数据保密性与可用性之间的平衡,同时也是保障完整性的重要机制。

### 8.1.5 数据安全审计

审计人员根据审计事项的需要,按照保密性、完整性和可用性三个维度,从评价技术应用和管理措施两个层面,综合评价企业数据的安全状况,如表8-1所示。

表8-1 数据安全性调查分析表

| 调 查 内 容 | 是 | 否 | 不适用 | 评价 |
|---|---|---|---|---|
| 1. 软件和数据接触 | | | | |
| (1) 登录口令的管理和分配是否严格合理? | | | | |
| (2) 用户的权限是否根据用户操作的功能进行分配? | | | | |
| (3) 对机密数据是否采用了口令控制方式? | | | | |
| (4) 磁介质上数据是否采用了加密保护? | | | | |
| 2. 数据加密机制 | | | | |
| (1) 对关键的信息数据是否进行加密? | | | | |
| (2) 密钥管理是否严格,密钥的产生、选择、传递和销毁是否保密? | | | | |
| (3) 加密解密算法在有效时间内是否容易被破解? | | | | |
| (4) 是否对密钥进行定时更新? | | | | |
| 3. 数据完整性 | | | | |
| (1) 是否对传输数据的校验信息进行检查? | | | | |
| (2) 对校验信息是否加密? | | | | |
| (3) 数字签名的认证机构是否安全、可靠? | | | | |
| (4) 是否在线备份以确保随时能与认证机构相连? | | | | |
| (5) 是否存在安全密钥备份和恢复技术? | | | | |
| (6) 是否存在密钥强制更新的制度? | | | | |
| 4. 访问控制 | | | | |
| (1) 是否制定了访问控制策略? | | | | |
| (2) 对用户访问是否进行了有效的管理? | | | | |
| (3) 是否有用户注册及注销的管理程序? | | | | |
| (4) 是否对所有信息系统及服务的访问进行及时授权和注销? | | | | |
| (5) 对于特殊权限的分配及使用是否加以限制及控制? | | | | |
| (6) 对于口令的分配是否通过正式的管理流程加以控制? | | | | |
| (7) 是否定期使用正式流程对用户的访问权进行评审? | | | | |
| 调查结果: | | | | |
| 审计人员: 审计日期: 复核人员: 复核日期: | | | | |

## 8.2 数据的加密技术

### 8.2.1 数据加密与安全的关系

人类加密的历史可以追溯到公元前400年,古希腊人发明了置换密码。1881年出现了第一个电话保密专利。在第二次世界大战期间,德国军方启用"恩尼格玛"密码机。密码在现代战争中起着非常重要的作用。1997年,美国国家标准局公布实施了"美国数据加密标准"。

随着企业对信息系统的依存度越来越高,企业的大量商业秘密以电子数字形式存储在计算机系统中,数据成为了企业最宝贵的战略资源之一,因此对数据进行加密是保障数据安全的重要手段。通过加密可以达到如下目的。

（1）信息系统中的数据保密性:防止用户的标识或数据被读取。
（2）信息系统中的数据完整性:防止数据被更改。
（3）信息系统使用者的身份验证:确保数据发自特定的一方。

纵观加密算法的发展,无不是从密钥的简单性、成本的低廉性、管理的简易性、算法的复杂性、保密的安全性以及计算的快速性这几个方面去考虑。因此,未来加密算法的发展也必定是从这几个角度出发的,而且在实际操作中往往把几种算法结合起来。从技术角度讲,采用更长的密钥,或者研究更先进的加密算法,从而不断完善加密技术;但是,任何加密技术都不可能是绝对安全的,只有通过加强管理以弥补技术的不足。因此,从技术和管理两个方面共同保障企业的数据安全,两者缺一不可。

下面把对称加密算法、非对称加密算法和散列加密算法的基本原理作一简单介绍。

### 8.2.2 对称加密算法

对称加密算法是应用较早的加密算法。在对称加密算法中,数据发信方将明文(原始数据)和加密密钥一起经过特殊加密算法处理后,使其变成复杂的加密密文发送出去。收信方收到密文后,若想解读原文,则需要使用加密用过的密钥及相同算法的逆算法对密文进行解密,才能使其恢复成可读明文。在对称加密算法中,使用的密钥只有一个,发收信双方都使用这个密钥对数据进行加密和解密,这就要求解密方事先必须知道加密密钥,如图8-1所示。

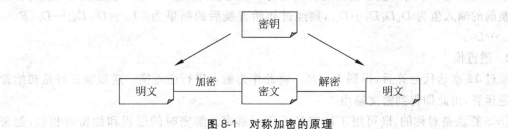

图8-1 对称加密的原理

对称加密算法的优点是:算法公开、计算量小、加密速度快、加密效率高。不足之处是交易双方都使用同样钥匙,安全性相对差一些。而且,每对用户每次使用对称加密算法时,都需要使用其他人不知道的唯一钥匙,这会使得发收信双方所拥有的钥匙数量成几何级数增长,密钥管理成为用户的负担。此外,对称加密算法在分布式网络系统上使用较为困难,主要是因为密钥管理困难,使用成本较高。

对称加密算法用来对敏感数据等信息进行加密,常用的算法如下。

(1) DES(data encryption standard)算法:数据加密标准,速度较快,适用于加密大量数据的场合。

(2) 3DES(triple DES)算法:是基于 DES,对一块数据用三个不同的密钥进行三次加密,强度更高。

(3) AES(advanced encryption standard)算法:高级加密标准,是下一代加密算法标准,速度快,安全级别高。

下面以 DES 算法为例介绍对称加密算法基本原理。

DES 算法是 IBM 公司于 1975 年研究成功并公开发表的。DES 算法的入口参数有三个:Key、Data、Mode。其中 Key 为 8 个字节共 64 位,是 DES 算法的工作密钥;Data 也是 8 个字节 64 位,是要被加密或被解密的数据;Mode 则为 DES 算法的工作方式,只有两种,即加密和解密。

DES 算法把 64 位的明文输入块变为 64 位的密文输出块,它所使用的密钥也是 64 位,算法主要分为两步,如图 8-2 所示。

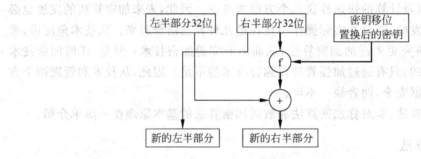

图 8-2 DES 算法原理

**1. 初始置换**

把输入的 64 位数据块按位重新组合,并把输出分为 $L_0$、$R_0$ 两部分,每部分各长 32 位,其置换规则为将输入的第 58 位换到第 1 位,第 50 位换到第 2 位,依此类推。最后一位是原来的第 7 位。$L_0$、$R_0$ 则是换位输出后的两部分,$L_0$ 是输出的左 32 位,$R_0$ 是右 32 位。例如:设置换前的输入值为 $D_1 D_2 D_3 \cdots D_{64}$,则经过初始置换后的结果为:$L_0 = D_{58} D_{50} \cdots D_8$,$R_0 = D_{57} D_{49} \cdots D_7$。

**2. 逆置换**

经过 16 次迭代运算后,得到 $L_{16}$、$R_{16}$,将此作为输入进行逆置换。逆置换正好是初始置换的逆运算,由此即得到密文输出。

DES 算法是对称的,既可用于加密又可用于解密。解密时的过程和加密时相似,但密钥的顺序正好相反。

### 8.2.3 非对称加密算法

与对称加密算法不同,非对称加密算法需要两个密钥:公开密钥(public key)和私有密钥(private key)。公开密钥与私有密钥是一对,如果用公开密钥对数据进行加密,只有用对应的私有密钥才能解密;如果用私有密钥对数据进行加密,那么只有用对应的公开密钥才能解密。因为加密和解密使用的是两个不同的密钥,所以这种算法叫做非对称加密算法。非对称加密算法实现机密信息交换的基本过程是这样的:甲方生成一对密钥并将其中的一把作为公开密钥向其他方公开;得到该公开密钥的乙方使用该密钥对机密信息进行加密后再发送给甲方;甲方再用自己保存的另一把私有密钥对加密后的信息进行解密。甲方只能用其私有密钥解密由其公开密钥加密后的任何信息,如图 8-3 所示。

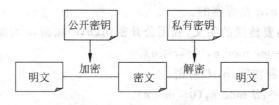

图 8-3 非对称加密的原理

非对称加密算法的保密性比较好,它消除了最终用户交换密钥的需要,但加密和解密花费时间长、速度慢,它不适合于对文件加密而只适用于对少量数据进行加密。经典的非对称加密算法如 RSA 算法等安全性都相当高。

常见的非对称加密算法有如下几种。

(1) RSA 算法(RSA algorithm):由 RSA 公司发明,是一个支持变长密钥的公钥算法,需要加密的文件块的长度也是可变的。

(2) DSA(digital signature algorithm):数字签名算法。

(3) ECC(elliptic curves cryptography)算法:椭圆曲线密码算法。

下面以 RSA 算法为例介绍非对称加密算法的原理。

RSA 算法出现于 1978 年,是第一个能同时用于加密和数字签名的算法,易于理解和操作。算法以发明者 Ron Rivest、AdiShamir 和 Leonard Adleman 的名字命名。RSA 也是被研究得最广泛的公钥算法,经历了各种攻击的考验,逐渐为人们接受,被普遍认为是目前最优秀的公钥方案之一。但 RSA 算法的安全性一直未能得到理论上的证明。

**1. RSA 算法原理**

假设数据 $m$ 要由计算机 A 传至计算机 B,那么,由计算机 B 用随机数产生一个密钥,再由这个密钥计算出另一个密钥。这两个密钥一个作为私密密钥(私钥)$d$,一个作为公开密钥 $e$,这个公开密钥 $e$ 的特性是几乎不可能反演算出私密密钥 $d$ 来。这个私密密钥 $d$ 自始至终都只留在计算机 B 里不送出来。B 然后将公开密钥 $e$ 通过网络传输给计算机 A。A 计算机将要传送的数据用这个公开密钥 $e$ 加密,并将加密过的数据通过网络传输给计算机 B,B 再用私密密钥 $d$ 将数据解密。这时,如果有第三者窃听数据时,他只得到 B 传给 A 的公开密钥 $e$,以及 A 用这个公开密钥 $e$ 加密后的数据。没有私密密钥 $d$,窃听者根本无法解密。

(1) 密钥配制过程:假设 $m$ 为需要加密传送的报文,密钥配制过程就是设计出公开密钥 PK 与私密密钥 SK。

任选两个不同的大素数(质数)$p$ 与 $q$(注意,$p,q$ 必须保密),使得 $n=p\times q>m$。

又设 $z=(p-1)(q-1)$,则可找出任意一个与 $z$ 互素的正整数 $e$,即 $e$ 与 $(p-1)(q-1)$

互素(互质);

利用辗转相除法,可计算其逆 $d$,使之满足:$e \times d \bmod (p-1)(q-1)=1$,其中 mod 是整数求余运算。

公开密钥为:$PK=(n,e)$,用于加密,可以公开出去(在网络、电话簿等公开媒体上公布);其中没有包含任何有关 $n$ 的因子 $p$ 和 $q$ 的信息。

私密密钥为:$SK=(n,d)$,用于解密,必须保密;显然 $d$ 中隐含有因子 $p$ 和 $q$ 的信息。故 $n$ 和 $e$ 可公开,而 $p,q,d$ 是保密的。

(2) 加密:设 $m$ 为要传送的明文,利用公开密钥 $(n,e)$ 加密,$c$ 为加密后的密文。

则加密公式为:$c = me \bmod n, (0 \leq c < n)$。

(3) 解密:利用私密密钥 $(n,d)$ 解密。

则解密公式为:$m = cd \bmod n, (0 \leq m < n)$。

### 2. RSA 算法的缺点

RSA 算法具有如下缺点。

(1) 产生密钥很麻烦,受到素数产生技术的限制,因而难以做到一次一密。

(2) 分组长度太大,为保证安全性,$n$ 至少也要 600b,使运算代价很高,尤其是速度较慢,较对称密码算法慢几个数量级,使得 RSA 最快的情况也比 DES 慢上 100 倍,无论是软件还是硬件实现。速度一直是 RSA 的缺陷,一般来说只用于少量数据的加密。

### 3. RSA 算法的安全性

RSA 算法的安全性依赖于大数的因子分解,但并没有从理论上证明破译 RSA 的难度与大数分解难度等价。即 RSA 的重大缺陷是无法从理论上把握它的保密性能如何,而且密码学界多数人士倾向于因子分解不是 NP 问题。

虽然破译者可以通过将 $n$ 分解成 $p \times q$ 的办法来解密,但是目前无法证明这是唯一的办法。换句话说,不能证明能否完成破译密文与能否完成 $n$ 的因数分解是相互等价的。但是,自 RSA 算法发明以来,越来越有效的因数分解方法不断发现,降低了破译 RSA 算法的难度,只是至今还未达到动摇 RSA 算法根基的程度。RSA 算法中,$n$ 的长度是控制算法可靠性的重要因素。目前 129 位(十进制)的 RSA 加密勉强可解,这个限度也许可能增加到 155 位。但是,大多数的应用程序采用 231、308 甚至 616 位的 RSA 算法。

## 8.2.4 散列加密算法

散列(Hash)是信息的提炼,通常其长度要比信息小得多,且为一个固定长度。加密性强的散列一定是不可逆的,这就意味着通过散列结果,无法推出任何部分的原始信息。任何输入信息的变化,哪怕仅一位,都将导致散列结果的明显变化,这称为雪崩效应。散列还是防冲突的,即找不出具有相同散列结果的两条信息,具有这些特性的散列结果就可以用于验证信息是否被修改。

散列加密算法的加密过程中不需要使用密钥,不存在密钥保管和分发问题,非常适合在分布式网络系统上使用,但因加密计算复杂,工作量相当繁重,通常只在数据量有限的情形下使用,如广泛应用在计算机系统中的口令加密,利用的就是散列加密算法。

应用较多的散列加密算法有如下两种。

(1) MD5 算法(message digest algorithm 5):是 RSA 数据安全公司开发的一种单向散

列算法。

(2) SHA算法(secure Hash algorithm)：可以对任意长度的数据运算生成一个160位的数值。

以MD5算法为例介绍散列加密算法的原理。

MD5算法在20世纪90年代初由MIT的计算机科学实验室和RSA数据安全公司发明，经MD2、MD3和MD4发展而来。

**1. MD5算法的原理**

MD5算法是对散列函数压缩信息块按512位进行处理的，首先它对散列函数信息进行填充，使信息的长度等于512的倍数，填充方法是首先在压缩信息后填充64字节长的信息长度，然后再用首位为1，后面全为0的填充信息填充，使经过填充后的信息长度为512的倍数，然后对信息依次处理，每次处理512位，每次进行4轮每轮16步总共64步的信息变换处理，每次输出结果为128位，然后把前一次的输出作为下一次信息变换的输入初始值（第一次初始值算法已经固定），这样最后输出一个128位的散列函数结果。它是一个不可逆的字符串变换算法，换句话说就是，即使你看到源程序和算法描述，也无法将一个MD5算法的值变换回原始的字符串，从数学原理上说，是因为原始的字符串有无穷多个，这有点像不存在反函数的数学函数。MD5算法被认为是目前比较安全的散列加密算法之一，已经在很多应用中被当成标准使用。

**2. MD5算法的适用性**

MD5算法的典型应用是对一段消息(message)产生指纹(fingerprint)，以防止被"篡改"。举个例子，你将一段话写在一个叫readme.txt文件中，对这个readme.txt产生一个MD5的值并记录在案，然后你可以传播这个文件给别人，别人如果修改了文件中的任何内容，你对这个文件用MD5算法重新计算时就会发现。如果再有一个第三方的认证机构，用MD5算法还可以防止文件作者的"抵赖"，这就是所谓的数字签名应用。

MD5算法还广泛用于加密和解密技术上，很多操作系统中用户的密码是以MD5值(或类似的其他算法)的方式进行保存，用户Login的时候，系统是把用户输入的密码计算成MD5值，然后再去和系统中保存的MD5值进行比较，而系统并不"知道"用户的密码是什么。

一些黑客破获这种密码的方法是一种被称为"跑字典"的方法。有两种方法得到字典，一种是日常搜集的用做密码的字符串表，另一种是用排列组合方法生成的，先用MD5程序计算出这些字典项的MD5值，然后再用目标的MD5值在这个字典中检索。即使假设密码的最大长度为8，同时密码只能是字母和数字，共26+26+10=62个字符，排列组合出的字典的项数则是$P(62,1)+P(62,2)+\cdots+P(62,8)$，那也已经是一个很天文的数字了，存储这个字典就需要TB级的磁盘组，而且这种方法还有一个前提，就是在能获得目标账户的密码MD5值的情况下才可以。

## 8.3 数据的访问控制

### 8.3.1 访问控制与安全的关系

访问控制是防御信息系统资源被越权使用的措施。其基本目标是为了限制访问主体（如用户、进程、服务等）对访问客体（如数据、系统、数据库等）的访问权限，防止企业的商业秘密和敏感数据被非法访问,使数据在合法范围内使用,从而保障数据的安全。因此,访问控制技术在数据的保密性、完整性和可用性三个方面同时提供安全保障。

数据的访问控制策略一般有三种:自主型访问控制(discretionary access control, DAC)策略、强制型访问控制(mandatory access control, MAC)策略和基于角色的访问控制(role-based access control, RBAC)策略。访问控制强度也由弱到强,各自适用的范围不同。在 DAC 策略中,用户对不同的数据对象有不同的存取权限,而且用户还可以将其拥有的存取权限转授给其他用户。DAC 访问控制完全基于访问者和对象的身份。MAC 策略对于不同类型的信息采取不同层次的安全策略,对不同类型的数据进行访问授权。在 MAC 策略中,存取权限不可以转授,所有用户必须遵守由数据库管理员建立的安全规则,其中最基本的规则为"向下读取,向上写入"。显然,与 DAC 相比,MAC 机制比较严格。近年来,RBAC 得到了广泛的关注,成为解决数据安全访问的有效方法。

### 8.3.2 自主访问控制

自主访问控制(DAC)又称任意访问控制,是访问控制策略中最常用的一种方法。这种访问控制方法允许用户可以自主地在系统中规定谁可以存取它的资源实体,即用户(包括用户和进程)可选择同其他用户一起共享某个文件。所谓自主,是指具有授予某种访问权力的主体(用户)能够自己决定是否将访问权限授予其他主体。安全的管理软件系统需要具备的特征之一就是自主访问控制,它基于对主体所属的主体组的识别来限制对客体的存取。

存取许可与存取模式是自主访问控制机制中的两个重要概念。存取许可的作用在于定义或改变存取模式,或向其他用户(主体)传送。存取模式的作用是规定主体对客体可以进行何种形式的存取操作,在各种以自主访问控制机制进行访问控制的系统中,存取模式主要有读(R)、写(W)、执行(RW)、空操作(null)(即主体对客体不具有任何的存取权)。

自主访问控制的具体实施可采用以下几种方法。

**1. 目录表访问控制**

目录表访问控制借用了系统对文件的目录管理机制,为每一个欲实施访问操作的主体,建立一个能被访问的"客体目录表"。当然,客体目录表的修改只能由该客体的合法属主确定,否则将可能出现对客体访问权的伪造。因此系统必须在客体的拥有者控制下维护所有的客体目录。目录表访问控制的优点是容易实现,每个主体拥有一张客体目录表,主体能访问的客体及权限一目了然,依据该表对主体和客体的访问与被访问进行监督比较简便。它的缺点有两个:一是系统开销较大,这是由于每个用户都有一张目录表,如果某个客体允许所有用户访问,则将给每个用户逐一填写文件目录表,因此会造成系统额外开销;二是由于这种机制允许客体属主用户对访问权限实施传递,造成同一文件可能有多个属主的情形,同时各属主每次传递的访问权限也难以相同,甚至可能会对客体改用别名,因此使得能越权访问的用户大量存在,导致管理上繁乱易错。

**2. 访问控制列表**

访问控制列表(access control list, ACL)的策略正好与目录表访问控制相反,它是从客体角度进行设置的、面向客体的访问控制。每个客体有一个访问控制列表,用来说明有权访问该客体的所有主体及其访问权限。访问控制列表(ACL)是目前采用最多的一种方式。

例如,我们可以制定一张 ACL:

```
< john.acct,r >
< jane.pay,rw >
```

其中,john 和 jane 表示用户的 ID,acct 和 pay 表示用户所属组的 ID,r 和 w 表示所允许的访问类型。该访问控制表说明 john 属于 acct 组,他只能阅读文件;jane 属于 pay 组,他可以阅读和修改文件。

访问控制列表通常还支持通配符,从而可以制定更一般的访问规则。例如,我们可以制定:

```
<*.*,r>
```

表示任何组当中的任何用户都可以读文件。

也可以制定如下规则:

```
<@.*,rw>
```

表示只有文件的属主(@)才能读和写文件。

访问控制列表方式的优点在于它的表达直观、易于理解,而且比较容易查出对某一特定资源拥有访问权限的所有用户,有效地实施授权管理,而且还能较好地解决多个主体访问一个客体的问题。缺点是由于访问控制列表需占用存储空间,并且由于各个客体的长度不同而出现存放空间碎片,造成浪费;每个客体被访问时都需要对访问控制列表从头到尾扫描一遍,影响系统运行速度和浪费存储空间。

**3. 访问控制矩阵**

访问控制矩阵(access control matrix,ACM)是对上述两种方法的综合。直观地看,访问控制矩阵是一张表格,每行代表一个用户(即主体),每列代表一个存取目标(即客体),表中行和列的交叉点表示某个主体对某个客体的访问权限。表 8-2 所示是访问控制矩阵的原理。

表 8-2　访问控制矩阵

| | 文件 1 | 文件 2 | 文件 3 |
|---|---|---|---|
| 张华 | R W | null | R |
| 李强 | R | R W | W |
| 王军 | R W | R | null |

抽象地说,系统的访问控制矩阵表示系统的一种保护状态,如果系统中用户发生了变化,访问对象发生了变化,或者某一用户对某个对象的访问权限发生了变化,都可以看做系统的保护状态发生了变化。由于访问控制矩阵只规定了系统状态的迁移必须遵循规则,而没有规定是什么规则,因此该模型的灵活性很大,但给系统带来了安全漏洞。

尽管存取控制表灵活方便,但将它应用到网络规模较大、需求复杂的企业内部网络时,就暴露了一些问题。

(1) 存取控制表需要对每个资源指定可以访问的用户或组以及相应的权限。当网络中资源很多时,需要在存取控制表中设定大量的表项。而且,当用户的职位、职责发生变化时,为反映这些变化,管理员需要修改用户对所有资源的访问权限。

(2) 单纯使用存取控制表,不易实现最小权限及复杂的安全政策。随着网络的迅速发展扩大,尤其是 Intranet 的兴起,对访问控制服务的质量也提出了更高的要求,用传统的自主访问控制已很难满足。首先,如上所述,自主访问控制将赋予或取消访问权限的一部分权力留给用户个人,管理员难以确定哪些用户对哪些资源有访问权限,不利于实现统一的全局访问控制。其次,在许多组织中,用户对他所能访问的资源并不具有所有权,组织本身才是系统中资源的真正所有者。而且,各组织一般希望访问控制与授权机制的实现结果能与组织内部的规章制度相一致,并且由管理部门统一实施访问控制,不允许用户自主地处理。显然 DAC 已不能适应这些需求。

### 8.3.3 强制访问控制

强制访问控制(MAC)是将主体和客体分级,然后根据主体和客体的级别标记来决定访问模式。"强制"主要体现在系统强制主体服从访问控制策略上。如果系统认为某一个用户不适合访问某个文件,那么任何人(包括文件所有者)都无法使该用户具有访问该文件的权利。强制访问控制主要用于多层次安全级别的应用中。

所谓"强制",就是安全属性由系统管理员人为设置,或由操作系统自动地按照严格的安全策略与规则进行设置,用户和他们的进程不能修改这些属性。所谓"强制访问控制",是指访问发生前,系统通过比较主体和客体的安全属性来决定主体能否以他所希望的模式访问一个客体。

强制访问控制的实质是对系统当中所有的客体和所有的主体分配敏感标签(sensitivity label)。用户的敏感标签指定了该用户的信任等级,也被称为安全许可。而文件的敏感标签则说明了要访问该文件的用户所必须具备的信任等级。例如美国国防部的多级安全策略有四种不同的等级:绝密级(top secret)、机密级(secret)、秘密级(confidential)及普通级(unclassified),其级别为 T>S>C>U。

强制访问控制就是利用敏感标签来确定谁可以访问系统中的特定信息。强制访问控制可以实现多级安全策略(multi-level security policy)。这种策略可以在单个计算机系统中处理不同安全等级的信息。只要系统支持强制访问控制,那么系统中的每个客体和主体都有一个敏感标签同它相关联。

强制访问控制可以分为两种:下读/上写,上读/下写。

采取下读/上写后,信息流只能从低级别流向高级别,可以保证数据的保密性。

- 下读(read down):主体级别高于客体级别的读操作。
- 上写(write up):主体级别低于客体级别的写操作。

采取上读/下写的意义在于可以实现数据的完整性。

- 上读(read up):主体级别低于客体级别的读操作。
- 下写(write down):主体级别高于客体级别的写操作。

强制访问控制的主要缺陷在于实现工作量太大,管理不便,不够灵活,而且强制访问控制由于过于偏重保密性,对其他方面如系统连续工作能力、授权的可管理性等考虑不足。

### 8.3.4 基于角色的访问控制

RBAC与以前的访问控制相比,在主体和权限之间增加了一个中间桥梁——角色。权限被授予角色,而管理员通过指定用户为特定的角色来为用户授权。这大大简化了授权管理,具有强大的可操作性和可管理性,有效缓解传统安全管理处理瓶颈问题。

RBAC的思想核心是安全授权(permission)和角色(role)相联系,用户首先要成为相应角色的成员,才能获得该角色对应的权限。这大大简化了授权管理,角色可以根据组织中的工作创建,然后根据用户的责任和资格分配角色。用户可以轻松地进行角色转换,而随着新应用和新系统的增加,角色可以分配更多的权限,也可以根据需要撤销相应的权限。实际表明把管理员权限局限在改变用户角色,比赋予管理员更改角色权限更安全。

RBAC核心模型包含5个基本的静态集合:用户集(users)、角色集(roles)、特权集(perms)(包括对象集(objects)和操作集(operations)),以及一个运行过程中动态维护的集合——会话集(sessions)。这些集合称为RBAC的组件,如图8-4所示。

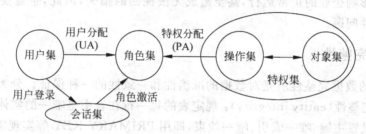

图8-4 RBAC核心模型

(1) 用户集:包括系统中可以执行操作的用户,是主动的实体。
(2) 角色集:一定数量的权限的集合。
(3) 对象集:包含系统需要保护的信息,是系统中被动的实体。
(4) 操作集:是定义在对象上的一组操作。
(5) 特权集:对象上的一组操作构成了一个特权,特权是不可分割的最小单元,一旦将某个特权分配给用户,该用户可以执行特权中包括的所有操作。
(6) 会话集:会话表示的是用户和角色之间的关系。用户每次必须通过建立会话来激活角色,得到相应的访问权限。

角色是RBAC模型的中心,它是用户与特权之间的桥梁。从图8-4可以看出,用户分配(UA)和特权分配(PA)使用户与特权关联起来。

RBAC一个最重要的特色就是它自身是一个中性策略。RBAC是一个结合策略的方法而不是具体化某一个特殊的安全策略的方法。近些年的研究已经使RBAC日趋成熟,在RBAC模型中可以表示DAC和MAC模型,被认为是一种普遍适用的访问控制模型,尤其适用于大型组织的有效的访问控制机制。

## 8.4 数据的完整性约束

### 8.4.1 完整性与安全的关系

数据库中的数据完整性丧失可能与舞弊有关,审计过程中必须对此予以关注。例如,审计人员在审计一家医院时,发现医院管理信息系统模块很多,涵盖了医院活动的方方面面,涉及门诊挂号系统、门诊病历系统、门诊收费系统、门诊结算系统、住院登记系统、病区管理系统、住院结算系统等众多系统。于是,审计人员通过绘制系统流程图,分析业务的关键节点,重点关注关键节点上的数据完整性。以住院结算系统、门诊结算系统、药品流转系统为主。在查看住院结算系统中住院病人费用结算明细表相对应的存储过程时,发现其中的计算住院日期语句有疑点,可能破坏了数据完整性的要求,造成多算天数的情况。审计人员自行编写了一段计算病人住院天数的 SQL 语句,用该语句的执行结果与系统中病人费用结算明细表里的天数相比较,约 32% 的数据存在差异,其中 31% 的差异数为 0.5 天,1% 差异为大于 1 天。此过程验证了审计人员对存储过程有疑点的推断,确认了医院存在利用多算天数而多收取费用,违背了信息系统中数据完整性的事实。

破坏数据库中数据完整性的原因有很多,除了上面提到的故意的舞弊行为外,也存在各种意外情况,例如程序错误、自然灾害、人为操作失误等。但是,无论什么原因造成数据完整性的破坏都会影响企业的正常运行,甚至造成无法挽回的损失,因此,企业要重视信息系统中的数据完整性问题。

### 8.4.2 数据完整性

数据库中的数据完整性就是对数据的准确性和一致性的一种保证。分为以下三类。

(1) 实体完整性(entity integrity):规定表的每一行在表中是唯一的实体。实现实体完整性的方法:设置主键、唯一索引、唯一约束,即用 PRIMARY KEY 等实现实体完整性。

(2) 参照完整性(referential integrity):是指两个表的主关键字和外关键字的数据应一致,保证了表之间的数据的一致性,防止了数据丢失或无意义的数据在数据库中扩散。实现实体完整性的方法:外键约束,即用 FOREIGN KEY,REFERENCE 等实现参照完整性。

(3) 用户定义的完整性(user-defined integrity):不同的关系数据库系统根据其应用环境的不同,往往还需要一些特殊的约束条件。用户定义的完整性即是针对某个特定关系数据库的约束条件,它反映某一具体应用必须满足的语义要求。是根据具体的应用领域所要遵循的约束条件由用户自己定义的特定的规则,即用 CHECK,DEFAULT,NOT NULL 等实现用户定义完整性。

实体完整性和参照完整性是关系模型的两个极其重要的完整性,称为关系的两个不变性;其他完整性约束条件则可以归入用户定义的完整性。目前许多关系数据库管理系统都提供了定义和检查实体完整性、参照完整性和用户定义的完整性的功能。对于违反实体完整性和用户定义的完整性的操作一般都采用拒绝执行的方式进行处理。而对于违反参照完整性的操作,并不都是简单地拒绝执行,有时要根据应用语义执行一些附加的操作。审计人员要关注各类数据完整性的情况,对各种违反数据完整性的情况要一查到底。

### 8.4.3 完整性约束条件

为维护数据库中数据的完整性,DBMS 必须提供一种机制来检查数据库中的数据,看其是否满足语义规定的约束条件,这些加在数据库数据之上的语义约束条件称为数据库完整性约束条件。整个完整性控制都是围绕完整性约束条件进行的,从这个角度说,完整性约束条件是完整性控制机制的核心。

完整性约束条件作用的对象可以有列级、元组级和关系级三种粒度。其中对列的约束主要是指对其取值类型、范围、精度、排序等的约束条件。对元组的约束是指对记录中各个字段间的联系的约束。对关系的约束是指对若干记录间、关系集合上以及关系之间的联系的约束。

完整性约束条件涉及的这三类对象，其状态可以是静态的，也可以是动态的。所谓静态约束是指数据库每一确定状态时的数据对象所应满足的约束条件，它是反映数据库状态合理性的约束，这是最重要的一类完整性约束。动态约束是指数据库从一种状态转变为另一种状态时，新、旧值之间所应满足的约束条件，它是反映数据库状态变迁的约束。

综合上述两个方面，我们可以将完整性约束条件分为六类，即静态列级约束、静态元组约束、静态关系约束、动态列级约束、动态元组约束、动态关系约束。约束条件可能非常简单，也可能极为复杂。一个完善的完整性控制机制应该允许用户定义所有这六类完整性约束条件。

**1. 静态列级约束**

静态列级约束是对一个列的取值域的说明，这是最常见最简单同时也最容易实现的一类完整性约束，包括以下几方面。

(1) 对数据类型的约束，包括数据的类型、长度、单位、精度等。例如，规定职工姓名的数据类型应为字符型，长度为8。

(2) 对数据格式的约束。例如，规定职工编号的格式为前2位表示入职年份，后4位为顺序编号。出生日期的格式为 YY.MM.DD。

(3) 对取值范围或取值集合的约束。例如，规定性别的取值集合为[男,女]。

(4) 对空值的约束。空值表示未知的值，它与零值和空格不同。有的列允许空值，有的则不允许。例如，规定成绩可以为空值。

(5) 其他约束。例如，关于列的排序说明、组合列等。

**2. 静态元组约束**

一个元组是由若干个属性值组成的，静态元组约束就是规定组成一个元组的各个列（属性）之间的约束关系。例如，订货关系中包含发货量、订货量等列，并规定发货量不得超过订货量；又如规定员工的工资不得低于1000元。

**3. 静态关系约束**

在一个关系的各个元组之间或者若干关系之间常常存在各种联系或约束。常见的静态关系约束有：

(1) 实体完整性约束。

(2) 参照完整性约束。

(3) 函数依赖约束。在关系的字段间可能存在一些函数依赖需要显式地表示出来。如在学生-课程-教师关系 SJT(S,J,T) 中存在如下的函数依赖：(S,J)→T,J→T，将(S,J)作为主码，还需要显式地表示 T→J 这个函数依赖。

(4) 统计约束。即某个字段值与一个关系多个元组的统计值之间的约束关系。例如，规定部门经理的工资不高于本部门职工平均工资的5倍，不得低于本部门职工平均工资的2倍。本部门职工平均工资值是一个统计计算值。

#### 4. 动态列级约束

动态列级约束是修改列定义或列值时应满足的约束条件,包括下面两方面。

(1) 修改列定义时的约束:例如,将允许空值的列改为不允许空值时,如果该列目前已存在空值,则拒绝这种修改。

(2) 修改列值时的约束:修改列值有时需要参照其旧值,并且新旧值之间需要满足某种约束条件。例如,职工工资调整不得低于其原来工资,职工的工龄只能增长,等等。

#### 5. 动态元组约束

动态元组约束是指修改元组的值时元组中各个字段间需要满足某种约束条件。例如,职工工资调整时新工资不得低于其原工资+工龄×1.5,等等。

#### 6. 动态关系约束

动态关系约束是加在关系变化前后状态上的限制条件,例如事务一致性、原子性等约束条件。

### 8.4.4 完整性约束机制

一条完整性规则可以用一个五元组(D,O,A,C,P)来表示,其中,

D(data):约束作用的数据对象。

O(operation):触发完整性检查的数据库操作,即当用户发出什么操作请求时需要检查该完整性规则,是立即检查还是延迟检查。

A(assertion):数据对象必须满足的断言或语义约束,这是规则的主体。

C(condition):选择 A 作用的数据对象值的谓词。

P(procedure):违反完整性规则时触发的过程。

例如"职工的工资不得低于 1000 元"属于一个完整性约束,这时,

D:约束作用的对象为工资 Sal 属性。

O:插入或修改职工元组时。

A:Sal 不能小于 1000。

C:全体职工。

P:拒绝执行该操作。

检查是否违背完整性约束的时机通常是在一条语句执行完后立即检查,称这类约束为立即执行约束(immediate constraints)。有时完整性检查需要延迟到整个事务执行结束后再进行,检查正确方可提交,称这类约束为延迟执行约束(deferred constraints)。例如银行数据库中"借贷总金额应平衡"的约束就应该是延迟执行的约束,从账号 A 转一笔钱到账号 B 为一个事务,从账号 A 转出去钱后账就不平了,必须等转入账号 B 后账才能重新平衡,这时才能进行完整性检查。

DBMS 在实现完整性控制机制应具有三个方面的功能。

(1) 定义功能,提供定义完整性约束条件的机制。

(2) 检查功能,检查用户发出的操作请求是否违背了完整性约束条件。

(3) 如果发现用户的操作请求使数据违背了完整性约束条件,则采取一定的动作来保证数据的完整性。

### 8.4.5 完整性约束的语句

约束是 SQL Server 提供的自动强制数据完整性的一种方法,它通过定义列的取值规则来维护数据的完整性。常用约束有 PRIMARY KEY、UNIQUE、NOT NULL、CHECK、DEFAULT、FOREIGN KEY。

(1) PRIMARY KEY 约束:在表中定义一个主键来唯一标识表中的每行记录。

特点:每个表中只能有一个主键,主键可是一列,也可是多列;主键不能为空;主键值不能重复。

(2) UNIQUE 约束:它主要用来限制表的非主键列中的值不能重复。

特点:一个表中可以定义多个唯一约束。

(3) NOT NULL 约束:它用来设定某列值不能为空。

特点:如果设定某列为 NOT NULL,则在添加记录时,此列必须插入数据。

(4) CHECK 约束:它使用逻辑表达式来限制表中的列可以接受哪些数据值。

例如:成绩值应该在 0—100 之间,则可以为成绩字段创建 CHECK 约束,使取值在正常范围内。

(5) DEFAULT 约束:它为表中某列建立一个默认值,当为表中添加记录时,如果没有提供输入值,则自动以默认值赋给该列。

特点:默认值可以为常量、函数或表达式。使用默认值可以提高数据输入的速度。

(6) FOREIGN KEY 约束:外键是指一个表中的一列或列组合,它虽不是该表的主键,但是另一个表的主键。

特点:实现两表之间相关数据的一致性。

### 8.4.6 完整性约束的实现

**1. 实体完整性实现**

实体完整性规定,主码的任何属性都不能为空,而且它们以码为唯一性标识。SQL 中实体完整性通过主码来实现。一旦某个属性或属性组被定义为主码,该主码的每个属性就不能为空值,并且在关系中不能出现主码值完全相同的两个元组。主码的定义通过在 Create Table 语句中使用 Primary Key 关键字来实现。方法有两种:

(1) 在属性定义后加上关键字 Primary Key。

(2) 在属性表定义后加上额外的定义主码的子句:Primary Key(＜主码属性名表＞);主码由两个或以上的属性组成,则只能用该方法定义。

在插入和修改操作时,为了保持实体完整性,需要采取如下策略:

(1) 检查主码值是否唯一,如果不唯一则拒绝插入或修改。

(2) 检查主码的各个属性是否为空,只要有一个为空就拒绝插入或修改。

**2. 参照完整性约束实现**

参照完整性是对关系间引用数据的一种限制。即:若属性组 A 是基本关系 R1 的外码,它与基本关系 R2 的主码 K 相对应,则 R1 中每个元组在 A 上的值必须:要么取空值,要么等于 R2 中某元组的主码值。当用户操作违反了这个规则时,如何控制这个完整性不被破坏呢?SQL 提供了三种可选方案。

1) 限制策略(RESTRICT)

当用户对表进行违反了上述完整性约束，条件的插入、删除或修改操作时，将会被系统拒绝。

2) 级联策略(CASCADE)

级联策略是当对参照关系进行删除和修改时，SQL所提供的一种方案。在这种策略下，当删除或修改参照关系中某元组的主码值时，被参照关系中，那些外部码具有该值的元组也将被删除或修改，以保证参照完整性。

3) 置空策略(SET NULL)

置空策略也是针对参照关系的删除或修改操作的。在这种策略下，当删除参照关系中的某一元组或修改某一元组的主码值时，被参照关系中外码值等于该主码值的元组在该外码上的值将被置空。

### 3. 用户定义完整性约束实现

对于用户自定义完整性约束，SQL提供了非空约束、对属性的CHECK约束、对元组的CHECK约束、触发器等来实现用户的各种完整性控制要求。

1) 非空约束

在CRETE TABLE中的属性定义后面加上NOT NULL关键字即定义了该属性不能取空值。

2) 基于属性的CHECK约束

使用CHECK(检查)子句可保证属性值满足某些前提条件。其一般格式为：

CHECK(<条件>)

它既可跟在属性定义的后面，也可在定义语句中另增一子句加以说明。如：

CHECK(age>=18 AND age<=65);
CHECK(sex IN ("男","女"));

3) 基于元组的CHECK约束

基于元组的CHECK约束往往要涉及表中的多个域，所以它是元组约束。在对整个元组完成插入或对某一元组的修改完成之后，系统将自动检查是否符合CHECK条件表达式。若不符合条件，系统将拒绝该插入或修改操作。

基于元组CHECK约束的说明方法是在CREATE TABLE语句中的属性表、主码、外部码的说明之后加上CHECK子句。

# 第 9 章 操作系统安全

## 9.1 操作系统的安全问题

### 9.1.1 操作系统的概念

操作系统(operating system,OS)是计算机系统的核心与基石,是控制和管理计算机硬件和软件资源,合理地组织计算机的工作流程以方便用户使用的程序集合。它介于硬件设备和应用软件之间,是一切软件运行的基础,如图 9-1 所示。因此,操作系统的安全是所有软件安全的基础。

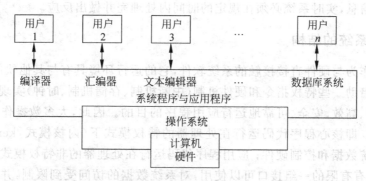

图 9-1 计算机系统的构成

操作系统具有进程管理、存储管理、设备管理、文件管理和作业管理等五大基本功能。

(1) 进程管理:主要对 CPU 进行管理,负责进程的启动和关闭,为提高利用率采用多道程序技术。

(2) 存储管理:负责内存分配、调度和释放等。

(3) 设备管理:负责计算机中外围设备的管理和维护,以及驱动程序的加载等。

(4) 文件管理:负责文件存储、文件安全保护和文件访问控制等。

(5) 作业管理:负责用户向系统提交作业,以及操作系统如何组织和调度作业等。

目前,常见的操作系统有 DOS、OS/2、UNIX、XENIX、LINUX、Windows 2000、Netware 等,其中应用最广泛、影响最大的操作系统主要有两类:UNIX 和 Windows。

## 9.1.2 操作系统的种类

根据用户界面、使用环境和功能特征等方面的不同,操作系统可以分为服务器操作系统、多处理器操作系统、网络操作系统、分布式操作系统、个人操作系统、嵌入式操作系统和微型操作系统等。

根据操作系统的性能,可分为三种基本类型:批处理系统、分时系统和实时操作系统。而实际的操作系统往往是这三种技术的综合和权衡的结果。

批处理系统早在 20 世纪 60 年代就产生了,至今仍然配置在大多数的大、中、小型机上,资源利用率高和系统吞吐量大是批处理系统两大优势。

分时系统出现晚于批处理系统。在分时系统中,计算机能够同时为多个终端用户服务,而且能在很短的时间内响应每个用户的要求,给每个用户的印象是,他独占一台计算机。当今流行的操作系统中,如 OS/2、UNIX、Windows 系列使用的都是分时操作系统。分时系统具有多路性、独占性、交互性和及时性等特征。

实际的操作系统一般是结合了批处理系统和分时系统的优点,以前台/后台的方式提供服务,前台以分时方式为多个联机终端服务,当终端用户较少或没有终端用户时,系统采用批处理方式处理后台的作业。

20 世纪 50 年代的后期,计算机开始用于生产过程的控制,形成了实时操作系统。实时系统对响应时间的要求比分时操作系统高,一般要求秒级、毫秒级甚至微秒级的响应时间。对外部输入的信息,实时系统必须在规定的时间内处理完并做出反应。

## 9.1.3 操作系统的结构

操作系统作为与硬件直接接触的系统软件,它的运行环境具有与其他软件不同的地方,操作系统需要借助一些特权指令和硬件机制(中断机制、存储机制、时钟)实现对硬件资源的管理,达到稳定、高效、安全、可靠地运行应用程序的目的。因此,大多数操作系统采用双模式的体系结构。即核心程序代码运行在处理器的特权模式下(内核模式,kernel mode),可以直接访问系统数据和控制硬件;应用程序代码运行在处理器的非特权模式下(用户模式,user mode),只有有限的一组接口可以使用,对系统数据的访问受到限制,并且无法直接访问和控制硬件。当用户模式程序调用一个系统服务时,处理器捕获到该调用,然后将调用线程切换到内核模式。当该系统服务完成时,操作系统将线程环境切换回用户模式,并允许调用者继续执行。

## 9.1.4 操作系统面临的威胁

对操作系统可能构成威胁的用户分为两类:未授权用户和授权用户。即使在非敌对环境中工作的有着良好管理秩序的团体中,操作系统的授权用户也可能由于疏忽或其他一些偶然因素对系统的安全构成威胁,所以操作系统应防止这类威胁。具体而言,操作系统可能会遇到的威胁有:

(1) 授权用户在没有取得信息所有者同意的情况下,察看了本不应知道的信息,即使这个用户可能有足够的权限看到这个受保护信息。

(2) 授权用户没有经过信息所有者的直接或者间接授权,对该信息进行了修改或破坏。

(3) 用户未经授权,便使用需要拥有管理员权限的工具,通过工具取得对信息的未授权访问。

(4) 工作站间数据传输过程中的数据泄漏、被未授权用户篡改或被其他直接或间接地处理,如工作站身份欺骗。

(5) 未授权用户可能通过模拟授权用户获得对操作系统的访问,或者对一个授权用户已经登录而又暂时无人照看的系统进行访问,从而获得了对信息的未授权访问。

(6) 为保护其资源,操作系统应保持一个安全状态,但这种状态可能由于系统的故障而被破坏,如造成数据不一致。

(7) 在一系列的攻击下,操作系统资源的不可用。

### 9.1.5 操作系统的安全策略

为了应对威胁,提高操作系统的安全性,可以采用以下方法抵御威胁:

(1) 特定客体的访问权限由客体安全属性、用户身份和环境条件所决定,这些条件在对应的策略中都应明确规定。

(2) 使用监督和事后评判等机制,使用户的有关安全的行为得到控制。

(3) 在物理上分离的部件之间的信息流应遵从已建立的信息流控制策略。

(4) 除了公共资源外,系统受保护资源仅限于需要了解该资源的授权用户进行访问。

(5) 给操作系统中的主体、客体或客体信息的敏感标记,如安全等级、数字签名等,从而有效地控制各类访问。

(6) 根据上述功能实现的强弱,给操作系统进行安全等级划分。

(7) 对操作系统的安全状况进行监测的方法。

### 9.1.6 操作系统安全等级的划分

我国的《信息安全技术——操作系统安全技术要求》(GB/T 20272—2006)把操作系统划分为五个安全等级,针对操作系统在安全性方面的特殊要求,对各个安全保护等级的不同安全功能要求和安全保证要求分别进行了详细说明。安全功能要求主要说明操作系统的每一个安全保护等级所实现的安全策略和安全机制;安全保证分别对每一个安全保护等级的操作系统安全子系统的自身安全、设计和实现,以及安全管理等方面进行了描述。

计算机操作系统可以是单处理机环境的操作系统,也可以是多处理机环境的操作系统。后者又包括多处理机并行操作系统、分布式操作系统(含分布式计算环境)、网络操作系统等多种情况。对于单处理机环境的操作系统,安全保护等级的划分相对简单,而对于多处理机环境的操作系统,由于其一般都跨网络运行,安全保护等级的划分相对复杂。对于多处理机环境的操作系统,由于其操作系统的组成部分具有相对的独立性,并且,这些操作系统运行于网络环境,因而在考虑对其进行安全保护等级划分时,应首先考虑各组成部分的安全保护等级划分,并充分考虑网络传输中的安全因素,然后,综合考虑整个操作系统的安全保护等级。

安全等级划分的基本原则是:各组成部分安全保护等级应不低于整体系统安全保护等级。操作系统的安全性与支持其运行的计算机硬件设备与环境条件密切相关。因此,支持操作系统运行的硬件设备及环境条件的安全保护等级应与该操作系统的安全保护等级相匹配。

系统安全等级的划分主要是从系统设计与开发的角度提出的,体现了系统的静态安全性,但是系统的安全等级与系统在实际运行过程中的安全状况不是完全等价的。如果一个企业的安全管理措施有力有效,那么即使是系统的安全等级不高,也能保证系统处于比较安全可靠的运行状态。对审计师而言,了解系统的安全等级非常必要,为深入分析和审核系统的运行状况提供了依据,但是,审计人员更应当了解系统的实际运行状态,分析各种管理措施的情况,分析各类潜在的安全隐患。

### 9.1.7 操作系统的安全机制

为了有效地实现安全策略,提高系统的安全性,大多数操作系统通过账户管理、文件加密、访问权限控制、安全漏洞扫描、审计等安全功能模块,形成了一系列有效的安全机制。

**1. 账户管理**

账户管理必然涉及系统对用户的标识与鉴别。系统标识用户主要是通过设定用户标识符(通常是用户名)来实现的;而操作系统的鉴别通常在用户登录时发生,例如系统可以提示用户输入密码,然后判断用户输入的密码是否与系统中存储的该用户密码一致。密码系统提供的安全性依赖于密码的保密性,因此在使用密码系统时必须注意以下几点:

① 当用户在系统中注册时,必须设定用户密码。
② 用户密码应当定期修改。
③ 系统必须维护密码数据库的保密性。
④ 用户必须能够记住自己的密码。
⑤ 在系统认证用户时,用户必须输入正确的密码。

密码的质量主要与密码空间、密码加密算法及密码长度相关。其中,密码空间的大小主要与字母表规模有关。密码加密算法可以防止用户登录系统后盗取其他用户的密码,这个算法应当是单向且不易破解的,否则就可能带来安全威胁。例如,2011年被公开的Oracle密码加密算法就带来了密码被窃的风险。密码长度涉及密码的字符数目和有效期两方面。一般而言,密码所含的字符越多,安全性就越大;密码实际使用的有效期越短,密码被猜出的可能性就越小。因此,一般安全性要求较高的系统通常要求用户的密码不少于8个字符,必须同时含有大小写字母、数字及特殊符号,并按照一定时间周期定期更改。然而,在实际应用中,很多计算机用户使用自己的姓名、家人的姓名或者生日作为密码。这种密码很不安全,黑客软件很容易就可以通过穷举方式搜索所有可能的姓氏和生日的搭配。

在多级安全操作系统中,标识和鉴别不仅要完成一般的用户管理和登录功能,如检查用户的登录名和密码,赋予用户唯一的用户ID等,还要检查用户申请的安全级别、计算特权集、审计屏蔽码,赋予用户进程安全级、特权集标识和审计屏蔽码。

**2. 文件加密**

传统的文件系统对于入侵者是很脆弱的,只要入侵者能够欺骗操作系统,系统中的信息和数据就不再是秘密。另外,如果入侵者能够得到计算机系统的物理硬盘,那么盘上的所有明文数据就全部泄露了。为此引入文件加密技术是必要的。所谓文件加密是一种根据要求在操作系统层自动地对写入存储介质的数据进行加密的技术。对于用户而言,文件系统的加密应该是透明的。换言之,用户感觉不到是在加密文件系统上工作,只要是合法用户,就能和访问普通文件系统一样进行访问。常用的加密算法有IDEA算法、RSA算法和AES算法。就加密强度来讲,AES算法加密强度最高。需要指出的是,美国政府认为,强大的加密算法属于军用品,因此其出口要遵循International Traffic in Arms Regulations (ITAR)。

这在一定程度上影响了部分系统的软件(主要是 UNIX 系统及相关产品)的开发和推广。

**3. 访问权限控制**

访问权限控制,又称访问控制,是指按用户身份及其所归属的某项定义组来限制用户对某些信息项的访问,或限制对某些控制功能的使用。访问控制通常用于系统管理员控制用户对服务器、目录、文件等系统资源的访问。访问控制需要实现如下三种基本功能:

① 防止非法的主体访问受保护的系统资源。
② 允许合法主体访问受保护的系统资源。
③ 防止合法的主体对受保护的系统资源进行非授权的访问。

访问控制一般涉及自主访问控制和强制访问控制。自主访问控制是最常用的一类访问控制机制。在自主访问控制机制下,文件的拥有者可以按照自己的意愿精确地指定系统中的哪些用户对其文件具有何种访问权。换言之,在自主访问控制机制下,用户可以自主地决定系统中哪些用户可以以何种权限或方式共享其资源。此外,其他具有赋予访问权限的用户也可以自主地将访问权或访问权的部分子集授予其他用户。

强制访问控制是指由系统对用户所创建的对象进行统一的强制性控制,按照预先设定的规则决定哪些用户可以对哪些对象进行何种类型的访问。在这种访问控制机制下,即使是对象的创建者,在其创建一个对象后,也可能无权访问该对象,如日志管理。在此机制下,系统中的每一个进程、文件、IPC 客体都被赋予了相应的安全属性,这些安全属性由系统安全员或操作系统自动地按照某种规则设定,一般是不能随意更改的。

**4. 安全漏洞扫描**

安全工作是防守和进攻的博弈。作为防守一方,系统管理员和内部审计人员应及时准确地审视自身系统的弱点,审视自己信息平台的漏洞和问题,才能在信息安全战中立于不败之地。为了寻找系统弱点,操作系统安全漏洞扫描应运而生,其主要目的是评估由于操作系统配置方式不当所导致的安全漏洞。目前,市场上提供了大量的安全漏洞扫描软件。通常,这些软件在一台指定的机器上运行,通过一系列测试探测本地网络中的每一台机器,发现潜在的安全漏洞和缺陷,提供问题报告,并给出解决问题的建议。随着安全问题日益严重和安全漏洞扫描日益重要,为了规范安全扫描软件的开发和应用,我国公安部特别颁布了《信息安全技术主机安全漏洞扫描产品检验规范》。

操作系统安全扫描的主要对象包括设置错误、黑客踪迹、特洛伊木马、关键系统文件完整性的威胁等。漏洞扫描技术有很多种,如主机扫描、端口扫描、多重服务检测等。一般扫描软件会综合应用多种技术,如寻找薄弱密码的 Crack,检测完整性的 Tripwire 等。

**5. 审计**

安全审计是指由审计人员根据有关的法律法规,对系统中有关涉及安全的活动进行记录、检查和审核,并做出相应评价。主要目的在于检查、揭示和阻止非法用户对计算机系统的入侵,并发现合法用户的误操作。

审计作为一种事后追查的手段,需要对涉及系统安全的操作进行完整的记录。一般情况下,审计功能在系统开机引导时自动启动。审计记录一般应包括如下信息:事件发生的日期和时间、代表正在执行事件的主体的唯一标识符、事件类型等。对于标识和鉴别事件,审计记录应该记录下事件发生的源地点。审计人员根据这些记录对系统事故进行查询和定位,有效地追踪违反系统安全准则的事件的发生过程,为安全事件发生前的预测、报警及安全事件发生后的处理提供解决方案。

### 9.1.8 操作系统安全性的测评

操作系统的安全测评是实现安全操作系统的一个极为重要的环节。为了实现操作系统安全测评自动化，需要对操作系统安全测评方法进行研究。目前，评测操作系统安全性的方法主要有三种：形式化验证、非形式化确认和模拟入侵检测。这些方法可以独立使用，也可以将它们综合起来评估操作系统的安全性。

**1. 形式化验证**

形式化验证是分析安全操作系统最精确的方法。在形式化验证中，安全操作系统被简化为一个要证明的"定理"。定理断言该安全操作系统是正确的，即它提供了所有应该提供的安全特性，而不提供任何其他功能。但是，证明整个安全操作系统正确性的工作量是巨大而复杂的。对于稍具规模的安全操作系统而言，试图运用形式化方法加以描述或验证往往不大可能。为此，操作系统一般仅在某些安全模型的分析和设计上采用形式化描述的方式，因而只能针对有关安全模型展开局部的形式化验证，而并非整个安全操作系统。

**2. 非形式化确认**

确认是比验证更为普遍的术语，它包括验证，但也包括一些不太严格，但能让人们相信程序正确性的方法。通常采用安全需求检查、设计及代码的安全检查、模块及系统安全测试等方法确认一个操作系统的安全性。

**3. 模拟入侵检测**

模拟入侵检测可作为操作系统安全测评的辅助手段。其基本出发点是在掌握操作系统安全漏洞的基础上，试图发现并利用系统中的安全缺陷。例如，利用安全漏洞扫描软件等尝试发现可能存在的系统配置等安全漏洞，并进一步通过植入黑客窥视文件或特洛伊木马窃取口令账号、完成关键系统文件非授权修改，甚至摧毁正在测试中的安全操作系统等。

## 9.2 Windows 安全机制

### 9.2.1 Windows 安全机制概述

Windows 1.X 是第一代窗口式多任务操作系统，Windows 3.0 成为当时 PC 系统的工业标准。Windows 95 是第一个不需要 DOS 引导的完全独立的系统，Windows 98 更好地满足了人们越来越多的访问 Internet 的需要，成为当时的主流操作系统。Windows NT 系统（NT 是 new technology 的缩写）是真正的 32 位操作系统，与普通的 Windows 系统不同，它主要面向企业用户。Windows 2000 Server 系统是商用服务器的新标准，Windows XP 是基于 Windows 2000 的，极大地提升了安全性能，是目前最为流行的操作系统之一。目前，个人电脑和部分服务器都装有 Windows 操作系统，特别是在个人电脑市场，Windows 系统占据统治地位。

Windows 安全机制涉及内容很多，审计人员需要了解企业是如何运用这些安全机制提高自身信息系统安全性的，包括身份验证、访问控制、文件系统的加密等。另外，审计人员通过入侵检测、日志管理、系统事件审核等手段可以进一步分析和发现被审计单位信息系统的安全状况，特别是操作系统的安全状况，进而提出改进建议。

## 9.2.2 身份验证

在 Windows 系统中，对资源访问权限的控制一般分为两个阶段。第一个阶段，系统必须对请求访问资源的个体或用户进行身份验证，以防止未知用户访问系统资源。第二阶段，系统根据用户被授予的权限执行访问控制检查，以防止用户非法访问其不被许可访问的资源。第一阶段一般被称为身份验证，后一个阶段是狭义的访问控制。

身份验证是指一个用户为了获得服务或访问资源而向服务器证明自己的身份。Windows 系统的身份验证一般包括两类：交互式登录过程和网络身份验证过程。前者用于用户登录到域账户或者本地计算机账户，而网络身份验证则是登录获得网络服务时所需提供的身份证明。在 Windows 2000 之后的版本中，尽管共享密钥仍是身份验证的基础，但系统引入了一些新的机制和协议用于保护这些密钥。最重要的两个协议是 Kerberos 协议和 NTLM。Kerberos 协议是一个基于票据的协议，为客户和服务器之间提供了双向的身份验证，它主要用于交互式登录和部分网络身份验证；而 NTLM 是主要用于网络身份验证的协议。

交互式登录过程一般用到以下三个组件：Winlogon.exe、GINA 的动态链接库和网络程序的动态链接库。在交互式登录中，用户登录到本地计算机 Windows 系统与登录到域账号的过程是不同的。前者不采用 Kerberos 协议，而是仅仅利用系统安全账户管理器（security account manager，SAM）加以判定。具体而言，登录到本地计算机的过程如下：用户通过按下 SAS 热键（默认为 Ctrl+Alt+Del）启动登录过程。此时，Winlogon 接收信息切换到 Winlogon 界面，并调用 GINA 来显示标准的登录对话框，提示用户输入用户名和密码。在用户输入完毕后，GINA 将这些信息发送给 LSA 验证。LSA 将密码转换成非可逆的密钥形式，然后与 SAM 数据库中的条目匹配比较来判定用户名和密码是否正确。如果匹配成功，则 SAM 返回包括用户的安全标识符（SID）和用户所在组的 SID。进而，LSA 利用这些 SID 创建安全访问令牌，并把令牌句柄和登录确认信息返回给 Winlogon。至此，用户完成登录可以进入系统。

用户登录到域账户与上述过程的不同之处主要在于验证密钥及其之后的阶段。在登录到域账户的过程中，主要利用 Kerberos 验证程序和密钥分发中心（KDC）进行验证。当它们核实用户身份后，就会为用户提供一个登录会话密钥，并向 Kerberos 验证程序包返回一个票据授予票据（TGT），拥有此票据后用户才可以为了获得域服务而申请相应票据。Kerberos 验证程序包和 KDC 还将向用户提供一个会话票据，LSA 可以据此判定用户是本地哪个安全组的一部分，进而确定用户权限。LSA 根据由此确定的 SID 和会话票据中的 SID 可以创建会话令牌，并将令牌句柄和登录确认信息返回给 Winlogon。此时，用户就可以进入 Windows 界面了。

近年来，Windows 系统还通过 Kerberos 协议的一个扩展，用智能卡验证取代传统密码系统，以此来实现更为可靠的网络身份验证。智能卡可以避免用户因使用容易记忆也容易破解的密码而造成的危险，还可以通过提供多次错误输入即锁定功能避免穷举攻击的威胁。此外，智能卡增加了诸如交互式登录、客户端验证和远程登录等解决方案。目前，智能卡已经广泛应用于银行的个人网银业务，具有很大的发展空间。

### 9.2.3 访问控制

访问控制是指确定一个通过验证的用户是否具有访问某些特定系统资源的权限,其目的在于限制用户进程对访问客体(例如文件、系统等)的访问权限,从而使计算机系统在安全范围内使用。

系统资源访问涉及访问主体(用户、组、进程等)和访问客体(文件、系统资源等)两方面。在 Windows 系统中,从访问主体角度看,访问控制一般在用户登录时就为该用户创建一个访问令牌(access token)。该令牌包含了该用户的 SID、该用户所在组的 SID 以及该用户的特权等信息。每当用户启动一个应用程序时,所执行的每一个线程都将得到一份该令牌的副本。当线程请求访问受限保护的对象时,操作系统都要根据该线程所携带的令牌判断该线程是否有权限以其所需的方式访问对象。

从访问客体角度出发,访问控制一般利用安全描述(security descriptor)定义被访问客体的安全信息,即哪些用户和组可以访问或者拒绝其访问。这种描述通过一些访问控制项(ACE)组成的自由访问控制列表实现。一般有六类访问控制项,分别表示:拒绝访问,允许访问,系统审核,特殊对象的拒绝访问,特殊对象的允许访问以及特殊对象的系统审核。

以上所介绍的主要是用户访问系统内部资源时的访问控制。在网络时代,有时还需要对客户端访问外部网络加以控制,这是安全访问控制的另一方面内容。在 Windows 系统中,一般采用 ISA Server 来安全地控制和代理客户端访问外部网络。下面介绍 ISA Server 对外访问控制的原理。

ISA Server 默认除了其规则设置中允许的通信类型外的任何类型的内网数据通信都禁止通过 ISA Server 的外网卡。ISA Server 2000 默认内部网络是安全的,因此在内部网络和 ISA Server 内网网卡之间没有设置防火墙。当内部客户端请求访问外网地址时,这种请求被发送至 ISA Server,它按照如下流程处理相应的请求。

(1) ISA Server 首先调用扩展过滤器来处理请求。扩展过滤器可以对 ISA Server 数据包进行检测、屏蔽及重定向等操作,可以用于检测 SMTP 邮件、DNS 名称解析等,进而可以实现病毒检测、站点分类等功能。需要指出的是,这一步处理并非必需的。如果没有注册相关过滤器,则可直接跳至下一步。

(2) 当请求通过扩展过滤器的处理后,ISA Server 将检查协议规则中是否有规则允许或拒绝此请求。在此检查中,一般会检查客户端请求的端口号或范围、协议类型或方向。如果存在一条允许该请求的协议规则,则该请求通过协议规则检查;否则该请求被拒绝。

(3) 若请求通过上述协议规则检查,则进行站点和内容规则检查。ISA Server 将对比站点和内容规范与客户端的访问请求,需要对比的内容一般有访问的目标地址、时间段、HTTP 内容类型、客户端身份等。如果存在一条允许该请求的站点和内容规则,则通过本次检查;但若无匹配的协议规则,或者只要存在一条拒绝该请求的站点和内容规则,则该请求就将被拒绝。

(4) 当请求通过上述安全检查后,如果该请求是由防火墙服务处理的,则 ISA Server 检查防火墙级联设置,并据此转发客户端请求;如果客户端请求是由 Web 代理服务处理的,则根据路由规则转发客户端请求。

(5) 最后,ISA Server 进行 IP 包过滤,这主要是为了保护 ISA Server 本机。如果 IP 包过滤规则允许该请求,则客户端请求将被转发到外网的目标地址。

### 9.2.4 加密文件系统

对文件系统进行加密是操作系统安全机制的主要内容之一。在目前常用的 Windows 系统中,文件加密系统(EFS)提供了在磁盘上保存 NTFS 加密文件的核心技术。这种技术可以确保:即使有人能够从物理上访问计算机或磁盘驱动器,也无法获取敏感信息。此外,由于 EFS 所使用的加密技术基于公私钥机制,并且 EFS 是作为综合系统服务运行的,所以它对用户是透明的而且是容易使用的。在 EFS 系统中,用于解密数据的是两类证书:加密文件系统证书和文件恢复证书。前者允许其持有者使用 EFS 加密和解密数据,它通常被称为 EFS 证书,是普通用户所使用的证书。文件恢复证书的持有者可以在整个域或者相应范围内对任何人加密的文件和文件夹进行解密恢复。因此,只有域管理员或者可信度极高的委托人(即故障恢复代理)可以持有此类证书,该类证书通常被称为 EFS DRA 证书。

使用 EFS 系统对文件进行加密是简单的,只需要将文件或文件夹属性中的加密属性启用即可。但如果用户没有准备相应的恢复措施,那么当 EFS 加密证书丢失后,这些加密文件将无法再打开。因此,建议在使用 EFS 进行加密时采用如下步骤:

(1) 选择故障恢复代理,这用于确保加密证书密钥丢失时可以对文件进行解密;
(2) 生成和备份恢复密钥;
(3) 设置故障恢复代理,针对域环境而言,在组策略中设置域范围内的故障恢复代理,针对非域环境则在本地安全策略中设置故障恢复代理;
(4) 启动 EFS 进行加密。

使用故障恢复代理恢复 EFS 加密文件的方法很简单。首先将恢复代理的证书和密钥导出到一台计算机上,然后将该 EFS 加密文件复制到该计算机,故障恢复代理账号就可以打开该文件,然后将该文件的加密属性清除,就可以得到解密后的文件。

### 9.2.5 入侵检测

几乎所有运行的计算机系统都可能被攻击。一方面,即使系统最初未发现漏洞,但在用户使用计算机过程中可能出现不正确的授权或使用不安全的配置,这将导致新漏洞的产生;另一方面,入侵者的成功一般都是在一系列尝试性攻击失败后达成的。所以,审计人员需要了解被审计单位是否定期查找网络安全漏洞,及时发现入侵行为,采取措施弥补漏洞,最大限度地减少损失。

**1. 系统安全配置审查**

MBSA 是微软的一个安全评估工具。它主要用于扫描本地计算机及远程计算机上常见的安全配置错误,并为其扫描的每一台计算机提供一份单独的安全报告。MBSA 可以在 Windows 2000 及其之后的 Windows 版本上运行,但不能扫描装载 Windows 95/98/ Millennium Edition 的计算机。它的功能主要是扫描 Windows 系统的安全漏洞,以及 IIS、SQL Server、IE 和 Office 等软件中常见的安全配置错误。但运行该软件需要满足一些条件,例如执行本地扫描时需要启动本地的 Workstation 服务和 Server 服务;远程扫描时需要在网络连接中安装"Microsoft 网络客户端",被扫描的计算机需要启动 Server 服务和远程注册表服务,并在网络连接属性中安装文件和打印共享,等等。

对于 MBSA 生成的评估报告中所指出的安全漏洞和威胁,系统管理员和审计人员需要一项一项认真分析,并且根据企业的实际情况,决定是否需要采取补救措施。

**2. 补丁管理**

SMS 是微软提供的一款网络管理软件,该产品的一项重要功能是补丁管理。一般情况下,微软在其产品发布后,经常会针对产品本身存在的功能或安全问题发布补丁。近年来,随着 Nimda、冲击波和震荡波等病毒的肆虐,微软产品的用户深切地意识到安装补丁的重要性。

**3. 端口扫描**

最常见的安全扫描就是端口扫描,其中比较流行的端口扫描工具有 SuperScan、NetScan Tool 等,系统管理员和审计人员可以根据需要选择恰当的工具。

### 9.2.6 事件审核

安全审核是整体安全策略的一部分,通过对系统和用户进行充分和适当的审核,就能够在发生安全事故之后帮助发现事故发生的原因,并提供相应的证据。安全审核主要是监视与安全性有关的事件,进而检测入侵者和可能危害系统数据的行为。审计人员需要了解企业是否定期进行事件审核,同时,审计人员也可以直接进行事件审核,了解被审计单位的系统安全状况。

最常见的审核事件的类型包括访问对象、用户账户和组账户的管理,以及用户登录系统及系统注销。审核事件包括成功事件和失败事件。成功事件表明用户已经成功获得某资源的访问权限,而失败事件表明用户尝试访问但失败了。因为攻击成功也是一个成功事件,所以成功事件难以帮助管理员追踪攻击尝试。事实上,失败事件更有帮助,因为成功的攻击总是在一系列失败尝试之后达到的。

下面以审核系统事件为例说明如何识别部分安全问题。系统事件是在用户或进程更改计算机环境的部分内容时生成的,如关闭计算机或者更改系统时间等,具体如表 9-1 所示。

表 9-1 系统事件

| 事件 ID | 事 件 说 明 |
|---|---|
| 512 | Windows 正在启动 |
| 513 | Windows 正在关闭 |
| 514 | 本地安全机构加载了一个身份验证程序包 |
| 515 | 一个受信任的登录进程已向本地安全机构注册 |
| 516 | 为了对安全事件消息进行排队而分配的内部资源已经用尽,导致一些安全事件消息丢失 |
| 517 | 安全日志被清除 |
| 518 | 安全账户管理器加载了一个通知程序包 |

审计人员可以使用下面这些事件分析来发现一些安全问题。

**1. 关机/重新启动事件分析**

事件(ID=513)会显示关闭 Windows 的每个实例。掌握服务器关机或重新启动的具体时间非常重要。有时这一事件是有合法原因的,例如为了完成某个驱动程序或应用程序的安装而重新启动,或出于维护服务器的目的而关机或重新启动。但是也存在如下可能,即攻击者为了在启动过程中获取对于系统的访问权限来强制重新启动服务器。因此,在安全审核时,每一次计算机关机的情况都应注意,并与事件日志进行比较。

相当一部分攻击都涉及计算机重新启动。通过对这些事件日志的研究,我们可以确定服务器何时进行了重新启动,以及此次重新启动是计划内的还是计划外的。事件ID512显示Windows正在启动,同时,在系统日志中还会自动生成一系列其他事件。这些其他事件包括事件ID6005,表示已启动了事件日志服务。

除了此项之外,还要查找系统日志中存在的两个不同事件日志项中的一个。如果上一次关机正常(如管理员重新启动了计算机),系统日志中会记录一个事件(ID=6006),表示事件日志服务已停止。通过检查该项目的详细信息,可以确定哪个用户执行了这次关机。

如果这次重新启动是一种非预期的重新启动,系统日志中会记录一个事件(ID=6008),表明在这个时间点发生的上次系统关机不在预期之内。在此情况下,可能是一个拒绝服务(DoS)导致了计算机关机,但也可能由于电源或设备驱动程序故障。管理员应予以查清。

如果重新启动是由导致蓝屏的停止错误引发的,则系统日志中会记录一个事件(ID=1001),其中带有SaveDump的源数据。管理员可以在事件详细信息中复查真正的停止错误消息。

**2. 修改日志事件分析**

攻击者可能尝试修改安全日志,或者在攻击过程中禁用审核功能,或者通过清除安全日志来防止检测。如果发现安全日志在某个时间段内没有任何项,则审计人员应查看ID612事件和ID517事件,这些事件可以确定修改审核策略的用户;还应该比较出现的所有事件ID517与表明清除安全日志的所有次数的物理日志。未授权的安全日志清除可能是为了隐藏以前安全日志中存在的事件。通过事件详细信息,可以找到清除了该日志的用户名。

### 9.2.7　Windows日志管理

Windows事件日志包括系统日志、应用程序日志、活动目录日志和安全日志,其中审核策略所生成的日志属于安全日志。这些日志有助于企业进行安全分析和监测,也可以帮助审计人员分析系统的安全状况,发现管理问题,提出整改建议等。因此,审计人员需要了解日志文件的保管状况,提供日志获取审计线索等。

审计人员可以通过Windows管理工具中的事件查看器直接查看各种日志。也可以用微软开发的EventCombMT工具,该软件功能强大,可以同时分析来自很多服务器的事件日志,可以定义一个或多个待搜索的事件ID,也可以定义搜索包含某些关键字的事件,还可以将搜索限制于特定的事件日志、特定的事件消息类型或者特定的事件来源等。这些功能为用户和审计人员提供了极大的便利。

可见,日志提供了非常重要的审计线索,攻击者有时会采用删除日志的方法掩盖自己的入侵行为和途径。因此,企业必须采取措施保护事件日志,一般可以采用如下方法:

(1) 使用组合策略来控制事件日志的存储、覆盖、维护和访问等。

(2) 强制有权限查看或修改审核设置的账户必须使用较复杂的密码或采用多重身份验

证,以避免攻击者通过攻击这些账号来访问或修改审计信息。

(3) 确保服务器的物理安全,防止攻击者在本地硬盘上删除事件日志。

(4) 定期备份事件日志到物理隔离的其他计算机上。

## 9.3 UNIX 安全机制

### 9.3.1 UNIX 安全机制概述

最初的 UNIX 是用汇编语言编写的,一些应用是由叫做 B 语言的解释型语言和汇编语言混合编写的。1973 年 Thompson 和 Ritchie 用 C 语言重写了 UNIX,用 C 语言编写的 UNIX 代码简洁紧凑、易移植、易读、易修改,为此后 UNIX 的发展奠定了坚实基础。UNIX 因为其安全可靠、高效强大的特点在服务器领域得到了广泛的应用,也是科学计算、大型机、超级计算机的主流操作系统。

当时的 UNIX 拥有者 AT&T 公司以低廉甚至免费的许可将 UNIX 源码授权给学术机构做研究或教学之用,许多机构在此源码基础上加以扩充和改进,形成了所谓的 UNIX 变种(variations),这些变种反过来也促进了 UNIX 的发展,其中最著名的变种之一是由加州大学 Berkeley 分校开发的 BSD 产品。尽管后来非商业版的 UNIX 系统又经过了很多演变,但都是建立在 BSD 版本上,BSD 4.4 成为所有免费版(free 版)UNIX 的基础。

很多人认为 UNIX 系统是一个相对安全的操作系统。然而,管理不善的 UNIX 系统并不比 Windows 系统更为安全。审计人员需要充分了解 UNIX 系统的安全机制,应用有关的软件工具了解系统,发现问题,提出整改意见。UNIX 系统的安全机制包括账户安全控制、文件系统安全控制,以及日志管理、密码强度审查、入侵行为检测、系统日志分析等管理措施。

### 9.3.2 账户的安全控制

每个 UNIX 用户都会有一个由若干字符组成的用户名,这个用户名可以由用户自己设定,也可能由系统管理员指定。但在计算机系统内部,一般每个用户都被分配一个数字来表示其身份,这个数字就是用户标识符(UID)。目前很多 UNIX 系统用无符号的 32 位整数来标识 UID。其中,有一个特殊的 UID 是 0,它用来标识 UNIX 的超级用户。这里需要注意的是:尽管习惯将超级用户账号名设为 root,但账号名是 root 并不意味着这个账号就一定是超级用户,仅仅当这个账号的 UID 是 0 时它才是超级用户。另一方面,其他账号名的 UID 同样可以设置为 0,此时这个账号就也是超级用户了。

超级用户权限极大,它所运行的程序不受任何安全限制的约束,并且大多数检查和警告都对其无效。换言之,它几乎可以控制整个操作系统。所以,攻击者几乎都会试图成为超级用户。一般情况下,除了 root 以外,系统管理员不会设置更多的其他账号为超级用户,因此,如果系统中发现 UID 为 0 的账号,那么就应该小心了。迄今为止发现的大部分 UNIX 系统漏洞都与允许普通用户成为超级用户有关。

由于超级用户权限失窃危害极大,一般系统管理员在不需要使用超级用户权限时会使用其他账号完成工作。在实际工作中,系统管理员经常需要切换为超级用户,这里主要使用 su 命令完成切换。

大多数系统都会将 su 登录命令失败的情况记入日志。所以，如果发现有很多 su 命令登录失败事件，这表明某个账号正在试图非法获取权限，此时系统管理员需要仔细排查，以防止其进一步攻击和破坏。审计人员需要了解系统管理员是否定期审核日志。

一些 UNIX 系统还提供了很多保护 root 账号的方法，例如安全终端、wheel 组等方法。所谓安全终端是指仅仅允许用户从控制台登录 root 账号，而不允许其从其他终端登录超级用户账号。wheel 组方法则是设置一个 wheel 组，仅允许该组内的用户才可使用 su 命令切换到超级用户，这样可以降低超级用户被盗的危险。

在 UNIX 系统中，无论是超级用户还是普通用户，登录时均需验证身份。密码是目前使用最广泛的身份验证方式。UNIX 系统并不直接保存用户名和密码，这是为了防止某些用户盗取用于保存用户名和密码的文件从而获得其他用户的账号。UNIX 系统一般利用单向函数 cryp() 对密码进行加密，然后保存加密后的密码，一般保存在 /etc/passwd 文件中。当用户登录输入密码时，UNIX 系统并不需要将保存的密码解密，而是将当前用户输入的密码利用 cryp() 函数再次加密，然后对比加密后密码与保存的密码是否一致即可。显然，这种方法是否安全取决于 cryp() 函数所使用的加密算法的安全性。就目前的经验来看，该函数的算法是很难被攻破的。

尽管 UNIX 系统本身的密码系统具有很高的安全性，但往往由于用户设置不需要密码即可登录或者使用密码极其简单，UNIX 系统仍然可能被非授权用户登录。因此，审计人员应该检查口令使用状况，了解企业的系统管理员是否定期查找危险账号，并将这些薄弱环节弥补起来。

为了方便访客临时使用，有一些信息中心会提供一些公开账号，这些账号通常不设密码或公开密码，从而给入侵者可以利用这些账号访问计算机的机会，进而在计算机内部寻找更大的安全漏洞。有一些管理措施是非常有效的，如对于必须公开账号的计算机，系统管理员每天随机更换一组密码让访客使用，这样可以降低计算机被攻击的概率。此外，如果一个用户在一段时间内不使用其账号，则在这段时间内系统管理员需要将该账号封禁，以防入侵者破解其密码后使用该账户。类似地，离职人员的账号必须及时注销，等等。审计人员必须了解企业的这些管理措施是否落实到位。

### 9.3.3 文件系统的安全控制

数据安全包括数据机密性和数据完整性。前者为了确保非授权用户不得访问读取相应的数据，后者则是指保护数据不被非法修改或删除。文件加密系统在确保数据机密性方面作用显著，但它对于数据完整性却无能为力。然而，在很多计算机环境中，数据完整性比数据机密性更为重要。例如，在银行系统中，账户信息被删除比账户信息被公开严重得多，后者是丑闻，而前者是灾难。因此，管理员应该尽可能地确保数据完整性。

破坏数据完整性的原因有很多，可以简单地分为两方面：蓄意的和意外的。前者主要是指非授权用户的非法修改或删除，后者则包括各种意外情况，例如，程序错误、自然灾害、意外人为破坏等。所以，企业需要采取完整性保护和备份措施来分别防备这两种破坏。

部分 UNIX 系统提供了一些有用的机制用于实现完整性保护，这里简要介绍比较常见的几种。首先是设置只读文件系统，这种方法要求在磁盘驱动器上设置物理的写保护开关或者干脆使用只读光盘。这样再强大的攻击者也无法远程修改或删除数据。攻击者必须物理上接触这些设备才能完成攻击,系统管理员对于这样的攻击较易防范,也容易发现。但是这种设置对于数据需要频繁进行合法修改的系统很难实现。除了设置只读文件系统外,一些 UNIX 系统最近内置了两个有用的机制:不变文件和追加文件设置。所谓不变文件是指计算机开始运行后文件就不可修改,追加文件则是指文件的内容只可追加,已存在数据不可删除。这种设置也可以在一定程度上防止文件数据被非法修改或删除。

在一些数据操作频繁的系统中,上述方法并不适用,通常采用检测是否存在非法变更的方法以确定数据完整性是否被破坏。一般可采用如下三种检测方法:比较被检测文件与其之前保存的副本;检查被保护数据的元数据;计算并比较文件不同时刻的数字签名(或校验和)。第一种方法最可靠,但工作量太大,耗时很多,还需要较大的存储空间;第二种方法的时空开销较小,但可能检测不出存在的非法变更;第三种方法需要更有效的算法生产不易被欺骗的校验和。目前有一些工具,如 Tripwire 系统,采用第三种方法进行检测变更,后面将着重介绍该工具。

### 9.3.4 日志文件管理

在 Windows 安全机制一节的介绍中,我们已经指出日志能够帮助审计人员发现那些试图攻击系统安全的线索,实时跟踪入侵者,帮助检测系统漏洞。同样,UNIX 系统也设置了一系列日志文件,表 9-2 列出了一些最常见的 UNIX 系统日志文件。

表 9-2 UNIX 系统的常用日志文件

| 日志文件 | 作用 |
| --- | --- |
| aculog | 记录调制解调器的日志事件 |
| lastlog | 记录每个用户最近成功的登录事件及上次失败的登录事件 |
| loginlog | 记录失败的登录尝试 |
| messages syslog | 记录输出到系统控制台的消息和 syslog 工具产生的消息 |
| sulog | 记录 su 命令的使用 |
| utmp | 记录当前登录的每个用户 |
| wtmp | 永久记录一个用户每次登录进入和退出的时间 |
| xferlog | 记录 FTP 访问 |

大多数版本的 UNIX 都将日志文件存储在 /var/log 中。系统中有很多日志文件,有时单独一个日志文件记录了多个程序的日志事件,有时多个日志文件记录某一个程序的日志事件。

UNIX 系统提供了一种通用的日志管理工具 syslog。这个工具功能强大,提供了很多不同的记录选项,使不同的站点可以根据自身情况建立自己的日志记录,可以采用不同的方式处理不同类型的消息。例如,可以将不同类型的消息记录到不同介质中。如果服务器经常被一些入侵者攻击,那么将消息记录通过打印机打印在纸张上是一个值得推荐的方法。尽管入侵者可以删除计算机上的日志文件,但他如果不袭击你的办公室就显然无法消除打印在纸上的记录。此外,还可以将消息记录通过网络实时发送到一台安全的日志机器上,这样也可以防止入侵者破坏日志文件。

审计人员应当检查企业是否采取了有效的日志文件管理措施,并且注意以下几点。

(1) 所有的日志文件应该定期复制备份到备份介质上,它不但可以确保你的日志不会因被入侵者删除而损失,还将为管理员或安全审计人员提供一份用于记录随时间变迁而改变的文档。

(2) 日志文档是用来审核的,而不仅仅是存档的,所以建议每天都至少查看一次日志文件。这样做可以避免某些安全问题因为拖延未被处理而造成更大的损失。

(3) 因为日志文件可能被入侵者删除或更改,所以审计师在阅读日志文件时是否采信,要有所判断。

### 9.3.5 密码强度审查

Crack 是 UNIX 系统最著名的密码破解软件,它已经成为了检测用户密码是否恰当的标准之一。Crack 扫描/etc/passwd 文件,寻找薄弱的密码,并进行报告。这份报告可能会被攻击者所利用,但 Crack 工具本身并不会攻击系统,即它不会利用发现的薄弱密码入侵系统。对于审计人员而言,这是一个有效的工具,但是由于该软件具有潜在的危害性,所以审计人员在使用 Crack 时一定要慎重,要经过合法的授权之后才能使用。

Crack 的工作原理如下:它包含有一个从各种渠道收集的常用单词集合,当执行 Crack 时,它首先从常用单词集合中挑选出一个字典集。这些字典集是按照不同原则构建的,例如可以根据密码文件中包含的单词(如用户名)来建立一个字典,也可以根据密码文件中用户名的组合建立字典,还可以根据系统或用户添加的单词集合来编译,或者通过对字典运行各种规则来产生各种猜测结果,这些规则可以强迫单词都变为大写或小写、变成复数、颠倒字符顺序、用某个数字代替某个字母,等等。然后 Crack 将猜测结果使用系统的密码加密算法加密,将得到的结果与/etc/passwd 中存储的加密后的密码进行比较,然后将薄弱的密码记录到一个纯文本或 HTML 格式的报告中,将其提交给 Crack 软件的执行者。

Crack 的调用通常具有如下形式:

```
Crack [options][-fmt][file]
```

其中,options 是指用来控制 Crack 运行的选项,部分选项如表 9-3 所示;-fmt 标识是 BSD 4.4 或者其他版本;file 是密码文件,通常是/etc/passwd 或其他系统设定的密码文件。

表 9-3　Crack 软件的常用选项

| option | 作 用 |
| --- | --- |
| -debug | 显示 Crack 脚本的内部工作(推荐用此选项) |
| -recover | 重新运行之前终止的 Crack |
| -fgnd | 使 Crack 具有较高优先级以在前台运行 |
| -mail | 将猜到的薄弱密码通过邮件发送给用户 |
| -network | 通过网络运行 Crack |
| -nice N | 以较低优先级运行 Crack,其中 N 越大,优先级越低 |

需要指出的是,Crack 计算开销很大,一般需要设置在非高峰期使用,以避免影响计算机系统的正常运行。此外,如果密码破解程序没有发现薄弱密码,这并不能说明系统中不存在不安全的密码。这只能说明我们当前采用的词典不足以破解密码,但攻击者可能有更多词典,例如 Inuit、Basque、Klingon 以及 Middle Druid 等,攻击者仍可能利用这些词典攻破密码系统。因此,密码破解程序只是一种能够帮助审计师找到薄弱密码的方法,据此分析评

估系统运行的安全状况,以及企业在内部控制方面的状况等。

### 9.3.6 入侵检测

Tripwire 是 UNIX 文件系统完整性检查和入侵检测的软件工具。这个软件最初由 Purdue 大学的 Gene Kim 和 Gene Spafford 共同开发。目前这个软件已经被 Tripwire 公司进行了商业化,这家公司由 Gene Kim 和 Wyatt Starnes 所创建。他们为该软件编写了一个管理控制台,并将其成功地移植到 Windows 系统上。

Tripwire 软件的工作原理是为每个要监控的文件生成一个数字签名,并将其保留下来。在下一次检测时,如果发现文件当前生成的数字签名与之前保存的数字签名不一致时,那么这个文件必定被改动过了。

使用 Tripwire 软件检测系统完整性能够及时地帮助审计人员发现入侵线索,它还可以标记已被添加、删除或更改内容的文件。通过分析这些文件,审计人员可以发现入侵途径,分析入侵目的,进而向管理层提出改进措施,降低风险。事实上,Tripwire 不仅仅对于检测入侵有所帮助,在入侵之后的文件系统恢复中,它的作用也很显著。通过这个工具,系统管理员很容易检查重要文件是否被破坏,以此判定是否需要修复甚至重装系统。

此外,Tripwire 工具不同于其他的入侵检测工具,它不是通过所谓的攻击来检测入侵行为,而是监视和检查系统发生的变化。这一点对于保护一些重要系统来说非常有益,因此成为审计师非常实用的软件工具。

使用 Tripwire 软件时应当注意以下几点:

① Tripwire 软件生成的用于保存数字签名的数据库文件是用于检查变更的对比标本,至关重要,应当存放在单独的、平时与计算机物理隔绝的存储介质上。

② 定期在保护模式下运行 Tripwire 软件,以检查变更。

③ 应当手工运行该软件,以确保该软件能够真正地运行,并确保审计人员能够看到运行结果。

### 9.3.7 系统日志分析

Swatch(the Simple Watcher and filer)是由 Stanford 大学电子工程实验室的 Todd Atkins 开发的用于自动扫描和实时监视日志的 Perl 程序。Swatch 利用指定的触发器监视日志记录,当日志记录符合触发器条件时,Swatch 会按预先定义好的方式通知系统管理员。

Swatch 是一个 Perl 程序,无须编译,非常容易安装。Swatch 有一个很有用的安装脚本,将所有的库文件、手册页和 Perl 文件复制到相应目录下。安装完成后,只要创建一个配置文件,就可以运行程序了。由于该程序非常有用,已成为主流日志管理工具,有些系统本身就附带了 Swatch 安装包。

Swatch 有两种操作方式。一种方式是批处理运行方式,可以对一个日志文件按照预先设定的配置加以扫描;另一种方式是实时监控日志文件,系统每增加一行日志,Swatch 就扫描一行。

Swatch 返回结果的方式是多样的。按照.swatchrc 配置文件中的声明,Swatch 检测到特定事件后,可以执行下列动作。

bell:显示消息并通过系统喇叭鸣笛来报警。

echo：显示消息。
exec：执行一个命令或脚本。
ignore：不做任何事。
mail：将消息发送给正在运行 Swatch 的用户。
pipe：将消息通过管道发送给一个进程。
write：使用 write 命令通知用户。
Swatch 是从命令行运行的，其格式如下：

% swatch options input-source

其中 options 是选项，在不同选项下 Swatch 的执行目标（即 input-source）是不同的，常用的几个选项如表 9-4 所示。

表 9-4  Swatch 软件的常用选项

| option | input-source | 作用 |
| --- | --- | --- |
| -c | 配置文件名 | 指定一个要使用的配置文件，默认情况下为～/.swatchrc |
| -r | 重启的时间 | 设定一个时间，Swatch 将在时间到达时重启 |
| -f | 文件名 | 指定一个 Swatch 要检查的文件，Swatch 将仅扫描一遍 |
| -p | 程序名 | 指定一个 Swatch 要执行的程序，Swatch 还将检查它的执行结果 |
| -t | 文件名 | 指定一个 Swatch 要定期检查的文件 |
| -I | 分隔符号 | 指定一个符号用来分隔文件中不同输入记录，默认情况下用"," |

审计人员可以利用 Swatch 工具分析日志，发现潜在的安全风险；也可以直接分析 Swatch 软件生成的报告，了解系统运行的实际状况；同时，审计人员也应当了解系统管理员是否采用 Swatch 软件或者其他的工具软件定期检查系统，有没有进行及时整改，措施是否有效等。

# 第 10 章 数据库系统安全

## 10.1 数据库系统的安全问题

### 10.1.1 数据库系统的概念

数据库系统是一种专门管理大量数据的软件系统,介于操作系统与应用软件之间。企业在信息管理过程中,大量的数据存储、共享、访问和修改,都需要通过数据库系统来实现。数据库系统作为信息的聚集体,是计算机信息系统的核心,其性能在很大程度上影响着企业信息化水平的高低。一个公司,不管它是自己开发应用软件,还是购买第三方应用软件,都需要对数据库进行管理和维护。科学有效地管理与维护数据库系统,才能保证数据的安全性、完整性和可用性。

目前,使用广泛、影响大的关系数据库系统包括 Sybase、Oracle、Informix、SQL Server、DB2 等。Microsoft SQL Server 是适合中小型企业的数据库系统;Oracle 在大中型企业中的应用最为广泛,可以运行在 Windows NT、Sun Solaris、Linux 等平台上;DB2 可以运行在 Intel 架构上,也可以运行在 IBM 的 S/390 大型计算机上;Sybase 是以 Java 为平台的数据库系统。

### 10.1.2 数据库系统的组成

数据库系统一般由计算机支持系统、数据库、数据库管理系统和有关人员组成,如图 10-1 所示。

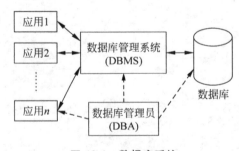

图 10-1 数据库系统

**1. 计算机支撑系统**

计算机支撑系统指用于数据库管理的硬件和软件支撑系统。

(1) 硬件支撑环境。主要指计算机硬件设备。在数据库应用系统的需求中,特别强调数据库主机或数据库服务器必须有足够大的外存容量、高效率存取的 I/O、大的主机吞吐量以及功能强大的作业处理能力。对于分布式数据库而言,还要求有完善的网络支撑环境。

(2) 软件支撑系统。除了 DBMS 之外,数据库系统软件支撑环境还包括操作系统、应用系统开发工具、各种宿主程序语言等。DBMS 是在操作系统的文件系统基础上发展起来的,而且一般是在操作系统的支撑下工作的。应用系统开发工具是数据库系统为应用开发人员提供的一组开发工具集,如绘制统计图表的自动生成工具等。

**2. 数据库**

数据库(即物理数据库)是指按一定的数据模型组织,长期存放在外存上的一组可共享的相关数据集合。通常这些数据是面向一个单位或部门的全局应用的。数据库中除了存储用户直接使用的数据外,还存储有另一类"元数据",它们是有关数据库的定义信息,如数据类型、模式结构、使用权限等。

**3. 数据库管理系统**

数据库管理系统(DBMS)是对数据进行管理的软件系统,它是数据库系统的核心软件。数据库系统的一切操作,包括按数据模式来创建数据库的对象、应用程序对这些对象的操作(检索、插入、修改和删除等)以及数据管理和控制等,都是通过 DBMS 进行的。

**4. 人员**

设计、开发和维护数据库的过程中,有大量的工作人员参与其中。主要人员有:

(1) 数据库管理员。在大型数据库系统设计和运行中,必须有专门的机构来对数据库进行有效的管理和控制,解决系统设计和运行中出现的问题,行使这种控制权的机构(或人员)叫数据库管理员(database administrator,DBA)。

(2) 系统分析设计员。负责应用系统的需求分析和规范说明,他们要根据用户需求与 DBA 一起确定系统硬、软件配置,并参与概念结构设计、逻辑结构设计和物理设计。

(3) 系统程序员。负责设计、开发应用系统功能模块的软件编程人员,他们根据数据库模式和模块功能编写、调试和安装应用程序。

(4) 用户。指数据库的最终用户。不同层次的用户按其业务工作的要求,通过应用程序的操作界面使用数据库,分别完成日常业务、管理和决策的工作。

### 10.1.3 数据库系统的结构

数据库系统通常采用三级模式结构,即外模式、模式和内模式,如图 10-2 所示。三级模式是对数据的三个抽象级别。在三级模式之间提供了二级映像,即模式/内模式映像。外模式/模式映像。模式/内模式映像确定了数据的全局逻辑结构与存储结构之间的对应关系,提高了数据的逻辑独立性;外模式/模式映像确定了数据的局部逻辑结构与全局逻辑结构之间的对应关系,提高了数据的物理独立性。

**1. 模式**

模式(Schema)是数据库中全体数据的逻辑结构和特征的描述,又称概念模式或概念视图。视图可理解为一组记录的值,用户或程序员看到和使用的数据库的内容。

模式处于三级结构的中间层,它是整个数据库实际存储的抽象表示,也是对现实世界的一个抽象,是现实世界某应用环境(企业或单位)的所有信息内容集合的表示,也是所有个别用户视图综合起来的结果,所以又称用户共同视图。它表示了数据库的整体数据,由多个

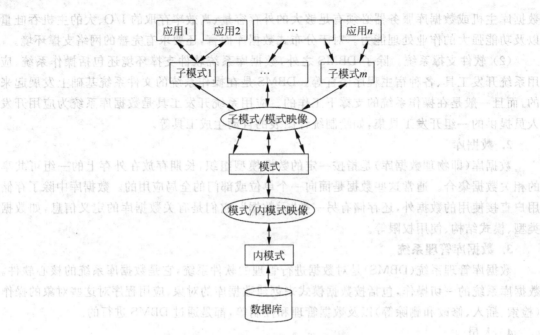

图 10-2 数据库系统的体系结构

"概念记录"组成,包含数据库的所有信息,也称"概念数据库"、"DBA 视图"。DBMS 提供模式描述语言(模式 DDL)来定义模式。

**2. 外模式**

外模式又称子模式或用户模式或外视图,是三级结构的最外层,个别用户只对整个数据库的一部分感兴趣,所以外视图是个别用户看到和使用的数据库内容,因此也常把外视图称为用户数据库。它由多种外记录值构成,这些记录值是概念视图的某一部分的抽象表示。即个别用户看到和使用的数据库内容,也称"用户 DB"。由多个"外记录值"组成,是概念视图的某一部分的抽象表示。从逻辑关系上看,外模式包含于概念模式。DBMS 提供子模式描述语言(子模式 DDL)来定义子模式。

**3. 内模式**

内模式又称存储模式或内视图,是三级结构中的最内层,也是靠近物理存储的一层,即与实际存储数据方式有关的一层,由多个存储记录组成,但并非物理层,不必关心具体的存储位置。DBMS 提供内模式描述语言(内模式 DDL)来定义内模式。

在数据库系统中,外模式可有多个,而概念模式、内模式只能各有一个。内模式是整个数据库实际存储的表示,而概念模式是整个数据库实际存储的抽象表示,外模式是概念模式的某一部分的抽象表示。

## 10.1.4 数据库管理系统

数据库管理系统(DBMS)是对数据进行管理的软件系统,由图 10-1 可以看出,它是数据库系统的核心。数据库系统的一切操作都是通过 DBMS 进行的。目前,DBMS 的功能因产品而异,但有些功能是 DBMS 必备的,DBMS 的功能模块结构如图 10-3 所示。

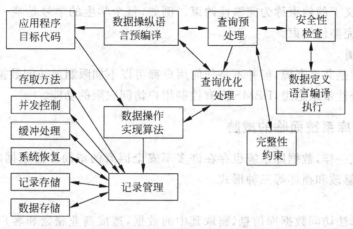

图 10-3 数据库管理系统结构图

**1. 提供高级用户接口**

数据是以一定的物理形式存储在数据库中的，如果让用户直接访问这种物理形式的数据，则要求用户必须了解许多数据存储管理的实现细节（诸如数据存储的物理地址、物理块的结构等）。并且，应用程序将严重依赖于数据的物理结构，有损于数据的独立性。DBMS 应该将这些实现细节对用户屏蔽，使用户不必关心这些实现细节，就可以方便地使用这些数据。这种抽象掉物理存储细节的数据称为数据的逻辑形式，通过数据库管理系统，数据的物理形式和逻辑形式可以相互映射。

**2. 查询处理和优化**

查询是数据库系统最常用的功能之一，用户不可能以最优的查询策略去访问数据库，这就要求数据库管理系统能够对用户的查询要求进行优化处理，查询处理和优化是 DBMS 的基本功能，对 DBMS 的性能影响很大。

**3. 数据目录管理**

在一般的程序设计语言中，数据的定义是程序的一部分，程序运行结束，数据定义就失效了。数据库中存储的是持久和共享数据，因而数据的定义必须独立于应用程序，长期保留在数据库中，这就构成了数据目录。数据目录包含数据的逻辑属性、数据存储结构的定义以及所有访问、管理数据所需的信息。

**4. 并发控制**

现代 DBMS 一般允许多个用户并发地访问数据库，这就可能发生冲突，例如对同一数据的一个用户要进行"读"操作，另一用户要进行"写"操作，就出现了"读—写"冲突，为了解决冲突，DBMS 必须有并发控制功能。

**5. 恢复功能**

数据库在正常运行时要保持一致性，在故障情况下，也应具有将数据恢复到故障发生前的最近一直状态的功能，这就要求 DBMS 具有恢复功能。

**6. 完整性约束检查**

数据库中的数据必须遵守一定的约束，例如最简单的数据类型约束，数据库中的数据是持久和共享的，其正确性就更显重要。DBMS 不但要对数据进行语法检查，还要进行语义检查，数据在语义上的约束称为完整性约束。例如，每个学生的学号是唯一的、身高不能是负数等，都属于完整性约束。

#### 7. 访问控制

虽然数据库是共享资源，但并不是任何用户都可以不加限制地访问数据库，否则将给数据库系统的安全性带来隐患，DBMS 应有控制用户访问权限的功能。

### 10.1.5 数据库系统面临的威胁

和操作系统一样，数据库系统也存在许多不安全因素的威胁。对数据库系统构成的威胁主要有窃取、篡改和损坏等三种形式。

#### 1. 窃取

未经授权非法访问数据库信息，窃取其中的数据，造成商业秘密和客户隐私的泄露，严重影响企业的形象，如黑客的恶作剧、单位不满员工的窃取、商业间谍的窃取等。

#### 2. 篡改

篡改是指未经授权非法修改数据库中的数据，使数据失去真实性。篡改形式具有多样性，主要是人为因素造成的，如操作者的无知或恶作剧、隐藏个人证据、商业间谍或竞争对手的破坏等，发现时多数会造成较大（或巨大）的损失。

#### 3. 损坏

损坏是指软件和硬件环境出现意外，如磁盘损坏、系统崩溃等。计算机病毒可能造成系统崩溃，使得数据库中的数据部分或全部丢失。这是数据库安全性所面对的一个最严重的威胁。

从威胁数据库系统造成的后果看，无非两类，一类是数据不恰当地泄露，采取的保护方法有访问控制、身份认证、数据加密等；另一类是对数据库中数据的破坏，其恢复的基本原理概括起来就是利用存储在别处的冗余数据来重建数据库中的数据，采取的方法包括数据备份与恢复技术等。

此外，审计功能也是数据库安全性方面的重要组成部分，它是一种监视措施，把用户对数据库的所有操作都自动记录下来，放入审计日志。事后，数据库管理员可利用审计日志的记录，重现导致数据库现状的一系列事件，找出非法存取数据的人、时间和内容等。同时，审计也有助于发现系统安全方面的漏洞和弱点，在未产生问题时分析有无安全隐患。

### 10.1.6 数据库系统的安全需求

数据库系统的安全性主要体现在以下几个方面。

(1) 保密性：保护存储在数据库中的数据不被泄露和未授权地获取。

(2) 一致性：保护存储在数据库中的数据不被破坏和删除。

(3) 完整性：确保存储在数据库中的数据满足实体完整性、参照完整性和用户定义完整性要求。

(4) 可用性：确保存储在数据库中的数据不因人为的和非人为的原因造成对授权用户不可用。

(5) 可审性：由于数据库的特殊性，所以必须提供审计保障机制，确保数据库的安全与可靠。

### 10.1.7 数据库系统安全等级划分

根据我国的《计算机信息系统安全保护等级划分准则》，把数据库系统划分成 5 个安全等级。从身份鉴别、自主访问控制、标记和强制访问控制、数据流控制、安全审计、数据完整性、数据保密性、可信路径、推理控制等方面对数据库管理系统的安全功能要求进行更加具体的描述。具体的技术要求，读者可参见《数据库管理系统安全技术要求》。

数据库系统安全等级划分的基本原则是：各组成成分的安全保护等级应不低于整体系统的安全保护等级。

对于单处理机环境的数据库管理系统，安全保护等级的划分相对简单，而对于多处理机环境的数据库管理系统，由于其组成成分具有相对的独立性，并且这些数据库管理系统运行于网络环境，因而在考虑对其进行安全保护等级划分时，应首先考虑各组成成分的安全保护等级划分，并充分考虑网络传输中的安全因素，然后，综合考虑整个数据库管理系统的安全保护等级。

数据库管理系统一般是在操作系统的支持下运行的，因此支持数据库管理系统运行的操作系统的安全保护等级也应不低于数据库管理系统的安全保护等级。

## 10.2 数据库系统安全机制

### 10.2.1 数据备份策略

每个企业必须针对自身业务数据的敏感度和信息系统的特点制定数据备份策略，并确认组织了有效实施。无论采用什么样的数据库系统和存储设备，企业首先应该制定数据备份规划，即数据备份策略。数据备份策略是指确定需要备份的内容、备份时间及备份方式。每个企业要根据自己的实际情况及未来的发展来制定不同的备份策略。目前被采用最多的备份策略主要有以下三种。

**1. 完全备份**

每天对自己的系统进行完全备份（full backup）。例如，星期一用一盘磁带对整个系统进行备份，星期二再用另一盘磁带对整个系统进行备份，依此类推。这种备份策略的好处是：当发生数据丢失的灾难时，只要用一盘磁带（即灾难发生前一天的备份磁带），就可以恢复丢失的数据。然而它亦有不足之处。首先，由于每天都对整个系统进行完全备份，造成备份的数据大量重复。这些重复的数据占用了大量的磁带空间，这对用户来说就意味着增加成本。其次，由于需要备份的数据量较大，因此备份所需的时间也就较长。对于那些业务繁忙、备份时间有限的单位来说，选择这种备份策略是不明智的。

**2. 增量备份**

增量备份（incremental backup）是指每个星期进行一次完全备份，然后在接下来的六天里只对当天新的或被修改过的数据进行备份。这种备份策略的优点是节省了磁带空间，缩短了备份时间。但它的缺点在于，当灾难发生时，数据的恢复比较麻烦。例如，系统在星期三的早晨发生故障，丢失了大量的数据，那么现在就要将系统恢复到星期二晚上时的状态。这时系统管理员就要首先找出星期天的那盘完全备份磁带进行系统恢复，然后再找出星期一的磁带来恢复星期一的数据，然后找出星期二的磁带来恢复星期二的数据。很明显，这种方式很烦琐。另外，这种备份的可靠性也很差。在这种备份方式下，各盘磁带间的关系就像链子一样，一环套一环，其中任何一盘磁带出了问题都会导致整条链子脱节。比如在上例中，若星期二的磁带出了故障，那么管理员最多只能将系统恢复到星期一晚上时的状态。

**3. 差分备份**

差分备份（differential backup）是指管理员先在星期天进行一次系统完全备份，然后在接下来的几天里，管理员再将当天所有与星期天不同的数据（新的或修改过的）备份到磁带上。差分备份策略在避免了以上两种策略的缺陷的同时，又具有了它们的所有优点。首先，它无须每天都对系统做完全备份，因此备份所需时间短，并节省了磁带空间，其次，它的灾难恢复也很方便。系统管理员只需两盘磁带，即星期天的磁带与灾难发生前一天的磁带，就可以将系统恢复。

在实际应用中，备份策略通常是以上三种的结合。例如每周一至周六进行一次增量备份或差分备份，每周日进行全备份，每月底进行一次全备份，每年底进行一次全备份。在进行备份时要循环使用备份设备（磁带、磁盘等），即本次备份使用的设备和上次备份时使用的设备最好不是同一个磁带或磁盘。否则，如果一直使用同一个备份磁带，则一次备份过程中的系统崩溃就可能使你丢失很长时间的所有数据。

一方面，合理的备份策略可以增强系统数据的安全性；但另一方面，不恰当的备份策略未必会起到同样的作用，甚至可能会更糟，可能会带来新的安全隐患。从物理安全角度看，备份设备最好不要与原设备放在一起。如果它们被放在一起，那么无论是遇到失窃、火灾还是自然灾害，都会使你的备份显得毫无意义。从数据安全的角度看，管理员要妥善保管备份设备。尽管文件保护和密码可以保护计算机硬盘上的信息，但如果物理设备丢失，那么数据泄露的可能性将会变得很大。因此，管理员必须首先制定备份策略，然后再进行备份，而不能认为只要做了备份就万事大吉。

### 10.2.2 数据库备份技术

企业信息系统中的数据绝大部分存储在数据库中，因此，数据备份策略归根到底是数据库的备份与恢复问题。数据库备份是手段，数据库恢复是目的，而数据库的完整性、一致性是数据库备份和恢复时最重要的考量指标。

一个数据库的数据库备份必须是一个数据库的完整的映像，在这个映像的时间点上，没有部分完成的事务存在。这可以通过数据库的离线备份来实现，因为在这种情况下，没有事务需要处理。这种方式的缺点在于，在备份过程中，没有应用能够使用数据库。数据库在线的时候也可以进行备份，在这种情况下，备份程序要确保不管数据访问多么活跃，都能够得到一个完整的数据备份。

**1. 数据库离线备份**

如果备份时数据库不可以被应用所访问，那么我们称这种备份为离线备份。离线备份可以通过关闭数据库然后进行文件备份来实现。离线数据库备份是简单的，也是被认为有效的备份技术。但是逐渐地，企业发现把他们的数据库停下来，然后进行备份，这种方式完全不切实际。而且，在一些老的数据库管理系统中，冷备份复制不能用来进行前滚，因为它们与数据库日志不同步。在新的数据库设计中，已经解决了冷备份复制与数据库日志之间的同步问题,所以前面的问题也就逐渐不成为问题了。

**2. 数据库在线备份**

现在大多数的数据库都可以在应用进行数据访问时进行数据备份。在备份活跃数据库时有两种基本技术,被称做逻辑的和物理的在线备份。

大多数数据库管理系统都支持逻辑在线备份。它复制了数据库的逻辑单元,而不是存储设备列表或是存储逻辑单元的文件。逻辑数据库备份工具通常和恢复、修复工具放在一起,因此产生有问题备份的几率较小。逻辑数据库备份的主要缺点就是它无法利用存储设备的快照技术来减少对应用的影响。因为在一个逻辑数据库备份的过程中,系统性能会大大地降低,因此它对总是处在活跃状态的数据库并不合适。

在线数据库备份也可以通过物理的备份数据库底层所包含的文件来实现。数据库的数据文件并不是随时都可以进行复制的,因为数据库始终在不断地刷新这些文件。一个文件的复制包含有非完整事务的概率很高,而且也不要期望通过数据库修复来恢复数据的一致性。

一些文件系统和卷管理器支持数据快照。如果可以制作一个基于数据库所包含文件的快照,那么数据库只需要在快照初始化的一瞬间是静止的即可。一旦快照初始化完毕,数据库就可以重新提供访问能力。快照使备份可以进行在应用正在访问"实际"的数据库的过程中。因此,物理数据库备份可以是在线的,而且能够保证数据库复制的一致性。

**3. 数据库增量备份**

数据库的不断增长和对可用性要求的提高,使数据库完全备份在许多情况下无法完成。如同文件系统一样,如果在两次备份间只有少量的数据变化,数据库增量备份可以缩短数据库备份时间。如果只是变化了的数据被复制,可以节省备份时间和备份介质。与完全备份类似,增量备份也可以是逻辑的或是物理的。

1)逻辑增量备份

归档数据库日志是逻辑数据库增量备份的一种方式。通过恢复一次数据库全备份和重新应用归档日志,可以将数据库恢复到归档的最新时刻。把全备份数据和所有的归档日志存放在一个安全的地方,是一个很有用处的恢复技术。

随着归档日志的堆积,恢复时间和对介质的占用都会随之增长。对于每一个企业,都有一个对增量恢复窗口的可容忍的极限。因此,增量备份策略应该包含定期的数据库全备份,以便经常建立新的基点。

2)物理增量备份

包含数据库系列文件的文件系统的增量备份有效地创建了一个数据库的物理增量备份。但当一个数据库管理器刷新表中的一行数据时,只有包含这条数据的文件块改变了,其余的文件块并没有受到影响。然而针对文件的任何改变都会导致在增量备份中整个文件被复制,这种基于文件的增量备份通常等同于数据库全备份。如果数据库管理器或者备份程序能够识别在数据库文件中变化了的数据块,就可以只备份变化的数据块。有这么一种技术被称做数据块级增量备份。

在使用快速镜像不太现实的情况下,除使用更少的备份介质外,数据库增量备份能够减小备份窗口。一些数据库管理器能够执行透明的数据库物理增量备份和恢复,使对个别增量备份的管理降到最低。要完成一个基于块级别的备份的数据库恢复,首先应恢复最新的全备份,然后重新应用所有的后面的增量备份来恢复数据库映像。

### 10.2.3 数据库恢复技术

一个数据库系统总避免不了故障的发生。安全的数据库系统必须能在系统发生故障后,利用已有的数据备份,把数据库恢复到原来的状态,并保持数据的完整性和一致性。

在系统发生故障后,把数据库恢复到原来的某种一致性状态的技术称做恢复。数据库恢复的基本原理是利用"冗余"进行数据库恢复。问题的关键是怎样建立"冗余"以及如何利用"冗余"实施数据库恢复,即恢复策略。

数据库恢复技术一般有三种策略:基于备份的恢复、基于运行时日志的恢复和基于镜像数据库的恢复。

**1. 基于备份的恢复**

基于备份的恢复是指周期性地对数据库进行备份。当数据库失效时,可取最近一次的数据库备份来恢复数据库,即把备份的数据复制到原数据库所在的位置。用这种方法,数据库只能恢复到最近一次备份的状态,而从最近备份到故障发生期间的所有数据库更新将会丢失。备份的周期越长,丢失的更新数据越多。

**2. 基于运行时日志的恢复**

运行时日志文件是用来记录对数据库每一次更新的文件。对日志的操作优先于对数据库的操作,以确保对数据库的更改有记录。当系统突然失效,导致事务中断,可重新装入数据库的副本,把数据库恢复到上一次备份时的状态,然后系统自动正向扫描日志文件,将故障发生前所有提交的事务放到重做队列,将未提交的事务放到撤销队列去执行。这样就可把数据库恢复到故障前某一时刻的数据一致性状态。

**3. 基于镜像的恢复**

数据库镜像就是在另一个磁盘上作数据库的实时副本。当主数据库更新时,DBMS 自动把更新后的数据复制到镜像数据,始终使镜像数据和主数据保持一致性。当主库出现故障时,可由镜像磁盘继续提供使用,同时 DBMS 自动利用镜像磁盘数据进行数据库的恢复。镜像策略可以使数据库的可靠性大为提高。但由于数据镜像是通过复制数据实现的,频繁地复制会降低系统运行效率,因此一般在对效率要求满足的情况下可以使用。为兼顾可靠性和可用性,可有选择性地对关键数据作镜像。

数据库的备份和恢复是一个完善的数据库系统必不可少的一部分。目前,数据库备份与恢复技术已经广泛应用于数据库产品中,如 Oracle 数据库就提供对联机备份、脱机备份、逻辑备份、完全数据恢复及不完全数据恢复的全面支持。

### 10.2.4 数据库审计功能

审计功能把用户对数据库的特定操作自动记录下来,存入审计日志,事后可以利用审计信息,重现导致数据库现有状况的一系列事件,提供分析攻击者线索的依据。数据库审计机制是提高数据库安全保障的重要功能。这里介绍其工作原理,后面将详细介绍 Oracle 和 SQL Server 的审计机制。

数据库系统的审计主要分为语句审计、特权审计、模式对象审计和资源审计。语句审计是指监视一个或者多个特定用户或者所有用户提交的 SQL 语句；特权审计是指监视一个或者多个特定用户或者所有用户使用的系统特权；模式对象审计是指监视一个模式里在一个或者多个对象上发生的行为；资源审计是指监视分配给每个用户的系统资源。

审计机制应该至少记录以下类型的事件：用户标识和认证、客体访问、授权用户进行的会影响系统安全的操作以及其他安全相关事件。对于每个被记录下来的事件,审计记录中需要包括事件时间、用户、时间类型、事件数据和事件的成功/失败情况。对于标识和认证事件,其事件源的终端 ID、源地址等必须被记录下来。对于访问和删除对象的事件需要记录对象的名称。

审计的策略库一般由两个方面因素构成：一是数据库本身可选的审计规则,一是管理员设计触发策略机制。当这些审计规则或策略机制一旦被触发,将引起相关的表操作。这些表可能是数据库自己定义好的,也可能是管理员另外定义的,最终这些审计的操作都将被记录在特定的表中以备查证。一般地,将审计跟踪和数据库日志记录结合起来,会达到更好的安全审计效果。

对于审计粒度与审计对象的选择,需要考虑系统运行效率与存储空间消耗的问题。为达到审计目的,一般必须审计到对数据库记录与字段一级的访问,但这种小粒度的审计需要消耗大量的存储空间,同时使系统的响应速度降低,给系统运行效率带来影响。

### 10.2.5 数据库访问安全

一方面,企业的数据库是为了促进各部门共享数据而设计的。而另一方面,正是共享方式使得数据库容易遭受各种恶意攻击。如非法访问敏感数据,造成泄密,进而影响企业的安全。虽然对数据库的访问是有限制的,不同权限的用户访问的数据是不一样的,但推理通道可以绕过这些访问权限控制达到访问未经授权的数据,这一点必须引起企业的重视。

**1. 推理通道与泄密**

数据库安全中的推理是指用户根据低密级的数据和模式的完整性约束推导出高密级的数据,造成未经授权的信息泄漏。这种推理的路径称为推理通道(inference channel)。近年来随着企业安全意识的提高,对数据库推理控制（inference control）、隐私保护（privacy protection）、防止对敏感数据的访问等要求也越来越高。

常见的推理通道有以下四种。

(1) 执行多次查询,利用查询结果之间的逻辑联系进行推理。用户一般先向数据库发出多个查询请求,这些查询大多包含一些聚集类型的函数（如合计、平均值等）,然后利用返回的查询结果,在综合分析的基础上,推断出高级数据信息。

(2) 利用不同级别数据之间的函数依赖进行推理分析。数据表的属性之间常见的一种关系是"函数依赖"和"多值依赖"。这些依赖关系有可能产生推理通道,如：同一病房的病人患的是同一种病,由参加会议的人员可以推得参与会议的公司等。

(3) 利用数据完整性约束进行推理。例如,关系数据库的实体完整性要求每一个元组必须有一个唯一的键。当一个低安全级的用户想要在一个关系里插入一个元组,如果这个关系中已经存在一个具有相同键值的高安全级元组,那么为了维护实体的完整性,DBMS

会采取相应的限制措施，低级用户由此可以推出高级数据的存在，这就产生了一条推理通道。

(4) 利用分级约束进行推理。一个分级约束是一个规则，它描述了对数据进行分级的标准。如果这些分级标准被用户获知的话，用户有可能从这些约束自身推导出敏感数据。例如，某运输企业数据库里有一份名为运输货物的数据表，包含了每条出货航班上大量的货舱信息。表中的每一行都代表了单次发货信息，并列出了发货的内容和航班号。运输货物表如表10-1所示。

表10-1 运输货物表

| 航班号 | 货舱 | 货品 | 安全分类 |
|---|---|---|---|
| 1254 | A | 靴子 | 未分类 |
| 1254 | B | 奶粉 | 未分类 |
| 1254 | C | 枪支 | 绝密 |
| 1254 | D | 牛油 | 未分类 |

该企业航空运输部的主任具有访问数据库中最高机密数据的权限，当他调阅计算机资料时，会看到表10-1所显示的内容，即所有四次发货信息。同时，该企业航空运输部的办事员因为没有访问数据库最高机密数据的权限，所以他只能看到如表10-2所示的内容。

表10-2 运输货物表（子表）

| 航班号 | 货舱 | 货品 | 安全分类 |
|---|---|---|---|
| 1254 | A | 靴子 | 未分类 |
| 1254 | B | 奶粉 | 未分类 |
| 1254 | D | 牛油 | 未分类 |

上面的操作过程都正确贯彻了企业的安全规则，禁止没有相应权限的人看到他不应该看到的数据。然而，航班号被其他的数据表交叉引用，以确定发货地、目的地、飞行时间和类似的数据。当办事员查阅航班信息时（见表10-3），他会发现1254航班有A、B、C三个货舱，根据上面这些数据他完全可以推断出1254航班上将要运送一批机密货物，而且获得这次秘密运输任务的发货地、目的地和其他更多信息。这就是所谓的推理问题。

表10-3 航班表

| 航班号 | 出发地 | 出发时间 | 到达地 | 到达时间 | 货舱 |
|---|---|---|---|---|---|
| 1254 | 南京 | 9：00 | 北京 | 10：20 | A,B,C |
| 1873 | 北京 | 12：00 | 南京 | 13：30 | A,B |
| 1639 | 上海 | 18：00 | 北京 | 19：40 | A,B,C,D |

**2. 推理控制与保密**

迄今为止，推理通道问题仍处于理论探索阶段，没有一个一劳永逸的解决方法。这是由推理通道问题本身的多样性与不确定性所决定的。目前常用的推理控制方法可以分为两类。第一类方法是在数据库设计时找出推理通道，主要包括利用语义数据模型的方法和形式化的方法。这类方法都是分析数据库的模式，然后修改数据库设计或者提高一些数据项的安全级别来消除推理通道。第二类方法是在数据库运行时找出推理通道,主要包括多实例方法和查询修改方法。

IBM Almaden 研究中心的 Kristen LeFevre 等基于推理控制方法实现了一个隐私保护数据库原型系统。该模型应用于 Hippocratic 数据库,取得了较好的隐私保护效果,是目前所知的最为典型和最为成功的隐私保护数据库系统。系统建立了信息泄漏的表语义与查询语义模型,通过修改 SQL 查询条件的方法来进行查询预处理,实现了数据元素粒度的推理控制,其体系结构如图 10-4 所示。

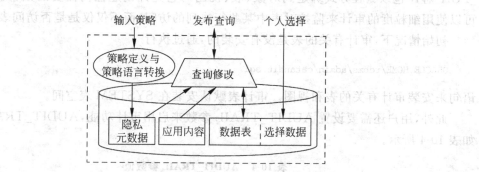

图 10-4 基于推理控制的隐私保护数据库体系结构

这个模型主要通过对 SQL 查询语句的扩展,用 Case 语句和 Join 语句替换查询来实现推理控制。经过对隐私策略规则的定义和执行,用户可以自己决定涉及自身的隐私数据的访问策略;数据库可以控制未经授权用户对敏感数据的访问,有效地实现了隐私保护。

## 10.3 Oracle 审计机制

### 10.3.1 Oracle 审计功能

Oracle 是目前最流行的关系数据库管理系统之一,被越来越多的用户在信息系统管理、企业数据管理、Internet 和电子商务网站等领域作为管理数据的后台处理系统。

1979 年,Oracle 公司推出了世界上第一个基于 SQL 标准的关系数据库管理系统 Oracle1。1985 年 Oracle5 发布,是第一个在 C/S 模式下运行的数据库产品。1992 年 6 月推出了 Oracle7,取得了巨大的成功。该版本增加了许多新的功能,如分布式事务处理、安全机制、存储过程、触发过程和说明性引用完整性等,使得数据库真正的具有可编程能力。

1997 年发布的 Oracle8 支持面向对象的开发及新的多媒体应用。1998 年推出了 Oracle 8i(i 表示 Internet),这一版本中增加了大量为支持 Internet 而设计的特性。

2003 年发布 Oracle 10g(g 表示 gird),Oracle 10g 是专为网格计算设计的,用户可以利用网格计算获得最大的回报。目前的最新版本是 Oracle 11g。

Oracle 审计总体上可分为"标准审计"和"细粒度审计"。后者也称为"基于政策的审计",在 Oracle 10g 之后功能得到很大增强。

标准审计可分为用户级审计和系统级审计。

用户级审计是任何 Oracle 用户可设置的审计,主要是用户针对自己创建的数据库表或视图进行审计,记录所有用户对这些表或视图的一切成功或不成功的访问要求以及各种类型的 SQL 操作。

系统级审计只能由 DBA 设置,用以监测成功或失败的登录要求、监测 GRANT 和 REVOKE 操作以及其他数据库级权限下的操作。

细粒度审计(通过 Oracle9i 引入)可以理解为"基于政策的审计"。与标准的审计功能相反,细粒度审计可用于指定生成审计记录必需的条件。细粒度审计政策通过使用"DBMS_FGA"程序包以编程方式绑定到对象(表、视图),它允许创建任何需要的条件。审计人员可以使用细粒度的审计来监控对表中某些行或列的访问,而不仅仅是是否访问表。

初始情况下,审计有关的表是没有安装的,通过执行

ORACLE_HOME/rdbms/admin/cataudit.sql

语句来安装审计有关的表和视图。审计表默认安装在 SYSTEM 表空间。

此外,用户还需要设置 AUDIT_TRAIL 参数来启用审计功能,AUDIT_TRAIL 参数值如表 10-4 所示。

表 10-4  AUDIT_TRAIL 参数值

| 参 数 值 | 说 明 |
| --- | --- |
| NONE,FALSE | 禁用审计 |
| OS | 启用审计,将审计记录发送到操作系统文件 |
| DB,TRUE | 启用审计,将审计记录发送到 SYS.AUD$ 表 |
| DB_EXTENDED | 启用审计,将审计记录发送到 SYS.AUD$ 表,并在 CLOB 列 SQLBIND 和 SQLTEXT 中记录额外的信息 |
| XML | 启用审计,以 XML 格式写所有审计记录 |
| XML,EXTENDED | 启用审计,在审计跟踪中记录所有列,包括 SqlText 和 SqlBind 的值 |

### 10.3.2 标准审计

在 Oracle 中,标准审计包括登录审计、操作审计、对象审计、权限审计等四种审计。标准审计对以下内容进行审计:

(1) 语句成功执行或不成功执行。

(2) 用户会话语句的执行。

(3) 全部用户或指定用户的活动。

**1. 登录审计**

用户连接数据库的操作过程称为登录,登录审计用下列语句命名。

(1) AUDIT SESSION:开启连接数据库审计。

(2) AUDIT SESSION WHENEVER SUCCESSFUL:审计成功的连接。

(3) AUDIT SESSION WHENEVER NOT SUCCESSFUL:审计失败连接。

(4) NOAUDIT SESSION:禁止会话审计。

数据库的设计记录存放在 SYS.方案中的 AUD$ 表中,可以通过视图 DBA_AUDIT_SESSION 数据字典视图来查看 SYS.AUD$。

## 2. 操作审计

对表、用户或索引等数据库对象的任何操作都可以审计。这些操作包括对象的建立、修改和删除，见表 10-5。

表 10-5 操作审计的内容

| 语 句 | 操 作 |
| --- | --- |
| ALTER SYSTEM | 所有 ALTER SYSTEM 选项，例如，动态改变实例参数，切换到下一个日志文件组，以及终止用户会话 |
| CLUSTER | CREATE、ALTER、DROP 或 TRUNCATE 集群 |
| CONTEXT | CREATE CONTEXT 或 DROP CONTEXT |
| DATABASE LINK | CREATE 或 DROP 数据库链接 |
| DIMENSION | CREATE、ALTER 或 DROP 维数 |
| DIRECTORY | CREATE 或 DROP 目录 |
| INDEX | CREATE、ALTER 或 DROP 索引 |
| MATERIALIZED VIEW | CREATE、ALTER 或 DROP 物化视图 |
| NOT EXISTS | 由于不存在的引用对象而造成的 SQL 语句的失败 |
| PROCEDURE | CREATE 或 DROP FUNCTION、LIBRARY、PACKAGE、PACKAGE BODY 或 PROCEDURE |
| PROFILE | CREATE、ALTER 或 DROP 配置文件 |
| PUBLIC DATABASE LINK | CREATE 或 DROP 公有数据库链接 |
| PUBLIC SYNONYM | CREATE 或 DROP 公有同义词 |
| ROLE | CREATE、ALTER、DROP 或 SET 角色 |
| ROLLBACK SEGMENT | CREATE、ALTER 或 DROP 回滚段 |
| SEQUENCE | CREATE 或 DROP 序列 |
| SESSION | 登录和退出 |
| SYNONYM | CREATE 或 DROP 同义词 |
| SYSTEM AUDIT | 系统权限的 AUDIT 或 NOAUDIT |
| SYSTEM GRANT | GRANT 或 REVOKE 系统权限和角色 |
| TABLE | CREATE、DROP 或 TRUNCATE 表 |
| TABLESPACE | CREATE、ALTER 或 DROP 表空间 |
| TRIGGER | CREATE、ALTER（启用/禁用）、DROP 触发器；具有 ENABLE ALL TRIGGERS 或 DISABLE ALL TRIGGERS 的 ALTER TABLE |
| TYPE | CREATE、ALTER 和 DROP 类型以及类型主体 |
| USER | CREATE、ALTER 或 DROP 用户 |
| VIEW | CREATE 或 DROP 视图 |

**例 1** 对用户 SCOTT 创建的索引进行审计，语句格式如下：

```
AUDIT INDEX BY SCOTT;
```

操作审计也包括启动和关闭操作。虽然可以审计 SYS.AUD＄表中的命令 shutdown immediate，但不可以审计 SYS.AUD＄中的 startup 命令，因为在数据库启动之前，数据库还无法向表 SYS.AUD＄中写入数据。对于这些情况，可以在初始参数 AUDIT_FILE_DEST 中指定的目录中查找，查看由系统管理员执行的启动操作的记录，默认情况下，此参数包含在 Oracle_HOME/admin/dw/adump 中。

### 3. 对象审计

除了审计系统级的操作外，还可以审计数据处理级的操作。这些操作包括对表的选择、插入、更新和删除操作，见表 10-6。对象审计总是应用于数据库中的所有用户。

表 10-6 对象审计的内容

| 对象 | 说明 |
| --- | --- |
| ALTER | 改变表、序列或物化视图 |
| AUDIT | 审计任何对象上的命令 |
| COMMENT | 添加注释到表、视图或物化视图 |
| DELETE | 从表、视图或物化视图中删除行 |
| EXECUTE | 执行过程、函数或程序包 |
| FLASHBACK | 执行表或视图上的闪回操作 |
| GRANT | 授予任何类型对象上的权限 |
| INDEX | 创建表或物化视图上的索引 |
| INSERT | 将行插入表、视图或物化视图中 |
| LOCK | 锁定表、视图或物化视图 |
| READ | 对 DIRECTORY 对象的内容执行读操作 |
| RENAME | 重命名表、视图或过程 |
| SELECT | 从表、视图、序列或物化视图中选择行 |
| UPDATE | 更新表、视图或物化视图 |

### 4. 权限审计

权限审计表示审计某个特定的系统权限的使用情况。同操作审计一样，权限审计可以指定一个或多个特定的用户作为审计的目标。

审计系统权限具有与语句审计相同的基本语法。

**例 2** 对任何试图删除表而失败的情况进行审计，语句格式如下：

`AUDIT DELETE ANY TABLE WHENEVER NOT SUCCESSFUL;`

**例 3** 对试图创建表而失败的情况进行审计，语句格式如下：

`AUDIT CREATE TABLE WHENEVER NOT SUCCESSFUL;`

## 10.3.3 细粒度的审计

从 Oracle9i 开始，通过引入细粒度审计（FGA），审计变得更为关注某个方面，并且更为精确。由称为 DBMS_FGA 的 PL/SQL 程序包实现细粒度审计。

使用标准的审计，可以轻松发现访问了哪些对象以及由谁访问，但无法知道访问了哪些行或列。细粒度的审计可解决这个问题，它不仅为需要访问的行指定谓词（或 where 子句），还指定了表中访问的列。通过只在访问某些行和列时审计对表的访问，可以极大地减少审计表条目的数量。

细粒度审计需要预先安装，安装文件为：

`$ ORACLE_HOME/rdbms/admin/catfga.sql`

细粒度审计主要通过程序包 DBMS_FGA 来完成，程序包 DBMS_FGA 具有 4 个过程。

(1) ADD_POLICY：添加使用谓词和审计列的审计策略；
(2) DROP_POLICY：删除审计策略；
(3) DISABLE_POLICY：禁用审计策略，但保留与表或视图关联的策略；
(4) ENABLE_POLICY：启用策略。

**例 4** 通过 DBMS_FGA 的 ADD_POLICY 过程创建了一个细粒度审计策略：审计框架 SCOTT 中的对象 emp（表）中的 comm 字段。审计的条件是当对 emp 表进行写入（insert）操作时，如果薪水值小于 1000（sal<1000）时，记录审计信息。

```
begin
    dbms_fga.add_policy(object_schema => 'SCOTT'
                        //表示需要审计的框架是"SCOTT"
                        object_name => 'EMP'
                        //表示需要审计的对象是"EMP"表
                        policy_name => 'mypolicy'
                        //表示创建的审计策略名是：mypolicy
                        audit_condition =>'sal < 1000'
                        //表示审计条件是 sal 小于 1000
                        audit_column => 'comm'
                        //表示需要审计的列是"comm"
                        statement_types => 'INSERT');
                        //表示需要审计语句类型是"insert"写入操作
end;
```

如果进行插入一条 sal 小于 1000 的记录，符合审计的条件，会记录审计事件：

```
INSERT INTO SCOTT.EMP(EMPNO,ENAME,SAL,COMM,DEPTNO)
        VALUES(1000,'SAM',800,15,10);
```

如果进行插入一条 sal 大于 1000 的记录，则不符合审计的条件，不会记录审计事件：

```
INSERT INTO SCOTT.EMP(EMPNO,ENAME,SAL,COMM,DEPTNO)
        VALUES(3000,'TOM',20000,1000,20);
```

如果进行下面的操作，因为不包含审计的字段，所以不审计，不记录审计事件：

```
INSERT INTO SCOTT.EMP (EMPNO,ENAME,SAL,DEPTNO)
        VALUES (1111,'RAMA',98,30);
```

通过查询数据字典视图 DBA_FGA_AUDIT_TRAIL 就可以访问上述细粒度审计的审计记录。结果见表 10-7。

```
SELECT DB_USER,OBJECT_SCHEMA "SCHEMA",OBJECT_NAME,POLICY_NAME,SQL_TEXT
    FROM DBA_FGA_AUDIT_TRAIL;
```

表 10-7 查询数据字典视图 **DBA_FGA_AUDIT_TRAIL** 的结果

| DB_USER | SCHEMA | OBJECT | POLICY_NAME | SQL_TEXT |
|---|---|---|---|---|
| SCOTT | SCOTT | EMP | MYPOLICY | INSERT INTO PIET.EMP (EMPNO,ENAME,SAL,COMM,DEPTNO)VALUES(1000,'SAM',800,15,10) |

### 10.3.4 审计相关的数据字典视图

数据字典是 Oracle 存放有关数据库信息的地方,其用途是用来描述数据库状态和数据库对象相关信息等。比如一个表的创建者信息、创建时间信息、所属表空间信息、用户访问权限信息等。数据库数据字典是一组表和视图结构,它们存放在 SYSTEM 表空间中,当用户在对数据库中的数据进行操作时遇到困难就可以访问数据字典来查看详细的信息。

同样,对于审计,Oracle 也存在一些数据字典和视图来存储有关审计方面的信息。用户通过查询这些数据字典可以获得有关审计的策略和跟踪审计痕迹。表 10-8 介绍了 Oracle 数据库中与审计相关的数据字典视图。

表 10-8  1 与审计相关的数据字典视图

| 数据字典视图 | 说　明 |
| --- | --- |
| AUDIT_ACTIONS | 包含审计跟踪动作类型代码的描述,如 INSERT、DROP VIEW、DELETE、LOGON 和 LOCK |
| DBA_AUDIT_OBJECT | 与数据库中对象相关的审计跟踪记录 |
| DBA_AUDIT_POLICIES | 数据库中的细粒度审计策略 |
| DBA_AUDIT_SESSION | 与 CONNECT 和 DISCONNECT 相关的所有审计跟踪记录 |
| DBA_AUDIT_STATEMENT | 与 GRANT、REVOKE、AUDIT、NOAUDIT 和 ALTER SYSTEM 命令相关的审计跟踪条目 |
| DBA_AUDIT_TRAIL | 包含标准审计跟踪记录。USER_AUDIT_TRAIL 只包含已连接用户的审计跟踪记录 |
| DBA_FGA_AUDIT_TRAIL | 细粒度审计策略的审计跟踪记录 |
| DBA_COMMON_AUDIT_TRAIL | 将标准审计跟踪记录和细粒度的审计跟踪记录结合在一个视图中 |
| DBA_OBJ_AUDIT_OPTS | 对数据库对象生效的审计选项 |
| DBA_PRIV_AUDIT_OPTS | 对系统权限生效的审计选项 |
| DBA_STMT_AUDIT_OPTS | 对语句生效的审计选项 |

## 10.4 SQL Server 审计机制

### 10.4.1 SQL Server 审计功能

从 SQL Server 2008 Enterprise 开始提供了一种新的审计解决方案,可以帮助审计人员和数据库管理员审计用户行为是否合规。而且 SQL Server 审计支持多粒度审计,可以对特定的对象采取具有针对性的审计。

SQL Server 审计机制提供了一些工具和进程,用于启用、存储和查看对各个服务器和数据库对象的审计。审计人员可以记录每个实例的服务器审核操作组,或记录每个数据库的数据库审核操作组或数据库审核操作。当遇到需要审计的操作发生时,都将产生一个审计事件。

目前,SQL Server 提供如下三个级别的相关操作审计。
(1) 服务器级别:服务器操作,如管理更改、登录和注销操作。
(2) 数据库级别:数据操作语言(DML)和数据定义语言(DDL)的操作。

(3) 审计级别：审计过程中的操作。

在创建并启用审计后，目标将接收各项指定的数据库操作。可以使用 Windows 中的"事件查看器"实用工具来读取 Windows 事件。对于文件目标，审计人员可以使用 SQL Server Management Studio 中的"日志文件查看器"或使用 fn_read_audit_file 函数来读取目标文件。

创建和使用审计的过程如下：
(1) 创建审计并定义审计目标；
(2) 创建服务器审计规范或数据库审计规范，启用审计规范；
(3) 启用审计；
(4) 使用"事件查看器"、"日志文件查看器"或 fn_read_audit_file 函数来读取审计事件。

### 10.4.2 服务器审计

使用 CREATE SERVER AUDIT 命令创建 SQL Server 服务器审计对象。SQL Server 审核在创建之后处于禁用状态，需要手动去激活审核。创建、更改或删除服务器审核，主体必须拥有 ALTER ANY SERVER AUDIT 或 CONTROL SERVER 权限。

**例 5** 创建一个名为 Servaudit 的服务器审计，它以二进制文件为目标，文件存放在"c:\\Data"，文件最大为 50MB，每 3000 毫秒向队列中写入一次。

```
CREATE SERVER AUDIT Servaudit
    TO FILE (Filepath = 'c:\\Data', Maxsize = 50 MB)
        WITH (Queue_Delay = 3000);
```

在创建 SQL Server 审计之后，必须创建一个服务器审计规范。使用 CREATE SERVER AUDIT SPECIFICATION 功能创建服务器审核规范对象。

服务器审计规范是与具体的 SQL Server 审计相关的一个或多个服务审计。操作组就是数据库引擎引发的一组相关的事件，例如，我们在进行安全审计操作时，当用户改变服务器设置时，SERVER_OPERATION_GROUP 操作组就被触发。

使用 CREATE SERVER AUDIT SPECIFICATION 功能创建服务器审计规范对象。表 10-9 是有关审计操作组的列表，并提供了适用的等效 SQL Server 事件类。

表 10-9 服务器级别审核操作组

| 操作组名称 | 说　　明 |
| --- | --- |
| SUCCESSFUL_LOGIN_GROUP | 当主体成功登录到 SQL Server，记录审计事件 |
| LOGOUT_GROUP | 当用户注销 SQL Server 时，记录审计事件 |
| FAILED_LOGIN_GROUP | 当主体尝试登录到 SQL Server 并且失败时，记录审计事件 |
| LOGIN_CHANGE_PASSWORD_GROUP | 当主体通过 ALTER LOGIN 语句或 sp_password 存储过程更改登录密码时，记录审计事件 |
| BACKUP_RESTORE_GROUP | 当发出备份或还原命令时，记录审计事件 |
| SERVER_OPERATION_GROUP | 当使用安全审核操作（如更改设置、资源、外部访问或授权），记录审计事件 |
| AUDIT_CHANGE_GROUP | 当创建、修改或删除任何审核或审核规范时，记录审计事件 |

续表

| 操作组名称 | 说 明 |
|---|---|
| SERVER_OBJECT_CHANGE_GROUP | 当针对服务器对象执行 CREATE、ALTER 或 DROP 操作时将引发此事件,记录审计事件 |
| DATABASE_CHANGE_GROUP | 当创建、更改或删除数据库时将引发此事件,记录审计事件 |
| DATABASE_OBJECT_CHANGE_GROUP | 当针对数据库对象(如架构)执行 CREATE、ALTER 或 DROP 语句时将引发此事件,记录审计事件 |
| SCHEMA_OBJECT_CHANGE_GROUP | 当针对架构执行 CREATE、ALTER 或 DROP 操作时,记录审计事件 |
| SERVER_PERMISSION_CHANGE_GROUP | 当为获取服务器范围内的权限,发出 GRANT、REVOKE 或 DENY 语句时,记录审计事件。 |
| DATABASE_OBJECT_PERMISSION_CHANGE_GROUP | 当针对数据库对象,发出 GRANT、REVOKE 或 DENY 语句时,记录审计事件 |
| SCHEMA_OBJECT_PERMISSION_CHANGE_GROUP | 当对架构对象执行 GRANT、DENY 或 REVOKE 语句时,记录审计事件 |

需要注意的是,服务器级别操作组涵盖了整个 SQL Server 实例中的操作。例如,如果将相应操作组添加到服务器审核规范中,则将记录任意数据库中的任意架构对象访问。在数据库审核规范中,仅记录该数据库中的架构对象访问。

服务器级别的操作不允许对数据库级别的操作进行详细筛选。实现详细操作筛选需要数据库级别的审核,例如,对 Employee 组中登录名的 Customers 表执行的 SELECT 操作进行的审核,就需要创建数据库级别的审核。

具有 ALTER ANY AUDIT 权限的用户可以创建服务器审核规范并将其绑定到任何审核。

**例 6** 对 Srvaudit 的服务器审计创建名为 Srvauditspec 的服务器审计规范,该规范可对"成功"和"失败"的登录进行审计。

```
CREATE SERVER AUDIT Specification Srvauditspec
    FOR SERVER AUDIT Srvaudit
    ADD (Successful_Login_Group),
    ADD (Failed_Login_Group)
    WITH (State = On)
```

使用 DROP SERVER AUDIT SPECIFICATION 功能删除服务器审计对象。DROP SERVER AUDIT SPECIFICATION 删除审计规范的元数据,但不会删除收集的审计数据。

**例 7** 删除了名为 HIPAA_Audit_Specification 的服务器审计规范,语句如下:

```
DROP SERVER AUDIT SPECIFICATION HIPAA_Audit_Specification;
```

### 10.4.3 数据库级的审计

与服务器的审计规范不一样,数据库审计规范是具体针对数据库的。但是它和服务器审计规范相同的是,可以增加审计操作组,但是它们仅仅针对数据库。此外,可以给规范增加单独的审计活动。审计活动就是数据库具体的活动,如删除数据或运行存储程序。

在目标数据库中运行 CREATE DATABASE AUDIT SPECIFICATION 语句,创建数据库审计规范,表 10-10 介绍了数据库级别的审计操作。

表 10-10 数据库级别审计操作组

| 操作组名称 | 说 明 |
| --- | --- |
| DATABASE_CHANGE_GROUP | 创建、更改或删除数据库时将引发此事件,记录审计事件 |
| DATABASE_OBJECT_CHANGE_GROUP | 针对数据库对象(如架构)执行 CREATE、ALTER 或 DROP 语句时,记录审计事件 |
| SCHEMA_OBJECT_CHANGE_GROUP | 针对架构执行 CREATE、ALTER 或 DROP 操作时将引发此事件,记录审计事件 |
| DATABASE _ PERMISSION _ CHANGE _ GROUP | 任何用户针对数据库权限发出 GRANT、REVOKE 或 DENY 语句时均将引发此事件,记录审计事件 |
| DATABASE _ OBJECT _ PERMISSION _ CHANGE_GROUP | 针对数据库对象发出 GRANT、REVOKE 或 DENY 语句时将引发此事件,记录审计事件 |
| SCHEMA _ OBJECT _ PERMISSION _ CHANGE_GROUP | 对架构对象发出 GRANT、DENY 或 REVOKE 时,均会引发此事件,记录审计事件 |
| DATABASE_OBJECT_ACCESS_GROUP | 访问数据库对象时将引发此事件,记录审计事件 |

数据库审核规范是驻留在给定数据库(tempdb 系统数据库除外)中的非安全对象。拥有 ALTER ANY DATABASE AUDIT 权限的用户可以创建数据库审计规范并将其绑定到任何审计。在创建数据库审计规范之后,拥有 CONTROL SERVER、ALTER ANY DATABASE AUDIT 权限的主体或 sysadmin 账户可查看该规范。此外,数据库级别的审计操作不适用于列。

**例 8** 针对 Northwind 数据库,在服务器规范 SrvAudit 创建一个名为 DbAuditSpec 的数据库审计规范。

```
CREATE DATABASE AUDIT SPECIFICATION DbAuditSpec
    FOR SERVER AUDIT SrvAudit
    ADD (DATABASE_OBJECT_CHANGE_GROUP),
    ADD (SELECT, INSERT, DELETE, UPDATE ON employees BY dbo)
    WITH (STATE = ON)
```

该规范审计两个方面的数据库活动:

(1) 审计操作组<DATABASE_OBJECT_CHANGE_GROUP>。在对 Northwind 数据库执行 CREATE、ALTER 或 DROP 语句时就会启动审计。

(2) 数据库级别审核操作。dbo 用户对 employees 表发出 SELECT 和 INSERT、DELETE、UPDATE 语句就会启动审计。

### 10.4.4 审计级的审计

上述审计既可以是审计人员执行的,也可以是企业的数据库管理员执行的,所以 SQL Server 还提供了审计级的审计,即审计人员还可以对审计过程中的操作进行再审计,以了解企业的数据库管理员是否采取了审计操作,以及如何执行审计操作的。这些审计级的审计既可以是服务器范围的操作也可以是数据库范围的操作。如果在数据库范围内,则仅针对数据库审计规范而进行。表 10-11 列举了审计级的审计操作组。

表 10-11　审计级的审计操作组

| 操作组名称 | 说　明 |
|---|---|
| AUDIT_CHANGE_GROUP | 发出以下命令之一时将引发审计事件：<br>CREATE AUDIT<br>ALTER AUDIT<br>DROP AUDIT<br>CREATE SERVER AUDIT SPECIFICATION<br>ALTER SERVER AUDIT SPECIFICATION<br>DROP SERVER AUDIT SPECIFICATION<br>CREATE DATABASE AUDIT SPECIFICATION<br>ALTER DATABASE AUDIT SPECIFICATION<br>DROP DATABASE AUDIT SPECIFICATION |

可以通过几种方式查看审计数据：

(1) 对于采用文件模式的审计，可以在 SQL Server Management Studio 中用 Log File Viewer 工具查看审计数据。

(2) 如果创建 SQL Server 审计是采用 Application 日志或者 Security 日志的模式，用 Event Viewer 查看这些数据。

(3) 通过 fn_get_audit_file 系统函数，从由服务器审计创建的审计文件返回信息。

**例 9**　读取所有审计文件，语句如下：

```
SELECT * FROM fn_get_audit_file(
'D:\\Audits\\MyAudit-_C26128D1-F97B-4B82-9E47-B6A296045B05_*.sqlaudit'
,default,default);
```

### 10.4.5　审计相关的数据字典视图

同 Oracle 一样，SQL Server 数据库也存在一些数据字典和视图来存储有关审计方面的信息。用户通过查询这些数据字典可以获得有关审计的策略和跟踪审计痕迹，如表 10-12 所示。

表 10-12　SQL Server 中与审计相关的视图

| 视图名称 | 说　明 |
|---|---|
| sys.server_audits | 包含在服务器实例中创建的 SQL Server 审核信息。通过这个视图，可以查询用户创建的 SQL Server 审计信息 |
| sys.server_file_audits | 包含在服务器实例上 SQL Server 审核中有关文件审核类型的扩展信息。通过这个视图，可以查询用户创建的文件类型的 SQL Server 审计信息 |
| sys.server_audit_specifications | 包含 SQL Server 审核中创建的服务器审核规范信息。通过这个视图，可以查询用户创建的服务器审核规范审计信息 |
| sys.server_audit_specifications_details | 包含 SQL Server 审核中创建的服务器审核规范的详细信息 |
| sys.database_audit_specifications | 包含 SQL Server 审核中创建的数据库审核规范的信息。通过这个视图，可以查询用户创建的数据库审核规范信息 |

续表

| 视图名称 | 说　明 |
|---|---|
| sys.database_audit_specification_details | 包含所有数据库的服务器实例上 SQL Server 审核中的数据库审核规范的信息 |
| sys.dm_server_audit_status | 包含服务器审核的当前状态信息。通过这个视图,可以查询用户创建服务器审核的状态是启用还是禁用 |
| sys.dm_audit_actions | 包含审核操作信息以及审核操作组信息。通过这个视图,用户可以查询任意符合审计事件的操作信息 |

# 第 11 章 网络安全

## 11.1 网络的安全问题

### 11.1.1 计算机网络

一般地,将分布在不同地点且具有独立功能的多台计算机,通过通信设备和通信线路互连起来,并配以功能完善的网络软件进行管理,实现资源共享的系统,称为计算机网络。

**1. 网络的组成**

从逻辑功能上可以将计算机网络划分为资源子网和通信子网两部分。

(1) 资源子网

资源子网包括主计算机系统、终端控制器和终端、计算机外部设备、有关软件和可共享的数据(如公共数据库)等。它是网络的应用部分,用于负责对数据信息的收集和处理。

(2) 通信子网

通信子网包括网络节点、通信链路和信号转换设备等硬件设施。它是网络的通信部分,专门负责信息的传输。

**2. 网络的功能**

计算机网络是计算机技术和通信技术紧密结合的产物。它不仅使计算机的作用范围超越了地理位置的限制,而且也大大加强了计算机本身的能力。计算机网络的主要功能如下。

(1) 数据交换

计算机网络中的计算机之间可以快速可靠地相互传递信息。例如,电子邮件(E-mail)可以相互通信;电子数据交换(EDI)可以实现企业之间信息的交换;文件传输服务(FTP)可以实现文件的实时传递。

(2) 资源共享

计算机网络中的资源(包括硬件、软件和数据),例如,进行复杂运算的巨型计算机、海量存储器、高速激光打印机、大型绘图仪和大型数据库、专业软件等可相互共享。资源共享既可以使用户减少投资,又可以提高资源利用率。

(3) 提高可靠性

当计算机连成网络后,各计算机可以通过网络互为后备,当某一处计算机发生故障时,可由别处的计算机代为处理,从而提高了计算机的可靠性。

(4) 均衡负荷

对于大型的任务或当网络中某台计算机的任务负荷太重时,可将任务分散到较空闲的计算机上去处理,或由网络中比较空闲的计算机分担负荷,平衡网络中计算机的负荷。

(5) 易于扩充

计算机网络可以随时增加新的计算机,这样便于企业整合现有的计算机资源,明显提高整个系统的性能价格比,降低系统的维护费用。

### 11.1.2 网络的体系结构

相互通信的两个计算机系统必须高度协调工作才行,而这种"协调"是相当复杂的。为规范计算机网络中的数据交换行为,国际上制定了计算机网络体系结构。计算机网络体系结构(architecture)是计算机网络的各层及其网络协议的集合。

**1. OSI 七层模型**

OSI 体系结构,意为开放式系统互联。国际标准组织(国际标准化组织)制定了 OSI 模型。这个模型把网络通信的工作分为 7 层、分别是物理层、数据链路层、网络层、传输层、会话层、表示层和应用层,如图 11-1(a)。1 至 4 层被认为是低层,这些层与数据移动密切相关。5 至 7 层是高层,包含应用程序级的数据。每一层负责一项具体的工作,然后把数据传送到下一层。

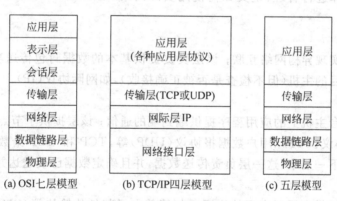

图 11-1 计算机网络体系结构

(1) 物理层(physical layer)

物理层确定物理设备接口,提供点对点的比特流传输的物理链路,规定了通信双方相互连接的机械特性、电气特性、功能特性和规程特性。

(2) 数据链路层(data link layer)

数据链路层把数据分成数据帧,并以其为单位进行传输。该层的作用是通过校验、确认和反馈重发等差错处理技术,将不可靠的物理链路改造成对网络层来说无差错的数据链路。

(3) 网络层(network layer)

网络层接收来自源主机的报文,而后转发到指定的目标主机。该层负责解决如何使数据分组跨越通信子网从源传送到目的地的问题,即网络寻路问题。

(4) 传输层(transport layer)

传输层的任务是为应用数据的传输提供可靠的服务。该层提供建立、维护和有序中断虚电路、传输差错校验和恢复及数据流控制机制,完成端到端的连接和传输。

(5) 会话层(session layer)

会话层提供控制会话和数据传输的手段,其主要功能是组织和同步不同的主机上各种进程间的通信(也称为对话),实现会话层的建立、管理和终止应用程序之间的会话。

(6) 表示层(presentation layer)

表示层负责解决异种系统之间的信息表示问题,以屏蔽不同系统在数据表示方面的差异。

(7) 应用层(application layer)

应用层是开放系统互连环境的最高层。该层利用下层的服务为用户的应用程序提供网络服务。

**2. TCP/IP 四层模型**

TCP/IP 四层模型最早发源于美国国防部的 ARPA 网项目,也被称做 DoD 模型(department of defense model)。TCP/IP 协议集把整个网络分成四层,由下往上分别为网络接口层、网际层、传输层和应用层,如图 11-1(b)。

1) 网络接口层

网络接口层包括网络接口和各种通信子网接口,用于屏蔽不同的物理网络细节;该层对实际的网络媒体进行管理,定义如何使用实际网络(如 Ethernet、Serial Line 等)来传送数据。

2) 网际层

网际层用于实现异构网络互联;该层负责提供基本的数据封包传送功能,让每一块数据包都能够到达目的主机(但不检查是否被正确接收),如网际协议(IP)。

3) 传输层

传输层为两台主机上的应用程序提供端到端的通信;该层提供了节点间的数据传送服务,如传输控制协议(TCP)、用户数据报协议(UDP)等,TCP 和 UDP 给数据包加入传输数据并把它传输到下一层中,这一层负责传送数据,并且确定数据已被送达并接收。

4) 应用层

应用层负责提供应用程序间的沟通。如简单电子邮件传输协议(SMTP)、文件传输协议(FTP)、网络远程访问协议(Telnet)等。

**3. 五层模型**

OSI 七层模型概念清楚,理论也比较完整,但它既复杂又不实用。TCP/IP 四层模型则不同,它既简单又实用。不过从实质上讲,TCP/IP 只有最上面的三层,因为最下面的网络接口层并没有什么具体内容。目前采用的五层体系结构综合了这两个模型的优点,即取了 OSI 七层模型的下两层和 TCP/IP 四层模型的上三层,如图 11-1(c)。各层主要分工如下:物理层的任务就是透明地传送比特流。注意:传递信息的物理媒体,如双绞线、同轴电缆、光缆等是在物理层的下面,当做第 0 层。物理层还要确定连接电缆插头的定义及连接法。数据链路层的任务是在两个相邻节点间的线路上无差错地传送以帧(frame)为单位的数据。每一帧包括数据和必要的控制信息。网络层的任务就是要选择合适的路由使发送站的传输层所传下来的分组能够正确无误地按照地址找到目的站,并交付给目的站的传输层。传输层的任务是向上一层的进行通信的两个进程之间提供一个可靠的端到端服务,使它们看不见传输层以下的数据通信的细节。应用层直接为用户的应用进程提供服务。

## 11.1.3 网络协议的组成

通过通信信道和设备互连起来的多个不同地理位置的计算机系统，要使其能协同工作实现信息交换和资源共享，它们之间必须具有共同的语言。交流什么、怎样交流及何时交流，都必须遵循某种互相都能接受的规则——协议（protocol）。

协议是用来描述进程之间信息交换过程的一个术语，它是为实现网络中的数据交换而建立的规则标准或约定。一般来说，协议由语法、语义和同步三部分组成，即协议的三要素。

（1）语法：确定协议元素的格式，即规定数据与控制信息的结构格式。

（2）语义：确定协议元素的类型，即规定通信双方要发出何种控制信息、完成何种动作以及做出何种应答。

（3）同步：规定事件实现顺序的详细说明，即确定通信过程中通信状态的变化，如通信双方的应答关系。

## 11.1.4 网络面临的威胁

网络是信息系统的交互枢纽，网络的安全与否制约着信息系统的安全性。随着近年来互联网在各行各业的日益渗透和用户面的不断扩大，互联网的安全性受到了越来越多的关注：恶意攻击时常发生，垃圾邮件、不健康资讯弥漫于网络的各个角落。以 2011 年为例，据赛门铁克分析人员统计，赛门铁克在 2011 年阻止了总计超过 55 亿的恶意软件攻击，比 2010 年上升 81%；基于网络的攻击增加了 36%，每天出现的新攻击超过了 4500 次；2011 年生成的新恶意软件变种达 4.03 亿，比 2010 年增加了 41%；2011 年的垃圾邮件数量相比 2010 年下降 13%；39% 的恶意软件攻击是通过使用链接到网页的电子邮件进行攻击的；移动漏洞数量继续增加，2011 年发现了 315 个。以中国为例，来自 CNCERT 监测数据显示，2012 年 4 月，互联网网络安全状况整体评价为中：境内感染网络病毒的终端数约为 577 万个；境内被篡改网站数量为 1957 个，其中被篡改政府网站数量为 233 个；国家信息安全漏洞共享平台（CNVD）收集整理信息系统安全漏洞 495 个，其中，高危漏洞 147 个，可被利用来实施远程攻击的漏洞有 458 个。

## 11.1.5 网络的安全问题

互联网出现如此众多的攻击和破坏行为的最主要、最根本原因是网络系统存在可以被渗透的脆弱性，或称做安全漏洞。脆弱性的来源是多方面的，存在于系统设计、实现、运行和管理的各个环节。

最初网络仅仅被当做一种研究工具在科研人员之间使用，由于用户相对单一，使用者之间完全可以通过默契建立良好的信任关系，这也是当初在计算机网络体系结构和计算机网络服务中没有安全因素的最直接原因。网络体系结构的研究主要考虑了如何提高数据传输的效率，构成 Internet 的一些早期网络协议也很少考虑安全问题，而且 Internet 在拓扑和新生技术等方面都是动态发展的，加之网络的开放性，使得发起攻击一般是很迅速、容易和廉价的，并且难于检测和追踪，因此当前网络面临着严峻的安全挑战。

1988 年 11 月 2 日下午 5 时到 11 月 3 日上午 10 时，Internet 发生了一起震惊世界的蠕虫事件，它造成了网络中 6000 台计算机被感染，几十个大学校园网、美国官方的研究机构和商业公司的网络受到影响，并被迫与 Internet 断开，直接经济损失在 500 万美元以上，间接经济损失最高估计为 3 亿美元。

蠕虫程序利用了 UNIX 系统的安全漏洞（主要是 sendmail 和 fingerd），在蠕虫事件发生后，Berkeley、Utah、MIT、Purdue 等大学和科研机构的工程师和计算机专家从晚上 11 时开始联合研究解决方法，他们将蠕虫的二进制代码从内存中找出，并进行破译，最终在 11 月 3 日凌晨 4 时还原出源程序（3000 行 C 程序），设计出了蠕虫的消除程序。整个网络从 11 月 3 日上午 10 时开始逐渐恢复正常，但有许多网络一个星期之后才恢复联网。

蠕虫事件对网络安全的发展起着极大的推动作用。

(1) CERT 的作用得到关注。CERT 在 1988 年 11 月之前就已经成立，但一直没有引起网络界的广泛关注。蠕虫事件之后，CERT 成为 Internet 网络安全的国际权威机构，人们认识到存在这么一支网络安全应急队伍非常重要。

(2) 计算机网络防火墙的研究工作得到加强。当时未受蠕虫传染的网络基本上都有不同形式的防火墙功能，实现了网络内外信息交流的区别和控制，如波音公司。

(3) 推动了 Internet 网络安全的研究工作，以及接入网络的安全防范工作。如果说，过去网络安全只是军用网络或机要部门考虑的事情，则蠕虫事件之后，网络安全的概念开始全面进入民用网络领域。

## 11.2 网络入侵的防范

### 11.2.1 网络入侵问题

网络入侵的历史从"飞客"（phreak）开始。飞客是早期攻击电话网的青少年，在电话线路还是使用模拟技术而且控制信号采用带内传输时，飞客们就开始研究各种盗打电话而不用付费的技术，后来这些免费的电话用户们开始集会（通过电话网等电子手段）交流各种信息并逐渐形成一个群体。飞客们通过非法进入电话网系统，可免费偷打长途电话，甚至干扰电话网的正常运行，包括冒充电话服务部门，扰乱电话服务等。随着 Internet 的发展，现代意义上的网络"入侵者"或"黑客"出现了。

网络入侵是指对接入网络的计算机系统的非法进入，即有攻击者未经合法的手段和程序而取得了使用该系统资源（包括处理能力）的权力。网络入侵表现为攻击者取得了进入系统或多次进入系统的能力；和/或取得了访问系统中资源的能力；和/或取得了在系统中运行自己的程序的能力。网络入侵的目的有多种，或者是取得了使用系统的存储能力、处理能力以及访问其存储的内容的能力；或者是作为进入其他系统的跳板；或者是想破坏这个系统（使其损坏或丧失服务能力）。

作为网络攻击的前奏，网络入侵与网络攻击存在一定的区别：网络入侵是以窃用网络资源为主要目的，更多的还含有黑客的虚荣心成分；而网络攻击则以干扰破坏网络服务为主要目的，更多的是恶意的行为。如果说网络入侵还含有恶作剧的意义，而网络攻击则可视作一种计算机犯罪。当然，网络入侵和网络攻击的边界并不是很清晰，一种行为很容易转化为另一种行为。

网络入侵的步骤可以归纳为：

① 获取目标系统信息。
② 通过漏洞进入系统。
③ 获取超级用户权力。
④ 消除入侵痕迹。
⑤ 摧毁系统。

网络入侵所利用的漏洞大体有如下几类。

(1) 网络传输和协议的漏洞。攻击者利用网络传输时对协议的信任以及网络传输的漏洞进入系统。比如 IP 欺骗和信息腐蚀就是利用网络传输时对 IP 和 DNS 的信任；而嗅包器则利用了网络信息明文传送的弱点。另外，攻击者还可利用协议的特性进行攻击。如对 TCP 的序号攻击，而 UDP 既没有握手机制也没有顺序号，更容易冒充。攻击者也可以设法避开鉴别过程，或通过冒充（如源地址）而混过鉴别过程。

(2) 系统的漏洞。攻击者可以利用服务进程的 Bug 和配置错误进行攻击。任何向外提供服务的主机都有可能存在这样的漏洞，它们常被攻击者用来获取对系统的访问权。由于软件的 Bug 不可避免，这就为攻击者提供了各种机会。另外软件实现者为自己留下的后门（和陷门）也为攻击者提供了机会。例如，Internet 蠕虫就是利用了 UNIX 和 VMS 中一些网络功能的 Bug 和后门。

(3) 管理的漏洞。攻击者可利用各种方式从系统管理员和用户那里诱骗或套取可用于非法进入的系统信息，包括口令、用户名等。

### 11.2.2 网络入侵技术

**1. 获取目标系统信息**

在网络入侵初期，攻击者需要对目标系统进行测试，分析目标系统的类型，以决定入侵的方法和手段。最常用的手段是端口扫描，通过连接到目标系统的 TCP 和 UDP 端口上，确定哪些服务正在运行（即处于监听状态的过程）。端口扫描的实质，是对目标系统的某个端口发送一数据包，根据返回的结果，判断该端口是否打开并处于监听状态。至于具体发送的数据包类型，则根据各种扫描技术的类型不同而有所不同。对目标系统执行端口扫描，可以实现多种目的，主要有：

① 确定运行在目标系统上的 TCP 服务和 UDP 服务。
② 确定目标系统的操作系统类型。
③ 确定特定的应用程序或特定服务的版本。

在介绍各类扫描技术前，首先认识一下 TCP 数据报头的这六个标志位。

(1) URG：紧急指针。用到的时候值为 1，用来处理避免 TCP 数据流中断。

(2) ACK：置 1 时表示确认号（acknowledgment number）为合法，为 0 的时候表示数据段不包含确认信息，确认号被忽略。

(3) PSH：PUSH 标志的数据，置 1 时请求的数据段在接收方得到后就可直接送到应用程序，而不必等到缓冲区满时才传送。

(4) RST：(reset the connection)用于复位因某种原因引起出现的错误连接，也用来拒绝非法数据和请求。如果接收到 RST 位时，通常发生了某些错误。

(5) SYN：用来建立连接，在连接请求中，SYN＝1，ACK＝0，连接响应时，SYN＝1，

ACK=1。即，用 SYN 和 ACK 来区分 Connection Request 和 Connection Accepted。

(6) FIN：用来释放连接，表明发送方已经没有数据发送了。

TCP 连接的三次握手过程如下所述：

首先客户端（请求方）在连接请求中，发送 SYN=1, ACK=0 的 TCP 报文给服务器端（接收请求端），表示要求同服务器端建立一个连接；然后如果服务器端响应这个连接，就返回一个 SYN=1, ACK=1 的报文给客户端，表示服务器端同意这个连接，并要求客户端确认；最后客户端就再发送 SYN=0, ACK=1 的报文给服务器端，表示确认建立连接。因此，就可以利用这些标志位和 TCP 连接的三次握手特性来进行扫描探测。

常见的 TCP 扫描如下。

(1) TCP connect 扫描：这是 TCP 扫描的基本方式。它利用系统调用 connect()，如果对方端口处在 Listening 状态，就可以建立连接，否则端口不可达。

(2) TCP SYN 扫描：这种扫描方式也被称为"半打开"扫描，因为利用了 TCP 连接的第一步，并且没有建立一个完整的 TCP 连接。实现办法是向远端主机某端口发送一个只有 SYN 标志位的 TCP 数据报，如果主机反馈一个 SYN‖ACK 数据包，那么，这个主机正在监听该端口，如果反馈的是 RST 数据包，说明，主机没有监听该端口。

(3) TCP FIN 扫描：对某端口发送一个 TCP FIN 数据报给远端主机。如果主机没有任何反馈，那么这个主机是存在的，而且正在监听这个端口；主机反馈一个 TCP RST 回来，那么说明该主机是存在的，但是没有监听这个端口。

(4) TCP Null 扫描：发送一个没有任何标志位的 TCP 包，根据 RFC793，如果目标主机的相应端口是关闭的话，应该发送回一个 RST 数据包。

(5) TCP ACK 扫描：发送一个只有 ACK 标志的 TCP 数据报给主机，如果主机反馈一个 TCP RST 数据报来，那么这个主机是存在的。也可以通过这种技术来确定对方防火墙是简单的分组过滤，还是一个基于状态的防火墙。

(6) TCP FIN+URG+PUSH 扫描：向目标主机发送一个 FIN、URG 和 PUSH 分组，根据 RFC793，如果目标主机的相应端口是关闭的，那么应该返回一个 RST 标志。

(7) Fragmentation 扫描：将 TCP 报头分成若干个 IP 分段，使防火墙无法过滤它，但是某些系统处理这种小报文会有麻烦。这种方法对那些将所有分段排队的报文过滤器无效。

(8) TCP reverse ident 扫描：利用了 ident 协议可能会泄露 TCP 连接进程的用户名的漏洞，需要建立完整的 TCP 连接。

(9) FTP bounce attack：利用 FTP 支持"代理 ftp"连接的特性，可以连接 FTP 服务器，然后扫描可能阻塞的端口（比如 139），如果 FTP 服务器允许读和写，你可以发送任意数据到打开的端口。

由于 UDP 是面向非连接的，对 UDP 端口的探测也就不可能像 TCP 端口的探测那样依赖于连接建立过程，这也使得 UDP 端口扫描的可靠性不高。所以虽然 UDP 较之 TCP 显得简单，但是对 UDP 端口的扫描却是相当困难的。

(10) UDP ICMP 端口扫描：当一个 UDP 端口接收到一个 UDP 数据报时，如果它是关闭的，就会给源端发回一个 ICMP 端口不可达数据报；如果它是开放的，那么就会忽略这个数据报，也就是将它丢弃而不返回任何信息。

(11) UDP recvfrom() 和 write() 扫描：一般非超级用户无法直接读到 ICMP 的错误信

息,但当有 ICMP 报文到达时,LINUX 内核却可以间接通知用户。对关闭的端口进行 write() 调用,在非阻塞的 UDP sockets 上,如果没有收到 ICMP 报文,recvfrom() 返回 EAGAIN;如果收到 ICMP 报文,返回 ECONNREFUSED。据此可以判断端口的状态。

漏洞扫描,就是自动检测远程或本地主机安全性弱点的过程。它采用积极的、非破坏性的办法来检验系统是否有可能被攻击崩溃。它利用了一系列的脚本模拟对系统进行攻击的行为,然后对结果进行分析。它还针对已知的网络漏洞进行检验。

**2. 通过漏洞进入系统**

攻击者通过服务的漏洞进入系统的途径有许多种。

1) 登录服务的漏洞

登录服务主要有 telnet 和 rlogin,它们通过口令对用户进行鉴别。但是常常有的系统存在无口令用户,比如,IRIS 的 lp、demo、guest、nuucp、tutor、4Dgifts 等。另外,用户自身常常使用不可靠的口令,采用字典攻击很容易猜出。rlogin 等 UNIX 的 R-系列的服务存在信任域,使用 IP 欺骗(IP Spoofing)等技术可以闯入系统。在满足 RFC 1408/1572 的 telnet 服务中允许 telnet 连接改变环境变量,攻击者可以伪造共享库,从而绕过系统的鉴别过程。

2) X-Window 的安全漏洞

虽然使用 xauth 的 MIT-MAGIC-COOKIE 使 X-Window 系统的安全性获得了改善,但使用不当仍会产生危害:如果 X Server 允许其他主机访问当前终端,那么当前屏幕上的一切内容和用户击键都可能被截取。如果不使用 xauth,在本机上有账户的用户可以观察控制台的一举一动。就算使用了 xauth,如果用户目录下的 .Xauthority 文件可被访问,攻击者也可以获得对 X Server 的访问权。

3) SMTP 的安全问题

SMTP 的安全漏洞主要有两个:其一是对发送方没有任何鉴别,任何人都可以任何身份发送邮件。其二是,可以转发邮件,攻击者可以利用被攻击的 Mail 服务器转发邮件。这种攻击的主要应用有两种:一种是逃避付费,可以把邮件发到不付费的 Mail 服务器,再利用其转发到真正的地址;另一种是 Mail Spamming 服务失效攻击,让大量存在漏洞的 Mail 服务器参与进行 Mail Spamming 攻击。

4) POP 和 IMAP 的实现漏洞

POP 服务的一个早期漏洞是对请求的响应非常快,并且不限制登录请求的次数;POP 服务使用的用户名和口令与操作系统本身的用户名和口令相同,可用于测试操作系统口令。有的 POP 服务存在栈溢出的问题,可以导致远程用户获取系统的特权。POP 的鉴别机制是在一行包含用户标识和口令信息,或用两个命令行分别包含用户标识和口令,内部攻击者可以窃听或者猜测到用户口令。

IMAP 服务器的较旧版本会产生一个包含口令密文信息的 core 文件,入侵者可以使用字典攻击获取系统的口令。有的 IMAP 服务器会存在栈溢出问题,入侵者可以通过该漏洞进入系统。

5) FTP 的安全漏洞

FTP 服务可以利用的安全漏洞有:部分 ftpd 允许匿名用户进入系统;部分 ftpd 存在竞争条件,方便入侵者获得超级用户;有的 ftpd 会使入侵者获取一个包括口令文件的 core 内存映像,入侵者通过字典攻击可以获得系统口令;有的 ftpd 存在栈溢出的可能,方便入侵者运行指定程序。

6) HTTPd 的安全性

HTTPd 的安全问题在于所引入的 CGI 允许远程用户执行任意程序。通过栈溢出，入侵者可以进入系统；使用不恰当的系统调用，入侵者可以在系统中执行命令。某些 HTTPd 还支持 SSI(Server Side Includes)，允许服务器在送出文档前更改文档，如果对输入控制不严格，那么送入如<!--# exec cmd="chmod 666/etc/passwd"-->的信息，可能会被执行。

7) RPC 的安全性

RPC 服务在启动时会在一个特殊的 RPC 注册程序 portmapper 上声明，RPC 的客户程序往往先通过 portmapper 获取 RPC 服务的端口，然后再请求实际的服务。理论上所有的 RPC 服务都没有固定的端口，需要通过 portmapper 来获取端口号，但实际上几乎所有的 RPC 服务都使用固定的端口，攻击者可以直接连接具体的 RPC 端口。这个问题对于包过滤防火墙的配置具有一定的影响。

**3. 获取特权用户**

1) 栈瓦解和竞争软件

栈瓦解和竞争条件是获取特权用户的主要方法，目前主流的操作系统几乎都可以通过栈瓦解获取特权用户。

2) 利用 SUID 程序

SUID 可以让本来没有相应权限的用户运行这个程序时，可以访问他没有权限访问的资源。攻击者可以利用它获得超级用户身份。

3) 口令分析

早期 UNIX 系统没有使用影子文件 shadow，普通用户可以获得口令密文，并通过字典攻击获得超级用户。

4) 暂存文件使用

有些系统程序的暂存文件存在问题，可以被入侵者干扰，以更改各种系统文件从而获得系统的超级用户。例如，Solaris 2.5 上的 admintool 工具。

5) 特洛伊木马

特洛伊木马也是攻击者获取超级用户的有效办法，经常成为伪造目标的系统程序有 login、su、xlock 等。

6) 文件目录的权限错误

某些文件或目录的权限定义错误会导致入侵者获得超级用户。例如，允许"系统中动态连接库可写"会使入侵者放入假的动态连接库而设置逻辑炸弹或特洛伊木马。

### 11.2.3 网络入侵防范

**1. 漏洞扫描**

网络入侵的突破点是漏洞，包括硬件、软件或策略上的缺陷，使得攻击者能够在未授权的情况下访问或控制系统。网络入侵的一个有效防范方法是漏洞扫描，它能够自动检测远程或本地主机安全性弱点，它利用了一系列的脚本模拟对系统进行攻击的行为，然后对结果进行分析。漏洞扫描通过采用积极的、非破坏性的办法来检验系统是否可能被攻击崩溃。著名的漏洞扫描工具有 Nessus。

**2. 入侵检测**

网络入侵防范的主要手段是入侵检测(Intrusion Detection)，它通过收集和分析网络行为、安全日志、审计数据、其他网络上可以获得的信息以及计算机系统中若干关键点的信息，检查网络或系统中是否存在违反安全策略的行为和被攻击的迹象。入侵检测作为一种积极主动的安全防护技术，提供了对内部攻击、外部攻击和误操作的实时保护，在网络系统受到危害之前拦截和响应入侵。因此被认为是防火墙之后的第二道安全闸门，在不影响网络性能的情况下能对网络进行监测。入侵检测通过执行以下任务来实现：监视、分析用户及系统活动；系统构造和弱点的审计；识别反映已知进攻的活动模式并向相关人士报警；异常行为模式的统计分析；评估重要系统和数据文件的完整性；操作系统的审计跟踪管理，并识别用户违反安全策略的行为。

入侵检测是防火墙的合理补充，帮助系统对付网络攻击，扩展了系统管理员的安全管理能力(包括安全审计、监视、进攻识别和响应)，提高了信息安全基础结构的完整性。它从计算机网络系统中的若干关键点收集信息，并分析这些信息，看看网络中是否有违反安全策略的行为和遭到袭击的迹象。入侵检测被认为是防火墙之后的第二道安全闸门，在不影响网络性能的情况下能对网络进行监测，从而提供对内部攻击、外部攻击和误操作的实时保护。

入侵检测所采用的技术可分为特征检测与异常检测两种。

(1) 特征检测(signature-based detection) 又称 misuse detection，这一检测假设入侵者活动可以用一种模式来表示，系统的目标是检测主体活动是否符合这些模式。它可以将已有的入侵方法检查出来，但对新的入侵方法无能为力。其难点在于如何设计模式既能够表达"入侵"现象又不会将正常的活动包含进来。

(2) 异常检测(anomaly detection) 的假设是入侵者活动异常于正常主体的活动。根据这一理念建立主体正常活动的"活动简档"，将当前主体的活动状况与"活动简档"相比较，当违反其统计规律时，认为该活动可能是"入侵"行为。异常检测的难题在于如何建立"活动简档"以及如何设计统计算法，从而不把正常的操作作为"入侵"或忽略真正的"入侵"行为。

为实现入侵检测功能，入侵检测系统通常包含 4 个组成部分：

① 事件产生器，从计算环境中获得事件，并向系统的其他部分提供此事件。
② 事件分析器，分析数据。
③ 响应单元，发出警报或采取主动反应措施。
④ 事件数据库，存放各种数据。

目前常见的入侵检测系统主要有基于主机的入侵检测系统、基于网络的入侵检测系统和分布式的入侵检测系统这三类。

(1) 基于主机的入侵检测系统。一般主要使用操作系统的审计、跟踪日志作为数据源，某些也会主动与主机系统进行交互以获得不存在于系统日志中的信息以检测入侵。这种类型的检测系统不需要额外的硬件，对网络流量不敏感，效率高，能准确定位入侵并及时进行反应，但是占用主机资源，依赖于主机的可靠性，所能检测的攻击类型受限，不能检测网络攻击。

(2) 基于网络的入侵检测系统。通过被动地监听网络上传输的原始流量，对获取的网络数据进行处理，从中提取有用的信息，再通过与已知攻击特征相匹配或与正常网络行为原型相比较来识别攻击事件。此类检测系统不依赖操作系统作为检测资源，可应用于不同的操作系统平台；配置简单，不需要任何特殊的审计和登录机制；可检测协议攻击、特定环境的攻击等多种攻击，但它只能监视经过本网段的活动，无法得到主机系统的实时状态，精确度较差。大部分入侵检测工具都是基于网络的入侵检测系统。

(3) 分布式的入侵检测系统。这种入侵检测系统一般为分布式结构，由多个部件组成，在关键主机上采用主机入侵检测，在网络关键节点上采用网络入侵检测，同时分析来自主机系统的审计日志和来自网络的数据流，判断被保护系统是否受到攻击。

## 11.3 网络攻击的防御

### 11.3.1 服务失效攻击与防御

服务失效攻击包括三方面的含义：临时降低系统性能；使系统崩溃而需要人工重新启动；或因数据永久性地丢失而导致较大范围的系统崩溃，也就是抢占系统资源使系统无法提供正常的服务或者降低系统性能。

**1. 攻击技术**

目前网络中存在的主要服务失效威胁有以下几种。

1) 邮包炸弹和邮包罐头

邮包炸弹是指攻击者不断重复地向特定地址发送特定的 E-mail 信息（通常是无意义的大量信息）。邮包罐头是邮包炸弹的一种变体，是指把邮件发送给以千百计的用户。邮包炸弹和邮包罐头通常和邮件欺骗共同使用，以使管理员无法测试攻击的源点。

2) UDP 风暴和广播风暴

利用 UDP 没有流量控制的特点，攻击者向某个 UDP 服务器发送大量 UDP 报文。UDP 风暴通常和 IP 欺骗共同使用，以防止管理员追查。利用以太网的广播传输特性，在连接很多路由器的根网络上，攻击者可以广播报文给一个不存在的 IP 地址，所有的路由器都会试图转发该报文，形成大量无效流量。各个路由器还会使用 ARP 试图获得目标 IP 地址，如果攻击者回答说广播地址是该目标 IP 的正确转发地址，就会引发更大的广播风暴。

3) TCP 同步攻击(TCP SYN FLOOD)

在 TCP 建立连接的过程中，客户首先向服务器发送 SYN 报文，然后服务器回答 SYN/ACK 报文，客户再回答 ACK 报文，通过三次握手建立 TCP 连接。但是如果客户仅仅给出 SYN 报文，在服务器回答后就没有下文了，那么服务器就会处于等待状态，直到超时。由于服务器给予没有端口的等待缓存有一定的数量限制，如果攻击者发送大量的 SYN 报文到特定端口，就可以使该端口无法响应其他连接请求，形成服务失效攻击。

4) Land 攻击

Land 攻击是一种使用相同的源和目的主机和端口发送数据包到某台机器的攻击，结果通常使存在漏洞的机器崩溃。在 Land 攻击中，一个特别打造的 SYN 包中的源地址和目标地址都被设置成某一个服务器地址，这时将导致接收服务器向它自己的地址发送 SYN-ACK 消息，结果这个地址又发回 ACK 消息并创建一个空连接，每一个这样的连接都将保留直到超时。对 Land 攻击反应不同，许多 UNIX 系统将崩溃，而 Windows NT 会变得极其缓慢（大约持续五分钟）。

5) Teardrop

Teardrop 是基于 UDP 的病态分片数据包的攻击方法，其工作原理是向被攻击者发送多个分片的 IP 包(IP 分片数据包中包括该分片数据包属于哪个数据包以及在数据包中的位置等信息)，某些操作系统收到含有重叠偏移的伪造分片数据包时将会出现系统崩溃、重启等现象。利用 UDP 包重组时重叠偏移(假设数据包中第二片 IP 包的偏移量小于第一片结束的位移，而且算上第二片 IP 包的 Data，也未超过第一片的尾部，这就是重叠现象)的漏洞对系统主机发动拒绝服务攻击，最终导致主机宕掉；对于 Windows 系统会导致蓝屏死机，并显示 STOP 0x0000000A 错误。

6) Smurf 攻击

Smurf 攻击是以最初发动这种攻击的程序名 Smurf 来命名的。这种攻击方法结合使用了 IP 欺骗和 ICMP 回复方法使大量网络传输充斥目标系统，引起目标系统拒绝为正常系统进行服务。Smurf 攻击通过使用将回复地址设置成受害网络的广播地址的 ICMP 应答请求(ping)数据包，来淹没受害主机，最终导致该网络的所有主机都对此 ICMP 应答请求做出答复，导致网络阻塞。更加复杂的 Smurf 将源地址改为第三方的受害者，最终导致第三方崩溃。

7) ARP 攻击

ARP 攻击就是通过伪造 IP 地址和 MAC 地址实现 ARP 欺骗，能够在网络中产生大量的 ARP 通信量使网络阻塞，攻击者只要持续不断地发出伪造的 ARP 响应包就能更改目标主机 ARP 缓存中的 IP-MAC 条目，造成网络中断或中间人攻击。

8) 分布式服务失效攻击

分布式拒绝服务是一种基于 DoS 的特殊形式拒绝服务攻击，是一种分布式的、协同工作的大规模攻击手段，主要目标是规模较大的网站服务。通常发起 DoS 攻击，黑客只要使用一台联网计算机就可实现，而发起 DDoS 攻击，黑客需要利用一批受控的联网计算机向一台计算机实施群起攻击，这样来势凶猛的攻击令人难以防备，具有较大的破坏性。DDoS 攻击一旦发起则很难制止，因为攻击点非常多。即使用防火墙保护住了主机，但由于防火墙的入端口被堵塞，所以整个网络可能不能向外访问。

**2. 防御方法**

服务失效攻击是目前网络中最难以防御的攻击。下面介绍几个简单有效的防范服务失效攻击的方法，虽然不能彻底防护，但在与 DDoS 的战斗中可以最大限度降低损失。

1) 察觉攻击法

如果发现服务器突然超负载运作，性能突然降低，这就有可能是受攻击的征兆。如何区分是正常访问网站人数增加，还是服务失效攻击？下面两个现象即可确定受到了攻击。

(1) 网站的数据流量突然超出平常的十几倍甚至上百倍，而且同时到达网站的数据包来自少量的 IP。

(2) 大量到达的数据包(包括 TCP 包和 UDP 包)并不是网站服务连接的一部分，往往指向你机器任意的端口。比如你的网站是 Web 服务器，而数据包却发向你的 FTP 端口或其他任意的端口。

2) 屏蔽 IP 地址法

确定自己受到攻击后就可以使用简单的屏蔽 IP 地址方法将 DoS 攻击化解。对于 DoS 攻击来说这种方法非常有效，因为 DoS 往往来自少量 IP 地址，而且这些 IP 地址都是虚构的、伪装的。在服务器或路由器上屏蔽攻击者 IP 后就可以有效地防范 DoS 的攻击。不过对于 DDoS 来说则比较麻烦,需要我们对 IP 地址进行分析,将真正攻击的 IP 地址屏蔽。

不论是对付 DoS 还是 DDoS 都需要我们在服务器上安装相应的防火墙,然后根据防火墙的日志分析来访者的 IP,发现访问量大的异常 IP 段就可以添加相应的规则到防火墙中实施过滤了。

当然直接在服务器上过滤会耗费服务器的一定系统资源,所以目前比较有效的方法是在服务器上通过防火墙日志定位非法 IP 段,然后将过滤条目添加到路由器上。例如我们发现进行 DDoS 攻击的非法 IP 段为 211.153.0.0 255.255.0.0,而服务器的地址为 61.153.5.1。那么可以登录公司核心路由器添加如下语句的访问控制列表进行过滤。

cess-list 108 deny tcp 211.153.0.0 0.0.255.255 61.135.5.1 0.0.0.0,这样就实现了将 211.153.0.0 255.255.0.0 的非法 IP 过滤的目的。

3) 增加 SYN 缓存法

屏蔽 IP 法虽然可以有效地防止 DoS 与 DDoS 的攻击,但由于使用了屏蔽 IP 功能,自然会误将某些正常访问的 IP 也过滤掉。在小型攻击时,可以通过修改 SYN 缓存的方法来防御 DoS 与 DDoS 的攻击。修改 SYN 缓存大小是通过注册表的相关键值完成的。

以上方法虽然可以有效防范 DoS 与 DDoS 的攻击,不过由于 DDoS 攻击的特点,实际上没有一台服务器能够彻底防范它,即使安装了专业的防范 DDoS 的硬件防火墙也不能百分之百地避免损失。

### 11.3.2 欺骗攻击与防御

**1. 攻击技术**

欺骗攻击的种类有许多种,其中 ARP Spoofing、IP Spoofing、routing Spoofing、TCP Spoofing、DNS Spoofing、Mail Spoofing、Web Spoofing 等讨论较多。

1) ARP 欺骗(ARP Spoofing)

ARP 欺骗分为两种,一种是对路由器 ARP 表的欺骗;另一种是对内网 PC 的网关欺骗。第一种 ARP 欺骗的原理是截获网关数据。它通知路由器一系列错误的内网 MAC 地址,并按照一定的频率不断进行,使真实的地址信息无法通过更新保存在路由器中,结果路由器的所有数据只能发送给错误的 MAC 地址,造成正常 PC 无法收到信息。第二种 ARP 欺骗的原理是伪造网关。它的原理是建立假网关,让被它欺骗的 PC 向假网关发数据,而不是通过正常的路由器途径上网。在 PC 看来,就是上不了网了。一般来说,ARP 欺骗攻击的后果非常严重,大多数情况下会造成大面积掉线。

2) IP 欺骗(IP Spoofing)

IP 欺骗是指入侵者生成具有伪造的源地址的 IP 包,用于欺骗目标系统,以期获得某种利益。IP 欺骗可以用于突破基于 IP 地址的访问控制机制。例如,如果系统存在信任,那么就可以冒充目标系统的信任主机,以获得对目标系统的访问权。IP 欺骗还可以用于突破 IP 防火墙。例如,有的 IP 防火墙不判定进入的 IP 包的源地址是否为内部地址,从而使伪造的 IP 报文穿越这些防火墙。

3) 路由欺骗(routing Spoofing)

IP 包的传输路径完全由路由表决定。若攻击者通过各种手段改变路由表,使目标主机发送的 IP 包到达攻击者能控制的主机或路由器,就可以完成侦听、篡改等攻击方式,这便是所谓的路由欺骗。常被讨论的路由欺骗有两种。

(1) RIP 路由欺骗。

RIP 用于自治系统内传播路由信息。路由器在收到 RIP 数据报时一般不作检查。攻击者可以声称他所控制的路由器 A 可以最快地到达某一站点 B,从而诱使发往 B 的数据包由 A 中转。由于 A 受攻击者控制,攻击者可侦听、篡改数据。

(2) IP 源路由欺骗。

IP 报文首部的可选项中有"源站选路",可以指定到达目的站点的路由。正常情况下,目的主机如果有应答或其他信息返回源站,就可以直接将该路由反向运用作为应答的回复路径。IP 源路由欺骗是一种通过向网络中注入虚假报文来干扰正常传输的攻击方式。攻击者使用 IP 报文的源路由选项,要求响应按源路由返回,因此外部的主机就可能冒充内部的主机。例如:主机 A(IP 地址是 192.168.100.11)是主机 B(IP 地址为 192.168.100.1)的被信任主机,主机 X 想冒充主机 A 从主机 B 获得某些服务。首先,攻击者修改距离 X 最近的路由器 G2,使用到达此路由器且包含目的地址 192.168.100.1 的数据包以主机 X 所在的网络为目的地;然后,攻击者 X 利用 IP 欺骗(把数据包的源地址改为 192.168.100.11)向主机 B 发送带有源路由选项(指定最近的 G2)的数据包。当 B 回送数据包时,按收到数据包的源路由选项反转使用源路由,传送到被更改过的路由器 G2。由于 G2 路由表已被修改,收到 B 的数据包时,G2 根据路由表把数据包发送到 X 所在的网络,X 可在其局域网内较方便地进行侦听,收取此数据包。

对于如图 11-2 所示的这种哑铃型结构在许多情况下都适合于作基于源路由的欺骗攻击。因为被信任主机可能在另一个子网中,所以防火墙很难防御 IP 欺骗和源路由欺骗的组合攻击。因此一般情况下,在互联网中不使用源路由方式,若有特殊需要,如进行网络路由测试,则需要对路由信息进行鉴别。此外,攻击者还可以利用 IP 的 source routing 功能或 ICMP 的 redirect 功能来设置虚假路由,从而拦截正常的通信,并冒充其中一方。

图 11-2　一般互联网中的源路由欺骗

4) TCP 欺骗(TCP Spoofing)

TCP 是一种基于 IP 而建立的面向连接的、可靠的字节流。TCP 连接建立时状态变化如图 11-3 所示。攻击者通过发送 IP 地址属于另一台机器的 IP 数据来实施欺骗。TCP 欺骗的攻击者实际上并不在乎是否能收到这些数据的答复,但其他的机器将接收这些伪造数据并认为它们来自合法的拥有者。

TCP 欺骗攻击通常有两种实现方法。

(1) 非盲攻击。

攻击者和被欺骗的目的主机在同一个网络上,攻击者可以简单地使用协议分析器(嗅探器)捕获 TCP 报文段,从而获得需要的序列号。攻击步骤描述如下。

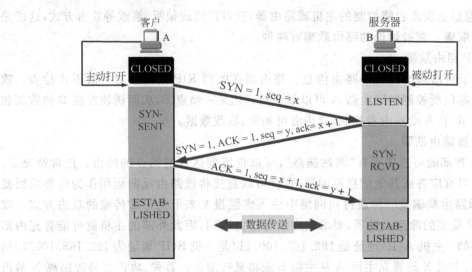

图 11-3  TCP 连接建立时的状态变化

① 攻击者 X 要确定目标主机 A 的被信任主机 B 不在工作状态,若其在工作状态,也使用 SYN flooding 等攻击手段使其处于拒绝服务状态。

② 攻击者 X 伪造数据包:B->A:SYN(ISN C),源 IP 地址使用 B,初始序列号 ISN 为 C,给目标主机发送 TCP 的 SYN 包,请求建立连接。

③ 目标主机回应数据包:A->B:SYN(ISN S),ACK(ISN C),初始序列号为 S,确认序号为 C。由于 B 处于拒绝服务状态,不会发出响应包。攻击者 X 使用嗅探工具捕获 TCP 报文段,得到初始序列号 S。

④ 攻击者 X 伪造数据包:B->A:ACK(ISN S),完成三次握手建立 TCP 连接。

⑤ 攻击者 X 一直使用 B 的 IP 地址与 A 进行通信。

(2) 盲攻击。

由于攻击者和被欺骗的目标主机不在同一个网络上,攻击者无法使用嗅探工具捕获 TCP 报文段。其攻击步骤与非盲攻击几乎相同,只不过在步骤③中无法使用嗅探工具,可以使用 TCP 初始序列号预测技术得到初始序列号。在步骤⑤中,攻击者 X 可以发送第一个数据包,但收不到 A 的响应包,较难实现交互。

从攻击者的角度来考虑,盲攻击比较困难,因为目的主机的响应都被发送到不可达的被欺骗主机,攻击者不能直接确定攻击的成败。然而,攻击者可使用路由欺骗技术把盲攻击转化为非盲攻击。

5) DNS 欺骗(DNS Spoofing)

DNS 欺骗就是攻击者冒充域名服务器的一种欺骗行为。如果可以冒充域名服务器,然后把查询的 IP 地址设为攻击者的 IP 地址,这样的话,用户上网就只能看到攻击者的主页,而不是用户想要取得的网站的主页了,这就是 DNS 欺骗的基本原理。主要欺骗形式有两个。

(1) hosts 文件篡改。

hosts 文件是一个用于存储计算机网络中节点信息的文件,它可以将主机名映射到相应的 IP 地址,实现 DNS 的功能,它可以由计算机的用户进行控制。攻击者通过篡改映射表,来实现将域名映射到恶意 IP 地址的目的。

(2) 本机 DNS 劫持

DNS 劫持又称域名劫持,是指在劫持的网络范围内拦截域名解析的请求,分析请求的域名,把审查范围以外的请求放行,否则返回假的 IP 地址或者什么都不做使请求失去响应,其效果就是对特定的网络不能反应或访问的是假网址。

6) 邮件欺骗(Mail Spoofing)

邮件欺骗有不同的表现形式,但是都有一个共同的特点:表面上来自某一个用户的邮件实际上来自另一个用户。例如,欺骗者冒充管理员给用户发信,要求用户把口令改为特定的字符串。或者要求用户把口令文件寄出等。如果用户没有足够的安全知识和警惕性,就可能被欺骗。

邮件欺骗的原因来自 SMTP 本身的问题,从 SMTP 中获得的关于信息源的信息是可以被控制的。当然,系统管理员可以从连接的源点确定信息的来源,而不依赖于 SMTP 的交互信息。但是,邮件的转发过程中可能经过多个中继以至于会失去追查的线索。

7) WWW 服务欺骗(Web Spoofing)

攻击者构造一个站点的完整复件,并且把客户旁路到该复件上,修改一切可能导致用户察觉的上下文信息,使用户作出错误的安全相关决定,例如网络钓鱼。该攻击的一个关键技术是"重写 URL",也就是攻击者把页面中的所有 URL 均重写。该攻击可能产生的后果如下。

(1) 监视:攻击者可以监视用户和真正服务器之间的全部流量信息,获取用户口令等关键信息。

(2) 伪造:攻击者可以伪造客户给服务器的数据,反之亦然。

(3) 假冒整个站点:攻击者假冒整个站点并不复杂,不需要获取全部的页面并存放在本地。仅仅需要把每个请求转发给真正的站点,并且修改其返回的页面即可。

安全连接(如 SSL)并不能够防止这种桥接攻击,因为用户是和攻击者建立连接,并不是和真正的服务器建立连接(如图 11-4 所示)。攻击者为了隐蔽自己,需要给受害者以完全的幻觉。因为用户有许多上下文信息可以发现这种攻击,例如 Status Line、Location Line、Document Source、Document Information 等。但是使用 JavaScript 技术可以控制浏览器窗口的任何内容,所以可以修改这些信息,使它们看起来和真正的信息安全相同。

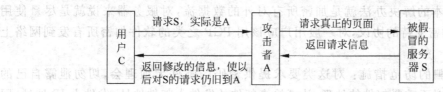

图 11-4　Web Spoofing 的方式

2. 防御方法

(1) ARP 欺骗的防范措施:

① 运营商可采用 Super VLAN 或 PVLAN 技术。

② 局域网环境可采用 IP 与 MAC 绑定。

(2) IP 欺骗的防范措施:

① 抛弃基于地址的信任策略。阻止这类攻击的一种非常容易的办法就是放弃以地址为基础的验证。不允许 r 类远程调用命令的使用；删除 .rhosts 文件；清空 /etc/hosts.equiv 文件。这将迫使所有用户使用其他远程通信手段，如 telnet、ssh、skey 等。

② 使用加密方法。在包发送到网络上之前，对它进行加密。虽然加密过程要求适当改变目前的网络环境，但它将保证数据的完整性和真实性。

③ 进行包过滤。可以配置路由器使其能够拒绝网络外部与本网内具有相同 IP 地址的连接请求。而且，当包的 IP 地址不在本网内时，路由器不应该把本网主机的包发送出去。但要注意，路由器虽然可以封锁试图到达内部网络的特定类型的包，但它们也是通过分析测试源地址来实现操作的。因此，它们仅能对声称是来自内部网络的外来包进行过滤，若你的网络存在外部可信任主机，那么路由器将无法防止别人冒充这些主机进行 IP 欺骗。

(3) RIP 路由欺骗的防范措施主要有：路由器在接受新路由前应先验证其是否可达。这可以大大降低受此类攻击的概率。但是 RIP 的有些实现并不进行验证，使一些假路由信息也能够广泛流传。由于路由信息在网上可见，随着假路由信息在网上的传播范围扩大，它被发现的可能性也在增大。所以，对于系统管理员而言，经常检查日志文件会有助于发现此类问题。

(4) 防范 IP 源路由欺骗的方法主要有：

① 配置好路由器，使它抛弃那些由外部网进来的、声称是内部主机的报文。

② 关闭主机和路由器上的源路由功能。对于内部网而言，这种类型源路由欺骗攻击的防御方法可以是在网络的边界防火墙中设置双向的过滤规则，不仅过滤外部报文的进出，也过滤内部报文的进出，这样与 DNS 的安全相结合，可以防止攻击者通过假域名或假 IP 进行冒充。但是对于面向公众的一般互联网而言，由于不能设置防火墙，因此无法用这种方法来防止源路由攻击。

(5) TCP 欺骗攻击的防范策略主要有：

① 使用伪随机数发生工具产生 TCP 初始序号。

② 路由器拒绝来自外网而源 IP 是内网的数据包。

③ 使用 TCP 段加密工具加密。

(6) DNS 欺骗的防范措施主要有：直接用 IP 访问重要的服务，这样至少可以避开 DNS 欺骗攻击。最根本的解决办法就是加密所有对外的数据流，对服务器来说就是尽量使用 SSH 之类的有加密支持的协议，对一般用户应该用 PGP 之类的软件加密所有发到网络上的数据。

(7) 邮件欺骗的防范措施：对这类要求提供密码的邮件无须理会，切勿泄露自己的 NetID 和密码。对于重要邮件的处理，认真检查邮件的发件人邮件地址、发件人 IP 地址、回复地址等邮件信息内容是防范黑客的必要措施。

(8) WWW 服务欺骗的防御措施有：

① 禁止 JavaScript。

② 永远显示 location line。

③ 注意 location line 中的地址确实是真实的 URL。

## 11.3.3 缓冲区溢出攻击与防御

### 1. 攻击技术

缓冲区是程序中分配的一段数据区域，缓冲区溢出就是通过向程序的缓冲区写超出其长度的内容，造成它的溢出，从而破坏程序的数据区域（堆、栈、静态数据区等），使程序转而执行其他指令，以达到攻击的目的。

**1) 栈瓦解**

自 1996 年 Aleph One 在 Phrack 杂志发表了比较有影响的论文 Smashing The Stack For Fun and Profit 后，基于栈瓦解（stack smash）的研究便飞速发展，取得许多重要的成果，成为缓冲区溢出研究的主要部分。

栈瓦解的通常方法是栈溢出（stack overflow）。栈溢出是一个较为经典的问题，从 1988 年的蠕虫事件开始就常常被使用。由于 C 语言编译器通常都不对栈的使用作边界判定，所以攻击者可以通过精心设计程序调用来把调用栈溢出，以覆盖掉返回地址，使程序的控制转到入侵者所期望的位置，执行任意的命令，这就是栈瓦解的含义。

存在栈溢出威胁的程序的明显特征是主程序需要用户提供参数值或从用户获取某些数据，而且程序内部又将外来的参数值或用户提供的数据赋给一个内部数组。尤其当这样的程序是 SUID 程序时就会帮助入侵者获得超级用户。编写一个栈溢出利用程序并不是一件简单的事情。首先，程序对硬件、操作系统和编译器的依赖非常强，因为在不同的系统中，栈的组织形式和生长方式各不相同，而且利用栈溢出的程序通常需要从汇编级下手。其次，系统的程序通常不会提供源码，因此准确地定位栈溢出的位置是一件困难的事。最后，目前大部分系统都使用动态程序定位的方式，使用虚地址空间，而且，操作系统一般都不允许改写代码区，所以用于覆盖调用栈返回地址的值难以确定。解决第一个难点需要对系统硬件、操作系统和汇编语言熟悉。解决第二个难点需要某些测试，以试验出被覆盖栈的位置。例如先把代码放入调用栈的不同位置，再试图让控制转移到代码的开头（覆盖 ret）。为了提高命中的准确性，可以在代码的开头使用大量 NOP（空指令），这样就不需要准确地跳转到目标代码的开头。解决第三个难点的方法是使用相对地址，并且把需要执行的代码放入栈中。

**2) 堆溢出**

堆溢出（heap overflow）是对堆（静态数据区）进行溢出攻击，以期获得利益的攻击方式。堆溢出虽然很早就已经出现了，但与栈溢出相比，对其的报道和研究都相对较少，究其原因有以下几点：①堆溢出比栈溢出更难以实现；②堆溢出以覆盖函数指针、改写虚函数表和攻击 malloc 库函数等技术为基础；③堆溢出需要以进程在内存中的特定组织结构为前提。

堆溢出具有以下特点。

(1) 栈溢出在堆栈栈段无法执行代码的平台（如 Solaris 2.6）会失效，而堆溢出则不受此限制。

(2) 有人建议为了防止栈溢出将局部变量改为静态变量，从而变成了堆。

利用堆溢出也可以获取 shell。若程序中定义了一个在堆中的函数指针，则可以设法通过堆溢出来修改指针指向的函数。Linux 系统为所有应用程序保留了 system 函数，其地址可以通过 printf("&p", system) 获取。通常可以将指针指向该函数，传入 "/bin/sh" 而获取 shell。如果该程序是 SUID 程序，也就获取了特权用户。

**2. 防御方法**

1) 防止栈溢出攻击的方法

防止栈溢出攻击最好的方法是写程序的时候保持清新的头脑，这样才能写出更加安全的代码。通常采用的方法有：其一，函数返回地址检查法。首先是在函数调用的时候把返回地址放到另外一个堆栈里面，在函数返回的时候，再比较 RET 和它的值，如果不一样，那么就是被人非法改写了。其二，NOPS 防御，首先给程序一个新的堆栈，然后在每次返回的时候判断返回地址是否为这个堆栈里面的地址，这样程序如果想直接跳到堆栈执行的话就不可能了。其实最重要的方法是一定要对用户输入的数据进行长度、类别检查(注意：如果判断长度时，不要接受负数，这样也可能会引起溢出)。

2) 防止堆溢出攻击的方法

防止堆溢出攻击的方法有如下几种。

(1) 编写安全的代码与代码审查。已有的防范方法中较早的一种就是针对 C 中的如 strcpy()、sprintf() 等库函数不进行边界检查来进行的。这些库函数很多以"null"为字符串的结束标志，对输入字符串的长度不做检查，这样导致了缓冲区溢出的第一步的实现成为可能。这类防范方法的一个简单的思路就是培训程序员，让他们编写安全的代码，避免在程序的编写中使用这样的函数，反过来使用如 strncpy()、snprintf() 等替换的版本。

静态代码审查则是通过半自动或自动工具，对已有的代码进行审查，发现代码中可能存在的缓冲区溢出漏洞，报告给程序员修改。动态代码审查在程序中插入检查和运行时信息，当程序在测试阶段运行时，新增的信息可被用来在运行时验证特定的数组索引或指针操作是否越界。很多安全编程语言自身的特性可以防止缓冲区的溢出，如类型安全语言 Java、ML 等，可以使用这些安全编程语言。

(2) 编译器修改。无论堆溢出还是栈溢出，根本原因是缓冲区的越界访问，通过编译器修改对每个数组进行边界检查，使得缓冲区根本无法溢出，则能完全地避免该漏洞和溢出攻击。

关键数据完整性检查则试图保护如栈帧返回地址和指针等关键数据，确保完整性检查在程序关键数据被引用之前检测到它的改变。因此，即便一个攻击者成功地改变程序的指针，也会由于系统事先检测到了指针的改变，这个指针将不会被使用。与数组边界检查相比，这种方法不能解决所有的缓冲区溢出问题；但是在性能上有很大的优势，而且兼容性也很好。

利用关键数据完整性检查保护堆栈的成果主要有 Stack-Guard、Stackshield、RAD、Proplice 等。保护指针的则有 Cowan 的 PointGuard，它加密存储在内存中的指针，使其直到使用时才被解密。这种加密指针的方法可以有效地防止堆溢出。

(3) 库函数修改。由于动态内存分配函数是作为库实现的，程序对这些函数的调用是动态加载。可以利用库函数修改方法来保护 dlmalloc 等库的内存管理信息，防止 malloc 库攻击。

William Robertson 等人提出在内存块(chunks)的头部添加校验和，在释放内存块之前进行校验和验证的方法来确保内存块的内存管理信息没有被更改。glibc 2.3.5 引入的防止 malloc 库攻击的新安全特性就借鉴了这种方法。其他成果有 Krennmair 的 CottraPolice、Perens 的 Electric Fence 等。

（4）操作系统与硬件修改。一些硬件与操作系统修改的方法同样用来防止堆溢出等缓冲区溢出，如设置不可执行的缓冲区（堆或栈）防止攻击者执行注入的代码，加密指令集使得攻击者在注入代码时很难猜测指令正确的机器码表示。

通过栈不可执行（如 Solar Designer 在 IA32 体系上的 Linux 实现）可以有效防止一部分基于栈的缓冲区溢出攻击。Pax 则是一个 Linux 内核补丁，它通过不可执行页实现了不可执行栈和不可执行堆。不可执行缓冲区对于需要注入可执行代码这类攻击的防范是高效的，但对于 Return-into-libc 攻击则毫无办法。还可以利用硬件相关的方法，如指令集随机化，地址随机化等方法防止攻击者注入攻击代码改变程序控制流。

（5）砂盒模型。基于程序行为并不是特别针对缓冲区溢出的，它是很多入侵检测系统设计的基本出发点。就目前的研究而言，程序行为的管理大多数都是基于砂盒模型（sandbox）的思想。

砂盒模型基于"最小特权原则（principle of least privilege）"，其主要思想是对程序行为进行分类，程序行为所需要的功能和资源组成一个砂盒，程序行为所要求的所有访问请求都要在砂盒内进行，任何对砂盒以外的访问都是不允许的。

堆溢出等缓冲区溢出攻击防范中，砂盒试图将攻击者所能进行的破坏降到最低。许多砂盒方法是在系统调用上增加策略以确保程序无法执行其正常情况下不需要的系统调用，另外一些方法则是在文件存取时改变程序的根目录，在程序所能存取的目录结构下建立文件镜像。

### 11.3.4 SQL 注入攻击与防御

**1. 攻击技术**

攻击者可以提交一段数据库查询代码，根据程序返回的结果，获得某些他想得知的数据，绕过登录验证，甚至执行系统命令、上传后门文件等，这就是所谓的 SQL Injection，即 SQL 注入。SQL 注入是从正常的 WWW 端口访问，而且表面看起来跟一般的 Web 页面访问没什么区别，所以常见防火墙都不会对 SQL 注入发出警报，如果管理员没有查看网站日志的习惯，可能被入侵很长时间都不会发觉。

一般来说，SQL 注入一般存在于形如 http://xxx.xxx.xxx/abc.asp?id=XX 等带有参数的 ASP 动态网页中，有时一个动态网页中可能只有一个参数，有时可能有多个参数，有时是整型参数，有时是字符串型参数，不能一概而论。总之只要是带有参数的动态网页且此网页访问了数据库，那么就有可能存在 SQL 注入。如果 ASP 程序员没有安全意识，不进行必要的字符过滤，存在 SQL 注入的可能性就非常大。SQL 注入攻击的步骤如下。

第一步：探测 Web 服务器网页的 SQL 注入点。
第二步：查看数据库及操作系统的敏感信息。
第三步：查看数据库的库、表、字段及数据内容。
第四步：列举操作系统上的文件目录结构。
第五步：通过 SQL 注入来运行系统命令。

**2. 防御方法**

（1）在构造动态 SQL 语句时，一定要使用类安全（type-safe）的参数加码机制。大多数的数据 API，包括 ADO 和 ADO.NET，都有这样的支持，允许你指定所提供的参数的确切类型(譬如字符串、整数、日期等),可以保证这些参数被恰当地 escaped/encoded 了,以避免黑客利用它们。

(2) 在部署应用前要做安全审评(security review)。建立一个正式的安全过程(formal security process),在每次你做更新时,对所有的编码做审评。

(3) 千万别把敏感性数据在数据库里以明文存放。

(4) 确认你编写了自动化的单元测试,来特别校验你的数据访问层和应用程序不受 SQL 注入攻击。

(5) 锁定你的数据库的安全,只给访问数据库的 Web 应用功能所需的最低的权限。

### 11.3.5 组合型攻击与防御

在许多系统中,系统的漏洞不是表现为如上所述的某一个单纯的漏洞,而是多个漏洞的组合;或者,虽然每一个服务都没有漏洞,但是几个服务的共存就提供了漏洞。相应地就存在组合型网络攻击,而且攻击者往往使用不同的攻击方式以获取不同利益。1988 年的蠕虫就是一个入侵技术组合的经典例子,利用了 rsh 的信任漏洞、sendmail 的 DEBUG 漏洞、fingerd 的栈溢出漏洞、口令的字典攻击等多种网络入侵技术。下面给出一些目前常见的组合型网络攻击例子。

例如,某主机提供 HTTP 服务和匿名 FTP 服务,而 HTTPd 可以使远程用户执行系统命令,但是不能执行复杂的 shell 命令。这时攻击者可以把一个简单的 telnetd 放入 FTP 的 incoming,利用 FTP 的 SITE 命令更改权限为可执行,再利用 HTTPd 的漏洞启动这个程序,这样他就可以通过非标准口,不知不觉地进入系统。

又如,有一个主机存在一个对外开放的 NFS 文件卷,而某一个用户的 Home Directory 又正好在这个文件卷中,于是入侵者可以侵入该用户 Home Directory 中的 .rhosts 等文件,再利用信任关系进入系统。

再如,攻击者首先利用 NFS 的漏洞进入系统,然后利用 SUID 程序栈溢出的错误获取特权用户,最后利用嗅包器获得的信息进入其他系统。

组合型攻击牵涉到多种攻击行为的有序组合,通过对众多单一攻击防御技术的简单叠加通常无法对其实施有效抑制。较为合理的做法是寻找出众多子攻击行为之间的关联,诸如攻击顺序、组合方式等,并进而制定出有针对性的防御方法。限于篇幅,在此不加详述。

## 案例 3  联通盗窃案——信息资产安全的重要性

【资料】

华夏时报、京华时报等几家报纸以及中央电视台先后报道了"工程师 4 次侵入北京移动数据库获利 370 多万"的消息,消息指出资深软件研发工程师程某被控侵入北京移动公司充值中心数据库,盗窃价值 370 多万元的充值卡密码。

31 岁的程某是山东人,大学毕业后一直从事软件研发,在华为工作期间,曾为哈尔滨、辽宁、西藏等多家移动公司做过技术工作。案发时,他在 UT 斯达康(中国)有限公司深圳分公司担任工程师。

在对公安机关的供述中,程某称他侵入北京移动数据库仅仅是因为"好玩"。他说,2005 年 3 月份,他出差到海南期间,想起一个朋友说中国移动网络安全系统用了 1.2 个亿,突然想测试一下中国移动网络安全系统的安全程度。随即,程某利用他为西藏移动做技术时使用的密码(此密码自程某离开后一直没有更改),轻松进入了西藏移动的服务器。通过西藏移动的服务器,程某又跳转到了北京移动数据库,取得了数据库的最高权限,并通过读取数据库日志文件,反推破译出密码。

从2005年3月至7月,程某先后4次侵入北京移动数据库,修改充值卡的时间和金额,将已充值的充值卡状态改为未充值,共修改复制出上万个充值卡密码。他还将盗出的充值卡密码通过淘宝网出售,共获利370余万元。

直到2005年7月,由于一次"疏忽",程某将一批充值卡售出时,忘了修改使用期限,使用期限仍为90天。购买到这批充值卡的用户因无法使用便投诉到北京移动,北京移动才发现有6600张充值卡被非法复制,立即报警。

2005年8月24日,程某在深圳被抓获,所获赃款全部起获。

【思考题】

1. 每个企业对自己的资产都有非常严格的管理制度,如固定资产、原材料、现金、无形资产、商业秘密等,企业的软件系统如何为企业创造利润?会给企业经营产生哪些风险呢?它们属于企业的什么资产?具有什么特点?应该如何管理?

2. 从审计师的角度看,企业软件对财务审计产生哪些风险?如何避免呢?

3. 从信息系统审计师的角度看,如何分析和评估软件的安全性呢?

4. 盛大前游戏项目管理中心运维部副经理王一辉因为非法修改《热血传奇》服务器数据牟利,经浦东新区法院一审以职务侵占罪判处有期徒刑五年。法院认为,虚拟财产,其在虚拟环境中的作用决定了其可以被人占有、使用等,但游戏玩家要取得虚拟财产除了花费时间外,还必须付出一定的费用,如购买游戏点卡费用、上网费等,同时该虚拟财产通过现实中的交易能转化为货币,因此虚拟财产既有价值,又有使用价值,具有现实财产的属性。讨论企业的信息资产有哪些?这些信息资产在企业的经营过程中是如何发挥作用的?

# 第四篇 绩效审计

　　企业的信息化建设历来被认为是一个高风险的投资项目,常常会出现投资额一再追加,工期一再拖延,而应用效果却远不如预期等现象,即所谓的投资陷阱。IT项目一直是一个争议不断的话题,其核心问题是如何客观和恰当地评价信息技术在企业经营过程中的作用与贡献。一方面企业经营者需要对IT项目进行评估,分析项目对企业经营与管理活动的作用,为他们决策提供依据;另一方面投资者和债权人也需要对企业IT项目进行评价,分析项目对企业赢利能力的影响,为他们决策提供依据。因此,信息系统绩效审计需要客观、公正、准确、科学地评价IT项目的经济性、效率性和效果性。

# 第四篇 绩效审计

# 第 12 章　IT 绩效审计概述

## 12.1　绩效审计概念

### 12.1.1　绩效审计的出现

20世纪70年代末,西方国家掀起的新公共管理运动,对西方公共部门管理尤其是政府管理的理论与实践产生了重大而深远的影响,其对绩效的高度关注,推动了西方国家政府绩效审计的发展。

加拿大是第一个采用绩效审计的国家,创立了综合审计(把绩效审计与常规审计相结合)的典型经验。美国则是最早将绩效审计注入政府审计的国家,它于20世纪70年代颁布了《政府机构、计划项目活动和职责的审计准则》,规定国家审计总署应实施3E审计,得到了国际审计界的广泛认可和采用。英国开展绩效审计是根据议会所属的公共账目委员会而作的立法响应,20世纪中期发布的《国家审计法》明确授权主计审计长调查各政府部门如何使用它的资源,并向公共账目委员会汇报工作。上述各国最高审计机关都用绩效审计来谋求资金节约,回应政策制定者的询问并保证政府工作的效率和效益。

在我国的《中华人民共和国审计法》中,审计机关将真实性、合法性和效益性作为政府审计的目标。但在实践方面,在2001年之前,审计机关主要从事的是真实、合法性审计,有少量的针对国有企业的绩效审计。20世纪80年代后期,审计机关开展的国有企业负责人经济责任审计中普遍加强了对国有企业经济效益的审核。90年代初期,适应建立市场经济的需要,审计机关对国有企业的审计开始向检查内部控制和经济效益两个方面延伸。针对公共部门、单位和公共资金开展的绩效审计是21世纪初才开始的。

### 12.1.2　绩效审计的定义

尽管世界各国都在广泛开展绩效审计(performance audit),但绩效审计不仅叫法不同,也缺乏统一、准确的定义。美国习惯称之为"绩效审计",英国、加拿大、新西兰称之为"货币价值审计",澳大利亚称之为"效率审计",还有的国家称为"效果审计"、"经营审计"、"管理审计"等,而港澳地区称之为"衡工量值式审计"。

目前被广泛使用的并具有代表性的绩效审计定义是最高审计机关国际组织(INTOSAI)在澳大利亚举行的第十二届国际审计会议上给出的定义(1986年):对公营部门管理资源的经济性、效率性和效果性所作的评价与监督。

在我国,过去习惯用"经济效益审计"的称呼。2008年,审计署制定的工作计划中明确使用"绩效审计"这一概念后,"绩效审计"一词才开始在我国广泛运用。也有人主张将非营利组织实施的3E审计称为"绩效审计",将营利组织实施的3E审计称为"效益审计",将企业内部审计部门从事的3E审计称为"管理审计"。

### 12.1.3 绩效审计的目标

绩效审计的审计目标是经济性、效率性、效果性。

经济性是指以最低的费用获取满足一定质量要求的资源或服务。经济性强调支出是否节约。经济性一般源于计划投入和实际投入的比较。

效率性是指少投入多产出。效率性强调支出合理。效率性关注资源利用效率、内部控制、完工及时性等。效率性尤其是资源利用效率源于实际投入和实际产出的比较。

效果性是指多大程度上达到政策目标、经营目标和其他预期结果,也包括政府部门法定职责的完成情况。效果性强调支出是否值得。效果性源于实际产出和计划产出的比较。

经济性、效率性和效果性是一个有机的整体。经济性是前提,效率性是核心,效果性是目的,在不同地域、时间或条件下,对这三个要素的侧重点不同。经济性和效率性关注过程,效果性关注结果。值得注意的是,若不考虑效果性,过分追求经济性和效率性可能会偏离目标。一般情况下,追求经济性可能会影响效率性,经济性和效率性共同作用于效果性。

### 12.1.4 绩效审计的对象

绩效审计主要涉及公共财政、公共资金、公共资源、公共资产等。政府绩效审计对象主要包括政府部门、项目、活动或者某一政府功能。这些审计对象的载体体现为公共资源、公共资产和公共资金,也包括一些公共信息以及其他特许的权利,如特许开发权、经营权等。还包括带有公共性质的社会公共资金,如社会保障资金、捐赠资金和政府性基金等。而企业绩效审计涉及企业掌握或管理的资源、资产和资金的经营绩效、管理绩效和社会效益等多个方面的绩效。

以公共资金、资源、资产为对象的绩效审计,主要检查和评价相关部门和单位筹集、分配和使用公共资金、公共资源、公共资产的经济性、效率性和效果性,揭示各级政府、部门和各事业单位在公共资金筹集、分配和使用中存在的浪费和重大决策失误问题,提出审计建议,提高公共资金使用效果,同时为国家宏观决策提供可靠信息,推动国家财政政策和管理制度的完善。

以公共投资项目为对象的绩效审计,主要检查和评价公共投资项目的建设和运营的经济性、效率性和效果性,客观评价项目预期目标的实现程度,找出项目决策、实施和运营中存在的主要问题及其原因,促进有关部门和建设单位纠正违法违规问题,提高投资水平和效益,完善政策,促进投资体制改革。这些公共投资项目除政府投资项目以外,还包括各级政府以补助、转贷和贴息等方式投入的项目,以及通过依法享有的一些优惠政策如豁免土地出让金、税收、特许经营权等建设的项目。投资项目绩效审计的目标要以"减少损失浪费,提高管理水平,完善投资领域的体制、机制、政策"为主,在传统合法性审计的基础上,促进投资建设项目决策的科学性和管理的规范性,并进而提高效益和完善机制。

以公共政策执行为对象的绩效审计,是指审计机关遵循审计的程序,使用审计的方法,对公共政策执行情况和效果进行的评估。根据相关授权,审计机关只对政策执行及其效果进行审计,一般不涉及政策的产生背景、制定过程和政策本身等内容。这些政策主要涉及经济领域和社会领域的政策,如财政政策、金融政策、产业政策、土地政策、环保政策、教育政策、社保政策和土地政策等。

### 12.1.5 绩效审计的分类

绩效审计按审计的方法模式可以分为三类。

**1. 以结果为导向的绩效审计**

结果导向(事后审计)是政府绩效审计的最基本模式。该模式下绩效审计的主要内容(重点、范围)就是资金、资产、资源管理或运营的结果。通常情况下,以结果为导向的绩效审计需要根据审计事项确定审计目标和范围,确定审计标准,查明审计事实,确定事实和标准的差异,得出审计发现、审计结论和建议,评估建议的影响。这种绩效审计模式关注:被审计单位的效益如何?有关要求和目标有没有达到?要求在审计之前确定审计评价标准,如果很难确定标准,审计人员要与有关专家开发可靠的评价标准。这种审计的建议一般以消除事实和标准的偏离为目标。这种审计模式强调立法机构和政府的要求、意图、目标和期望,强调规范化标准的遵循情况。这就要求,审计人员在绩效审计中,不管审计的范围是项目还是业务活动、决策或控制,都应该从公众、立法机构(公众的代表)的需要出发,坚持以"结果"为中心,重点对公共资源、资产、资金管理和使用的直接效果、间接效果进行审计。

**2. 以问题为导向的绩效审计**

问题导向模式被英国审计署在绩效审计中广泛采用。所谓以问题为导向的绩效审计模式,主要通过确定需要审查的问题,提出审计假设,收集和分析数据,形成信息和知识,确认审计证据,得出审计发现、审计结论和建议,评估建议的影响。在该种绩效审计中,对问题的确认和分析,一般不需要预定的绩效审计标准。缺点和问题是审计的起始点,而不是审计的结束,强调对公众提出的问题的关注。这一模式一般关心以下问题:所述问题是否真的存在?如果存在,如何理解这些问题?问题的原因是什么?该模式中审计的主要任务是核对问题的存在,并从不同角度分析其原因,在此基础上通过完善相应的体制、机制、制度等,来推进问题的解决,达到发挥审计建设性作用的目的。问题导向型绩效审计通常选择存在明显影响绩效的重大问题的项目;通过分解问题确定审计的主要内容;在实施过程中寻找评价标准;对问题产生的原因进行综合提炼;提出解决问题的多层次建议;强化审计结果利用。但问题导向绩效审计模式尚无法运用于所有的独立型绩效审计项目。对于一些绩效审计项目而言,问题并不一定通过审前调查就能够轻易找到,同时,一些牵涉范围较广的绩效审计或审计调查项目存在的问题可能众多,或者要评价的是一个总体、全局性的绩效,需要从多方面展开评价,不能简单地从问题入手。

**3. 以流程为导向的绩效审计**

以流程为导向的绩效审计即审计人员按照项目的基本流程如风险管理流程、内部控制流程开展审计工作,对风险点提出管理建议,采用"目标——风险——控制"的审计思路。

上述三种绩效审计模式没有明显的界限,在实践中往往将三种方法结合起来运用,由于结果导向审计方法模式要求有较完善的评价标准,因此,当审计评价标准不尽完善时更多地采用问题导向审计方法模式。在实务中,结果导向模式和问题导向模式往往紧密结合,更多的是将实际绩效与评价标准(预期的或可能达到的绩效水平应该是或者可能是什么样的)进行比较得出差异,这种差异带来的结果就是所谓的问题,然后对问题从经营和管理上找原因;需要将实际经营情况与最佳经营标准相比较以分析经营缺陷的原因,将实际管理情况和最佳管理实务进行比较以分析管理缺陷的原因。流程导向审计方法模式更多地适用于组织管理绩效的审计,有时在问题导向或结果导向模式分析经营和管理缺陷时会采用这种方法模式。另外,建设项目绩效审计方法模式可以称为广义的流程导向审计方法,要围绕立项决策、资金下拨、建设过程、建设效果等工作流程方面来开展审计。

### 12.1.6 绩效审计的方法

随着现代管理技术在公共管理领域的应用,更多的绩效评估方法被绩效审计所应用。绩效审计具有综合性和交叉性,具体体现在绩效审计方法总是在借鉴其他学科的基础上发展起来的。就目前来看,绩效审计方法除传统审计方法外,至少借鉴了数学(含统计学)、工程学、社会学、经济学(含计量经济学)、管理学、心理学等学科的方法,而这些学科本身也在不断地发展、不断地交叉,不断地在公共管理领域得到应用。《最高审计机关国际组织效益审计指南》指出"几乎所有社会科学研究的方法在绩效审计中都可能用到";英国审计署认为绩效审计方法来源于多个学科,包括审计学、社会科学、管理科学等;芬兰国家审计局认为绩效审计方法应该采用更广泛的"研究型方法";瑞典国家审计局认为绩效审计方法是传统审计方法与审计工作中产生的资料相结合的产物,其他学者或政府部门使用的评价和调查方法、合理化研究方法等都可以用做绩效审计方法。

因此,绩效审计方法不是封闭的、一成不变的,而是动态的、综合的,需要审计人员具有创新精神。

### 12.1.7 绩效审计的评价标准

绩效审计的评价标准是审计人员进行评价、判断被审计事项是非、优劣的准绳;是连接审计目标和审计方法的纽带;是审计人员与利益相关方、被审计单位之间沟通的桥梁和基础。

审计人员可以通过下列方法确定绩效审计评价标准:一是阅读和分析被审计单位或者与被审计单位类似的机构有关的政策程序、手册,将其中的规定和内容作为评价标准;二是对被审计单位过去一定时期的数据进行一些统计分析,从而得到被审计单位一般情况下的数据标准,作为评价标准;三是将通过访谈和问卷调查等方式了解到的公众、信息使用者或被审计单位的客户的预期作为评价标准;四是直接与被审计单位就审计评价标准问题进行讨论,将最后形成的双方都一致认可的结论作为评价标准。

可能成为绩效审计评价标准的相关评价依据,主要有以下几种类型:政策依据,如专项审计调查中专项的政策目标;通用依据,如有关法律法规和方针政策,还有国家、行业或地区性的正式标准等;被审计对象的内部依据,如专项审计调查中专项的管理规定,或被审计单位自行制定的标准,如被审计单位的管理目标,以及可行性研究报告、预算、计划、定额、技术指标、产出能力等;利益关系方对被审计事项的评价要求,如社会公众、审计信息使用者或被审计单位的客户的预期等;现有的审计评价标准如审计机关曾经使用过的审计评价标准等。

绩效审计评价标准一般可以分为法规导向型、流程导向型、指标导向型和决策导向型评价标准。一般情况下部门预算执行绩效审计评价标准属于指标导向型评价标准,具体包括绩效目标、绩效指标、评价标准、实际绩效等 4 个要素。绩效目标是指使用公共资源的部门期望达到的绩效水平,包括长期总目标和年度目标。绩效指标是用于衡量和评价部门及其活动经济性、效率性和效果性的载体。因为绩效指标规定了评价的内容,科学合理的绩效指标具有评价和引导功能,否则不但不能反映公共资源使用的真实绩效,还会误导公共部门的行为,造成资源使用低效甚至是无效率。评价标准是对绩效指标赋予的期望值,是进行评价的参照系,没有合理的评价标准就没有实质意义上的预算执行绩效审计。

通常,确定评价标准有实践标准和理论标准两种思路,无论选取何种评价标准都要兼容理论上的合理性和实践上的可操作性。

### 12.1.8 绩效审计的特点

所谓独立型绩效审计不是将绩效审计的内容融于其他类型的审计项目中,而是将其作为独立项目开展审计,单独立项、单独编制审计方案,单独配备审计人员。一般来说,大多数国家的绩效审计都属于独立型绩效审计。与传统的财务收支合规性审计相比,绩效审计工作的专业性和综合性都更强。

(1) 绩效审计与合规性审计立项的方式不同。绩效审计项目的立项需要选择,而不是法定的或受托的。绩效审计对象更广泛,涉及资金、资产、资源、项目、管理活动等。通常情况下绩效审计既可以选择某个单位,也可以就某项专题跨单位进行审计。绩效审计项目选项应遵循重要性、实效性、可行性等原则。所谓重要性原则,即选定的项目要在政府管理、资源运用或社会需求等方面较为重要。通常可以从政府、人大、群众对该项目的关注程度高低、项目在绩效方面的问题是否突出、问题是否亟待解决,项目的建设是否对地方经济、环境产生长远的影响等角度,确定项目是否重要。此外,财政投入的资金量、与环境保护等民生问题的相关程度亦是重要性的判断依据。所谓实效性原则,即选项应有前瞻性和洞察力,选项前或者审前调查阶段要看到被审计对象具有可改进的空间,审计成果可利用程度高。所谓可行性原则,主要从以下角度考虑项目是否可行:结合现有的审计资源,包括时间、人力、物力、财力等角度;被审计对象、人员的配合程度;对绩效审计可能需要评价的领域、相关的评价指标及数据取得的难易程度;审计可能遇到的各种风险;能否在审计计划规定的时间内完成任务等。

(2) 绩效审计方法与合规性审计方法不同。虽然绩效审计方法与合规审计方法有交叉,但绩效审计取证方法更灵活,更具有开放性。绩效审计除运用审计的常规方法外,更广泛使用观察、外部调查、询问等调查的方法和业绩评价的方法。通常情况下,绩效审计的证据来源方式主要表现为一是审计人员直接采集、编制和分析的资料,包括调查记录;问卷分析的结果,与被审计对象和被审计事项有关的录音、照片、录像带、光盘等资料;审计人员通过观察取得的对相关的内部控制状况的估计;审计人员在审计过程中通过计算和分析形成的证据资料等。二是从被审计对象取得的资料。包括:被审计对象提供的有关会计凭证、账簿、报表形成的相关数据;被审计对象提供的与审计项目有关的计划、报告、决议、措施、办法、制度、规定、批复等文件,以及会议记录、工作总结、内部审计资料等;被审计对象信息管理系统采集与生成的数据信息等。三是从第三方收集的资料。包括与审计项目相关的法规、政策性文件、实施细则、可操作手册、上级的指令和授权;被媒体公开的被审计对象的预算表、财务收支数据,以及经营目标、经济效益数据等;来自公共文献、图书、调查研究报告的信息等。

(3) 绩效审计成果更侧重于体制机制建设。审计建议要求具有建设性，更强调体制、机制问题的完善，而不是对大案要案的揭露和一般意义上的纠错防弊。

(4) 绩效审计对审计人员的要求更高。绩效审计更需要复合型人才或复合型知识结构，会计不再是必备的全部知识能力。绩效审计人员的胜任能力要素包括专业知识、专业技能和专业品质，包括公共政策与法规知识、绩效评估与报告知识、财务会计与审计知识、公共管理与行政知识，以及预算理论与实务等专业知识。

(5) 绩效审计评价标准更广泛、更复杂。既有最佳实务，也有法规政策；既有来自外部的，也有审计人员自己取证确定的。不同于传统财务合规性审计所用的单纯会计准则或会计制度。

(6) 绩效审计更多偏向非会计资料。政府绩效审计如此，企业绩效审计也如此。对企业进行绩效审计时，应当结合审计目标，对被审计单位的资产质量、经营成果、内部控制的健全性和有效性以及遵守法规情况。以审计发现的情况为基础，依据评价标准，首先作出总体评价。在此基础上再对与审计对象的绩效有关的重大事项和特定范围、特定领域经营绩效情况，从经济性、效率性和效果性等方面作出具体评价。通常情况下应当将财务指标与非财务指标相结合，一方面通过企业财务报告中的报表数据来分析企业的经营绩效；另一方面通过企业的经营决策、内部管理与控制以及企业的战略管理、发展创新、市场份额、社会贡献等非财务指标进行绩效管理和社会效益评价。

## 12.2 IT 绩效审计概念

### 12.2.1 IT 绩效审计的必要性

福克斯·梅亚公司曾经是美国最大的药品分销商之一，年营业收入超过 50 亿美元。为了提高竞争地位，保持快速增长，这家公司决定采用 ERP 系统。通过这一系统将公司内外根本没有联系的职能部门用计算机软件捏合在一起，以便使产品的装配和输送更加高效。由于坚信 ERP 系统的潜在利益，在一家享有盛誉的系统集成商的帮助下，梅亚公司成了早期的 ERP 系统应用者。然而，直至 1997 年，在投入了两年半时间和 1 亿美元后，这套系统所达到的效果却非常不理想，仅仅能够处理当天订单的 2.4%，这一目标即使用远古时期的方法也能达到，况且，就是这点儿业务还依然常常遭遇到信息处理上的问题。最终，梅亚公司宣告破产，仅以 8000 万美元被收购。它的托管方至今仍在控告那家 ERP 系统供应商，将公司破产的原因归结为采用了 ERP 系统。

很多实施过 IT 项目的企业都必须面对这样的问题：信息技术到底有没有为企业的发展起到实质性作用？投入的财力物力是不是收到了相应的回报？能否给企业带来预期的收益？因此如何度量和评估信息系统项目投资与绩效之间的关系，如何正确认识信息系统的作用，从而了解信息系统对企业的贡献程度，这些已经成为企业管理者日益关注的问题。因此，无论是企业管理层，还是企业的股东、债权人，以及信息化服务商，经常会碰到对这些项目如何进行绩效评价的问题。

由于企业的信息化项目是一个功能复杂、结构庞大的人造系统，投资巨大、实施周期长，涉及企业的方方面面。对于这样一个综合性的项目，涉及技术、竞争、管理、文化等多个方面，显然仅仅通过财务指标难以评价 IT 项目的效果。通过财务方法得出的测评结果大部分只能反映成本降低了多少、库存周转天数减少了多少、投资回收期等数据,这些能够用数字反映的只占企业信息化收益的一小部分,而对决策的支持、对组织竞争地位的加强、管理水平和企业素质的提高等都是不能用货币价值来度量的,IT项目的间接效益有时远远大于直接效益,这些都是无法用财务手段完整、全面、准确地加以反映的。

IT绩效审计就是利用经济性、效率性、效果性替代单纯的财务指标或单纯的技术指标作为衡量依据,从而综合、全面、客观、科学地进行评价。一方面,企业经营者需要对信息化项目进行评估,以决定项目是否应该上马;另一方面,企业的股东和债权人需要对信息化项目进行评估,分析项目对企业盈利能力的影响,为他们的决策提供依据。

### 12.2.2 IT绩效审计的含义

IT绩效审计是绩效审计的一种,因此,它也是围绕经济性、效率性和效果性展开。目前针对IT绩效审计并没有一个公认的统一的定义。此处我们认为所谓IT绩效审计是指对信息技术应用的经济性、效率性和效果性所作的评价与监督。

(1)经济性(economy)是指以最低的资源耗费获得一定数量和质量的产出,也就是节省的程度。节约可以体现在许多方面,如ERP的建立增加自动化程度,提高了人员的工作效率,减少了相应部分的人工费用。各类业务ERP也带来各种不同的费用的减少,如供应ERP的建立,有助于选择价格和供应商,做到及时订货,从而节省采购费用;库存管理ERP将使原材料和在制品的库存量得到压缩,减少流动资金的占用;生产ERP将实现均衡生产,提高生产劳动生产率,减少产品工时成本,按期交货,非正常支出减少(如延期罚金等);财务ERP将加速资金周转,提高准确率,避免不必要的经济损失。ERP能及时、准确地提供对决策有重要影响的信息,从而提高决策的科学性和可行性,节省投资,避免不必要的开支。

(2)效率性(efficiency)是指产出(如产品、服务)与投入的关系,即以最小的投入取得一定的产出或以一定的投入取得最大的产出。也就说,对企业的ERP项目的资源投入,力争取得最大的产出,或确保以最小的资源投入取得一定数量的产出。企业通过ERP系统提高了企业物流、资金流、信息流一体化管理的效率,从而降低了库存,提高了资金利用率和减少了经营风险;控制了产品生产成本,缩短了产品生产周期;提高了产品质量和合格率;减少了坏账、呆账金额等;改善了与顾客和供应商的关系,提高了企业的信誉。

(3)效果性(effectiveness)是指既定目标的实现程度,即预期结果与实际结果之间的关系,如完成预算目标、应用目标、进度目标等情况(实际产出与目标的关系)。审计的任务是检查预期目标是否达到,它不考虑为达到预期目标所投入的资源情况。在ERP环境中,既经济而又有效率地取得预期效果是可能的。首先,ERP应用实现了业务流程再造,业务流程的优化提升了企业竞争力,加快市场响应速度,显著改善客户满意度。其次,ERP应用实现了绩效监控动态化,为企业提供丰富的管理信息,用好这些信息并在企业管理和决策过程中发挥作用,动态监控管理绩效变化,即时反馈和纠正管理中存在的问题。最后,ERP应用可以使得管理改善持续化。

如图12-1所示,经济性、效率性与效果性三者之间既相互区别又相互联系。经济性审计主要局限于资源方面,更多用货币衡量、着重投入和成本分析。而效率性审计主要涉及对资源使用情况的审查,即"投入"与"产出"的关系。效果性审计是对ERP项目应用以后产出情况的审查。经济性应该是在效果有保障条件下的节约,效率性的最终目的也是要达到效果性。可以说,经济是前提,效率是过程,效果是目的,经济性、效率性都应与效果性相一致。在绩效审计评价中,应该以"效果好"为优先选择条件,实行以实现"效果性"为主导地位的综合审计评价。三者之间是环环相扣、密不可分的。而事实上,三者之间也并没有明显的界限区分,实际业务中更难把三者完全割裂开来,因此,绩效审计应将三者作为一个整体加以审计,孤立地强调某一方面都是无意义的。

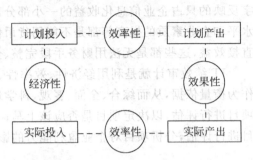

图 12-1 经济性、效率性与效果性关系

### 12.2.3 IT绩效审计的特点

绩效审计的对象是资产,IT绩效审计的对象是信息资产,由于信息资产的特殊性,因此IT绩效审计与一般的绩效审计相比,呈现出许多不同的特征,主要体现在:

(1) 软件生产的特殊性。软件及软件产品的加工对象是信息而不是物理实体,这使得对其检验、管理带来一定的难度。软件生产的自动化程度较低,主要依靠人的智慧来完成,因此无论是软件的生产还是维护,工作量核定是非常困难的。

(2) 投入产出的特殊性。信息系统的投入产出与普通工程项目不同,信息系统在开发中凝结着的是脑力劳动和知识价值,使得开发成本难以计算。信息系统项目的很多效益不是直接的,即需要通过组织管理水平的提高来实现其价值,并且信息系统的效益在一定程度上取决于企业的应用水平,这也给系统收益的计算带来了不便。信息系统还具有效益滞后性,信息系统的作用和价值在其投入使用一段时间后才能体现出来。

(3) 效益度量的特殊性。信息系统会涉及技术、管理、经济、社会以及法律等各个方面,信息系统项目的效益有些是可以用货币价值来度量的,更多的效益则无法用金钱来衡量,因此对于效益的量化标准至今也没有公认的尺度。

### 12.2.4 IT绩效审计的评价标准

在绩效审计过程中,一项非常重要的工作就是如何选择评价指标。整体来看,绩效审计的评价指标选取经历了从单纯财务指标到包含非财务指标的综合指标、单一指标到多维指标发展的过程。绩效评价指标通常可划分为以下几类:量化与非量化指标、财务与非财务指标、衡量过程与衡量结果的指标。进行绩效审计时需要在评价指标体系中的各类指标之间取得一个平衡。

**1. 量化与非量化指标**

量化指标就是将所要评价的目标予以数量化,通常以货币、产销量、百分比、完成阶段、处理件数等来表示,但并非所有评价对象均能很容易地予以数量化。例如:信息系统增进部门间的沟通、促进组织结构重组等方面的评价就很难以数字来表达,因此通常将难以量化的因素称为非量化指标。

**2. 财务与非财务指标**

对于量化指标而言,如果能以金额表示的即为财务性指标,反之为非财务性指标。过去对 IT 项目的评价侧重财务性指标的衡量，但随着经济、技术的不断发展和外部环境的不断变化，非财务指标逐渐受到重视。促使企业越来越重视非财务指标的缘由是：

① 企业愈来愈重视产品的质量和服务。

② 信息技术在企业活动中融合越来越深，信息技术的作用与影响常常通过间接方式显现出来。

③ 信息技术在企业中高层的作用是长期性的，短时间难以用财务指标衡量。

用非财务性绩效评价指标并不代表财务指标不重要，而是用非财务性的控制方法来追踪关键成功因素，从而有利于财务目标的实现。在信息系统绩效审计过程中应该平衡考虑财务性与非财务性指标。

**3. 衡量过程与衡量结果的指标**

衡量结果的指标体现战略执行的结果（如营业收入的增长、质量改善等），这些指标是典型的事后指标，它告诉管理者过去行动的结果。相应地，衡量过程的指标是事中指标，显示在执行某一策略时的关键因素。衡量结果的指标仅能指出最终结果，而衡量过程的指标能够指出实现最终结果的变化过程。

总之，对于信息系统绩效审计而言，信息系统给企业带来的效益是多方面的，会涉及企业中的各个层次，而且每一层次都有不同的系统使用水平和要求。因此，在进行信息系统评价时，必须结合每一个层次的系统使用特点，选取适合的评价指标。

目前，我国信息产业部推出的企业信息化核心要素体系，是 IT 绩效审计人员可以参考的重要评价标准之一（在 12.2.5 节将详细介绍）。

## 12.2.5 IT 绩效审计的视角

**1. 用户观**

用户观是把信息系统看做一个服务提供者，从服务使用者的角度来对 IT 成功要素进行归纳，主要关注系统的反映速度、便捷性、可靠性、个性化服务。

从使用的角度看，用户的满意度可以从感受的易用性、感受的有用性、用户的接受程度等方面展开，以第三方的视角分析评价信息系统的应用效果。也可以从系统开发过程的满意度、系统使用的满意度、系统质量的满意度、信息系统对组织的影响等方面评价信息系统的绩效。

**2. 收益观**

收益观是指企业把信息化项目作为一种资本投入品而进行选择。信息技术作为资本投入品，其使用与企业生产经营过程紧密相连，既要考虑信息技术产品对生产经营的有用性，又要考虑信息技术使用的方便性，同时，信息技术产品作为资本投入品，还要考虑成本与收益的关系。

信息系统收益来源于 5 个方面，分别是战略收益、管理收益、操作效率与有效性收益、功能收益、支持收益。

**3. 质量观**

质量观认为质量能够反映信息系统绩效，因此，可以从质量管理角度衡量信息系统的绩效。质量主要分为三类：目标质量、过程质量和结果质量。目标质量分析信息系统设计目标与企业目标的整合程度；过程质量主要分析系统的开发、运行和维护的管理质量；结果质量主要分析系统输出（包括中间输出）信息质量、信息服务质量和最终的决策支持质量。

质量体现在以下三个方面：操作（吞吐量、可用性、平均失败时间）；交易（处理的任务数、重运行数）；预算/进度。这些量度需要联合使用来衡量实际和预期的绩效。

**4. 应用观**

应用观认为IT已经成为一种越来越标准的基础架构，尤其是标准套装软件，可以购买和模仿，不能对企业的核心竞争力产生影响。真正产生差别的不是信息系统本身，关键是如何应用，对信息系统而言，其应用价值是绩效的最重要的体现。

那些能够正确应用信息系统的企业，能够产生竞争优势；善于利用和管理信息系统的企业经常引进具有较好功能、更快、更系统化和更高效的信息系统，提高信息系统的有效性和效率，获得更大的回报，因而得以保持他们的竞争地位甚至能获得新的优势。相反，那些不善于利用和管理信息系统的企业，即使在信息系统上投入大量资金，也无法充分利用信息系统满足业务需求，很容易陷入信息系统应用的"泥潭"，更谈不上利用IT获得经营上的回报和竞争优势。

### 12.2.6 IT绩效审计的阶段

一般而言，对于信息系统绩效评价可以分为三个阶段。

**1. 主观评价阶段**

对于信息系统的绩效评价研究是从对企业MRP项目绩效评价体系研究开始的。1976年，MRPⅡ的创始人怀特（Olive Wight）提出，把实施MRP系统的企业分别评为A、B、C、D四个等级。1992年，Delone和Mdean提出了关于信息系统成功的六种主要的因变量：系统质量（system quality）、信息质量（information quality）、信息系统使用（information system use）、用户满意度（user satisfaction）、个人影响（individual impact）和组织影响（oganizational impact）。

**2. 财务评价阶段**

基于财务的评价主要由会计和财务衍生而来。该方法体系将信息系统项目看做一种典型的资金投资。此评价方法主要从成本的量化、货币形式的收益等角度进行评价，并力图预测货币的时间价值，以支持决策。因此，把信息系统带来的利益分成了运作利益、管理利益、战略利益、组织利益和IT基础利益等五大类。评价信息系统成功的最重要指标是信息系统给企业带来的利益，采用成本—收益分析法（cost benefit analysis，CBA），从财务角度进行评价，集中于成本和效益的量化和度量。

**3. 综合评价阶段**

20世纪90年代以来，对信息系统绩效的评价更加注重平衡，将财务指标、技术指标、业务指标相结合，主要方法是平衡计分卡，该方法克服了原有的单纯采用财务手段来进行绩效评价的片面性，从财务、客户满意度、内部流程以及成长与学习这4个不同的视角来考察信息系统的价值。

### 12.2.7 IT绩效审计的方法

传统的评价侧重于财务方面的评价，通常采用投资回收期、投资收益率、净现值等方法衡量信息系统应用的效果。这种评价最大弊端在于忽视了信息系统的无形收益，而无形收益占据信息系统收益的相当大比例，另外财务指标是结果型指标，只能反映出最终结果，而无法反映出过程。但是,财务评价是不可或缺的评价指标之一,在第 13 章,我们重点介绍财务评价的方法。由于 IT 项目的建设和运行都有一个时间上的延续过程,在项目寿命期内的不同年份,项目的现金流入与现金流出所包含的内容相差较大,因此在具体分析 IT 项目的财务效果之前,首先必须将不同时间的收入与支出换算成同一时间上的收入与支出,然后再进行对比。下一章首先介绍这种资金在不同时间之间的等值换算与资金时间价值的计算方法,然后介绍各种 IT 项目财务效益评价分析方法。

由于单纯评价财务无法反映其真实性,需要考虑到财务与非财务之间的平衡。目前,在企业绩效评价中已经开始应用。在第 14 章,我们首先介绍平衡计分卡的基本思想,并且在信息系统的绩效审计中借鉴平衡计分卡的综合平衡的思路,并根据信息系统本身的特点构建 IT 平衡计分卡的四个平衡面的评价框架。

与其他绩效审计的方法一样,IT 绩效审计的方法不是封闭的、一成不变的,而是动态的、综合的,需要信息系统审计人员具有创新精神。总之,审计人员应根据 3E(Economy, Efficiency, Effect)审计目标,按照综合平衡的思想,采用平衡计分卡的框架,参考企业信息化指标体系,对信息系统的绩效进行审计和评价。

## 12.3 信息化评价指标

### 12.3.1 评价指标的提出

2002 年 4 月,信息产业部信息化推进司委托计算机世界研究中心/计世资讯(CCW Research)进行企业信息化构成要素研究,启动"企业信息化核心框架研究"课题,开展企业信息化深层次的研究工作。研究的主要目的在于为企业提供信息化建设工作中具有实际效用和指导意义的框架指南,通过专家研究并结合企业实际案例分析探讨企业信息化建设存在的内在规律,以促使企业能够根据自身的实际情况迅速判断信息化建设的水平并发现其中的问题。例如,不同规模、处于不同信息化实施阶段的企业在各个层面和各个环节应该达到的水平、与成功企业的差距和努力的方向等。研究的出发点在于有效地指导和推进企业信息化工作,将推进工作中的各种要素加以提炼,形成可以量化的核心指标,进而帮助和引导企业对信息化过程中存在的瓶颈问题有比较清晰的认识,提高企业信息化建设的针对性。研究的最终成果在于提炼出企业信息化工作中的核心指标,形成基本的企业信息化绩效评价框架。

企业信息化构成要素研究涉及电子信息制造、钢铁制造、化工制造、汽车制造、机械制造、烟草制造、航天制造、轻工制造(造纸)、纺织制造等多个细分制造行业,基本体现了制造业企业信息化的全貌。在整个研究过程中先后邀请的专家包括国家信息化管理机构、行业信息中心、相关学者以及各大企业主管信息化工作的一把手,企业专家均为部委信息化试点及推进代表,如宝钢、斯达、联想、长虹、一汽、海尔、二汽、安彩高科、广西柳工、精纬纺机、红河卷烟等。

企业信息化评价指标的研究工作历时 4 个月,主要内容包括三轮专家调查及相关政府主管机构座谈、专家座谈、行业和企业座谈等小型座谈会。这期间课题组明确了企业信息化进程中的关键问题和核心要素,基本形成企业信息化的框架体系。

### 12.3.2 评价指标的内容

企业信息化是一项革命性工程,评价指标也力图涵盖信息化推进过程中的各个方面和各个环节,既有战略层次的指标,也有管理层次、操作层次的指标;既有衡量财务性能的指标,又有衡量技术、管理的指标;既有外部环境指标,又有内部指标;既有较为抽象的一级指标,又有非常具体的二级、三级指标。信息化评价指标是一个立体交叉的体系结构,能为企业信息决策、管理、审计等提供全面的指导。其中五个一级指标分别为:认知与推动,企业信息化投入与产出,制造全过程信息化,经营、管理与决策支持,以及对于企业信息化有着深远影响的外部环境因素。它们各自包括的主要内容如下。

(1) 认知与推动:包括企业各层领导对于企业信息化的认识、相应的企业信息化总体规划和实施方案、企业信息化机构设置、企业管理基础、企业资源整合与优化以及企业信息化人才培养和基础设施建设(表12-1)。

表12-1 认知与推动评价

| 一级指标 | 二级指标 | 三级指标 |
| --- | --- | --- |
| 认知与推动 | 企业领导对于企业信息化的认识 | 企业高层领导对于企业信息化的认识 |
| | | 企业中层领导对于企业信息化的认识 |
| | | IT部门对于企业信息化的认识 |
| | | 核心岗位员工对于企业信息化的认识 |
| | 企业信息化机构设置 | 企业信息化决策机构的权威性和协调能力 |
| | | 企业信息化实施机构的设置和实施能力 |
| | | 企业主要业务部门与IT部门合作的紧密程度 |
| | 企业管理基础 | 现代企业管理制度的建立和完善程度 |
| | | 企业业务流程重组(BPR)和机构改革程度 |
| | | 企业信息化规章制度的建立与完善程度 |
| | | 企业员工信息知识和技能培训制度的建立和完善程度 |
| | 企业信息化总体规划和实施方案 | 企业信息化的需求分析和效益预测 |
| | | 企业信息化的规划方案的全面性、科学性和可操作性 |
| | | 企业信息化总体规划的有效实施 |
| | 企业资源整合与优化 | 企业业务流程整合与优化 |
| | | 企业网络的互联、互通、协调和集成 |
| | | 物流、资金流、信息流、业务流和工作流整合与优化 |
| | | 生产设备、控制设备、信息设备和系统的集成与优化 |
| | | 信息资源的整合与完善(规范、标准、编码等) |
| | | 企业与供应商、客户之间的资源整合 |
| | | 企业综合信息集成平台的建立与完善 |
| | 企业信息化人才培养 | 复合型/综合型(熟悉业务和IT技术/应用)人才的聘任和培养 |
| | | 核心岗位员工信息知识与技能水平 |
| | 企业信息化基础设施建设 | 企业信息化平台的总体设计与建设状况(硬件设备及网络设备应用状况) |
| | | 支撑环境开发与应用状况 |
| | | 企业内部网(信息系统)建设及应用状况 |
| | | 企业网站建设及应用状况 |
| | | 外联网和内联网的融合应用状况 |
| | | 企业信息化系统框架设计与实施状况(数据库/数据仓库建设及应用状况) |
| | | 企业网络安全与信息安全状况 |

(2) 企业信息化投入与产出：包括企业信息化总体投入状况、企业信息化投入所占比例及每年增长状况、投入资金在不同项目中的分配状况以及企业信息化投资所带来的效益（表 12-2）。

表 12-2 信息化投入与产出评价

| 一级指标 | 二级指标 | 三级指标 |
| --- | --- | --- |
| 企业信息化投入与产出 | 企业信息化总投入 | |
| | 企业信息化投入所占比例 | 企业信息化投入占企业营业额/总资产/固定资产、企业基本建设、技术改造投入的比例 |
| | | 企业信息化年投入增长速度 |
| | | 企业每年的信息化投入占当年预算总额的比例 |
| | 投入资金分布——企业信息化投入中软件、硬件、服务和培训的分配比例 | |
| | 企业信息化投资效益 | 重要经营指标的改善程度（资金周转率、库存周转率、坏账率、市场占有率等） |
| | | 管理性指标的改善程度（企业生产经营管理成本降低的比率） |
| | | 生产性指标改善的程度（对产品质量提升的贡献率、对客户满意度提升的贡献率、新产品开发周期、按期交货率等） |

(3) 制造全过程信息化：包括标准与信息编码体系的建立和应用，产品管理、数据仓库及其应用，产品设计信息化，生产过程信息化，产品生产制造系统及其应用，生产管理系统及其应用（表 12-3）。

(4) 经营、管理与决策支持包括企业资源规划（ERP）系统及其应用、供应链管理（SCM）系统及其应用、客户关系管理（CRM）系统及其应用、辅助决策支持（DSS）系统及其应用及电子商务应用状况（表 12-4）。

表 12-3 制造全过程信息化评价

| 一级指标 | 二级指标 | 三级指标 |
| --- | --- | --- |
| 制造全过程信息化 | 标准与信息编码体系的建立和应用 | 标准 |
| | | 编码 |
| | 产品管理、数据仓库及其应用 | 产品数据管理系统（PDM）开发与应用 |
| | | 数据仓库管理系统 |
| | | 数据统计及数据挖掘 |
| | 产品设计信息化 | 计算机辅助设计系统（CAD）应用 |
| | | 计算机辅助工艺规程设计系统（CAPP）应用 |
| | | 计算机辅助装配工艺设计系统（CAAP）应用 |
| | | 计算机辅助工程分析系统（CAE）应用 |
| | | 计算机辅助测试系统应用 |
| | | 网络化计算机辅助开发环境 |
| | | 面向产品全生命周期活动的设计（DFX）系统二次开发与应用 |
| | | 产品建模、模型库管理与模型校验系统开发与应用 |

续表

| 一级指标 | 二级指标 | 三级指标 |
|---|---|---|
| 制造全过程信息化 | 生产过程信息化 | 数控设备(数控机床/生产线、加工中心、柔性制造系统、自动化控制系统、工艺控制系统)应用状况 |
| | | 计算机生产过程自动控制系统的应用状况 |
| | | 生产数据自动收集状况 |
| | | 生产设备自动控制状况 |
| | | 产品自动化检测状况 |
| | | 生产自动化覆盖状况 |
| | 产品生产制造系统及其应用 | 计算机辅助制造(CAM)系统 |
| | | 计算机集成制造系统(CIMS) |
| | | 先进制造系统 |
| | | 自动控制质量系统 |
| | | 管控数据集成 |
| | | 加工生产过程建模/仿真与优化 |
| | 生产管理系统及其应用 | 企业资源规划(ERP)系统在生产管理中的应用(含制造资源计划(MRP II)系统/物料需求计划(MRP)系统) |
| | | 生产制造管理 |
| | | 项目管理系统 |

表 12-4　经营、管理与决策支持评价

| 一级指标 | 二级指标 | 三级指标 |
|---|---|---|
| 经营、管理与决策支持 | 企业资源规划(ERP)系统及其应用 | 管理信息系统(MIS) |
| | | 办公自动化(OA)系统 |
| | | 企业财会管理系统 |
| | | 企业人力资源管理系统 |
| | | 企业后勤管理系统 |
| | | 企业设备管理系统 |
| | | 系统信息资源的集成整合 |
| | 供应链管理(SCM)系统及其应用 | 计划管理 |
| | | 采购管理 |
| | | 库存管理 |
| | 客户关系管理(CRM)系统及其应用 | 客户关系管理系统 |
| | | 客户呼叫中心 |
| | | 销售管理 |
| | 辅助决策支持(DSS)系统及其应用 | 决策信息提供 |
| | | 决策方案提供 |
| | | 决策优化支持 |
| | | 商业智能应用 |
| | 电子商务应用 | 电子商务平台 |
| | | 网上营销系统 |
| | | 网上采购系统 |
| | | 网上支付系统 |
| | | 物流配送 |

(5) 企业信息化外部环境：包括国际发展环境、国家信息化政策和经济环境、行业信息化环境及关联企业信息化环境等其他环境因素（表 12-5）。

表 12-5　信息化外部环境评价

| 一级指标 | 二级指标 | 三级指标 |
| --- | --- | --- |
| 企业信息化外部环境 | 国际发展环境 | 加入 WTO 后的机遇和挑战 |
| | | 企业在国际贸易中的地位和作用 |
| | 国家信息化政策和经济环境 | 国家对实施信息化企业的政策支持 |
| | | 宏观经济对企业信息化投入的影响 |
| | | 社会信息化环境对企业信息化的影响，包括社会信息化程度（城域网、宽带出口的带宽、电子政务、电子银行、电子货币、电子商务平台、信息安全技术发展等）的影响 |
| | | 区域信息化环境对企业信息化的支持 |
| | 行业信息化环境 | 行业重要性 |
| | | 行业信息化方针、政策及支持力度 |
| | | 企业在行业信息化发展中的地位和作用 |
| | | 行业整体的信息化程度 |
| | 关联企业信息化环境 | 企业上游合作伙伴（供应商）的信息化程度 |
| | | 企业下游合作伙伴（分销商和用户）的信息化程度 |
| | | 行业内信息服务系统的数量和服务适用性 |

### 12.3.3　评价指标适用性

企业类型的多样性决定了它们推进信息化的重点也应有所不同。我国企业根据生产方式的不同至少可以划分为五大类型，包括离散型制造企业、流程型制造企业、混合型制造企业、商品流通型企业及服务型企业。其中，离散型制造企业包括机械加工、电子元器件制造、汽车、家用电器、医疗设备、玩具生产等行业；流程型制造企业包括化工、钢铁、医药、造纸等行业；混合型制造企业包括兼具离散型和流程型特征的制造企业。商品流通型企业及项目管理型企业（如建筑业）的生产过程及管理模式与制造业存在较大差异，其信息化关注的重点应有所区别。为避免因为面面俱到，反而造成顾此失彼的问题产生，仅以制造业企业为例来阐明信息化建设的重点及其构成的核心要素，为制造业企业信息化提供指导性框架。当然，各级核心要素也为其他类型的企业信息化提供了参照。即使在制造行业中，由于流程型、离散型和混合型企业的制造流程和工艺大相径庭，因此构成要素在具体指导某类型企业进行信息化建设时，其构成要素也不尽相同。

以离散型制造企业为例，它遵循着产品本身的生产与市场的发展规律，形成了从专业的零件加工、零部件配套、装配到产品分销至售后服务的一整套制造——销售——服务体系结构。企业产品的生产过程通常被分解成很多加工任务来完成，每项任务仅要求企业的一小部分能力和资源。企业一般将功能类似的设备按照空间和行政管理建成一些生产组织（部门、工段或小组）。在每个部门，工件从一个工作中心到另外一个工作中心进行不同类型的工序加工。企业常常按照主要的工艺流程安排生产设备的位置，以使物料的传输距离最小。另外其加工的工艺路线和设备的使用也是非常灵活的，在产品设计、处理需求和订货数量方面变动较多。

从企业信息化投入方面分析，各行业之间也存在较大差异。总体上看，制造行业比较重视硬件（含自动化设备）和网络建设的投入。随着几年来持续地投入，针对低端应用的硬件设备的投入已经趋缓，但依然有10%的企业其信息化重点放在了硬件设备的添置和升级方面。制造业企业信息化在软件方面的投资比例也呈现越来越大的增长趋势，目前约为40%。

对于实施信息化的主体——企业而言，在选购信息系统时应该充分体现行业特色，从企业生产流程特点入手，分清不同类型企业的管理本质和流程脉络，从而选择合适的解决方案。例如，斯达作为传统行业的下游企业和流程型制造企业，其核心能力就是制造能力，需要更多地关注企业内部资源的优化、成本的控制并保证按订单交货，因而成本控制和管控一体化在斯达的管理系统中占有重要位置，这是系统开发过程中必须首先考虑的问题。联想和海尔作为IT、家电行业的上游企业和离散型企业，相对来说更加关注客户关系管理和供应链管理，注重客户服务中心建设和推动以订单流为中心的供应链同步工程。

另一方面，对于企业信息化的服务提供商——IT合作伙伴来说，由于企业在生产及管理流程上存在很大差异，用一套ERP系统服务于所有行业、不同规模的企业，无论从管理学还是方法学的角度考虑都是不现实的。因此，正确对待行业的差异性，是国内每一个ERP产品提供商都不能回避的问题。

### 12.3.4 评价标准的层次

上面介绍的是微观层面的信息化绩效评价标准，由于企业的差异非常巨大，所以没有一个公认的评价标准，但是一些国家和组织提出的宏观层面的信息化标准相对比较成熟，如哈佛大学与世界经济论坛的"网络化准备指数"评估体系、美国国际数据公司（IDC）"信息社会指数"评估体系、澳大利亚"信息经济办公室指数"评估体系、英国电子经济评估体系、韩国"信息化指数"评估体系等。

哈佛大学与世界经济论坛"网络化准备指数"评估体系由四级要素构成，具体包括2个第一级要素（网络应用指数和网络支撑因素指数）、9个第二级要素、10个第三级要素和60个第四级要素。网络应用指数用来直接衡量一个国家（或地区）信息通信技术的普及和渗透程度，包括每百人中因特网用户数、每百人中移动电话用户数、每台主机容纳的用户数、接入因特网的计算机的比例、因特网公共接入的方便性等5个第二级要素。网络支撑因素指数用来评估一个国家（或地区）网络应用环境以及未来网络渗透的潜力，包括网络接入、网络政策、网络化社会、网络化经济4个第二级要素、10个第三级要素和60个第四级要素。其中，网络接入考察的是网络基础设施建设水平、设备普及情况以及推动信息通信技术被广泛应用的支撑服务水平等；网络政策考察的是一个国家（或地区）的信息通信政策环境以及贸易与经济发展氛围；网络化社会考察的是一个国家（或地区）应用信息通信技术提高教育水平的幅度、对教育过程的影响程度、信息通信产业的发展机会以及社会和人口因素等；网络化经济考察的是公共管理机构和私人企业参与信息化社会的程度、附加基础设施的质量和可用性等。

IDC"信息社会指数"评估体系由两级要素构成，具体包括计算机基础设施、通信基础设施、网络基础设施、社会基础设施4个第一级要素，以及人均PC拥有量、家庭平均PC拥有量、政府和企业中职员平均PC拥有量、学校师生平均PC拥有量、非家用PC接入因特网的比例、软件支出费用与硬件支出费用的比例、人均有线电视用户数、人均蜂窝式移动电话拥有量、电话资费、人均传真机拥有量、人均收音机拥有量、电话线故障率、家庭平均固定电话主线数、人均电视机拥有量、非农业劳动力平均企业因特网用户数、家庭平均因特网用户数、学校中平均教育网用户数、因特网用户用于电子商务的平均花费、公众自由度、报纸普及率、出版自由度、中等教育人口比例、高等教育人口比例等23个第二级要素。

澳大利亚"信息经济办公室指数"评估体系直接由23个具体要素构成，分别是：拥有1条固定电话主线的家庭所占的比例、拥有2条（或以上）固定电话主线的家庭所占的比例、拥有移动电话的成人所占的比例、拥有或租用PC的家庭所占的比例、家庭上网率、因特网接入速度、通过家庭PC上网的用户所占的比例、成人上网的比例、在家或单位上网的成人所占的比例、使用因特网的成人所占的比例、上网成人的性别差异、上网成人的年龄差异、因特网服务提供商平均服务人数、安全服务器的相对数量、高峰期使用因特网40小时的费用、租用每秒2兆位线路的费用、平均每月上网次数和时间、进行网上购物的成人所占的比例、B2C交易额占GDP比例、B2B交易额占GDP比例、政府在线服务渗透程度、电子政务发展水平、电子商务准备度。

英国电子经济评估体系由四级要素构成，具体包括4个第一级要素（环境、准备度、应用、影响）、12个第二级要素、35个第三级要素和118个第四级要素。

韩国的"信息化指数"评估体系由两级评估要素构成，具体包括计算机、因特网、电信、广播4个第一级要素，以及每百人PC拥有量、每千人因特网主机拥有量、每千人中因特网用户数、每千人拥有固定电话主线数、每千人移动电话拥有量、每百户家庭电视机拥有量、每百户家庭有线电视用户数7个第二级要素。

# 第 13 章 IT 项目经济评价

## 13.1 资金等值计算

### 13.1.1 资金的时间价值

不同时间的资金之所以不能直接对比,关键在于资金具有时间价值,即资金随着时间的推移而逐渐增值的现象。如某人年初存入银行 100 元,年利率为 5% 时年末可从银行取出本息 105 元,资产增值了 5 元。资金之所以具有时间价值,原因在于:

(1) 投资收益的因素。这也是最根本的原因,当前的一笔资金能够立即用来投资并带来收益,而将来可获得的资金无法用于当前的投资,也无法获取相应的收益,因此现在的一笔资金比将来的一笔同样数额的资金更值钱。

(2) 通货膨胀的因素。通货膨胀将导致货币贬值,在货币将会贬值的预期下,投资者未来的一笔数额较大的资金在价值上仅相当于现在的一笔数额较小的资金。

(3) 风险的因素。现在获得一笔资金的风险比未来获得同样一笔资金的风险要小很多,为使未来所获得的资金在价值上等同于现在所获得的资金,必须对未来获得资金所可能承担的风险或损失予以补偿。

### 13.1.2 若干基本概念

**1. 现值与终值**

资金所具备的时间价值导致不同时点发生的绝对值不等的资金可能具有相等的价值。现在的 100 元与一年后的 105 元虽然在数量上不相等,但若现在将 100 元存入银行,年利率为 5% 时一年后的本息和为 105 元,从这个角度看两者是等值的。

现值(也称为"现在值"、"折现"、"贴现")指未来一定时间的特定资金按复利计算的现在价值,或者说是为取得将来一定本利和现在所需要的本金,一般以 $P$ 来表示。

相应地,终值(也称为"将来值")是指现有特定资金按复利计算的将来一定时间的价值,或者说是现在的一定本金在将来一定时间按复利计算的本金与利息之和,一般以 $F$ 来表示。

**2. 单利与复利**

利息是指占用资金所付出的代价(或放弃使用资金所得的补偿)。利息的计算通常按一定的时间单位(被称为"计息周期")进行,如"年"、"月"等。一个计息周期的利息与借贷金额

（即本金）之比（一般以百分数表示）就是利率。具体计算利息时，有单利和复利两种方式。

单利是指仅用本金计算利息，利息不再生利息；复利是指用本金与前期累计利息总额之和计算利息，即除最初的本金要计算利息之外，每一计息周期的利息也要并入本金再生利息，俗称"利滚利"。

**例1** 小王向某个IT项目投资10 000元，此项目的年收益率为3.25%，经过1年时间的期终金额为

$$F_1 = P + Pi = P \times (1+i) = 10\,000 \times (1+3.25\%) = 10\,325(元)$$

其中，$P$为本金或现值，$i$为利息率或利率，$F$为本利和或终值。

若小王并不急于用这笔款，继续将此笔资金放在项目中。

（1）若此项目实行的是单利计息，则第二年本利和为

$$F_2 = F_1 + Pi = P \times (1+2i) = 10\,000 \times (1+2 \times 3.25\%) = 10\,650(元)$$

继续放在项目中，第三年的本利和为

$$F_3 = F_2 + Pi = P \times (1+3i) = 10\,000 \times (1+3 \times 3.25\%) = 10\,975(元)$$

（2）若此项目实行的是复利计息，则第二年的本利和为

$$F_2 = F_1 + F_1 i = P \times (1+i)^2 = 10\,000 \times (1+3.25\%)^2 = 10\,661(元)$$

继续放在项目中，第三年的本利和为

$$F_3 = F_2 + F_2 i = P \times (1+i)^3 = 10\,000 \times (1+3.25\%)^3 = 11\,007(元)$$

由上例可推，按单利计息$n$个计息周期后的本利和为：

$$F_n = P(1+in)$$

按复利计息$n$个计息周期后的本利和为：

$$F_n = P(1+i)^n$$

其中，$P$为本金，$i$为利率，$n$为计息周期数，$F_n$表示$n$个计息周期后的本利和。

**例2** 某5年期的IT投资项目所需本金10 000元，年利率6%，每年复利计息一次，则此投资项目的终值是多少？

$$F = P(1+i)^5 = 10\,000 \times (1+6\%)^5 = 13\,382.26(元)$$

**3. 名义利率与实际利率**

虽然通常人们以年为时间单位计算利息，但严格意义上说，复利可以按任何计息周期进行利息计算，如季、月、周、日等，这就出现不同计息周期的利率换算问题。

所谓名义利率，是指银行等金融机构提供的利率，同时必须提供每年的计息周期数。如银行发布每月付息的名义利率为3.6%的理财产品，一般表示为"年利率3.6%，每月计息一次"。

所谓实际利率，是指按给定的计息周期利率每年复利$m$次时，能够产生相同结果的年利率。当计息周期为年时，名义利率等于实际利率。两者之间存在如下的换算公式：

$$i = \left(1 + \frac{\gamma}{m}\right)^m - 1$$

其中，$\gamma$为名义利率，$i$为实际利率，$m$为一年中包含的计息周期。具体分析计算时，对名义利率一般有如下两种处理方法。

（1）将名义利率转换为实际利率。如"年利率3.6%，每月计息一次"所对应的实际利率为：

$$i = \left(1 + \frac{3.6\%}{12}\right)^{12} - 1 \approx 3.66\%$$

**例3** 某5年期的IT投资项目所需本金10 000元,年利率6%,每季度复利计息一次,采用实际利率法计算的到期本利和是多少?

$$i = \left(1 + \frac{\gamma}{m}\right)^m - 1 = \left(1 + \frac{6\%}{4}\right)^4 - 1 \approx 6.14\%$$

$$F_5 = P(1+i)^5 = 10\,000 \times (1 + 6.14\%)^5 = 13\,470.86(元)$$

因此,采用实际利率法计算的到期本利和是13 470.86元。

(2) 直接按单位计息周期利率计算。如"年利率3.6%,每月计息一次"所对应的月利率为3‰。

**例4** 某5年期的IT投资项目所需本金10 000元,年利率6%,每季度复利计息一次,采用季利率法计算的到期本利和是多少?

季度利率=6%/4=1.5%

复利次数=5×4=20

$$F_5 = P(1+\gamma)^{20} = 10\,000 \times (1+1.5\%)^{20} = 13\,468.55(元)$$

因此,采用季利率法计算的到期本利和是13 468.55元。

由例2、例3和例4比较而知,当一年中复利计息次数越多,实际得到的利息就会越高。

### 4. 年金

年金是指等额、定期的系列收支,一般以A来表示。例如,分期付款赊购、分期偿还贷款、分期支付工程款,以及每年相同的销售收入等,都属于年金收付形式。按照收付时点和收付方式的不同,可以将年金分为普通年金、预付年金、递延年金和永续年金4种。其中,普通年金又称后付年金,是指各期期末收付的年金;预付年金又称即付年金或期初年金,是指在每期期初支付的年金;递延年金是指第一次收付款发生在第二期或第二期以后的年金;永续年金是指无限期定额支付的年金。

### 13.1.3 资金等值计算

将一个时点发生的资金金额换算成另一个时点的等值金额,这一过程就是资金等值计算。常用的计算公式主要有以下几种(见表13-1)。

表13-1 6个常用的资金等值计算公式

| 类 别 | 已知 | 求解 | 公 式 | 系数名称及符号 |
| --- | --- | --- | --- | --- |
| 一次支付终值公式 | 现值P | 终值F | $F = P(1+i)^n$ | $(F/P, i, n)$ |
| 一次支付现值公式 | 终值F | 现值P | $P = F(1+i)^{-n}$ | $(P/F, i, n)$ |
| 年金终值公式 | 年金A | 终值F | $F = A \cdot \left[\dfrac{(1+i)^n - 1}{i}\right]$ | $(F/A, i, n)$ |
| 资金存储值公式 | 终值F | 年金A | $A = F \cdot \left[\dfrac{i}{(1+i)^n - 1}\right]$ | $(A/F, i, n)$ |
| 年金现值公式 | 年金A | 现值P | $P = A \cdot \left[\dfrac{1-(1+i)^{-n}}{i}\right]$ | $(P/A, i, n)$ |
| 资金回收值公式 | 现值P | 年金A | $A = P \cdot \left[\dfrac{i}{1-(1+i)^{-n}}\right]$ | $(A/P, i, n)$ |

### 1. 一次性支付终值公式

一次性支付终值,又称为复利终值,是指现在的特定资金按复利计算的将来一定时间的

价值,或者说是现在的一定本金在将来一定时间按复利计算的本金与利息之和。计算公式为

$$F = P(1+i)^n$$

其中,$P$ 为现值;$F$ 为终值;$i$ 为利率;$n$ 为 $P$ 和 $F$ 之间的时间间隔,一般以"年"来表示。不难看出,上式与复利计息的本利和公式相同。该公式的含义是:在利率为 $i$ 的条件下,现在时点的一笔资金 $P$ 在经过 $n$ 年后将变成 $P(1+i)^n$,或者说,现在的一笔资金 $P$ 与 $n$ 年后的一笔资金 $P(1+i)^n$ 等值。$(1+i)^n$ 被称为复利终值系数或 1 元的复利终值,用符号 $(F/P, i, n)$ 表示,如 $(F/P, 3\%, 6)$ 表示利率为 3% 的 6 期复利终值的系数。这样,上式又可以写作

$$F = P \cdot (F/P, i, n)$$

读者可以查阅"复利终值系数表"以便计算,该表的第一行是利率 $i$,第一列是计息期数 $n$,相应的 $(1+i)^n$ 值在其纵横相交处。通过查阅该表可知 $(F/P, 3\%, 6) = 1.1941$,表示在利率为 3% 的情况下,现在的 1 元和 6 年后的 1.1941 元在经济上是等效的。

一次性支付的现金流量形式如图 13-1 所示,横线代表时间,数字表示计息周期的期数,时间刻度"0"表示投资项目开始建设的起点时间,竖线表示支付的现金流,其中箭头向下表示现金流出,箭头向上表示现金流入,竖线的长度表示现金流量的多少。

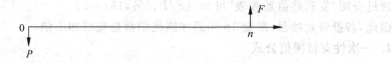

图 13-1 一次性支付的现金流量图

**例 5** 某公司向银行申请为期 6 年的贷款,贷款利率为 8%,第 6 年年末一次性还本付息。贷款额于前三年逐年发放,第 1 年取得贷款额 2000 万元,第 2 年取得贷款额 1000 万元,第 3 年取得贷款额 1500 万元,则第 6 年末一次性需偿还的本利和是多少?

该题用现金流量图可表示为图 13-2:

$$\begin{aligned} F &= 2000(F/P, 8\%, 5) + 1000(F/P, 8\%, 4) + 1500(F/P, 8\%, 3) \\ &= 2000(1+0.08)^5 + 1000(1+0.08)^4 + 1500(1+0.08)^3 \\ &= 2000 \times 1.4693 + 1000 \times 1.3605 + 1500 \times 1.2597 \\ &= 6188.65 (万元) \end{aligned}$$

因此,第 6 年末一次性需偿还的本利和是 6188.65 万元。

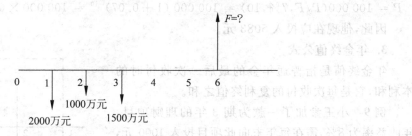

图 13-2 从银行角度观察此笔贷款的现金流量图

"复利终值系数表"的作用不仅在于已知 $i$ 和 $n$ 时查找 1 元的复利终值,也可在已知 1 元复利终值和 $n$ 时查找 $i$,或已知 1 元复利终值和 $i$ 时查找 $n$。

**例 6** 小王现有 30 万元积蓄,打算通过某项投资计划,使积蓄总量在 15 年后退休时至少达到现有积蓄的 2 倍,小王最少应选择收益率为多少的投资项目?

$$F = 300\,000 \times 2 = 600\,000(元)$$
$$F = 300\,000 \times (1+i)^{15}$$
$$(1+i)^{15} = 2$$
$$(F/P, i, 15) = 2$$

通过查阅"复利终值系数表"可知,$(F/P, 5\%, 15) \approx 2$。

因此小王最少应选择收益率为 5% 的投资项目,才能使现有积蓄在 15 年后达到 2 倍。

**例 7** 小王现有 30 万元积蓄,他面对一项收益率为 4% 的低风险长期投资项目,需要投资多少年他才能使积蓄总量达到现有的 2 倍?

$$F = 300\,000 \times 2 = 600\,000 \text{ 元}$$
$$F = 300\,000 \times (1+4\%)^n$$
$$(1+4\%)^n = 2$$
$$(F/P, 4\%, n) = 2$$

通过查阅"复利终值系数表"可知,$(F/P, 5\%, 18) \approx 2$。

因此,若投资此项目,需要 18 年后才能使积蓄总量增加 1 倍。

### 2. 一次性支付现值公式

一次性支付现值又称为复利现值,指未来一定时间的特定资金按复利计算的现在价值,或者说是为取得将来一定本利和现在所需要的本金,是复利终值公式的逆运算。计算公式为:

$$P = F(1+i)^{-n}$$

上式中,$(1+i)^{-n}$ 是复利现值系数,或称为 1 元的复利现值,用符号 $(P/F, i, n)$ 表示,它和复利终值系数 $(F/P, i, n)$ 互为倒数。如 $(P/F, 3\%, 6) = 1/1.1941 = 0.8375$,表示利率为 3% 的 6 期复利现值系数为 0.8375。为了便于计算,读者可以查阅"复利现值系数表",使用方法与"复利终值系数表"相同。

**例 8** 小王收到某投资项目的宣传册,上面申明"本项目复利计息,年收益率为 7%,项目寿命期为 10 年"。若小王拟在项目期满时获得本利和 10 万元,他现在应往此项目投入多少元?

$$P = 100\,000(P/F, 7\%, 10) = 100\,000\,(1+0.07)^{-10} = 100\,000 \times 0.5083 = 5083(元)$$

因此,他现在应投入 5083 元。

### 3. 年金终值公式

年金终值是指普通年金的最后一次收付时的本利和,它是每次收付的复利终值之和。

**例 9** 小王参加了一款为期 3 年的理财项目,年收益率为 8%,需在每年末向此项目投入 1000 元,3 年期满时一次性支取本利和。此项目的现金流量图如图 13-3 所示:在第一年末投资的 1000 元,

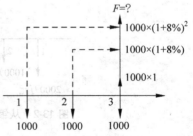

图 13-3 三期普通年金终值的现金流量图

应赚取 2 年的利息,到第三年末的本利和为 1166.4 元;在第二年末投资的 1000 元,应赚取 1 年的利息,到第三年末的本利和为 1080 元;在第三年末投资的 1000 元,没有利息,其本利和为 1000 元,整个三年年金的终值为 3246.4 元。

当年金的期数增多时,设每年年末支付的金额为 $A$,利率为 $i$,分期等额收付的次数为 $n$,则按复利计算的普通年金终值 $F$ 可按照如下方式进行推导:

$$F = A + A(1+i) + A(1+i)^2 + \cdots + A(1+i)^{n-1} \tag{1}$$

$$(1+i)F = A(1+i) + A(1+i)^2 + A(1+i)^3 + \cdots + A(1+i)^n \tag{2}$$

(2)式—(1)式,可得

$$(1+i)F - F = A(1+i)^n - A$$

$$F = \frac{A(1+i)^n - A}{1+i-1}$$

$$F = A \cdot \left[ \frac{(1+i)^n - 1}{i} \right]$$

其中,$\left[ \frac{(1+i)^n-1}{i} \right]$ 被称为年金终值系数,记作 $(F/A, i, n)$,可据此编制"年金终值系数表"。上式的含义是:若利率为 $i$,从第 1 年至第 $n$ 年每年年末等额支付(或收入)年金 $A$,则第 $n$ 年末的年金终值为 $A \cdot \left[ \frac{(1+i)^n-1}{i} \right]$,上式的现金流量图如图 13-4 所示。

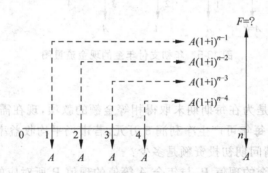

图 13-4 $n$ 期普通年金终值的现金流量图

**例 10** 小王计划 4 年后购买汽车,为此他每年年末向某理财项目定存 5 万元,此项目年收益率为 6%,复利计息,则第 4 年年末他可从此理财项目中提取多少钱?

$$F = 50\,000(F/A, 6\%, 4) = 50\,000 \times \left[ \frac{(1+6\%)^4 - 1}{6\%} \right] = 50\,000 \times 4.3746 = 218\,730(元)$$

因此,第 4 年年末他可从此理财项目中提取 21.87 万元。

**4. 资金存储值公式**

资金存储值指的是为使年金终值达到既定金额,每年末应支付的年金数额,又称为偿债基金,这是等额收付系列年金终值的逆运算。公式如下:

$$A = F \cdot \left[ \frac{i}{(1+i)^n - 1} \right]$$

其中,$n$ 为分期等额支付(或收入)的次数,$\frac{i}{(1+i)^n - 1}$ 为偿债基金系数(或资金年存系数),记作 $(A/F, i, n)$,偿债基金系数和年金终值系数互为倒数。

**例 11** 小王在今年初计划 4 年后购买一辆价值 20 万元的汽车。他拟采取每年初等额向某理财项目存入一笔资金的办法积攒所需资金,若理财项目的收益率为 6%,他每年初应等额存入多少钱?

该题终值 $F$ 所对应的时点为年末,而年金是每年年初存入,因此,需要先将已知的终值 $F$ 从年末折现到年初,然后才能用基金存储值公式计算未知的 $A$。现金流量图如图 13-5 所示。

$$A = 200\,000(P/F, 6\%, 1)(A/F, 6\%, 4)$$
$$= 200\,000 \times (1+0.06)^{-1} \times \left[\frac{0.06}{(1+0.06)^4 - 1}\right]$$
$$= 200\,000 \times 0.9434 \div 4.3746$$
$$= 43\,130.80(元)$$

因此,他每年年初要向此理财项目存入 43 130.8 元。

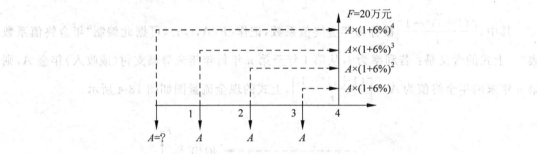

图 13-5　年初支付年金的现金流量图

**5. 年金现值公式**

普通年金现值指的是为在每期期末取得相等金额的款项,现在需要投入的金额。

**例 12** 某投资项目每年可产生净利润 5 万元,若市场平均收益率为 6%,运行 4 年即可将期初投资全部收回,请问期初投资额是多少?

期初投资额即为年金的现值 $P$,与年金 $A$ 等值的现值 $P$ 所对应的时点并不是发生在第一次等额支付(或收入)的时点,而是还要往前移一个时间周期。此题的现金流量图详见图 13-6。

$$P = 50\,000 \times (1+6\%)^{-1} + 50\,000 \times (1+6\%)^{-2}$$
$$+ 50\,000 \times (1+6\%)^{-3} + 50\,000 \times (1+6)^{-4}$$
$$= 50\,000 \times 0.9434 + 50\,000 \times 0.89 + 50\,000 \times 0.8396 + 50\,000 \times 0.7921$$
$$= 50\,000 \times (0.9434 + 0.89 + 0.8396 + 0.7921)$$
$$= 50\,000 \times 3.4651$$
$$= 173\,255(元)$$

因此,此项目初始投资额是 17.33 万元。

当分期等额支付(或收入)的次数为 $n$ 时,普通年金现值的一般公式推导如下:

$$P = A(1+i)^{-1} + A(1+i)^{-2} + \cdots + A(1+i)^{-n} \quad (1)$$
$$(1+i)P = A + A(1+i)^{-1} + A(1+i)^{-2} + \cdots + A(1+i)^{-(n-1)} \quad (2)$$

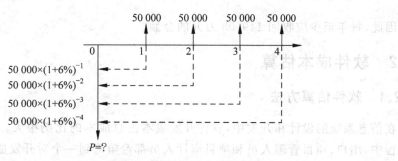

图 13-6 普通年金现值的现金流量图

(2)式—(1)式,可得

$$(1+i)P - P = A - A(1+i)^{-n}$$

$$P = \frac{A - A(1+i)^{-n}}{1+i-1}$$

$$= A \cdot \left[\frac{(1+i)^n - 1}{i(1+i)^n}\right]$$

$$= A \cdot \left[\frac{1-(1+i)^{-n}}{i}\right]$$

式中,系数 $\left[\frac{1-(1+i)^{-n}}{i}\right]$ 被称为年金现值系数,表示从第 1 年至第 $n$ 年每年年末等额支付(或收入)的年金 1 元,当利率为 $i$ 时,第 1 年年初的年金现值,记为 $(P/A,i,n)$,可据此编制"年金现值系数表",这样方便计算。

**例 13** 某企业面对各有优势的项目 $A$ 和项目 $B$ 进行选择:项目 $A$ 比项目 $B$ 每年多赚 6 万元,但项目 $A$ 比项目 $B$ 的初始投资高出 78 万元,请问两个项目的寿命期应至少多少年,选择项目 $A$ 才是有优势的?假定项目 $A$ 和项目 $B$ 的年收益率均为 6%。

$$P = 780\,000$$

$$P = 60\,000 \times \left[\frac{1-(1+6\%)^{-n}}{6\%}\right]$$

$$(P/A, 6\%, n) = 13$$

$$n = 26$$

因此,项目 $A$ 和项目 $B$ 的寿命期至少持续 26 年,选择项目 $A$ 才是有优势的。

**6. 资金回收值公式**

资金回收值是年金现值的逆运算,即已知现值 $P$,求与之等值的年金 $A$。计算公式为

$$A = P \cdot \left[\frac{i}{1-(1+i)^{-n}}\right] = P(A/P,i,n)$$

其中, $\left[\frac{i}{1-(1+i)^{-n}}\right]$ 被称为资金回收系数,用符号记为 $(A/P,i,n)$,资金回收系数与年金现值系数互为倒数。

**例 14** 某投资项目的初始投资额为 1000 万元,拟在 10 年内等额收回投资,若项目年收益率为 8%,每年至少应收回多少金额?

利用资金回收值公式,每年应回收的金额为

$$A = 1000 \cdot \left[\frac{8\%}{1-(1+8\%)^{-10}}\right] = 1000(A/P,8\%,10) = 1000/6.7101 = 149.03(万元)$$

因此，每年至少应收回 149.03 万元的金额。

## 13.2 软件成本估算

### 13.2.1 软件估算方法

在信息系统的设计和开发中，软件开发成本占总成本的比例很大。在企业的信息化建设过程中，用户、项目管理人员和项目审计人员都希望得到一个对开发成本和开发时间适度准确的估算。然而软件是知识产品，是人的思想的成果，结构非常复杂，管理难度大，很难精确地计算项目的开销，只能进行估算。一般而言，软件成本与工作量成正比，对工作量的估算是准确进行成本和进度估算的基础，而软件规模估算又是工作量估算的基础。必须指出，大量的软件开发经验显示生产率随软件规模的增加而下降，这意味着软件的规模增加时，工作量应该呈指数增长，软件成本也节节攀升，信息化项目也成了花钱的"无底洞"项目。因此，科学地估算软件成本非常重要，是 IT 项目效益评价的关键，也是绩效审计的基础。

下面对软件项目中常用的几个估算概念进行说明。

规模估算：所要开发的软件的规模是一个需要做出估算的参数，它是估算工作量的基础，有了这个数据才可以对工作量和进度做出准确的估算。进行规模估算应该十分了解项目的需求。软件规模的衡量尺度有代码行、功能点数量、程序单元数、报告数等。

工作量估算：这是对开发软件产品所需的人力的估算，它和进度一起决定了开发团队的规模和构建。通常以人天、人月、人年的形式来衡量，并且通过转换系数在不同单位之间进行转换。工作量估算是由规模和与项目有关的因素所驱动的，如团队的技术和能力、所使用的语言和平台、平台的可用性与适用性、团队的稳定性、项目中的自动化程度等。

进度估算：进度是项目开始日期到项目结束日期之间的一个时间段。进度估算可能包括高层的中级里程碑，例如各个阶段的结束。进度估算是项目级或阶段级的，而不是详细的人员级的估算，进度估算是项目计划和控制的基础。进度与工作量是互补的，也就是说如果希望加快进度，可以提高工作量，如果适当控制工作量，那么进度就会受到影响。这与用户的要求和预算资金有关。

成本估算：在任何软件项目中，成本中的一个主要组成部分是人力成本（基于估算出的工作量）。此外，其他成本如差旅费、通信和培训等也需要做出估算。这些和人力成本一起用于估算项目的总成本。计算出了项目的工作量和进度，就可以估算软件成本了。

### 13.2.2 软件规模估算

软件项目的规模是影响软件项目成本和工作量的重要因素。软件项目规模估算常见的方法有代码行（LOC）估算和功能点（FP）估算，下面分别对这两种方法进行介绍。

**1. 代码行估算**

用软件项目的代码行数表示软件项目的规模是十分自然和直观的。代码行数可以用人工或软件工具直接测量，几乎所有的软件开发组织都保存软件项目的代码行数记录。利用代码行数不仅能度量软件的规模，而且还可以度量软件开发的生产率、开发每行代码的平均成本、文档与代码的比例关系、每千行代码存在的软件错误个数等。

为了方便计算，我们定义以下几个概念。

(1) 生产率：
$$P_1 = L/E$$
其中：$L$ 是软件项目的代码行数，用千行代码 kLOC（1 kLOC＝$10^3$ LOC）度量；$E$ 是软件项目的工作量，用人月（PM）度量；$P_1$ 是软件项目的生产率，用每人月完成的代码行数（LOC/PM）度量。

(2) 每行代码的平均成本：
$$C_1 = S/L$$
其中：$S$ 是软件项目的总开销，用人民币度量；$C_1$ 是每行代码的平均成本，用人民币/代码行度量。

(3) 文档与代码比：
$$D_1 = P_d/L$$
其中：$P_d$ 是软件项目的文档页数；$D_1$ 是每千行代码的平均文档页数。

(4) 代码出错率：
$$EQR_1 = N_e/L$$
其中：$N_e$ 是软件项目的代码错误数；$EQR_1$ 表示每个功能点平均错误个数。

**例15** 表13-2 提供了一个典型的软件项目记录。利用这些数据，可以方便地计算出：
$$P_1 = 12.1\text{kLOC}/24\text{PM} = 504\text{LOC/PM}$$
$$C_1 = 1\,008\,000 \text{元}/12.1\text{kLOC} = 83\,305.78 \text{元/LO}$$
$$D_1 = 365 P_d/12.1\text{kLOC} = 30.16 P_d/\text{kLOC}$$
$$EQR_1 = 29 \text{个}/12.1\text{kLOC} = 2.4 \text{个}/\text{kLOC}$$

表 13-2 软件项目记录

| 项目 | 工作量 PM | 成本/元 | 代码行 kLOC | 文档页数 $P_d$ | 错误 $N_e$ | 人数 $M$ |
|---|---|---|---|---|---|---|
| $P_{j1}$ | 24 | 1 008 000 | 12.1 | 365 | 29 | 3 |
| $P_{j2}$ | 62 | 2 640 000 | 27.2 | 1224 | 86 | 5 |
| $P_{j3}$ | 43 | 1 884 000 | 20.2 | 1050 | 64 | 6 |

用软件代码行估算软件规模简单易行。其缺点是：代码行数的估算依赖于程序设计语言的功能和表达能力；采用代码行估算方法会对设计精巧的软件项目产生不利的影响；在软件项目开发前或开发初期估算它的代码行数十分困难；代码行估算只适合用于过程式程序设计语言，对非过程式的程序设计语言不太实用。

**2. 功能点估算**

面向功能的软件功能度量是 Albrecht 于 1979 年提出的，它与统计代码行数的直接度量方式不同，是涉及多种因素的间接度量方式。它是根据事务信息处理程序的基本功能定义的，因此，在软件系统设计初期就能够估算出软件项目的规模。Albrecht 用 5 个信息量的"加权和"CT 和 14 个因素的"复杂性调节值"$F_i$（$i$＝1，2，…，14）计算功能点 FP。

$$FP = CT\left[0.65 + 0.01\sum_{i=1}^{14} F_i\right]$$

其中，CT 按表 13-3 计算。

表 13-3  计算功能点度量

| 测量参数 | 值 | 加权因子 简单 | 加权因子 一般 | 加权因子 复杂 | = | |
|---|---|---|---|---|---|---|
| 用户输入数 | □ | ×3 | ×4 | ×6 | = | □ |
| 用户输出数 | □ | ×4 | ×5 | ×7 | = | □ |
| 用户查询数 | □ | ×3 | ×4 | ×6 | = | □ |
| 文件数 | □ | ×7 | ×10 | ×15 | = | □ |
| 外部界面数 | □ | ×5 | ×7 | ×10 | = | □ |
| CT | | | | | | □ |

$F_i$ 由表 13-4 给出，$F_i$ 取值为 $0,1,\cdots,5$，表示 $F_i$ 在 FP 中起作用的程度。当 $F_i=0$ 时，表示否定或 $F_i$ 不起作用，$F_i=5$ 时，表示肯定或 $F_i$ 作用最大。

表 13-4  $F_i$ 定值表

| 序号 $i$ | 问　题 | $F_i$ 取值 0,1,2,3,4,5 |
|---|---|---|
| 1 | 系统需要可靠的备份和复原吗 | |
| 2 | 系统需要数据通信吗 | |
| 3 | 系统有分布处理功能吗 | |
| 4 | 性能是临界状况吗 | |
| 5 | 系统是否在一个存在的实用的操作环境下运行 | |
| 6 | 系统需要联机 on-line 数据入口吗 | |
| 7 | 联机数据入口需要输入信息构造复杂的屏幕界面或操作吗 | |
| 8 | 系统需要联机更新主文件吗 | |
| 9 | 系统的输入、输出、文件、查询复杂吗 | |
| 10 | 系统的内部处理复杂吗 | |
| 11 | 代码设计可重用吗 | |
| 12 | 设计中包括转换和安装吗 | |
| 13 | 系统的设计支持不同组织的多次安装吗 | |
| 14 | 系统的设计有利于用户的修改和使用吗 | |

表 13-3 中的 5 个信息量按下列方式取值：

(1) 用户输入数。用户为软件提供的输入参数个数。

(2) 用户输出数。软件系统为用户提供的输出参数个数。

(3) 用户查询数。一个联机输入确定一次查询，软件以联机输出的形式实时地产生一个响应，统计各种查询的个数。

(4) 文件数。统计逻辑的主文件数，如数据的一个逻辑编组。

(5) 外部界面数。统计所有机器可读的界面，利用这些界面可以将信息从一个系统传送到另一个系统。

与用代码行定义软件项目的开发效率和成本度量一样，用功能点也可以定义相应概念。

(1) 生产率：

$$P_f = FP/E$$

其中，$P_f$ 表示每人每月完成的功能点数。

(2) 平均成本：
$$C_f = S/FP$$
其中，$C_f$ 表示每功能点平均成本。

(3) 文档与功能点比：
$$D_f = P_d/FP$$
其中，$D_f$ 表示每功能点平均具有的文档页数。

(4) 代码出错率：
$$EQR_f = N_e/FP$$
其中，$EQR_f$ 表示每个功能点平均错误个数。

功能点估算没有直接涉及软件系统本身的算法复杂性，因此，它适合算法比较简单的事务处理系统的软件规模度量，对于算法比较复杂的软件系统，如实时系统软件、过程控制软件等就不实用了。1986 年，Jones 推广了功能点的概念，把软件项目中的算法复杂性因素引入到功能点计算中来。为了避免混淆，把 Albrecht 定义的功能点称为简单功能点，用 $FP_s$ 表示，把 Jones 推广的功能点称为功能点，用 FP 表示。推广的功能点包括计算机程序中用于各类问题求解的算法因素，如求解线性代数方程组、遍历二叉树的各个节点、处理中断等。功能点计算仍用前述的计算公式，其中 CT 按表 13-5 计算。

表 13-5 推广的功能点度量

| 测量参数 | 值 | 权值 | = | |
|---|---|---|---|---|
| 用户输入数 | ☐ | ×4 | = | ☐ |
| 用户输出数 | ☐ | ×5 | = | ☐ |
| 用户查询数 | ☐ | ×4 | = | ☐ |
| 文件数 | ☐ | ×7 | = | ☐ |
| 外部界面数 | ☐ | ×7 | = | ☐ |
| 算法 | ☐ | ×7 | = | ☐ |
| CT | | | | ☐ |

对一般的工程或事务处理软件，用表 13-3 和表 13-5 两种方法计算出来的 FP 值应该基本上相同。但对于比较复杂的软件系统，FP 比 $FP_s$ 的值高 20%～35%。

功能点估算的优点是：

(1) 与程序设计语言无关，它不仅适用于过程式语言，也适用于非过程式的语言。

(2) 因为软件项目开发初期就能基本上确定系统的输入和输出等参数，所以功能点度量能用于软件项目的开发初期。

功能点度量的缺点是：

(1) 它涉及的主观因素比较多，如各种权函数的取值。

(2) 信息领域中的某些数据有时不容易采集。

(3) FP 的值没有直观的物理意义。

### 13.2.3 软件工作量估算

软件项目的规模是影响软件项目成本和工作量的重要因素，软件项目代码行和功能点估算是成本和工作量估算的基础。假设已估算出 LOC 或 FP 的乐观值 $a$、悲观值 $b$ 和一般

值 $m$，那么可以根据下列加权公式计算出期望值。

$$E = (a + 4m + b)/6$$

其中：乐观值是指在任何事情都顺利的情况下，完成某项工作的时间；悲观值是指在最不利的情况下，完成某项工作的时间；一般值是指在正常情况下，完成某项工作的时间。

人们希望 LOC 或 FP 的值落在区间 $[a,b]$ 之外的概率极小。当 LOC 或 FP 的期望值估算出来之后，根据以前软件项目开发的平均生产率 LOC/PM 或 FP/PM，就可以计算出工作量。例如，软件项目的规模估算 310FP，以前完成的软件项目的生产率 5.5FP/PM，于是工作量估算为 $E=310/5.5=56$PM。如果当前估算的软件子项目比以前完成的项目复杂，那么所用的生产率可以低于平均生产率，反之也可以高于平均生产率。

**例 16** 估算一个计算机辅助设计(CAD)软件项目的工作量。

将该项目按功能分解为如下 7 个子项目：

(1) 用户界面和控制。
(2) 二维几何分析。
(3) 三维几何分析。
(4) 数据库管理。
(5) 计算机图形显示。
(6) 外形控制。
(7) 设计分析。

表 13-6 给出 7 个子项目代码行的乐观估计、悲观估计和一般估计值，然后计算出加权平均值。分析 7 个子项目的规模复杂性和难度，参照以前开发类似项目的经验，给出开发每行代码的平均成本、每月开发的代码行数。用这两组数据计算出 7 个子项目的开发成本和工作量。最后汇总的该软件开发项目规模为 33 360LOC，成本为 656 680 元，工作量为 144.5PM。

表 13-6 工作量估算表

| 功能 | 乐观估计 LOC | 一般估计 LOC | 悲观估计 LOC | 加权平均 | 元/LOC | LOC/PM | 成本/元 | 工作量/人月 |
|---|---|---|---|---|---|---|---|---|
| 用户界面和控制 | 1790 | 2400 | 2650 | 2340 | 14 | 315 | 32 760 | 7.4 |
| 二维几何分析 | 4080 | 5200 | 7400 | 5380 | 20 | 220 | 107 600 | 24.4 |
| 三维几何分析 | 4600 | 6900 | 8600 | 6800 | 20 | 220 | 136 000 | 30.9 |
| 数据库管理 | 2900 | 3400 | 3600 | 3350 | 18 | 240 | 60 300 | 13.9 |
| 计算机图形显示 | 3900 | 4900 | 6200 | 4950 | 22 | 200 | 108 900 | 24.7 |
| 外形控制 | 1990 | 2100 | 2450 | 2140 | 28 | 140 | 59 920 | 15.2 |
| 设计分析 | 6600 | 8500 | 9800 | 8400 | 18 | 300 | 151 200 | 28.0 |
| 总计 | | | | 33 360 | | | 656 680 | 144.5 |

### 13.2.4 软件成本估算

计算机软件的估算模型是根据以前完成项目的实际数据导出的，用于新软件项目的计划阶段。由于导出模型的数据是"从前的"、"局部的"，因此估算模型不可能使用于当前所有的软件项目和全部开发环境。这些模型的计算结果仅有一定的参考价值，下面介绍一种常用的软件成本估算模型，即 CoCoMo。

1981年，Boehm提出"构造性成本模型"（Constructve Cost Model,CoCoMo）。它是在静态、单变量模型的基础上构造出来的。Boehm把CoCoMo模型分为基本、中间和详细3个层次，分别用于软件开发的三个不同阶段。基本CoCoMo用于系统开发的初期，估算整个系统的工作量（包括软件维护）和软件开发所需要的时间，中间CoCoMo模型用于估算各个子系统的工作量和开发时间，详细CoCoMo模型用于估算独立的软件，如子系统内部的各个模块。由于篇幅的限制，只介绍基本CoCoMo和中间CoCoMo两种情况。

**1. 基本CoCoMo**

基本CoCoMo是静态、单变量模型，具有下列形式：

$$E = a(L)^b$$
$$D = cE^d$$

其中：$E$ 表示工作量，单位是人月（PM）；$D$ 表示开发时间，单位是月；$L$ 是项目的代码行估计值，单位是千行代码；$a$、$b$、$c$、$d$ 是常数，取值如表13-7所示。

表13-7 简单CoCoMo参数

| 软件类型 | $a$ | $b$ | $c$ | $d$ | 使用范围 |
|---|---|---|---|---|---|
| 组织型 | 2.4 | 1.05 | 2.5 | 0.38 | 各类应用程序 |
| 半独立型 | 3.0 | 1.12 | 2.5 | 0.35 | 各类应用程序、编译程序等 |
| 嵌入型 | 3.6 | 1.20 | 2.5 | 0.32 | 实时处理、控制程序、操作系统 |

前述的工作量计算式和开发时间计算式给出了软件代码行数与工作量、工作量与开发时间之间的函数关系。Boehm把软件划分为组织型、半独立型和嵌入型三类，允许不同应用领域与复杂程度的软件按照上述三类软件的使用范围选取相应的参数 $a$、$b$、$c$、$d$。

**2. 中间CoCoMo**

中间CoCoMo以基本CoCoMo为基础，在工作量估计公式中乘以工作量调节因子EAF，有下列公式：

$$E = a(L)^b \text{EAF}$$

其中：$L$ 是软件产品的目标代码行数；$a$、$b$ 是常数，取值如表13-8所示。

表13-8 中间CoCoMo参数

| 软件类型 | $a$ | $b$ |
|---|---|---|
| 组织型 | 3.2 | 1.05 |
| 半独立型 | 3.0 | 1.12 |
| 嵌入型 | 2.8 | 1.20 |

工作量调节因子与软件产品属性、计算机属性、人员属性和项目属性有关。

软件产品属性包括软件可靠性、软件复杂性、人员属性和项目属性。

计算机属性包括程序执行时间、程序占用内存的大小、软件开发环境的变化以及软件开发环境的响应速度。

人员属性包括分析员的能力、程序员的能力、有关应用领域的经验、开发环境的经验以及程序设计语言的经验。

项目属性包括软件开发方法的能力、软件工具的质量和数量以及软件开发的进度要求。

上述四种属性共 15 个要素。每个要素调节因子 $F_i(i=1,2,\cdots,15)$ 的值分为很低、低、正常、高、很高、极高，共六级。正常情况下，$F_i=1$。Boehm 推荐的 $F_i$ 值的范围是 $0.70\sim 1.66$，如软件复杂性的调节因子可取为 $(0.70,0.85,1.00,1.15,1.30,1.65)$。当 15 个 $F_i$ 的值选定后，EAF 的计算如下：

$$\text{EAF} = \prod_{i=1}^{15} F_i$$

调节因子集的定义和调节因子定值是由统计结果和经验决定的。不同的软件开发组织，在不同的历史时期，随着环境的变化，这些数据不会一成不变。使用中间 CoCoMo 不仅可以估算开发软件产品的工作量，而且还可以比较各种开发方案对工作量的影响。

**例 17** 用基本 CoCoMo 估算例 16 的工作量、开发时间和参加项目开发的人数。

在例 16 中，目标代码行数为 33.3 kLOC，CAD 软件开发属于中等规模、半独立型，从表 13-7 中查到 $a=3.0, b=1.12$。代入式 $E=a(L)^b$，得

$$E = 3.0(L)^{1.12} = 3.0 \times (33.3)^{1.12} = 152\text{PM}$$

将 $E$ 的估算值代入式 $D = cE^d$，并取 $c=2.5, d=0.35$，得

$$D = 2.5E^{0.35} = 2.5 \times 152^{0.35} = 14.5(\text{月})$$

于是，建议参加项目开发的人数：

$$N = E/D = 152/14.5 \approx 11(\text{人})$$

严格地说，在软件项目开发过程中，11 个人不可能都有相同的能力，也不可能有相同的经验和知识结构，并且在软件开发的各个阶段对人的要求也不同。其次，若干人共同开发一个软件项目时，还应该增加他们之间项目通信和交换意见的额外工作量。一般来说，由 $N$ 个程序员组成的小组，实现相同规模的程序，相互通信为 $C_N^2 = N(N-1)/2$，设每次通信和交换意见的平均工作量为 $\mu$，则增加的通信开销为

$$E_c = \mu N(N-1)/2$$

**例 18** 计算 3 人和 5 人开发一个程序的通信开销。3 人和 5 人开发一个程序相互通信和交换意见的关系如图 13-7 所示。

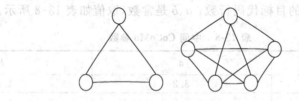

图 13-7 $N=3$ 和 $N=5$ 时的相互通信关系

将 $N=3$ 和 $N=5$ 分别代入式 $E_c = \mu N(N-1)/2$，得

$$E_c(3) = \mu \times 3 \times (3-1)/2 = 3\mu$$
$$E_c(5) = \mu \times 5 \times (5-1)/2 = 10\mu$$

一般场合下，由 $N$ 个程序员组成的小组共同开发一个程序总的工作量 $E_T$ 满足：

$$E_T = E + E_c$$

于是，程序员小组的生产率是

$$P_c = \text{LOC}/(E + E_c)$$

程序员小组生产力和单个程序员生产率的比为

$$R_\mathrm{p} = E/(E+E_\mathrm{c})$$

随着程序员小组人数的增加，$E_\mathrm{c} \approx \mu N^2/2$，程序员小组的生产率将会下降，这反映了以下事实：盲目增加程序员人数会推迟软件完成的日期。

## 13.3 项目效益评价

### 13.3.1 效益评价方法

IT 项目的财务效益评价是指采用各种指标判别项目在效益上是否满足一系列财务指标。财务效益评价从 IT 项目投资总获利能力的角度，考察 IT 项目方案设计的合理性。根据评价分析时是否考虑了资金的时间价值，IT 项目财务分析可大致分为两类：一类是不考虑资金时间价值的静态分析法，主要有投资收益率、静态投资回收期、偿债能力指标等；一类是考虑资金时间价值的动态分析法，如内部收益率、净现值、净现值率、动态投资回收期等，详见图 13-8。

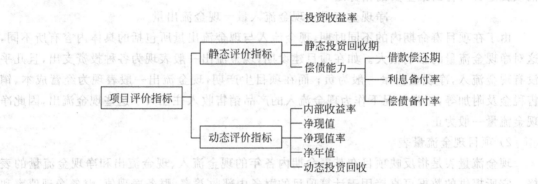

图 13-8 项目财务效益评价指标体系

### 13.3.2 项目现金流分析

IT 项目的现金流量是指企业在信息化建设过程的某个特定时期内（年、半年、季等）现金流入、现金流出或流入与流出数量的代数和。流入项目的资金称为现金流入(CI)，流出项目的资金称为现金流出(CO)，同一时点上现金流入与流出之差称为净现金流量(CI-CO)。

**1. 项目现金流量与企业现金流量的关系**

在对投资的信息化项目进行财务分析时，必须考察项目的现金流入和现金流出。但项目现金流量与企业财务上的现金流量有诸多不同之处，主要有：计算现金流量时现金流量的划分种类上、现金流量计算和表格编制的基础上、现金流量的计算方法上、现金流量包括的内容及范围上以及现金流量表编制的期间和反映的内容上都有不同。

比如，经营成本是项目财务分析中经常用到的，表明生产经营过程中的支出。公式为经营成本＝总成本费用－折旧费－维简费－摊销费－利息支出。以折旧为例，它虽然在财务上是成本的组成部分，但它并没有从项目中流出，而是留在项目中。在已将固定资产投资作为支出后，若再将折旧作为支出，就是重复计算费用。因此，在财务上包含在总成本费用中的折旧费、维简费和摊销费，既不属于现金流出，也不属于现金流入，计算项目运营期间各年的现金流出,必须从总成本费用中剔除这些费用。再如借款的利息支出,虽然它实际是现金流出,但在评价项目投资的财务效果时,并不考虑资金来源问题,因此也不将借款利息支出计入现金流量。

**2. 项目现金流量的计算**

项目现金流量是把投资项目作为一个独立系统,反映投资项目在其寿命期(包括项目的建设期和生产期)内实际发生的流入与流出系统的现金活动及其流动数量。它只反映投资项目的现金收支,不反映非现金收支(如折旧费、摊销费等),并且要明确现金收支实际发生的时间。

1) 现金流入、现金流出与净现金流量

对于各种工业项目而言,项目的现金流入量一般包括产品销售收入(或经营收入)、回收的固定资产余值和回收的自由流动资金。工业项目的现金流出量一般包括建设期的固定资产投资、流动资金投入、生产期的经营成本、财务费用、销售税金及附加、所得税等。

净现值是指特定项目未来现金流入的现值与未来现金流出的现值之间的差额,它是评估项目是否可行的最重要的指标之一。

$$净现金流量 = 现金流入量 - 现金流出量$$

由于在项目寿命期内的不同时期,现金流入与现金流出量所包括的具体内容有所不同,这对净现金流量的影响很大。如在项目建设期,现金流出一般表现为各种投资支出,且几乎没有现金流入,净现金流量一般为负;而在项目生产期,现金流出一般表现为经营成本、销售税金及附加等,正常情况下作为现金流入的产品销售收入往往大于这些现金流出,因此净现金流量一般为正。

2) 项目现金流量表

现金流量表是指反映项目在其寿命期内各年的现金流入、现金流出和净现金流量的表格。它所提供的数据可直接用于计算项目的财务内部收益率、财务净现值、财务净现值率和投资回收期等反映项目赢利能力和财务清偿能力的指标。根据投资的计算基础不同,现金流量表分为项目投资现金流量表、项目资本金现金流量表、投资各方现金流量表和财务计划现金流量表。

(1) 项目投资现金流量表。

项目投资现金流量表是用途最广泛的一张表,它考察整个项目寿命期内现金流入和现金流出,利用资金时间价值的原理进行折现,可用于计算项目财务内部收益率、净现值和项目回收期等指标(详见表13-9)。

(2) 项目资本金现金流量表。

项目资本金现金流量分析是从项目权益投资者整体的角度,考察项目给项目权益投资者带来的收益水平。它是在拟定的融资方案下进行的息税后分析,可用其计算项目资本金财务内部收益率。

财务现金流量表和项目资本金现金流量表不是一个概念,这两张表在具体用途、反映对象、信息属性等方面都存在很大差异。企业贷款还款在财务会计使用的现金流量表中取得贷款时是反映在筹资活动取得的现金流入,还款时则是流出;但是在项目资本金现金流量表中归还贷款是反映在现金流入量的回收流动资金,取得贷款是反映在现金流出量中的流动资金投资(详见表13-10)。

表 13-9 项目投资现金流量表

| 序号 | 项 目 | 合计 | 项目寿命期 | | | | | |
|---|---|---|---|---|---|---|---|---|
| | | | 1 | 2 | 3 | 4 | … | n |
| 1 | 现金流入 | | | | | | | |
| 1.1 | 营业收入 | | | | | | | |
| 1.2 | 补贴收入 | | | | | | | |
| 1.3 | 回收固定资产余值 | | | | | | | |
| 1.4 | 回收流动资金 | | | | | | | |
| 2 | 现金流出 | | | | | | | |
| 2.1 | 建设投资 | | | | | | | |
| 2.2 | 流动资金 | | | | | | | |
| 2.3 | 经营成本 | | | | | | | |
| 2.4 | 营业税金及附加 | | | | | | | |
| 2.5 | 维持运营投资 | | | | | | | |
| 3 | 所得税前净现金流量(1－2) | | | | | | | |
| 4 | 累计所得税前净现金流量 | | | | | | | |
| 5 | 调整所得税 | | | | | | | |
| 6 | 所得税后净现金流量(3－5) | | | | | | | |
| 7 | 累计所得税后净现金流量 | | | | | | | |

计算指标:
项目投资财务内部收益率(%)(所得税前)
项目投资财务内部收益率(%)(所得税后)
项目投资财务净现值(所得税前)($i_c=$　%)
项目投资财务净现值(所得税后)($i_c=$　%)
项目投资回收期(年)(所得税前)
项目投资回收期(年)(所得税后)

表 13-10 项目资本金现金流量表

| 序号 | 项 目 | 合计 | 项目寿命期 | | | | | |
|---|---|---|---|---|---|---|---|---|
| | | | 1 | 2 | 3 | 4 | … | n |
| 1 | 现金流入 | | | | | | | |
| 1.1 | 营业收入 | | | | | | | |
| 1.2 | 补贴收入 | | | | | | | |
| 1.3 | 回收固定资产余值 | | | | | | | |
| 1.4 | 回收流动资金 | | | | | | | |
| 2 | 现金流出 | | | | | | | |
| 2.1 | 项目资本金 | | | | | | | |
| 2.2 | 借款本金偿还 | | | | | | | |
| 2.3 | 借款利息支付 | | | | | | | |
| 2.4 | 经营成本 | | | | | | | |
| 2.5 | 营业税金及附加 | | | | | | | |
| 2.6 | 所得税 | | | | | | | |
| 2.7 | 维持运营投资 | | | | | | | |
| 3 | 净现金流量(1－2) | | | | | | | |

计算指标:
资本金财务内部收益率(%)

(3) 投资各方现金流量表。

投资各方现金流量分析指的是,从投资各方实际收入和支出的角度,确定其现金流入和现金流出,分别编制投资各方现金流量表(详见表 13-11),计算投资各方的财务内部收益率指标,考察投资各方可能获得的收益水平。

表 13-11 投资各方财务现金流量表

| 序号 | 项　目 | 合计 | 项目寿命期 | | | | | |
|---|---|---|---|---|---|---|---|---|
| | | | 1 | 2 | 3 | 4 | … | n |
| 1 | 现金流入 | | | | | | | |
| 1.1 | 实分利润 | | | | | | | |
| 1.2 | 资产处置收益分配 | | | | | | | |
| 1.3 | 租赁费收入 | | | | | | | |
| 1.4 | 技术转让或适用收入 | | | | | | | |
| 1.5 | 其他现金流入 | | | | | | | |
| 2 | 现金流出 | | | | | | | |
| 2.1 | 实缴资本 | | | | | | | |
| 2.2 | 租赁资产支出 | | | | | | | |
| 2.3 | 其他现金流出 | | | | | | | |
| 3 | 净现金流量(1−2) | | | | | | | |

计算指标:
投资各方财务内部收益率(%)

(4) 财务计划现金流量表。

在 IT 项目运营期间,确保从各项经济活动中得到足够的净现金流量是项目能够持续生存的条件。财务计划现金流量表(详见表 13-12)就是在综合考虑项目寿命期内各年的投资活动、融资活动和经营活动所产生的各项现金流入和流出后,计算净现金流量和累计盈余资金,分析项目是否有足够的净现金流量维持正常运营的一种表格。

表 13-12 财务计划现金流量表

| 序号 | 项　目 | 合计 | 项目寿命期 | | | | | |
|---|---|---|---|---|---|---|---|---|
| | | | 1 | 2 | 3 | 4 | … | n |
| 1.2.6 | 其他流出 | | | | | | | |
| 2 | 投资活动净现金流量(2.1−2.2) | | | | | | | |
| 2.1 | 现金流入 | | | | | | | |
| 2.2 | 现金流出 | | | | | | | |
| 2.2.1 | 建设投资 | | | | | | | |
| 2.2.2 | 维持运营投资 | | | | | | | |
| 2.2.3 | 流动资金 | | | | | | | |
| 2.2.4 | 其他流出 | | | | | | | |
| 3 | 筹资活动净现金流量(3.1−3.2) | | | | | | | |
| 3.1 | 现金流入 | | | | | | | |

续表

| 序号 | 项 目 | 合计 | 项目寿命期 ||||||
|---|---|---|---|---|---|---|---|---|
| | | | 1 | 2 | 3 | 4 | ... | n |
| 3.1.1 | 项目资本金投入 | | | | | | | |
| 3.1.2 | 建设投资借款 | | | | | | | |
| 3.1.3 | 流动资金借款 | | | | | | | |
| 3.1.4 | 债券 | | | | | | | |
| 3.1.5 | 短期借款 | | | | | | | |
| 3.1.6 | 其他流入 | | | | | | | |
| 3.2 | 现金流出 | | | | | | | |
| 3.2.1 | 各种利息支出 | | | | | | | |
| 3.2.2 | 偿还债务本金 | | | | | | | |
| 3.2.3 | 应付利润(股利分配) | | | | | | | |
| 3.2.4 | 其他流出 | | | | | | | |
| 4 | 净现金流量(1+2+3) | | | | | | | |
| 5 | 累计盈余资金 | | | | | | | |

### 13.3.3 财务静态分析法

**1. 投资收益率法**

投资收益率是指项目达到设计生产能力后的一个正常生产年份的收益总额与项目总投资的比率。对生产期内各年的收益总额变化幅度较大的项目,应计算生产期年平均收益总额与项目总投资的比率。这种方法使用会计报表上的数据,以及普通会计的收益和成本观念,计算简便,应用范围很广,计算公式为:

$$投资收益率 = \frac{年收益额(或年平均收益额)}{项目总投资} \times 100\%$$

在项目财务分析中,一般应将项目的投资收益率($E$)与行业平均投资收益率($E_c$)对比,以判断项目单位投资盈利是否达到了本行业的平均水平。或者将若干可选投资项目的投资收益率进行比较,以确定优先次序。

**例19** 某企业打算投资的项目有三个实施方案可供选择,各项目方案的初始投资额分别为:方案 A 总投资 2 亿元,方案 B 总投资 1 亿元,方案 C 总投资 1.2 亿元,其他有关数据如表 13-13 所示,请采用投资收益率法选出最优投资项目方案。

表 13-13 三个投资项目方案的历年净收益数据 单位:万元

| 年份 | 1 | 2 | 3 |
|---|---|---|---|
| 方案 A | 1500 | 3000 | 1000 |
| 方案 B | −2000 | 3000 | 3000 |
| 方案 C | 800 | 800 | 800 |

$$投资收益率(A) = \frac{(1500+3000+1000)/3}{20\ 000} \times 100\% = 9.17\%$$

$$投资收益率(B) = \frac{(-2000+3000+3000)/3}{10\ 000} \times 100\% = 13.33\%$$

投资收益率(C) = $\frac{800}{12\,000} \times 100\% = 6.67\%$

因此,从投资收益率来看,方案 B 最优。

投资收益率的优点是:它使用易取得的财务报告数据,且它考虑了整个项目寿命期内的全部收益。该方法揭示了实行一个项目后财务报表将如何变化,使管理层了解业绩的预期。

投资收益率的缺点是:它使用账面收益而非现金流量,忽视了项目寿命期内的其他经济数据,忽视了净收益的时间分布对于项目经济价值的影响。

**2. 静态投资回收期法**

投资回收期法也称做投资返本年限法,它是指以项目的现金净流入量抵偿全部投资所需要的时间,它代表收回投资所需要的年限。一般说来,投资回收期越短的项目风险越低,项目越有利,因为时间越长越难以预计,风险越大。因此,投资回收期法可以粗略快速地衡量项目的流动性和风险。

按是否考虑资金的时间价值,投资回收期分为静态投资回收期和动态投资回收期。静态投资回收期(即不考虑资金的时间价值)可根据项目的投资现金流量表中的"累计所得税后净现金流量"计算求得,即使下式成立的 $P_t$ 为静态投资回收期:

$$\sum_{t=0}^{P_t}(CI - CO) = 0$$

其中,CI 是项目的现金流入量;CO 是项目的现金流出量。

也可按下式进行计算:

$$P_t = 累计净现金流量开始出现正值的年份数 - 1 + \frac{上年累计净现金流量的绝对值}{当年的净现金流量}$$

**例 20** 在已知例 19 的资料之外,方案 A、方案 B 和方案 C 的每年现金净流入量如表 13-14 所示,请采用静态投资回收期法选出最优投资项目方案。

表 13-14 三个投资项目方案的历年净现金流量数据                 单位:万元

|      | 0       | 1     | 2    | 3    |
|------|---------|-------|------|------|
| 方案 A | -20 000 | 11 500 | 8000 | 6000 |
| 方案 B | -10 000 | 1000  | 6000 | 7000 |
| 方案 C | -12 000 | 4800  | 4800 | 4800 |

根据以上资料,方案 A、方案 B 和方案 C 的静态投资回收期的计算过程如表 13-15 所示,从静态投资回收期上来看,方案 A 最优。

投资回收期法的优点是:计算简便;容易为决策人所正确理解;可以大体上衡量项目的流动性和风险。

投资回收期法的缺点是:没有考虑投资回收期以后的现金流,也就是没有衡量赢利性;事实上有战略意义的长期投资往往早期收益较低,中后期收益较高,但投资回收期法优先考虑短期项目,可能导致放弃长期成功的项目。其中,静态投资回收期更是忽视了时间价值,把不同时间的货币收支看成等效的。

表 13-15　方案 A、方案 B 和方案 C 的静态投资回收期的计算过程　　单位：万元

| 年份 | | 0 | 1 | 2 | 3 |
|---|---|---|---|---|---|
| 方案 A | 净现金流量 | −20 000 | 11 500 | 8000 | 6000 |
| | 累计净现金流量 | | −8500 | −500 | 5500 |
| | 静态投资回收期(A)=3−1+(500/6000)=2.08(年) | | | | |
| 方案 B | 净现金流量 | −10 000 | 1000 | 6000 | 7000 |
| | 累计净现金流量 | | −9000 | −3000 | 4000 |
| | 静态投资回收期(B)=3−1+(3000/7000)=2.43(年) | | | | |
| 方案 C | 净现金流量 | −12 000 | 4800 | 4800 | 4800 |
| | 累计净现金流量 | | −7200 | −2400 | 2400 |
| | 静态投资回收期(C)=3−1+(2400/4800)=2.5(年) | | | | |

### 13.3.4　财务动态分析法

**1. 财务净现值法**

财务净现值法是指按行业基准收益率，将项目寿命期内各年的净现金流量折现到建设期初的现值之和。其计算公式为

$$\mathrm{FNPV} = \sum_{t=0}^{n} (\mathrm{CI} - \mathrm{CO})_t (1+i_c)^{-t}$$

其中：FNPV 为财务净现值；$(\mathrm{CI}-\mathrm{CO})_t$ 为第 $t$ 年的净现金流量；$n$ 为项目寿命期；$i_c$ 为投资项目所处行业的基准投资收益率或折现率，也是在该行业进行投资的项目应达到的最低收益率；其他符号含义同前。

运用财务净现值法评判投资项目是否可行的标准是：对于单方案，只要 FNPV≥0，投资项目就是可行的，FNPV=0 时，投资项目已达到国家规定的在此行业进行投资的最低投资收益率 $i_c$；多方案比选时，其他条件相同时，FNPV 越大的方案相对越优。

**例 21**　在已知例 20 的资料之外，此企业即将投资的项目行业基准投资收益率为 10%。请采用财务净现值法选出最优投资项目方案。

$$\begin{aligned}
\mathrm{FNPV(A)} &= -20\,000 + 11\,500 \times (1+10\%)^{-1} + 8000 \\
&\quad \times (1+10\%)^{-2} + 6000 \times (1+10\%)^{-3} \\
&= -20\,000 + 11\,500 \times 0.9091 + 8000 \times 0.8264 + 6000 \times 0.7513 \\
&= -20\,000 + 10\,454.65 + 6611.2 + 4507.8 \\
&= 1573.65(万元)
\end{aligned}$$

$$\begin{aligned}
\mathrm{FNPV(B)} &= -10\,000 + 1000 \times (1+10\%)^{-1} + 6000 \\
&\quad \times (1+10\%)^{-2} + 7000 \times (1+10\%)^{-3} \\
&= -10\,000 + 1000 \times 0.9091 + 6000 \times 0.8264 + 7000 \times 0.7513 \\
&= -10\,000 + 909.1 + 4958.4 + 5259.1 \\
&= 1126.6(万元)
\end{aligned}$$

$$\begin{aligned}
\mathrm{FNPV(C)} &= -12\,000 + 4800 \times [(1+10\%)^{-1} + (1+10\%)^{-2} + (1+10\%)^{-3}] \\
&= -12\,000 + 4800 \times (0.9091 + 0.8264 + 0.7513) \\
&= -12\,000 + 4800 \times 2.4868 \\
&= -63.36(万元)
\end{aligned}$$

因此，从财务净现值法来看，方案 A 和方案 B 的净现值都为正，说明这两个项目方案的投资报酬率均超过 10%，这两个方案在财务上都是可行的。方案 C 的净现值为负，说明该方案的投资报酬率未到 10%，应放弃。进一步分析，方案 A 和方案 B 到底谁更优？虽然从净现值上可见方案 A 的效益大，但由于这两个项目方案的投资额不相同，两个净现值没有直接可比性。

净现值法的不足之处在于：

（1）必须先确定一个符合经济现实的基准收益率，而基准收益率的确定往往比较复杂；

（2）在互斥方案评价时，净现值必须慎重考虑互斥方案的寿命期，如果互斥方案寿命期不等，必须构造一个相同的研究期，才能进行各个方案之间的比选；

（3）净现值不能反映项目投资中单位投资的使用效率，不能直接说明在项目运营期间各年的经营成果。

**2. 财务净现值率法**

由于财务净现值受投资方案投资额的大小影响，是一个绝对值，不能直接反映各投资方案资金的利用效率，因此为了比较不同投资额项目的赢利性，可用财务净现值率作为财务净现值的辅助指标，选出最优投资方案。财务净现值率是项目财务净现值与项目投资现值之比，其经济含义是单位投资现值所能带来的财务净现值。公式如下：

$$\text{FNPVI} = \frac{\text{FNPV}}{I_p} = \frac{\sum_{t=0}^{n}(CI-CO)_t(1+i_c)^{-t}}{\sum_{t=0}^{m}I_t(1+i_c)^{-t}}$$

其中：$I_p$ 为项目总投资的现值；$m$ 为项目建设期；$I_t$ 是建设期第 $t$ 年的投资；其他符号含义同前。

**例 22** 根据例 21 的资料，三个项目方案的财务净现值率如下：

$$\text{FNPVI(A)} = 1573.65/20\,000 = 0.0787$$
$$\text{FNPVI(B)} = 1126.6/10\,000 = 0.1127$$
$$\text{FNPVI(C)} = -63.36/12\,000 = -0.0053$$

因此，方案 A 中 1 元的投资取得了 0.0787 元现值的净收益，方案 B 中 1 元的投资取得了 0.1127 元现值的净收益。从财务净现值率来看，方案 B 的效率高。那么，是否可以认为方案 B 比方案 A 好呢？还需要进一步讨论。

**3. 财务内部收益率法**

财务内部收益率指的是项目寿命期内各年净现金流量的现值之和等于 0 时的折现率。它反映投资项目的实际投资收益水平，其计算公式为

$$\sum_{t=0}^{n}(CI-CO)_t(1+\text{FIRR})^{-t} = 0$$

其中，FIRR 为财务内部收益率，其他符号的含义同前。

运用 FIRR 判断投资项目是否可行的准则是：当 $\text{FIRR} \geq i_c$ 时，投资项目可行；反之项目不可行。

（1）FIRR 的经济含义。

净现值法和净现值率法虽然考虑了时间价值，可用于说明投资项目的报酬率是高于还

是低于资本成本,但并没有揭示项目本身的报酬率。内部收益率是根据项目的现金流量进行计算,得到的就是项目本身的投资报酬率。

或者说,以 FIRR 为利率计算净现金流时,在项目整个寿命期内始终存在未回收投资,仅在寿命期终时投资才恰被完全收回。这样,内部收益率的经济含义就是:使未回收投资余额及其利息恰好在项目寿命期末完全收回的一种利率。

(2) FIRR 的计算步骤。

由于内部收益率计算公式是一个不易直接求解的高次方程,通常采用"线性内插法"求 FIRR 的近似解。求解步骤如图 13-9 所示。

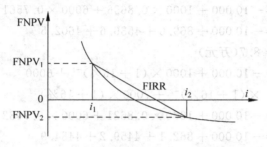

图 13-9 内部收益率线性内插法示意图

首先,估计 FIRR 的试算初值($i_1$),用它来计算项目的净现值 $FNPV_1$。如果 $FNPV_1 > 0$,说明项目本身的报酬率超过折现率,应提高折现率后进一步测试;如果 $FNPV_1 < 0$,说明项目本身的报酬率低于折现率,应降低折现率后进一步测试。

其次,反复上述步骤,逐步试算,最终得到两个比较接近的折现率 $i_1$ 和 $i_2$($i_1 < i_2$)。找出与之相对应的 $FNPV_1$ 和 $FNPV_2$,使得 $FNPV_1 > 0$,$FNPV_2 < 0$。为保证 FIRR 的精度,$i_1$ 与 $i_2$ 之间的差距一般不超过 2%,最大不宜超过 5%。

最后,用线性内插法计算 FIRR 的近似值,方法如下:

$$\frac{FIRR - i_1}{i_2 - i_1} = \frac{0 - FNPV_1}{FNPV_2 - FNPV_1}$$

$$FIRR \approx i' = i_1 + \frac{FNPV_1}{FNPV_1 - FNPV_2} \times (i_2 - i_1)$$

**例 23** 根据例 20 和例 21 资料,分别求方案 A 和方案 B 的内部收益率。

已知方案 A 和方案 B 的净现值都为正数,说明它们的投资报酬率都大于 10%,因此需要提高折现率进行测试。

对于项目方案 A,当 $i_1 = 14\%$,$i_2 = 15\%$ 时:

$FNPV(A, 14\%) = -20\,000 + 11\,500 \times (1 + 14\%)^{-1} + 8000$
$\qquad \times (1 + 14\%)^{-2} + 6000 \times (1 + 14\%)^{-3}$
$\qquad = -20\,000 + 11\,500 \times 0.8772 + 8000 \times 0.7695 + 6000 \times 0.6750$
$\qquad = -20\,000 + 10\,087.8 + 6156 + 4050$
$\qquad = 293.8(万元)$

$FNPV(A, 15\%) = -20\,000 + 11500 \times (1 + 15\%)^{-1} + 8000$
$\qquad \times (1 + 15\%)^{-2} + 6000 \times (1 + 15\%)^{-3}$
$\qquad = -20\,000 + 11\,500 \times 0.8696 + 8000 \times 0.7561 + 6000 \times 0.6575$

$$= -20\,000 + 10\,000.4 + 6048.8 + 3945$$
$$= -5.8(万元)$$

再用内插法算出财务内部收益率：

$$\text{FIRR}(A) = 14\% + \frac{293.8}{293.8-(-5.8)} \times (15\% - 14\%) = 14.98\%$$

对于项目方案 B，当 $i_1 = 15\%$，$i_2 = 16\%$ 时：

$$\text{FNPV}(B, 15\%) = -10\,000 + 1000 \times (1+15\%)^{-1} + 6000$$
$$\times (1+15\%)^{-2} + 7000 \times (1+15\%)^{-3}$$
$$= -10\,000 + 1000 \times 0.8696 + 6000 \times 0.7561 + 7000 \times 0.6575$$
$$= -10\,000 + 869.6 + 4536.6 + 4602.5$$
$$= 8.7(万元)$$

$$\text{FNPV}(B, 16\%) = -10\,000 + 1000 \times (1+16\%)^{-1} + 6000$$
$$\times (1+16\%)^{-2} + 7000 \times (1+16\%)^{-3}$$
$$= -10\,000 + 1000 \times 0.8621 + 6000 \times 0.7432 + 7000 \times 0.6407$$
$$= -10\,000 + 862.1 + 4459.2 + 4484.9$$
$$= -193.8(万元)$$

再用内插法算出财务内部收益率：

$$\text{FIRR}(B) = 15\% + \frac{8.7}{8.7-(-193.8)} \times (16\% - 15\%) = 15.04\%$$

由于 $\text{FIRR}(A) = 14.98\% > i_c = 10\%$，$\text{FIRR}(B) = 15.04\% > i_c = 10\%$，故方案 A 和方案 B 在财务上都是可行的，但是方案 B 的内部收益率更高。

(3) 关于 FIRR 解的讨论。

内部收益率方程是一个一元 $n$ 次方程，有 $n$ 个实数根（包括重根），故其正数根的个数可能不止一个或者没有实数根。根据笛卡儿的符号规则，FIRR 的正实数根个数不会超过净现金流量序列正负号变化的次数。一旦出现不止一个或者没有实数根的情况，应认为投资项目的财务内部收益率不存在，而改用别的指标对投资项目进行财务评价。

一般说来，只有常规项目才有唯一的实数财务内部收益率，而非常规项目不存在财务内部收益率。常规项目是指项目寿命期内，净现金流量序列符号只变化一次的项目。该类项目只要累计净现金流量大于零，就有唯一解，该解就是项目的 FIRR。而非常规项目是指，项目寿命期内各年净现金流量的正负符号变化多次的项目，该类项目的方程解可能不止一个。

**4. 动态投资回收期**

为了克服静态投资回收期法不考虑时间价值的缺点，人们提出了动态投资回收期。动态投资回收期是指在考虑资金时间价值的情况下，以项目的现金净流量流入量抵偿全部投资所需要的时间。它是使下式成立的 $P_t'$：

$$\sum_{t=0}^{P_t'} (CI - CO)(1+i_c)^{-t} = 0$$

从上式可以看出，动态投资回收期是从建设开始年算起，使各年净现金流量现值的累计总和为 0 的年份数。由于直接利用上式求解动态投资回收期的难度较大，在实践中也可以按下式近似计算动态投资回收期。

动态投资回收期($P_t'$)＝各年净现金流量现值的累计总和出现正值的年份数－1
$$+\frac{\text{上年累计现值的绝对值}}{\text{当年净现金流量的现值}}$$

运用 $P_t'$ 判断投资项目是否可行的准则是：将动态投资回收期同时与预测的项目寿命期($n$)和行业的基准动态投资回收期($P_c'$)进行比较，只有当 $P_t' \leqslant n$ 同时 $P_t' \leqslant P_c'$ 时，投资项目才是可以接受的。

**例24** 根据例20和例21的资料，计算方案A和方案B的动态投资回收期。

在 $i_c = 10\%$ 的情况下，动态投资回收期的计算过程如表13-16所示。从动态投资回收期来看，方案A优于方案B。

表13-16 方案A和方案B的动态投资回收期的计算过程($i_c = 10\%$) 单位：万元

| | 年份 | 0 | 1 | 2 | 3 |
|---|---|---|---|---|---|
| 方案A | 净现金流现值 | −20 000 | 10 454.65 | 6611.2 | 4507.8 |
| | 累计净现金流现值 | | −9545.35 | −2934.15 | −1573.65 |

动态投资回收期(A)＝3－1＋(2934.15/4507.8)＝2.65(年)

| 方案B | 净现金流现值 | −10 000 | 909.1 | 4958.4 | 5259.1 |
|---|---|---|---|---|---|
| | 累计净现金流现值 | | −9090.9 | −4132.5 | 1126.6 |

动态投资回收期(B)＝3－1＋(4132.5/5259.1)＝2.79(年)

**5. 净年值法**

净年值(NAV)是指按照给定的折现率，通过等值换算将项目寿命期内各个不同时点的净现金流量分摊到寿命期内各年的等额年值。工程经济学中经常用到此种方法，它反映的是项目年均收益的情况。

$$\text{NAV} = \text{FNPV}(A/P, i_c, n) = \sum_{t=1}^{n}(\text{CI} - \text{CO})_t(P/F, i_c, n)(A/P, i_c, n)$$

其中，$(A/P, i_c, n)$ 表示资本回收系数；其他符号含义同前。

净年值的评价准则是：对于单个方案，NAV≥0 表示项目可行；对于多方案进行比较选择时，NAV 越大的方案相对越优。NAV 与 FNPV 的评价是等效的，但在处理寿命期不同的多方案比选时，用 NAV 简便得多。

**例25** 根据例21的资料，请计算方案A、方案B和方案C的净年值。

NAV(A) ＝ FNPV(A)(A/P, 10%, 3) ＝ 1573.65/2.4869 ＝ 632.78(万元) ＞ 0
NAV(B) ＝ FNPV(B)(A/P, 10%, 3) ＝ 1126.6/2.4869 ＝ 453.01(万元) ＞ 0
NAV(C) ＝ FNPV(C)(A/P, 10%, 3) ＝ −63.36/2.4869 ＝ −25.48(万元) ＜ 0

由于 NAV(A) 和 NAV(B) 都大于 0，因此这两个项目方案都是可行的。其中 NAV(A) 最大，因此从净年值指标上判断，方案A相对是最优的。

**6. 增量投资内部收益率法**

增量投资内部收益率($\Delta$FIRR)是在进行两个互斥型投资方案比选时，在计算出两个初始投资额不相等的投资项目的各年差额现金净流量的基础上，计算出增量内部收益率，并据以判断这两个投资项目优劣的方法。该方法适用于初始投资不相同但项目寿命期相同的多个互斥方案的比较决策，不能用于项目寿命期不同的方案的比较决策。计算公式如下：

$$\sum_{t=1}^{n}[(\text{CI} - \text{CO})_A - (\text{CI} - \text{CO})_B](1 + \Delta\text{FIRR})^{-t} = 0$$

其中，$(CI-CO)_A$ 为投资额大的方案的年净现金流量；$(CI-CO)_B$ 为投资额小的方案的年净现金流量；$\Delta FIRR$ 为增量投资内部收益率；其他符号含义同前。

多个投资方案进行比较时，可以先按投资额从小到大排序，再以此就相邻方案两两比较，从中选出最优方案。

增量内部收益率的判定标准是：当 $\Delta FIRR \geqslant$ 基准收益率 $i_c$ 时，说明初始投资大的方案优于初始投资小的方案；反之，当 $\Delta FIRR \leqslant$ 基准收益率 $i_c$ 时，说明初始投资少的方案为优。

为何用增量内部收益率法来比较两个互斥的投资方案？因为直接比较两个项目的内部收益率结果有时会与净现值的比较结果发生矛盾，而增量内部收益率评价准则与净现值评价的结论完全一致。例如：有 A、B 两个方案，方案 A 投资大于方案 B 的投资，其净现值曲线如图 13-10 所示。

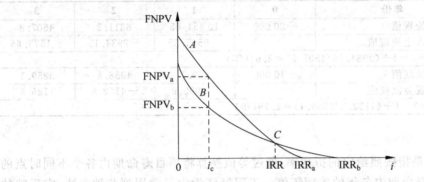

图 13-10　方案 A 投资大于方案 B 的投资且 $\Delta FIRR > i_c$ 时的净现值曲线

设 A、B 两方案的净现值曲线与横轴 $i$ 的交点坐标即为 A、B 两方案的内部收益率 $FIRR_a$ 和 $FIRR_b$，且 $FIRR_a < FIRR_b$。两曲线的交点 $C$ 所对应的横坐标即为增量投资内部收益率（$FIRR = \Delta FIRR$）。

若只按内部收益率大小来选择方案，由于 $FIRR_a < FIRR_b$，显然应选择 B 方案。但按净现值来选择时，根据 $\Delta FIRR$ 是否大于 $i_c$，有两种完全相反的结论。当两方案的净现值曲线的交点的横坐标 $\Delta FIRR > i_c$ 时，方案 A 和 B 的净现值分别为 $NPV_a$ 和 $NPV_b$，从图 13-10 可以看出 $FNPV_a > FNPV_b$，方案 A 是较优方案，用内部收益率指标与净现值指标，在 $i_c < \Delta FIRR$ 时将得出矛盾的结论；当 $\Delta FIRR < i_c$ 时，从图 13-11 可以看出，方案 A 的净现值 $FNPV_a$ 小于方案 B 的净现值 $FNPV_b$，方案 B 是较优方案。因此，在两方案比较时，一般不直接采用内部收益率指标，而采用增量投资内部收益率指标。

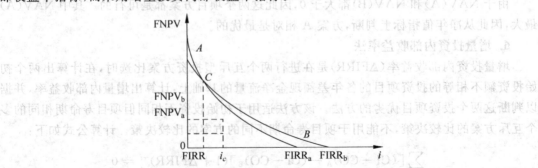

图 13-11　方案 A 投资大于方案 B 的投资且 $\Delta FIRR < i_c$ 时的净现值曲线

**例26** 据例21和例23的资料,虽然 FNPV(A)＞FNPV(B),但是 FIRR(A)＜FIRR(B),因此采用增量投资内部收益率法比较方案 A 和方案 B 谁更优。

首先按照表13-17计算两个项目的增量净现金流量。

表13-17 两个投资项目方案的增量净现金流量数据　　　单位：万元

| | 0 | 1 | 2 | 3 |
|---|---|---|---|---|
| 方案 A 净现金流 | −20 000 | 11 500 | 8000 | 6000 |
| 方案 B 净现金流 | −10 000 | 1000 | 6000 | 7000 |
| 增量净现金流(A−B) | −10 000 | 10 500 | 2000 | −1000 |

然后,计算增量投资支出和增量收益净现值等于0时的折现率：

净现值 $= -10\,000 + 10\,500 \times (1+i)^{-1} + 2000 \times (1+i)^{-2} - 1000 \times (1+i)^{-3} = 0$,

$i = 14\%$ 时。

净现值 $= -10\,000 + 10\,500 \times 0.8772 + 2000 \times 0.7695 - 1000 \times 0.675 = 74.6(元)$,

$i = 15\%$ 时。

净现值 $= -10\,000 + 10\,500 \times 0.8696 + 2000 \times 0.7561 - 1000 \times 0.6575 = -14.5(元)$

$$\Delta\text{FIRR} = 14\% + (15\% - 14\%) \times \frac{74.6}{74.6 + 14.5} = 14\% + 0.84\% = 14.84\%$$

由于增量投资内部收益率14.84%大于基准投资收益率10%,因此方案 A 的增量投资是有经济效益的,应采用方案 A。

# 第14章 IT项目应用评价

## 14.1 IT应用评价的复杂性

### 14.1.1 企业信息化的作用

企业信息化是句外来语,在我国港澳和台湾地区俗被称为"企业资讯化"。企业信息化起源于1993年美国率先提出的"信息高速路计划"。此后日本、德国等纷纷效仿提出各自国家的信息化发展战略,当时它们提出的信息化泛指整个社会的信息化,而企业信息化是其中最重要的组成部分。

企业信息化是指在企业的生产、经营、管理等各个层次、各个环节和各个方面,应用先进的计算机、通信、互联网和软件等信息技术和产品,并充分整合、广泛利用企业内外的信息资源,提高企业生产、经营和管理水平,增强企业竞争力的过程。比如,大量企业都建立企业网站,利用它发布企业信息、产品信息等,使这些信息可以方便、快捷地传递到各个角落,达到宣传产品的效果。它们当中的一些企业在信息化初步实践中得到了好处,同时也开始尝试使用搜索引擎、企业邮箱、信息化模块化产品、CRM(客户关系管理系统)等信息技术。

2002年,中国企业信息化工作领导小组办公室、国家经贸委经济信息中心第4次对520户国家重点企业、120户试点企业集团和地方重点企业的信息化建设与应用水平进行了问卷调查,收回有效问卷570份。其中,83.3%的企业设立了副总裁、副总经理级的信息主管,比2001年调查的638户企业设立信息主管的比例69.4%提高近14个百分点;89.7%的企业建立了专门的信息化领导管理机构,比2001年提高了13.2个百分点(当时调查的638户企业建立信息化领导管理机构的比例为76.5%)。94%的企业已经制定、正在制定或计划制定企业信息化总体规划;77.4%的企业建立了统一的信息管理制度;80%的企业制定了"十五"信息化建设投入预算;89.1%的企业设有专职信息系统管理和维护人员;86.7%的企业根据技术发展和业务需求适时进行了系统改造和升级。74.9%的企业把"信息化人才培训"列为工作重点;77.5%的企业降低了成本(如采购成本、加班成本等);67%的企业缩短了生产周期和作业时间;64.6%的企业扩大了产品销售收入;66.3%的企业提高了流动资金周转率;36.7%的企业提高了按期交货能力。

信息化对企业实际作用主要表现在以下4个方面:

(1) 企业开展信息化是实现企业快速发展的前提条件。

企业开展信息化可以实现企业自身的快速发展。企业存在的目标就是追求利润最大化，它们都渴望自身快速发展。企业开展信息化可以及时准确地得到行业信息、竞争对手信息、产品信息、技术信息以及销售信息等，同时也可以及时对这些信息进行分析，做出积极的市场反应。

（2）企业开展信息化有助于实现传统经营方式的转变。

传统的加工业离不开生产和销售，传统的零售业也离不开供、销、存。但是在信息化发展的今天，这些关键环节都可以借助信息化去实现，同时企业开展信息化可以派生其他新型的销售手段。美国亚马逊书店首先尝试在网上销售图书并获得成功，成为带动全球 B2C 电子商务（企业与个人交易）发展的风向标。国内也有一些开展网上零售成功的企业，如当当书店。读者可以在网上不限时间地随意挑选喜爱的书籍，从中体会信息化给生活带来的"现代气息"。书籍的网上销售方式是对传统经营方式进行挑战最成功的例子，国内越来越多的企业正在逐步开展网上销售的经营方式，在传统经营的基础上开辟了一些企业营销新模式。

（3）企业开展信息化可节约营运中的各项业务成本，并大大提高工作效率。

企业信息化主要表现在节约成本和提高工作效率两方面。根据美国的一项调查显示，在呼叫中心，一个训练有素、服务能够持续 24 小时并且态度保持不变的服务人员，一个人每个月大概能接待 350 名客户。调查同时表明，客户询问最多的问题是"银行利率是多少"。这就很荒谬，因为这些简单的问题造成了呼叫中心工作人员的重复劳动，他们本来应该更多地参与解答一些复杂的问题。如果把这些简单问题剥离出来，让客户通过网络实现自助服务，可以使呼叫中心的工作人员每个月同等条件下能够负责 15 000 名顾客，工作效率提高了 45 倍。在利用信息化手段节约成本的同时，企业信息化的应用还给企业内部各个环节上的沟通创造了条件，有助于改变企业内部的低效体制。企业实现管理系统信息化后，上级管理者可随时跟踪、监控下级的工作状况，从而提高工作效率。

（4）企业开展信息化可以使内部管理结构更加扁平化。

企业信息化的开展使信息资源在企业内部得到共享，使原始信息在从传递到决策过程中反馈时间大大缩短，决策层与基层、各部门之间的沟通更加快捷，管理更加直接。信息化在管理中发挥的作用，拉近了管理层与各基层之间的距离，从而减少了管理的层次。

## 14.1.2 ERP 投资陷阱

实现企业信息化的途径有多种，诸如 MIS（管理信息系统）、OA（办公自动化）、CRM（客户关系管理），以及 ERP（Enterprise Resource Planning，企业资源计划）等，其中 ERP 是当前企业信息化的最高境界。

ERP 的概念在 20 世纪 90 年代由著名的咨询公司 Gartner Group Inc 提出，1992 年 SAP 公司在 MRPII 基础上推出了第一个正式的 ERP 软件 R/3。作为当代优化企业资源配置，提高企业竞争能力的重要手段，ERP 已经在全世界众多企业和组织中得到了应用：从年利润超过千亿的大型跨国集团到销售额只有百万的小型企业，从传统的制造领域到日常商品零售行业，ERP 系统已经成为世界上投资规模最大、应用范围最广的企业管理系统之一。ERP 的目的即是在集成各流程的信息流，提供实时、完整、正确的信息，辅助管理者做最好的资源规划与管理的决策。作为企业谋求 21 世纪竞争优势的先进管理手段，ERP 已经为越来越多的企业所接受，用于提高企业的市场竞争能力，推动企业快速和可持续的发展。

然而，对任何企业而言，ERP 项目的实施都意味着一笔巨大的投资，不仅仅是基础设备和软件费用的一次性投资,随之而来的人员培训和维护服务费用也将是一笔巨大的投入,更重要的是 ERP 对企业内部流程再造、人员优化和机制创新带来的影响对任何企业来说都是一次巨大的挑战。企业的投入必须带来回报,否则就是对利润的损失,对企业来说,ERP 的应用到底能够为企业带来哪些效益,成为了企业最关注的问题。

目前在世界范围内,企业对于类似 ERP 的 IT 应用系统可谓是爱恨交加:一方面,不上 ERP 是万万不行的,早上比晚上要好;另一方面,ERP 等 IT 应用项目实施非常复杂与困难,耗费的时间长,而且投入巨大,且不断追加,工期一拖再拖,应用效果却远远不如预期,企业常常望而却步,人们把这个现象称为"ERP 投资陷阱"。

随着企业实施 ERP 的失败案例增多,企业家们也逐渐以冷静慎重的态度面对 ERP 项目的上马,业内广为流传的名言是"上 ERP 找死,不上 ERP 等死",道出了企业面对 ERP 的困惑。目前,在世界范围内,ERP 系统的应用效果受到广泛质疑。这套系统耗费的时间太长,投入太多,却没有达到它所承诺的增强竞争优势和削减成本的目标。此外,统计数据显示,70%以上的 ERP 系统应用者,无论是自己开发还是专业系统集成商代为设计,都没有达到公司预定的目标;甚至连诸如戴尔公司这样的国际一流的企业在花费了 2 亿美元巨资和经过两年的疲惫不堪的努力后,也宣布取消它的 ERP 系统。这表明,众多的企业在 IT 应用方面的投资似乎遇到了一个巨大的黑洞,使得企业的大量投入见不到回报。

### 14.1.3  IT 生产率悖论

ERP 困境是一种典型的索洛悖论(Productivity Paradox)。该悖论最初由美国学者查斯曼(Strassman)在 20 世纪 80 年代末提出。他通过调查 292 个企业,结果发现了一个奇怪的现象,这些企业的 IT 投资和投资回报率(ROI)之间没有明显的关联。1987 年获得诺贝尔奖的经济学家罗伯特·索洛(Robert Solow)首次将这种现象称为"生产率悖论"(productivity paradox of IT)。其在《纽约时报》发表文章,提出了一个引起激烈争议的著名论断:"We see the computer age everywhere except in the Productivity Statistics"(虽然企业在 IT 方面投入了大量的资源,然而从生产率的角度看,收效甚微)。

从宏观层面上看,各行各业在 IT 方面都进行了大量的投资,尤其是一些高技术和竞争比较激烈的行业,如计算机、通信等行业,但对于投资效果并不是特别乐观。根据美国的一项统计,在 20 世纪 80 年代,美国企业在 IT 应用上投资了 10 000 亿美元,而与同期实际产出增长 15%相比,生产率下降了 6%。据麦肯锡公司最近公布的一项研究报告称,在 1995—2000 年期间,美国经济确实得到了提高,但促成这一转变的能量主要来自少数几个商业领域,与人们普遍预料的相反,对 IT 行业的高额投资并不是创造美国生产力增长神话的主要力量。更具有讽刺意味的是,在绝大部分经济领域中,对 IT 方面的大幅投资没有起到任何帮助生产力增长的作用。

在我国似乎也面临着这样的困境:根据有关方面调查,在经历了 MIS 和 MRPII 两次管理信息化热潮之后,我国企业在应用 MRP II 系统方面已投资过 80 亿元人民币,但是应用成功率不到 10%,达到预期目标的更是寥寥无几。

"生产率悖论"出现后人们试图给出各种解释,以阐明 ERP 的积极意义。最具有代表性的是麻省理工学院著名经济学家 Brynjolfsson 提出的 4 种解释:投入和产出的测量失真;学习和调整引起时滞;利润的再分配和散失;IT 的管理不善。

生产率悖论的成因是多方面的,主要包括业务与管理流程、产品与方案以及项目管理等三个方面的问题,这三个方面形成了漩涡。

IT项目本身的复杂性构成了IT生产率悖论的第一个原因。IT应用确实是一个非常复杂的项目,涉及企业的业务、技术、项目管理等方方面面,具有很多专业性的知识,要求项目参与人员具备全面的知识,如对于项目经理要求同时具备技术、业务、项目管理等方面的基本技能,对于某个具体企业也要有深入了解,并在企业中有一定势能和推动力,而且需要不断学习新的技能与方法。同时,IT作为一种先进的技术手段,其真正目的还是帮助企业的业务经营与管理。如果业务管理基础薄弱,再先进的IT系统也只能是建立在沙滩上的宫殿。

但不管给出的解释结果多么完美,分析总结出的成因怎样合理,毋庸置疑的是,生产率悖论的存在已经成为制约企业信息化进一步发展的瓶颈,信息技术对企业经济贡献率的疑问导致企业领导者对IT投资的信心产生动摇。信息系统对企业到底有什么作用,企业领导和IT人员不真正搞明白这点,是不能从战略层面上提高对企业信息化建设问题的认识,更不可能从中学习经验教训,投入精力和热情,按科学的方法搞好企业信息系统的建设。

### 14.1.4 IT应用评价的作用

如何有效提高企业的信息化应用水平,提高企业IT投资对企业经济效益的回报率,正成为当前全球企业要正视的关键性问题。对信息化应用水平进行科学系统的评价和量化,是指引企业合理使用信息化的有效方式之一。

IT项目应用评价之所以受到业界的关注,其重要意义在于:

(1) 对企业经营而言,目标是提高生产率的保障,IT应用评价是明确目标的重要形式和管理手段,因此,在企业信息化建设和信息系统应用中,对IT应用的绩效进行评估是达到信息化应用目标的重要管理手段。

(2) 通过IT应用评价,才能清楚地了解企业信息化投入产出的效率。

(3) 通过IT应用评价,企业才能将自己与竞争对手、与行业标杆等进行信息化建设与应用的比较,从而清楚改进的方向与重点。

(4) 通过IT应用评价,IT部门才能有依据地提出合理的预算。

## 14.2 IT评价理论的发展

### 14.2.1 IT评价的内涵

如何评价越来越庞大的IT投资是否为企业创造了相应的价值,不仅是实践者充分关注的问题,也是理论界的研究重点。然而IT评价从来都被认为是非常棘手的问题,IT应用有效性度量曾被列为信息系统管理研究领域最难处理的十大问题之一。对此,自1961年以来,众多学者一直致力于IT评价的研究,逐渐形成一系列成熟的理论体系。

评价是指基于一定标准进行的一系列理解、测度和评判的活动,是一种有意识地判断在特定条件下对象的价值或贡献的过程。完整的评价过程应该包括6个方面的因素:

① 为什么要评价(why),即评价的具体目的。

② 决定评价的对象是什么(what)。

③ 评价的标准（which aspects）。
④ 什么时候进行评价（when）。
⑤ 由谁来评价（who）。
⑥ 用什么方法评价（how）。

Farbey 和 Willcocks 曾分别对 IT 评价下过定义："IT 评价是间断或持续地发生在项目的不同时间，并通过具体的查证和定性或定量的计算，使得 IS/IT 项目产生的影响明确化的过程或一系列并行的过程"及"通过定量和定性的方法获取信息系统价值的过程"。从该定义可以看出，IT 评价是被泛化了的一个概念，可以应用于 IT 整体投资的评价，也可以应用于某一信息系统项目的评价。

### 14.2.2 IT 评价的发展历程

IT 评价可以追溯到 1961 年国际信息处理协会（International Federation of Information Processing）组织的有关信息技术和 IS 评估的国际研讨会和 1968 年 E. O. Joslin 所著的《计算机选择》。

**1. IT 评价理论的萌芽阶段（1964—1981）**

该阶段 IT 投资的主要目的在于帮助解决数据处理的问题，采购的 IT 资产主要集中于一些大型机、小型机以及与之相配套的软件系统等。在这一阶段，由于 IT 技术尚未普及，少数几家供应商（如 IBM 公司等）在供求关系上完全处于垄断地位，几乎没有备选方案。在这样背景下，无论是决策前评估还是事后评价，意义都不大，而且企业投资 IT 的主要目的更多是作为创新的试验性应用，因此很多企业把 IT 投资认定为研究开发投入，对回报率或创造的价值关注得并不多。

这一阶段的评价主要是对成本的一种估算和技术性能的评价，而未从商业效益的角度考虑产出问题。直到 20 世纪 70 年代中期，随着一些简单的商业应用如计算机辅助设计（computer aided design，CAD）、计算机辅助制造（computer aided manufacturing，CAM）、工资核算系统等的普及，才逐渐有一些探索性的研究讨论 IT 应用为企业带来的商业价值。考虑到企业当时的信息系统应用效益相对直接和明显，这些评价的研究无一例外，都是从最基本的成本和效益两个方面去计算投资回报率，认为评价就是一种量化的工具，而且评价的目的也仅在于帮助企业量化经济方面的投资回报率（return of investment，RoI）。

这一阶段的评价仅仅实现评价的 4 大作用"判断、控制、理解、学习"中的判断功能，而且还是利用简单的方法进行。因此，这一阶段的 IT 评价活动还没有形成完整的理论体系和方法，被定义为萌芽阶段。

**2. IT 评价理论的大发展阶段（1981—1994）**

1981 年，IBM 公司发布了第一台以 MS-DOS 为操作系统的 PC，此后计算机的应用不再是专家的专利，而是成为众多普通个人的工具之一。随着企业对 IT 的投资逐渐增大，大量的日常处理与管理工作都逐渐地使用计算机，信息系统在企业中的应用越来越广泛。按 Ward 的数据处理（data processor，DP）期、管理信息系统（management information System，MIS）期和战略信息系统（strategic information system，SIS）期的三阶段论，这一阶段已经进入了流程自动化、信息的共享和集成、提高工作效益为主的管理信息系统时期。

在这一阶段，企业已经对快速增加的 IT 投资和 IT 项目感到棘手，迫切需要各类评价方法辅助其决策和判断。而且信息系统的作用从第一阶段简单地提高工作效率，上升到了综合地提升效率、效益和管理水平等多个方面，要全面衡量信息系统的价值已经有些困难。为了解决这些问题，这一阶段 IT 评价理论的研究非常活跃，新方法层出不穷，而且其他学科的方法纷纷被引入，希望能够全面地评价信息系统的成本和价值。累计的评价方法数达到 90 多种。

由于这段时间评价的最主要目的是，告诉企业"进行信息系统投资还是不做投资"，或帮助企业判断"信息系统成功还是失败"，因此这些研究成果主要以研究评价方法和评价过程为主。与初期简单的 ROI 相比，这一阶段的方法扩展了信息系统成本与信息系统价值计算的范围。从多角度出发，将定性的方法与定量方法相结合综合考虑评价问题，如平衡记分卡、多目标决策方法、管理回报法等。还有一些分阶段多步骤地实施 IT 评价的方法，更好地反映了 IT 价值产生的本质，如信息经济学方法、7 个里程碑法、系统动力学方法等。从表现形式上也逐渐地多样化，除了数学的模型外，还有很多图形化的、分析型的方法。

不过，事实证明这么多的评价方法仍然不能协助企业得出满意的结论，于是有了 20 世纪 80 年代末 90 年代初激烈的"IT 生产率悖论"的讨论，许多知名的学者都发表了自己的观点，成为 IT 评价理论发展过程中很重要的一个篇章。尽管这一讨论最后并没有一个结论性的说法，但很多研究者都意识到，有太多的因素可以影响到 IT 价值评价这一看似简单、实则很难给出满意解的活动。单纯地研究评价方法本身的意义已经越来越小了。

**3. 综合评价理论的形成阶段（1994—2010）**

在这一阶段，随着计算机技术的普及化和应用的标准化，特别是随着 Internet 广域网的应用，企业的信息系统应用以爆炸般的速度在发展，使得企业的信息化进入战略信息系统时期。在这一阶段出现了以改变企业经营的方式或本质，为企业带来竞争优势的信息系统应用。

在这种情况下，理论界对数字化的评价结果的追求反倒不是那么强烈，评价在信息系统建设过程中的角色逐渐开始多元化，成本效益数字化的功能渐渐减弱，而利用评价进行管理、控制和学习的综合化趋势越来越明显。评价理论发展到这一阶段，已经有大量的方法可供选择，原有的评价理论与其他学科知识交叉，形成了许多新的评价理论，一些现有的评价理论经过大量的实践检验也日趋完善，如何选择合适的评价方法以及如何应用评价成为新的研究热点。这一阶段最主要的三个特征表现为：

（1）评价的权变性。分别对不同的信息系统项目进行分类，提出相对应的评价模型；出现了根据不同项目属性选择评价的方法；出现了 IT 导向、用户导向、业务导向 3 种不同的信息系统战略，针对不同的评价任务采用不同的评价机制；评价方法的选择取决于方法的精确度、复杂性、相关性，以及方法本身与行业、企业、战略之间的适用性。

（2）方法的互补。信息系统项目评价的复杂性使得很难有一个独立的评价方法能够涵盖所有因素，因此，有一部分研究放弃寻找一个大而全的理论来解决所有问题，而是通过一系列最合适的方法的组合，甚至与非评价方法的组合，达到评价的目的。

（3）评价的价值导向。评价不仅是测度价值的工具，更是 IT 价值的催化剂。这种方法论根据 IT 价值的形成过程，研究评价在价值形成过程中的角色和活动，保障和促进最终价值的形成。出现了基于过程的价值评价、效益管理、Remenyi 的形成性评价与 Walsham 的解释性评价理论。这一方法论更加深入地研究了信息系统建设过程和评价过程的本质，强调相关者的参与、响应过程中出现的变化,强调评价的持续性和反馈性,强调评价的学习性等,以项目价值最大化为最终导向进行 IT 的评价。

当然,数字化的评价结果仍然是 IT 评价的重要研究内容,正是因为意识到评价的巨大价值,商业化的评价机构开始出现(如 Gartner,QuantiMetrics 等),各个国家甚至州、省等都建设了 IT 评价的研究机构(如美国审计局 IT 审计部、新加坡信息化委员会),我国也专门成立了国家信息化评测中心,从另一角度说明了 IT 评价被重视的程度。

### 14.2.3 IT 评价的种类

IT 评价理论经过 50 多年的发展,由于历史沿袭下来的对 IT 评价的不同理解,以及研究途径与应用方法的不同等原因,到现在已经逐渐形成几种典型的 IT 研究理论,构成了当前 IT 评价理论的主要类型。

**1. 主观满意度评价与客观标准评价**

基于满意度的评价是一种主观的评价。而实际的评价过程更主要是评价者针对企业、市场、技术等方面综合的、主观的考虑过程,纯数据分析可能毫无价值,而且在某种情况下也无数据可供分析。主观满意度评价认为,用户意识中的经验现象与其他客观标准一样重要,完全可以用项目相关人员的主观满意度作为项目的成败判断标准,这种方法最常见的问题是"你对这个项目感觉如何"。诸如 Delone 著名的信息系统成功模型,Oliver 的 ABCD 评定法,以及一些传统的主观方法,如德尔菲法、专家打分法等。

基于客观标准评价的结果一般不受相关人员的主观意愿所影响,不同的企业根据自己的数据计算出来后可以进行横向比较。这种方法需要对评价的对象有较深的理解和研究,用一系列量化的指标综合反映该对象的方方面面,然后采用一定的数学方法对这些量化指标进行运算,形成最终的评价结果。在实际 IT 评价过程中,客观标准评价的难点在于选取适当数量但又能反映 IT 投资大量无形、间接、长期效果的指标,并把这些指标用数字表示出来。另外,在评价领域,一直面临着方法很多但好方法很少的困境,每一种方法都各有其优缺点,给定许多的方法,怎样在一个特定的环境中选择最合适的方法或建立自己的方法是另一个难题。为了解决这两大难点,大量的研究者所构建的指标体系越来越庞大,数学模型也越来越复杂,可操作性却越来越差,令企业界无所适从,因而受到了很多过于复杂、不能完全反映信息系统的价值甚至无用论等抱怨或指责,称为评价方法的恶性膨胀。由于客观标准评价的理性说服力和可对比性,仍不乏有大量的研究。

**2. 形成性评价与总结性评价**

形成性评价(formative evaluation)是广泛应用于教育、医院管理、行政管理等学科的过程评价的概念,主要由 Remenyi 引入 IT 评价理论中,是相对于总结性评价提出的。总结性评价相当于一幅快照,静态地反映了项目某一时刻、某一角度的状态,只涉及一两个相关者的利益,而且这种快照往往是基于某些定义好的变量,如项目的绩效、可用性和用户满意度等,只关注这些变量在特定时间内的变化,因此也被称为变量性评价,定量分析的成分要大于定性分析,传统的事前投资决策评估、事后的验收评价等都属于总结性评价。

形成性评价则是基于社会科学方法论基础上,与量化的总结性评价有着本质性的差异,形成性评价不仅要根据预设的指标对项目绩效进行监控,还需要判断项目的方向是否正确,是否满足企业不断变化的需求;不仅要测度项目对企业价值的贡献,还要总结各相关者的意见；不仅关注结论性的统计数据，更要探索数字背后的事实，以便及时修正，确保项目价值的实现。形成性评价以促进项目的价值最大化为最终目的，在项目进行过程中对项目持续地监控和评价，总结并反馈各利益相关者的意见，最后协商做出决策。

在IT的评价中，并不是说形成性评价一定比总结性评价重要，这两类评价活动都是不可少的，在某些时候甚至是重叠的。持续的形成性评价和总结性的管理回顾贯穿于整个过程，评价的反馈结果使得项目不断被修正，同时，项目目的和目标随着项目的进展也在发生变化，逐渐从矩形转变为圆形，反映了IT评价的持续性和动态性。

**3. 分析性评价和解释性评价**

分析性评价与解释性评价是两种截然不同的评价理论。分析性评价更多是一种第三方评价，依据那些已经取得共识的方法和指标对IT投资做出评价，主要目的是判断IT投资过程的正确或合理与否，并据此控制和调整整个IT投资的过程。引入第三方机构，采用规范的模型与方法对IT建设过程进行评价的活动都可以称之为分析性评价，如各类IT认证、测评等。

解释性评价则与形成性评价比较类似，往往是由IT投资者自行开展的，主要目的是更好地解释已经发生的事实与预测即将发生的情况。解释性评价没有固定的形式，有代表性的解释性评价就是项目进行过程中的各种总结协调控制会议，是参与式的、非正式的评价，理解和学习的目的性更强。

基于对这些主流IT评价方法的分析，可以为未来研究所持有的观点增加两条新的原则，分别是：

（1）IT评价应该是多种评价理念和方法的动态综合，既有客观标准评价又有主观评价，既有总结性评价又有形成性评价，既有分析性评价又有解释性评价，根据不同阶段、不同评价目的灵活应用。

（2）IT评价过程必然是反复和持续的，最主要是针对IT价值实现过程中的变化性，快照性的评价不适合于不确定性高、变化多、互动性强的IT建设过程。

## 14.3 平衡计分卡技术

### 14.3.1 平衡计分卡的提出

平衡计分卡（balanced score card，BSC）是由哈佛商学院教授罗伯特·卡普兰（Robert Kaplan）和复兴方案公司总裁戴维·诺顿（David Norton）在对美国12家优秀企业为期一年研究后创建的一套企业业绩评价体系。1992年，他们在《哈佛商业评论》上发表了关于平衡计分卡的第一篇文章"平衡计分卡—业绩衡量与驱动的新方法"。文中指出，从财务上所表现的对股票的价值以及对公司的投资回报这方面的信息都是对过去绩效的衡量，而无法衡量公司未来行为的结果。这种单方面只能衡量企业过去经营状况，而不能衡量企业未来路线是否在正常轨道上面运行。并指出平衡计分卡能够对企业进行全方位的衡量，不仅是过去的还有未来的。

1993年，罗伯特·卡普兰和戴维·诺顿在《哈佛商业评论》上又发表了"平衡计分卡的实际应用"，文中介绍了多家公司成功实施平衡计分卡的案例。

1996年，关于平衡计分卡的第一本专著《平衡计分卡：化战略为行动》出版，标志着这一理论的成熟,将平衡计分卡由一个业绩衡量工具转变为战略实施工具。

2001年,罗伯特·卡普兰和戴维·诺顿出版了《战略中心型组织:实施平衡计分卡的组织如何在新的竞争环境中立于不败》,将过去十几年中平衡计分卡在各类组织中的应用做了一个盘点。

### 14.3.2 平衡计分卡的作用

在十多年的时间里,平衡计分卡在理论方面有了极大的发展,在实践领域也得到了越来越多的公司认可。目前,平衡计分卡是世界上最流行的一种管理工具之一,根据美国Gartner公司的调查,在《财富》杂志公布的世界前1000位公司中,有75%用了平衡计分卡系统。2003年1月被哈佛商学院评选为过去80年里最具影响力的十大管理思想之一。

平衡计分卡包含着财务指标,同时以客户满意度、内部流程及组织创新和改善活动等业务指标作为财务指标的补充。平衡计分卡从4个不同的视角,提供了一种考察价值创造的战略方法。既然叫平衡计分卡,那么,平衡计分卡到底平衡什么呢?

**1. 外部衡量和内部衡量之间的平衡**

平衡计分卡将评价的视线范围由传统上的只注重企业内部评价,扩大到企业外部,包括股东、顾客;同时以全新的眼光重新认识企业内部,将以往只看内部结果,扩展到既看结果,同时还注意企业内部流程及企业的学习和成长这种企业的无形资产。

**2. 所要求的成果和这些成果的执行动因之间的平衡**

企业应当清楚其所追求的成果(如利润、市场占有率)和产生这些成果的原因——即动因(如新产品开发投资、员工训练、信息更新)。只有正确地找到这些动因,企业才可能有效地获得所要的成果。平衡计分卡正是按照因果关系构建的,同时结合了指标之间的相关性。

**3. 强调定量衡量和强调定性衡量之间的平衡**

定量指标(如利润、员工流动率、顾客抱怨次数)所具有的特点是较准确,具有内在的客观性,但定量数据多为基于过去的事件而产生,与它直接相联系的是过去。而定性指标由于其具有相当的主观性,甚至具有外部性,所以往往不具有准确性,有时还不容易获得,因而在应用中受到的重视不如定量指标。平衡计分卡正是借由引入定性的指标以弥补定量指标的缺陷,使评价体系具有新的实际应用价值。

**4. 短期目标和长期目标之间的平衡**

一个骑自行车的人,他的眼睛只需要看前方的10米处就可以了,而一个驾驶汽车的人,他的眼睛至少要盯住前方100米处,而一个飞行员,则需要盯住前方1000米的地方甚至更远一些,同样的道理也适用于企业。企业发展的速度越来越快,现实已经使企业不但要注意短期目标(如利润),而且还必须将未来看得更远些,以制定出长期目标(如顾客满意度、工作效率),相应的则需要有一套监督企业在向未来目标前进的过程中的位置和方向的指标。平衡计分卡则正是根据这一情况而设计的,它完全能够使企业了解自己在未来发展的全方位的情况。

### 14.3.3 平衡计分卡的内容

平衡计分卡包括4个方面的内容:财务(financial)、顾客(customer)、内部业务流程(internal business process)、学习与成长(learning and growth)。它是一种综合绩效评价体系,一方面强调对财务业绩指标的考核;另一方面也注重对非财务业绩的评价,根据企业生命周期不同阶段的实际情况和采取的战略,为每一方面设计适当的评价指标,赋予不同的权重,形成一套完整的业绩评价指标体系。

### 1. 财务

财务视角主要反映从利益相关者角度来看,企业增长、利润率以及风险战略。财务方面的指标体现利益相关者的利益,是其他三个方面的出发点和归宿,其他三个方面的改善必然会反映在财务指标上。财务方面是以结果性财务指标构成的绩效评价体系,虽然具有局限性但已经很成熟,而且能够反映企业的战略及其实施和执行是否在为最终经营结果的改善做出贡献,直接体现利益相关者利益,因此在平衡计分卡中予以保留。企业经营的直接目的和结果是为利益相关者创造价值。尽管由于企业战略的不同,在长期或短期对于利润的要求会有所差异,但从长远角度看,利润始终是企业所追求的最终目标。财务方面主要衡量企业的财务业绩表现,包括收入的增长、利润率和利益相关者的收益,属于后向指标,即结果性指标。

### 2. 客户

客户视角主要反映企业创造价值和差异化的战略,体现了公司对外界变化的反应。客户目标是指为了完成财务指标,公司应该进行有效的市场细分,找到自己的目标客户群体,针对目标客户制定适当的市场目标,关键在于明确公司的现有客户群体和潜在客户群体。只有了解客户并满足客户的需求,产品的价值才能够得以实现,公司才能获得持续增长的经济源泉。客户角度正是从质量、性能、服务等方面,考验企业的表现。客户方面主要考核时间、质量和服务等对客户最有价值的指标,属于后向指标,即结果性指标。客户对产品的满意度和市场占有率的实现情况是完成公司财务目标的重要指标,比较典型的指标有客户的满意度、交货时间、新客户的获得、市场份额、产品和服务的质量等。

### 3. 内部业务流程

内部业务流程视角主要反映使各种业务流程满足客户和利益相关者需求的优先战略。内部过程是指公司从输入各种原材料和客户需求到公司创造出对客户有价值的产品或服务为终点的一系列活动。它是公司改善其经营业绩的重点,客户满意和利益相关者价值的实现都要从内部过程中获得支持。内部业务过程衡量方法所重视的是对客户满意程度和实现组织财务目标影响最大的那些业务过程,属于过程性指标,即先导型指标。内部过程可以按内部价值链划分为三个过程:创新、经营和售后服务。这方面的评价主要从计划控制、生产制造、售后服务和内部控制4个方面进行。

### 4. 学习与成长

学习与成长视角主要反映企业如何创造一种支持公司变化、革新和成长的氛围。这方面考评企业获得持续发展能力的情况,学习和成长强调雇员的能力,企业的成长与员工和企业能力素质的提高息息相关,而从长远角度来看,企业唯有不断学习与创新,才能实现长远的发展。学习与成长面主要衡量的是保持创新,变化和不断提高的能力,衡量的内容着重于不断变化、保持成功的能力,如实施新的项目、创造新的客户价值和提高经营效率等,属于过程性指标,即先导型指标。学习和成长目标是公司实现上述三项目标和取得良好成绩的推动力量。在目前日益激烈的竞争市场环境里,公司的学习能力和创新能力是决定公司竞争力的关键因素。

平衡计分卡 4 个方面内容体现了平衡计分卡对企业经营重要方面全面绩效评价的思想以财务为评价方向，就是在绩效评价过程中，要从股东的立场出发，树立企业只有满足股东的期望，才能取得企业生存发展所需要的资本的观念；以顾客为评价方向，就是要体现出企业真正的利润中心在顾客的思想，而企业对外提供产品的质量，完全取决于企业内部价值链的各个环节是否真正创造了价值；以成长与学习为评价方向，就是要求重视员工能力的发挥，将员工知识转化为企业知识，使企业成为学习性组织，从而使企业具有长远发展的潜力。

平衡计分卡针对一般企业的战略需要而设计，利润策略、客户策略、内部行为策略、学习策略基本囊括了一般企业在发展中的几个关键因素，平衡计分卡 4 个层面有着紧密的逻辑关系，如图 14-1 所示。

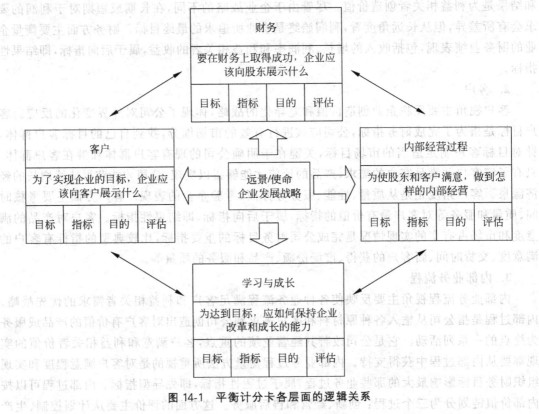

图 14-1 平衡计分卡各层面的逻辑关系

平衡计分卡的 4 个方面的指标不是相互孤立的，而是有着内在联系的。平衡计分卡的核心思想就是通过财务、客户、内部运营、学习与成长 4 个方面指标之间互相驱动的因果关系展现组织的战略轨迹。财务指标是企业最终的追求和目标，也是企业存在的根本物质保证；而要提高企业的利润水平，必须以客户为中心，满足客户需求，提高客户满意度；而要满足客户，必须加强自身建设，提高企业内部的运营效率；而提高企业内部效率的前提是企业及员工的学习与创新。也就是说，这 4 个方面构成一个循环，从 4 个角度解释企业在发展中所需要满足的 4 个因素，并通过适当的管理和评价促进企业发展。当某一个循环结束后，企业又会面临新的战略目标，开始新的创新和新的循环。

### 14.3.4 平衡计分卡的使用

成功的平衡计分卡绩效评价与管理首先基于企业的战略方向和远景目标，业绩评价是为企业战略规划和远景目标的实现而服务。业绩评价的首要任务是将企业的战略目标分别在财务、顾客、内部业务流程、学习与成长4个方面分解落实为可以量化和考核的组织绩效目标，并进一步分解落实为组织内部各个业务单元、各个管理层级直至每个岗位的具体绩效评价指标，并有导向的选择关键指标。再由各主管部门与责任部门共同商定各指标的具体评分规则，以综合评分的形式，定期考核各责任部门在财务、顾客、内部业务流程、学习与成长4个方面的目标执行情况，及时反馈，适时调整战略偏差，或修正原定目标和评价指标，以确保企业战略顺利地实行。因此通过平衡计分卡这个有效的评价过程实现个人的高绩效、团队的高绩效并进而实现企业的高绩效，最终为实现企业的战略目标提供有效支持。

## 14.4 IT平衡计分卡构建

### 14.4.1 IT平衡计分卡

由于信息技术是一种通用技术，作用的机理复杂，在企业中的作用大部分是通过间接的方式显现出来的，所以采取平衡计分卡的方法评价信息技术在企业应用中贡献度是最合适的。

本书针对信息技术的特殊性，对平衡计分卡的4个维度做了适当修改，分别用"财务"评价信息技术的经济性，"用户体验"评价信息技术的效果性，"内部流程"评价信息技术的效率性，"创新能力"评价信息技术的3E之间关系，即评价信息技术在企业未来发展中的作用，信息技术如何渗入核心竞争力，是信息技术绩效的绩效。

IT平衡计分卡各维度之间不是孤立而是相互联系的，如图14-2所示。在平衡计分卡的使用过程中要特别注意策略背后的因果关系。在IT平衡计分卡的4个维度中，创新能力维度为其他3个维度的目标提供了基础架构，是驱使其他3个维度获得卓越成果的动力。通过创新，可以使IT员工技能上升，生产率改进，从而提高IT应用开发能力与服务能力。IT内部过程的改善可以提供更适合客户需要的产品或者服务，从而提高对业务能力的支持，增加IT的价值贡献。

基于BSC的IT绩效审计模式不是上述4个方面的简单组合，也不是一些财务指标与非财务指标的简单拼凑，它与企业战略和整套考评手段相联系，从经营单位角度为整个企业的未来绘制蓝图，制定企业的全盘发展战略，以促进信息技术在企业价值链上的融合，使企业看到信息技术是如何为企业做贡献的。

基于BSC的IT绩效审计模式中每一项指标都是一系列因果关系中的一环，通过它们把相关IT目标同组织的战略联系在一起。其中4个指标之间形成一定的"驱动关系"，一方面表现为企业绩效审计模式的各方面指标必须代表业绩结果与业绩驱动因素的双重含义；另一方面企业绩效审计模式本身必须是包含业绩结果与业绩驱动因素双重指标的绩效审计系统，通过财务与非财务审计手段之间的相互补充达到"平衡"。这种IT绩效审计是在定量评价与定性评价之间、客观评价与主观评价之间、指标的前馈指导与后馈控制之间、组织的短期增长与长期发展之间、IT战略与发展战略之间、各个利益相关者的期望之间寻求"平衡"，从而能够快速、全面地考评企业的IT绩效。

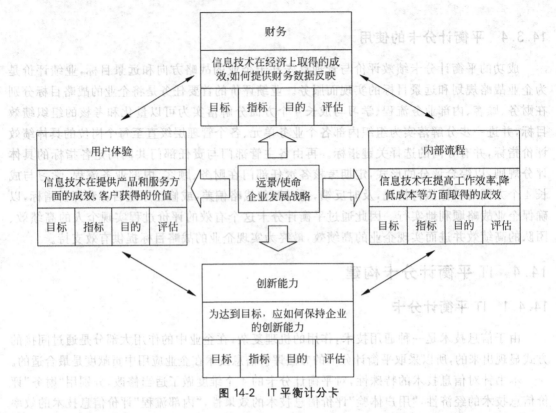

图 14-2　IT 平衡计分卡

## 14.4.2　财务评价

虽然传统的偏重于财务衡量的评价系统存在着种种局限,实际上,非财务指标无论看起来离财务指标有多远,它的评估落脚点决定了它最终向财务指标回归。因为,尽管非财务指标的运用越来越多,重要性日益显著。但是,信息技术的投入必须要产生经济效益,可能这些效益的大部分不是直接效益,但是无论如何这些效益是可以通过财务数据反映出来的。假如质量、客户满意度、生产率等方面的改善和提高无法转化为企业销售额的增加、营业费用的减少、资产报酬率的增加等财务成果,那么即使做得再好也无济于事。因此,信息技术的经济性主要还是通过财务维度反映,它是 IT 绩效审计的焦点。

如表 14-1 所示的财务评价计算方法在第 13 章已经详细介绍,这里不再多述。该方法主要分析信息技术应用一段时间后,在销售收入,市场占有率,企业平均成本与行业平均成

表 14-1　财务评价

| | 评价指标 | 权　　重 |
| --- | --- | --- |
| 财务 | 市场占有率 | |
| | 销售收入增长 | |
| | 利润增长 | |
| | 节约成本 | |
| | 信息技术投入占比 | |
| | 资产周转率 | |
| | 现金流 | |
| | 连带效益 | |

本之比,信息技术在成本的占比,信息技术在投入的占比、资产周转率、库存周转率、现金流等方面的变化。

### 14.4.3 用户体验评价

在应用信息技术为顾客提供服务方面,也经常会导致一些问题。运用计算机信息处理技术直接模拟手工业务处理方式和处理流程,将会对很多不合理或无效的工作(也许手工业务处理方式下必须存在)进行计算机自动处理,由于人们必须按照计算机的要求工作而不是按照顾客的要求办事,因此,人们经常认为信息技术应用会导致不灵活而不是灵活,信息技术应用根本达不到预期想象的效果。

用户体验主要从用户的视角评价信息技术在支持企业产品和服务质量与成本有效性方面的贡献度,是从用户的角度评价信息技术的效果性,只有从用户角度评价信息技术应用的效果才是公正客观的,因此,用户体验是IT绩效审计的关键。用户体验评价如表14-2所示。

表14-2 用户体验评价

| 评价指标 | | 权重 |
|---|---|---|
| 用户体验 | 可操作性 | |
| | 可靠性 | |
| | 安全性 | |
| | 稳定性 | |
| | 故障率 | |
| | 恢复时间 | |
| | 个性化 | |
| | 方便性 | |
| | 快捷性 | |
| | 全面性 | |
| | 完善性 | |

与竞争对手比较,信息技术在以下几个方面的贡献度和支持度,如提供的产品和服务品种更丰富,品质更高,更个性化,更快捷,更高效,更完善,更方便,更全面,使得客户获得全方位体验,满意度提升。同时,用户体验会随着信息技术的发展而不断发展。

### 14.4.4 内部流程评价

信息技术应用没有释放其潜能的原因之一就是企业在应用信息技术时,总是沿用旧的或业已存在的方式做事,而不是注重工作应该怎样做,然后考虑应用信息技术来辅助实现它。办公自动化系统的应用就是一个很好的例子。应用办公自动化信息系统梦想"无纸化办公",其结果导致更多的纸张使用。不管报告是否有价值,报告愈来愈多,格式愈来愈漂亮。人们不惜花去数天时间去写报告并绘有精美的图表等以期高一级管理层对自己工作的认可或批准。因为在办公自动化软件上修改文字和图表实在太容易以致人们一遍又一遍地进行修改完善以使得到每一级管理层的欣赏。然而这其中的核心问题在于处理办公事务的流程和方式并没有得到改变。

信息技术的应用必须与企业内部流程不断优化结合，目标就是在提高效率的同时降低工作强度，在提高产品和服务质量的同时降低成本，在扩大规模的同时降低管理难度。考察信息技术应用后在以下方面的变化如何：在提供同样产品和服务的前提下，人力成本的占比；同样人力条件下，提供产品和服务的质量和数量；在行业中，平均人工费，平均成本，平均信息技术投入，库存周转率，资金周转率；从订单、材料采购、生产、库存、销售全过程的时间、用工、费用等；人力与信息技术投入的比例等。

流程再造的目的是提高劳动生产率，降低劳动强度和生产成本，提高用户的满意度等，因此，用内部流程评价信息技术应用后对企业工作效率方面的贡献度和支持度，它是IT绩效审计的核心，如表14-3所示。

表14-3 内部流程评价

| | 评价指标 | 权重 |
|---|---|---|
| 内部流程 | 信息传递时间 | |
| | 生产流程优化 | |
| | 管理流程优化 | |
| | 库存周转率 | |
| | 资金周转率 | |
| | 平均用工占比 | |
| | 工作强度 | |
| | 系统可操作性 | |
| | 加强管理 | |
| | 辅助决策 | |

### 14.4.5 创新能力评价

企业未来的发展归根到底靠创新，只有不断地创新，才能提高效率、增加效益、扩大效果，因此创新能力是IT绩效审计的根本，反映了3E之间的关系。信息技术作为一种通用技术，要让信息技术充分发挥导航器、使能器和倍增器的作用。

信息化过程的改善与绩效的实现最终离不开正确的人、正确的技术使用和正确的方法。信息化的发展方向要能够适应或者引导企业的战略方向，企业要具备不断利用信息技术提升客户体验的能力，不断利用信息技术开发新产品的能力，不断利用信息技术优化内部流程的能力，不断引入最新信息技术的能力，不断融合信息技术的能力。企业创新能力评价如表14-4所示。

表14-4 创新能力评价

| | 评价指标 | 权重 |
|---|---|---|
| 创新能力 | 新产品的开发时间 | |
| | 信息技术投入占比 | |
| | 员工培训 | |
| | 无形资产增长 | |
| | 品牌 | |

### 14.4.6 指标权重计算

从绩效审计的特点可以看出，绩效审计的难点在于评价标准的设立和指标的建立。平衡计分卡提供的将财务业绩指标和非财务业绩指标从不同角度进行分类的一般性框架能很好地为绩效审计所用，即使被审计单位没有设计平衡计分卡指标，审计人员也可以利用其平衡思想设计相关指标，以避免指标设计中"只见树木，不见森林"的弊端。绩效审计可以以一般的平衡计分卡为起点来设计绩效审计所需要的体现经济性、效率性和效果性目标的指标，并根据被审计单位的组织特点对这些目标实现的关键成功因素进行指标设计。

用平衡计分卡确定了绩效评价指标后，还需要对指标的重要性进行划分，即赋予不同的权重。最简单的方法就是专家打分，综合平均后得出的指标权重比较贴合实际，但同时主观性太强，会影响绩效评价的结果。因此应该用量化方法对指标权重进行设置，20 世纪 70 年代中期由美国运筹学家托马斯·塞蒂(T. L. Saaty)提出的层次分析法(analytical hierarchy process，AHP)，是一种定性和定量相结合的、系统化、层次化的分析方法，可以帮助审计人员计算指标权重。

层次分析法的基本思想是：根据分析对象的性质和研究目的，把复杂现象中各种影响因素通过划分为相互联系的有序层次使之条理化，即按照因素间的关联程度及隶属关系将因素依不同层次聚集组合，形成一个多层次的分析结构模型。并根据对具体问题的主观判断，就每一层次因素的相对重要性给予定量表示，最后利用定量分析的方法确定各因素相对重要性次序的数值，并以此进行分析。

层次分析法的步骤大体如下：

（1）分析系统中各因素之间的关系，建立递阶层次结构，建立决策目标树。该步骤已在平衡计分卡的设计中完成。

（2）构造两两比较判断矩阵。层次分析法通过对元素的两两比较(采用 Delphi 法)判断其相对重要性，并利用 1～9 比例标度对重要性程度赋值。首先构造总目标层与下属有联系的各部分之间的判断矩阵，然后从上至下地建立以上一层某部分为准则，针对相应的下一层指标构造出判断矩阵，以便得到在总目标之下按照各个指标的相对重要程度所赋予的相应权值。

## 案例 4　许继公司 ERP 实施失败——绩效审计的作用

### 1. 背景

许继集团公司在机械行业 100 强排名中，排名第 29 位。许继公司是以电力系统自动化、保护及控制设备的研发、生产及销售为主的国有控股大型企业，国家 520 户重点企业和河南省重点组建的 12 户企业集团之一。集团公司下设两家上市公司——"许继电气"和"天宇电气"，8 个中外（港）合资公司等 21 个子公司；现有员工 4260 人，各类专业技术人员 2550 余人，占全员的 60%，许继集团在坚持把主业做强、做大的同时，不失时机地跻身于民用机电、电子商务、环保工程、资产管理等行业，并取得了喜人的业绩。多年来，许继集团坚持一业为主，多元发展的经营战略，支撑着企业的快速发展。

Symix 公司成立于 1979 年，总部位于美国俄亥俄州，专业从事企业管理软件的研发和推广，1995 年进入中国市场，设立赛敏思软件技术有限公司，并发展了多元电气、许继电气、威力集团、西南药业等本土化用户。该公司倡导的"客户同步资源计划"理念已受到业界广泛关注并获得了客户认可。其 Syte Line 软件系统在中国的客户总数目前已达 140 余家。2001 年初，Symix 公司正式更名为 Frontstep，将公司业务从企业资源计划向全面的电子商务解决方案拓展。

2. ERP 选型

许继公司上 ERP 希望能解决三个方面的问题：第一方面是希望通过 ERP 规范业务流程；第二方面是希望信息的收集整理更通畅；第三方面是通过这种形式，使产品成本的计算更准确。

ERP 选型时，许继公司接触过包括 SAP、Symix、浪潮通软、利玛等国内外 ERP 厂商。开始许继想用 SAP 的产品，但是 SAP 的出价是 200 万美元：软件费 100 万美元，实施服务费 100 万美元。而当时许继公司上 ERP 的预算只有 500 万元人民币。国外 ERP 软件用不起，许继公司并没有把目光转向国内软件企业。因为在考察了浪潮和利玛等几家国内厂商之后，许继公司觉得国内软件厂商的设计思路和自己企业开发设计软件已实现的功能相差不大。挑来挑去，许继最终选择了 Symix 公司，一家面向中型企业的美国管理软件厂商。许继公司当时的产值是 15 亿元，与美国的中小型企业相当，而 Symix 公司在中小型企业做得不错，价位也比较适中。按照一般的做法，签单的时候，一般企业的付款方式是分三笔 5：3：2 模式。而 Symix 公司开出的条件非常优惠：分 7 步付款的方式。双方就这样成交了。

3. ERP 实施

从 1998 年初签单，到同年 7 月份，许继公司实施 ERP 的进展都很顺利，包括数据整理、业务流程重组，以及物料清单的建立都很顺利。厂商的售后服务工作也还算到位，基本完成了产品的知识转移。另外，在培养许继公司自己的二次开发队伍方面也做了一定的工作。

到了 1998 年 8 月，许继公司内部为了适应市场变化，开始发生重大的机构调整。原来，许继没有成立企业内部事业部，而是以各个分厂的形式存在。

企业经营结构变了，而当时所用的 ERP 软件流程却已经定死了，Symix 厂商也似乎无能为力，想不出很好的解决方案。于是许继公司不得不与 Symix 公司友好协商，项目暂停，虽然已经运行了 5 个月，但是继续运行显然已经失去了意义。

【思考题】

1. 许继公司进行非常大的经营结构调整，关键业务流程重组，在上 ERP 之前应该有明确的计划和认识，选择什么样的软件，软件如何配合目前的工作流程，以及如何适应企业未来的战略调整等，这不应当仅仅是企业与 ERP 提供商双方之间的事情，信息系统审计人员作为第三方，可以发挥他们在管理和技术方面的专业特长，对 ERP 的顺利实施极为重要。结合其他案例，讨论 ERP 是如何在企业中发挥作用的，以及第三方在 ERP 实施过程的独特作用。

2. 据调查，铁道部耗资数千万聘请两家上市公司参与建设网站订票系统，但从未做过有关春运订票的模拟演练，网站也无巨大访问量经验。正因如此，熟悉网购的民众也要靠"技术"狂刷网站才能买到票，而对很多网络菜鸟而言，想成功网购火车票要靠"运气"。请就此谈谈绩效审计的重要性。

3. 耐克公司采用 i2-powered 系统之后，第三季度销售损失 8000 万美元，耐克公司认为是由于 i2 的软件存在订单管理漏洞。但 i2 公司认为耐克公司没有按照 i2 的建议，最大限度地减少定制，以用于鞋类和服装业务的最佳做法，并分阶段部署系统。讨论绩效审计的瓶颈在哪里？

# 第五篇 内部控制

　　现代企业的内部控制已经与信息系统相互融合，形成你中有我，我中有你的格局，一些内部控制环节已经程序化、数字化、虚拟化。因此《企业内部控制基本规范》提出"信息系统是指企业利用计算机和通信技术，对内部控制进行集成、转化和提升所形成的信息化管理平台。"麻省理工学院信息研究中心主任皮特·威尔博士对来自23个国家的250家企业进行了系统研究，结论是："面对同样的战略目标，IT内部控制水平较高的企业的获利能力高出20%。"可见，信息系统在内部控制方面发挥的影响与作用越来越大，因此审计师必须对企业的基于信息系统的内部控制进行鉴证。

# 第15章 IT内部控制概述

## 15.1 IT内部控制的概念

### 15.1.1 内部控制观念

一般而言,内部控制观念的发展经历了4个阶段。

**1. 内部牵制制度**

内部牵制阶段是内部控制的萌芽阶段。内部牵制思想源远流长,早在公元600年左右,古埃及在记录官、出纳官和监督官之间就建立了比较完善的内部牵制。15世纪末,随着意大利商业的发展和繁荣,带来了借贷记账法的出现。此时,内部牵制主要是对钱、财、物的不同岗位进行有效分离,并利用其勾稽关系进行核对。随着资本主义经济的发展,产业革命相继完成,企业间竞争的日益激烈,企业内部管理急需加强。在此期间,以职务分离、账户核对为主要内容的内部牵制,演变成组织结构、职务分离、业务程序、处理手续等构成的控制系统,即"内部牵制制度"。

《柯氏会计词典》中对内部牵制的解释是"以提供有效的组织和经营,并防止错误和其他非法业务发生的业务流程设计。其主要特点是以任何个人或部门不能单独控制任何一项或一部分业务权力的方式进行组织上的责任分工,每项业务通过正常发挥其他个人或部门的功能进行交叉检查或交叉控制。设计有效的内部牵制以便使各项业务能完整正确地经过规定的处理程序,而在这规定的处理程序中,内部牵制机能永远是一个不可缺少的组成部分。"内部牵制可分实物牵制(如有两个或两个以上的人共同完成一项重要资产的保管任务,在缺少某一人的情况下,无法获得或接近该重要资产)、机械牵制(如各项业务处理按照正式的流程描述或流程图的形式表示出来,形成制度性的文件执行)、体制牵制(主要表现为职责分离)、簿记牵制(如明细账和总账的核对相符)四类。随着经济的发展,内部控制理论和实践得到了进一步的发展。

**2. 内部控制制度**

这一阶段被称为内部控制的分水岭,内部控制在这一阶段实践和理论两方面得到了更进一步的完善。第二次世界大战后,随着科学技术的革新和生产自动化迅猛发展,企业规模日益壮大,期间涌现出大量的巨头公司,市场竞争也日趋激烈,对企业的内部控制提出了更高的要求,形成了包括组织结构、岗位责任、内部审计、业务程序、检查标准、人员条件在内的控制体系。

1949年,美国会计师协会的审计程序委员会在一份题为《内部控制,一种协调制度要素及其对管理当局和独立注册会计师的重要性》的报告中,对内部控制首次作了权威性定义:"内部控制包括组织机构的设计和企业内部采取的所有相互协调的方法和措施。这些方法和措施都用于保护企业的财产,检查财务信息的准确性,提高经营效率,推动企业坚持执行既定的管理政策。"1958年10月该委员会发布的《审计程序公告第29号》对内部控制定义重新进行表述,将内部控制划分为会计控制和管理控制。

**3. 内部控制结构**

20世纪80年代至90年代,随着西方财务审计界对内部控制研究不断的深化,1988年美国注册会计师协会(AICPA)发布了《审计准则公告第55号》(SAS55),从1990年1月起取代1973年发布的《审计准则公告第1号》。该公告首次以"内部控制结构"代替"内部控制",指出"企业的内部控制结构包括为提供取得企业特定目标的合理保证而建立的各种政策和程序"。内部控制结构具体包括三个要素,它们是控制环境、会计制度、控制程序。

与以前的内部控制定义相比,这一阶段对内部控制的定义主要有如下特点:
(1) 内部控制结构将内控制环境首次纳入了内部控制的范畴;
(2) 不再区分会计控制和管理控制。

至此,由企业实践中产生的内部控制活动,完成了实践到理论的升华。

**4. 内部控制整体框架**

1992年,美国COSO发布报告"内部控制整体框架"。1994年,COSO委员会对"内部控制整体框架"进行了补充,将内部控制定义为:"由一个企业的董事长、管理层和其他人员实现的过程,旨在为下列目标提供合理保证:财务报告的可靠性;经营的效果和效率;符合适用的法律和法规"。COSO内部控制整体框架将内部控制划分为5种要素:控制环境、风险评估、控制活动、信息与沟通、监控。1996年美国注册会计师协会发布《审计准则公告第78号》(SAS78),接受COSO内部控制整体框架的内容,并从1997年1月起取代1988年发布的《审计准则公告第55号》(SAS55)。

2003年7月,美国COSO颁布了企业风险管理框架的讨论稿,并与2004年4月颁发了正式稿。该企业风险管理框架是在内部控制整体框架的基础上,吸取了各方面内部控制风险管理的成果,结合《萨班斯法案》在报告方面的要求,进行扩展研究得到的。

### 15.1.2 财务丑闻

2001年美国资本市场出现了一系列财务丑闻,安然、环球电讯、世界通信、施乐等一批企业巨擘纷纷承认存在财务舞弊,在美国资本市场上引起轩然大波,一批大的上市公司遭投资者抛弃,宣布破产。这些企业的造假行为不仅欺骗了投资者,也使自己付出了沉重的代价,同时,损害了资本市场的秩序,给美国经济造成了重大的影响。在这一系列事件中,这些企业的舞弊行为目的不同,手段各异,其中安然事件比较典型,影响也比较大,不仅仅是由于该事件是这次美国资本市场舞弊风波的发端,而且事件的发生导致世界著名的会计公司——安达信公司解体。

安然公司(ENRNQ)曾是一家位于美国的得克萨斯州休斯敦市的能源类公司,在2001年宣告破产之前,安然拥有约21000名雇员,是世界上最大的电力、天然气以及电讯公司之一,2000年披露的营业额达1010亿美元之巨。公司连续六年被《财富》杂志评选为"美国最具创新精神公司",被英国《金融时报》评为"年度能源公司奖"、"最大胆的成功投资决策奖"、"美国人最爱任职的百大企业"。然而真正使安然公司在全世界声名大噪的,却是使这个拥有上千亿资产的公司 2002 年在几周内破产的持续多年精心策划、乃至制度化、系统化的财务造假丑闻。2001 年 11 月下旬,安然承认自 1997 年以来,通过非法手段虚报利润 5.86 亿美元,在与关联公司内部交易中,不断隐藏债务和损失,管理层从中非法获益,消息传出,立刻引起美国金融与商品交易市场的巨大动荡。安然欧洲分公司于 2001 年 11 月 30 日申请破产,美国本部于 2 日后同样申请破产保护。

世界通信公司是美国第二大长途电话和互联网数据传输公司,成立后吞并 70 多家公司,创造了小鱼吃大鱼(MCI)的奇迹,拥有 2 千万个人顾客、数千个团体客户,资产总值曾高达 1153 亿美元,股价曾高达 64 美元;2002 年 6 月 25 日,世通承认自 2001 年初到 2002 年第一季度,通过将大量的费用支出计入资本项目的手法,共虚增收入 38 亿美元,虚增利润 16 亿多美元;2002 年 6 月 26 日,世通股票停牌。此前,股价仅为 83 美分,市值只剩下 10 亿美元;2002 年 7 月 21 日,申请破产保护。世通破产给美国经济带来了诸多负面影响,破产造成众多债权银行有账难收,使得美国一些在世通注入大笔投资的州养老基金遭受重创,还使该公司的客户服务受损。

除了安然和世通,美国企业界爆出财务丑闻的企业还有泰科国际、凯马特、微软、通用电气、Qwest 公司、Adelphia 通讯、Imclone 系统、CA、施乐等,这些全球 500 强公司都曾经接受美国政府监管部门的调查。与大公司假账丑闻一同被揭开的,还有美林集团等投资银行营私舞弊和许多证券分析师故意误导投资者等丑闻。

与安然和世通丑闻有密切联系的却是安达信(ANDERSEN)。安达信曾是全球收入总额最高且最有影响的会计师事务所和财务咨询公司,收入总额过 200 亿美元。1913 年由美国芝加哥大学教授阿瑟·安达信先生创立以来,一直以其稳健诚信的形象被公认为同行业中的"最佳精英"。1979 年,成为全球最大的会计专业服务公司,合伙人多达 1000 多人。20 世纪 90 年代以后,与普华永道(PWC)、毕马威(KPMG)、安永(E.Y)、德勤(D.T)一道成为全球最大的五大会计师事务所。在与埃森哲分手后,安达信 2001 年收入总额仍达 93 亿美元,在全球有 480 多个分支机构、8.5 万员工。公司在保持传统的审计和税务咨询业务的基础上,开拓出企业财务、电子商务、人力资源服务、法律服务、风险咨询等业务。然而,在安然和世通事件中,安达信却扮演了不光彩的角色,正是安达信,为涉嫌造假的安然公司及世通公司提供财务报销审计。在安然公司承认自 1997 年以来通过非法手段虚报利润、非法获益以后,媒体和公众将讨伐的目光对准负责对安然公司提供审计和咨询服务的安达信公司,人们纷纷指责其没有尽到应有的职责,并对其独立性表示怀疑。在法院调查安然破产案的过程中,作为安然审计人的安达信会计师事务所毁掉了部分有关安然公司的重要资料,包括电脑文件、审计报告等,美国证监会据此认为,安信达的行为已构成犯罪或有意阻碍司法调查,2002 年 3 月 14 日,美国司法部宣布对安达信提出"妨碍司法"的指控;就在世通假账丑闻曝光前 10 天,2002 年 6 月 15 日,美国联邦大陪审团裁定安达信妨碍司法罪成立;2002 年 8 月底,安达信宣布,停止在美国市场上承担上市公司审计业务;2002 年 10 月 16 日,美国得克萨斯州地方法庭对安达信作出最严厉的判决:罚款 50 万美元,在 5 年内不得从事相关业务。

在美国经济复苏急需新的推动力的重要时刻,频频曝光的公司财务丑闻对美国经济复苏的打击是非常沉重的，特别是 2002 年 6 月的世界通信财务丑闻事件，彻底打击了（美国）投资者对（美国）资本市场的信心，由此导致的市场信心危机，也不大可能在短期内消失。涉嫌造假丑闻的上市公司股价一夜之间由几十美元跌到几美分，吓走了股市投资者，他们纷纷抛售股票和国债，股市出现了 25 年来最严重的熊市。投资者急着兑现退出股市的速度，甚至比 2001 年"9·11"恐怖袭击之后还快。

频频曝光的公司丑闻暴露出企业内部控制监管上的诸多漏洞和不足，使得内部控制成为关注的焦点。为了加强内部会计控制监管，美国国会和政府于 2002 年通过了《萨班斯-奥克斯利法案》（简称 SOX 法案），强制要求企业健全内部控制制度，加强风险管理。萨班斯法案的目的是通过提高公司信息披露的准确性和可靠性，增加公司责任，为上市公司会计和审计的不适当行为规定更加严厉的处罚，从而保护公司安全和投资者利益，重整遭到挫伤的市场，重树投资者的信心。从 SOX 法案的内在逻辑思路来看，提高公众公司财务报告及信息披露的及时性与准确性可以有效地保护公众公司投资者的利益，而强化公司高管的财务报告责任、提供外部审计的独立性等将有助于提高公司财务报告及信息披露的质量。

法案的第 404 条要求上市公司管理层需建立和维持充分的与财务报告相关的内部控制，并评估公司与财务报告相关的内部控制的有效性。对大企业而言，信息系统驱动着财务报告流程，信息技术在建立与保持有效的财务报告内部控制方面将发挥重要作用，它紧密地贯穿于企业经济业务的开始、授权、记录、处理和报告的一整套过程中。就其本身而言，信息系统和整个财务报告流程也是紧密联系的，为了遵循萨班斯法案，也要对 IT 内部控制的有效性予以评估。

过去，内部控制仅是管理者考虑的事情，而现在审计师们要对内部控制进行详细的测试和检查。这一过程将对投资者起到重要的保护作用，因为稳固的内部控制是抵御不当行为的头道防护线，是最为有效地威慑舞弊的防范措施。

### 15.1.3　IT 内控重要性

财务报告的内部控制几乎离不开 IT 控制，即使业务层面的管理控制也是 IT 支撑环境下的控制。处于信息时代的企业，业务经营活动、各种数据传递以及财务报告的产生与传递越来越多地依赖 IT 系统的自动化处理。自动化过程给企业带来效率的同时也带来控制风险。为了防范这些风险，现代企业的内部控制体系亟须包含基于 IT 系统的内部控制政策与程序。在 PCAOB（美国公众会计监管委员会）的第 2 号审计标准中也特别指出，IT 控制设计很重要，不可低估控制设计在整个 IT 控制环境中的重要性，并强调 IT 控制能有力地支持整个内部控制环境。该标准又进一步指出公司整体内部控制系统的有效性依赖于"其他控制是否有效"（指的是控制环境或 IT 一般控制的有效性）。

我国颁布的《企业内部控制基本规范》中对内部控制与信息系统之间的关系是这样解释的：信息系统是指企业利用计算机和通信技术，对内部控制进行集成、转化和提升所形成的信息化管理平台。

尽管萨班斯法案和美国证券交易委员会（SEC）的相应实施标准都没有提及 IT 或者信息安全，但对绝大多数现代企业来说，财务报告无可避免地会与信息技术联系在一起，换句话说，如果某些关键系统失效了，企业正确报告其财务状况的能力就可能严重受限，甚至短期内丧失。由于 IT 和财务报告的关联性，IT 也需要加强控制以达到 SOX 的合规要求，

IT 的 SOX 合规审计必须落实到企业对 IT 的有效管理控制上来。SOX 法案对 IT 的控制要求主要体现在应用控制和一般控制两个方面,一方面,由于大多数公司都依赖 IT 系统来运作业务,IT 系统对业务流程的控制作用非常大,因此 IT 必须对业务流程进行某些控制,这就体现为应用控制;另一方面,支撑公司运作的 IT 基础技术架构平台也必须进行有效的管理控制,这就体现为一般控制。具体来说,萨班斯法案体现的 IT 控制需求主要表现在如下几个方面:

(1) 安全(security)。基于应用和平台;定位在那些可能影响财务和支持基础设施的应用上;需要有安全的操作系统、数据库、网络、防火墙和基础设施;审计师会寻找过度访问、缺乏职责分离、不恰当的访问授权问题,也会测试关键过程,以确定控制的有效性。

(2) 变更控制(change control)。需要有程序能控制和确保对生产系统变更的恰当批准;通过技术性控制来限制和控制开发者访问生产系统。

(3) 灾难恢复(disaster recovery)。定位在基本的财务数据备份和恢复上。

(4) IT 治理(IT governance)。IT 是否存在清晰的策略、程序和沟通;职责分离是否明确;IT 组织是否有合适的"上层论调"。

(5) 开发及实施活动(development and implementation activities)。在将新系统或系统变更引入到生产环境之前,需要内建恰当的控制;审计师可能会评估新的财务系统;数据转换和测试是关键问题。

总的来说,法案对 IT 控制的影响体现在如下几个方面:

(1) 审计师必须审查重要过程的主要交易类型,以理解过程流程,并且评估包括应用及 IT 一般控制在内的控制的设计和效力。

(2) 评估 IT 控制的设计效力,确定其是否为实现相关声明而恰当设计。

(3) 对实现相关声明所必需的 IT 控制的操作效力进行测试。

随着萨班斯法案的出台,财务报告的内部控制几乎离不开 IT 控制,即使业务层面的管理控制也是 IT 支撑环境下的控制。处于信息时代的企业,业务经营活动、各种数据传递以及财务报告的产生与传递越来越多地依赖 IT 系统的自动化处理。自动化过程给企业带来效率的同时也带来控制风险。为了防范这些风险,现代企业的内部控制体系亟须包含基于 IT 系统的内部控制政策与程序。在 PCAOB(美国公众会计监管委员会)的第 2 号审计标准中也特别指出,IT 控制设计很重要,不可低估控制设计在整个 IT 控制环境中的重要性,并强调 IT 控制能有力地支持整个内部控制环境。该标准又进一步指出公司整体内部控制系统的有效性依赖于"其他控制是否有效"(指的是控制环境或 IT 一般控制的有效性)。因此,理解 IT 控制与 IT 控制体系设计的相关理念,成为企业必备的重要能力。

### 15.1.4 IT 内控的定义

COSO 将内部控制定义为:"内部控制是受企业董事会、管理层和其他职员共同作用,为实现经营效果性和效率性、财务报告的可靠性以及对适用的法律、法规的遵循性等目标提供合理保证的一种过程。"较之于传统的内部控制概念,这一定义的发展在于将内部控制作为一种动态的过程而不仅是静态的制度来阐述。内部控制不应仅仅着眼于会计和财务报告,还应针对经营活动的效率、效果和遵循法律法规。这个广义的定义体现了现代意义上的全程和全面的控制理念。相应地,内部控制框架也被划分为五个内部控制要素,如控制环境、风险评估、控制活动、信息与沟通、监控。

随着企业业务流程自动化程度的提高,对业务的传统控制活动或逐渐被嵌入到计算机程序中或者消失,传统的手工业务控制活动正逐渐由自动化业务控制所替代。计算机代替员工来完成对业务的各种控制,使得业务控制的有效性依赖于会计信息系统的完整性、效率和安全性。因而,信息环境下的传统内部控制活动可分为自动化业务控制和信息系统控制。自动化业务控制是以信息技术为实现手段的传统控制活动其控制目标与传统控制活动一致,都是为了达到营运的效率和效果、财务报表的可靠性遵循相关法令等目标。它的控制对象与传统控制活动的控制对象也一致,都是企业的生产经营过程。

因此,给出如下定义:信息系统内部控制(IT内控)是一个可以预防、检测和纠正非法事件的系统的总称。它是企业为了保证信息系统的效率、安全性和完整一致性而采取的控制措施。其控制目标是为了达到信息系统的效率、安全性和完整一致性,并服从于业务控制目标;其控制对象是信息系统,包括计算机硬件和软件资源、应用系统、数据和相关人员等信息系统组成要素,包括控制环境、风险评估、控制活动、信息与沟通、监控等5要素。

### 15.1.5 IT内控的准则

虽然大部分内部控制准则没有提及信息技术,但是信息技术是所有内部控制无法绕开的,实际上,任何内部控制如果离开了IT内控,无疑是缘木求鱼。因此,在设计和测试IT内部控制时,其目标都是一致的,只有技术手段不同而已。以下的内部控制准则都是每一个审计人员必须了解的,是建设IT内控系统,设计IT内控措施,以及测试IT内控有效性时必须遵循的标准。

**1. 萨班斯法案**

萨班斯法案Sarbanes-Oxley法案(简称SOX法案)共11章,1107条,主要内容包括以下几个方面:

(1) 成立独立的公众公司会计监察委员会,监管执行公众公司审计职业。
(2) 要求加强注册会计师的独立性。
(3) 要求加大公司的财务报告责任。
(4) 要求强化财务披露义务。
(5) 加重了违法行为的处罚措施。
(6) 增加经费拨款,强化SEC(美国证券交易委员会)的监管职能。
(7) 要求美国审计总署加强调查研究。

该法案的关键点在于反对虚假财务陈述,建立起企业财务报告的可靠性,从而可以根据这些真实可靠的会计信息加强对公司的内部控制和风险管理。从实践上看,在一定程度上达到了加强公司审计、规范上市公司行为、减少公司虚假陈述的目的,起到了促进企业内部控制体系建设的功能。

SOX法案将对财务报告的内部控制作为关注的具体内容,不仅要求高管报告公司对财务报告的内部控制,而且要求独立审计师证实管理层报告的准确性。该法案中与内控相关的条款主要体现在302条款和404条款。

SOX法案第302条款要求由首席执行官和财务主管在内的企业管理层,对公司财务报告的内部控制按季度和年度就以下事项发表声明(予以证实):

（1）对建立和维护与财务报告有关的内部控制负责。

（2）设计所需的内部控制，以保证这些官员能知道该公司及其子公司的所有重大信息，尤其是报告期内的重大信息。

（3）与财务报告有关内部控制的任何变更都已得到恰当的披露，这里的变更是指最近一个会计季度已经产生或合理预期将对于财务报告有关的内部控制产生重大影响的变更。

在当前环境下，IT系统驱动着财务报告流程，IT在建立与保持有效的财务报告内部控制方面将发挥出重要作用，诸如ERP之类的IT系统紧密地贯穿于企业经济业务的开始、授权、记录、处理和报告一整套过程中。就其本身而言，IT系统和整个财务报告流程也是紧密联系的，为了遵循萨班斯法案，也要对IT内部控制的有效性予以评估。

SOX法案第404条款以及美国证券交易委员会（SEC）的相应实施标准要求公众公司的管理层评估和报告公司最近年度财务报告的内部控制的有效性。第404条款还要求公司的外部审计师对管理层的评估意见出具"证明"，也就是说，向股东和公众提供一个信赖管理层对公司财务报告内部控制描述的独立理由。按照404条款的要求，管理层提供的与财务报告有关的内部控制年度评估报告需要包括如下内容：

（1）管理层有责任为企业建立和维护恰当的与财务报告有关的内部控制。

（2）识别管理层所采用的内部控制框架以便按要求评估公司与财务报告有关的内部控制的有效性。

（3）对从上一个会计年度末以来与财务报告有关的内部控制的有效性予以评估，其内容也包括有关与财务报告有关的内部控制是否有效的公开声明。

（4）年度审计报告中，注册会计师事务所发表的财务审计报告，包括管理层对与财务报告有关的内部控制有效性评估的证明报告。

（5）管理层关于公司针对财务报告内部控制有效性评估的书面结论，应包含在其对财务报告内部控制的报告和其对审计师的信函中。这一书面结论可采取多种形式，但是管理层对公司面向财务报告的内部控制的有效性必须发表直接意见。

（6）如果与财务报告有关的内部控制中有一个或多个重要缺陷，管理层将不能对财务报告的内部控制有效性作出评估结论，而且管理层应该披露自最近一个会计年度末以来财务报告内部控制方面的所有重要缺陷。

公司在对财务报告作出确认时需要借助于企业的IT系统。为了识别管理层对财务报告所作的相关认定，审计师应考虑每个重要账户潜在错报、漏报产生的原因。在决定一个认定是否与某一重要账户余额或其披露相关时，审计师应该评价IT系统的性质、复杂程度以及企业IT的使用状况。

萨班斯法案成为美国有史以来通过的最具有深远意义的证券立法之一，它的出台，使美国资本市场发生多层面的深度改良，有力地扭转了遭受挫折的资本市场，也重新挽救回了投资者的投资信念。可以说，萨班斯法案不仅仅对那些较大的会计公司，同时对所有的注册会计师都产生了巨大的影响。萨班斯法案对公司治理、会计师行业监管、证券市场监管等方面提出了许多新的严格要求，并设定了内控风险管理的问责机制和相应的惩罚措施。自此，全球也掀起了加强企业内部控制和风险管理的飓风。

**2．第2号审计标准**

萨班斯法案的第404条款以及103条款要求指导公众公司会计监督委员会（PCAOB）

制定用以管理外部审计师的证实工作,并就管理层对内部控制的有效性的评估进行报告的行业标准。2004年3月9日,PCAOB发布了其第2号审计标准:"与财务报表审计相关的针对财务报告的内部控制的审计"。该审计标准依据COSO制定的内部控制框架制订,在"管理层用于开展其评估的框架"一节中,明确管理层要依据一个适宜且公认的由专家群体遵照应有的程序制定的控制框架,来评估公司财务报告内部控制的有效性。在美国,为管理层的评估目标提供的适宜框架就是COSO框架。当然,其他国家也公布了一些适宜的框架,如加拿大的COCO框架等。标准还指出,尽管不同的框架可能没有精确的含有与COSO一样的组成要素,但他们所含有的组成部分涵盖了COSO的所有常规主题。因此,如果管理层运用了区别于COSO的适宜框架时,审计师应以合理的方式运用2号审计标准中的概念和方针。标准认为,COSO框架能确认出内部控制的三大主要目标,即运营的效率和效果,财务报告的可靠性,以及遵守适用的法律和规章。而COSO以往对财务报告的内部控制观点不包含运营目标和合规性目标。不过,这两个目标与财务报表的表达与披露直接相关,有必要含在财务报告的内部控制中。这三大目标都会对财务报告产生重大的影响,是财务报告内部控制的组成部分。此外,标准将控制环境、风险评估、控制活动、信息和沟通、监控作为框架的5大组成要素,以服务于上述三大目标。过去,内部控制仅是管理者考虑的事情,而现在审计师们要对内部控制进行详细的测试和检查。

第2号审计标准关注对财务报告的内部控制的审计工作,以及这项工作与财务报表审计的关系问题。这项综合的审计会产生两份审计意见:一份针对财务报告的内部控制;另一份针对财务报表。其中对内部控制的审计涉及以下内容:

(1) 评价管理层用于开展其内部控制有效性评估的过程。

(2) 评价内部控制设计和运转的效果。

(3) 形成对财务报告的内部控制是否有效的意见。

SEC于2004年6月18日批准了PCAOB发布的第2号审计标准,SEC对该标准的认同等于从另外一个侧面承认了1992年发起人组织委员会(COSO)下属的杜德威委员会公布的《内部控制—综合框架》(也称COSO框架),这也表明COSO框架已正式成为内部控制的标准。

该标准的出台,将对构成有效公司治理基石的董事会、管理层、外部审计师与内部审计师产生深远的影响。正如PCAOB主席William J. McDonough所称,"该标准是委员会采用的最为重要、意义最为深远的审计标准。过去,内部控制仅是管理者考虑的事情,而现在审计师们要对内部控制进行详细的测试和检查。这一过程将对投资者起到重要的保护作用,因为稳固的内部控制是抵御不当行为的头道防护线,是最为有效地威慑舞弊的防范措施"。

**3. 证券公司内部控制指引**

中国证监会于2003年12月15日发布了《证券公司内部控制指引》,它是对2001年中国证监会发布的《证券公司内部控制指引》进行修订后的新文件。所谓证券公司内部控制机制(以下简称内控机制),是指通过证券公司内部的组织结构和组织安排,建立对证券公司所涉及风险的有效预防、管理、控制和处置的机制。以投资者(客户)资产安全为中心的内控机制是证券公司核心竞争力的重要组成部分。证券公司只有在内控机制上做实、做精、做细,才能有效防范和化解风险,充分保护投资者的合法权益。

《证券公司内部控制指引》中指出证券公司内部控制应当贯彻健全、合理、制衡、独立的原则,确保内部控制有效。

(1) 健全性:内部控制应当做到事前、事中、事后控制相统一;覆盖证券公司的所有业务、部门和人员,渗透到决策、执行、监督、反馈等各个环节,确保不存在内部控制的空白或漏洞。

(2) 合理性:内部控制应当符合国家有关法律法规和中国证监会的有关规定,与证券公司经营规模、业务范围、风险状况及证券公司所处的环境相适应,以合理的成本实现内部控制目标。

(3) 制衡性:证券公司部门和岗位的设置应当权责分明、相互牵制;前台业务运作与后台管理支持适当分离。

(4) 独立性:承担内部控制监督检查职能的部门应当独立于证券公司其他部门。

控制的主要内容如下:

① 经纪业务内部控制。
② 自营业务内部控制。
③ 投资银行业务内部控制。
④ 受托投资管理业务内部控制。
⑤ 研究咨询业务内部控制。
⑥ 业务创新内部控制。
⑦ 分支机构内部控制。
⑧ 财务管理内部控制。
⑨ 会计系统内部控制。
⑩ 信息系统内部控制。
⑪ 人力资源管理内部控制。

**4. 商业银行内部控制指引**

2006年12月8日中国银行业监督管理委员会第54次主席会议通过了《商业银行内部控制指引》。《指引》包含10章142条,对商业银行内部控制所涉及的所有方面都进行了详细规定,是迄今为止有关商业银行内部控制的最为详尽的指引性文件。与此前央行版《控制指引》相比,银监会发布的《控制指引》更加符合现代商业银行运作的特点。并明确,除商业银行外,政策性银行、农村合作银行、城市信用社、农村信用社、村镇银行、贷款公司、农村资金互助社、金融资产管理公司、邮政储蓄机构、信托公司、财务公司、金融租赁公司、汽车金融公司、货币经纪公司等其他金融机构也需参照执行本指引。

内部控制是商业银行为实现经营目标,通过制定和实施一系列制度、程序和方法,对风险进行事前防范、事中控制、事后监督和纠正的动态过程和机制。商业银行内部控制的目标包括,确保国家法律规定和商业银行内部规章制度的贯彻执行;确保商业银行发展战略和经营目标的全面实施和充分实现;确保风险管理体系的有效性;确保业务记录、财务信息和其他管理信息的及时、真实和完整。

《控制指引》将商业银行内部控制细分为6个方面,包括授信的内部控制、资金业务的内部控制、存款和柜台业务的内部控制、中间业务的内部控制、会计的内部控制、计算机信息系统的内部控制等。

《控制指引》重新划分了金融机构董、监事会、高管层各自在内控方面的职责。其中,董事会负责保证商业银行建立并实施充分而有效的内部控制体系;负责审批整体经营战略和重大政策并定期检查、评价执行情况；负责确保商业银行在法律和政策的框架内审慎经营，明确设定可接受的风险程度，确保高级管理层采取必要措施识别、计量、监测并控制风险；负责审批组织机构；负责保证高级管理层对内部控制体系的充分性与有效性进行监测和评估。监事会负责监督董事会、高级管理层完善内部控制体系；负责监督董事会及董事、高级管理层及高级管理人员履行内部控制职责；负责要求董事、董事长及高级管理人员纠正其损害商业银行利益的行为并监督执行。高级管理层负责制订内部控制政策，对内部控制体系的充分性与有效性进行监测和评估；负责执行董事会决策；负责建立识别、计量、监测并控制风险的程序和措施；负责建立和完善内部组织机构，保证内部控制的各项职责得到有效履行。

《指引》规定，商业银行应当建立良好的公司治理以及分工合理、职责明确、相互制衡、报告关系清晰的组织结构，为内部控制的有效性提供必要的前提条件。商业银行应当建立科学、有效的激励约束机制，培育良好的企业精神和内部控制文化，从而创造全体员工均充分了解且能履行职责的环境。关于商业银行授信方面的内部控制，《指引》要求商业银行应当设立独立的授信风险管理部门，对不同币种、不同客户对象、不同种类的授信进行统一管理，设置授信风险限额，避免信用失控。商业银行授信岗位设置应当做到分工合理、职责明确，岗位之间应当相互配合、相互制约，做到审贷分离、业务经办与会计账务处理分离。《指引》要求，商业银行资金业务的组织结构应当体现权限等级和职责分离的原则，做到前台交易与后台结算分离、自营业务与代客业务分离、业务操作与风险监控分离，建立岗位之间的监督制约机制。商业银行应当对大额存单签发、大额存款支取实行分级授权和双签制度，按规定对大额款项收付进行登记和报备，确保存款等交易信息的真实、完整。对于最重要的授信管理，《控制指引》明确要求商业银行应当建立严格的授信风险垂直管理体制，对授信实行统一管理。而此前仅要求下级机构服从上级机构风险管理部门的管理。《指引》还要求商业银行发行贷记卡，应当在全行统一的授信管理原则下，建立客户信用评价标准和方法，对申请人相关资料的合法性、真实性和有效性进行严格审查，确定客户的信用额度，并严格按照授权进行审批。商业银行应当对贷记卡持卡人的透支行为建立有效的监控机制，业务处理系统应当具有实时监督、超额控制和异常交易止付等功能。《指引》还规定，商业银行应当确保会计工作的独立性，确保会计部门、会计人员能够依据国家统一的会计制度和本行的会计规范独立地办理会计业务，任何人不得授意、暗示、指示、强令会计部门、会计人员违法或违规办理会计业务。

《控制指引》还要求，对于集团客户授信应当遵循统一、适度和预警的原则，合理确定对集团客户的总体授信额度，防止多头授信、过度授信和不适当分配授信额度。商业银行应当建立风险预警机制，对集团客户授信集中风险实行有效监控，防止集团客户通过多头开户、多头借款、多头互保等形式套取银行资金。

**5. 内部审计准则——内部控制**

中国内部审计协会发布的内部审计准则——内部控制（2003）是根据《内部审计基本准则》制定的，为了规范内部审计人员审查与评价被审计单位的内部控制的准则。

内部控制包括环境控制、风险管理、控制活动、信息与沟通、监督等5个要素，内部控制人员应当实施相应的审查程序以评价被审计单位的环境控制有效性，组织风险管理机制的健全性和有效性，控制活动的适当性、合法性、有效性，组织获取及处理信息的能力，以及有效地监督组织机构。

在实施完相应的审查程序后,内部审计人员应向组织的适当管理层报告内部控制的审计结果,以说明审查和评价内部控制的目的、范围、审计结论、审计决定以及对改善内部控制的建议,在条件允许的情况下内部审计人员应当对内部控制进行后续审计。

本准则在一定程度上使得内部审计人员在实施审查程序时保证组织实现遵守国家有关法律法规和组织内部规章制度,信息的真实性和可靠性,资产的安全性与完整性,经济有效地使用资源,提高经营的效率和效果等目标。

**6. 企业内部控制应用指引第 18 号——信息系统**

伴随着信息系统理论的发展和现实的运用,为了有效减少人为的操作风险,提高企业现代化管理水平,财政部会同有关部委单独立项制定了《企业内部控制应用指引第 18 号——信息系统》(以下简称《指引第 18 号》),为我国企业信息系统开发、运行、维护以及运用信息系统优化管理和防范风险提供了科学的指导和制度保障。

《指引第 18 号》一共包括三章 15 条,第一章是总则,主要介绍了信息系统的定义和风险;第二章是信息系统的开发,主要介绍了企业在信息系统开发过程中的控制要求,涉及系统规划、权限、日志、测试、上线等过程;第三章是信息系统的运行和维护,主要介绍了信息系统运行和维护过程中的控制要求,涉及变更管理、用户管理制度、网络安全、数据备份等内容。

由于信息系统本身具有复杂性和高风险的特征,《指引第 18 号》规定,企业负责人对信息系统建设工作负责。《指引第 18 号》中所指信息系统,是指企业利用计算机和通信技术,对内部控制进行集成、转化和提升所形成的信息化管理平台。信息系统内部控制的目标是促进企业有效实施内部控制,提高企业现代化管理水平,减少人为操纵因素;同时,增强信息系统的安全性、可靠性和合理性以及相关信息的保密性、完整性和可用性,为建立有效的信息与沟通机制提供支持保障。信息系统内部控制的主要对象是信息系统,由计算机硬件、软件、人员、信息流和运行规程等要素组成。信息系统内部控制包括一般控制和应用控制。一般控制,是指对企业信息系统开发、运行和维护的控制;应用控制,是指利用信息系统对业务处理实施的控制。

**7. 商业银行信息科技风险管理指引**

银监会 2009 年 6 月发布了《商业银行信息科技风险管理指引》,共 11 章,76 条,包括总则,信息科技治理,信息科技风险管理,信息安全,信息系统开发、测试和维护,信息科技运行,业务连续性管理,外包,内部审计,外部审计和附则等 11 个部分。

《指引》具有以下几个特点:一是全面涵盖商业银行的信息科技活动,进一步明确信息科技与银行业务的关系,对于认识和防范风险具有更加积极的作用;二是适用范围由银行业金融机构变为法人商业银行,其他银行业金融机构参照执行;三是信息科技治理作为首要内容,提出充实并细化了对商业银行在治理层面的具体要求;四是重点阐述了信息科技风险管理和内外部审计要求,特别是要求审计贯穿于信息科技活动的整个过程之中;五是参照国际国内的标准和成功实践,对商业银行信息科技整个生命周期内的信息安全业务在连续性管理和外包等方面提出了高标准高要求,使操作性更强;六是加强了对客户信息保护的要求。

**8. 中央企业全面风险管理指引**

2006 年国务院国有资产监督管理委员会发布了《中央企业全面风险管理指引》,该指引中指出中央企业全面风险管理是指围绕总体经营目标建立包括风险管理策略、风险理财措施、风险管理的组织职能体系、风险管理信息系统和内部控制系统在内的全面风险管理体系。

中央企业全面风险管理关系到国有资产的保值增值以及企业持续、健康、稳定发展,企业应努力实现以下目标:

(1) 将风险控制在与总体目标相适应并且可以承受的最大范围内。
(2) 确保企业内外部信息的真实可靠的沟通。
(3) 确保企业规章制度和为实现经营目标而采取的重大措施的有效贯彻实行,以保障经营管理的有效性,提高经营活动的效率和效果,降低实现经营目标的不确定性。
(4) 确保企业建立针对各项重大风险发生的灾难恢复计划和危机处理计划,以保护企业不因灾害性风险或人为失误而遭受重大损失。
(5) 确保企业遵守有关法律法规等各项目标。

## 15.2 IT 内部控制的构成

### 15.2.1 IT 内控的目标

IT 控制能够帮助组织在 IT 运行环境过程中,适应不断变化的约束因素,建立良好的风险控制环境,形成一个强大的弹性的内部控制系统,应对组织面临的各种挑战和意外事件。IT 控制本身并不是目标,控制的存在是为了帮助实现业务目标。控制也许会加大经营成本,并且可能是非常昂贵的成本。IT 控制的主要目的是建立一个可持续监控的控制环境使组织风险可识别、可控、可管理。

**1. 与业务目标一致**

信息系统内部控制要从组织目标和信息化战略中抽取信息需求和功能需求,形成总体的信息系统内部控制框架,为系统的运行提供保障,保证信息技术跟上持续变化的业务目标。

**2. 有效利用信息资源**

目前信息化工程超期、IT 外部的需求没有满足、IT 平台支持业务应用等问题较为突出,通过信息系统内部控制可以对信息资源进行有效管理,保护投资的回收,并支持决策。

**3. 风险管理**

由于组织越来越依赖于信息技术和网络,新的风险不断涌现。信息系统内部控制强调风险管理,通过制定信息资源的保护级别,强调关键的信息技术资源,有效实施监控和事故处理。信息系统内部控制是使组织适应外部环境变化;使组织内部实现对业务流程中资源的有效利用,从而达到改善管理效率和水平的重要手段。

### 15.2.2 IT 内控的要素

在内部控制理论中,内部控制要素是指内部控制制度的构成要素,是对内部控制系统的科学合理的简明划分。合理确定内部控制要素有利于具体实施内部控制制度。内部控制的内容,归根结底是由基本要素组成的。COSO 框架指出内部控制是控制环境(control environment)、风险评估(risk assessment)、控制活动(control activities)、信息与沟通

(information&Communication)和监测(monitoring)5项构成要素构成,在信息技术环境下,企业内部控制系统仍然由上述5个基本要素构成,但是每项基本的内容却呈现出新的特征。

**1. IT内部控制环境**

控制环境是对企业内控系统的建立和实施具有重大影响的各种因素的总称,内部控制环境在企业IT领域的体现是IT的内部控制环境,同样IT内部控制环境是实施IT内部控制的基础。主要包括IT治理架构、IT组织与职责,IT决策机制,IT合规与IT审计等。

**2. IT风险评估**

企业信息化带来的IT风险已经成为企业风险管理的主要方面。风险评估主要包括目标设定、风险识别、风险分析和风险应对。IT目标设定可以理解为IT战略与IT规划,IT风险识别与分析应对(包括对信息资产的风险、IT流程的风险以及应用系统的风险识别分析与应对)。

**3. IT控制措施**

针对风险评估的结果,在IT方面需要实施具体的IT控制措施,包括IT技术类控制措施,如防火墙、防病毒、入侵检测、身份管理、权限管理等,以及IT管理类控制措施,包括各类IT管控制度与流程,如开发管理、项目管理、变更管理、安全管理、运营管理、职责分离,授权审批等。

**4. 信息与沟通**

在IT领域也需要明确具体的IT管理制度和沟通机制,建立服务台与事件管理程序,及时在企业内部层级之间传递和企业相关的外部信息。

**5. 监督检查**

需要建立IT内部控制体系的审核机制,评价IT控制的有效性。通过IT技术手段(如日志、监控系统、综合分析平台等)和管理手段(如内部IT审核、管理评审、专项检查等措施),不断改进企业的IT内部控制。

IT控制要素及其构成方式,决定着内部控制的内容与形式,IT内部控制目标、IT内部控制要素以及IT内部控制主体三者之间存在着直接的关系。

## 15.2.3 IT内控的特征

随着IT应用的深入,IT内控越来越成为降低企业风险、提高企业现代化管理水平的焦点。作为企业内部控制有机组成部分的IT内控具备与传统内部控制不同的特点。

**1. 整合性**

IT内部控制服务于组织整体内控的需求,不能脱离组织的内控需求独立存在。IT内控与组织的整体控制需求相一致,必须与其他控制内容紧密联系、互相配合,才能实现组织内部控制的目标。

**2. 全面性**

全面性即IT内部控制是对企业IT环境的全面控制,而不是局部性控制。IT控制涉及与IT相关的所有内容,包括与IT相关的组织结构、规则制定、政策、IT基础设施、应用系统等多方面的内容。IT控制涉及与之相关的所有业务流程和经营管理活动,IT控制活动贯穿业务流程和经营管理活动的每个环节。IT控制不仅仅考核IT的运行情况,还需要进行各种分析和研究,并及时提出改进意见,实施改进措施。

### 3. 经常性

IT内部控制不是阶段性和突击性工作，涉及对IT各种业务职能和管理职能的经常性检查和考核，并且IT控制的改进活动也是持续发生的。

### 4. 潜在性

即IT内部控制行为与日常的业务与管理活动并不是明显的割裂开来，而是隐藏与融汇在其中。不论采取何种管理方式，执行何种业务，均有潜在的IT控制意识与控制行为。

### 5. 关联性

组织的IT内部控制是一个完整的体系，各个要素之间紧密联系，各个控制目标活动相互关联，一种控制措施的成功与否均会影响到另一种控制措施，一种控制措施的建立，可能会导致另一种控制措施的加强、减弱或取消。

## 15.2.4 IT内控的分类

按照不同标志可以将内部控制分为不同类别，主要分类有：

（1）按照控制内容为标志，可划分为一般控制和应用控制。

（2）按照控制地位为标志，可划分为主导性控制和补偿性控制。

（3）按照控制功能为标志，可划分为预防式控制和侦察式控制。

（4）按照控制时序为标志，可划分为原因控制、过程控制和结果控制。

美国执业会计师协会第3号《审计准则公告》、《国际审计准则》第20号以及我国《独立审计具体准则第20号》，都把计算机会计内部控制分为一般控制（general controls）和应用控制（application controls）两大类，并将前者定义为：

（1）电子数据处理的组织和操作的计划。

（2）对系统或程序的设计、开发和变动的记录、审核、测试和批准。

（3）由制造商在设备内部所设置的控制。

（4）对接触设备和数据文件的控制。

（5）对系统的运行有影响的其他数据和指令程序的控制。公告把应用控制定义为输入控制、数据处理控制和输出控制。

分类是一种手段，目的是便于人们对事物的理解或认识。分类标准的模糊性会造成控制内涵不明确，到底哪些方面的控制属于一般控制，哪些属于应用控制。为了明确划分这两个概念的外延，本书认为一般控制侧重管理层面，应用控制侧重技术层面，一般控制主要包括组织控制、人员控制和日常控制三个方面的内容，应用控制主要包括信息系统的输入控制、处理控制和输出控制三个方面的内容。具体内容将在第16章做详细介绍。

## 15.3 IT内部控制的设计

### 15.3.1 控制设计原则

企业在建立和设计IT内部控制框架时必须遵循和依据的客观规律和基本法则，称为IT内部控制的基本原则。一般来说，企业在IT内部控制建设方面应遵循以下原则。

#### 1. 合法性原则

IT内部控制的设计必须遵循国家法律法规的要求，必须具有高度的权威性。

**2. 有效性原则**

要使IT内部控制充分发挥控制作用,必须在各部门和各岗位得到贯彻实施,这要求建立的内部控制制度包括最高决策层所制定的业务规章和发布的指令,必须真正落到实处,必须成为所有员工严格遵守的行动指南;执行内控制度不能存在任何例外,任何人(包括董事长、总经理)不得拥有超越制度或违反规章的权力。

**3. 审慎性原则**

IT内部控制的核心是有效防范各种IT风险。为了将各种风险控制在许可的范围之内,建立IT内部控制必须以审慎经营为出发点,要充分考虑到IT环境中可能存在的风险、容易发生的问题,设立适当的操作程序和控制步骤来避免和减少风险,并且设定在风险发生时要采取哪些措施来进行补救。

**4. 全面性原则**

IT内部控制必须渗透到企业各项业务过程和各个操作环节,覆盖所有的部门和岗位,不能留有任何死角和空白,做到无所不控。

**5. 及时性原则**

IT内部控制的建立和改善要跟上业务和信息技术发展的需要,当企业建立新的信息系统、架构新的IT基础设施时,必须树立"内控先行"的思想。

**6. 独立性原则**

IT内部控制的检查与评价部门必须独立于IT内部控制的建立与执行部门,直接的操作人员和直接的控制人员必须适当分开,并向不同的管理人员报告工作;在存在管理人员职责交叉的情况下,要为负责控制的人员提供可以直接向最高管理层报告的渠道。

**7. 成本效益原则**

企业最关心的是经济效益,如果单纯从IT控制的角度来考虑,参与控制的人员和环节越多,控制措施越严密复杂,控制的效果就越好,其发生的错弊现象就越少,但因控制活动造成的控制成本就越高。因此,在设计IT内部控制时,一定要考虑控制投入成本和控制产出效益之比,一般来讲,只要对那些在业务处理过程中发挥作用大、影响范围广的关键控制点进行严格控制。对那些只在局部发挥作用、影响特定范围的一般控制点,其设立只要能起到监控作用即可,而不必花费大量的人力、物力进行控制。防止由于一般控制点设立过多、手续操作繁杂,造成企业经营管理活动不能正常、迅捷地运转。因此,控制点设定的数量需根据实际情况,科学设立、易于操作,千万不要因不必要控制点的设立,造成投入产出的得不偿失,力争以最小的控制成本获取最大的经济效果。

**8. 系统网络原则**

按照系统网络原则的要求,各项IT控制点应在企业管理模式的控制之下,设立齐全且点点相连、环环相扣、不能脱节。各个IT控制点的设立必须考虑到控制环境、控制活动对它的影响。控制环境和控制活动构成了企业的氛围,它主要包括员工的诚实性和道德观、岗位匹配能力、组织结构、管理模式和经营风格以及人力资源管理政策等,无论哪一个环节出现问题,其对内部控制的实施都会带来极大的负面影响,因而,建立必要的风险评估、信息沟通和监督机制,随时适应新情况,适时调整不适合的控制点,以保证整个网络下的控制点连成一片,协调顺畅地发挥作用。

综上所述,企业的IT内部控制从设计的角度来看,应能达到一个基本目标,即在保证企业经济效益最大化的前提下,保证企业顺畅运转而又不失控制,同时,要能对非常规业务进行有效的反应,通过对IT内部控制的检测和评价,保证企业IT内部控制能进行有效的自我调节。

### 15.3.2　IT内控的作用

IT内部控制的作用指IT内部控制活动对组织的生产经营活动以及对外部社会经济活动所产生的影响和效果。虽然IT为组织的经营管理活动提供了强有力的支持,但是伴随IT产生的风险也日益引起业界的关注,IT内部控制作为控制IT风险的重要手段,在企业的内部控制中发挥着重要作用。一个组织对IT的依赖越强,IT内部控制就越重要,IT内部控制发挥的作用就越显著。可以说,在当今组织高度信息化的时代,健全的IT内部控制有助于组织建立全面的风险管理体系、提高内部控制管理以及整体流程管理水平。具体讲,企业内部控制主要有以下几方面的作用:

**1. 保证与IT有关的国家方针、政策和法规在企业内部的贯彻实施**

在IT建设的过程中,确保相关的国家方针、政策和法规的执行是组织进行合法、合规的IT建设的先决条件。通过IT控制,可以对组织各个部门、各个环节进行有效的监督和控制,及时反映、纠正发生的各类问题,确保国家方针、政策和法规得到有效的执行。

**2. 保证信息的真实性和准确性**

健全的IT内部控制,可以保证信息的采集、归类、记录和汇总过程的可靠性,从而真实的反映企业的生产经营活动的实际情况,并及时发现和纠正各种错弊,确保信息的真实性和准确性。

**3. 更全面地防范风险**

信息技术在提高组织经营管理效率、增强竞争力的同时,也带来了新的风险。在企业的生产经营活动中,企业要达到生存发展的目标,就必须对各类风险进行有效的预防和控制,不仅需要关注传统风险,更需要关注信息技术给企业带来的新风险。IT内部控制是传统企业内部控制的重要组成部分,是防范企业风险的重要手段。它通过对与信息技术相关的风险的有效评估,不断加强企业对信息技术薄弱环节的控制,减少信息技术风险对企业经营管理活动的影响。

**4. 维护财产和资源的安全完整**

健全完善的内部控制能够科学有效的监督和制约财产物资的采购、计量、验收等各个环节,从而确保财产物资的安全完整,并能有效的防止各种损失浪费现象的发生,有助于加强企业经营管理,维护财产安全,提高经济效益。

**5. 促进企业的有效经营**

IT技术使得企业的各个部门通过技术平台紧密联系起来,充分发挥整体作用,顺利达到企业的经营目标。通过IT内部控制,加强监督与考核,真实反映工作实绩,配合合理的奖惩制度,激发员工的工作热情及潜能,从而促进整个企业经营效率的提高。

### 15.3.3　控制措施设计

IT内部控制的一般方法通常包括职责分工控制、授权控制、审核批准控制、信息资产保护控制、参数控制、会计系统控制、内部报告控制等。

**1. 职责分工控制**

IT 人员往往具有比一般用户更高的系统权限,所以 IT 部门的职责分离控制就显得更加重要,企业依据自身的规模及其面临的风险来确定合适的职责分离,以限制对计算机、生产数据库、生产程序、程序文件、操作系统以及系统工具的访问,减少由于个人操作所带来的潜在危害,如系统开发人员不应该拥有访问生产环境的权限等。

**2. 权限控制**

企业应该根据岗位需求以及职责分工的要求,明确各部门、各岗位使用信息系统、访问资源的权限,企业内部各级管理人员必须在授权范围内行使职权和承担责任,业务经办人员必须在授权范围内访问相应数据、办理业务。

**3. 审核批准控制**

审核批准控制对信息系统开发以及运行维护过程中的变更活动进行控制,要求对变更活动进行申请、评估、授权和监控,以确保变更活动能够顺序实施并且对现行业务的影响最小。

**4. 信息资产保护控制**

信息资产保护控制对软件、数据、文档等信息资产制定安全保护措施,包括定期备份、记录、管理、保险等,确保信息财产的安全完整。

**5. 系统控制**

系统控制对信息系统的运行建立全面的控制措施,包括参数、主文件等重要内容的访问、修改权限的监控等,定期对 IT 管理活动进行分析,发现存在的问题,查找原因,并提出改进意见和应对措施。

**6. 人员控制**

对于 IT 部门来说,人力资源政策的有效执行会影响员工的素质和 IT 部门的有效运作,规范聘用制度和流程有利于企业招聘到适当的员工支持 IT 运行和管理。企业需要科学设置 IT 部门的考核指标体系,对 IT 部门及其员工的绩效进行考核和评价,加强人员的日常管理以及培训。

**7. 内部报告控制**

企业需要建立和完善 IT 内部控制报告制度,明确相关信息的收集、分析、报告和处理程序,及时提供 IT 运行和管理的重要信息,增强 IT 内部控制的时效性和针对性。

### 15.3.4 控制涉及对象

在执行管理层,设定企业目标、制定政策、做出关于如何部署和管理企业资源以执行企业战略的决策。董事会确定治理和控制的整体方式并在企业范围内贯彻。IT 控制环境亦受到这些高层目标和政策的控制。实施 IT 内部控制主要涉及三个层面,即决策层面、业务层面和技术层面。

**1. 决策层面**

(1) 政策制定:公司整体的 IT 治理架构、决策机制和 IT 基本策略。

(2) 信息与沟通:IT 制度的发布、沟通机制与管理程序。

(3) 风险评估:建立风险评估流程和 IT 风险矩阵,包括信息资产评估程序,流程风险评估。

(4) 监控检查：建立 IT 技术监控措施，内部 IT 审核、管理评审、专项检查等措施。

**2. 业务层面**

在业务流程层控制具体的业务活动，许多业务流程是自动化的并与 IT 应用系统进行了整合，导致这个层面的许多控制也是自动化的，这些控制被称为应用控制。然而，业务流程中的部分控制仍保留了手工操作，因此，业务流程层面的控制是业务人员手工控制与自动化应用控制相结合，虽然应用控制需要 IT 职能予以支持进行设计和开发，但两种控制的建立和管理都是业务部门的职责。

(1) 信息安全策略：包括问题管理、应急管理、第三方管理、职责分离等。

(2) 信息安全流程：包括备份管理、数据中心管理、设备安全、系统安全等；管理账号等。

(3) 用户培训：包括操作人员培训、管理人员培训、专业人员培训等。

(4) 人力资源管理：包括授权控制、访问控制、权限管理等。

**3. 技术层面**

(1) 信息系统的开发和实施：包括开发与实施活动的管理、项目启动、需求分析与设计、系统自行开发管理。

(2) 信息系统的建设与软件包的选择、测试和质量保证、数据转换、上线、文档与培训等。

(3) 信息系统的变更和维护：包括授权和跟踪变更申请、系统编程、测试和质量保证、迁移到生产环境的授权、文档和培训、变更管理等。

(4) 信息系统的操作和运行：包括对系统操作的总体控制、批处理、数据安全、操作系统安全、内部网络安全、边界网络安全、物理安全，数据管理与数据质量等。

### 15.3.5 控制的实施

IT 内部控制体系建设包括以下主要阶段：

**1. 现状调研及诊断**

本阶段主要实施的任务是对 IT 内控现状进行了解，确认 IT 控制的相关范围，审阅相关政策和程序，调研和识别企业内部控制规范所要求范围内的重点应用系统及模块清单，对信息系统的相关控制设计情况进行了解，在现有的业务流程控制文档基础上，识别有关自动/半自动活动控制活动描述，提出调研报告和改进建议。

**2. 风险识别与分析**

本阶段主要实施的任务是在对现有的信息系统建设、实施与支持运维各个流程进行充分的风险评估、调研及访谈的基础上，找到现有内控体系与完善的内控体系之间的差距，并分析所得到的差距结果，建立 IT 风险控制矩阵。

**3. IT 内部控制体系设计与整改方案**

本阶段主要实施的任务是参照《企业内部控制规范》及 COBIT 框架要求，结合 ISO20000 与 ISO27001 标准，设计一套具有比较完善严谨、实际操作性以及可推广性的 IT 内部控制体系。

**4. 培训宣讲与运行推广实施**

本阶段主要实施的任务通过宣讲、培训等方式，对企业各单位和人员进行内控流程设计

第15章 IT内部控制概述 319

和相关制度的介绍与学习,在领导统一的部署下,督导其改进流程;并根据建立好的IT控制框架体系进行试运行,从而方便后期的推广实施。

**5. 体系改进修正和监督优化**

本阶段实施的任务是就各个部门和终端操作人员在试运行阶段发现的问题、产生的问题及反馈意见进行讨论研究,进而对整个IT内控体系进行有针对性的改进或修正,以实现对流程的实际可操作性和可行性做进一步的优化和完善。

# 第 16 章 IT 内部控制应用

## 16.1 一般控制

### 16.1.1 概述

信息系统一般控制是确保组织信息系统正常运行的制度和工作程序,其主要目标是保护数据与应用程序的安全,并确保在异常中断情况下计算机信息系统仍能持续运行。如果计算机环境发现了信息系统一般控制的缺陷,则会影响系统整体的可信程度,比如:程序变更控制缺陷可能会导致未授权人员对检查录入数据字段格式的编程逻辑进行修改,从而导致系统接受不准确的录入数据;与安全和访问权限相关的控制缺陷可能导致数据录入不恰当地绕过合理性检查,而该合理性检查在其他方面将使系统无法处理金额超过最大容差范围的支付操作。信息系统一般控制在被审计单位的组织层面、系统层面以及应用程序总体层面实施,一般控制的实施效果是信息系统应用控制效果的决定性因素。如果没有适当的一般控制,应用控制会容易被规避、篡改甚至失效。表 16-1 所示为一般控制调查表。

表 16-1 一般控制调查表

| 控制措施 | 是 | 否 | 不适用 | 评价 |
|---|---|---|---|---|
| 1. 组织机构的设置<br>(1) 是否按信息系统运行所需来划分各种组织机构?<br>(2) 机构设置是否适合被审计单位的实际规模,符合被审计单位的总体经营目标?(索取组织机构图) | | | | |
| 2. 职责划分<br>(1) 是否不同职责由不同的人承担,能否保证人员之间的工作可以互相检查和监督?<br>(2) 授权行为的管理是否按照系统特性实现人员职权的分离?<br>(3) 对未授权行为是否进行检测与控制?<br>(4) 人员的职责与权限是否通过规章制度加以明确? | | | | |
| 3. 业务分配<br>(1) 对具有唯一性、关键性的业务是否有指定替代人员?<br>(2) 是否定期对工作人员进行考核?<br>(3) 对关键信息的掌握者是否有相应的牵制措施?<br>(4) 聘用人员与工作岗位是否相符? | | | | |

续表

| 控制措施 | 是 | 否 | 不适用 | 评价 |
|---|---|---|---|---|
| （5）是否有明确的交接班规章制度？人员离岗后，是否归还所有的报告、文档和书籍，及时删除信息系统的账号和口令？ | | | | |
| 4. 教育培训 | | | | |
| （1）是否有根据信息系统的需要对人员进行培训的相关制度？ | | | | |
| （2）是否存在识别组织内人员所存在的知识上和能力上的盲点的相关控制措施？ | | | | |
| （3）是否针对这些盲点开设培训课程？ | | | | |
| 5. 健康管理 | | | | |
| （1）工作人员是否具有良好的工作环境和人文环境？ | | | | |
| （2）是否有完善的医疗保障体系？ | | | | |
| （3）是否超负荷工作以及是否充分发挥其能力？ | | | | |
| 调查结果： | | | | |

## 16.1.2 组织控制

组织结构是企业内的关键决策实体，企业必须明确定义 IT 组织结构，以确保企业所需的服务能够成功交付，从而有效地保障信息安全、实施风险管理和质量保证。定义组织结构可能需要描述各个组织的主要职能，确保能够正确分离职责并确定企业中负责使用和管理各种信息和资源的人员。组织结构可以在其控制范围内界定和实施政策，而组织结构的活动又由政策来界定。建立适当的 IT 组织架构是实现 IT 管理和治理的必要手段，在 COBIT 5.0 中，组织架构被定义为支持企业 IT 综合治理和管理体系得以实施的七大成功因素之一，企业的治理和管理活动需要不同的组织结构，并服务于不同的用途。比如，在大多数企业中，整体治理是董事长领导下的董事会的责任，具体的治理责任可能授予适当级别的特别组织，尤其是在较大型综合性企业中更是如此，而管理则是首席执行官（CEO）领导下行政管理层的责任。每个企业可以采取不同的方式来构建组织结构，COBIT 5.0 从整个企业的层面列举了更详尽的组织结构，在这个组织结构中，不仅涉及 IT 部门，而且列举了大量与 IT 控制有关的组织，如表 16-2 所示。由于企业的业务规模和性质不一样，各个企业实际的组织结构、部门名称和职务名称也不尽相同。企业需要根据自己的实际情况建立适当的组织结构，以保障 IT 控制的有效实施。

IT 部门是组织实现 IT 管理的重要部门，负责企业信息化建设，指导、监督各级信息技术部门的工作，建立纵向汇报、沟通和监控机制。各级信息技术部门的岗位设置从安全和内部控制与风险管理的角度，考虑职责分离的要求，可在重要岗位建立员工储备机制。图 16-1 所示的组织结构主要反映了 IT 部门的一种常见组织结构，体现了风险管理、应用程序开发、运维等方面的职能。组织结构图是描述企业组织结构的重要资料，通过组织结构图来清晰定义各个部门之间的层次和权限。

表 16-2　与 IT 控制相关的组织与岗位

| 角色/组织 | 描述 |
|---|---|
| 董事会 | 企业中最高行政管理人员和/或非执行董事构成的团体，他们负责企业的治理并掌控企业的整个资源 |
| 首席执行官(CEO) | 负责企业整个管理的最高级别官员 |
| 首席财务官(CFO) | 企业中负责全面财务管理，包括财务风险和控制以及可靠和精确的财务管理的最高级别官员 |
| 首席营运官(COO) | 企业中负责营运的最高级别官员 |
| 首席风险官(CRO) | 企业中负责全面风险管理的最高级别官员。可设置一个 IT 风险职能岗位以监督 IT 相关的风险 |
| 首席信息官(CIO) | 企业中负责 IT 与业务战略一致的最高级别官员，还负责规划、提供资源和管理支持企业目标的 IT 服务和解决方案的交付 |
| 首席信息安全官(CISO) | 企业中负责企业各种信息安全的最高级别官员 |
| 企业主管人员 | 负责某一具体业务单位或子公司运营的高级管理人员 |
| 业务流程所有者 | 负责实现流程目标、推动流程改进和批准流程变更等流程绩效的人员 |
| 战略(IT 执行)委员会 | 由董事会委任的高级管理人员构成的团体，以确保董事会参与到和始终知晓重大 IT 相关的事务和决定。该委员会负责管理 IT 驱动的投资组合、IT 服务和 IT 资产，保证交付价值和管理风险。正常情况下该委员会由一名董事会成员而不是首席执行官主持 |
| (项目或项目集)督导委员会 | 由负责项目集和项目指导的利益相关者和专家构成的团体，包括管理和监控计划、资源配置、收益和价值交付以及项目集和项目风险管理 |
| 架构委员会 | 由负责对企业架构相关的事务和决策予以指导的利益相关者和专家构成的团体，还负责设定架构政策和标准 |
| 企业风险委员会 | 由负责支持企业风险管理(ERM)活动和决策所必需的企业层面协调和一致同意的企业管理人员构成的团体。可以成立一个 IT 风险理事会，以便更详细地考虑 IT 风险，并为企业风险委员会提供建议 |
| 人力资源负责人 | 负责企业中关于人力资源的规划和政策的最高级别官员 |
| 合规部 | 企业中负责法律、监管和合约合规指导的职能部门 |
| 审计部 | 企业中负责提供内部审计的职能部门 |
| 架构负责人 | 负责企业架构流程的高级人员 |
| 开发负责人 | 负责 IT 相关解决方案开发流程的高级人员 |
| IT 运营负责人 | 负责 IT 运营环境和基础设施的高级人员 |
| IT 行政管理负责人 | 负责 IT 相关记录和支持 IT 相关行政管理事务的高级人员 |
| 项目集和项目管理办公室(PMO) | 负责支持项目集和项目经理的职能部门，并负责收集、评估和报告关于其项目集和构成项目的信息 |
| 价值管理办公室(VMO) | 充当管理投资和服务组合秘书处的职能部门，其职能还包括对投资机会和业务案例进行评估和提供建议，推荐价值治理/管理方法和控制手段，并报告投资和服务可持续和创建价值的进展情况 |
| 服务经理 | 为特定客户(用户)或客户(用户)团体管理开发、实施、评价和持续管理新建和现有产品和服务的人员 |
| 信息安全经理 | 管理、设计、监督和/或评估企业信息安全的人员 |
| 业务持续性经理 | 管理、设计、监督和/或评估企业业务持续性能力的人员，以保证企业的关键职能部门能在破坏性事件之后持续运行 |
| 隐私官 | 负责监控隐私法律的风险和对业务的影响的人员，并且还将指导和协调实施符合隐私保护条例的政策和活动。也称为数据保护官 |

# 第16章 IT内部控制应用

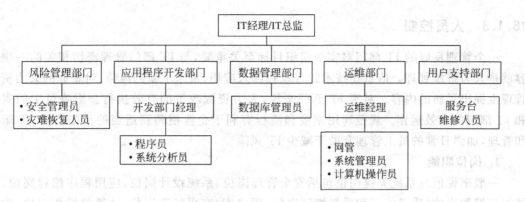

图 16-1 IT 部门组织结构图

与 IT 组织控制有关的控制点包括:
(1) 根据企业的业务特点和风险特点建立适当的 IT 组织结构。
(2) 确保 IT 部门的职责分离。
(3) 确保 IT 部门和业务部门之间进行充分沟通。
(4) 确保 IT 部门内部充分沟通。

表 16-3 所示为组织管理的控制测试矩阵。

表 16-3 组织管理的控制测试矩阵

| 序号 | 控制措施 | 控制目标 | | 备注 |
|---|---|---|---|---|
| | | 职责分离 | 人员管理控制 | |
| 1 | 是否制定了职责分离的规章制度 | √ | √ | |
| 2 | 业务人员的工作职责明确清晰 | √ | √ | |
| 3 | 信息技术部门只负责信息系统的开发和维护工作,日常的业务操作只能由相关业务部门的工作人员来进行 | √ | | |
| 4 | 信息技术人员未经批准不能接触备份的数据,不能在无监督的情况下进行数据备份和恢复的工作 | √ | | |
| 5 | 系统的输入人员与复核人员不能相互兼任 | √ | | |
| 6 | 业务操作人员不能保管除操作手册以外的系统技术文档 | √ | | |
| 7 | 业务操作人员不能管理系统产生的重要的业务档案 | √ | | |
| 8 | 聘用人员与工作岗位是否相符 | | √ | |
| 9 | 对因工作需要接触秘密数据的工作人员签订保密协议书 | | √ | |
| 10 | 对关键性业务配备后备人员 | | √ | |
| 11 | 定期对工作人员的工作进行考核 | | √ | |
| 12 | 定期对信息系统人员进行培训 | | √ | |
| 13 | 关键技术有多人掌握 | | √ | |
| 14 | 人员离岗后,信息系统中的账号和口令及时删除 | | √ | |
| 15 | 人员离岗后,及时归还所有的报告、文档和书籍 | | √ | |

### 16.1.3 人员控制

一个管理良好的 IT 部门对实现组织目标至关重要，与 IT 部门管理密切相关的一项内容就是人力资源管理。信息化技术的普及和深入应用，带来了新的风险，对企业的人力资源管理也提出了新的内容。对于 IT 部门来说，人力资源政策的有效执行会影响员工的素质和 IT 部门的有效运作。规范聘用制度和流程有利于企业招聘到适当的员工支持 IT 运行和管理，加强日常的员工管理有助于减少 IT 风险。

**1. 岗位职能**

一般来说信息系统关键岗位包括安全管理岗位、系统设计岗位、应用程序编程岗位、系统程序编程岗位、质量保证和质量控制岗位、程序库/变更管理岗位、计算机操作岗位、数据管理岗位、网络管理岗位等。常见的岗位职能描述如下。

（1）系统开发经理：管理系统编程人员和系统分析人员。

（2）项目经理：负责计划、执行、协调 IT 项目，对实施 IT 策略发挥核心作用。项目经理可能需要向开发组织、项目管理办公室或督导委员会汇报项目进度情况。

（3）系统分析员：根据用户需求设计系统的专业人员，了解用户需求，并制定相关要求和功能规范以及高级设计文档，这些文档能够帮助编程人员编制程序。

（4）应用程序编程人员：负责开发和维护应用程序，包括开发新代码或更改应用程序的现有设置。应用程序编程人员应在测试环境下工作。

（5）质量保证（QA）经理：负责谈判和推动信息技术所有方面的质量活动，确保人员遵循规定的质量过程。

（6）质量控制：负责执行测试或审查来证实和确保软件没有缺陷且满足用户期望。

（7）数据管理员：负责 IT 环境中的数据架构以及将数据作为公司资产进行管理。

（8）数据库管理员：负责定义和维护企业数据库系统中的数据结构，确保存储在数据库系统中的共享数据的安全。

（9）最终用户：负责操作应用程序，即通常所说的使用业务应用系统的用户，这些用户通过业务应用系统处理日常的业务/事务。

（10）服务台/帮助台：在 IT 环境中，服务台是企业中的一个单位，负责应对用户遇到的技术问题及难题。服务台人员可能利用第三方帮助台软件快速查找常见问题的答案。服务台应具备对已报告、已解决及已上报的问题进行记录的程序，以便对难题/问题进行分析，有助于监视用户组以及改进软件/信息处理设施的服务。

（11）最终用户支持经理：充当 IT 部门与最终用户之间的联系枢纽。

（12）控制组：负责收集、转换和控制输入，以及对用户输出的平衡和分配。控制组的监督人员通常会向运营经理报告。控制组要处理敏感数据。

（13）运营经理：管理 IT 部门的计算机操作员。

（14）系统管理员：负责维护计算机系统以及大型和中型机系统。典型的职责包括：添加和配置新设备；建立用户账户；安装软件；执行用户防止/检测/纠正病毒传播的程序和分配存储空间等。

（15）计算机操作员：负责准确而有效地操作网络、系统和应用程序，为业务用户和客户提供高质量的 IT 服务。任务一般包括：执行和监视预先安排的作业；协助及时备份；监控对敏感数据未经授权的访问和使用；监控和检查是否遵循 IS 和业务管理部门制定的 IT 操作流程；参与灾难恢复计划的测试；监控信息资源的性能、容量、可用性和故障以及协助故障排除和应急处理等。

（16）安全管理员：确保各种用户均符合公司的安全政策，并且所采取的控制是适当的，防止对公司资产（包括数据、程序和设备）的未授权访问。其职能通常包括：维护数据和其他 IT 资源的访问规则；确保已授权用户的 ID 和密码保持的安全性和机密性；监控安全违规行为并采取纠正措施；定期审查和评估安全政策并向管理层提出改进建议；制定员工安全意识培训计划；进行安全测试等。

（17）网络管理员：负责管理网络中的关键组成部分，包括路由器、交换机、防火墙、网络划分、性能管理和远程访问等，对局域网进行技术和管理控制，包括确保传输链路正确运作、系统备份持续进行等。

企业应当建立岗位职责描述文档或者工作说明文档，确保岗位职责之间充分分离。文档应当清楚地描述岗位职责以及禁止的行为，文档还应当包括相关岗位所需的技术知识、技能和能力，可作为雇用、晋升和业绩评估的依据。此外还应该给所有职位设定风险级别，建立筛选岗位人员的标准。

**2. 专业培训**

鉴于信息技术和产品更新速度之快，培训对 IT 专业人员来说显得更为重要，培训不仅可以确保 IT 资源得到更有效更高效的使用，而且还可以鼓舞士气，特别是当企业部署了新的硬件和软件时，必须进行培训。

培训管理主要控制点参见表 16-4。

表 16-4 培训管理主要控制点

| 主要控制域 | 主要控制点 |
| --- | --- |
| 培训计划 | （1）制定年度信息化培训计划，明确培训周期、培训方式、培训内容和考核方式等相关内容<br>（2）针对不同岗位建立相应的培训计划，培训计划中应该明确培训方式、培训对象、培训内容、培训时间和地点、考核方式等内容；其中培训内容应该包含信息安全基础知识、岗位操作规程等 |
| 培训记录和评估 | （1）对培训过程进行记录，包括对培训人员、培训内容、培训结果等进行描述<br>（2）定期评估其录用人员（特别是信息安全管理人员、信息技术人员、关键或敏感岗位人员）的技能，以确保其能够满足岗位信息安全职责的需要，并根据评估结果，制定和不断更新对录用人员的信息安全培训计划 |
| 交叉培训 | （1）建立交叉培训制度，以降低对单个员工的依赖，并可作为接任计划的一部分<br>（2）在进行交叉培训时，事先评估目标人员是否完全了解整个系统所有部分的风险，以及可能暴露哪些信息 |

**3. 职责分离**

职责分离控制是为了避免和降低职责冲突风险而采取的控制措施。此处的职责冲突风险是指企业的管理层、员工或业务岗位因为不合理的职责授权而存在的可能导致舞弊、欺诈和过失等事件发生的风险。企业构建职责分离控制体系的主要工作在于对职责分离控制进行设计、部署和监督。企业通过构建自己的职责分离控制体系可以避免一个人同时承担多个关键职能的可能性，如果这些关键职能集于一身，这可能出现错误或滥用现象，并且在正常的业务操作过程中难以及时发现，因此运用职责分离可以有效地防范同一员工在履行多项职责时可能发生的舞弊或错误，如滥用资产、虚报财务报表、资金使用不当或对数据进行非授权的修改等。又如，某大型国企集团，由于其主要竞争对手总是能在竞价时略低于其报价，导致该集团总是竞价投标失败，后经过排查发现该集团使用的 ERP 系统内没有进行合理的访问授权管理，导致系统内出现明显的职责冲突，使得某些不相关的员工能轻易通过 ERP 系统查看到与产品有关的成本信息，而成本信息却泄露给了竞争对手。

由于工作的性质，企业的 IT 人员往往具有比一般用户更高的系统权限，所以 IT 部门的职责分离控制就显得尤为重要。例如某网游公司的系统开发人员利用自身的职务之便登录网游平台篡改游戏道具，并倒卖给玩家以获取非法所得，给公司造成了百余万元的经济损失。所以企业应当采取适当控制措施，如系统开发人员不应该拥有访问生成环境的权限等。

对职责进行分离后，可以限制对计算机、生产数据库、生产程序、程序文件、操作系统以及系统工具的访问，以减少由于个人操作所带来的潜在危害。企业由于业务流程和技术性质的差异，涉及的风险也不同，企业需要根据自身业务风险的特点合理进行职责分离，确定相关环境的适当控制时需要考虑企业的组织结构及相关职能。职责分离控制的原则依据被审计单位的规模及其面临的风险来确定。规模较大或舞弊风险较高的单位，应当设置更为严格的职责分离控制。

实现职责分离和人员管理是信息系统安全管理控制的主要目标之一。在计算机信息处理环境中，业务处理环境发生了重大的变化，业务流程处理是基于信息系统平台来实施，同一笔业务的授权、处理、复核、记录等工作可以通过计算机程序来实现，整个工作可以由一个人单独操作计算机完成，所以在计算机信息系统环境中，职责分离原则在业务处理层次被削弱，因此需要从组织结构和人员管理上来实现信息系统环境下各种职务之间的职责分离。职责分离的目的在于保证不同的人员承担不同的职责，人员之间可以互相监督和检查，从而防止错误和舞弊行为。对于信息系统来说，有效的职责分离应当在系统层面和应用程序层面执行，确保某个岗位不会控制业务流程的所有关键阶段，例如应当严格限制程序员对生产环境中的程序进行修改，或者不允许一个计算机程序员独立完成程序设计、测试和变更等关键环节，以减小舞弊风险。

企业的信息技术部门负责信息系统的技术支持，应当建立有效的管理制度，明确规定有关技术支持岗位职责和要求，应当对关键岗位进行有效分离控制，并且定期检查关键岗位人员的职责分离情况。企业应当建立信息系统开发、运行与维护等环节的岗位责任制度和不相容职务分离制度，防范利用计算机舞弊和犯罪。一般而言，信息系统不相容职务涉及的人员可分为三类：系统开发建设人员、系统管理和维护人员、系统操作使用人员。开发人员在运行阶段不能操作使用信息系统，即开发职责和业务操作是不相容职责，否则开发人员就可能掌握其中的涉密数据，进行非法利用；系统管理职责和业务操作是不相容职责，系统管理和维护人员担任密码保管、授权、系统变更等关键任务，如果允许其使用信息系统，就可能较为容易地篡改数据，从而达到侵吞财产或滥用计算机信息的目的。此外，信息系统使用人员也需要区分不同岗位，包括业务数据录入、数据检查、业务批准等，在他们之间也应有必要的相互牵制，一般来说，申请、审批、操作、监控是系统访问过程中典型的不相容岗位（或职责）。

企业应建立用户管理制度，加强对重要业务系统的访问权限管理，避免将不相容职责授予同一用户。在进行职责分离时，还需要从信息系统生命周期的角度，不仅要考虑不同阶段之间的不相容职责，也要考虑同一阶段内的不同职责，比如系统开发与验收测试是不相容职责。

在职责分离控制实施中，由于计算机操作的独立性，不能保证关键岗位人员的行为都是经过授权的，因此需要建立书面的制度和实际的程序来监控关键岗位的操作。

在岗位职责描述的基础上，企业可以建立职责分离控制矩阵来详细定义职责分离情况，表16-5所示为IT部门职责分离控制矩阵提供了范例，该表指出了可能会导致潜在控制风险的职能组合情况。

表 16-5 职责分离控制矩阵

|  | 控制小组 | 系统分析员 | 程序员 | 服务台和支持经理 | 最终用户 | 数据录入员 | 计算机操作人员 | 数据库管理员 | 网络管理员 | 系统管理员 | 安全管理员 | 系统编程员 | 质量保证人员 |
|---|---|---|---|---|---|---|---|---|---|---|---|---|---|
| 控制小组 |  | × | × | × | × | × | × | × | × | × |  | × |  |
| 系统分析员 |  |  |  | × | × |  | × |  |  |  | × |  | × |
| 程序员 |  |  |  | × | × | × | × | × | × |  | × | × | × |
| 服务台和支持经理 |  |  |  |  | × | × |  | × | × | × | × |  |  |
| 最终用户 |  |  |  |  |  |  | × | × | × | × | × |  | × |
| 数据录入员 |  |  |  |  |  |  | × | × | × | × | × |  |  |
| 计算机操作人员 |  |  |  |  |  |  |  | × | × | × | × |  |  |
| 数据库管理员 |  |  |  |  |  |  |  |  | × |  | × |  |  |
| 网络管理员 |  |  |  |  |  |  |  |  |  |  |  |  |  |
| 系统管理员 |  |  |  |  |  |  |  |  |  |  | × |  |  |
| 安全管理员 |  |  |  |  |  |  |  |  |  |  |  | × |  |
| 系统编程员 |  |  |  |  |  |  |  |  |  |  |  |  | × |
| 质量保证人员 |  |  |  |  |  |  |  |  |  |  |  |  |  |

企业如果因为某些原因需要合并某些职责，则应当制定相应的补偿控制措施，并切实履行。比如企业应当明确由于被审计单位规模、资源分配等原因导致的无法实施有效职责分离控制的岗位，并制定补偿性控制措施。补偿控制是指当识别的职责冲突无法通过改变职责授权来消除时，企业可以选择引入补偿性控制来间接规避职责冲突风险。补偿控制属于内部控制，可以在无法适当进行职责分离时减少现有或潜在的控制弱点所带来的风险。补偿性控制往往被视作以较低成本来规避职责冲突风险的有效手段之一。常见的补偿控制如下。

（1）审计轨迹：审计轨迹可以帮助IT部门追溯事务流程，通过审计轨迹，可以确定事务发起人、输入日期和时间、输入类型、包含的信息字段以及更新的文件。审计轨迹可以以日志的形式提供。

（2）对账/核对：由数据控制小组通过使用总数核对控制及资产负债表来执行有限的应用程序对账，这种独立的验证方法可以加倍确保应用程序处理成功且数据处于适当的平衡状态。

（3）异常报告：异常报告一般由管理层进行处理，异常报告记录了发生的例外情况，例外情况需要得到及时合理的解决。

（4）交易日志记录：交易日志记录可以通过手工生成或计算机生成，用于记录所处理的事务。

（5）管理层审查：管理层可以通过观察和问询来审查用户的行为。

### 16.1.4　日常控制

随着组织信息化的深入发展，IT运维管理成为日常管理活动之一。IT运行维护的主要目的是确保信息系统正常运转，确保IT服务质量达到预定目标，确保所有的问题和时间被完整准确地识别并及时得到解决，确保信息系统处理无论在发生较小的或重大的中断后，均能及时得到恢复，保证IT能够为企业的经营管理活动提供有效的支持。企业要重视IT日常运行维护工作，应该安排专人负责。日常运维活动主要包括信息技术资产管理、系统的日常操作和维护（比如各种设备的保养、故障的诊断与排除、易耗品的更换与安装等）、系统运行状态监控、时间报告和处理以及灾难备份等。日常控制的主要内容参见表16-6。表16-7所示为数据资源管理的控制矩阵。表16-8所示为系统环境安全管理的控制矩阵。表16-9所示为系统运行管理的控制矩阵。

表16-6　日常控制的主要内容

| 控制域 | 控制项详细描述 |
| --- | --- |
| 日常操作维护 | （1）企业应制定信息系统使用的操作程序、信息管理制度以及各模块子系统的具体操作规范，及时跟踪、发现和解决系统运行中存在的问题，确保信息系统按照规定的程序、制度和操作规范持续稳定地运行<br>（2）建立配套设施、软硬件维护方面的管理制度，对其维护进行有效的管理，包括明确维护人员的责任、涉外维修和服务的审批、维修过程的监督控制等<br>（3）对信息系统相关的各种设备（包括备份和冗余设备）、线路等指定专门的部门或人员进行定期维护管理 |

续表

| 控制域 | 控制项详细描述 |
|---|---|
| 日常操作维护 | (4) 建立基于申报、审批和专人负责的设备安全管理制度，对信息系统的各种软硬件设备的选型、采购、发放和领用等过程进行规范化管理<br>(5) 对终端计算机、工作站、便携机、系统和网络等设备的操作和使用进行规范化管理，按操作规程实现主要设备（包括备份和冗余设备）的启动/停止、加电/断电等操作<br>(6) 确保信息处理设备必须经过审批才能带离机房或办公地点<br>(7) 确保每个运行操作都有详细的计划（时间表、负责人等）（比如数据库备份计划、批处理操作计划等）<br>(8) 检查和授权运行日程的变更<br>(9) 切实做好系统运行记录，尤其是对于系统运行不正常或无法运行的情况，应将异常现象、发生时间和可能的原因作出详细记录<br>(10) 预测设备更换/容量，以保证当前作业流量的最大化并为未来需求制定战略计划<br>(11) 在系统停机和硬件/软件重新复原期间审核控制台的日志活动<br>(12) 维护作业计账报告和其他审计记录<br>(13) 审核操作员日志以识别预订的和实际的活动之间的差异 |
| 资产管理 | (1) 编制并保存与信息系统相关的资产清单，包括资产责任部门、重要程度和所处位置等内容<br>(2) 建立资产安全管理制度，规定信息系统资产管理的责任人员或责任部门，并规范资产管理和使用的行为<br>(3) 根据资产的重要程度对资产进行标识管理，根据资产的价值选择相应的管理措施<br>(4) 对信息分类与标识方法作出规定，并对信息的使用、传输和存储等进行规范化管理 |
| 介质管理 | (1) 建立介质安全管理制度，对介质的存放环境、使用、维护和销毁等方面作出规定<br>(2) 确保介质存放在安全的环境中，对各类介质进行控制和保护，并实行存储环境专人管理<br>(3) 对介质在物理传输过程中的人员选择、打包、交付等情况进行控制，对介质归档和查询等进行登记记录，并根据存档介质的目录清单定期盘点<br>(4) 对存储介质的使用过程、送出维修以及销毁等进行严格的管理，对带出工作环境的存储介质进行内容加密和监控管理，对送出维修或销毁的介质应首先清除介质中的敏感数据，对保密性较高的存储介质未经批准不得自行销毁<br>(5) 根据数据备份的需要对某些介质实行异地存储，存储地的环境要求和管理方法应与本地相同<br>(6) 对重要介质中的数据和软件采取加密存储，并根据所承载数据和软件的重要程度对介质进行分类和标识管理 |
| 监控 | (1) 对通信线路、主机、网络设备和应用软件的运行状况、网络流量、用户行为等进行监测和报警，形成记录并妥善保存，以实现计算机资源的最佳使用<br>(2) 组织相关人员定期对监测和报警记录进行分析、评审，发现可疑行为，形成分析报告，并采取必要的应对措施<br>(3) 建立安全管理中心，对设备状态、恶意代码、补丁升级、安全审计等安全相关事项进行集中管理 |

表 16-7 数据资源管理的控制矩阵

| 序号 | 控制措施 | 控制目标 | | 备注 |
|---|---|---|---|---|
| | | 数据安全性 | 数据完整性 | |
| 1 | 定期备份重要的数据 | √ | | |
| 2 | 在对数据资源进行重要的处理（入结账）之前，对数据进行备份 | √ | √ | |
| 3 | 备份的数据异地存放 | √ | | |
| 4 | 备份的数据由非技术人员进行专人保管 | √ | | |
| 5 | 信息技术人员未经批准不能接触备份数据 | √ | √ | |
| 6 | 数据库备份和恢复工作需要在有监督的情况下进行 | √ | √ | |
| 7 | 系统的维护工作需要在有监督的情况下进行 | √ | √ | |
| 8 | 由专人负责重要数据的备份和恢复工作 | √ | √ | |
| 9 | 备份数据的存放和领用要有相应的记录 | √ | | |
| 10 | 需要授权才能领取备份的数据 | √ | | |
| 11 | 对备份或恢复工作日志进行了记录 | √ | | |
| 12 | 明文规定了数据备份和恢复工作的规范步骤 | √ | | |
| 13 | 备份数据的恢复工作需要得到批准 | √ | | |
| 14 | 对系统的操作人员实施密码控制，防止无关人员使用系统 | √ | | |
| 15 | 业务报告或报表要经过批准才能产生 | √ | | |
| 16 | 对系统的操作人员实施权限控制，保证不同权限的人员只能操作权限规定的功能或只能访问权限规定的数据 | √ | √ | |
| 17 | 对操作人员的管理建立日志，记录有关操作人员的增加、删除以及对操作人员的口令或权限的更改的详细情况 | √ | √ | |
| 18 | 对操作人员的工作建立审计日志，记录进入系统工作的人员、时间、调用的功能模块、访问的数据、所作的操作等情况 | √ | √ | |
| 19 | 操作人员未经批准不能擅自复制数据 | √ | | |
| 20 | 对高度敏感的数据以加密的方式存储和传输 | √ | | |
| 21 | 存放数据的房间能够防潮、恒温、防毒和防止强磁场干扰 | √ | | |
| 22 | 定期检查并记录存放数据的介质是否存在故障 | √ | | |

表 16-8 系统环境安全管理的控制矩阵

| 序号 | 控制措施 | 控制目标 | | | | | | 备注 |
|---|---|---|---|---|---|---|---|---|
| | | 防止火灾 | 防止水灾 | 防尘防潮恒温 | 防止电源变化 | 防止非法侵入 | 防止计算机病毒 | |
| 1 | 计算机房或数据存放中心应远离加油站、储气站、蓄水池 | √ | √ | √ | | | | |
| 2 | 制定了火灾应急计划 | √ | √ | √ | √ | √ | | |
| 3 | 计算机房制定了防止火灾、水灾、防尘和防潮的规章制度 | √ | √ | √ | | | | |
| 4 | 计算机房或数据存放的房间配备了干粉灭火器 | √ | | | | | | |
| 5 | 计算机房或数据存放的房间设置了火灾警探测器、水灾探测器 | √ | √ | | | | | |

续表

| 序号 | 控制措施 | 控制目标 ||||||备注 |
|---|---|---|---|---|---|---|---|---|
| | | 防止火灾 | 防止水灾 | 防尘防潮恒温 | 防止电源变化 | 防止非法侵入 | 防止计算机病毒 | |
| 6 | 计算机房或数据存放的房间设置了火灾警报和水灾警报 | √ | √ | | | | | |
| 7 | 定期对计算机房空气进行净化处理 | | | √ | | | | |
| 8 | 计算机房具有防潮和恒温设备 | | | √ | | | | |
| 9 | 计算机房配置了备用电源或独立的备份供电 | | | | √ | | | |
| 10 | 计算机房配置了电源稳压装置 | | | | √ | | | |
| 11 | 计算机设备的电源与空调、照明和其他动力用电的电源相互独立 | | | | √ | | | |
| 12 | 制定了人员出入机房的制度 | | | | | √ | | |
| 13 | 机房和数据存放地设置了门禁系统和门卫 | | | | | √ | | |
| 14 | 人员出入机房和数据存放地时使用门禁卡并进行登记 | | | | | √ | | |
| 15 | 安装了闭路电视或成像系统、报警系统等监视装置 | | | | | √ | | |
| 16 | 重要的设备使用了电磁屏蔽,防止重要数据通过电磁辐射泄漏 | | | | | √ | | |
| 17 | 重要的数据采用加密传输和加密保存 | | | | | √ | | |
| 18 | 重要数据的备份由专人负责存放 | | | | | √ | | |
| 19 | 存放有重要数据的计算机设备不能直接与公网(如Internet)相连 | | | | | √ | √ | |
| 20 | 明文规定禁止下载或使用来历不明的软件 | | | | | | √ | |
| 21 | 在重要的机器上使用软盘或移动硬盘时,先用查毒软件查杀病毒,确认无病毒后才使用 | | | | | | √ | |
| 22 | 使用外来的软件和数据之前,先查毒再使用 | | | | | | √ | |
| 23 | 定期对信息系统中的计算机系统进行查毒或杀毒 | | | | | | √ | |

表16-9 系统运行管理的控制矩阵

| 序号 | 控制措施 | 控制目标 |||备注 |
|---|---|---|---|---|---|
| | | 确保系统正常运行 | 确保系统的文档、日志的安全和完整 | 确认系统的硬件和软件的兼容性和安全性 | |
| 1 | 制定了信息系统的上机守则 | √ | | | |
| 2 | 操作人员经过培训 | √ | | | |
| 3 | 对不同的操作岗位,定期进行轮换 | √ | | | |
| 4 | 任何外来的数据源(磁盘、光盘、网络等)必须经过批准才能输入信息系统 | √ | | | |
| 5 | 定期发布病毒公告并安装相应的补丁程序 | √ | | | |
| 6 | 定期检查信息系统的运行和性能并向管理部门汇报 | √ | | | |
| 7 | 配备有专门的系统维护技术人员 | √ | | | |

续表

| 序号 | 控制措施 | 控制目标 | | | 备注 |
| --- | --- | --- | --- | --- | --- |
| | | 确保系统正常运行 | 确保系统的文档、日志的安全和完整 | 确认系统的硬件和软件的兼容性和安全性 | |
| 8 | 每天记录系统的运行日志 | √ | √ | | |
| 9 | 记录出现故障的情况和相应的维护日志 | | √ | | |
| 10 | 系统记录了操作人员的操作日志和各程序的运行日志 | | √ | | |
| 11 | 信息系统具有以下重要文档：工作计划和日程安排、系统或软件的使用手册和操作指南、系统设计文档、数据库设计文档、软件的概要设计文档、软件的详细设计文档 | | √ | | |
| 12 | 技术人员调离岗位时应收回其拥有的技术文档 | | √ | | |
| 13 | 业务人员调离岗位时应收回其拥有的操作文档 | | √ | | |
| 14 | 信息系统中重要的技术文档和业务文档由专人保管 | | √ | | |
| 15 | 信息系统中重要的文档只有通过授权才能阅读 | | √ | | |
| 16 | 对信息系统中重要的文档进行了备份 | | √ | | |
| 17 | 购买硬件设备时应考虑新设备与原设备的兼容性 | | | √ | |
| 18 | 记录硬件的升级或更新日志 | | | √ | |
| 19 | 记录计算机软件的升级或更新日志 | | | √ | |
| 20 | 信息系统中重要软件及其文档资料应有专人保管 | | | √ | |
| 21 | 对信息系统中重要的软件及其文档资料进行了备份 | | | √ | |
| 22 | 信息系统中重要的软件只有经过授权才能复制 | | | √ | |

## 16.2 应用控制

### 16.2.1 概述

应用控制是为适应各种业务数据处理的特殊要求，保证业务数据处理的完整性、准确性而建立的内部控制。组织运营过程会涉及各种类型业务，每种类型业务及其数据处理具有其特殊的流程和要求，这就决定了具体应用控制的设计需要结合具体的业务。应用控制针对的是与计算机应用相关的事务和数据，控制手段可以采取内嵌在计算机程序中的自动化控制，也可以采取人工控制，或两种手段相结合，以确保数据的准确性、完整性、有效性、可验证性以及一致性。

根据系统论原理，信息系统及其数据处理可以抽象为输入、处理和输出三个阶段，这三个阶段都涉及权限和访问控制。作为一个信息系统，参数设定是系统运行的基础，如果一个信息系统与其他信息系统存在信息交换，则必定存在接口。因此，信息系统应用控制需要从输入控制、处理控制、输出控制几个方面来设计。

### 16.2.2 输入控制

输入控制是为了确保输入信息系统的数据的真实性、完整性和准确性而实施的控制活动。输入控制的目的是确保每笔要被处理的事务都被准确完整地输入、处理、记录，以保证只有有效授权的信息才能被输入,且信息只能被处理一次,而不能漏输或重复处理。在集成环境下,还需要对数据来源系统的控制方式进行审查,包括编辑检查、合法性和访问控制等。当输入控制不充分、不恰当的时候,不但会导致系统中形成大量无效记录。还有可能对数据的完整性、准确性、有效性、机密性造成损害。

常见的控制类型如下。

（1）利用原始凭证控制数据来源,以确保数据的真实性。如果输入数据有原始凭证,在输入数据时需要提供原始凭证,以便控制输入数据的来源,防止在系统中人为输入虚假数据。比如财务系统中输入报销信息时,需要提供相应的发票信息,当对发票进行过核查后才能将对应的信息输入到系统中。在使用原始凭证时,可以参照如下方法对原始凭证进行控制：

① 对原始凭证预先进行编号,然后再使用。
② 按编号顺序使用原始凭证。
③ 对原始凭证的真伪进行审查。

（2）通过数据自动处理控制来减少数据出错。该方法常用来控制编号自动生成或者在不同的业务单据之间复制信息,例如采购订单的编号是按照预定的规则自动生成的连续编号,入库单中的物料信息自动复制于采购订单。

（3）数据数量控制。如采购订单的采购行项目仅允许输入不超过 3 组数据。

（4）利用编辑校验机制确保数据的正确性、有效性和完整性。编辑校验的类型主要如下。

① 序列校验。数据按顺序编号,序列之外的或重复的数据被拒绝或出错,例如采购订单的编号必须符合特定的编号格式。
② 限值校验。数据不能超过预定义的值,如折扣小于等于 0.3。
③ 范围校验。数据在预定义的范围内,如采购订单的采购价格大于 0 小于等于 100。
④ 合理性校验。数据符合预定义的发生率。
⑤ 查表方式。输入数据符合预定义的标准,这种标准用计算机可处理的表格来维护,表格中包含了可能的值,如：性别只能选择"男"或"女",通过 CITY 编号查找 CITY 名称。
⑥ 键入检查。重复输入相同的内容以判断是否输错,比如不同的人重复输入同一组数据,比较输入内容,再如输入新密码时输入两遍。
⑦ 校验位检查。计算一个数值加在原始数据之后,以确保数据没有被篡改,尤其在检查传输错误时比较有效。
⑧ 必填性检查。数据不能为空,如订单编号必填。
⑨ 重复性检查。数据不能重复,如订单编号不能重复。
⑩ 逻辑关系检查。判断多个数据之间的逻辑关系是否正确,例如某个特定条件为真,要求其他一个或多个条件也要为真。

（5）核对批量总数。当输入的数据/事务比较多时,可以将输入数据/事务进行分组,每一组称为一个批量/批次,对每一个批量计算一个总数。通过核对批量事务的总数来确保每笔业务都输入了系统并且仅输入了一次,从而减少数据输入错误。比如,将 100 张订单作为一个批量/批次,对录入前和处理后的订单总数进行核对以判断 100 张订单是否都录入了系统并且仅录入了一次。常用的总数如下。

① 金额总数：验证已处理的总金额是否等于处理前批量事务的总金额。比如核对100张订单录入前的总金额与处理后的总金额是否一致。

② 记录总数：验证批量中各文档包含的项目总数与处理后的项目总数是否一致。比如批量中是100张订单，将100张订单中的产品项进行汇总，假设是500项，核对处理后订单中的产品项是否为500。

③ 文档总数：验证批量中的文档总数是否与处理后的文档总数相等。比如批量中包含100张订单，核对处理后系统增加的订单总数是否为100。

④ Hash总数：选择批量中的某个数值型字段，计算该批量中这个数值型字段的和值，比较处理前后该和值是否相等，这个和值可能没有什么实际意义，仅仅是为了进行比较。比如批量中有100张订单，将这100张订单的订单编号全部加起来得到一个和值，比较处理前后这个和值是否相等。

(6) 联机系统或数据库系统中的批输入完整性：

① 通过限制时段、终端以及人员输入等方式来建立批量控制；

② 监管者检查在线批量然后将其释放到系统中进行处理。

(7) 错误报告和错误处理方法。输入处理需要保证输入数据是正确的，输入错误（包括数据转换错误）能够被识别并被修改。数据修改应该通过正式的数据修改流程来进行，并且数据修改经过了授权，修改的结果应该得到验证，这样修改后的数据才能作为正常处理的一部分重新输入系统。输入错误处理方法有：

① 只拒绝有错误的事务，其他事务继续处理。

② 拒绝整批事务，在错误纠正后才进行处理。

③ 将整批事务挂起不进行处理，等待修改错误。

④ 接受整批事务，同时标记出错的事务以便识别和修改错误。

表16-10所示为输入控制措施。表16-11所示为系统输入的控制矩阵。

表16-10 输入控制措施

| 控 制 目 标 | 控 制 措 施 |
| --- | --- |
| 在将交易提交系统处理前，系统应当确保交易已经用户审批 | (1) 由用户控制，利用标准的按数字编号排序的输入表格<br>(2) 重大输入行为要经用户管理部门授权 |
| 确保经用户批准的数据输入在正确的会计期间内得以处理，并且同一交易只处理一次 | (1) 提增为原始文件编好号。用户部门应当对用过的原始文件进行记录，并保证它们是按顺序进行处理的。如果一些文件丢失，应当查明丢失原因，确保只有经过授权的交易才能进行处理，并识别出未处理的交易<br>(2) 批控制程序。这些程序是用来控制文件输入的数量以及批处理文件中关键字段的数目。这有助于保证所提交的交易被准确地输入系统并进行处理。批处理程序可能包括：<br>① 确定关键字段的批数或杂乱总计。把批文件中的数值域加总起来便是杂乱总计。尽管这个总值本身并没有什么特别的含义，但是它可以用来识别输入过程中的错误或遗漏。对每一批会计分录中的各个会计编号进行运算就是一个例子。如果有一个或者多个的账户数值输入错误，那会计编号总数就会和杂乱总计不一致<br>② 确定并批准分批标题和传送控制表格，这些表格能够保证批控制程序正确进行 |

续表

| 控制目标 | 控制措施 |
| --- | --- |
| 确保经用户批准的数据输入在正确的会计期间内得以处理,并且同一交易只处理一次 | ③ 为批次进行编号有助于识别哪些批次未经授权以及哪些批次被遗漏<br>④ 建立控制日志,用以记录批处理的信息。该日志应当由用户部门进行维护,记录下被提交处理的批次以及找出它们离开时批次发生的变动。确保会计期末的最后一个批处理能够正确运行非常重要<br>⑤ 用户把输入总值和输出总值进行对比检查,确保在系统处理过程中没有丢失或增加任何数据,并确保数据录入和处理的准确性。负责此项任务的员工不能同时负责其他不相容的工作,例如数据转换<br>⑥ 用户应当对包含有错误的批作业以及错误的性质作相应的记录。这种记录是非常有价值的,因为经常性的同类错误可能说明正确的控制程序并没有得到有效执行<br>⑦ 确定每一输入文件的控制总值。如果输入不是成批完成的话,每一文件都有一定的关键字段值或杂乱总计,依次确定信息输入是否正确<br>(3) 将输入计算机的交易信息与输入文件进行一对一的人工检查。但对批控制来说,这个方法效率较低 |
| 保证数据输入文件完整而准确地转录到计算机可以识别的表格中 | (1) 编制书面指导手册,规范转录工作<br>(2) 指导手册中附有要用到的所有原始文件的样本<br>(3) 要求对重要的输入数据进行键校验。再次输入该数据,以检查最初转入数据的准确性,这个过程称为键校验。如果两次转入的数据之间存在差异,系统就会拒绝接受该数据,因此必须重新输入。由于存在员工绕过该项数据验证程序的可能性,因此,应当对此进行充分的监督<br>(4) 在已录入的原始文档上作相应的标记以避免数据的重复录入<br>(5) 对收到的待输入文档作准确的记录<br>(6) 对数据转入工作进行监督<br>(7) 对原始文件的访问权限进行严格限制<br>(8) 利用每批数据录入前与录入后应当相等这一点进行控制。在此控制程序下,批控制数据随单一数据项目转录到计算机中。然后计算机对一些合适的字段进行汇总,确定该汇总值是否一致,若前后不一致,则拒绝输入<br>(9) 核对数位。检查码是某些字段,比如账户编号的最后一个数字。作为数据验证程序的一部分,计算机对该字段的其他位数字进行某种运算,得到一位数字,该位数字即是检查码。如果字段中的某一位数字输入错误,那么上述计算机运算结果就会与检查码不符。系统以此拒绝输入该数据 |
| 避免不完整或不准确的数据被系统接受并进行处理 | (1) 对数据类型进行检查,以确保每一字段的数据类型无误<br>(2) 对空白字段进行测试,确保所有相关的字段值都是非空的<br>(3) 对数据范围或其合理性进行检查,比如,每小时工资不应超过一个既定的数额;实际工作时间不应超过所有可供工作时间的总和等<br>(4) 将不同字段的数据联合起来进行比较,检查其是否符合计算机程序中已详细说明的某种规则。例如,工资单系统中的行政人员工资中不应含有加班费<br>(5) 以账户编号、员工编号、存货编号为基础,检查输入数据是否与相关的数据库信息相匹配<br>(6) 检查系统是否对某些数据重复进行了处理,识别出那些具有相同顺序编号的输入数据<br>(7) 对账户余额进行检查,确保某些交易数据的差额是归零的。例如,日记账分录中借方与贷方的差额为零<br>(8) 利用批控制总值进行检查,检查批输入数据的汇总值是否与批文件标题下的批控制总值相一致 |

表 16-11　系统输入的控制矩阵

| 序号 | 控制措施 | 控制目标 | | | | 备注 |
|---|---|---|---|---|---|---|
| | | 输入数据的正确性 | 输入数据的合理性 | 输入数据的安全性 | 输入数据的完整性 | |
| 1 | 只有批准的人才能进行输入操作并要作操作日志记录 | | | √ | | |
| 2 | 对输入的数据进行程序校验或人工复核 | √ | √ | | √ | |
| 3 | 对输入数据的格式、类型、范围进行检查 | √ | | | | |
| 4 | 对输入数据的完整性进行检查,如果输入的数据不完整则应拒绝接受不完整的数据,并提示错误 | | | | √ | |
| 5 | 如果信息系统要求数据不能重复,则当输入重复的数据时提示错误,并拒绝接受重复的数据 | | √ | | √ | |
| 6 | 输入的界面应当简单、清晰、一致 | √ | √ | | √ | |
| 7 | 当输入出错时应能提示错误信息,拒绝接受输入的数据并让操作人员重新输入 | √ | √ | | √ | |

### 16.2.3　处理控制

处理控制是为了确保应用程序处理的准确性和可靠性而实施的控制活动,以确保应用系统按规定对数据进行处理,比如对业务按照预定的规则进行正常处理,业务数据在处理的过程中没有丢失、增加、重复或者不恰当地更改,处理过程中的错误能够被发现并及时得到更正。处理控制是应用控制的关键环节,直接影响应用系统数据的完整与准确,处理控制的薄弱与误差直接影响应用系统中所有交易运行的结果。常见的处理控制有如下几种类型。

(1) 手工重新计算。采用手工方式重新处理一些事务,与系统中的处理进行比较,以保证系统处理完预期的任务。

(2) 自动计算。在处理过程中,对某些数值进行自动计算,减少手工处理的错误。如采购订单按照录入的采购物料单价和采购数量自动计算采购总价,根据销售单价和数量自动计算销售金额,根据医疗参保人员条件、病种等自动计算医疗报销金额,根据银行还款记录、公积金缴纳情况自动计算公积金提取额等。

(3) 自动处理。根据业务运行的规则,自动创建关联信息或记录。如采购订单在入库后,系统自动制作相对应的会计凭证。

(4) 流程控制。将业务处理的规则嵌入业务处理流程中,如采购订单在没有审核前不能进行收货入库,社保系统中未工伤受理的不能认定,未认定的不能鉴定,未鉴定的不能按工伤待遇审核支付等。

(5) 批处理。如系统根据计划的时间和频率运行 MRP 计划,生成采购计划。

(6) 编辑校验。通过数据范围、合理性、限值等来检查数据准确性、完整性和有效性,具体参见输入控制中的内容。

(7) 运行过程总数。验证应用处理过程中不同阶段的数值,确保数据被输入计算机后被正确处理。

（8）例外报告。信息系统在处理错误发生时创建例外报告，提醒用户处理相应的错误。

表 16-12 所示为处理控制措施。表 16-13 所示为系统处理的控制矩阵。表 16-14 所示为系统通信的控制矩阵。表 16-15 所示为系统数据库的控制矩阵。

表 16-12　处理控制措施

| 控 制 目 标 | 控 制 措 施 |
| --- | --- |
| 确保所有被拒绝处理的交易得到及时的纠正和妥善的处理，特别是选择合适的会计截止时间 | （1）设立一个手工登记簿，用以记录被拒绝的交易数据以及其后的重新处理过程。该手工登记簿可能含有带注释的计算机拒绝交易列表复印件<br>（2）对纠正后的交易分批处理，这样可以保证所有的拒绝处理交易都已得到妥善的处理<br>（3）由原用户根据原始文件的错误对被拒绝处理的交易进行修改，并经正常输入控制和授权再次提交系统处理<br>（4）定期对拒绝处理交易数据进行分析，其中包括重要性分析、原因分析、账龄分析和交易处理截止时间分析等，管理人员可以以此确定是否因输入程序存在缺陷造成交易处理被拒绝，并以此评估交易数据错误造成的影响<br>（5）对于重大的拒绝处理交易，在期末要对其进行调整以便其在恰当的会计期间得到处理<br>（6）手工处理被系统拒绝处理的交易数据（如手工制作销售发票或收据）。这种手工控制的效率较低，但如果被拒绝处理的交易数量很小是可以接受的。在这种情况下，应当根据经适当授权的人工处理数据对计算机数据文件进行及时的更新 |
| 确保系统内所有的未决交易数据能够正确并及时地得到处理，尤其是要保证它们被记入正确的会计期间 | （1）与所有其他的输入文件一样，要对用于分配、转移或注销未决数据的行为进行相应的控制。这些行为应当经用户部门进行适当的授权和检查<br>（2）在每一处理阶段，将未决数据的任何变动与文件更新报告相比较<br>（3）检查用户所做的所有数据调整是否有相应的经授权的输入文件相对应<br>（4）抽取部分由信息进行的数据调整，对其进行人工检测<br>（5）调查系统报告的异常数据（如长期未偿账款、重大数据等），确定企业是否采取了适当的纠正措施，尤其关注相应的会计截止日期是否恰当 |
| 确保系统可以正确地识别出未决数据，并将其妥善保存等待处理 | （1）采用计算机程序控制，确保后续处理过程中，未决事项信息与数据库中的记录相一致，并将处理完的未决交易从临时文件中移除<br>（2）将未决交易列入和移出临时文件的信息都打印出来作为一项完整的审计轨迹。对于手工和计算机系统对未决交易所作的改动，要分开打印<br>（3）采用更新控制程序，确保未决交易处理前后的控制总值相互协调<br>（4）在定期的异常报告中，对数值较大及长期出现在报告中的数据项进行突出显示，予以强调<br>（5）定期对所有的重大项目进行账龄分析<br>（6）根据需要，实用查询程序全部或部分列出临时文件中的重大未决数据 |

续表

| 控制目标 | 控制措施 |
| --- | --- |
| 确保所有的数据都依照正确的数据文件得到处理以及检测文件之间是否平衡 | (1) 利用平衡控制程序检查,比如:<br>① 现处理阶段的初始结余是否与上一处理阶段的期末结余相等(阶段之间的检查或称为连续性检查)。<br>② 现处理阶段的初始结余加上本阶段处理的交易数据之和是否与本处理阶段的期末结余相等(文件更新控制)<br>③ 现处理阶段经首次程序处理后的结余是否与本处理阶段的初始结余加上第一次所处理的交易数据之和相等。在接下来的各个步骤中,亦是如此。(程序间的检查)<br>④ 文件更新之后各个记录的结余之和是否与控制记录中的净结余相等(扫描和积累控制)<br>(2) 检查标题标签,确认程序所读文件正是所需要的文件。这个检查功能是由信息处理部门中的作业安排功能执行的。通过判断文件名称、程序名称和创建日期是否与作业安排日期相匹配,确定程序所读文件是否正确<br>(3) 控制记录或尾记录。在该项控制中,读或处理文件的程序独立计算文件中的记录总数和记录值。然后,将这些数值与控制记录或尾记录中的值相比较,以确保整个文件得到正确的处理<br>(4) 如果这些控制之间未达到平衡,应规定可采取的各种措施。<br>① 立即终止数据的处理<br>② 立即向用户报告不一致的情况,以便用户进行调查 |
| 确保管理层能够对每笔交易的各个处理阶段,从源文件的起源到每个处理结果的输出,进行跟踪。识别存储在计算机中的某单独项目 | (1) 用唯一的序号或批号鉴别每一文档,以便利用此序号或批号追溯到计算机处理结果,反之,也可以从最终交易处理结果追查至相关的原始文档。在原始文件的准备工作完成后,便对文件做好相应的标记,以便引用<br>(2) 每天或是定期打印所有数据输入和交易生成的报告,这些报告可能包括编辑报告和详细的交易清单<br>(3) 文件更新后报告数据库控制总数以便用户进行协调<br>(4) 如果公司使用缩微胶片来存储原始文档或输出文档,那么记录总数应当与输入输出的总数一致。因此,应当对此进行检查以确保缩微胶片所存储的数据是完整的<br>(5) 在已处理的交易信息或存入汇总信息中的交易信息被打印出来之前,报告程序已处理的记录总数<br>(6) 明确规定原始文档、输出文档、缩微胶片记录和磁带磁盘文件的保留政策 |
| 确保系统及时处理所有经批准的信息输入,并且保证每一交易不会被重复处理 | (1) 编制并维护一份数据控制日志,记录数据接收处理的时间、数据处理完成的时间以及将处理结果反馈给用户的时间<br>(2) 核实批次序号,确定存在遗漏处理或重复处理的时间<br>(3) 确认输入交易都已经过适当的授权<br>(4) 删除已输入文件,以避免重复处理<br>(5) 对被拒绝处理的交易数据进行记录,以便后续跟踪以及相应修改后再次提交 |

表 16-13 系统处理的控制矩阵

| 序号 | 控 制 措 施 | 控制目标 | | | | 备注 |
|---|---|---|---|---|---|---|
| | | 输入数据的正确性 | 输入数据的合理性 | 输入数据的安全性 | 输入数据的完整性 | |
| 1 | 只有批准的人才能执行信息系统中数据的处理工作 | | √ | | | |
| 2 | 在进行处理之前程序自动检查处理条件是否满足 | √ | √ | | √ | |
| 3 | 使用程序对处理结果的正确性进行自动检查 | √ | | | | |
| 4 | 在进行处理之前程序自动检查待处理的数据是否合理 | √ | √ | | | |
| 5 | 在进行处理之后程序自动检查处理的结果是否合理 | √ | √ | | | |
| 6 | 在程序中采取措施防止数据经过处理以后发生丢失的情况 | | | | √ | |
| 7 | 在程序中采取措施保证所有需要处理的数据都被处理 | √ | | | √ | |
| 8 | 在程序中保证需要处理的数据不会被重复处理 | √ | | | √ | |
| 9 | 在进行数据处理之前,保证将要处理的数据确实是需要处理的数据 | √ | | | | |
| 10 | 在处理过程中如果发生错误,信息系统必须令处理终止,向操作人员提示出错,把信息系统内部数据的状态恢复到处理之前的状态,并记录错误信息 | √ | √ | √ | √ | |

表 16-14 系统通信的控制矩阵

| 序号 | 控 制 措 施 | 控制目标 | | | 备注 |
|---|---|---|---|---|---|
| | | 数据的正确性 | 数据的保密性 | 数据的完整性 | |
| 1 | 对敏感的数据进行加密通信 | √ | √ | | |
| 2 | 对敏感的数据在通信之前进行了数字签名 | | | √ | |
| 3 | 在通信的数据中插入校验码 | √ | | | |
| 4 | 在数据通信过程中使用了超时重传机制 | | | √ | |
| 5 | 对通信线路和设备的运行情况进行监控和分析 | √ | √ | √ | |

表 16-15 系统数据库的控制矩阵

| 序号 | 控 制 措 施 | 控制目标 | | 备注 |
|---|---|---|---|---|
| | | 数据安全性 | 数据完整性 | |
| 1 | 用户的标识与鉴别 | √ | | |
| 2 | 对数据库中的数据进行存取控制 | √ | | |
| 3 | 对数据库中高度敏感的数据加密保存 | √ | | |
| 4 | 定义了完整的约束条件来保证数据库中数据的完整性 | | √ | |
| 5 | 对数据库的并发操作进行控制 | | √ | |
| 6 | 将数据库中的数据定期备份到磁盘或磁带上 | √ | √ | |
| 7 | 对数据库的所有更新操作进行日志记录 | √ | √ | |
| 8 | 对数据库的所有操作进行审计记录 | √ | √ | |

### 16.2.4 输出控制

输出控制是为了确保输出数据的正确性(包括符合一定的格式要求)以及输出数据以一致和安全的方式传递给经过授权的用户而实施的控制活动,且数据要符合一定的格式。输出控制失效必将影响输出信息的准确性,甚至可能造成重要信息泄密、滥用。

常见的控制技术如下。

(1) 在安全的地方登记和存储重要表单:可调整的、敏感的和重要的表格要记录日志并且要存放在安全的地方,防止被盗或被破坏,日志要定期调整,有随时可用的详细清单,任何不一致都要适当调查。

(2) 报告分发:可用手工分发或自动分发。根据不同的权限分发给不同的人。操作人员要证实输出报告是完整的、按计划发送的,所有报告在分发出去之前要登记,报告接收人进行登记以表明收到了报告。含有敏感数据的报告应该在安全的受控制条件下打印,计算机产生的可流通的文书、表格和签字应该被适当控制。当某个系统的输出需要手工向另一个系统输入时,要建立相应的人工控制环节,以防范非法篡改与信息泄密等。

(3) 平衡和核对:输出要定期地与控制总量进行平衡,提供审计轨迹以便对事务进行跟踪和调整数据。

(4) 输出错误处理:在应用程序输出过程中要建立报告和控制错误的机制,错误报告要及时传递给产生错误的部门进行检查和修改。

(5) 输出报告保留:要严格遵守保留周期,保留政策中要包括相关的法律法规。IS 审计师要关注记录保留政策,输出数据可能被限制为特定的 IT 资源。

(6) 报告接收登记。

表 16-16 所示为输出控制措施。表 16-17 所示为系统输出的控制矩阵。

表 16-16 输出控制措施

| 控 制 目 标 | 控 制 措 施 |
| --- | --- |
| 该控制的目的是检测输出结果中的错误和不当之处 | (1) 将主文件记录的控制总值与用户人工编制的控制总值进行对比检查。该项控制程序可以确保前几阶段积累的数据(包括未决数据)加上当前阶段输入的数据之和与当前阶段末的积累数据值是一致的<br>(2) 将信息系统生成的输出控制总值及中间控制总值与输入控制总值相比较。该控制程序可以保证所有提交的数据均已得到处理<br>(3) 将编辑验证报告中通过验证的输入信息和其他程序生成的信息与文件更新报告相比较。该项控制程序可以确保所有通过验证的交易均得到处理<br>(4) 对比文件更新前后的情况,确保程序对正需要处理的文件进行了处理,例如,文件更新前后总数相等<br>(5) 对其他的信息控制总值或输出信息进行检查<br>(6) 制定有效的程序,严格限制机密文件只向经授权的人员发放<br>(7) 利用带有连续编号的可转让票据,并注意安全保存<br>(8) 管理人员对输出的用做可转让支付工具的输出凭证进行检查。超过一定数额的支付工具应当由 IT 部门以外的相关人员进行会签<br>(9) 对原始凭证、数据文件、计算机输出微胶片文件、打印的纸质文件等规定一个保留期限。所规定的保留期限应当符合客户的实际需要以及法律规定的硬性需求。对于原始凭证和计算机输出文件的建档和参考查阅,应当有正确的流程和程序控制 |

续表

| 控制目标 | 控制措施 |
|---|---|
| 该控制的目的是检测输出结果中的错误和不当之处 | （10）规定适当的确认异常报告的程序，并制定合适的异常报告处理程序，包括对无效数据和不服数据的报告。用户应当确保异常报告的标准切实可行，并且及时对其进行更新。异常报告中应当含有报告的日期以及对其所采取的措施，并及归档<br>（11）用户部门管理人员对打印输出的文件进行检查，确定这些文件是否合理，从而发现各种明显的处理错误 |
| 该控制的目的是确保输出结果合理，并且确保输出结果被正确地分发给用户及其他第三方 | （1）在转发处理结果之前，将输出总值与输入总值、累积数据以及中间处理控制进行对比。虽然用户对数据处理的完整性及准确性负最终的责任，数据控制部门也要进行初步检查，以避免带有明显错误的输出结果发送到用户手中<br>（2）建立特殊的控制程序，以确保机密性输出文件传达给正确的用户管理部门<br>（3）对那些直接由数据控制部门发送到第三方的输出结果进行详细审查（例如销售发票、工资支付清单等），以发现明显的错误 |

表 16-17 系统输出的控制矩阵

| 序号 | 控制措施 | 控制目标 | | | | | 备注 |
|---|---|---|---|---|---|---|---|
| | | 输出信息的正确性 | 输出信息的完整性 | 输出信息的及时性 | 输出信息的安全性 | 输出信息的格式符合用户要求 | |
| 1 | 只有批准的人才能进行显示、打印、传输或复制数据的操作 | | | | ✓ | | |
| 2 | 对各种纸质的输出数据妥善保管，只有授权的人员才能阅读 | | | | ✓ | | |
| 3 | 对输出保存在磁盘、磁带或光盘上的重要数据进行访问控制，只有授权的人员才能阅读 | | | | ✓ | | |
| 4 | 对敏感的电子数据应加密以后再输出 | | | | ✓ | | |
| 5 | 信息系统进行输出之前检查是否满足输出的条件 | ✓ | ✓ | | | | |
| 6 | 输出之前数据正确性的检查 | ✓ | | | | | |
| 7 | 数据不完整的情况下应拒绝输出并提示出错 | | ✓ | | | | |
| 8 | 输出数据的格式必须要满足使用部门的要求 | | | | | ✓ | |
| 9 | 输出的格式要简单清晰、易读易懂 | | | | | ✓ | |
| 10 | 数据及时输出给用户 | | | ✓ | | | |
| 11 | 在输出过程中如果发生故障，信息系统应能提示出错 | ✓ | ✓ | | | | |

# 第17章 软件资产控制

## 17.1 概述

### 17.1.1 信息资产的含义

资产(assets)是指企业过去的交易或事项形成的,由企业拥有或控制的,预期会给企业带来经济利益的资源,例如流动资产、国定资产、无形资产等。随着信息技术在企业中的广泛应用,信息也成为一种资产,ISO17799 提出"信息是一种资产,像其他重要的业务资产一样,对组织具有价值,因此需要妥善保护"。

人们习惯于把计算机、通信设备、磁介质等看成信息资产,而不习惯于把对组织有重要价值的电子数据、软件、文档、人员等看做资产,往往忽略了对这些资产的保护,实际上这些资产对组织的业务持续性来说至关重要。一般地,企业的信息资产可以分成以下几类。

(1) 电子数据:数据库和数据文件、运行与支持程序的参数等。

(2) 文档:合同、指南、用户手册、系统文件、培训材料、业务持续性计划、应急安排等。

(3) 软件资产:应用软件、系统软件、开发工具和实用程序等。

(4) 硬件资产:计算机设备、通信设备、网络设备、存储设备、环境设备等。

(5) 人员:员工、客户等。

信息资产是企业拥有和控制的一项既特殊又非常重要的资产,除了具有物质资产的基本属性之外,还具备一些重要的特点。

(1) 共享性。信息资产的共享性来自信息本身的非独占性。信息资产持有者不会因为传递信息而失去它们,信息资产的获得者取得信息资产也不以其持有者失去信息资产为必要前提,两者在信息使用上不具备排他性。

(2) 高附加值。信息资产一旦被企业应用后所创造出的经济利益,通常不是受到生产规模的约束,而是受到市场规模的约束。

(3) 高风险性。信息资产的高风险性源自信息资产使用的高附加值,一旦信息资产遭到破坏,会给企业造成重大影响,甚至倒闭。

(4) 复杂性。信息资产远比其他任何资产复杂,包括数字、软件、硬件、人员、管理等,在企业中发挥的作用也更加广泛、基础、隐蔽和复杂,再加上信息资产的高风险特征,因此加强对信息资产的控制是内部控制中非常重要的内容之一。

软件是信息资产中最复杂的资产,所以本章将专门讨论软件资产的内部控制问题。

## 17.1.2 软件生命周期与过程控制

软件在经历了需求分析、设计、编程后,进入运行阶段,在使用的过程中随着其外部环境的变化,需要不断维护、修改、更新,当它不再适应发展需要的时候就要被淘汰,由新的软件系统代替旧的软件系统。因此,软件系统从产生、运行到退出使用的过程称为软件生命周期(software life cycle,SLC)。

软件生命周期一般分为五个阶段,即总体规划阶段、需求分析阶段、系统设计阶段、系统实现与测试阶段、系统运行与维护阶段等,如图 17-1 所示。每个阶段都有其明确的任务,任务完成后都将交付给下一阶段一定规格的文档作为下一阶段开发的依据。如总体规划阶段向需求分析阶段提交可行性分析报告,需求分析阶段根据可行性分析报告,进一步对系统的功能进行分析和设计,并提交系统方案说明书。进入系统设计阶段,根据系统功能设计方案进行系统体系设计,并提交系统设计说明书。系统实现与测试阶段是根据系统设计要求进行编码和测试。最后进入系统运行与维护阶段。由于人们对问题的认识有一个不断深化的过程,所以有时会出现反复。

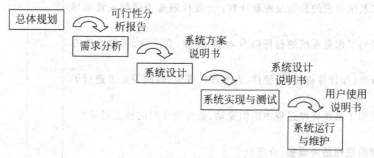

图 17-1 软件生命周期

软件生命周期中各个阶段的工作量分别为总体规划阶段 1%、需求分析阶段 6%、系统设计阶段 6%、系统实现与测试阶段 22%、系统运行与维护阶段 65% 等,如图 17-2 所示。可以看出编程的工作量只占系统开发很小的一部分,系统开发不仅仅需要编程人员,还需要管理层、最终用户、需求分析和设计人员的互相配合,共同承担。主要的开发类文档有《需求分析说明书》、《概要设计说明书》、《详细设计说明书》、《数据库设计说明书》、《测试计划》、《测试报告》、《程序维护手册》、《程序员开发手册》、《用户操作手册》、《项目总结报告》。主要的管理类文档有《项目计划书》、《质量控制计划》、《配置管理计划》、《用户培训计划》、《质量总结报告》、《评审报告》、《会议记录》、《开发进度月报》。

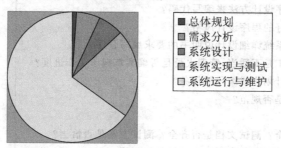

图 17-2 软件生命周期各阶段工作量比例图

著名的质量管理专家 W. E. Deming 认为,产品质量涉及生产的所有环节,只有各个生产层面都不忽视质量,最后才能得到高质量的产品。信息系统是典型的知识产品,是对企业在客观世界中的问题空间与解空间的具体描述,涉及企业生产经营活动的方方面面,包括人、财、物、产、供、销、质量、技术、管理、控制等因素,导致了系统的规模与功能越来越庞大,结构越来越复杂,因此,企业无论是自行开发系统,还是合作开发系统,抑或委托开发系统,都必须对软件开发的全过程进行控制与监督。

针对整个软件开发生命周期的控制措施可以通过问卷调查表的形式(如表 17-1 所示)了解软件生命周期各个阶段控制措施的执行效果。

表 17-1　软件生命周期控制情况调查表

| 调查内容 | 是 | 否 | 不适用 | 评价 |
|---|---|---|---|---|
| 1. 系统规划<br>(1) 在系统规划时,是否详细说明了信息系统开发任务在经济、法律和技术上的可行性以及相应的依据?<br>(2) 是否评估了可能取得的效益和开发成本?<br>(3) 是否制定了系统开发的长期及短期计划;开发计划是否得到主管领导的认可?<br>(4) 是否明确说明了信息系统的目标以及功能、性能、安全性、可靠性等方面的设想?<br>(5) 对需要的资源(如计算机软件、硬件、人力等)、资金、时间等是否进行了评估?<br>(6) 是否明确说明了系统开发过程中组织变动、业务改变时的相关对策?<br>2. 需求分析<br>(1) 业务和数据的流程是否通畅、合理?<br>(2) 数据业务过程和实现的管理功能之间的关系是否明确?<br>(3) 老系统管理模式的改革和新系统管理方法的实现是否具有可行性?<br>(4) 需求分析文档是否齐全、有效?<br>(5) 用户是否参加了需求分析的工作?<br>3. 系统设计<br>(1) 设计阶段的文档是否齐全,是否得到主管人员和用户的承认?<br>(2) 系统设计时是否考虑让系统能够提供足够的审计线索?<br>(3) 系统的设计说明书是否提供了对信息系统的故障或错误的解决对策?<br>(4) 系统的组成结构、各模块之间的关系等是否合理?程序模块是否具有良好的层次结构?<br>4. 系统软件编码<br>(1) 是否采用良好的程序设计方法来编写代码?<br>(2) 源程序是否满足良好的程序设计风格?<br>(3) 开发人员是否按照系统详细设计说明书的要求编写程序?<br>(4) 编写程序的人物分工是否适当,管理人员是否确实掌握了工作进度?<br>(5) 是否按照系统开发计划完成编码的任务?<br>(6) 源程序代码的管理是否规范?<br>5. 系统测试<br>(1) 测试的步骤是否齐全?测试文档是否齐全?测试方案是否恰当?<br>(2) 测试环境与信息系统运行的实际生产环境是否相同? | | | | |

续表

| 调 查 内 容 | 是 | 否 | 不适用 | 评价 |
|---|---|---|---|---|
| (3) 测试实施是否覆盖了整个系统？ | | | | |
| (4) 测试结果是否合格？ | | | | |
| (5) 是否对所发现的错误进行了处理？ | | | | |
| 6. 系统试运行 | | | | |
| (1) 试运行的环境是否与实际使用的环境一样？ | | | | |
| (2) 信息系统试运行的结果是否满足系统需求规格说明书中所有的要求？ | | | | |
| (3) 是否及时地修改所发现的错误？ | | | | |
| (4) 信息系统在修改错误后是否重新进行了测试？ | | | | |
| 7. 系统维护 | | | | |
| (1) 信息系统的更新工作是否得到负责人的批准？ | | | | |
| (2) 信息系统是否按照维护计划进行更新？ | | | | |
| (3) 更新后的系统在投入使用之前是否进行了详细的测试和试运行？ | | | | |
| (4) 更新后的系统在投入使用之前是否得到开发、运行、维护及用户负责人的认可？旧信息系统的废除是否得到了运行及用户负责人的认可？ | | | | |

调查结果：

### 17.1.3 软件开发方法

软件开发方法是指软件系统开发过程中的指导思想、逻辑、途径以及工具的组合。典型的开发方法有结构化方法（structured approach，SA）、原型法（prototyping approach，PA）和面向对象的方法（object-oriented developing approach，OODA）等。

**1. 结构化方法**

结构化方法是自顶向下地对系统进行分析与设计和自底向上逐步实现一个软件系统的方法，自顶向下的分析设计思想是指，在分析问题时应站在系统的角度，将各项具体业务放在整体环境中加以考察。首先确保全局的正确性，再一层层地深入考虑和处理局部问题。按照自顶向下的设计思想对系统进行分析设计后，其具体的实现过程采取自底向上的方法，即一个模块一个模块地开发、调试，再进行子系统的开发调试，直至整个系统实现构建的全过程为止。结构化方法强调以下几个方面。

(1) 严格划分系统阶段。结构化方法严格定义开发的过程与阶段，然后依次进行，前一阶段是后一阶段的工作依据。每一个阶段又划分详细的工作步骤，顺序作业。各个阶段和各个步骤的向下转移都是通过建立各自的软件文档和对关键阶段、步骤进行审核和控制实现的。

(2) 结构化。所谓结构化是信息系统结构分解成许多按层次联系起来的功能结构图，即模块结构图。结构化设计方法提出了一种用于设计模块结构图的方法，还有一组对模块结构进行评价的标准及进行优化的方法。

(3) 模块化。所谓模块化是指将一个复杂的信息系统按照自顶向下的方法，分解为若干个有层次联系、功能相对单一且彼此相对独立的模块。模块化可以把复杂问题简单化，把大问题分解为小问题来解决，从而使新系统易于实施及维护。

(4) 工程化。在软件开发过程中，每个阶段、每个步骤都有详细的文字资料记载，要把本步骤所考虑的情况、所出现的问题、所取得的成果完整地形成资料。记载所用的图形和书写的格式要标准化和规范化，且要经过评审。

目前软件开发人员利用一些软件工具来实现开发过程的自动化。如 Sybase 公司的 PowerDesigner 可以制作业务流程图、数据流程图、概念模型、逻辑模型和物理模型，还可以根据相应的模型生成对应语言的程序源代码和数据库脚本文件。使用计算机辅助软件工程进行系统开发可以实现开发过程的全自动化、文档的标准化和规范化，提高开发速度和效率，缩短开发周期。

### 2. 原型法

原型法是 20 世纪 80 年代随着计算机软件技术的发展，特别是在关系数据库系统、第四代程序生成语言和各种系统开发生成环境产生的基础之上，提出的一种具有全新的设计思想、工具、手段的系统开发方法。原型法的开发过程如图 17-3 所示。

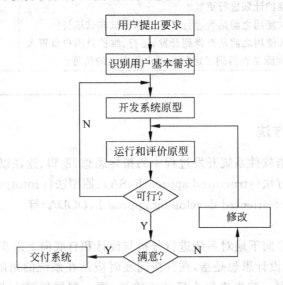

图 17-3 原型法的开发过程

运用原型法开发软件系统，首先要对用户提出的初步需求进行总结，然后构造一个合适的原型并运行，此后，通过系统开发人员与用户对原型的运行情况的不断分析、修改和研讨，不断扩充和完善系统的结构和功能，直到得到符合用户要求的系统为止。

与结构化方法相比，原型法摒弃了一步步周密细致的调查分析，然后逐步整理出文字档案，最后才能让用户看到结果的烦琐作法。原型法从一开始就根据用户的要求，由开发者和用户在强有力的软件环境支持下，短时间内构造出一个初步满足用户的系统原型，然后与用户反复协商修改，最终形成实际系统。

原型法强调用户的参与，缩短了用户和需求分析人员之间的距离，这样能够使问题及时得到解决；同时，系统开发的时间大大减少，系统对内外界环境的适应能力大大增强。总之，原型法适用于用户需求不清，且需求经常发生变化，管理及业务处理不稳定，系统规模较小且不太复杂的情况。

### 3. 面向对象的方法

面向对象起源于 20 世纪 60 年代的 Simula 仿真语言，Simula 第一次提出了"对象"的概念。20世纪70年代末，Smalltalk在Simula的基础上发展起来，成为第一个纯粹的面向对象编程语言，引入了对象、对象类、方法、实例等概念和术语。

面向对象方法的主要思想是将业务活动中涉及的实体抽象成类和对象，再采取用例图、时序图、状态图等工具进行业务分析，其中对象是对客观世界中事物实体的抽象。每个实体即称为对象。软件中的对象是一个封闭体，它由一组数据和施加于这些数据上的一组操作构成，类则是指具有相同特征和行为的对象的集合。

面向对象的方法包括面向对象的需求分析（object-oriented analysis，OOA）、面向对象的系统设计（object-oriented design，OOD）和面向对象的程序设计（object-oriented programming，OOP）。首先，进行系统调查和需求分析，以对业务问题进行准确定义；其次，使用OOA将业务对象抽象成相应的类和实体，即对问题进行抽象概括；再次，使用OOD对问题进行形式化处理；最后，使用OOP编程实现系统。

面向对象开发方法具有全新的开发思维，其分析、设计及软件中的对象能够与现实业务中的对象保持一致，有助于开发人员理解业务实体。同时，能够实现软件复用，简化程序设计，实现的系统易于维护。

### 17.1.4 软件开发方式与控制评价

软件开发的方式通常有用户自行开发、委托开发、合作开发和购置商品化软件等四种。

**1. 用户自行开发**

用户自行开发要求企业根据市场情况和用户需求，或针对原系统存在的问题，从根本上管理信息系统的结构和功能，进行有关业务流程改造、功能或性能升级等方面的研究，并在此基础上开发出最适合本单位用户需求的管理信息系统。由于是企业自身行为，因此开发费用相对较少，开发的系统能够适用本单位的需求且满意度较高，便于维护。然而单位员工可能并非专职开发，存在易受本职业务工作的限制、系统优化不够等问题。该方法适合拥有较强信息技术队伍的单位。

**2. 委托开发**

委托开发是指单位不依靠其内部资源建立管理信息系统，而是聘请专门从事开发服务的外部组织进行开发，由外部开发商来负责管理信息系统的建设甚至是日常管理。这种开发方式具有省时、省事，开发的系统技术水平高等优点，但由于是全面委托开发，又存在开发费用高，且系统的稳定运行需要开发单位的长期支持。委托开发适用于组织管理信息系统的开发力量较弱，但资金较为充足的单位。如果双方签订长期服务合同（包含后期维护和功能升级）时，则属于外包方式。

**3. 合作开发**

合作开发是单位与专门从事软件开发的组织联合、共同开发本单位的管理信息系统，是用户自行开发方式与委托开发方式的结合。这种方式需要成立临时开发小组，由组织业务骨干和开发人员共同组成，项目一把手直接对组织一把手负责。联合开发可以充分发挥单位人员精通业务和开发单位熟悉计算机的优势，可在较短时间内完成任务。相对于委托开发，联合开发可以节约资金，培养、增强组织的技术力量，保证系统维护工作的持续性。但在合作开发过程中，合作方法容易出现互相扯皮、推卸责任等消极现象，此时需项目负责人及时从中检查和协调，达成共识。

#### 4. 购置商品化软件

购置商品化软件是指单位直接向从事管理信息系统开发的公司购买已经研发出的功能强大的专项业务管理软件。这种开发方式只需支付少量（相对其他开发方式而言）的授权使用费即可完成任务，可以节省大量的时间。但要买到完全满意，并且本企业使用的软件是一件非常困难的事，特别是针对企业一些专门的业务需求。

这 4 种开发方式各有优缺点，其适用范围主要看企业在业务和系统功能上的需求，表 17-2 为 4 种开发方式的比较。

表 17-2　4 种开发方式比较

| | 用户自行开发 | 委托开发 | 合作开发 | 购置商品化软件 |
| --- | --- | --- | --- | --- |
| 分析设计能力要求 | 较高 | 一般 | 逐渐培养 | 较低 |
| 编程能力要求 | 较高 | 不需要 | 需要 | 较低 |
| 系统维护难易程度 | 容易 | 较困难 | 较容易 | 较困难 |
| 开发费用 | 少 | 多 | 较少 | 较少 |
| 特点描述 | 开发时间较长，但可得到适合本企业的系统，并培养了自己的系统开发人员。该方式需要强有力的领导及进行一定的咨询 | 最省事，开发费用高。必须配备精通业务的人员，需经常进行监督、检查、协调 | 在具备一定编程力量基础上进行联合开发，合作方有培训义务且成果共享，双方沟通非常重要 | 要有鉴别与校验软件包功能及适应条件的能力，需编制一定的接口软件 |

显然，企业软件的取得方式是不同的，软件的安全风险也是不一样的，从审计人员的角度看，对不同方式获得的软件采取的控制措施的力度也不同，如表 17-3 所示。

表 17-3　四种开发方式的控制评价

| | 用户自行开发 | 委托开发 | 合作开发 | 购置商品化软件 |
| --- | --- | --- | --- | --- |
| 采取的控制措施 | 强 | 较强 | 一般 | 低 |

## 17.2　软件全过程控制

### 17.2.1　总体规划阶段

总体规划阶段是软件生命周期的第一阶段，是软件系统开发过程的第一步。由于企业信息化建设是一项投资多、耗时长、技术复杂且又内外交叉的工程，所以在系统开发的初期做好总体的规划工作是非常重要的。

一个比较完整的总体规划应当包括信息系统的开发范围和目标、总体结构、组织及其管理现状、管理流程、建设计划、技术规范等。

总体规划阶段的主要目标就是制定出信息系统的发展方向、规模和进程等。这样做能为以后的需求分析和设计打好基础。这个阶段的主要任务如下。

（1）制定管理信息系统的发展战略，使管理信息系统的战略与整个组织的战略和目标一致。

(2) 制定组织的主要信息需求,形成管理信息系统的总体结构方案,安排项目开发计划。

(3) 制定管理信息系统建设的资源分配计划,即制定为实现开发计划而需要的硬软件资源、数据通信设备、人员、技术、服务和资金等计划,提出整个系统的建设概算。

### 17.2.2　需求分析阶段

需求分析阶段的主要任务是对现行系统进一步详细调查,将调查中所得到的文档资料集中,对组织内部整体管理状况和信息处理过程进行分析,为系统开发提供所需资料,并提交系统方案说明书。

需求分析阶段的目标是为系统设计阶段提供系统的逻辑模型,系统设计阶段再根据这个逻辑模型进行物理方案的设计。

需求分析阶段以管理分析为前提,规划未来信息系统框架,是组织发展与信息系统建设的结合点,是管理人员与技术人员的结合点。需求分析阶段的主要任务就是将在系统详细调查中所得到的文档资料集中在一起,对组织内部整体管理状况和信息处理过程进行分析。需求分析在整个系统开发过程中,是要解决"做什么"的问题,把要解决哪些问题、满足用户哪些具体的信息需求进行调查、分析清楚,从逻辑上,或者说从信息处理的功能需求上提出系统的方案。

需求分析的主要内容包括组织结构及功能分析、业务流程分析、数据和数据流程分析、用户需求分析、系统初步方案等。

### 17.2.3　系统设计阶段

系统设计阶段根据需求分析的结果设计出信息系统的实施方案,为系统实施阶段的程序设计、调试提供依据。

系统设计阶段的主要任务就是在各种技术和实施方法中权衡利弊、精心设计,合理地使用各种资源,最终勾画出新系统的详细设计方案。

主要内容包括系统总体结构设计、代码设计、数据库设计、输入/输出设计、处理流程设计、功能模块设计、安全控制方案设计、系统组织和队伍设计及系统管理流程设计等。

### 17.2.4　系统实施阶段

系统实施阶段是将设计阶段和结果在计算机和网络上具体实现,即将设计文本变成能在计算机上运行的应用软件系统。系统实施作为系统的物理实现阶段,对于系统的质量、可靠性和可维护性等性能都有着十分重要的影响。

#### 1. 主要任务

系统实施工作必须在需求分析和系统设计工作完成之后,严格按照系统开发文档进行编码和测试。系统开发者只有通过需求分析和系统设计文档,对系统目标、系统代码设计、输入/输出设计等有全面的了解,才能进行系统的实施工作。系统实施阶段的主要任务包括:

(1) 按总体设计方案购置和安装计算机网络系统。硬件准备包括计算机、输入/输出设备、存储设备、辅助设备、通信设备等。

(2) 系统准备。包括系统软件、数据库管理系统及必要的应用程序。

(3) 培训。主要指用户的培训，包括主管人员和业务人员。提前对他们进行培训，使他们逐步适应、熟悉系统的操作方法，保证系统调试和运行的顺利进行。

(4) 数据准备。数据的收集、整理、录入。

(5) 系统上线和试运行。

由于系统实施阶段是对以前全部工作的检验，因此用户的参与特别重要。如果说在系统设计阶段以前用户处于辅助地位，而到了系统实施阶段以后，用户逐步变为系统的主导地位。

**2. 验收**

系统最终验收测试是信息系统进入运行与维护阶段之前的不可或缺的步骤，最终验收测试是在实际操作环境中执行的全面系统测试，是由用户对信息系统的开发质量进行检验和审核，包括对应用程序的性能要求和功能要求进行全面的测试，通过最终验收测试可以确保系统已做好投入生产的准备并满足所有书面要求。当系统完成最终验收测试后，就可以将系统迁移到生产环境。

企业应组织有关专家、用户代表以及相关职能部门对软件系统进行审核与移交，主要工作内容如下。

(1) 软件版本确认。正式运行的版本，与源代码的一致性、提交文档的一致性、操作手册的一致性、软件授权、知识产权等审核与确认。

(2) 运行环境确认。软件系统的初始化、安装程序、口令设置、基础数据等审核与确认。

(3) 技术文档移交。技术文档的一致性、完整性等审核与确认，有关部门接收并签字确认，相关保密制度等审核等。

(4) 应急预案的审核。对软件系统上线后可能出现的各种突发情况应该有预案。

(5) 保密安全政策的审核。对口令管理、敏感数据访问、程序更新等应当有完整、可操作的保密安全制度。

在验收测试中不可避免地会发现系统的缺陷或与需求存在偏差的地方，应当根据问题的轻重缓急确定修复和改进的计划，统筹兼顾，使软件系统按进度、按标准通过验收，上线运行。

对程序源代码和相关事项(包括设计、规范、验证和确认设计)的访问应该严格控制，以防止带入一些非授权功能，避免对源代码的无意识的修改。程序源代码可以放在集中存储区中，最好放在程序代码库中。

**3. 系统上线**

软件系统上线，即新旧系统切换，由于大部分系统故障发生在系统切换阶段，工作量大，情况也比较复杂，因此企业要拟订周密的计划，选择适当的切换方式，使系统切换不至于影响正常的工作。系统上线阶段应包括以下工作内容。

(1) 上线前准备工作。在上线前，系统开发方应制定系统上线计划，包括上线检查清单、上线支持人员、退回机制等，并提交诸如《上线申请表》之类的正式申请文档。系统上线计划和申请文档应经过用户管理层的正式批准，并通知各相关部门。

(2) 软件系统上线。所有的上线准备工作做好之后，由系统监督人员确认上线系统版本正确性后，与用户确认系统上线时间，下达上线指令。软件系统上线操作人员将最后版本的系统程序移植到生产环境。

新系统上线时如需要将原始数据移植到新系统,则应完成以下主要工作内容。

(1)制定数据移植/转换计划。除了要定义数据收集的格式、范围、进度外,还要考虑系统接口的影响,并建立了数据移植完整性和准确性测试方法以及意外事件处理程序。

(2)数据收集。如果系统实施涉及基础数据收集,应由数据收集小组根据数据收集格式,对数据进行收集,数据收集小组在收集数据时应培训业务部门的数据提供人员,以确保数据提供人员了解和掌握对数据收集的各项规定和要求。

(3)数据移植前的测试。在测试环境中对数据移植方法进行测试,书面记录测试结果,解决测试中发现的问题,进行问题记录并归档。

(4)数据导入并核查结果。将数据导入系统,并在导入后按照事先制定的数据移植完整性和准确性测试方法对系统中的数据做进一步的核查,确保导入数据的质量。如有意外,按照事先制定的意外事件处理程序处理,并留下记录。数据移植完成之后,用户应对数据移植结果签字确认。

(5)数据移植后要进行适当时间的试运行,确认数据移植的真实性和完整性。试运行时间视具体系统的规模、影响程度而定。

软件系统的切换方式通常有三种。

(1)直接切换。直接切换就是在原有软件系统停止运行的某一时刻,新系统立即投入运行,中间没有过渡阶段。该方式的好处是省时、省力、省费用。坏处是没有适应过程,因此,切换时应做好准备,万一新系统不能达到预期目的时,应有应急预案。

(2)平行切换。平行切换就是新系统和老系统平行工作一段时间,经过这段时间的试运行后,再用新系统正式替换下老系统。在平行工作期间,会增加职员的工作负荷,人力物力消耗较大。如果新系统有问题而停止运行,则不会影响原有系统的正常工作,所以风险较小,因此,对于一些较大的管理信息系统,平行切换是一种最常用的切换方式。

(3)分段切换。分段切换方式是直接切换和平行切换的结合,采取分期分批逐步切换,它既能保证平稳运行,又能适当控制费用。采用分段切换时,可视具体情况,采取不同的策略,如按功能分阶段逐步切换,按部门分阶段逐步切换,按机器设备分阶段逐步切换等。

在系统上线的过程中,为了防止故障和错误发生,确保上线的成功实施,需要建立相应的控制机制。上线过程的控制内容如下。

(1)企业应当切实做好信息系统上线的各项准备工作,培训业务操作和系统管理人员,制定科学的上线计划和新旧系统转换方案,考虑应急预案,确保新旧系统顺利切换和平稳衔接。系统上线涉及数据迁移的,还应制定详细的数据迁移计划。

(2)测试数据应加以保护及控制。测试数据有时是虚构的,但是有时需要在实际运行与操作中使用真实数据来测试系统功能。这时应该避免使用含有个人或组织敏感信息的业务数据。如果确实要使用,就需要采取一定的控制措施,如有效的访问控制、适当授权、记录使用日志,以便追踪审核等。

(3)所有的软件上线都应当进行控制,而且在实施前都要进行授权。新安装的软件必须符合组织的业务要求并经过适当授权。

**4. 文档移交**

在实施阶段结束后,系统开发方不仅要向企业移交软件的源代码和执行程序,而且还要提交系统开发过程中各阶段性文档,包括需求分析说明书、概要设计说明书、详细设计说明书、数据库设计说明书、安装使用说明书、系统管理员手册、用户使用手册、测试计划、测试报告、用户报告、数据移植计划及报告、系统上线计划及报告、验收报告、移交报告等。

### 17.2.5 系统运行与维护阶段

当管理信息系统通过验收,正式移交给用户以后,系统进入运行阶段。长时间的运行是检验系统质量的试金石,通过运行,系统性能的优劣等问题都会暴露在用户面前。

要保证信息系统长期有效地正常运行,就要建立规范的运行管理制度,从人员管理、组织结构设计、组织环境建设等方面加强管理工作,及时进行系统的评价和分析。同时,记录系统的运行情况,特别是非正常情况应将现象、时间、可能原因、处理措施等做详尽的记录。这样对信息系统的完善和维护是很有帮助的。

要保障信息系统正常运行,系统维护是不可缺少的工作,并伴随信息系统的整个生命周期。系统维护是指在管理软件系统交付使用后,为了改正错误或满足新的需要而修改软件系统的过程。系统维护有两层含义。一方面,由于软件系统是一个非常复杂的人机系统,错误不可避免,有些错误只有在实践中才能暴露出来,通过系统维护加以修改。另一方面,随着企业的发展变化,也会对软件系统提出新的要求,这些适应性修改也属于维护工作的范畴。能不能做好这些工作,将直接影响软件的使用寿命。因此,软件系统维护的原因大致可以归纳为以下几种:

(1) 改正程序中的错误和缺陷;
(2) 为了适应新的软件或硬件环境;
(3) 为了适应企业需求的改变;
(4) 增加新的应用范围。

按照系统维护可以划分为改正性维护、适应性维护、完善性维护和预防性维护 4 种类型。

(1) 改正性维护(corrective maintenance)。在系统调试阶段不可能发现系统中所有潜伏的错误,有的错误可能会在系统运行过程中出现。人们把诊断和改正这类错误的过程称为改正性维护。这种错误的出现通常是由于遇到了调试阶段从未使用过的输入数据的某种组合或判断条件的某种组合而造成的。在系统交付使用后遇到的错误,有些不太重要或者很容易回避,但有的错误可能很严重,甚至会使系统运行被迫停止。但无论错误的严重程度如何,都要设法改正。修改工作要制定计划,提出要求,经领导审查批准后,在严密的管理和控制下实施修改。

(2) 适应性维护(adaptive maintenance)。当系统的外部环境发生变化时,需要制定计划有步骤、分阶段地组织实施,进行适应性维护。这些变化包括计算机设备更新、操作系统版本升级、数据库更新、数据存储介质的更新等,为了延长系统的使用寿命,都会对系统进行适应性维护。

(3) 完善性维护(perfective maintenance)。当系统投入使用并成功运行以后,由于种种原因,用户可能会提出完善某些功能、增加新的功能等要求。为改善和加强系统的功能,满足日益增长的对系统的需要,有必要对系统进行完善性维护。此外,完善性维护还包括处理效率的改进、系统的优化以及可维性的改善等方面的工作。因此,完善性维护在整个系统维护工作中所占的比重较大。

(4) 预防性维护(preventive maintenance)。预防性维护是为了提高软件的可维护性和可靠性,采用先进的软件工程方法对需要维护的软件或软件中的某一部分重新进行设计、编制和测试,为以后进一步维护和运行打好基础。也就是软件开发组织选择在最近的将来可能变更的程序,做好变更它们的准备。相对前三类维护而言,这类维护活动比较少。

根据对各种维护工作分布情况的统计结果,一般改正性维护占20%,适应性维护占25%,完善性维护达到50%,而预防性维护及其他类型的维护仅占5%。可见系统维护工作中,半数以上的工作是完善性维护,如图17-4所示。

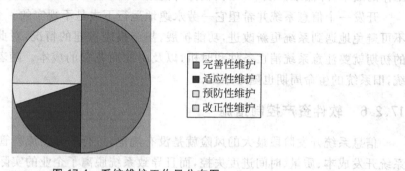

图17-4 系统维护工作量分布图

应当认识到维护工作会给正在运行的信息系统造成两个副作用。第一个副作用是维护可能会引入新的错误,造成信息系统可靠性能下降,给企业的业务持续能力带来隐患。第二个副作用是维护工作也可能给舞弊带来机会,造成信息系统安全性下降。由于维护管理一直是管理中的薄弱环节,有些维护人员有可能借维护之机设置"后门",后患无穷。因此,加强系统维护控制是非常重要的。维护控制内容如下。

(1) 制定信息系统工作程序、信息管理制度以及各模块子系统的具体操作规范,及时跟踪、发现和解决系统运行中存在的问题,确保信息系统按照规定的程序、制度和操作规范持续稳定运行。

(2) 制定信息系统变更管理流程,信息系统变更应当严格遵照管理流程进行操作。信息系统操作人员不得擅自进行系统软件的删除、修改等操作;不得擅自升级、改变系统软件版本;不得擅自改变软件系统环境配置。

(3) 引进新的系统和对已有系统进行大的变更要按照从文档、规范、测试、质量管理到实施管理这个正常的过程进行。确保对任何系统的变更都要与各相关方协商达成一致意见,并得到主管部门的批准。

(4) 对维护成本进行合理控制。维护是管理信息系统生命周期中花钱最多、延续时间最长的活动。近年来,从系统的维护费用来看,已经远远超过了系统开发费用,占系统总投资的60%以上。典型的情况是,系统维护费用与开发费用的比例为2:1。用于软件维护的工作量可以分为两部分:一部分用于生产性活动,即用于分析和评价、修改设计和代码的活动;另一部分用于非生产性活动,即用于理解代码功能。结构特征以及性能约束等的活动。

Belady和Lehman提出了系统维护工作量的计算公式:

$$M = p + Ke^{c-d}$$

其中:$M$ 是维护中消耗的总工作量,$p$ 是生产性工作量,$K$ 是经验常数,$e$ 是因缺乏好的设计和文档而导致复杂性的度量，$d$ 维护人员是对软件系统熟悉程度的度量。

通过这个模型可以看出，如果使用了不好的系统开发方法，参加维护的人员都不是原来开发的人员，那么维护工作量（及成本）将按指数级增加。另外，影响维护成本的因素还有系统的规模、系统的年龄、系统的结构、程序设计语言、文档的质量等因素。如果系统的规模越大，结构越复杂，维护工作量也会增加；如果系统比较老，采用的程序设计语言自然也是早期的，可读性、可移植性也就差，维护工作量也会加大；如果文档的质量好，记录详尽，对维护工作是非常有益的，可以大大提高维护效率。可见，加强对软件维护的控制可以提高维护工作的效率，降低维护成本，延长软件的使用时间。

开发一个信息系统并希望它一劳永逸地运行下去是不现实的。企业的信息系统会经常不可避免地遇到系统更新改进，功能扩展，甚至报废重建的情况，对此企业在信息系统建设的初期就要注意系统消亡条件和时机，以及由此而花费的成本。随着新的系统代替旧的系统，旧系统的生命周期也随之结束。

### 17.2.6 软件资产控制措施

信息系统开发阶段最大的风险就是没有规范、可行的开发流程管理制度，不仅导致信息系统开发成本、质量、时间进度失控，而且导致系统脱离了企业的实际业务需求，没有实现业务处理和业务控制要求，不能有效支持业务开展以及不能有效预防和发现错误和舞弊，因此有必要制定并不断修订完善开发流程管理制度，按照信息系统生命周期，对系统开发过程中的每一个阶段进行审查，从项目启动、需求分析、设计、编程、测试、上线、评价与维护等多个环节进行控制，以发现系统建设中存在的风险，确保系统开发的质量。

具体来说，企业开发信息系统的风险主要体现在：一是项目计划不当；二是在需求分析环节，重要风险是需求本身是否合理，需求文档表述是否准确、完整；三是设计环节不能满足用户需求、设计方案成本效益未能匹配、设计方案不全面以至于面临较多的变更；四是在编程和测试环节，重要风险是编程与设计不符、程序员风格各异、缺乏有效的程序版本控制和测试不充分；五是在系统上线环节，重要风险是没有完整可行的上线计划，导致人员培训不足、数据准备不合格、系统上线混乱无序、质量和进度无法保证；六是在系统评价环节，重要风险是未能及时有效掌握系统运行情况，不能及时发现系统的错误和不足。

系统开发的控制活动涉及开发与实施活动的管理、项目启动、分析与设计、自行开发的系统建设与软件包的选择、测试和质量保证、数据转换、上线、文档与培训等多个领域的内容，主要的控制措施如表17-4所示。

表17-4　软件控制措施一览表

| 阶段 | 主要控制措施 |
| --- | --- |
| 项目计划 | • 企业应当根据信息系统建设整体规划提出分阶段项目的建设方案，明确建设目标、人员配备、职责分工、经费保障和进度安排等相关内容，按照规定的权限和程序审批后实施<br>• 企业可以采用标准的项目管理软件（如 OfficeProject）制订项目计划，并加以跟踪。在关键环节进行阶段性评审，以保证过程可控<br>• 项目关键环节编制的文档应参照《GB 8567—88 计算机软件产品开发文件编制指南》等相关国家标准和行业标准进行，以提高项目计划编制水平 |

续表

| 阶段 | 主要控制措施 |
| --- | --- |
| 需求分析 | • 信息系统归口管理部门应当组织企业内部各有关部门提出开发需求,加强系统分析人员和有关部门的管理人员、业务人员的交流,经综合分析提炼后形成合理的需求<br>• 编制表述清晰、表达准确的需求文档。需求文档是业务人员和技术人员共同理解信息系统的桥梁,必须准确表述系统建设的目标、功能和要求。企业应当采用标准建模语言(例如 UML),综合运用多种建模工具和表现手段,参照《GB 8567—88 计算机软件产品开发文件编制指南》等相关标准,提高系统需求说明书的编写质量<br>• 企业应当建立健全需求评审和需求变更控制流程。依据需求文档进行设计(含变更后的需求文档)前,应当评审其可行性,由需求提出人和编制人签字确认,并经业务部门与信息系统归口管理部门负责人审批 |
| 系统设计 | • 系统设计负责部门应当就总体设计方案与业务部门进行沟通和讨论,说明方案对用户需求的覆盖情况;存在备选方案的,应当详细说明各方案在成本、建设时间和用户需求响应上的差异;信息系统归口管理部门和业务部门应当对选定的设计方案予以书面确认<br>• 企业应参照《GB 8567—88 计算机软件产品开发文件编制指南》等相关国家标准和行业标准,提高系统设计说明书的编写质量<br>• 企业应建立设计评审制度和设计变更控制流程<br>• 在系统设计时应当充分考虑信息系统建成后的控制环境,将生产经营管理业务流程、关键控制点和处理规程嵌入系统程序,实现手工环境下难以实现的控制功能。例如:对于某一财务软件,当输入支出凭证时,可以让计算机自动检查银行存款余额,防止透支<br>• 应充分考虑信息系统环境下的新的控制风险。比如,要通过信息系统中的权限管理功能控制用户的操作权限,避免将不相容职务的处理权限授予同一用户<br>• 应当针对不同的数据输入方式,强化对进入系统数据的检查和校验功能。比如,凭证的自动平衡校对<br>• 系统设计时应当考虑在信息系统中设置操作日志功能,确保操作的可审计性。对异常的或者违背内部控制要求的交易和数据,应当设计由系统自动报告并设置跟踪处理机制<br>• 预留必要的后台操作通道,对于必需的后台操作,应当加强管理,建立规范的操作流程,确保足够的日志记录,保证对后台操作的可监控性 |
| 编程和测试 | • 项目组应建立并执行严格的代码复查评审制度<br>• 项目组应建立并执行统一的编程规范,在标识符命名、程序注释等方面统一风格<br>• 应使用版本控制软件系统(如 CVS),保证所有开发人员基于相同的组件环境开展项目工作,协调开发人员对程序的修改<br>• 应区分单元测试、组装测试(集成测试)、系统测试、验收测试等不同测试类型,建立严格的测试工作流程,提高最终用户在测试工作中的参与程度,改进测试用例的编写质量,加强测试分析,尽量采用自动测试工具提高测试工作的质量和效率。具备条件的企业,应当组织独立于开发建设项目组的专业机构对开发完成的信息系统进行验收测试,确保在功能、性能、控制要求和安全性等方面符合开发需求 |

续表

| 阶段 | 主要控制措施 |
|---|---|
| 上线 | • 企业应当制定信息系统上线计划，并经归口管理部门和用户部门审核批准。上线计划一般包括人员培训、数据准备、进度安排、应急预案等内容<br>• 系统上线涉及新旧系统切换的，企业应当在上线计划中明确应急预案，保证新系统失效时能够顺利切换回旧系统<br>• 系统上线涉及数据迁移的，企业应当制定并保存详细的数据迁移计划，计划应涵盖具体的数据迁移步骤。数据迁移的过程应当在原始位置和目的地之间进行测试，确保数据的完整、准确和有效。用户部门应当参与数据迁移过程，对迁移前后的数据予以书面确认 |
| 业务外包 | • 企业在选择外包服务商时要充分考虑服务商的市场信誉、资质条件、财务状况、服务能力、对本企业业务的熟悉程度、既往承包服务成功案例等因素，对外包服务商进行严格筛选<br>• 企业可以借助外包业界基准来判断外包服务商的综合实力<br>• 企业要严格外包服务审批及管控流程，对信息系统外包业务，原则上应采用公开招标等形式选择外包服务商，并实行集体决策审批<br>• 企业在与外包服务商签约之前，应针对外包可能出现的各种风险损失，恰当拟订合同条款，对涉及的工作目标、合作范畴、责任划分、所有权归属、付款方式、违约赔偿及合约期限等问题做出详细说明，并由法律部门或法律顾问审查把关<br>• 开发过程中涉及商业秘密、敏感数据的，企业应当与外包服务商签订详细的"保密协议"，以保证数据安全<br>• 在合同中约定付款事宜时，应当选择分期付款方式，尾款应当在系统运行一段时间并经评估验收后再支付<br>• 应在合同条款中明确要求外包服务商保持专业技术服务团队的稳定性<br>• 企业应当规范外包服务评价工作流程，明确相关部门的职责权限，建立外包服务质量考核评价指标体系，定期对外包服务商进行考评，并公布服务周期的评估结果，实现外包服务水平的跟踪评价<br>• 引入监理机制，降低外包服务风险 |
| 外购调试 | • 企业应明确自身需求，对比分析市场上的成熟软件产品，合理选择软件产品的模块组合和版本<br>• 企业在软件产品选型时应广泛听取行业专家的意见<br>• 企业在选择软件产品和服务供应商时，不仅要评价其现有产品的功能、性能，还要考察其服务支持能力和后续产品的升级能力<br>• 在选择服务提供商时，不仅要考核其对软件产品的熟悉、理解程度，也要考核其是否深刻理解企业所处行业的特点、是否理解企业的个性化需求、是否有过相同或相近的成功案例 |

### 17.2.7 软件资产变更控制措施

在IT项目开发过程中，许多原因都有可能导致项目的变更，如硬件的升级扩容、软件的修改与升级等。系统变更是为了更好地满足企业需求，一个变更还有可能导致其他的变更，因此变更发生后要综合考虑，权衡关系。与变更管理紧密联系的就是配置管理，在项目开发过程中被列为配置项的内容进行更改时必须遵守正式的变更控制流程。在变更管理的过程中应加强对变更申请、变更成本与进度的控制,企业应当建立标准流程来实施和记录系统变更,保证变更过程得到适当的授权与管理层的批准,并对变更进行测试。正式的变更流程一般包括变更请求、变更评估、变更批准或驳回,已批准的变更的实现和测试。确保只有被批准的变更才能予以实现,并放入相应的基线中,而且确保所有被批准的变更均实现。变更控制的目的不是限制变更的发生,而是对变更进行有效管理,确保变更有序进行。变更控制的目标是确保对程序和相关基础组件的变更是经过请求、授权、执行、测试和实施的,以达到管理层的控制目标。

系统变更的控制活动包括授权和跟踪变更申请、系统编程、测试和质量保证、对程序变更实施过程的控制、迁移到生产环境的授权、文档和培训、变更管理等。变更控制活动可以从变更制度和变更实施两个方面来进行设计,常见的变更控制措施如表17-5所示。

表 17-5 变更控制措施

| 变更域 | 变更控制措施 |
| --- | --- |
| 变更制度 | <ul><li>建立变更管理制度,系统发生变更前,向主管领导申请,变更和变更方案经过评审、审批后方可实施变更,并在实施后将变更情况向相关人员通告</li><li>建立变更控制的申报和审批文件化程序,对变更影响进行分析并文档化,记录变更实施过程,并妥善保存所有文档和记录</li><li>信息系统变更应当严格遵照管理流程进行操作。信息系统操作人员不得擅自进行软件的删除、修改等操作;不得擅自升级、改变软件版本;不得擅自改变软件系统的环境配置</li><li>企业应加强紧急变更的控制管理</li></ul> |
| 变更实施 | <ul><li>确认系统中要发生的变更,并制定变更方案</li><li>一般的程序变更请求需要由用户部门管理层审批并存档保留</li><li>系统变更程序(如软件升级)需要遵循与新系统开发项目同样的验证和测试程序,必要时还应当进行额外测试</li><li>程序变更上线之前需要经过管理层的检查和审批</li><li>变更在被移植到生产环境前被测试。测试的级别应当和变更的大小相当</li><li>系统的开发和测试环境必须与生产环境分离,相冲突的职责被适当分离</li><li>企业应加强对将变更移植到生产环境中的控制管理,包括系统访问授权控制、数据转换控制、用户培训等</li><li>建立中止变更并从失败变更中恢复的文件化程序,明确过程控制方法和人员职责,必要时对恢复过程进行演练</li><li>保证对硬件和软件的变更不会引起正常业务处理的中断(如银联系统中断)</li><li>检查和授权对网络、系统和应用程序的变更</li></ul> |

## 17.3 软件质量控制

### 17.3.1 软件质量标准

首先要明确究竟什么是软件质量,在 ANSI/IEEE 中提出了软件质量的 6 个要素。

(1)正确性:实现的功能达到设计规范并满足用户需求的程度。

(2)可靠性:在规定的时间和条件下,维持其性能水准的程度。

(3)易用性:用户掌握软件操作所要付出的时间及努力程度。

(4) 效率：软件执行某项功能所需的计算机资源和时间的有效程度。
(5) 可维护性：当环境改变或者软件发生错误时，执行修改或者修复所作的努力程度。
(6) 可移植性：从一个系统/环境移到另一个系统/环境的容易程度。

根据软件质量的六要素，我们就可以确定软件质量的具体指标，包括6个方面的质量标准。

1) 功能性的质量指标

(1) 功能的正确性：软件系统功能和用户的实际需求、已定义的产品规范一致。
(2) 功能的准确性：软件系统产生的结果在精度允许的误差范围内。
(3) 功能的完整性：所有功能及其定义清楚、可用。

2) 可用性的质量指标

(1) 可操作性：容易使用和操作，包括理解用户界面、适应一些特殊用户的可选项等。
(2) 通用性：数据显示、网络通信接口和用户界面等都遵守已有的软件标准。
(3) 一致性：在软件开发整个生命周期内建立和使用相同的标准，保证全局变量、数据类型、出错处理的命名和使用一致。

3) 可靠性的质量指标

(1) 自我恢复能力：当软件系统的某个功能失效时，系统在当前环境下能实现故障自动转移，重新自动配置、继续执行的能力，软件系统具有自我检测、容错、备份等机制，尽量做到独立于硬件的编码、硬件设备之间的通信协议一致等。
(2) 健壮性：各种恶劣环境（大数据量、大用户量、误操作等）下软件系统能保持正常工作。
(3) 分布性：软件系统的某些子功能或子系统被部署在不同的处理主机、存储设备。

4) 性能的质量指标

(1) 有效性：软件系统在通信、处理、存储等方面占有很少资源或者对所使用的资源进行了优化。
(2) 完整性：软件系统具有良好的安全管理，能防止不安全存取、数据丢失、病毒入侵等。
(3) 易存取性：对软件系统的存取权限设置清楚，存取操作方便，存取操作有记录。

5) 可维护性的质量指标

(1) 模块化：将一个复杂的软件系统分解若干模块，这些模块是一些具备最小耦合性、很强凝聚性、结构化的组件。
(2) 灵活性：容易为软件系统增加一个新功能或新的数据，并且不需要进行大量的代码修改或者设计修改。
(3) 可测试性：测试软件组件或者集成产品时查找缺陷的简易程度。
(4) 可追溯性：对一个特殊需求容易找出相应的代码，反之，也可以根据代码找出特定的需求。
(5) 兼容性：软件、硬件、通信系统之间协同工作的能力，与其他软件系统之间协同工作的能力。
(6) 可解释性：相关文档齐全、符合标准、逻辑清晰、描述准确、用词恰当，容易理解和定位。

6) 可移植性的质量指标

（1）适应性：软件系统不依赖于环境，即系统不做修改或做很少的修改即可运行在其他环境下；

（2）易安装性：在指定的环境下安装软件的简易程度，如是否具备在线更新、安装包自动生成等功能；

（3）可重用性：一个软件组件应用于最初开发的系统之外其他软件系统的能力；

（4）互操作性：软件系统与其他系统交换数据和服务的难易程度；

（5）可替换性：特定软件在某个特定环境中用来替代指定的其他软件的难易程度。

### 17.3.2 软件质量控制方法

受美国国防部委托，1987年美国卡内基-梅隆大学的软件工程研究所（SEI）提出了软件能力成熟度的模型（capability maturity model，CMM），当时是为了评价美国国防部的软件合同承包组织的能力。它侧重于软件开发过程的管理及工程能力的提高与评估，许多软件企业实施CMM后显著提高了软件产品的质量，在全世界范围内被广泛使用，目前已经成为软件业最权威的评估认证体系。

CMM认为保证软件质量的根本途径就是提升企业的系统开发生产能力，而企业的系统开发生产能力又取决于企业的系统开发过程能力，特别是在系统开发和生产中的成熟度水平。企业的系统开发过程能力越成熟，其软件生产能力就越有保证，这样的企业开发出的软件产品质量也越高。所以，CMM提供了一个系统过程改进框架，该框架与软件生命周期无关，与所采用的开发技术也无关。根据这个框架制定软件企业内部具体的系统开发过程，可以极大程度地提高按计划的时间和成本提交有质量保证的软件产品的能力。

所谓系统开发过程能力，是指企业从事软件产品开发和生产过程本身透明化、规范化和强制化。企业在执行系统开发过程中可能会反映出原定过程的某些缺陷，这时可以根据反映的问题来改善这个过程。周而复始，这个过程逐渐完善、成熟。这样一来，系统开发项目的执行不再是一个黑盒，企业可以清楚地知道项目是按照规定的过程进行的。系统开发过程中成功和失败的经验教训也就能够成为今后可以借鉴和吸取的营养，从而可以大大促进企业在软件系统生产方面成熟度的提高。

CMM与静态的质量管理标准（如ISO9001等）形成了鲜明的对比。ISO9001标准在提供一个良好的体系结构与实施基础方面很有效，而CMM是一个演进的、有动态尺度的标准，能够帮助企业选择、采纳和合理使用一些先进的管理方法，并在实践活动中不断提高和完善系统开发成熟度的能力。围绕这些实践活动逐步形成了一套制度，即在指定的成本和时间内，交付提高质量的软件产品所需要的、有纪律的、精确定义的并能有效度量的软件工程过程。

### 17.3.3 软件质量控制措施

CMM模型描述和分析了系统开发过程能力的发展程度，确立了一个系统开发过程能力成熟度的分级标准，一共包括5个级别（如图17-5所示）、18个关键控制过程、52个控制目标、300多个关键活动。随着能力成熟度逐步提高，企业的竞争力也在不断地提高，系统开发的风险则逐步下降，软件产品的质量稳步上升。

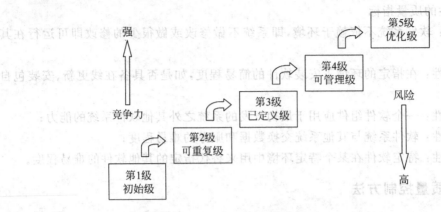

图 17-5 CMM 模型

在 CMM 模型中,每个级别的能力成熟度的特征如下。

(1) 初始级:系统开发过程的特点是无序的,有时甚至是混乱的。系统开发过程定义处于几乎毫无章法和步骤可循的状态,软件产品所取得的成功往往依赖于极个别人的努力和机会。公司的软件开发无序,进度、预算、功能和质量等方面不可预测,软件的质量取决于个人的能力与水平。

(2) 可重复级:已经建立了基本的项目管理过程,这些过程可以用于对成本、进度和功能特性进行跟踪。对于类似的工程项目,有章可循并能重复以取得成功的经验。达到该级的软件公司其软件开发过程已经制度化,有纪律,可重复。

(3) 已定义级:系统开发过程均已文档化、标准化、工程化,并形成了整个系统开发组织的标准开发过程。全部项目均采用与实际情况相吻合的、适当修改后的标准的开发过程来进行操作。达到该级的软件公司在软件开发过程中已经实现了标准化。

(4) 可管理级:系统开发过程和产品质量有详细的度量标准。系统开发过程和产品质量得到了定量的认识和控制。达到该级的软件公司其软件开发过程已经定量化。

(5) 优化级:通过系统开发过程的量化反馈,以及新的思想和技术应用,能够不断地、持续性地对开发过程进行改进。达到该级的软件公司在软件开发过程中会自发地不断改进,防止同类问题二次出现。

CMM 的关键控制过程参见表 17-6。

表 17-6 CMM 的关键控制过程

| 级别 | 控 制 点 | 控 制 目 标 |
| --- | --- | --- |
| CMM1 | 无控制点 | 软件开发过程没有质量管理,进度、预算、功能和质量等方面处于不可控状态 |
| CMM2 | 需求管理(requirement management)<br>软件项目计划(software project planning)<br>软件项目跟踪和监督(software project tracking oversight)<br>软件子合同管理(software subcontract management)<br>软件质量保证(software quality assurance)<br>软件配置管理(software configuration management) | 通过一定的质量控制活动,软件开发过程已制度化,有章可循,可以不断重复,使得软件的质量有了基本的保障 |

续表

| 级别 | 控制点 | 控制目标 |
|---|---|---|
| CMM3 | 组织过程焦点（organization process focus）<br>组织过程定义（organization process definition）<br>培训程序（training program）<br>集成软件管理（integrated software management）<br>软件产品工程（software product engineering）<br>组间协调（intergroup coordination）<br>同行评审（peer review） | 在CMM2质量控制活动的基础上进一步加强控制措施，软件开发过程已经实现标准化，所有开发活动都有明确的定义，软件的质量有了较可靠的保障 |
| CMM4 | 定量过程管理（quantitative process management）<br>软件质量管理（software quality management） | 在CMM3质量控制活动的基础上又增加了两项控制活动，实现了软件开发过程的定量化，使得软件开发活动置于精确化的管理中，软件质量是可控的 |
| CMM5 | 缺陷预防（defect prevention）<br>技术改革管理（technology change management）<br>过程更改管理（process change management） | 在CMM4控制活动的基础上进一步加强控制，使得软件开发过程是一个不断改进的过程，从而防止同类问题再次出现，软件质量有可靠的保障 |

（1）需求管理：对分配需求进行管理。即要在客户和实现客户的软件项目之间达成共识；控制软件需求，为软件工程和管理建立基线；保持软件计划、产品和活动与系统软件的一致性。

（2）软件项目计划：为软件工程的动作和软件项目活动的管理提供一个合理的基础和可行的工作计划的过程。其目的是为执行软件工程和管理软件项目制定合理的计划。

（3）软件项目跟踪和监督：对软件实际过程中的动作建立一种透明的机制，以便当软件项目的实际动作偏离计划时，能够有效地采取措施。

（4）软件子合同管理：目的是选择合格的软件分承包商和对分承包合同的有效管理。此项工作对大型的软件项目十分重要。

（5）软件质量保证：目的是对软件项目和软件产品质量进行监督和控制，向用户和社会提供满意的高质量产品，它是确保软件产品从生产到消亡为止的所有阶段达到需要的软件质量而进行的所有有计划、有系统的管理活动。

（6）软件配置管理：包括标识在给定时间点上的软件的配置，系统地控制对配置的更改，并维护在整个软件生命周期中配置的完整性和可跟踪性。这里的配置是指软件或硬件所具有的功能特征和物理特征，这些特征可能是技术文档中所描述的或产品所实现的特征。

（7）组织过程焦点：建立企业在软件开发过程中应承担的责任。在软件开发过程中，组织过程焦点集中了各项目的活动和运作的要点，可以给组织过程定义提供一组有用的活动。这种活动可以在软件项目中得到发展，并在集成软件管理中定义。

（8）组织过程定义：在软件过程中开发和维护的一系列操作，利用它们可以对软件项目进行改进，这些操作也建立了一种可以在培训等活动中起到良好指导作用的机制，其目标是制定和维护组织的标准软件过程,收集、评审和使用有关软件项目使用组织标准软件过程的信息。

(9)培训程序:提高软件开发者的经验和知识,以便使他们可以更加高效和高质量地完成自己的任务。

(10)集成软件管理:把软件的开发和管理活动集中到持续的和确定的软件过程中来,它主要包括组织的标准软件过程和相关的操作,这些在组织过程定义中已有描述。当然,这种组织方式与该项目的商业环境和具体的技术需求有关。

(11)软件产品工程:提供一个完整定义的软件过程,能够集中所有软件过程的不同活动以便产生出良好的、有效的软件产品。软件产品工程描述了项目中具体的技术活动,如需求分析、设计、编码和测试等。

(12)组间协调:为了软件开发的各个组之间能够协同工作而采取的一种管理措施。对于一个软件项目来说,一般要设置若干工程组:软件开发组、系统测试组、软件质量保证组、软件配置管理组、软件工程过程组、培训组等。这些工程组只有相互协作、配合、支持,才能使项目在各方面更好地满足客户的需要。

(13)同行评审:处于同一工作领域的其他软件人员对该软件项目产品进行检测的一种手段,其目的是能够较早和有效地发现软件产品中存在的错误并改正它们。它是一种在软件产品工程中非常重要的和有效的工程方法。

(14)定量过程管理:在软件项目中定量控制软件过程表现,这种软件过程表现代表了实施软件过程后的实际结果。当过程稳定于可接受的范围内时,软件项目所涉及的软件过程、相对应的度量以及度量可接受的范围就被认可为一条基准,并用来定量地控制过程表现。

(15)软件质量管理:建立对项目软件产品质量的定量了解和实现特定的质量目标。软件质量管理涉及:确定软件产品的质量目标;制定实现这些目标的计划;监控及调整软件计划、软件工作产品、活动和质量目标,以满足客户和最终用户对高质量产品的需要和期望。

(16)缺陷预防:在软件开发过程中能识别出产生缺陷的原因,并且采取预防措施,防止它们再发生。为了能够识别缺陷,一方面要分析以前所遇到的问题和隐患;另一方面还要对各种可能出现缺陷的情况加以分析和跟踪,从中找出有可能出现和重复发生的缺陷类型,并对缺陷产生的根本原因进行确认,同时对未来的活动预测可能产生的错误趋势。

(17)技术改革管理:识别新技术(如新的工具、方法和过程等),并将其有序地引入到组织的各种软件过程中去。同时,修订由此而引起的各种标准变化,例如,对组织的标准软件过程和项目定义软件过程进行处理,使之适应工作的需要。

(18)过程更改管理:本着改进软件质量、提高生产率和缩短软件产品开发周期的目的,不断改进组织中所用的软件过程的实践活动。过程变更管理活动包括定义过程改进目标、不断地改进和完善组织的标准软件过程和项目定义软件过程。制定培训和激励性的计划,以促使组织中的每个人参与过程改进活动。

## 案例5 法国兴业银行事件——传统内控的终结

【资料】

2008年,法国兴业银行的交易员杰罗姆·凯维埃尔(Jerome Kerviel)进行的未经授权的交易导致该行损失49亿欧元(约合72亿美元),这几乎等于该银行一年的总收入。这是历史上单个交易员造成的最大一笔损失,超过了英国巴林银行交易员尼克·利森造成的14亿美元损失,巴林银行因此破产。

### 一、手法

根据这项声明,现年31岁的凯维埃尔2000年进入法国兴业银行,在监管交易的部门工作5年后,凯维埃尔转入交易部门,从事套汇交易。

套汇交易指在一个市场买入资产,同时或几乎同时在另一个市场售出,以期从不同市场的差价中获得利润。根据银行授权,凯维埃尔在购买一种股指期货产品的同时,卖出一个设计相近的股指期货产品,实现套利或对冲目的。

由于这是一种短线交易,且相似金融工具的价值相差无几,所以这种交易名义金额巨大,但风险较小。

但是,凯维埃尔采用真买假卖的手法,把这种短线交易做成了长线交易。根据银行调查,从2006年后期起,凯维埃尔开始这种操作。他买入一种金融产品后,并不同时卖出。为掩盖建仓痕迹,他同期"虚拟"卖出。在银行风险经理们看来,买入金融产品的风险已经通过卖出得到对冲,但实际那些头寸成了长期投机。

法国兴业银行投资部门负责人让-皮埃尔·穆斯蒂尔说,一开始,虚拟交易的规模相对较小,但后来变得越来越频繁,规模也越来越大。进入2008年1月,这种疯狂的虚拟交易达到顶峰。

银行公布的数字显示,凯维埃尔在欧洲各大股市股指期货上的头寸达到500亿欧元,其中道琼斯欧洲Stoxx指数期货头寸300亿欧元,德国法兰克福股市DAX指数期货头寸180亿欧元,英国伦敦股市《金融时报》100种股票平均价格指数期货头寸20亿欧元。这一数字远超银行现有的359亿欧元市值,接近斯洛伐克、卡塔尔或利比亚等国一年的国内生产总值(GDP)。

### 二、漏洞

法国兴业银行说,为掩盖这种违规交易,凯维埃尔使用"多种"手段逃过监管。用法兰西银行行长克里斯蒂安·努瓦耶的话形容说,凯维埃尔可谓"计算机天才",居然通过了银行"5道安全关"获得使用巨额资金的权限。

凯维埃尔熟悉银行监管交易的流程。他在买入金融产品时,刻意选择那些没有保证金补充警示的产品。这样一来,风险监管经理很难发现他的账户或交易情况异常。此外,银行在监控风险时,倾向于重点关注特定时间段的交易净部位风险,容易忽视全部交易的规模。

银行方面承认,风险经理曾数次注意到凯维埃尔投资组合的异常操作,但每次凯维埃尔称这只是交易中常见的一个"失误",并随即取消了这笔投资。穆斯蒂尔说:"但实际上,他换了一种金融工具,以另一笔交易替代了那笔被取消的交易。"

2008年1月18日,法国兴业银行收紧了对一家大银行客户的放款,并核查历史交易。凯维埃尔曾盗用这个银行的账户,做过至少一次虚拟交易。而法国兴业银行证券部门当天收到客户银行的一封电子邮件,信中称交易是"真实"的。证券部门反而对这封信起了疑心,随即展开紧急调查。第二天是周六,凯维埃尔被叫到银行问话。同时,调查人员确认,客户银行并不知道这笔交易。

至此,凯维埃尔的庞大交易终于露出了马脚。

【思考题】

1. 法国兴业银行最受业界推崇的是它的金融投资业务,其赢利能力在同业中属于佼佼者。尤其是在风险较高的金融衍生品市场中,兴业银行凭借严格的风险控制管理能力长时间占据业界头把交椅。即使在2007年夏天的金融市场动荡期,业内杂志仍然给予它最高评级,甚至优于美国华尔街的许多投资银行。可见,兴业银行拥有一整套经过时间考验的成熟的风险管理与控制制度,可是,在银行的信息系统面前这套曾经行之有效的风险防范体系为什么如此"不设防"呢?

2. 审计师在评价企业的内部控制风险时,应该如何关注信息系统对内部控制可能造成的影响呢?

3. 信息系统审计在咨询或评价企业的信息系统控制时,应当如何分析和发现企业的这方面的风险呢?

4. 结合一家银行,讨论:如何理解"信息系统是指企业利用计算机和通信技术,对内部控制进行集成、转化和提升所形成的信息化管理平台。"

5. 实地调查一个电子商务公司在IT内部控制方面的措施,分析其中的问题,提出改进意见。

# 第六篇　风险管理

《企业内部控制基本规范》把"应当关注研究开发、技术投入、信息技术运用等自主创新因素"列为企业识别内部风险时应当关注的六个因素之一,把"应当关注技术进步、工艺改进等科学技术因素"列为企业识别外部风险时应当关注的六个因素之一。可见,IT风险已经成为企业风险的主要来源之一。伴随IT而来的风险、利益和机会使得IT风险管理成为企业管理的重要内容,加强IT风险意识,实施IT风险管理可以帮助企业提升IT价值,提高抗风险的能力。

# 第18章　IT风险管理概述

## 18.1　IT风险

### 18.1.1　IT风险管理

《新巴塞尔协议》指出：IT风险是指任何由于使用计算机硬件、软件、网络等系统所发生的不利情况，包括程序错误、系统宕机、软件缺陷、操作失误、硬件故障、容量不足、网络漏洞及故障恢复等。这个定义侧重技术层面，导致对IT风险的认识不深刻、不全面。根据《光明日报》的统计，企业在防火墙、防病毒、入侵检测系统、虚拟专用网络设备等方面的投入占了整个安全产品市值的绝大部分，而花费在信息安全管理、咨询、安全意识、培训、教育方面的费用微乎其微，这说明许多企业管理者对IT风险的认识也停留在技术层面，企业花了绝大部分的钱保护了只占信息资产20％的数据资产，而且我们的技术手段还谈不上100％地有效保护这20％的数据资产。这说明大部分企业对IT风险的认识停留在技术层面，没有充分理解IT风险对企业的巨大影响，上述定义不利于我们对IT风险管理的全面认识。

乔治·韦斯特曼和理查德·亨特在《IT风险》中指出："IT风险引发的事故导致企业不得不承受远比以前更高的成本。它们在企业内外伤害我们的顾客和支持者；它们损害企业的名誉；它们将企业管理团队的弱点暴露无遗。而且，它们侵蚀企业的利润，削弱企业的竞争优势。"因此，管理IT风险是所有企业管理者都不得不面对的一项挑战，因为他们无时无刻不在处理大量技术复杂、产生于万千服务器并缺少可靠的风险监督的信息。企业的风险来自很多方面而不仅仅来自市场和财务，企业管理者要同时考虑到计算机系统的漏洞、操作失误、人为攻击、灾害破坏等一系列风险。在上面给出的信息资产概念基础上，我们给出IT风险(information technology risk)的定义：IT风险是所有对信息资产造成破坏的可能性的统称。

COSO报告明确指出，企业里的每个人对企业风险管理都有责任。尽管内部控制和企业风险管理都是由董事会负责，但企业风险管理使董事会扮演更加重要的角色和承担更大的责任，并且要求其变得更加警惕。企业风险管理的成功与否在很大程度上依赖于董事会，董事会需要批准企业的风险偏好，对企业风险管理进行监督，并把握企业的风险承受能力。其他管理人员支持企业风险管理的理念，促使与风险承受能力的协调，并在各自负责的领域把风险控制在相应的风险容忍度内。风险主管、财务主管和内部审计等人员通常承担关键的支持性责任。其他人负责按照制定的指令和协议执行企业风险管理。至于企业的外部团体,如顾客、供应商、商业伙伴、外部审计、监管者、财务分析师,经常能提供一些有用的信息影响企业风险管理,但他们不对企业风险管理的有效性负责,而且,他们也不是企业风险管理的一部分。

由此可见,IT风险管理就是围绕企业的发展战略,以IT风险为导向,动员和组织各类资源,综合采取各种技术手段和管理手段,对信息资产实施全员、全方位、全生命周期管控的过程。

IT管理的核心是IT风险的评估、识别、处理等,关键是信息安全管理体系建设,使得对IT风险的管控是全方位、可持续的过程。IT风险管理包括两个部分的内容,即IT治理和IT管理。IT治理与IT管理不同,IT治理侧重决策,强调董事会在提升IT价值和降低IT风险方面的作用;IT管理侧重执行力,强调在企业管理的各个环节中提升IT价值和降低IT风险。安全事件管理与业务连续性管理是最重要的基于IT风险导向的管理职能。

### 18.1.2　IT风险评估

IT风险评估围绕着资产、威胁、脆弱性和安全措施这些基本要素展开,在对基本要素的评估过程中,需要充分考虑业务战略、资产价值、安全需求、安全事件、残余风险等与这些基本要素相关的各类属性。如图18-1所示,方框部分的内容为风险评估的基本要素,椭圆部分的内容是与这些要素相关的属性。

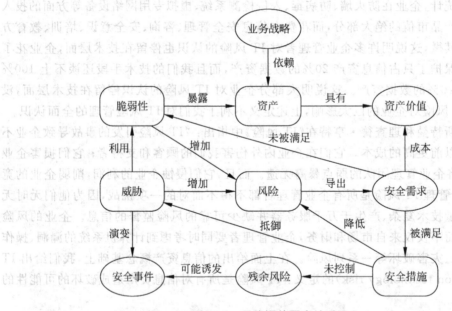

图18-1　风险评估要素关系图

图18-1中的风险要素及属性之间存在着以下关系:

(1) 业务战略的实现对资产具有依赖性,依赖程度越高,要求其风险越小。

(2) 资产是有价值的,组织的业务战略对资产的依赖程度越高,资产价值就越大。

(3) 风险是由威胁引发的,资产面临的威胁越多则风险越大,并可能演变成为安全事件。

（4）资产的脆弱性可能暴露资产的价值，资产具有的弱点越多则风险越大。

（5）脆弱性是未被满足的安全需求，威胁利用脆弱性危害资产。

（6）风险的存在及对风险的认识导出安全需求。

（7）安全需求可通过安全措施得以满足，需要结合资产价值考虑实施成本。

（8）安全措施可抵御威胁，降低风险。

（9）残余风险有些是安全措施不当或无效，需要加强才可控制的风险，而有些则是在综合考虑了安全成本与效益后不去控制的风险。

（10）残余风险应受到密切监视，它可能会在将来诱发新的安全事件。

### 18.1.3 IT风险识别

1955年，美国宾夕法尼亚大学沃顿商学院的施耐德教授第一次提出了"风险管理"的概念。风险管理已经是企业的一种日常管理行为，但是理解IT风险管理仍然成为那些对IT技术缺少深刻认识的企业管理者的一项挑战。技术的复杂性、对IT风险的误判以及周边环境习惯性的扩大企业风险，直接导致一些风险被忽略而另一些风险被夸大。既然IT风险是企业运营中不得不考虑的重要因素，可以判定只有那些能够有效识别和管理IT风险的企业才能可持续地发展。因此，如何正确对信息资产进行分类，划分不同的等级，正确识别出风险评估的对象是进行IT风险评估乃至IT风险管理的一个非常关键的前提条件。

对于信息资产来说，各种不同的对象存在不同情况，有的资产可能具有较多脆弱性，有的资产可能受到诸多威胁，有的资产可能目前尚未受到威胁，但是对于风险评估来说属于高重要性对象等。而造成信息资产的风险的主要因素有三个：脆弱性、威胁和资产的价值。脆弱性（vulnerability）又称弱点或漏洞，是信息资产中存在的可能被威胁利用造成损害的薄弱环节。脆弱性本身不会造成损害，但是一旦被威胁利用就可能对资产造成损害。威胁是指一切可能造成信息资产损害的事件，这些事件既可能是人为的事故，也可能是自然灾害；既可能是蓄意的破坏，也可能是意外的失误。资产价值又称重要性，是信息资产的重要程度，可以从完整性、可用性和机密性等方面评估信息资产的重要性。脆弱性、威胁和资产价值对风险的影响可以用图18-2来描述。

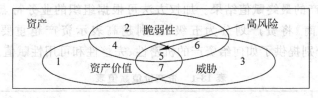

图18-2　IT风险识别模型

图18-2中的三个椭圆区域分别代表脆弱性、威胁和资产价值，三个椭圆相互重叠，将其划分为7个区域，分别用数字1～7表示，下面对这7个区域分别代表的含义进行描述。

区域1：一部分重要的信息资产，这些资产不存在脆弱性，也没有遭到威胁。该区域是比较理想的状态，可以不考虑。

区域2：一部分非重要的信息资产，这些资产存在脆弱性，但没有遭到威胁。该区域可以关注,但暂时不需要考虑。

区域3:一部分非重要的信息资产,虽然不具有脆弱性,但遭到威胁。这样的威胁不能形成危险,可以不考虑。

区域4:一部分重要的信息资产,存在脆弱性,但是没有遭到威胁。说明需要密切关注,但暂时不要考虑。

区域5:一部分重要的信息资产,既有脆弱性,又遭到威胁,这是风险管理的重点区域。

区域6:一部分非重要的信息资产,既有脆弱性,又遭到威胁。说明这些风险是企业可以接受的。

区域7:一部分重要的信息资产,不存在脆弱性,但是遭到特定的威胁。说明通过技术升级、加强管理等措施,堵塞了漏洞,改善了资产的脆弱性,虽然遭到威胁,但是没有危险。

### 18.1.4 IT风险计算

风险识别的目标就是对信息资产的脆弱性、威胁和资产价值进行分析,找出风险的大小等级,为确定风险评估的对象奠定基础。风险是信息资产本身的脆弱性、受到的威胁以及其价值共同作用的结果,因此从数学角度来说,风险是三个变量的函数,用公式表示为:

$$IT风险 = 资产价值 \times 脆弱性 \times 威胁$$

信息资产的价值也可以用三个变量的函数来表示:

$$资产价值 = 完整性 \times 可用性 \times 机密性$$

在进行具体的风险识别时,可以采用风险矩阵的方法来确定风险的大小等级。风险主要是由威胁发生的概率、脆弱性被威胁利用的概率以及信息资产的重要程度来确定,因此我们可以根据这三个因素构成一个三维的风险价值矩阵,然后按照威胁、脆弱性和重要程度的识别与评价方法逐一确定目标信息资产的每一威胁发生的概率、脆弱性被该威胁利用的概率和资产的重要程度,从而可以从风险价值矩阵中查出对应的风险值。

**1. 资产价值赋值**

资产价值应依据资产在机密性、完整性和可用性上的赋值等级,经过综合评定得出。可以根据自身的特点,选择对资产机密性、完整性和可用性最为重要的一个属性的赋值等级作为资产的最终赋值结果;也可以根据资产机密性、完整性和可用性的不同等级对其赋值进行加权计算得到资产的最终赋值结果。加权方法可根据组织的业务特点确定。我国的《信息安全风险评估指南》将资产划分为五级,级别越高表示资产越重要,如表18-1所示。表18-1~表18-4分别提供了如何给资产的机密性、完整性和可用性赋值。

表 18-1 资产价值赋值表

| 等级 | 标识 | 描述 |
|---|---|---|
| 5 | 很高 | 非常重要,其安全属性破坏后可能对组织造成非常严重的损失 |
| 4 | 高 | 重要,其安全属性破坏后可能对组织造成比较严重的损失 |
| 3 | 中 | 比较重要,其安全属性破坏后可能对组织造成中等程度的损失 |
| 2 | 低 | 不太重要,其安全属性破坏后可能对组织造成较低的损失 |
| 1 | 很低 | 不重要,其安全属性破坏后对组织造成很小的损失,甚至忽略不计 |

表 18-2 资产机密性赋值表

| 赋值 | 标识 | 定义 |
| --- | --- | --- |
| 5 | 很高 | 包含组织最重要的秘密,关系未来发展的前途命运,对组织根本利益有着决定性的影响,如果泄露会造成灾难性的损害 |
| 4 | 高 | 包含组织的重要秘密,其泄露会使组织的安全和利益遭受严重损害 |
| 3 | 中等 | 组织的一般性秘密,其泄露会使组织的安全和利益受到损害 |
| 2 | 低 | 仅能在组织内部或在组织某一部门内部公开的信息,向外扩散有可能对组织的利益造成轻微损害 |
| 1 | 很低 | 可对社会公开的信息、公用的信息处理设备和系统资源等 |

表 18-3 资产完整性赋值表

| 赋值 | 标识 | 定义 |
| --- | --- | --- |
| 5 | 很高 | 完整性价值非常关键,未经授权的修改或破坏会对组织造成重大的或无法接受的影响,对业务冲击重大,并可能造成严重的业务中断,难以弥补 |
| 4 | 高 | 完整性价值较高,未经授权的修改或破坏会对组织造成重大影响,对业务冲击严重,较难弥补 |
| 3 | 中等 | 完整性价值中等,未经授权的修改或破坏会对组织造成影响,对业务冲击明显,但可以弥补 |
| 2 | 低 | 完整性价值较低,未经授权的修改或破坏会对组织造成轻微影响,对业务冲击轻微,容易弥补 |
| 1 | 很低 | 完整性价值非常低,未经授权的修改或破坏对组织造成的影响可以忽略,对业务冲击可以忽略 |

表 18-4 资产可用性赋值表

| 赋值 | 标识 | 定义 |
| --- | --- | --- |
| 5 | 很高 | 可用性价值非常高,合法使用者对信息及信息系统的可用度达到年度99.9%以上,或系统不允许中断 |
| 4 | 高 | 可用性价值较高,合法使用者对信息及信息系统的可用度达到每天90%以上,或系统允许中断时间小于10分钟 |
| 3 | 中等 | 可用性价值中等,合法使用者对信息及信息系统的可用度在正常工作时间达到70%以上,或系统允许中断时间小于30分钟 |
| 2 | 低 | 可用性价值较低,合法使用者对信息及信息系统的可用度在正常工作时间达到25%以上,或系统允许中断时间小于60分钟 |
| 1 | 很低 | 可用性价值可以忽略,合法使用者对信息及信息系统的可用度在正常工作时间低于25% |

**2. 脆弱性赋值**

可以根据对资产的损害程度、技术实现的难易程度、弱点的流行程度、采用等级方式,对已识别的脆弱性的严重程度进行赋值。由于很多弱点反映的是同一方面的问题,或可能造成相似的后果,赋值时应综合考虑这些弱点,以确定这一方面脆弱性的严重程度。

对某个资产,其技术脆弱性的严重程度还受到组织管理脆弱性的影响。因此,资产的脆弱性赋值还应参考技术管理和组织管理脆弱性的严重程度。技术脆弱性涉及物理层、网络层、系统层、应用层等各个层面的安全问题。管理脆弱性又可分为技术管理脆弱性和组织管理脆弱性两方面，前者与具体技术活动相关，后者与管理环境相关，见表18-5。

表 18-5 脆弱性识别内容表

| 类型 | 识别对象 | 识别内容 |
| --- | --- | --- |
| 技术脆弱性 | 物理环境 | 从机房场地、机房防火、机房供配电、机房防静电、机房接地与防雷、电磁防护、通信线路的保护、机房区域防护、机房设备管理等方面进行识别 |
| | 网络结构 | 从网络结构设计、边界保护、外部访问控制策略、内部访问控制策略、网络设备安全配置等方面进行识别 |
| | 系统软件（含操作系统及系统服务） | 从补丁安装、物理保护、用户账号、口令策略、资源共享、事件审计、访问控制、新系统配置（初始化）、注册表加固、网络安全、系统管理等方面进行识别 |
| | 数据库软件 | 从补丁安装、鉴别机制、口令机制、访问控制、网络和服务设置、备份恢复机制、审计机制等方面进行识别 |
| | 应用中间件 | 从协议安全、交易完整性、数据完整性等方面进行识别 |
| | 应用系统 | 从审计机制、审计存储、访问控制策略、数据完整性、通信、鉴别机制、密码保护等方面进行识别 |
| 管理脆弱性 | 技术管理 | 从物理和环境安全、通信与操作管理、访问控制、系统开发与维护、业务连续性等方面进行识别 |
| | 组织管理 | 从安全策略、组织安全、资产分类与控制、人员安全、符合性等方面进行识别 |

脆弱性严重程度可以进行等级化处理，不同的等级分别代表资产脆弱性严重程度的高低。等级数值越大，脆弱性严重程度越高。表18-6是《信息安全风险评估指南》提供的一种赋值方法。

表 18-6 脆弱性赋值表

| 等级 | 标识 | 定 义 |
| --- | --- | --- |
| 5 | 很高 | 如果被威胁利用，将对资产造成完全损害 |
| 4 | 高 | 如果被威胁利用，将对资产造成重大损害 |
| 3 | 中 | 如果被威胁利用，将对资产造成一般损害 |
| 2 | 低 | 如果被威胁利用，将对资产造成较小损害 |
| 1 | 很低 | 如果被威胁利用，将对资产造成的损害可以忽略 |

### 3. 威胁赋值

给威胁赋值之前，首先要识别威胁的来源。威胁的来源是多样复杂的，可以是人为造成的事故，这些事故可能是蓄意的破坏、精心设计的舞弊，或者操作不当。同时，自然灾害、设备故障，甚至一个偶然事件引发的政治事件等都可能带来严重的威胁，见表18-7。

表 18-7 威胁来源列表

| 来源 | | 描 述 |
|---|---|---|
| 环境因素 | 自然 | 洪灾、火灾、地震、雷击、静电等 |
| | 其他 | 软件、硬件、数据、通信线路方面的故障；断电、灰尘、潮湿、温度、鼠蚁虫害、电磁干扰；战争、恐怖袭击、骚乱、罢工 |
| 人为因素 | 恶意 | 不满的或有预谋的内部人员对信息系统进行恶意破坏；采用自主或内外勾结的方式盗窃机密信息或进行篡改，获取利益。<br>外部人员利用信息系统的脆弱性，对网络或系统的机密性、完整性和可用性进行破坏，以获取利益或炫耀能力 |
| | 非恶意 | 内部人员由于缺乏责任心，或者由于不关心和不专注，或者没有遵循规章制度和操作流程而导致故障或信息损坏；内部人员由于缺乏培训、专业技能不足、不具备岗位技能要求而导致信息系统故障或被攻击 |

根据过去的经验和有关部门的统计数据来判断威胁出现的频率，需要考虑以下三个方面：

（1）以往安全事件报告中出现过的威胁及其频率的统计。

（2）实际环境中通过检测工具以及各种日志发现的威胁及其频率的统计。

（3）近一两年来国际组织发布的对于整个社会或特定行业的威胁及其频率统计，以及发布的威胁预警。

可以对威胁出现的频率进行等级化处理，不同等级分别代表威胁出现的频率的高低。等级数值越大，威胁出现的频率越高。表 18-8 是我国的《信息安全风险评估指南》提供的威胁出现频率的一种赋值方法。

表 18-8 威胁赋值表

| 等级 | 标识 | 定 义 |
|---|---|---|
| 5 | 很高 | 出现的频率很高（或≥1 次/周）；或在大多数情况下几乎不可避免；或可以证实经常发生过 |
| 4 | 高 | 出现的频率较高（或≥1 次/月）；或在大多数情况下很有可能会发生；或可以证实多次发生过 |
| 3 | 中 | 出现的频率中等（或＞1 次/半年）；或在某种情况下可能会发生；或被证实曾经发生过 |
| 2 | 低 | 出现的频率较小；或一般不太可能发生；或没有被证实发生过 |
| 1 | 很低 | 威胁几乎不可能发生，仅可能在非常罕见和例外的情况下发生 |

**4. 风险计算**

下面我们给出一个风险价值矩阵的例子（见表 18-9）：将威胁发生的概率划分为低、中、高三级，分别赋值 0~2；将脆弱性被威胁利用的概率也划分为低、中、高三级，分别赋值 0~2；将信息资产的重要程度划分为五级，分别赋值 0~4。风险值最简单的计算方法是将三个参数值相累加。当然，在实际计算信息资产的风险值时可考虑更复杂的计算公式。

表 18-9 风险价值矩阵

| 威胁发生的概率 | 0 | | | 1 | | | 2 | | |
|---|---|---|---|---|---|---|---|---|---|
| 脆弱性被利用的概率 | 0 | 1 | 2 | 0 | 1 | 2 | 0 | 1 | 2 |
| 资产重要程度 | 0 | 1 | 2 | 1 | 2 | 3 | 2 | 3 | 4 |
| | 1 | 2 | 3 | 2 | 3 | 4 | 3 | 4 | |

### 18.1.5 IT风险处理

我国的《信息安全风险评估指南》提出了将 IT 风险划分为五级,等级越高,风险越高,如表 18-10 所示。

表 18-10 风险等级划分表

| 等级 | 标识 | 描述 |
|---|---|---|
| 5 | 很高 | 一旦发生将产生非常严重的经济或社会影响,如组织信誉严重破坏、严重影响组织的正常经营,经济损失重大、社会影响恶劣 |
| 4 | 高 | 一旦发生将产生较大的经济或社会影响,在一定范围内给组织的经营和组织信誉造成损害 |
| 3 | 中 | 一旦发生会造成一定的经济、社会或生产经营影响,但影响面和影响程度不大 |
| 2 | 低 | 一旦发生造成的影响程度较低,一般仅限于组织内部,通过一定手段很快能解决 |
| 1 | 很低 | 一旦发生造成的影响几乎不存在,通过简单的措施就能弥补 |

风险等级处理的目的是为风险管理过程中对不同风险的直观比较,以确定企业安全策略。应对风险的措施有四种,即规避风险、接受风险、降低风险和转移风险。

(1) 规避风险:通过避免受未来可能发生事件的影响而消除风险。

通常情况下可以采用多种方法来规避风险。如建立灾备中心,数据多重备份,软件及时更新,技术升级等措施可以规避一些风险。

(2) 接受风险:不采取任何行动,将风险保持在现有水平。

企业应当综合考虑风险控制成本与风险造成的影响,提出一个可接受的风险范围。对某些资产的风险,如果风险计算值在可接受的范围内,则该风险是可接受的风险,应保持已有的安全措施。

(3) 降低风险:采取政策或措施将风险降低到可接受的水平。

如果风险评估值在可接受的范围外,即风险计算值高于可接受范围的上限值,是不可接受的风险,需要采取安全措施以降低、控制风险。另一种确定不可接受的风险的办法是根据等级化处理的结果,不设定可接受风险值的基准,达到相应等级的风险都进行处理。根据成本效益原则,平衡投入资金与降低风险的关系,或者改善内部控制措施以弥补技术上的缺陷等,从而降低风险水平。

(4) 转移风险:将风险转移给其他能够承担的组织。

企业综合考虑风险控制成本与风险造成的影响,将一些自身难以承受但又不得不承担的风险进行转移。如软件外包,IT 服务外包,灾备中心外包等,可以把自己不擅长的 IT 项目外包,从而将相关的 IT 风险转移给有能力承担的企业,或者与其他企业联合建设灾备中心等需要大量资金的项目,将风险进行部分转移。

### 18.1.6 IT风险控制

构筑信息安全管理体系(information security management system,ISMS),设立IT风险管理机构,是提高企业IT风险管理水平的重要保证。

董事会应该成为企业IT风险管理工作的最高决策者和监督者,就企业IT风险管理的有效性对股东会负责。董事会内部可以设置专门的IT风险管理委员会,制定企业风险管理政策与策略等,如确定风险基调,提出正确的风险问题,划分风险类别,将风险与绩效考核挂钩等。成立专门的IT审计部门,负责监督执行效果。

经理层应该成为企业IT风险管理政策与策略的执行者,主要负责企业IT风险管理的日常工作,就企业IT风险管理工作的有效性对董事会负责。企业的管理职能部门应该形成各有分工、各司其职、相互联系、相互配合的有机整体。根据各企业经营特点,应该确立各部门、各单位风险控制的重点环节和重点对象。制定相应的风险应对方案,监督企业决策层和各部门、各单位的规范运作。风险发生时,风险管理组织系统应该能够全面有效地指导和协调风险应对工作,确保业务的连续性,由相关专家组成的机构对信息安全事件进行有效管理。

## 18.2 IT治理

### 18.2.1 IT治理的定义

IT治理是IT风险管理的重要组成部分,目前对IT治理还处于探索阶段,还没有形成一致公认的定义。下面介绍几种主要的观点。

美国南加州大学教授Robert Roussey认为:IT治理用于描述被委托治理实体的人员在监督、检查、控制和指导实体的过程中如何看待信息技术。IT的应用对于组织能否达到它的远景、使命、战略目标至关重要。

德勤的定义是:IT治理是一个含义广泛的概念,包括信息系统、技术、通信、商业、所有利益相关者、合法性和其他问题。其主要任务是:保持IT与业务目标一致,推动业务发展,促使收益最大化,合理利用IT资源,IT相关风险的适当管理。

国际信息系统审计与控制协会(ISACA)认为:IT治理是一个由关系和过程所构成的体制,用于指导和控制企业,通过平衡信息技术与过程的风险、增加价值来确保实现企业的目标。

中国IT治理研究中心的定义是:IT治理用于描述企业或政府是否采用有效的机制(就是为鼓励IT应用的期望行为而明确决策权归属和责任承担的框架),使得IT的应用能够完成组织赋予它的使命,同时平衡信息技术与过程的风险、确保实现组织的战略目标。

《公司治理的基本原则》一书对"公司治理"所下的定义为:为确定组织目标和确保目标实现的绩效监控所提供的治理结构。我们认为IT治理是公司治理在信息时代的重要发展,是公司治理的一部分。因此,IT治理用于描述企业是否采用了有效的治理结构,使得IT的应用能够完成企业赋予它的使命,同时平衡信息技术与过程的风险,确保实现企业的战略目标。

### 18.2.2 IT 治理的内容

IT 治理和 IT 管理是两个不同的概念,它们之间的区别就在于,IT 治理侧重决策,而 IT 管理则强调制定和执行这些决策。

IT 治理的主要职能是:证实 IT 战略与企业战略一致;证实 IT 通过明确的期望和衡量手段交付;指导 IT 战略、平衡支持企业和使企业成长的投资;恰当决策信息资源应着重使用的地方。最高管理层(董事会)通过下述指标衡量业绩,定义和检查衡量手段以及管理,证实目标已经达到,并且衡量业绩,减少不确定性。

IT 治理和其他治理活动一样,集中在最高管理层(董事会)和执行管理层。然而,由于 IT 治理的复杂性和专业性,治理层必须强烈依赖企业的下层来提供决策和评估活动所需要的信息。为保证有效的 IT 治理,设立 IT 治理委员会和内部信息系统审计是 IT 治理最重要的环节。

### 18.2.3 IT 战略制定

随着对信息系统依赖性的增加,IT 治理成为公司治理中很关键的一个方面。管理层需要确保 IT 与公司战略一致而且公司战略也很好地利用了 IT 的优势,因此,IT 治理的第一步就是制定 IT 战略。

**1. 商业特征决定 IT 需求**

首先企业要分析自己处于什么样的商业环境。埃森哲公司提出了 IT 需求矩阵(如图 18-3),通过两个指标来把企业划分成四类。一个指标是变化的速度。某些企业处在一个变化较快的行业,如高科技行业。在这样的行业,消费者的需求和偏好经常改变,产业政策也时常推陈出新,新技术层出不穷,有时一个新技术会一下子改变整个产业价值链;而另外有一些行业的发展状态则相对稳定,不会有那么快的变化,如航空业。在这样的行业,消费者的需求、竞争格局、政府管制、技术及供应商等方面的变化都是缓慢发生的。另一个指标是竞争的基础。从竞争的基础来看,企业可以分为两类。一类企业以规模为基础进行竞争。对于这类组织来说,重点在于降低成本,利用规模经济优势应对竞争;另一类企业以产品和服务的差异性为竞争的基础。这类企业力求先于竞争对手提供新的产品和服务,或者是开创新的商业模式,以此获得竞争优势。

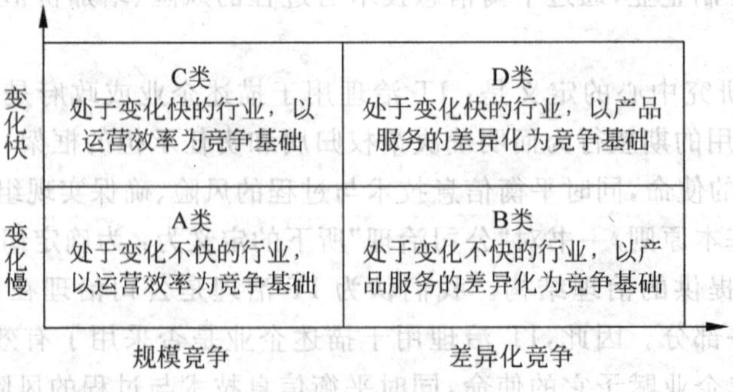

|  | 规模竞争 | 差异化竞争 |
|---|---|---|
| 变化快 | C类<br>处于变化快的行业,以运营效率为竞争基础 | D类<br>处于变化快的行业,以产品服务的差异化为竞争基础 |
| 变化慢 | A类<br>处于变化不快的行业,以运营效率为竞争基础 | B类<br>处于变化不快的行业,以产品服务的差异化为竞争基础 |

图 18-3 IT 需求矩阵

如图 18-1 所示，这四类不同的企业对 IT 的需求是不一样的。

A 类组织发展的关键在于严格控制成本，因此这类企业希望利用 IT 来保持低成本，通过如外包这类节省成本的方法来提供成熟的能力。

B 类组织的管理层期望利用信息来提高决策能力，并开发新的产品和服务，以高收入来抵消不断增长的 IT 支出。

C 类组织按优先次序制定 IT 投资计划以及长期能力的路线图，它们在对成本进行有效管理的同时，根据路线图，运用 IT 来实现计划中的新能力，以满足市场不断变化的需求。

D 类组织期望 IT 具有高度的灵活性，以满足迅速变化的商业策略和要求。这类企业倾向于提供创新的 IT 解决方案，以获得先发优势，因此它们的 IT 投资重点在于创造新的能力。

**2. 是采取集权、分权还是混合的模式**

对于 A 类组织，其首选的组织模式应该是集权式治理，IT 对于预算和决策负有责任。加拿大邮政公司就采用这种方法，该公司坚持一种简单化的组织模式，有一个集权部门来对公司行为进行优先排序，并通过单一的 IT 资源来完成。

在标准的决策方面，A 类组织谋求在全组织范围内加强架构、技术和供应商的标准化，只是在一些被证明是正当的例外的情况下才允许有所背离。一家大型的法国保险公司就是这方面的一个例子。该公司在集团范围内对 IT 架构实行了标准化，因此它可以优化其核心的 IT 流程，整合系统支持其非寿险业务，移植数据，配置新的系统以支持其健康险业务。

在资源决策方面，A 类组织善于利用内外部资源的组合，通常会与少量的几家优选的服务提供商达成服务协议。当某个全球性的化学品公司认为 IT 并非其核心业务时，其便将整个 IT 运作外包出去，包括其 ERP 系统全球范围内的实施和支持。

**3. 其他决策**

企业在制定 IT 战略时，还要考虑技术标准、技术路线、投资方案等，例如企业需要将什么技术标准化，采用什么样的技术标准；信息系统是向外购买还是内部开发；是着重于目前需要还是更看重未来拓展，以及如何权衡；是建立一个综合性的 ERP 系统还是多种系统再集成；IT 项目的投资总额、方式、结构、进度等。

### 18.2.4　IT 治理的目标

IT 治理的目标将帮助管理层建立以组织战略为导向、以外界环境为依据、以业务与 IT 整合为中心的观念，正确定位 IT 部门在整个组织中的作用，最终能够针对不同业务发展要求，整合信息资源，制定并执行推动组织发展的 IT 战略。

**1. 与业务目标一致**

要能体现未来信息技术与未来企业发展的战略集成，即要尽可能地保持开放性和长远性，以确保系统的稳定性和延续性。在最高管理层（董事会）中，树立和强化 IT 战略地位，建立企业战略与 IT 战略的互动观念，阐明 IT 应担当的角色，制定 IT 战略。IT 战略的建立，从组织的战略出发而不是从系统的需求出发，可以避免脱离目标而进行建设的困境；从业务的变革出发而不是从技术的变革出发，有利于充分利用现有的资源来满足关键需求，从而避免建设的信息系统无法有效地支持组织的决策。

### 2. 提升 IT 价值

例如，采用电子商务技术后改变了交易的时间和空间特性，变革了订单处理流程，从而彻底革新了发展和维护全球客户关系的方式，这说明有效利用信息资源可以极大提升 IT 价值，为企业的发展战略服务。

### 3. 降低 IT 风险

由于企业越来越依赖于信息技术和网络，新的风险不断涌现，例如，新出现的技术没有管理，不符合现有法律和规章制度、没有识别对 IT 服务的威胁等。IT 治理强调风险导向，通过制定信息资源的保护级别，强调关键的信息技术资源，有效实施监控，进行事故处理。

#### 18.2.5　IT 治理委员会

治理层面对 IT 的关注，需要从组织保障上设立 IT 治理委员会，实现最高管理层（董事会）对 IT 的监管。ING、梅隆金融等发达国家先进企业都是在董事会设立的 IT 治理委员会。当董事会和高管层需要做 IT 决策时，该委员会能够提供支持，从而使投资巨大的 IT 项目处于可控状态，并使企业获得更大的竞争优势。ITGov 中国 IT 治理研究中心认为：IT 治理委员会和 CIO 制度的缺失，是当前我国信息化建设制度安排上的"致命性"缺陷。

从另外一个角度来看，当前企业的信息化过程实质上是流程的重组和利益再分配的过程，势必触及一些部门和个人的利益，势必遭到他们的反对，这种情况下的指导和协调工作，已经远远超出信息化部门领导的职责和权力范围，必须在企业最高管理层（董事会）建立 IT 治理委员会，才能有效地推进信息化工作，规避 IT 风险，实现业务战略目标。

因此，IT 治理委员会由组织的最高管理层（董事会）及管理执行层包括 IT 管理和业务管理有关部门负责人、管理技术人员组成，定期召开会议，就企业战略与 IT 战略的驱动与设置等议题进行讨论并做出决策，为组织 IT 管理提供导向与支持，把 IT 治理的相关规范融入组织的内部控制中。

IT 治理委员会的职责包括审查批准信息化战略，确保其与业务战略和重大策略相一致；评估信息技术及其风险管理工作的总体效果和效率；分析信息技术风险成因，掌握主要的信息技术风险，确定可接受的风险级别，确保相关风险能够合理管理；规范职业道德行为和廉洁标准，增强组织文化建设；统一全体人员对信息化治理的思想、认识和意识培养；确保内部审计部门进行独立有效的信息技术风险管理审计，对审计报告进行确认并落实整改；确保信息化治理工作所需资金。

如果需要可以设立一个由高级管理层、信息化部门和主要业务部门的代表组成的信息技术管理委员会，负责监督各项职责的落实，定期向董事会和高级管理层汇报信息化战略规划的执行、信息化预算和实际支出、信息化管理的整体状况。

#### 18.2.6　首席信息官

如何让信息化真正发挥效益，除了先进的 IT 设施和信息技术，更需要注重发挥信息化人才尤其是领军人才的作用，这需要建立 CIO 制度。首席信息官（chief information officer，CIO），这种职务比首席执政官（CEO）略低，与首席财务官（CFO）地位相当，担任 CIO 的人属于企业中的最高管理团队成员。

1981年，美国波士顿第一国民银行经理Synnott和坎布里奇研究与规划公司经理Grube二人合著的《信息资源管理：80年代的机会和战略》中首先给CIO下了一个明确的定义："CIO是负责制定公司的信息政策、标准、程序的方法，并对全公司的信息资源进行管理和控制的高级行政管理人员。"

在美国、加拿大等西方发达国家，CIO已成为企业决策管理的重要力量。而我国的企业从总体来看，设立CIO制度的企业比例偏低，而上市企业则比较重视企业信息化系统构架的完善，有将近一半的企业设立了CIO制度。民营企业和国企相对三资企业，其设立CIO制度的比例偏低。

CIO不仅仅是一个与信息技术有关的职位，更重要的是，CIO的出现标志着信息技术已成为一个公司或企业的核心技术，标志着信息资源已成为一种等价于资本和人力的战略资源，标志着信息管理部门已成为决定一个公司或企业兴衰存亡的重要职能机构。

《2010中国CIO制度和企业信息化调研白皮书》通过对我国的国有企业、民营企业和三资企业进行调研后，提出以下结论：

（1）已经设立CIO制度的企业，组织架构更加严谨，流程化模式基本固定，其主管领导多为公司的最高决策层，更加具有话语权。

（2）已建立CIO制度的企业，CEO们提升了IT价值的认可度以及指出企业未来信息化的建设方向，对维持CIO制度及作用的发挥，起到了很大的推动作用；而未建立CIO制度的企业的CEO们，还停留在提出需求的阶段。

从CIO制度对企业信息化提升的调查来看，绝大多数的企业都认为有影响，在设立CIO制度的企业中，更有六成以上的人认为，有明显的提升。而从提升内容的调查结果来看，设立CIO制度的企业，在各领域的信息化应用上复选率更高，说明其对企业的影响更加广泛，具体影响如图18-4和图18-5所示。

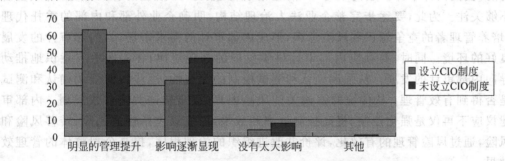

图18-4　CIO制度对企业的影响

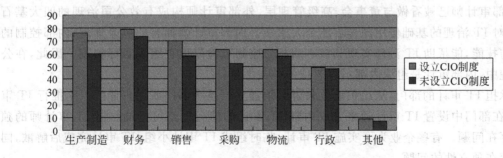

图18-5　信息化使企业哪些方面得到提升

整体来看,已建立 CIO 制度的企业信息系统所覆盖的业务领域更广泛,在对外客户管理以及新型智能工具的使用上,也较未建立 CIO 制度的企业更高,能更好地支撑企业的业务创新。例如 IT 系统部署的产品和技术更全面、更成熟,注重新兴工具的使用,更关注整个产业链上的发展,在产业链上通过 IT 系统与上下游进行协作的能力更强,未来更注重对创新业务的支持,乐于使用新兴的工具和技术挖掘客户需求。过半的企业在核心业务流程信息化水平上,大多处于中级水平,但已建立 CIO 制度的企业,在高级上的比例大大高于未建立 CIO 制度的企业。

在掌握 IT 应用技术人员的比例上,两者差异明显,已建立 CIO 制度的企业更注重引进专业背景人才,更有利于推动企业的信息化建设,也为后面的 IT 团队建设和 CIO 制度实施打下良好的基础。

已建立 CIO 制度的企业认为,信息化培训的重点对象是企业高层领导,而未建立 CIO 制度的企业认为,信息化培训的重点对象是企业的中层管理人员。这表明已建立 CIO 制度的企业,在努力提高企业高层对 IT 价值的意识和认可;而未建立 CIO 制度的企业,还在努力突破来自中层领导的坚冰。

企业财务决算在速度上,整体差异不大,但在国企的差异则比较明显,建立 CIO 制度的国企决算日期更短,决算速度更快。

## 18.2.7 内部 IT 审计

内部审计师拥有的风险管理、内部控制的知识与技能,能帮助 IT 治理实现其核心目标:控制风险以促进组织目标实现。因此,在公司治理中,内部审计发挥着越来越重要的作用。

目前,我国内部审计一般尚未与 IT 治理相结合,成为 IT 治理的有机部分,对风险管理也不够关注。为此,要逐步完善企业法人治理结构,明确企业外部和内部的委托代理关系,培养管理者的竞争意识和风险意识,形成内部审计的需求市场,为内部审计的发展创造良好的环境。同时,要顺应内部审计科学发展的客观规律,在实践中有意识地推动风险导向内部审计的发展。从强调确认和测试控制的完整性,逐步转向强调确认和测试风险是否得到有效管理;从传统的强调关注风险因素,逐步转向关注前景规划。内部审计的建议应不再仅是强化控制、提高控制效率和效果,而应该包括规避风险、转移风险和控制风险,通过风险管理的有效化,评价并改进组织的治理程序,提高公司整体的管理效率和效果。

鉴于内部审计在确保公司内部控制制度有效运转及管理和控制风险等方面的独特作用,内部审计师已被看做与董事会、高级管理层、外部审计师构成有效公司治理的四大基石之一,对 IT 治理的基础作用同样不能令人忽视。内部审计师拥有的风险管理、内部控制的知识与技能,能帮助 IT 治理实现其核心目标:控制风险以促进组织目标实现。因此,在公司治理中,内部审计是组织内部不容忽视的一支力量。

承担 IT 审计的部门,从组织地位来讲必须独立于系统部门或用户部门。刚推行 IT 审计时,在部门中设置 IT 审计师来完成内部 IT 审计的情况也是可行的。但 IT 审计师的独立性存在问题。有些企业为了实施 IT 审计,临时组成 IT 审计小组,IT 审计完成后解散,同样也存在独立性的问题。

IT 审计师要具有信息系统结构及系统开发方面的有关知识,另外,还要具有控制与组建系统的能力,以及在特定系统中,识别哪些控制为最重要控制的能力。

外部 IT 审计通过委托合同,直接让具有丰富的知识与经验的 IT 审计师来进行;而对于内部 IT 审计,在推进 IT 审计制度时,培养内部 IT 审计人员,并不断地进行培训教育是十分重要的。

对 IT 审计人员的培养,可采用各种方法,对参与企业内部系统开发,具有实践经验的人员让其参加 IT 审计教育课程,另外也可通过委托外面进行培训等各种方法来完成。

## 18.3 IT 管理

### 18.3.1 IT 管理的定义

IT 管理是在信息化运营阶段通过运维管理制度的规范、IT 管理系统工具的支持,引导和辅助 IT 管理人员对各种 IT 资源进行有效的监控和管理,保证整个 IT 系统稳定、可靠和永续运行,为业务部门和用户提供优质的 IT 服务,以较低的 IT 运营成本追求业务部门较高的满意度。IT 管理的重点在于业务策略与 IT 部门提供的服务之间的一致性。IT 管理需要建立必要的管理机制来确保可预测的 IT 服务交付,从而确保业务流程和 IT 流程之间的联系。如图 18-6 所示的 COBIT 模型给出了一个完整的 IT 管理的框架。

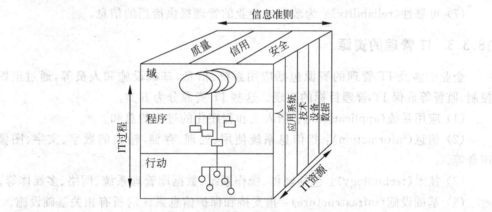

图 18-6 COBIT 模型

企业管理者的焦点是成本-效益比,增加收入,构建竞争力等。这些都由信息、知识、信息技术体系推动。因此,有针对性的 IT 管理成为成功的一个关键因素。IT 管理的职责是:将 IT 风险管理的责任和控制落实到企业中,制定明确的政策和全面的控制框架;将战略、策略、目标等由上至下落实到企业,并使信息技术的组织与企业目标一致;提供治理结构支持 IT 战略的实施,制定 IT 基础设施,加快商业信息的创造与共享;通过衡量公司业绩和竞争优势来测度信息技术的效果;使用平衡计分卡,发现管理中的盲区与不足;关注 IT 必须支持的商业竞争力,如增加客户价值的业务过程、在市场上差异化的产品和服务,通过多产品和服务来产生增值;关注重要的增值的信息技术过程;关注与规划和管理 IT 资产、风险、工程项目、客户和供应商相关的核心竞争能力。

### 18.3.2 IT 管理的目标

首先必须明确企业 IT 管理的目标,企业总是希望信息资产能够保值增值,即期望信息系统的服务质量能不断提高,功能逐渐强大且易于使用,服务效率和工作效率同时提高。为了实现目标,将企业对信息的需求分为下面三个部分。

(1) 质量需求:质量、成本、服务。
(2) 信任需求:运行的效果和效率、信息的可靠性、符合法规的要求。
(3) 安全需求:保密性、完整性、可用性。

根据这三个方面的需要,将企业的 IT 管理目标设定为 7 个方面。

(1) 有效性(effectiveness):以及时、正确、一致和可用的方式处理和传递业务流程相关的信息。
(2) 高效性(efficiency):以最优化的资源使用方式提供要求的信息。
(3) 保密性(confidentiality):防止敏感信息被非法泄漏。
(4) 完整性(integrity):保证信息的准确性、完备性和合法性,同时符合政府或企业的价值观和期望值。
(5) 可用性(availability):保证业务流程要求的信息是可用的,无论现在还是将来。
(6) 兼容性(compliance):符合业务流程必须遵守的法律、法规和合同。
(7) 可靠性(reliability):为政府或企业的管理提供恰当的信息。

### 18.3.3 IT 管理的资源

企业中涉及 IT 管理的资源包括应用系统、信息、基础设施和人员等,通过组织、运行、控制、监督等确保 IT 管理目标的实现。这些 IT 资源分为五类。

(1) 应用系统(applications):指人工和程序化的过程的总和。
(2) 信息(information):指信息系统使用、处理、存储、输出的数字、文字、图像、影像、声音等。
(3) 技术(technology):包括硬件、操作系统、数据库管理系统、网络、多媒体等。
(4) 基础设施(infrastructure):指支持和保护信息系统的所有相关基础设施。
(5) 人员(people):指与信息系统设计、开发、使用、管理、维护等相关的人员。

### 18.3.4 IT 管理的内容

根据管理职能,将 IT 管理划分为 4 个管理领域(domains),即计划和组织、获取和实施、转移和支持、监督和评价。每个管理领域又细分为若干个管理过程(processes),每个管理过程再分为若干个管理活动(activities)。将 IT 管理的内容从纵向分成三个层次,如图 18-7 所示。

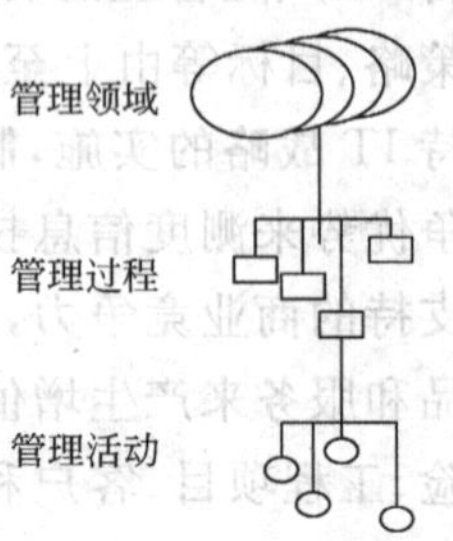

下面按照计划和组织、获取和实施、转移和支持、监督和评价这 4 大管理职能分别加以阐述。

**1. IT 计划和组织**

计划和组织(plan and organize,PO)职能包括战略和战术,关注 IT 如何才能更好地有助于业务目标的实现,另外,这部分还说明战略

图 18-7 IT 管理层次

和战术的实现需要从不同的方面去计划、交流和管理，同时合理的组织和技术设施要准备妥当。表 18-11 所示为 IT 计划组织与 IT 目标、IT 资源的关系。表 18-12 所示为 IT 计划和组织的主要内容。

表 18-11　IT 计划组织与 IT 目标、IT 资源的关系

| IT 管理内容 | IT 目标 | | | | | | IT 资源 | | | |
|---|---|---|---|---|---|---|---|---|---|---|
| | 效果 | 效率 | 保密性 | 完整性 | 可用性 | 一致性 | 可靠性 | 应用系统 | 信息 | 基础设施 | 人员 |
| 定义一个战略性的 IT 计划 | P | S | | | | | | √ | √ | √ | √ |
| 定义信息的体系架构 | S | P | S | P | | | | √ | √ | | |
| 决定采用技术的方向 | P | P | | | | | | √ | | √ | |
| 定义 IT 流程、机构和关系 | P | P | | | | | | | | | √ |
| IT 投资的管理 | P | P | | | | | S | √ | | √ | √ |
| 管理目标和方向的沟通 | P | | | | S | | | | √ | | |
| IT 人力资源的管理 | P | P | | | | | | | | | √ |
| 质量管理 | P | P | | S | | | | | | | |
| IT 风险的评估和管理 | S | S | P | P | P | S | S | | | | √ |
| 项目管理 | P | P | | | | | | √ | | √ | √ |

注：P——主要，S——次要，√——涉及。

表 18-12　IT 计划和组织的主要内容

| IT 计划和组织 | 主要内容 |
|---|---|
| 定义一个战略性的 IT 计划 | IT 价值管理；业务与 IT 的结合；目前的容量和性能评估；IT 战略计划；IT 战术计划；IT 投资量管理 |
| 定义信息的体系架构 | 企业信息架构模型；企业的数据字典和数据构造法则；数据分类表；完整性管理 |
| 决定采用技术的方向 | 规划技术的发展方向；技术基础的计划；监督未来的发展趋势和规律；技术标准；IT 体系架构咨询委员会 |
| 定义 IT 流程、机构和关系 | IT 处理框架；IT 战略委员会；IT 指导委员会；IT 功能的组织安排；IT 组织结构；岗位和职责的建立；IT 质量保障的责任；风险、安全和一致性的责任；数据和系统的所有权；监督管理；职位分离；IT 员工安置；关键的 IT 员工；已约定的员工政策和程序；关系 |
| IT 投资的管理 | 财务管理框架；在 IT 预算内的优先次序安排；IT 预算编制；成本管理；效益管理 |
| 管理目标和方向的沟通 | IT 政策和控制环境；企业 IT 风险和控制框架；IT 政策管理；政策、标准和程序的推行；IT 目标和方向的沟通 |
| IT 人力资源的管理 | 员工的录用和晋升；员工任职资格；角色和职责；岗位培训；对个人的依赖；员工清退程序；员工工作情况评价；工作的改变和终止 |
| 质量管理 | 质量管理制度；IT 标准和质量控制实践；开发和获得标准；消费者的关注；持续改善；质量衡量、监控和评论 |
| IT 风险的评估和管理 | IT 风险管理框架；风险因素环境的建立；事件识别；风险评估；风险响应；一个风险行动计划的维护和监控 |
| 项目管理 | 程序管理框架；项目管理框架；项目管理方法与步骤；利益相关者义务；项目范围说明；项目各阶段的启动；集成的项目计划；项目资源；项目风险管理；项目质量计划；项目更改控制；项目保障计划；项目实施过程的衡量、报告和监控；项目完成 |

## 2. IT 获取和实施

获取和实施（acquire and implement，AI）职能为实现 IT 战略，就要选择、开发或获取相关的 IT 解决方案，同时必须同业务处理过程结合起来去实施。另外，该领域还覆盖对现有系统的更新和维护，确保系统的生命周期顺利运转。表 18-13 所示为 IT 获取和实施与 IT 目标、IT 资源的关系。表 18-14 所示为 IT 获取和实施的主要内容。

表 18-13 IT 获取和实施与 IT 目标、IT 资源的关系

| IT 管理内容 | IT 目标 | | | | | | IT 资源 | | | |
|---|---|---|---|---|---|---|---|---|---|---|
| | 效果 | 效率 | 保密性 | 完整性 | 可用性 | 一致性 | 可靠性 | 应用系统 | 信息 | 基础设施 | 人员 |
| 自动识别解决方案 | P | S | | | | | | √ | | √ | |
| 应用软件的取得与维护 | P | P | | S | | | S | √ | | | |
| 技术基础的取得与维护 | S | P | | S | S | | | | | √ | |
| 操作和使用的可行性 | P | P | | S | S | S | S | √ | | √ | √ |
| 处理 IT 资源 | S | | | | S | | | √ | √ | √ | √ |
| 更新管理 | P | P | | P | P | | S | √ | √ | √ | √ |
| 安装和授权的解决方案和更新 | P | S | | S | S | | | √ | √ | √ | √ |

注：P——主要；S——次要；√——涉及。

表 18-14 IT 获取和实施的主要内容

| IT 获取和实施 | 主 要 内 容 |
|---|---|
| 自动识别解决方案 | 业务功能与技术需求的定义和维护；风险分析报告；行动备选方案的可行性研究和形式化；需求与可行性的决策和步骤 |
| 应用软件的取得与维护 | 高水平设计；详细设计；应用系统的可控性和可审计性；应用系统的安全性和可用性；已获得的应用软件的配置和性能；源数据收集的设计；应用软件的开发；软件质量保障；应用系统需求管理；应用软件维护 |
| 技术基础的取得与维护 | 技术性基础设施获取计划；基础设施资源的保护和可用性；基础设施维护；可行性测试环境 |
| 操作和使用的可行性 | 操作解决方案的规划；知识传递到管理人员；知识传递到最终用户；知识传递到操作人员和技术支持人员 |
| 处理 IT 资源 | 处理的控制；供应商合同管理；供应商选择；IT 资源获取 |
| 更新管理 | 更新标准和流程；影响的评估、优先和认可；紧急更新；更新状态跟踪和报告；更新完成和归档 |
| 安装和授权的解决方案和更新 | 培训；测试计划；执行计划；测试环境；系统和数据的转换；更新测试；最终的认可测试；提升产品；实施后评价 |

## 3. IT 转移和支持

转移和支持（deliver and support，DS）领域关注提供所需要的服务，包括安全服务到培训服务。为了提供服务，必须建立必要的支持过程。从 IT 提供商的角度，该领域关注如何提高服务水平确保用户满意；从用户的角度，该领域关注如何形成安全可靠的信息资产，提升 IT 价值。表 18-15 所示为 IT 转移和支持与 IT 目标、IT 资源的关系。表 18-16 所示为 IT 转移和支持的主要内容。

表 18-15　IT 转移和支持与 IT 目标、IT 资源的关系

| IT 管理内容 | IT 目标 | | | | | | | IT 资源 | | | |
|---|---|---|---|---|---|---|---|---|---|---|---|
| | 效果 | 效率 | 保密性 | 完整性 | 可用性 | 一致性 | 可靠性 | 应用系统 | 信息 | 基础设施 | 人员 |
| 服务层级的定义和管理 | P | P | S | S | S | S | S | √ | √ | √ | √ |
| 第三方服务的管理 | P | P | S | S | S | S | S | √ | √ | √ | √ |
| 性能和容量的管理 | P | P | | | S | | | √ | | √ | √ |
| 持续服务的确保 | P | S | | | P | | | √ | | √ | √ |
| 系统安全的确保 | | | P | P | S | S | | √ | √ | √ | |
| 成本的确认和分摊 | | P | | | | | P | | | | √ |
| 使用者的教育和训练 | P | S | | | | | | | | | √ |
| 服务台和事件管理 | P | P | | | | | | √ | | | √ |
| 配置管理 | P | S | | | S | | S | √ | √ | √ | |
| 问题管理 | P | P | | | S | | | √ | √ | √ | √ |
| 数据管理 | | | | P | | P | | | √ | | |
| 物理环境管理 | P | | | P | P | | | | | √ | |
| 运行管理 | P | P | | | S | S | | √ | | √ | √ |

注：P——主要；S——次要；√——涉及。

表 18-16　IT 转移和支持的主要内容

| IT 转移和支持 | 主要内容 |
|---|---|
| 服务层级的定义和管理 | 服务层级管理框架；服务的定义；服务层级协议；操作层级协议；服务层级达到标准的监控和报告；服务层级协议和合同的评价 |
| 第三方服务的管理 | 所有供应商关系的识别；供应商关系管理；供应商风险管理；供应商执行情况的监控 |
| 性能和容量的管理 | 性能和容量规划；当前的性能和容量；未来的性能和容量；IT 资源的可用性；监控和报告 |
| 持续服务的确保 | IT 持续框架；IT 持续计划；关键的 IT 资源；IT 持续计划的维护；IT 持续计划的测试；IT 持续计划演练；IT 持续计划的发布；IT 服务的恢复和重启；非现场的备份存储；重启后的评价 |
| 系统安全的确保 | IT 安全管理；IT 安全计划；识别管理；用户账户管理；安全性测试、监视和监控；安全事件定义；安全技术的保护；密钥管理；对恶意软件的防御、侦测和修正；网络安全；敏感数据交换 |
| 成本的确认和分摊 | 服务的定义；IT 会计；成本模型和计费；成本模型维护 |
| 使用者的教育和训练 | 教育和培训需要的识别；教育和培训转移；接受的培训的评估 |
| 服务台和事件管理 | 服务台；客户咨询的注册；事件升级；事件结束；报告和趋势分析 |
| 配置管理 | 配置的参数库和基准；配置项的识别和维护；配置完整性评价 |
| 问题管理 | 问题的识别和分类；问题追踪和解决；问题结束；配置、事件和问题管理的集成 |
| 数据管理 | 面向数据管理的业务需求；存储和存档安排；媒体库管理系统；处置；备份和还原；面向数据管理的安全需求 |
| 物理环境管理 | 地点选择和布局规划；物理安全措施；物理存取；防御环境因素的干扰；物理设施管理 |
| 运行管理 | 操作的流程和说明书；作业调度；IT 基础环境监控；敏感文件和输出设备；处理的连续性 |

### 4. IT 监督和评价

监督和评价(monitor and evaluate,ME)职能需要经常评估所有的 IT 处理过程的效率和检查它们是否符合控制需求。表 18-17 所示为 IT 监督和评价与 IT 目标、IT 资源的关系。表 18-18 所示为 IT 监督和评价的主要内容。

表 18-17 IT 监督和评价与 IT 目标、IT 资源的关系

| IT 管理内容 | IT 目标 | | | | | | | IT 资源 | | | |
|---|---|---|---|---|---|---|---|---|---|---|---|
| | 效果 | 效率 | 保密性 | 完整性 | 可用性 | 一致性 | 可靠性 | 应用系统 | 信息 | 基础设施 | 人员 |
| IT 实施的监督和评价 | P | P | S | S | S | S | S | √ | √ | √ | √ |
| 内部控制的监督与评价 | P | P | S | S | S | P | S | √ | √ | √ | √ |
| 确保与外部需求一致 | | | | | P | | S | √ | √ | √ | √ |
| IT 治理的提供 | P | P | S | S | S | S | S | √ | √ | √ | √ |

注：P——主要；S——次要；√——涉及。

表 18-18 IT 监督和评价的主要内容

| IT 监督和评价 | 主要内容 |
|---|---|
| IT 实施的监督和评价 | 监控的措施；监控数据的定义和收集；监控方法；实施评估；决策机构和管理机构的报告；补救行为 |
| 内部控制的监督与评价 | 内部控制框架的监控；监督评论；控制例外；控制自我评价；内部控制的保障；对第三方的内部控制；补救行为 |
| 确保与外部需求一致 | 外部的法律、法规、合同相一致的需求的识别；外部需求响应的优化；与外部需求一致的评估；一致的正面保障；集成报告 |
| IT 治理的提供 | IT 治理框架的建立；战略联盟；价值转移；资源管理；风险管理；实施效果衡量；独立性保证 |

# 第19章 安全应急管理

## 19.1 概述

### 19.1.1 应急响应目标

进入21世纪以来,随着国民经济的飞速增长和社会信息化速度的日益加快,信息系统的基础性、全局性作用亦日益增强,国民经济和社会发展对信息系统的依赖性也越来越大。然而与此同时,信息安全这一全球性问题也骤然变得突出起来,如2000年Yahoo等网站遭到大规模拒绝服务攻击,2001年爆发了红色代码等蠕虫事件,2002年全球的根域名服务器遭到大规模拒绝服务攻击,2003年又爆发了SQL Slammer等蠕虫事件,期间还频繁发生着网页篡改和黑客竞赛等安全事件。这仿佛是快车道上猛然吹起了强劲的侧风,让刚刚走上信息化发展快车道的人们还没来得及充分享受驾驶的乐趣,就不得不全神贯注应对可能随时出现的信息安全险情。

信息系统自身存在的缺陷、脆弱性以及面临的威胁,使信息系统容易受到各种已知和未知的威胁而导致信息安全事件的发生。虽然很多信息安全事件可以通过技术的、管理的、操作的方法予以消减,但目前没有任何一种信息安全策略或防护措施,能够对信息系统提供绝对的保护。即使采取了防护措施,仍可能存在残留的弱点,使得信息安全防护可能被攻破,从而导致业务中断、系统宕机、网络瘫痪等突发/重大信息安全事件发生,并对组织和业务运行产生直接或间接的负面影响。

为最小化此类信息安全事件对组织和业务造成的负面影响,信息安全应急响应管理应运而生。应急响应(emergency response 或 incident response)是指一个组织为了应对各种信息安全突发事件的发生所做的准备以及在事件发生后所采取的措施。作为信息安全防护的最后一道防线,应急响应的目的是减少信息安全事件对组织和业务的影响,尽可能地减小和控制住网络安全事件的损失,提供有效的响应和恢复指导,并努力防止安全事件的发生,它体现了一个组织驾驭事件的能力。一个组织在威胁显现之时能够迅速地对威胁做出反应,在发生信息安全事件时拥有一个行之有效的处置手段以响应事件,就有可能有效地减少和降低恢复系统的代价。

### 19.1.2 组织及其标准

**1. 应急响应组织**

1998年11月,美国康奈尔大学学生莫里斯编写了一个"圣诞树"蠕虫程序,可以利用因特网上计算机的 sendmail 的漏洞、fingerD 的缓冲区溢出及 REXE 的漏洞进入系统并自我繁殖,鲸吞因特网的带宽资源,造成全球 10% 的互联计算机陷入瘫痪。这起计算机安全事件极大地震动了美国政府、军方和学术界,被称为"莫里斯事件"。

事件发生后,美国国防部高级计划研究署(DARPA)出资在卡内基-梅隆大学(CMU)的软件工程研究所(SEI)成立了计算机应急响应协调中心(CERT/CC)。该中心现在仍然由美国国防部支持,并且作为国际上的骨干组织积极开展相关方面的培训工作。

在美国的推动下,全世界几十个国家和地区都成立了计算机应急响应小组(CERT)或类似组织。1990 年 11 月,由美国、英国等国家发起,一些国家的 CERT 组织参与成立了计算机事件响应与安全工作组论坛(FIRST)。亚太地区应急响应工作组称为 APCERT。从组织结构来说,这些 CERT 组织无一例外是由该国家或地区的政府倡导成立,大部分 CERT 组织的经费来源于政府,也有一些经费来自信息安全培训和成员的赞助。它们的主要任务是进行互联网上的异常检测,及时发现异常流量并进行早期的预警,协调事件的处理,通过公告和信息论坛的形式进行信息安全普及教育。某些国家还开展了内容检测,并通过政府、ISP、公众、CERT 组织共同参与的方式对紧急事件进行响应。

相比国外,虽然我国信息安全事件响应工作起步较晚,但发展却极为迅猛。1999 年 5 月,在 CERNET 建成 5 周年之际,清华大学信息网络工程研究中心成立了中国第一个专门从事网络安全应急响应的组织——中国教育和科研计算机网络安全应急响应组(CCERT)。

2001 年成立了国家计算机网络应急技术处理协调中心(CNCERT/CC)。该中心是在国家网络与信息安全主管部门的直接领导下,协调全国范围内计算机安全响应小组(CSIRT)的工作,负责与国际计算机安全组织交流,还负责为国家重要部门和国家计算机网络应急处理体系的成员提供计算机网络应急处理服务和技术支持。目前,CNCERT/CC 已经成为 FIRST 的正式成员,在全国各地建立了 31 个省分中心。各分中心按照 CNCERT/CC 职责开展工作,以应急响应工作为契机,带动地区网络安全技术和工作机制的全面建设。

随着应急组织的不断发展壮大,我国已经初步形成了互联网应急处理体系框架。与美国第一个应急组织诞生的原因类似,我国应急体系的建立也是由于网络蠕虫事件的发生而开始的,这次蠕虫事件就是发生在 2001 年 8 月的红色代码蠕虫事件。由于红色代码集蠕虫、病毒和木马等攻击手段于一身,利用 Windows 操作系统一个公开漏洞作为突破口,几乎是畅通无阻地在互联网上疯狂地扩散和传播,迅速传播到我国互联网,并很快渗透到金融、交通、公安、教育等专用网络中,造成互联网运行速度急剧下降,局部网络甚至一度瘫痪。当时我国仅有几个力量薄弱的应急组织,根本不具备处理如此大规模事件的能力,而各互联网运维部门也没有专门的网络安全技术人员,更没有互相协同处理的机制,各方几乎都束手无策。紧要关头,在 CNCERT/CC 的建议下,信息产业部组织了各个互联网单位和网络安全企业参加的应急响应会,汇总了全国当时受影响的情况,约定了协调处理的临时机制,确定了联系方式,并最终组成了一个网络安全应急处理联盟。

2001 年 10 月,信息产业部提出建立计算机紧急响应体系,并且要求各互联网运营单位成立紧急响应组织,能够加强合作、统一协调、互相配合。自此,我国的应急体系应运而生,虽然总的看来还处于边学习边实践的起步阶段,但是在 2003 年几次大规模网络安全事件的处理中,已经发挥出明显作用。

2008年4月,为满足奥运会期间北京城市信息安全各领域的安全需求,北京成立了全国首个城市信息安全应急响应与处置中心,该中心建立了病毒事件、网络攻击事件、网络入侵、网络事故、应急资源保障等10个应急组,确保及时发现、跟踪、分析和确认有重大危害的信息安全事件,并对其进行响应,从而降低社会领域重要信息系统面临的风险和可能造成的损失。

**2. 应急响应标准**

随着国际应急响应组织的不断发展壮大,为了指导和规范各组织的应急响应,国际上已制定出很多信息安全应急响应方面的标准,主要如下:

(1) 1991年11月,美国国家标准与技术协会(NIST)制定了SP 800—3:《建立计算机安全事件响应能力》(CSIRC)。该标准讨论了在建立和运行CSIRC时需要考虑的管理、技术和法律问题。

(2) 1998年6月,互联网工程任务组(IETF)制定了RFC 2350:《计算机安全应急响应期望》。该文档的目的是为信息安全事件响应的一些重要方面提供一个框架。

(3) 1998年12月,美国国家标准与技术协会NIST制定了SP 800—18:《联邦信息系统安全计划制定指南》,并于2006年2月发布了该标准的修订版。该标准提供了与制定安全计划相关的知识,其中包括计划中可能涉及的各种管理、运作和技术性控制措施的介绍。

(4) 2002年6月,美国国家标准与技术协会NIST制定了SP800—34:《信息技术系统应急计划指南》。该标准为制定和维护信息系统应急计划提供了基本的计划原则和实务。

(5) 2004年1月,美国国家标准与技术协会NIST制定了SP800—61:《计算机安全事件处理指南》,并于2008年3月发布了该标准的修订版。该标准详述了响应计算机安全事件的一般过程,并分别对处理拒绝服务、恶意代码、未授权访问、不适当的使用以及多重安全事件的处理进行了具体描述。

(6) 2004年10月,国际标准化组织(ISO)和国际电工委员会(IEC)制定了ISO/IEC TR 18044—2004:《信息技术-安全技术-信息安全事件管理》。该标准描述了信息安全事件的管理过程,提供了规划和制定信息安全事件管理策略和方案的指南,给出了管理信息安全事件和开展后续工作的相关过程和规程。

(7) 2004年11月,美国国家标准与技术协会(NIST)制定了SP800—72:《PDA取证指南》。该标准为PDA上数字证据的保存、获取、测试、分析和报告等提供了基本指导。

(8) 2005年11月,美国国家标准与技术协会(NIST)制定了SP800—83:《恶意代码事件预防和处理指南》。该标准重点就恶意代码分类、恶意代码事件预防和恶意代码事件响应进行了详细描述和说明。

(9) 2006年9月,美国国家标准与技术协会(NIST)制定了SP800—84:《信息系统计划和能力的测试、培训和演练指南》。该标准为组织设计、制定、管理和评测信息系统计划提供了指南。

(10) 2006年8月,美国国家标准与技术协会(NIST)制定了SP800—86:《应急响应整体取证技术指南》。该标准就计算机和网络的整体取证技术进行了描述和说明,目的是帮助负责调查计算机安全事件和排除信息技术操作问题的组织提供取证的实践指导。

(11) 2007年5月,美国国家标准与技术协会(NIST)制定了SP800—101:《手机取证指南》。该标准为手机上的数字证据的保存、获取、测试、分析和报告等提供了基本指导。

目前我国应急响应方面的标准相对较少,科学的应急响应标准体系尚未形成。针对信息安全应急处理工作,我国信息安全标准化技术委员会(简称"信安标委")组织开展了《信息安全通报技术规范研究》、《网络与信息安全事件处理研究》和《信息安全应急协调预案规范》等重点研究项目。在信安标委的组织下,目前我国也制定了一些应急响应方面的标准,它们如下。

(1) GB/Z 20985—2007《信息技术－安全技术－信息安全事件管理指南》,该标准对应于国际标准 ISO/IEC TR 18044:2004《信息技术－安全技术－信息安全事件管理》。GB/Z 20985—2007 标准描述了信息安全事件的管理过程,提供了规划和制定信息安全事件管理策略和方案的指南,给出了管理信息安全事件和开展后续工作的相关过程和规程。

(2) GB/Z 20986—2007《信息安全事件分类分级指南》,该标准规定了信息安全事件的分类分级规范,用于信息安全事件的防范与处置,为事前准备、事中应对、事后处理提供一个基础指南,可供信息系统的运营和使用单位以及信息安全主管部门参考使用。

(3) GB/T 24363—2009《信息安全技术－信息安全应急响应计划规范》,该标准概述了编制信息安全应急响应计划的前期准备,确立了信息安全应急响应计划文档的基本要素、内容要求和格式规范,适用于包括整个组织、组织中的部门和组织的信息系统(包括网络系统)的各层面上的信息安全应急响应计划。

### 19.1.3  应急响应体系

近 10 年来,美国、英国、俄罗斯、日本等发达国家纷纷把以应急响应为核心的安全保障体系的建设放到国家安全的核心地位来抓。纵观美国信息安全发展的历史,先后经历了通信安全、计算机和信息安全和信息安全保障三大阶段。而从信息安全发展到信息安全保障,恰恰也是美国在应对现代化战争和突发性大规模安全事件后对信息安全工作进行思索、总结的结果。2003 年 2 月,美国通过了《网络空间保护国家战略》,以实现"保护美国关键基础设施免遭网络攻击、降低网络的脆弱性、缩短网络攻击发生后的破坏和恢复时间"三大战略目标,并投入巨额经费开展研究。如布什政府的 2003 年联邦预算中,用于电脑和网络安全的预算比 2002 年剧增了 56%,达到 42 亿美元。我国政府对此也给予了高度重视,中办发[2003]27 号文件明确提出:要重视信息安全应急处理工作。许多学者投入到如何科学地建立应急响应体系的研究当中,提出了不少好的建议,特别是对美国的《网络空间保护国家战略》进行了详细的剖析。

要实施对突发事件的应急响应,应急响应体系的建设必须能够关注两个方面的关键属性:其一是策略制定,其二是实现目标。

在策略制定方面要注意以下几点。

(1) 整体性:必须是全网范围内的综合防范、整体联动,任何一环的疏忽,都可能导致整个应急响应体系的脆弱性,这一属性同时也体现了信息安全的"木桶原理"。

(2) 网内信息共享:安全事件不论从种类上,还是从破坏方式上都层出不穷、动态变化,因此,必须使网内的信息交流畅通,才能做到一方有难,八方支援,同时也可将发现的安全事件信息及时传递给全网的各个实体共享,以防止事件蔓延。

(3) 措施均衡:整个应急响应体系应该是一个管理与技术兼备的综合体系,而由于管理问题而导致的安全事件更为严重。"三分技术，七分管理"，制定策略时必须兼顾技术所能达到的响应能力，并在管理上投入足够的精力。

（4）过程的持续性：安全事件的复杂性使得我们在制定具体的应急响应策略时不可能达到尽善尽美，因此，必须实现对策略不断地完善，即必须贯彻安全生命周期思想。

在实现目标方面要注意以下几点。

（1）应具有一定的危险判断能力；
（2）应具有较强的病毒及入侵抵抗能力；
（3）应具有强大的恢复能力；
（4）应具有较好的自适应能力。

目前在应急响应体系方面已经形成了经典的 PDCERF 方法学，其工作流程涉及准备（preparation）、检测（detection）、遏制（containment）、根除（eradication）、恢复（recovery）、跟踪（follow-up）这 6 个阶段，如图 19-1 所示，分别介绍如下。

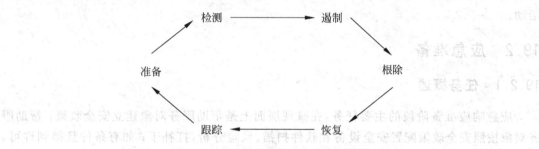

图 19-1　PDCERF 应急响应的 6 个阶段

第一阶段：准备

此阶段以预防为主。主要工作涉及识别公司的风险，建立安全政策，建立协作体系和应急制度；按照安全政策配置安全设备和软件，为应急响应与恢复准备主机。通过网络安全措施，为网络进行一些准备工作，比如扫描、风险分析、打补丁，如有条件且得到许可，建立监控设施，建立数据汇总分析的体系和能力；制定能够实现应急响应目标的策略和规程，建立信息沟通渠道和通报机制，有关法律法规的制定；创建能够使用的响应工作包；建立能够集合起来处理突发事件的 CSIRT。

第二阶段：检测

检测事件是已经发生还是在进行中，以及事件产生的原因和性质。确定事件性质和影响的严重程度，预计采用什么样的专用资源来修复；选择检测工具，分析异常现象，提高系统或网络行为的监控级别，估计安全事件的范围；通过汇总，确定是否发生了全网的大规模事件；确定应急等级，决定启动哪一级应急方案。

第三阶段：遏制

及时采取行动遏制事件发展。初步分析，重点确定适当的遏制方法，如隔离网络，修改所有防火墙和路由器的过滤规则，删除攻击者的登录账号，关闭被利用的服务或者关闭主机等；咨询安全政策；确定进一步操作的风险，控制损失保持最小；列出若干选项，讲明各自的风险，应该由服务对象来做决定。确保封锁方法对各网业务影响最小；通过协调争取各网一致行动，实施隔离；汇总数据，估算损失和隔离效果。

**第四阶段：根除**

彻底解决问题隐患。分析原因和漏洞，进行安全加固，改进安全策略；加强宣传，公布危害性和解决办法，呼吁用户解决终端问题；加强检测工作，发现和清理行业与重点部门的问题。

**第五阶段：恢复**

被攻击的系统由备份来恢复；做一个新的备份；对所有安全上的变更作备份；服务重新上线并持续监控。持续汇总分析，了解各网的运行情况；根据各网的运行情况判断隔离措施的有效性；通过汇总分析的结果判断仍然受影响的终端的规模；发现重要用户及时通报解决；适当的时候解除封锁措施。

**第六阶段：跟踪**

关注系统恢复以后的安全状况，特别是曾经出问题的地方；建立跟踪文档，规范记录跟踪结果；对响应效果给出评估；对进入司法程序的事件，进行进一步的调查，打击违法犯罪活动。

## 19.2 应急准备

### 19.2.1 任务概述

应急响应准备阶段的主要任务，在微观层面上是帮助服务对象建立安全政策；帮助服务对象按照安全政策配置安全设备和软件扫描、风险分析，打补丁；如有条件且得到许可，建立监控设施。在宏观层面上是建立协作体系和应急制度；建立信息沟通渠道和通报机制；如有条件，建立数据汇总分析体系；制定应急相关的法律法规等。

应急响应准备阶段的核心任务是制定应急响应计划（emergency response plan）。该计划是组织为了应对突发/重大信息安全事件而编制的，对包括信息系统运行在内的业务运行进行维持或恢复的策略和规程。应急响应计划的制定是一个周而复始、持续改进的过程，包含以下三个阶段：应急响应计划的编制准备，编制应急响应计划文档，以及应急响应计划的测试、培训、演练和维护。

### 19.2.2 应急响应计划准备

应急响应计划的编制准备是编制应急响应计划文档的前期工作，由风险评估、业务影响分析和制定应急响应策略三个方面组成。

(1) 风险评估目的是标识信息系统的资产价值，识别信息系统面临的自然的和人为的威胁，识别信息系统的脆弱性，分析各种威胁发生的可能性。风险评估是业务影响分析的基础。

(2) 业务影响分析(BIA)是在风险评估的基础上分析各种信息安全事件发生时对业务功能可能产生的影响，进而确定应急响应的恢复目标。因此它是应急响应计划制定前期的一项重要任务。

BIA 的目的是将特定的系统组件与其提供的关键服务联系起来，并基于这些信息了解系统部件中断所产生的影响的特点，通过 BIA，估计业务停顿随时间而造成的损失，进而确定对企业而言比较合适的恢复时间目标。BIA 的一个重要目的是确定应急响应的恢复目标,应急响应恢复目标包括:①关键业务功能及恢复的优先顺序;②恢复时间范围,即恢复时间目标(RTO)和恢复点目标(RPO)的范围。

(3)应急响应策略提供了在业务中断、系统宕机、网络瘫痪等突发/重大信息安全事件发生后快速有效地恢复信息系统运行的方法。这些策略应涉及在 BIA 中确定的应急响应的恢复目标。制定应急响应策略主要需要考虑"系统恢复能力等级划分"、"系统恢复资源的要求"和"费用考虑"三个因素。组织应进行成本效益分析,以确定最佳应急响应策略。

### 19.2.3 应急响应计划编制

编制信息安全应急响应计划文档是应急响应规划过程中的关键一步,也是应急响应国家标准的核心内容。

应急响应计划文档应包含总则、角色及职责、预防和预警机制、应急响应流程、应急响应保障措施、附件六个基本要素。

(1)总则部分提供了重要的背景或相关信息,使应急响应计划更容易理解、实施和维护。通常这部分包括编制目的、编制依据、适用范围、工作原则等。

(2)组织应结合本单位日常机构建立信息安全应急响应的工作机构,并明确其职责。应急响应的工作机构由管理、业务、技术和行政后勤等人员组成,一般来说,按角色可划分为五个功能小组:应急响应领导小组、应急响应技术保障小组、应急响应专家小组、应急响应实施小组和应急响应日常运行小组等。实际中,可以不必专门成立对应的功能小组,组织可以根据自身情况由其具体的某个或某几个部门或部门中的某几个人担当其中的一个或几个角色。

(3)预防和预警机制是一种防御性的方法,在可行和比较划算的情况下,防御性方法要比信息安全事件发生后进行应急响应更好。有很多防御性控制措施可供选择,它依赖于信息系统的类型和配置。

(4)应急响应流程描述并规定了信息安全事件发生后应采取的工作流程和相应条款,目的是保证应急响应能够有组织地执行,从而最大程度地保证应急响应的有效性。一种常见的应急响应流程如图 19-2 所示,该流程涉及信息安全事态发现、信息安全事态通告、信息安全事件检测、应急启动、应急处置和后期处置几个部分。

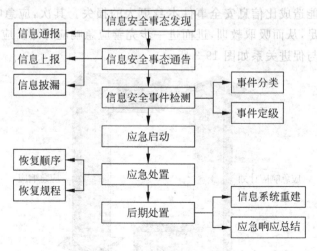

图 19-2 应急响应流程

(5) 应急响应保障措施是信息安全应急响应计划的重要组成部分,是保证信息安全事件发生后能够快速有效地实施应急响应计划的关键要素。考虑到各个组织的性质和需求可能存在很大的差异,标准中描述的具体内容是可选择的,也可以做适当调整,但人力保障、物质保障和技术保障这三个大的方面是必要的。

### 19.2.4　应急响应计划测试

为了检验应急响应计划的有效性,同时使相关人员了解信息安全应急响应计划的目标和流程,熟悉应急响应的操作规程,组织还应按照一定的要求对应急响应计划进行测试、培训、演练和维护。

(1) 计划测试是应急响应计划的关键要素。测试能确定和解决计划的缺陷,还协助评估和应急人员快速有效实施应急响应计划。每一个信息安全应急响应计划要素都应该得到测试,以确保各个恢复规程的正确性和计划整体的有效性。

(2) 计划培训是对测试的补充。培训至少每年举办一次,拥有计划规定职责的新雇员应该在被雇用后接受短期培训。与应急响应计划相关的人员所接受的培训最终应使得他们能够无须实际文档的协助就能够执行相应的恢复规程,这在信息安全事件影响造成的最初几个小时里由于无法获得书面或电子版本的应急响应计划的情况下具有非常重要的意义。

(3) 计划演练对小组成员来说是有益的,这样可以使他们做好精神准备并有时间对工作负荷进行优化调整。有课堂演练和功能演练两种基本的演练方式。

(4) 由于业务需要的转移、技术的更新或新的内外政策会造成信息系统的频繁变化,应急响应计划的定期检查和更新是至关重要的,应作为机构变化管理过程的一部分以确保新的信息能够被添加进来,应急响应措施能够根据需要被修订。计划应该至少每年进行一次针对正确性和完整性的检查,在计划的任何部分发生重大变化时也应该进行,这是一项基本的要求;某些部分应该得到更频繁的检查,如联络清单。根据信息系统类型和重要程度的不同,对计划内容和规程的评估可能会更加频繁。

应急响应计划的制定与应急响应是一个循环反复的过程。首先,应急响应计划为信息安全事件发生后的应急响应提供了指导策略和规程,否则,应急响应将陷入混乱,而毫无章法的应急响应有可能造成比信息安全事件本身更大的损失。其次,应急响应可能发现事前应急响应计划的不足,从而吸取教训,进而进一步完善应急响应计划。应急响应计划与应急响应间的相互补充与促进关系如图 19-3 所示。

图 19-3　应急响应计划与应急响应的关系

### 19.2.5 其他准备事项

应急响应准备阶段除了制定应急响应计划之外,还有一个重要的任务是资源准备。

资源准备包括:①应急经费筹集;②人力资源准备;③软硬件设备准备;④现场备份机制;⑤用于系统容灾的业务连续性保障措施,诸如临时业务系统的搭建等。其中,人力资源准备通常涉及指挥调度人员、协作人员、技术人员、专家、设备系统的服务提供商等;软硬件设备的准备通常涉及诸如数据保护设备(磁盘、磁带、光盘、SAN)和冗余设备(网络链路、网络设备、关键计算机设备)等硬件设备,和诸如备份软件、日志处理软件、系统软件、网络软件、应急启动盘、病毒/恶意软件查杀软件等软件工具。

## 19.3 启动响应

### 19.3.1 任务概述

应急响应检测阶段的主要任务包括:

(1) 在微观层面上是局部 CERT 确定信息安全事件的性质(误会、玩笑,还是恶意攻击/入侵,其影响程度如何,预计采用何种手段进行修复)和确定信息安全事件的处理人(指定一个负责人全权处理此事件、给予必要的资源)。

(2) 在宏观层面上是全局 CERT 确定是否发生了大规模的信息安全事件,以及决定信息安全事件的应急响应等级。

信息安全事件性质的确定和信息安全事件等级的划分是完成该阶段任务的核心。本节在重点介绍它们之前,首先对信息安全事件的类别划分进行介绍。

### 19.3.2 信息安全事件分类

信息安全事件是指由于自然或者人为以及软硬件本身缺陷或故障的原因,对信息系统造成危害,或对社会造成负面影响的事件,既包括主机范畴的事件,也包括网络范畴的事件,如黑客入侵、信息窃取、拒绝服务攻击、网络流量异常等。我国将信息安全事件分为 7 类,分别为有害程序事件、网络攻击事件、信息破坏事件、信息内容安全事件、设备设施故障、灾害性事件和其他事件,每类事件又包括若干子类,如图 19-4 所示。

**1. 有害程序事件**

有害程序事件(malware incidents,MI)是指蓄意制造、传播有害程序,或是因受到有害程序的影响而导致的信息安全事件。有害程序是指插入到信息系统中的一段程序,有害程序危害系统中数据、应用程序或操作系统的保密性、完整性或可用性,或影响信息系统的正常运行。有害程序事件包括计算机病毒事件、蠕虫事件、特洛伊木马事件、僵尸网络事件、混合攻击程序事件、网页内嵌恶意代码事件和其他有害程序事件 7 个子类。

(1) 计算机病毒事件(computer virus incidents,CVI)是指蓄意制造、传播计算机病毒,或是因受到计算机病毒影响而导致的信息安全事件。其中,计算机病毒是指编制或者在计算机程序中插入的一组计算机指令或者程序代码,它可以破坏计算机功能或者毁坏数据,影响计算机使用,并能自我复制。

```
                        ┌ 计算机病毒事件
                        │ 蠕虫事件
                        │ 特洛伊木马事件
              有害程序事件┤ 僵尸网络事件
                        │ 混合攻击程序事件
                        │ 网页内嵌恶意代码事件
                        └ 其他有害程序事件
                        ┌ 拒绝服务攻击事件
                        │ 后门攻击事件
                        │ 漏洞攻击事件
              网络攻击事件┤ 网络扫描窃听事件
                        │ 网络钓鱼事件
                        │ 干扰事件
                        └ 其他网络攻击事件
                        ┌ 信息篡改事件
                        │ 信息假冒事件
    信息安全事件─┤        │ 信息泄漏事件
              信息破坏事件┤ 信息窃取事件
                        │ 信息丢失事件
                        └ 其他信息破坏事件
                        ┌ 违反法律法规事件
                        │ 舆论炒作事件
          信息内容安全事件┤ 组织串连事件
                        └ 其他信息内容安全事件
                        ┌ 软硬件自身故障
              设备设施故障┤ 外围保障设施故障
                        │ 人为破坏事故
                        └ 其他设备设施故障
                        ┌ 水灾、台风、地震、雷击、坍
              灾害性事件 ┤ 塌、火灾、恐怖袭击、战争等
                        └ 导致的信息安全事件
              其他事件
```

图 19-4 信息安全事件分类

(2) 蠕虫事件 (worms incidents, WI) 是指蓄意制造、传播蠕虫，或是因受到蠕虫影响而导致的信息安全事件。其中，蠕虫是指除计算机病毒以外，利用信息系统缺陷，通过网络自动复制并传播的有害程序。

(3) 特洛伊木马事件 (trojan horses incidents, THI) 是指蓄意制造、传播特洛伊木马程序，或是因受到特洛伊木马程序影响而导致的信息安全事件。其中，特洛伊木马程序是指伪装在信息系统中的一种有害程序，具有控制该信息系统或进行信息窃取等对该信息系统有害的功能。

(4) 僵尸网络事件 (botnets incidents, BI) 是指利用僵尸工具软件，形成僵尸网络而导致的信息安全事件。其中，僵尸网络是指网络上受到黑客集中控制的一群计算机，它可以被用于伺机发起网络攻击，进行信息窃取或传播木马、蠕虫等其他有害程序。

(5) 混合攻击程序事件 (blended attacks incidents, BAI) 是指蓄意制造、传播混合攻击

程序,或是因受到混合攻击程序影响而导致的信息安全事件。其中,混合攻击程序是指利用多种方法传播和感染其他系统的有害程序,可能兼有计算机病毒、蠕虫、木马或僵尸网络等多种特征。混合攻击程序事件也可以是一系列有害程序综合作用的结果,例如一个计算机病毒或蠕虫在侵入系统后安装木马程序等。

(6) 网页内嵌恶意代码事件(web browser plug-ins Incidents, WBPI)是指蓄意制造、传播网页内嵌恶意代码,或是因受到网页内嵌恶意代码影响而导致的信息安全事件。其中,网页内嵌恶意代码是指内嵌在网页中,未经允许由浏览器执行,影响信息系统正常运行的有害程序。

(7) 其他有害程序事件(other malware incidents, OMI)是指不能包含在以上6个子类之中的有害程序事件。

**2. 网络攻击事件**

网络攻击事件(network attacks incidents, NAI)是指通过网络或其他技术手段,利用信息系统的配置缺陷、协议缺陷、程序缺陷或使用暴力攻击对信息系统实施攻击,并造成信息系统异常或对信息系统当前运行造成潜在危害的信息安全事件。网络攻击事件包括拒绝服务攻击事件、后门攻击事件、漏洞攻击事件、网络扫描窃听事件、网络钓鱼事件、干扰事件和其他网络攻击事件7个子类。

(1) 拒绝服务攻击事件(denial of service attacks incidents, DOSAI)是指利用信息系统缺陷、或通过暴力攻击的手段,以大量消耗信息系统的CPU、内存、磁盘空间或网络带宽等资源,从而影响信息系统正常运行为目的的信息安全事件。

(2) 后门攻击事件(backdoor attacks incidents, BDAI)是指利用软件系统、硬件系统设计过程中留下的后门或有害程序所设置的后门而对信息系统实施攻击的信息安全事件。

(3) 漏洞攻击事件(vulnerability attacks incidents, VAI)是指除拒绝服务攻击事件和后门攻击事件之外,利用信息系统配置缺陷、协议缺陷、程序缺陷等漏洞,对信息系统实施攻击的信息安全事件。

(4) 网络扫描窃听事件(network scan & eavesdropping incidents, NSEI)是指利用网络扫描或窃听软件,获取信息系统网络配置、端口、服务、存在的脆弱性等特征而导致的信息安全事件。

(5) 网络钓鱼事件(phishing incidents, PI)是指利用欺骗性的计算机网络技术,使用户泄漏重要信息而导致的信息安全事件。例如,利用欺骗性电子邮件获取用户银行账号密码等。

(6) 干扰事件(interference incidents, II)是指通过技术手段对网络进行干扰,或对广播电视有线或无线传输网络进行插播,对卫星广播电视信号非法攻击等导致的信息安全事件。

(7) 其他网络攻击事件(other network attacks incidents, ONAI)是指不能被包含在以上6个子类之中的网络攻击事件。

**3. 信息破坏事件**

信息破坏事件(information destroy incidents, IDI)是指通过网络或其他技术手段,造成信息系统中的信息被篡改、假冒、泄漏、窃取等而导致的信息安全事件。信息破坏事件包括信息篡改事件、信息假冒事件、信息泄漏事件、信息窃取事件、信息丢失事件和其他信息破坏事件6个子类。

(1) 信息篡改事件(information alteration incidents, IAI)是指未经授权将信息系统中的信息更换为攻击者所提供的信息而导致的信息安全事件,例如网页篡改等导致的信息安全事件。

(2) 信息假冒事件(information masquerading incidents, IMI)是指通过假冒他人信息系统收发信息而导致的信息安全事件,例如网页假冒等导致的信息安全事件。

(3) 信息泄漏事件(information leakage incidents, ILEI)是指因误操作、软硬件缺陷或电磁泄漏等因素导致信息系统中的保密、敏感、个人隐私等信息暴露于未经授权者而导致的信息安全事件。

(4) 信息窃取事件(information interception incidents, III)是指未经授权用户利用可能的技术手段恶意主动获取信息系统中信息而导致的信息安全事件。

(5) 信息丢失事件(information loss incidents, ILOI)是指因误操作、人为蓄意或软硬件缺陷等因素导致信息系统中的信息丢失而导致的信息安全事件。

(6) 其他信息破坏事件(other information destroy incidents, OIDI)是指不能被包含在以上 5 个子类之中的信息破坏事件。

**4. 信息内容安全事件**

信息内容安全事件(information content security incidents, ICSI)是指利用信息网络发布、传播危害国家安全、社会稳定和公共利益的内容的安全事件。信息内容安全事件包括以下 4 个子类。

(1) 违反宪法和法律、行政法规的信息安全事件。

(2) 针对社会事项进行讨论、评论形成网上敏感的舆论热点,出现一定规模炒作的信息安全事件。

(3) 组织串连、煽动集会游行的信息安全事件。

(4) 其他信息内容安全事件等。

**5. 设备设施故障**

设备设施故障(facilities faults, FF)是指由于信息系统自身故障或外围保障设施故障而导致的信息安全事件,以及人为地使用非技术手段有意或无意地造成信息系统破坏而导致的信息安全事件。设备设施故障包括软硬件自身故障、外围保障设施故障、人为破坏事故、和其他设备设施故障等 4 个子类。

(1) 软硬件自身故障(software and hardware faults, SHF)是指因信息系统中硬件设备的自然故障、软硬件设计缺陷或者软硬件运行环境发生变化等而导致的信息安全事件。

(2) 外围保障设施故障(periphery safeguarding facilities faults, PSFF)是指由于保障信息系统正常运行所必需的外部设施出现故障而导致的信息安全事件,例如电力故障、外围网络故障等导致的信息安全事件。

(3) 人为破坏事故(man-made destroy accidents, MDA)是指人为蓄意地对保障信息系统正常运行的硬件、软件等实施窃取、破坏造成的信息安全事件;或由于人为的遗失、误操作以及其他无意行为造成信息系统硬件、软件等遭到破坏,影响信息系统正常运行的信息安全事件。

(4) 其他设备设施故障(information facilities other faults, IF-OT)是指不能被包含在以上 3 个子类之中的设备设施故障而导致的信息安全事件。

### 6. 灾害性事件

灾害性事件（disaster incidents，DI）是指由于不可抗力对信息系统造成物理破坏而导致的信息安全事件。灾害性事件包括水灾、台风、地震、雷击、坍塌、火灾、恐怖袭击、战争等导致的信息安全事件。

### 7. 其他事件

其他事件（other incidents，OI）类别是指不能归为以上6个基本分类的信息安全事件。

## 19.3.3 信息安全事件确定

信息安全事件在未最终确定之前统称为信息安全事态。信息安全事态的发现通常依赖于在技术、物理或规程等方面产生的异常。例如，来自火/烟探测器或者入侵（防盗）警报；来自审计追踪分析设施、防火墙、入侵检测系统和防病毒工具所发出的警报。

常见的信息安全事态的征兆和预兆有：Web服务器崩溃、用户抱怨主机连接网络速度过慢、电子邮件管理员可以看到大批的反弹电子邮件与可疑内容、网络管理员通告了一个不寻常的偏离典型的网络流量流向。常见的信息安全事态检测与发现工具有：网络和主机IDS、防病毒软件、文件完整性检查软件；系统、网络、蜜罐日志；公开可利用的信息；第三方监视服务。

无论被发现的信息安全事态其源头是什么，获得异常情况信息的人员都必须遵照相关规程启动信息安全事件发现与报告程序，并使用信息安全事件管理方案所规定的信息安全事态报告单（图19-5给出了一份信息安全事态报告单的示例模板）在第一时间内把信息安

```
                    信息安全事态报告
                                            第1页/共1页
事态日期：
事态编号：（由组织的ISIRT管理者分配）
相关事态和/或事件标识号 （如果有的话）：

                    报告人的详细情况

姓名：                    地址：
单位：                    部门：
电话：                    电子信箱：
                    信息安全事态描述
事态描述：
     ● 发生了什么
     ● 如何发生的
     ● 为什么会发生
     ● 受影响的部分
     ● 对业务的负面影响
     ● 任何已确定的脆弱性

                    信息安全事态细节
发生事态的日期和时间：
发现事态的日期和时间：
报告事态的日期和时间：
事态是否结束？（选择） 是 □ 否 □
如果是，具体说明事态持续了多长时间 （天/小时/分钟）：
```

图 19-5  信息安全事态报告单示例

全事态报告给指定的运行支持组与管理层。为方便所有人员理解信息安全事件管理方案，所有人员都要知晓信息安全事态的报告方法，诸如信息安全事态报告单的格式以及在信息安全事态发生时应该通知的联系人的详细信息。

安全运行支持组对信息安全事态报告单实施签收，并将其输入到信息安全事态/事件数据库。为开展事件检测，运行支持组除了从信息安全事态报告中获得相关信息，还需要从其他地方收集更多的可用信息。随后，运行支持组对所报告的信息安全事态展开检测，以诊断该信息安全事态是一次误报，还是一次信息安全事件。对信息安全事态性质进行诊断需要综合考虑多种因素，使用多种方法，诸如：①确认网络和系统轮廓；②理解正常的行为；③使用集中的日志管理并创建日志保留策略；④执行事件关联；⑤维护和使用信息知识库；⑥过滤数据；⑦建立诊断矩阵。表 19-1 给出了诊断矩阵的示例。

表 19-1 信息安全事态诊断矩阵

| 征兆 | 拒绝服务 | 恶意代码 | 非授权访问 | 不正确使用 |
| --- | --- | --- | --- | --- |
| 文件,关键,访问尝试 | 低 | 中 | 高 | 低 |
| 文件,不适当的内容 | 低 | 中 | 低 | 高 |
| 主机崩溃 | 中 | 中 | 中 | 低 |
| 端口扫描,输入不正常 | 高 | 低 | 中 | 低 |
| 端口扫描,输出不正常 | 低 | 高 | 中 | 低 |
| 带宽消耗 | 高 | 中 | 低 | 中 |
| 电子邮件使用率 | 中 | 高 | 中 | 中 |

信息安全事态的诊断结果不外乎两种。

（1）如果确定该信息安全事态属于误报，应将信息安全事态报告单填写完毕并发送给 ISIRT，同时将副本发送给事态报告人及其部门管理者。

（2）如果信息安全事态最终被确定为信息安全事件，则应填写信息安全事件报告单。信息安全事件报告单需要确认与描述的内容包括：

① 该信息安全事件属于什么情况。
② 事件是如何引起的——由什么情况或由谁引起。
③ 事件带来的危害或可能带来的危害(如表 19-2 所示)。
④ 事件对组织业务造成的影响或潜在影响。
⑤ 该信息安全事件是否属于重大事件。
⑥ 到目前为止是如何处理的。

表 19-2 信息安全事件常见危害及影响

| 种 类 | 描 述 | 威胁子类 |
| --- | --- | --- |
| 软硬件故障 | 由于设备硬件故障、通信链路中断、系统本身或软件缺陷造成对业务实施、系统稳定运行的影响 | 设备硬件故障、传输设备故障、存储媒体故障、系统软件故障、应用软件故障、数据库软件故障、开发环境故障 |
| 物理环境影响 | 断电、静电、灰尘、潮湿、温度、鼠蚁虫害、电磁干扰、洪灾、火灾、地震等环境问题或自然灾害 | |

续表

| 种类 | 描述 | 威胁子类 |
|---|---|---|
| 无作为或操作失误 | 由于应该执行而没有执行相应的操作，或无意地执行了错误的操作，对系统造成的影响 | 维护错误、操作失误 |
| 管理不到位 | 安全管理无法落实，不到位，造成安全管理不规范，或者管理混乱，从而破坏信息系统正常有序运行 | |
| 恶意代码和病毒 | 具有自我复制、自我传播能力，对信息系统构成破坏的程序代码 | 恶意代码、木马后门、网络病毒、间谍软件、窃听软件 |
| 越权或滥用 | 通过采用一些措施，超越自己的权限访问了本来无权访问的资源，或者滥用自己的职权，做出破坏信息系统的行为 | 未授权访问网络资源、未授权访问系统资源、滥用权限非正常修改系统配置或数据、滥用权限泄露秘密信息 |
| 网络攻击 | 利用工具和技术，如侦察、密码破译、安装后门、嗅探、伪造和欺骗、拒绝服务等手段，对信息系统进行攻击和入侵 | 网络探测和信息采集、漏洞探测、嗅探（账户、口令、权限等）、用户身份伪造和欺骗、用户或业务数据的窃取和破坏、系统运行的控制和破坏 |
| 物理攻击 | 通过物理的接触造成对软件、硬件、数据的破坏 | 物理接触、物理破坏、盗窃 |
| 泄密 | 信息泄露给不应了解的他人 | 内部信息泄露、外部信息泄露 |
| 篡改 | 非法修改信息，破坏信息的完整性，使系统的安全性降低或信息不可用 | 篡改网络配置信息、篡改系统配置信息、篡改安全配置信息、篡改用户身份信息或业务数据信息 |
| 抵赖 | 不承认收发行为 | 发送抵赖、接收抵赖 |

图 19-6 给出了一个信息安全事件报告单的示例模板。

### 19.3.4 信息安全事件分级

在确定发生了信息安全事件后，为了对该事件进行有效的应急响应，还需要能够对信息安全事件进行响应的等级划分。

**1. 分级要素**

信息安全事件分级主要考虑三个因素：信息系统的重要程度、系统损失和社会影响。

（1）信息系统的重要程度

信息系统的重要程度主要考虑信息系统所承载的业务对国家安全、经济建设、社会生活的重要性以及业务对信息系统的依赖程度，划分为特别重要信息系统、重要信息系统和一般信息系统。

（2）系统损失

系统损失是指由于信息安全事件对信息系统的软硬件、功能及数据的破坏，导致系统业务中断，从而给事发组织所造成的损失，其大小主要考虑恢复系统正常运行和消除安全事件负面影响所需付出的代价，划分为特别严重的系统损失、严重的系统损失、较大的系统损失和较小的系统损失，说明如下。

图 19-6 信息安全事件报告单

① 特别严重的系统损失：造成系统大面积瘫痪，使其丧失业务处理能力，或系统关键数据的保密性、完整性、可用性遭到严重破坏，恢复系统正常运行和消除安全事件负面影响所需付出的代价十分巨大，对于事发组织是不可承受的。

② 严重的系统损失：造成系统长时间中断或局部瘫痪，使其业务处理能力受到极大影响，或系统关键数据的保密性、完整性、可用性遭到破坏，恢复系统正常运行和消除安全事件负面影响所需付出的代价巨大，但对于事发组织是可承受的。

③ 较大的系统损失：造成系统中断，明显影响系统效率，使重要信息系统或一般信息系统业务处理能力受到影响，或系统重要数据的保密性、完整性、可用性遭到破坏，恢复系统正常运行和消除安全事件负面影响所需付出的代价较大，但对于事发组织是完全可以承受的。

④ 较小的系统损失：造成系统短暂中断，影响系统效率，使系统业务处理能力受到影响，或系统重要数据的保密性、完整性、可用性遭到影响，恢复系统正常运行和消除安全事件负面影响所需付出的代价较小。

（3）社会影响

社会影响是指信息安全事件对社会所造成影响的范围和程度，其大小主要考虑国家安全、社会秩序、经济建设和公众利益等方面的影响，划分为特别重大的社会影响、重大的社会影响、较大的社会影响和一般的社会影响，说明如下。

① 特别重大的社会影响：波及一个或多个省市的大部分地区，极大威胁国家安全，引起社会动荡，对经济建设有极其恶劣的负面影响，或者严重损害公众利益。

② 重大的社会影响：波及一个或多个地市的大部分地区，威胁到国家安全，引起社会恐慌，对经济建设有重大的负面影响，或者损害到公众利益。

③ 较大的社会影响：波及一个或多个地市的部分地区，可能影响到国家安全，扰乱社会秩序，对经济建设有一定的负面影响，或者影响到公众利益。

④ 一般的社会影响：波及一个地市的部分地区，对国家安全、社会秩序、经济建设和公众利益基本没有影响，但对个别公民、法人或其他组织的利益会造成损害。

**2. 分级标准**

依据以上分级要素，可将信息安全事件划分为三大类，分别为信息安全事故、严重信息安全事件和一般信息安全事件，见表 19-3。

表 19-3 信息安全事件分级

| 等级 | 等级名称 | 要素考虑 | 量化示例 |
| --- | --- | --- | --- |
| Ⅰ级 | 信息安全事故 | 使特别重要信息系统遭受特别严重的系统损失，并产生特别重大的社会影响 | 安全事件造成业务中断或间隔时间在30分钟以上，或者影响的范围涉及两个或两个以上业务系统，或者业务系统数据损坏、丢失，并且无法恢复，或者重要数据泄露，或者业务系统或网络被破坏或损坏，并且预计在30分钟内无法恢复 |

续表

| 等级 | 等级名称 | 要素考虑 | 量化示例 |
| --- | --- | --- | --- |
| Ⅱ级 | 严重信息安全事件 | 使特别重要的信息系统遭受严重的系统损失，或使重要信息系统遭受严重的系统损失，一般信息系统遭受特别严重的系统损失，产生重大的社会影响 | 安全事件造成业务中断或间断时间在30分钟以内，并未造成业务系统数据损坏，或业务系统数据部分破坏、丢失，可以通过备份进行恢复。例如，某服务器被入侵后，业务数据被删除，被删除数据有备份 |
| Ⅲ级 | 一般信息安全事件 | 会使重要信息系统遭受较小的系统损失，一般信息系统遭受严重或严重以下级别的系统损失，产生一般的社会影响 | 由于安全隐患或系统遭受入侵、尝试性入侵，但未造成不良后果的网络通信或系统业务运行中出现的一般故障，或利用本网发起的对其他网络的攻击 |

## 19.4 应急处置

### 19.4.1 任务概述

在识别出信息安全事件及其级别之后，应急响应进入到信息安全事件的遏制、根除与恢复这三个重要阶段。

遏制阶段的主要任务在微观层面上包括：确定事件后果，防止损失的进一步扩大；及时分析，确定针对信息安全事件的封堵方法；咨询安全政策，确定进一步操作的风险（可以列出若干选项，讲明各自的风险，由服务对象选择）。在宏观层面上包括：确保封堵方法对所有业务影响合力的最小化；建立遏制策略，协调全网行动的一致性。其中，遏制策略的选取是难点。通常来讲，遏制策略会随信息安全事件的不同而不同，例如针对邮件病毒感染事件的遏制策略和针对基于网络的分布式拒绝服务攻击的遏制策略就很不一样。遏制策略的选取需要考虑对资源的潜在破坏情况、证据的保存需求、服务的可用性（比如网络连接、对外提供的服务）、策略执行时对资源和时间的消耗情况、对安全事件危害的遏制程度等多种因素。

根除阶段旨在建立长期的应急补救措施，该阶段的主要任务在微观层面上包括：分析并确定信息安全事件发生的原因，提供信息安全事件的征兆；分析引发该事件的安全漏洞；定位并控制住攻击者（确认攻击者的IP地址、对攻击者可能的通信信道进行监视）。在宏观层面上包括：及时公布信息安全事件的危害和可行的解决办法；制定相关的安全政策等。

恢复阶段的目标是将被攻击系统恢复到正常工作状态，该阶段的主要任务在微观层面上包括：从备份上对系统进行恢复，最坏情况下从头重建系统；用干净的版本替换被破坏的文件、安装补丁、更换口令；加强网络边界安全（比如防火墙规则集、边界路由器的访问控制列表），恢复系统日志；将信息系统服务重新上线；对信息系统的运行实施持续监控。在宏观层面上包括：通过汇总分析及时掌握相关系统的运行状态；根据信息系统及网络的运行态势判断遏制和根除措施的有效性；掌握仍受信息安全事件影响的系统规模；必要时解除针对信息安全事件的封堵措施。

## 19.4.2 遏制、根除与恢复流程

不同级别的信息安全事件的遏制、根除与恢复流程有所不同,图 19-7～图 19-9 分别给出了一般信息安全事件、严重信息安全事件和安全事故的处理流程。

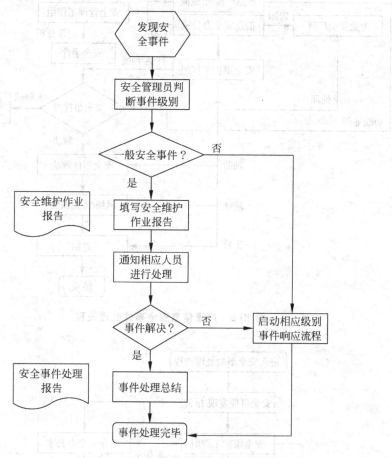

图 19-7 一般信息安全事件处理流程

## 19.4.3 处理示例

**1. 国家××局的主机入侵应急措施**

事件描述:该主机位于国家××局的×层计算机办公室,作为该局计算中心的 WWW 服务器。所用操作系统为 Windows 2000 Server SP2,网站运行 IIS 5,后台数据库采用 Access。在 2001 年 11 月曾经连续发生数据库记录被删除事件,最后该网站管理员认定相关事件可疑,随即向国家××局网络安全管理部门进行了报告。

事件分析:审计对象是服务器的 IIS 日志,利用查找功能在该日志的文件夹里查找是否存在攻击行为。查找漏洞攻击的关键字后没有发现任何攻击行为的征兆,只有几次 Nimuda 病毒发作的记录,与此次攻击事件无关。然后查找该主机数据库的关键字 mynews.mdb 后发现该数据库曾经在 11 月被 IP 地址为 10.71.1.98 的浏览者进行过非法下载。通过跟踪该 IP 地址的浏览记录后发现,该 IP 地址的访问者曾经非法访问过该网站

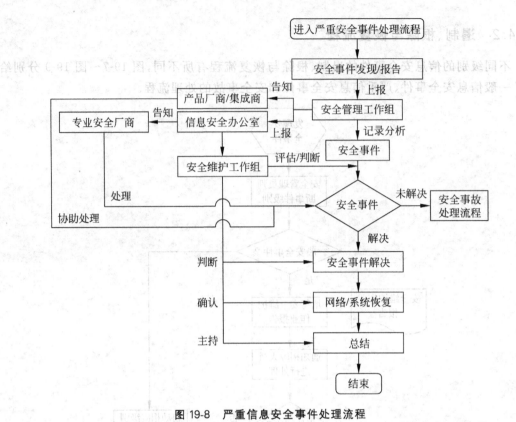

图 19-8 严重信息安全事件处理流程

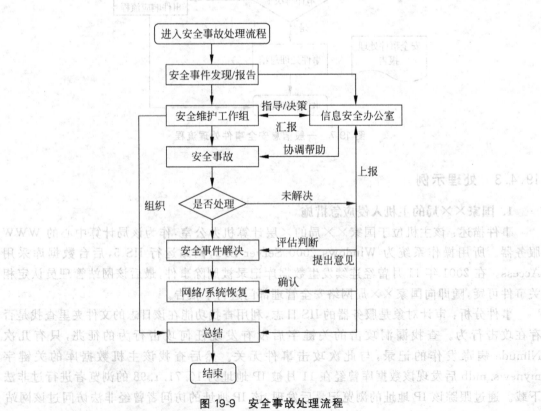

图 19-9 安全事故处理流程

的在线管理系统。由于攻击者下载的网站数据库中明文存放着该管理员的管理密码,经与系统管理员确认后认定来自此IP地址的访问者并非远程管理员,所以初步怀疑其为攻击者。此名攻击者对××局计算中心网站的数据库文件进行了直接下载,而在此之前并没有对该网络做任何的攻击尝试,这表明攻击者熟悉网站系统及数据库结构,因此怀疑是内部知情人员所为。

应急措施:该服务器采用了FAT32的磁盘格式,建议采用NTFS格式的磁盘分区以提供更高的安全可靠性能;主机的数据库名称已经暴露,建议对数据库文件进行改名;目标主机完全采用的是默认安装,缺乏端口访问控制策略,远程主机可以随意连接到电脑上的开放端口,建议对该主机做一次全面系统的安全配置,同时严格限制该主机的物理访问权限;开放的SNMP暴露了服务器主机的配置和使用情况,建议主机打全最新的安全补丁。

**2. ××证券公司应急响应措施**

事件描述:2001年8月10日下午4点30分,××证券公司信息中心紧急电话——证券公司网络传输速度缓慢,严重影响正常业务的运作。5点10分,三名应急技术人员到达××证券公司信息中心机房。

事件分析:通过检查"冰之眼"入侵检测系统的日志和使用网络侦听设备监听网络流量,发现机房中一台清算业务的服务器网络连接异常,经过仔细检查后作出明确判断:××证券公司的内部网络系统正在遭受"红色代码"蠕虫攻击,大量Windows服务器已经受到感染,且正在进行的快速网络扫描造成了网络的拥堵,严重影响网络的传输速度。

"红色代码"蠕虫不是普通病毒,不会通过邮件等方式进行传播,很有可能是因为拨号上网等方式传播进内部网,从而造成"红色代码"蠕虫在证券公司内网上泛滥,严重影响正常的业务运作。

应急措施:证券信息中心迅速做出反应,通过电话、E-mail等方式,将防范"红色代码"蠕虫的公告发布给各个营业部,并限定了问题处理期限。应急响应人员与信息中心技术人员相互配合,立即对信息中心的服务器进行了仔细的检查,对相关服务器做了完备的防范措施;建立全网监控体系,及时发现问题;完善××证券系统应急响应体系;严格网络安全制度,避免病毒、蠕虫等通过Internet传播进内部网系统。

**3. ××电信公司应急响应措施**

事件描述:2001年3月××电信公司遭受不明拒绝服务攻击,造成了服务器所在网段的拥塞,致使服务器无法提供正常服务。

事件分析:利用被攻击的服务器上的日志及相应的侦测手段,确定攻击者采用的是国内出现的一种新型攻击软件。经过仔细查找以及分析,发现攻击源的IP地址为202.105.xxx.xxx,来自××省,初步判断为拨号用户,攻击时间为2001年3月16日凌晨2~5点。

本攻击软件可以在互联网上自动查找存在Windows操作系统unicode漏洞的服务器,然后利用unicode的漏洞对目标服务器进行攻击:

```
ping 攻击目标 -1 攻击包长度 -n 重复次数
例如: ping 172.133.30.208 -1 65000 -n 500
```

大量的互联网主机同时用巨大的ping包针对某台服务器进行攻击,造成了服务器所在网段堵塞,并进而使得服务器无法提供正常访问。

应急措施:针对服务器的 unicode 漏洞进行修补,补丁说明如下。
Windows NT 4.0 简体中文版 IIS 4 Unicode 补丁 prmcan4i.exe
Windows 2000 简体中文版 IIS 5 Unicode 补丁 q269862_w2k_sp2_x86_cn.exe
在服务器上直接运行此程序,然后按提示执行,服务器重新启动后补丁生效。

**4. ××省教育网应急响应措施**

事件描述:2002 年 7 月,××省教育网网站高考成绩查询系统连续遭受攻击,致使全省 28 万考生无法及时查询高考成绩。

事件分析:通过应急响应组成员的现场分析,确定本次网络入侵为 SYN Flood 拒绝服务攻击。

应急措施:使用专用抗拒绝服务设备"黑洞",有效地过滤掉了攻击包,使得网络畅通,系统功能恢复正常。通过审核"黑洞"的攻击记录日志,发现了入侵的源 IP,为进一步侦察提供了证据。

## 19.5 跟踪改进

### 19.5.1 任务概述

跟踪阶段的一个重要任务是对进入司法程序的事件,进行进一步的调查,以打击违法犯罪活动。计算机在相关的犯罪案件中(不仅仅是计算机犯罪案件)要么是入侵的目标,要么是作案的工具,要么是犯罪信息的存储器。无论作为哪种角色,机器中都会存留大量的与犯罪有关的数据信息。计算机取证就是对能够被法庭所接受、足够可靠和有说服性、存在于计算机和相关外设中的电子证据加以确认、保护、提取和归档的过程。这一过程从某种意义上讲是一个重建犯罪事件的过程。

计算机证据的易受损特性对证据获取、分析和行为追踪提出了严格的程序要求。犯罪分子大部分是通过网络而不需要到案发现场去作案,由于网络的无国界性,不同国家在法律、道德和意识形态上存有差异,因此,可能会造成犯罪案件无法继续侦查的结果。为此,下面拟对证据获取、证据分析和行为追踪进行介绍。

### 19.5.2 证据获取

证据获取包括现场勘察和证据提取两个方面。

(1) 现场勘察。现场勘查是获取证据的第一步,主要是物理证据的获取,包括封存目标计算机系统以避免发生数据破坏,绘制计算机犯罪现场图、网络拓扑图等。在移动或拆卸任何设备之前都要拍照存档,为今后模拟和还原犯罪现场提供直接依据。要注意保证"证据连续性",即在证据被正式提交给法庭时,必须能够说明在证据从最初的获取状态到在法庭上出现的状态之间的任何变化。整个检查、取证过程必须受到监督。

(2) 证据提取。证据的获取从本质上说就是从众多的未知和不确定性中找到确定性的东西。证据的获取很难说有固定的、一成不变的方法和模式,应该具体问题具体分析。有的专家认为:检查一个系统并保持可靠证据的理想方法是冻结现有的系统并分析原有数据的副本。但是这种做法并不总是可行的。例如,机器设备的冻结是否合法,是否会引起非议,以及在停机时间难以确定时,是否会引起有关人员的反对,等等。所以,证据的获取方法首先要合法，并不会造成太大的政治和经济上的损失。又比如，对于到达现场后，是否要立即切断电源的问题也应当具体分析，在理想状态下，任何一台需要分析的计算机都可以关掉电源，重新启动，做一个完整的镜像。这时，取证人员只需取下硬盘，进行各种操作即可。但是，这仅仅是个理想状态而已。计算机取证领域最具争议的话题之一就是：在取证时究竟是让一台计算机继续运行还是立即拔掉电源，或者进行正常的管理关机过程。大多数取证人员为了使计算机停留在当前状态，采取立即拔掉电源的做法，但是这一做法会毁掉入侵过程中的相关数据，并且可能毁坏硬盘上的数据。最好的做法应该是针对现场的具体情况迅速做出判断，采取最合适的方法获取证据。

### 19.5.3 证据分析

（1）有效性鉴定。有效性鉴定主要是解决证据的完整性验证，证明取证人员所搜集到的证据没有被修改过。计算机证据具有易改变和易损毁的特点，腐蚀、强磁场作用、人为破坏等都会造成原始证据的改变，甚至消失。在取证过程中应注重采取保护证据的措施，这其中电子指纹和时间戳是两类经常采用的证据完整性监督技术。

（2）证据分析。包括分析计算机的类型、采用的操作系统是否为多操作系统或有无隐藏的分区；有无可疑外设；有无远程控制、木马程序及当前计算机系统的网络环境。注意，分析过程的开机、关机过程，尽可能地避免正在运行的进程数据丢失或存在的不可逆转的删除程序。分析在磁盘的特殊区域中发现的所有相关数据。利用磁盘存储空闲空间的数据分析技术进行数据恢复，获得文件被增、删、改、复制前的痕迹。通过将收集的程序、数据和备份与当前运行的程序数据进行对比，从中发现篡改痕迹。可以通过该计算机的所有者，或电子签名、密码、交易记录、电邮信箱、邮件发送服务器的日志、上网 IP 等计算机特有信息识别体，结合全案其他证据进行综合审查。注意，该计算机证据要与其他证据相互印证、相互联系起来综合分析。同时，要注意计算机证据能否为侦破该案提供其他线索或确定可能的作案时间和罪犯。

### 19.5.4 行为追踪

（1）跟踪取证。随着计算机犯罪技术手段的升级，静态分析已经无法满足要求，必须采用将计算机取证与入侵检测等网络安全工具和网络体系结构技术相结合进行动态取证。整个取证过程将更加系统化并具有智能性，也将更加灵活多样。对某些特定案件，如网络遭受黑客攻击，应收集的证据包括系统登录文件、应用登录文件、AAA 登录文件（如 Radius 登录）、网络单元登录（network element logs）、防火墙登录、HIDS 事件、NIDS 事件、磁盘驱动器、文件备份、电话记录等。对于在取证期间犯罪还在不断进行使用的计算机系统，采用入侵检测系统对网络攻击进行监测是十分必要的。也可以通过采用相关的设备或设置陷阱跟踪捕捉犯罪嫌疑人。

（2）结果提交。对目标计算机系统进行全面分析，获取追踪结果，给出分析结论：系统的整体情况，发现的文件结构、数据、作者的信息，对信息的任何隐藏、删除、保护、加密企图，以及在调查中发现的其他相关信息。标明提取时间、地点、机器、提取人及见证人，然后以证据的形式按照合法的程序提交给司法机关。

# 第 20 章 业务连续性管理

## 20.1 业务连续性计划

### 20.1.1 业务连续性的重要性

据统计,在2001年的"9.11"事件中蒙受毁灭性打击的企业共有1000多家,做了异地备份的当天就在其他地方恢复了办公;没有做灾备的,有的企业当时就消失了,有的企业逐渐倒闭和消亡,至少有一半以上没有做灾备的公司在这场灾难后完全垮掉了。Gartner Group的数据也表明,在经历大型灾难而导致系统停运的公司中,有至少40%再也没有恢复运营,而剩下的公司中,也有1/3在两年内破产。如果企业的大型数据中心和信息基础设施停止运行10日以上,超过30%的企业在一个季度内倒闭,而接近90%的企业在一年内倒闭。Meta Group公司对几个典型行业进行了调查,图20-1展示了各行业在业务中断1小时的情况下所造成的经济损失。

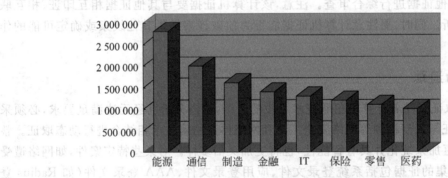

图 20-1　业务中断 1 小时的经济损失

业务连续性计划是企业应对种种不可控因素的一种预防和反应机制。而灾难恢复计划则是如何以最短时间、最少损失去恢复停顿业务的处理预案。前者立足于预防,后者立足于事后的补救,它们是构筑业务连续性管理的两个基石。

英国特许管理协会关于企业业务持续性管理情况的调查显示:企业最普遍面对的危机事件包括失去信息系统、失去关键员工、极端天气状况、失去通信系统等,其中失去信息系统被排在第一位,可见,企业的业务已经越来越多地依赖于信息系统,企业的业务持续能力与IT风险的关系越来越密切。企业的业务连续性计划和灾难恢复计划中越来越多的内容是与信息技术相关,因此面向IT风险的、基于信息技术的业务连续性管理已经成为企业IT

风险管理的重要内容之一。

## 20.1.2 影响业务连续性的因素

IEEE 和美国 Ontrack 数据服务提供商将影响业务连续性的因素划分为两类：非人为因素和人为因素。非人为因素事件包括自然灾难和应用系统灾难，人为因素事件包括社会灾难和人为灾难。以灾难事件（因不可预测的原因而导致企业信息系统非正常宕机的事件都属于灾难）为例。

（1）由非人为因素造成的对业务持续性具备破坏作用的灾难事件，如：
① 地震、风灾、水灾、火灾、雷击、环境污染、生化毒威胁等自然灾害；
② 电力供应中断、通信设施损坏、交通中断、建筑物垮塌等基础设施损害；
③ 计算机设备、通信设备等设备损害。

（2）由人为因素造成的对业务持续性具有破坏作用的灾难事件，如：
① 病毒感染、黑客攻击、木马陷阱、误操作等人为破坏和系统攻击；
② 管理上的疏忽；
③ 恐怖袭击、战争、骚乱、罢工等。

统计结果显示，在所有灾难中，应用系统灾难和人为灾难的发生概率各占 45%，自然灾难和社会灾难的发生概率各仅占 5%，具体分布如图 20-2 所示。

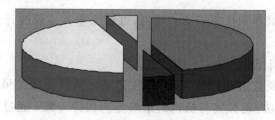

图 20-2 信息系统灾难风险概率图

## 20.1.3 业务连续性计划的制定

企业对信息技术的依赖程度日益加深，企业不可能对每一件危机事件都能事先掌握，传统的备份恢复式安全计划已经无法为企业业务的连续运行保驾护航，在此背景下，产生了业务连续性计划。

业务连续性计划（business continuity planning，BCP）是一套基于业务运行规律的管理要求和规章流程，可使一个组织在突发事件面前迅速作出反应，以确保关键业务功能可以持续，而不造成业务中断或业务流程本质的改变。它是企业应对种种不可控因素的一种预防和响应机制，可以有效地抵御意外事件造成的业务中断，从而提高企业的抗风险能力。

根据国际业务持续性领域的权威组织，诸如国际业务持续协会（Business Continuity Institute）和国际灾难恢复协会（Disaster Recovery Institute International）等发布的最佳实践原则，企业在制定业务持续性计划时需要经历以下几个阶段。

**1. 项目启动和管理**

确定业务连续性计划过程的需求，获得管理层的支持，组织和管理项目使其符合时间和预算的限制等。

### 2. 风险评估和控制

确定可能给信息系统的运行造成负面影响的威胁事件、这些事件带来的损失,以及用于防止或减少潜在损失及负面影响的控制措施,平衡信息系统安全方面的投资与风险的消减。

### 3. 业务影响分析

确定由于信息系统运行出错可能对业务造成的影响,以及定量定性分析这种影响的技术;确定关键功能、恢复优先顺序及相关性,以便确定业务恢复的时间目标。

### 4. 制定业务连续性策略

选择和确定用于指导备用业务恢复运行的策略,用于在目标时间范围内对业务和信息进行恢复,从而维持机构的关键功能。

### 5. 应急响应和运作

制定和实施用于事件响应以及稳定事件所引起状况的规程,包括建立和管理紧急事件运作中心,该中心用于在紧急事件中发布命令。

### 6. 制定和实施业务连续性计划

设计、制定和实施业务连续性计划以便在恢复时间的目标范围内完成恢复。

### 7. 意识培养和培训项目

建立对机构人员进行意识培养和技能培训的项目,以确保业务连续性计划能够得到制定、实施、维护与执行。

### 8. 维护和演练业务连续性计划

对预先计划和计划间的协调性进行演练,并评估和记录计划演练的结果;制定维持连续性能力和文档更新状态的方法,确保其与机构的策略方向保持一致;通过与适当标准的比较来验证业务连续性计划的效率,并使用简明的语言报告验证的结果。

### 9. 公共关系和危机处理

制订、协调、评价和演练在危机情况下与媒体交互的计划;制订、协调、评价和演练与员工及其家庭、主要客户、关键供应商、业主/股东以及机构管理层进行沟通和在必要情况下提供心理辅导的计划;确保所有利益群体都能够得到其所需的信息。

### 10. 与政府的协调

在符合现行的法令和法规的前提下,建立同地方政府及机构进行协调响应的活动持续性及恢复的规程和策略。

## 20.1.4 业务影响分析

业务影响分析是制定业务持续性计划所有步骤中最耗时,也是最关键的一步。它采用系统化的方法,包括访谈、调查、问卷、研讨会等形式,通过收集、分析企业的关键业务功能及业务流程,识别出关键业务功能相互之间的依赖关系。

业务影响分析通过对功能失效的影响进行分析,并进而对功能进行分类,以确定企业关键业务功能,通过评估业务中断的影响,确定这些业务系统的恢复需求,从而为下一阶段灾难恢复策略的制定提供依据。

**1. 功能失效的影响**

(1) 功能失效对企业影响的程度——战略影响。
(2) 功能失效造成的影响及损失与时间之间的关系——时间影响。
(3) 功能失效与企业其他业务功能的关系——运营影响。
(4) 功能失效对收入造成的影响——财务影响。
(5) 功能失效对客户关系造成的影响——客户信心损失。
(6) 功能失效对市场份额造成的影响——市场占有率下滑。
(7) 功能失效对企业的行业地位造成的影响——企业竞争力损失。
(8) 功能失效对今后销售的影响——机会丧失。

**2. 功能分类**

(1) 关键功能。如果这类功能被中断或失效,就会彻底危及企业的业务并造成严重的损失。
(2) 基础功能。这些功能一旦失效将会严重影响企业的长期运营能力。
(3) 必要功能。这些功能一旦失效,企业虽然可以继续运营,但在很大程度上会制约企业的运营能力。
(4) 有利功能。这些功能虽然对企业运营有利,但它们的缺失不会影响到企业的运营能力。

依据上述各种功能特征,企业便可为它们制定出标准的恢复时间框架。例如,关键功能:<1 天;基础功能:2~4 天;必要功能:5~7 天;有利功能:>10 天。此处给出的是参考值,究竟恢复时间定义为多大合适,还要依赖于企业的性质和行业的相关规范。借助业务影响分析,企业可以确定出各类业务功能在危害发生情况下恢复的优先顺序,以决定如何制定灾难恢复预案并实施。

### 20.1.5 业务连续性计划的更新

随着信息技术的飞速发展,IT 风险也在不断地发生变化。为了顺应这种变化,业务连续性计划需要随之不断地进行更新,即企业必须能够建立起一种保持业务连续性计划不断更新的措施,以保证业务连续性计划的有效性。图 20-3 给出了业务连续性计划的更新过程。

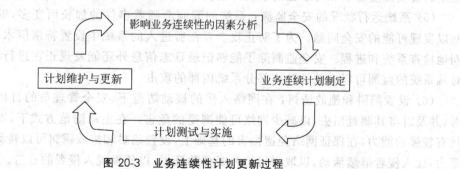

图 20-3 业务连续性计划更新过程

需要强调的是,业务连续性计划的实施并不意味着企业不再受任何事故的影响,它的作用在于确保企业的主要业务流程和经营服务,包括支撑业务的信息系统以及设施能够在事故发生的情况下持续运行。业务持续性计划的制定针对业务流程而非针对技术,但在制定时又必须以信息技术为基础,只有这样才能建立起更加可靠、稳定的安全管理系统,使得企业在突发事件中有能力使其主要业务、服务流程、系统、设备、人员等因素满足各自的持续性要求,从而可以尽快地恢复到事故发生前的服务水平。

## 20.2 安全防范体系建设

在信息系统互联环境中,网络技术彻底解决了因信息孤岛问题(无法信息共享)所带来的业务孤岛(业务无法关联执行)现象,在广度和深度上确保了企业业务活动的连续性。在互联网安全威胁愈演愈烈的大趋势下,网络安全防范体系的建设自然成为了信息互联环境下企业业务连续性得以保证的重要基础。

### 20.2.1 网络安全防范原则

一般来讲,网络安全的实现通常需要以下几部分安全功能的协同。

(1)周密细致的安全管理制度:这是整个安全管理体系的基础,没有安全管理制度,所有技术性的安全管理手段都不是实在的。管理员常常需要关注和解决的问题是整个系统中最薄弱的环节。网络入侵需要一定的技术知识,但实际经验告诉我们,最为成功的网络入侵往往不需要高深的知识和复杂的技术。

(2)网络服务的去冗余管理:只要系统提供服务,就有被攻击的可能性,系统中存在的多余功能和过于陈旧的功能都会给网络入侵者提供可乘之机,应保持网络系统配置的最小化和更新的及时性。

(3)安全域边界的防护管理:安全边界通常是架设防火墙的位置。设置防火墙是目前在互联网络中防范非法入侵进入的最有效方法之一。通过在网络的边界设置屏障,可减轻网络中其他主机的安全防范负担。设置防火墙首先需要以体系的观点加以考虑,其次,防火墙的设置必须和整体的安全政策、安全需求相一致。

(4)利用数据安全体制减少网络传输风险:只有使用数据安全体制才能减少网络传输的风险,从而实现数据的网络传送安全。数据安全体制除了能够防止基于信道的各种冒充、欺骗和窃听攻击外,还可以用于访问控制和鉴别。当然,数据安全体制的选择需要考虑网络应用的安全强度需求和可承受的系统开销代价,并依据应用的特点来选择合适的密码体制。

(5)系统运行状况的安全监测:系统的漏洞会随着事件的加长而变多,需要定期地检测以发现可能的安全问题。为了防止攻击者在所进入的系统中设置特洛伊木马,需要不定期地检查系统和进程。安全监测除了能够记录日志信息外还能发现正在进行的攻击行为,对端系统的监测可以有效地防止部分系统内部的攻击。

(6)设置陷阱和施放诱饵:在网络入侵的被动防范下,安全管理员的目标是发现入侵者,并及时将其驱赶出去,以减少网络可能遭受的危害。在主动防范方式下,安全防范体系具有较强的能力,在保证网络免遭损害的基础上,设置陷阱和施放诱饵可以转移攻击者的注意力,让入侵者继续活动,以取得可追究责任的证据,以便发现入侵者的身份。

(7)安全追踪:安全追踪的原则有三,其一,不要低估对手,经验丰富的入侵者同时也是系统管理员,其对于系统的熟悉程度不一定在受害站点的管理员之下,因此他们常常可以发现隐蔽的追踪程序。其二,设计基于主机和基于网络的分布式追踪系统。攻击者往往采用多跳技术,追踪工作需要其他管理域的配合。分布式的追踪系统可以互相支援,防止攻击者摧毁全部的追踪系统。其三,如果采用 LOCK OUT(捕捉)方式,需要有较高的技术水平,在技术水平不足或不一定能够超过攻击者的情况下,可以采用 LOCK IN(封堵)方式。

### 20.2.2 网络安全体系结构

网络安全对于网络服务的正确提供有着极其重要的影响。虽然 ISO 在网络安全方面提出了一个抽象的体系结构,对网络安全系统的研究与开发富有指导意义,但其与网络安全的实用目标仍有较大的差距。当前可被广泛接受的网络安全实用模型的缺失,使得在网络安全与管理系统的开发和互操作方面均面临着巨大的困难。

ISO 7498 的补篇 2"安全体系结构"中定义了 OSI 的安全体系结构和每层中可用的安全服务,反映了网络功能与安全功能的关系以及各种安全功能在网络中的位置。网络安全体系结构的结构元素如下。

(1)安全服务:可用的安全功能。五大安全服务包括认证、保密性、数据完整性、访问控制和不可否认。

(2)安全机制:安全功能的实现方法。

(3)安全管理:处理安全服务与安全机制的关系。

(4)安全管理信息库(SMIB):开放系统中与安全有关的信息的概念存储,它可以是 MIB 的一部分。

OSI 的网络安全体系结构体现了一种选项的概念,即网络安全是网络服务的选项功能。OSI 的网络安全体系结构的具体构成原则包括:

(1)每一层都可提供安全服务,而不局限于某一层;

(2)安全功能的增加并不引起 OSI 原有功能的重复,即只增加原来没有的功能;

(3)不违反各层的独立原则;

(4)安全服务的提供也采用逐层增值的方式;

(5)附加的安全服务的实现对该层的实现来说是一个自含的模块。

### 20.2.3 IPSec 安全体系建设

IP 安全(IP Security)体系结构,简称 IPSec,是 IETF IPSec 工作组于 1998 年制定的一组基于密码学的网络安全协议。IPSec 的目标是给 IPv4 和 IPv6 数据提供高质量的、可互操作的、基于密码学的安全性。IPSec 工作在 IP 层,为 IP 层及其上层协议提供透明安全保护,可提供访问控制、无连接的完整性、数据来源验证、防重放保护、保密性、自动密钥管理等一系列安全服务。IPSec 独立于具体的算法,允许用户(或系统管理员)控制所提供的安全服务粒度,它可以在两台安全网关之间创建一条承载所有流量的加密隧道,也可以在穿越这些安全网关的每对主机之间的每条 TCP 连接之间建立独立的加密隧道。

**1. IPSec 的组成要素**

IPSec 由两大部分组成:①建立安全分组流的密钥交换协议;②保护分组流的协议。前者为密钥交换(IKE)协议,后者包括加密分组流的封装安全载荷(ESP)协议或认证头(AH)协议。图 20-4 显示了 IPSec 的构成要素。

AH(认证头)和 ESP(封装安全载荷):这两个协议是 IPSec 体系的主体,定义了协议的

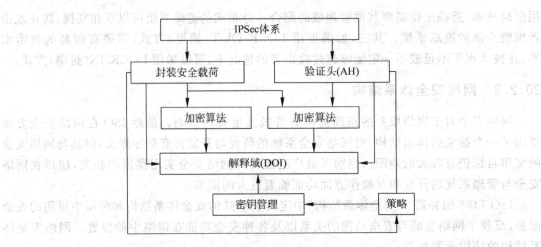

图 20-4　IPSec 构成要素

载荷头格式、所能提供的服务以及数据报的处理规则。AH 协议提供了数据源认证、无连接的完整性，以及一个可选的抗重放攻击服务。ESP 协议提供数据保密性、有限的数据流保密性、数据源认证、无连接的完整性以及抗重放攻击服务。

IKE(Internet 密钥交换)：IKE 利用 ISAKMP 语言来定义密钥交换，是对安全服务进行协商的手段。IKE 协议用于协商 AH 和 ESP 所使用的密码算法。

SA(安全关联)：它保证了 IPSec 数据报封装及提取的正确性，同时将远程通信实体和要求交换密钥的 IPSec 数据传输联系起来。

策略：它决定两个实体之间是否能够通信；若允许通信，该采用什么样的数据处理算法。

IPSec 所使用的协议被设计成与算法无关的，充分考虑了系统的扩展性。算法的选择在安全策略数据库(SPD)中指定。IPSec 允许系统或网络的用户和管理员控制安全服务提供的粒度。通过使用安全关联(SA)，IPSec 能够区分对不同数据流所提供的安全服务。

**2. IPSec 工作模式**

IPSec 协议(包括 AH 和 ESP)既可以用来保护一个完整的 IP 载荷，也可以用来保护某个 IP 载荷的上层协议。这两方面的保护分别由 IPSec 的两种不同"模式"来提供，它们分别是传输模式和隧道模式。

在传输模式中，IP 头与上层协议头之间需插入一个特殊的 IPSec 头。传输模式保护的是 IP 包的有效载荷或者说保护的是上层协议(如 TCP、UDP 和 ICMP)，如图 20-5 所示。在通常情况下，传输模式只用于两台主机之间的安全通信。

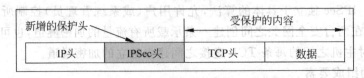

图 20-5　IPSec 传输模式的 IP 数据报格式

隧道模式为整个 IP 包提供保护。如图 20-6 所示，要保护的整个 IP 包需封装到另一个 IP 数据报中，同时在外部与内部 IP 头之间插入一个 IPSec 头。所有原始的或内部包通过这个隧道从 IP 网的一端传递到另一端，沿途的路由器只检查最外面的 IP 报头，不检查内部原来的 IP 报头。由于增加了一个新的 IP 报头，因此新 IP 报文的目的地址可能与原来的不一致。

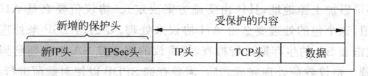

图 20-6　IPSec 隧道模式的 IP 数据报格式

**3．IPSec 数据收发**

（1）数据发送

数据包从传输层流进网络层。网络层首先取出 IP 头的有关参数，检索 SPDB 数据库，判断应为这个包提供哪些安全服务。输入 SPDB 的是传送报头中的源地址和目的地址的"选择符"。SPDB 输出的是根据"选择符"查询的策略结果，有可能出现以下几种情况：

① 丢弃这个包。

② 绕过安全服务。在这种情况下，该 IP 包不作任何处理，按照一个普通的 IP 包发送出去。

③ 应用安全服务。在这种情况下，需要继续进行下面的处理。

如果 SPDB 的策略输出中指明该数据包需要安全保护，那么就需要查询 SADB 来验证与该连接相关联的 SA 是否已经建立，查询的结果可能是下面的两种情况之一：

① 如果相应的 SA 已存在，对 SADB 的查询就会返回指向该 SA 的指针。

② 如果查询不到相应的 SA，说明该数据包所属的安全通信连接尚未建立，就会调用 IKE 进行协商，将所需要的 SA 建立起来。如果所需要的 SA 已经存在，那么 SPDB 结构中包含指向 SA 或 SA 集的一个指针（具体由策略决定）。如果 SPDB 的查询输出规定必须将 IPSec 应用于数据包，那么在 SA 成功创建完成之前，数据包是不被允许传送出去的。

对于从 SADB 中查询得到的 SA 还必须进行处理，处理过程如下：

① 如果 SA 的软生存期已满，就调用 IKE 建立一个新的 SA。

② 如果 SA 的硬生存期已满，就将这个 SA 删除。

③ 如果序列号溢出，就调用 IKE 来协商一个新的 SA。

SA 处理完成后，IPSec 的下一步处理是添加适当的 AH 或 ESP 报头，开始对数据包进行处理。SA 中包含所有必要的信息，并已排好顺序，使 IPSec 报头能够按正确的顺序加以构建。在完成 IPSec 报头的构建后，将生成的数据报传送给原始 IP 层进行处理，然后进行数据报的发送。

（2）数据接收

在收到 IP 包后，假如包内根本没有包含 IPSec 报头，那么 IPSec 就会查阅 SPDB，并根据为之提供的安全服务判断该如何对这个包进行处理。因为如果特定通信要求 IPSec 安全保护，任何不能与 IPSec 保护的那个通信的 SPDB 定义相匹配的进入包就应该被丢弃。它会用"选择符"字段来检索 SPDB 数据库。策略的输出可能是以下三种情况：丢弃、绕过或应用。如果策略的输出是丢弃，那么数据包就会被放弃；如果是应用，但相应的 SA 没有建立,包同样会被丢弃;否则就将包传递给下一层作进一步的处理。

如果 IP 包中包含了 IPSec 报头,就会由 IPSec 层对这个包进行处理。IPSec 从数据包中提取出 SPI、源地址和目的地址组织成<SPI,目的地址,协议>三元组对 SADB 数据库进行检索(另外还可以加上源地址,具体由实施方案决定)。协议值要么是 AH,要么是 ESP。根据这个协议值,这个包的处理要么由 AH 协议来处理,要么由 ESP 来处理。在协议处理前,先对重放攻击和 SA 的生存期进行检查,把重放的报文或 SA 生存期已到的包简单丢弃而不作任何处理。协议载荷处理完成之后,需要查询 SPDB 以便对载荷进行校验,"选择符"用来作为获取策略的依据。验证过程包括:检查 SA 中的源和目的地址是否与策略相对应,以及 SA 保护的传输层协议是否和要求的相符合。

IPSec 完成了对策略的校验后,会将 IPSec 报头剥离下来,并将包传递到下一层。下一层要么是一个传输层,要么是网络层。假如说数据包是 IP【ESP【TCP】】,下一层就是传输层;假如这个包是 IP【AH【ESP【TCP】】】,下一层仍然是 IPSec 层。

**4. IPSec 实现方式**

IPSec 可以在主机、路由器或防火墙(创建一个安全网关)中同时实施和部署。用户可以根据对安全服务的需要决定究竟在什么地方实施,IPSec 的实现方式可分为集成方式、BITS 方式、BITW 方式三种。

(1) 集成方式:把 IPSec 集成到 IP 的原始实现中,这需要处理 IP 源代码,适用于在主机和安全网关中实现。

(2) "堆栈中的块(BITS)"方式:把 IPSec 作为一个"楔子"插在原来的 IP 协议栈和链路层之间,这不需要处理 IP 源代码。该方法适用于对原有系统的升级改造,通常用在主机方式中。

(3) "线缆中的块(BITW)"方式:将 IPSec 的实现在一个设备中进行,该设备直接接入路由器或主机设备。当用于支持一台主机时,与 BITS 实现非常相似,但在支持路由器或防火墙时,它必须起到一台安全网关的作用。

## 20.2.4 防火墙系统建设

**1. 防火墙的功能**

防火墙是网络环境中最常见的安全防范技术。所谓"防火墙",是指一种将内部网和公众访问网(如 Internet)分开的方法,它实际上是一种内联网和外联网之间的防范隔离技术。防火墙是在两个网络通信时执行的一种访问控制尺度,它能允许你"同意"的人和数据进入你的网络,同时将你"不同意"的人和数据拒之门外,最大限度地阻止网络中的黑客来访问你的网络。换句话说,如果不通过防火墙,公司内部的人就无法访问 Internet,Internet 上的人也无法与公司内部的人进行通信。如图 20-7 所示,防火墙内的网络称为"可信赖的网络"(trusted network),而将防火墙外部的因特网称为"不可信赖的网络"(untrusted network)。

防火墙的功能主要有两个:其一是阻止;其二是允许。"阻止"就是阻止某种类型的通信量通过防火墙(从外部网络到内部网络,或反过来);"允许"的功能与"阻止"恰好相反。防火墙必须能够识别通信量的各种类型,不过在大多数情况下防火墙的主要功能是"阻止"。

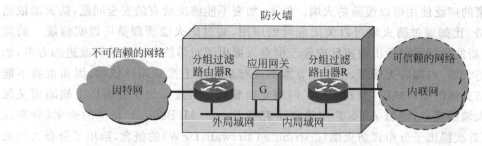

图 20-7　防火墙在网络中的部署位置

**2. 防火墙的分类**

防火墙总体上分为数据包过滤、应用级网关和代理服务器等几大类型。

（1）数据包过滤

数据包过滤（packet filtering）技术是在网络层对数据包进行选择，选择的依据是系统内设置的过滤逻辑，被称为访问控制表（access control table）。通过检查数据流中每个数据包的源地址、目的地址、所用的端口号、协议状态等因素，或它们的组合来确定是否允许该数据包通过。数据包过滤防火墙逻辑简单，价格便宜，易于安装和使用，网络性能和透明性好，它通常安装在路由器上。路由器是内部网络与 Internet 连接必不可少的设备，因此在原有网络上增加这样的防火墙几乎不需要任何额外的费用。

数据包过滤防火墙的缺点有两个，其一是非法访问一旦突破防火墙，即可对主机上的软件和配置漏洞进行攻击；其二是数据包的源地址、目的地址以及 IP 端口号均在数据包的首部，很有可能会被窃听或冒充。

（2）应用级网关

应用级网关（application level gateways）是在网络应用层上建立协议过滤和转发功能。它针对特定的网络应用服务协议使用指定的数据过滤逻辑，并在过滤的同时，对数据包进行必要的分析、登记和统计以形成报告。应用网关通常安装在专用工作站上。

数据包过滤和应用级网关这两类防火墙有一个共同点，就是它们仅仅依靠特定的逻辑判定是否允许数据包通过。一旦满足逻辑，则防火墙内外的计算机系统将建立直接的联系，防火墙外部的用户便可能直接了解防火墙内部的网络结构和运行状态，这有利于实施非法访问与攻击。

（3）代理服务

代理服务（proxy service）也称链路级网关或 TCP 通道（circuit level gateways 或 TCP tunnels），也有人将它归于应用级网关。它是针对数据包过滤和应用级网关技术存在的缺点而引入的防火墙技术，其特点是将所有跨越防火墙的网络通信链路分为两段。防火墙内外计算机系统间应用层的"链接"，由两个终止代理服务器上的"链接"来实现，外部计算机的网络链路只能到达代理服务器，从而起到了隔离防火墙内外计算机系统的作用。此外，代理服务也对过往的数据包进行分析、注册登记以形成报告，同时当发现攻击迹象时会向网络管理员发出警报，并保留攻击痕迹。

**3. 分布式防火墙**

由于传统防火墙的缺陷不断显露，于是有人认为防火墙与现代网络的发展是不相容的，并认为加密的广泛使用可以废除防火墙。然而,加密不能解决所有的安全问题,防火墙依然有它的优势,比如通过防火墙可以关闭危险的应用,通过防火墙管理员可以实施统一的监控,也能对新发现的漏洞做出快速反应等。也有人提出了对传统防火墙进行改进的方案,如多重边界防火墙、内部防火墙等,但这些方案都没有从根本上摆脱拓扑依赖,因而也就不能消除传统防火墙的固有缺陷,反而增加了网络安全管理的难度。为了克服以上缺陷而又保留传统防火墙的优点,美国 AT&T 实验室研究员 Steven M. Bellovin 在他的论文《分布式防火墙》中首次提出了分布式防火墙(distributed firewall,DFW)的概念,给出了分布式防火墙的原型框架,奠定了分布式防火墙研究的基础。

分布式防火墙是一种主机驻留式的安全系统,它是以主机为保护对象,它的设计理念是主机以外的任何用户访问都是不可信任的,都需要进行过滤。当然在实际应用中,也不是要求对网络中每台主机都安装这样的系统,这样会严重影响网络的通信性能。它通常用于保护企业网络中的关键节点服务器、数据及工作站免受非法入侵的破坏。

分布式防火墙的基本思想是:安全策略被某种策略语言集中定义,系统管理工具将安全策略分布到每台主机。根据策略和 IPSec 中发送方的加密校验认证,由受保护的主机来决定接受或拒绝到来的包。如图 20-8 所示,在分布式防火墙体系结构中,同时存在着多个防火墙实体,但在逻辑上它们是一个防火墙。

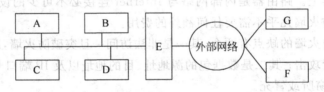

图 20-8　分布式防火墙网络拓扑结构

**4. 分布式防火墙的体系结构**

分布式防火墙是一种全新的防火墙体系结构,包括边界防火墙、主机防火墙和中心管理三部分。分布式防火墙由中心制定策略,并将策略分发到主机(边界)上执行,主机再上传审计事件到中心。

1) 边界防火墙

在分布式防火墙的体系结构中并没有废弃边界防火墙,因为物理上的边界依然存在,只是减轻了边界防火墙肩上的担子。边界防火墙仍然执行传统防火墙看守大门的任务,但由于它只处理与全网有关的安全问题,规则较少,因而效率较高。策略服务器是整个分布式防火墙的核心,主要包括中心管理接口、策略数据库、审计数据库和加密认证等模块。中心管理接口负责人机交互,包括制定规则。规则的制定是通过使用规则定义语言或图形用户接口完成。管理员可以针对每台机器制定规则,也可以将全网分成若干个域,然后针对每个域制定规则,各个域内使用相同的规则,域外使用不同的规则。

2) 主机防火墙

主机防火墙驻留在主机中,负责策略的实施。在主机防火墙中如果不允许用户干预,则只包含包过滤引擎、上载审计事件的模块、加密模块等,防火墙对用户透明,即用户感觉不到防火墙的存在,用户不能修改规则,也不能绕过防火墙。如果允许用户部分修改规则,并参与定制个性化的安全策略,则还要包含用户接口。在一个典型的分布式防火墙系统中,所有主机防火墙(包括分支机构和移动用户)和边界防火墙皆受控于中心策略服务器。

3) 中心管理

对分布式防火墙来说,每个防火墙作为安全监测机制的组成部分,必须根据安全性要求的不同被布置在网络中任何需要的位置上。分布式防火墙总体安全策略需要统一策划和管理,中心管理的主要功能是进行安全策略的分发和对各主机提交的日志进行汇总。因此,中心管理是分布式防火墙系统的核心和重要特征之一。

## 20.3 灾难恢复体系建设

### 20.3.1 灾难恢复计划

灾难恢复计划(disaster recovery planning,DRP)是对于紧急事件的应对过程。在中断的情况下提供后备的操作,在事后实施恢复和抢救工作。

由于企业对信息系统的依赖程度越来越高,因此,灾难恢复的主要任务是信息系统的备份与恢复,涉及灾备中心的设置、选址、运营、管理和切换等。面对各种自然灾难(火灾、水灾、地震等)和人为灾难(爆炸、恐怖袭击、骚乱、误操作、病毒等)等不可控因素,灾难恢复计划使企业能够从灾难所造成的故障或瘫痪状态中实现业务运作能力的尽快恢复,从而最小化企业的各种损失。

灾难恢复计划与业务连续性计划是两个密不可分,又存在根本性区别的概念。灾难恢复计划假定灾难发生后,已经造成业务停顿,强调企业将如何去恢复业务,立足于把损失降低到最低程度。而业务连续性计划基于这样一个基本原则,即无论发生任何意外事件,组织的关键业务也不能中断,立足于预防机制,强调使企业业务能够抵御意外事件的打击。可见,灾难恢复计划是对业务连续性计划的必要补充。

### 20.3.2 灾难恢复能力划分

国际标准 SHARE 78 定义的容灾系统有七个层次:从最简单的仅在本地进行磁带备份,到将备份的磁带存储在异地,再到建立应用系统实时切换的异地备份系统,恢复时间也可以从几天到小时级到分钟级、秒级或 0 数据丢失等。这个等级划分的目的,是让企业清楚为什么要从业务层面做灾难恢复,不同业务应该采取什么样的手段。具体如下。

0 级:无异地备份

0 级不需要灾难恢复计划和建立灾备中心。0 级容灾系统事实上不具有容灾能力,因为它的数据仅在本地进行备份和恢复,并未送往异地保存。

1 级:备份介质异地存放

1 级要求设计一个灾难恢复方案,根据该方案在平时备份所需要的信息,并将其运送到异地保存。灾难发生时将根据需要,有选择地搭建备援的硬件平台并在其上恢复数据。

将备份数据送到异地保存,可抵御大规模的灾难事件。灾难发生后,需要按规定的数据恢复程序购置和安装备援硬件平台,恢复系统和数据,并提供服务。这种容灾系统成本较低,且易于配置。该级别容灾系统对数据丢失的容忍度在数天以上。

2 级:备份介质异地存放及备用场地

2 级在 1 级的基础上增加一个热备份站点。所谓热备份站点(hot site),是指拥有足够的硬件、备份数据和网络连接设备,当信息中心被破坏时,可切换到用于支持关键应用的热备份站点。在灾难发生的同时,在异地必须有正运行着的硬件提供支持。这样才能及时恢复业务运行。虽然移动数据到热备份站点增加了成本,但却缩减了灾难恢复的时间,大约在1~2天可以恢复。

3级：电子链接

3级在2级的基础上用电子链接取代了卡车运送方式。热备份站点和信息中心在地理上必须远离,备份数据通过网络传输。由于灾备中心要保持持续运行,与信息中心之间的通信线路要保证畅通,增加了运营成本。但消除了对运输工具的依赖,与2级相比,进一步提高了灾难恢复的速度。

4级：活动状态的备援站点

4级要求地理上分开的两个站点同时处于工作状态,且相互管理彼此的备份数据。第4级灾难系统对数据的实时性和快速恢复性要求更高些。在1—3级的方案中较常使用磁带备份,在第4级方案中采用基于磁盘的解决方案。此时仍然会出现几个小时的数据丢失,但同基于磁带的解决方案相比,通过加快备份频率,灾难发生时,数据丢失的数小时内,系统恢复可在小时级内实现。

5级：实时数据备份

5级和4级的结构类似,在满足4级所有功能的基础上,进一步提供了两个站点的数据相互镜像(数据库的一次提交过程会同时更新本地和远程数据库中的数据)。数据库的两步提交方法保证了任何一项事务在被接收以后,两个站点间的数据都必须同时被更新。在备援站点中需要配备一些专用的硬件设备,以保证在两个站点之间自动分担工作负担和两步提交的正确。因为采用了两步提交来同步数据,所以当灾难发生时,仅仅只有传送中尚未完成提交的数据会丢失,即数据丢失在秒级。

6级：零数据丢失

6级是灾难恢复的最高级别,可以实现零数据丢失。所有数据都将在本地和远程之间同步更新,当发生灾难事件时,备援站点能通过网络侦测到故障,并立即自动切换。6级是容灾系统中最昂贵的方式,但也是速度最快的恢复方式。

4级、5级和6级容灾系统具有类似的系统框架结构,区别在于数据备份管理软件的差异和备援站点内硬件配置的不同,造成了系统成本和性能的差异。4级容灾系统只需要配置远程系统备份软件,5级容灾系统依赖于数据库系统的镜像技术,6级容灾系统需要更加复杂的方式,以保存灾难发生时的零数据丢失和备援站点的即时切换。

2005年4月,国务院信息化办公室联合电子政务、银行、电力、铁路、民航、证券、保险、海关、税务等行业,联合起草了《重要信息系统灾难恢复指南》。该《指南》主要内容覆盖了灾难恢复工作的主要环节,以及每一个环节需要开展的各项具体工作,具体包括：灾难恢复的管理,灾难恢复需求的确定,灾难恢复策略的制定,灾难恢复策略的实现,灾难恢复预案的制定、落实和管理,灾难恢复的等级划分,灾难恢复预案框架等。《指南》充分考虑了实际操作中可能遇到的问题,具有较强的指导性和可操作性,主要是为了给关键的行业用户做灾难恢复设计、建设、运维,提供一个操作性强的参考思路。在此基础上正式出台了《信息系统灾难恢复规范》(GB/T 20988—2007)国家标准,并于2007年11月1日开始正式实施。

《规范》依据数据备份系统、备用数据处理系统、备用网络系统、备用基础设施、技术支持、运行维护支持、灾难恢复预案 7 个方面详细描述了 1～6 级的灾难恢复要求,第 1 级是基本支持;第 2 级是备用场地支持;第 3 级是电子传输和部分设备支持;第 4 级是电子传输及完备设备支持;第 5 级是实时数据传输及完整设备支持;第 6 级是数据零丢失和远程集群支持。具体指标参见表 20-1～表 20-6。

表 20-1　第 1 级——基本支持

| 要　素 | 要　求 |
| --- | --- |
| 数据备份系统 | (1) 完全数据备份至少每周一次<br>(2) 备份介质场外存放 |
| 备用数据处理系统 | — |
| 备用网络系统 | — |
| 备用基础设施 | 有符合介质存放条件的场地 |
| 技术支持 | — |
| 运行维护支持 | (1) 有介质存取、验证和转储管理制度<br>(2) 按介质特性对备份数据进行定期的有效性验证 |
| 灾难恢复预案 | 有相应的经过完整性测试和演练的灾难恢复预案 |

表 20-2　第 2 级——备用场地支持

| 要　素 | 要　求 |
| --- | --- |
| 数据备份系统 | (1) 完全数据备份至少每周一次<br>(2) 备份介质场外存放 |
| 备用数据处理系统 | 灾难发生时能在预定时间内调配所需的数据处理设备到场 |
| 备用网络系统 | 灾难发生时能在预定时间内调配所需的通信线路和网络设备到位 |
| 备用基础设施 | (1) 有符合介质存放条件的场地<br>(2) 有满足信息系统和关键业务功能恢复运作要求的备用场地 |
| 技术支持 | — |
| 运行维护支持 | (1) 有介质存取、验证和转储管理制度<br>(2) 按介质特性对备份数据进行定期的有效性验证<br>(3) 有备用场地管理制度<br>(4) 与相关厂商有符合灾难恢复时间要求的紧急供货协议<br>(5) 与相关运营商有符合灾难恢复时间要求的备用通信线路协议 |
| 灾难恢复预案 | 有相应的经过完整性测试和演练的灾难恢复预案 |

表 20-3　第 3 级——电子传输和部分设备支持

| 要　素 | 要　求 |
| --- | --- |
| 数据备份系统 | (1) 完全数据备份至少每天一次<br>(2) 备份介质场外存放<br>(3) 每天多次利用通信网络将关键数据定时批量传送至备用场地 |
| 备用数据处理系统 | 配备灾难恢复所需的部分数据处理设备 |
| 备用网络系统 | 配备部分通信线路和相应的网络设备 |
| 备用基础设施 | (1) 有符合介质存放条件的场地<br>(2) 有满足信息系统和关键业务功能恢复运作要求的场地 |
| 技术支持 | 在备用场地有专职的计算机机房运行管理人员 |

续表

| 要素 | 要求 |
|---|---|
| 运行维护支持 | (1) 有介质存取、验证和转储管理制度<br>(2) 有备用计算机机房管理制度<br>(3) 有备用数据处理设备硬件维护管理制度<br>(4) 有电子传输数据备份系统运行管理制度。按介质特性对备份数据进行定期的有效性验证 |
| 灾难恢复预案 | 有相应的经过完整测试和演练的灾难恢复预案 |

表 20-4 第 4 级——电子传输及完整设备支持

| 要素 | 要求 |
|---|---|
| 数据备份系统 | (1) 完全数据备份至少每天一次<br>(2) 备份介质场外存放<br>(3) 每天多次利用通信网络将关键数据定时批量传送至备用场地 |
| 备用数据处理系统 | 配备灾难恢复所需的全部数据处理设备,并处于就绪状态或运行状态 |
| 备用网络系统 | (1) 配备灾难恢复所需的通信线路<br>(2) 配备灾难恢复所需的网络设备,并处于就绪状态 |
| 备用基础设施 | (1) 有符合介质存放条件的备用场地<br>(2) 有符合备用数据处理系统和备用网络设备运行要求的场地<br>(3) 有满足关键业务功能恢复运作要求的场地<br>(4) 以上场地应保持 7×24 运作 |
| 技术支持 | (1) 7×24 专职计算机机房管理人员<br>(2) 专职数据备份技术支持人员<br>(3) 专职硬件、网络技术支持人员 |
| 运行维护支持 | (1) 有介质存取、验证和转储管理制度<br>(2) 按介质特性对备份数据进行定期的有效性验证<br>(3) 有备用计算机机房运行管理制度<br>(4) 有硬件和网络运行管理制度<br>(5) 有电子传输数据备份系统运行管理制度 |
| 灾难恢复预案 | 有相应的经过完整性测试和演练的灾难恢复预案 |

表 20-5 第 5 级——实时数据传输及完整设备支持

| 要素 | 要求 |
|---|---|
| 数据备份系统 | (1) 完全数据备份至少每天一次<br>(2) 备份介质场外存放<br>(3) 采用远程数据复制技术,并利用通信网络将关键数据实时复制到备份场地 |
| 备用数据处理系统 | 配备灾难恢复所需的全部数据处理设备,并处于就绪或运行状态 |
| 备用网络系统 | (1) 配备灾难恢复所需的通信线路<br>(2) 配备灾难恢复所需的网络设备,并处于就绪状态<br>(3) 具备通信网络自动或集中切换能力 |
| 备用基础设施 | (1) 有符合介质存放条件的备用场地<br>(2) 有符合备用数据处理系统和备用网络设备运行要求的场地<br>(3) 有满足关键业务功能恢复运作要求的场地<br>(4) 以上场地应保持 7×24 运作 |

续表

| 要　素 | 要　求 |
|---|---|
| 技术支持 | (1) 7×24 专职计算机房管理人员<br>(2) 7×24 专职数据备份技术支持人员<br>(3) 7×24 专职硬件、网络技术支持人员 |
| 运行维护支持 | (1) 有介质存取、验证和转储管理制度<br>(2) 按介质特性对备份数据进行定期的有效性验证<br>(3) 有备用计算机机房运行管理制度<br>(4) 有硬件和网络运行管理制度<br>(5) 有实时数据备份系统运行管理制度 |
| 灾难恢复预案 | 有相应的经过完整测试和演练的灾难恢复预案 |

表 20-6　第 6 级——数据零丢失和远程集群支持

| 要　素 | 要　求 |
|---|---|
| 数据备份系统 | (1) 完全数据备份至少每天一次<br>(2) 备份介质场外存放<br>(3) 远程实时备份,实现数据零丢失 |
| 备用数据处理系统 | (1) 备用数据处理系统具备与生产数据处理系统一致的处理能力并完全兼容<br>(2) 应用软件是"集群的",可实时无缝切换<br>(3) 具备远程集群系统的实时监控和自动切换能力 |
| 备用网络系统 | (1) 配备与生产系统相同等级的通信线路和网络设备<br>(2) 备用网络处于运行状态<br>(3) 最终用户可通过网络同时接入主、备中心 |
| 备用基础设施 | (1) 有符合介质存放条件的备用场地<br>(2) 有符合备用数据处理系统和备用网络设备运行要求的场地<br>(3) 有满足关键业务功能恢复运作要求的场地<br>(4) 以上场地应保持 7×24 运作 |
| 技术支持 | (1) 7×24 专职计算机房管理人员<br>(2) 7×24 专职数据备份技术支持人员<br>(3) 7×24 专职硬件、网络技术支持人员<br>(4) 7×24 专职操作系统、数据库和应用软件技术支持人员 |
| 运行维护支持 | (1) 有介质存取、验证和转储管理制度<br>(2) 按介质特性对备份数据进行定期的有效性验证<br>(3) 有备用计算机机房运行管理制度<br>(4) 有硬件和网络运行管理制度<br>(5) 有实时数据备份系统运行管理制度<br>(6) 有操作系统、数据库和应用软件运行管理制度 |
| 灾难恢复预案 | 有相应的经过完整测试和演练的灾难恢复预案 |

### 20.3.3　容灾能力评价

当灾难发生并造成企业业务中断时,企业和用户最关心的是何时恢复业务。对于灾备中心而言,衡量企业容灾能力的指标主要如下。

(1) RPO(recovery point object),即数据丢失量(通常以秒计算),RPO 代表了当灾难

发生时信息系统所能容忍的数据丢失量。

（2）RTO(recovery time object)，即系统恢复时间，RTO代表了从灾难发生到业务（这里指信息系统）恢复服务功能所需要的最长时间。

RPO针对的是数据丢失，而RTO针对的是服务丢失，两者与灾难恢复能力等级的关系如表20-7所示。RTO和RPO必须在进行风险分析和业务影响分析后根据不同的业务需求来确定。不同企业对RTO和RPO的要求不同，同一企业的不同业务对RTO和RPO的要求也不一样。以银行为例，优先恢复哪些业务的服务，是柜面业务、POS业务抑或是ATM业务？不同的银行应该依据自身的特点和战略进行分析，并提出具体方案。

表20-7 RTO/RPO与灾难恢复能力等级的关系

| 灾难恢复能力等级 | RTO | RPO |
| --- | --- | --- |
| 1 | 2天以上 | 1天至7天 |
| 2 | 24小时以上 | 1天至7天 |
| 3 | 12小时以上 | 数小时至1天 |
| 4 | 数小时至2天 | 数小时至1天 |
| 5 | 数分钟至2天 | 0～30分钟 |
| 6 | 数分钟 | 0 |

## 20.3.4 灾备中心的模型

不同的灾备中心在数据丢失量(RPO)、系统恢复时间(RTO)、应对的灾难类型以及投资成本等方面均不相同，实际的灾备中心又千差万别。为了更好地理解灾备中心的特点，重点介绍三种灾备中心模型。

**1. 热备份型灾备中心**

所谓热备份型灾备中心是指两个信息中心处于完全的同步状态，两者处于对等的地位，其中任何一个中心发生故障，对用户的使用将不会产生影响。但实现技术难度大，成本高。

同步远程镜像的优势无疑是最高的。同步远程镜像（同步复制技术）是指通过远程镜像软件，将本地数据以完全同步的方式复制到异地，每一个本地的I/O事务均需等待远程复制完成的确认信息，方予以释放。同步镜像使远程复制总能与本地机要求复制的内容相匹配。当主站点出现故障时，用户的应用程序切换到备份的替代站点后，被镜像的远程副本可以保证业务继续执行而没有数据的丢失。换言之，同步远程镜像的RPO值为零（即不丢失任何数据），RTO也是以秒或分为计算单位。不过，由于往返传播造成的时延较长，而且本地系统的性能是与远程备份设备直接挂钩的，所以，同步远程镜像仅限于在相对较近的距离上应用，主从镜像系统之间的间隔一般不能超过160千米（约合100英里），如图20-9所示。

热备份型灾备中心的缺点是成本高，管理难度大，费用开支大，对距离有限制。

**2. 温备份型灾备中心**

所谓温备份型灾备中心是指两个信息中心在数据层面保持同步，在业务运营层面不同步，因此它们的地位不对等，有主从之分。当主信息中心发生故障时，需要一定时间就可以恢复业务运营，但数据一般不会丢失，实现的技术难度相对较低，成本也相对较小。

异步远程镜像（异步复制技术）则由本地存储系统提供给请求镜像主机的I/O操作来

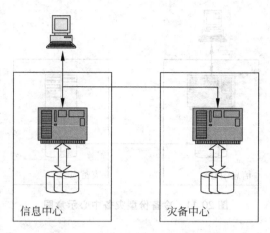

图 20-9　热备份型灾备中心示意图

完成确认信息,保证在更新远程存储视图前完成向本地存储系统输出或输入数据的基本操作,也就是说它的 RPO 值可能是以秒为单位进行计算,也可能是以分或小时为单位进行计算。它采用了"存储转化"技术,所有的 I/O 操作是在后台同步进行的,这使得本地系统性能受到的影响很小,大大缩短了数据处理的等待时间,如图 20-10 所示。

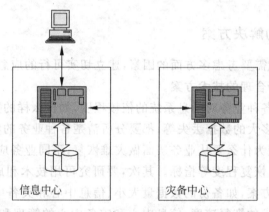

图 20-10　温备份型灾备中心示意图

温备份型灾备中心对网络带宽要求小,传输距离长(可达到 1000 千米以上),成本比热备份型灾备中心低。不过,在许多远程的镜像系统"写"操作没有得到确认的情况下,某种原因导致的数据传输失败极有可能会破坏主从系统的数据一致性。而且它的 RPO 值可能是以秒为单位,也可能是以分或小时为单位进行计算,对于不需要有极为紧急的数据传输需求的站点,这是一个可接受的方案。

**3. 冷备份型灾备中心**

冷备份是最普通的数据处理方式,如图 20-11 所示。冷备份型灾备中心与另外两种灾备中心比较,最大的不同点是只是数据层面的备份,没有业务层面的备份,而且数据备份的间隔时间也比较长,几乎不能完全恢复。

冷备份型灾备中心的优点是成本低,管理简单,但不能完全恢复数据。表 20-8 对三种灾备中心进行了比较。

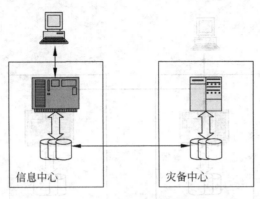

图 20-11 冷备份型灾备中心示意图

表 20-8　三种灾备中心比较

| | PRT | ROT | 距离 | 业务备份 | 数据备份 |
| --- | --- | --- | --- | --- | --- |
| 热备份型 | 0 | 0 | 短 | 同步 | 同步 |
| 温备份型 | <1天 | <1天 | 长 | 异步 | 异步 |
| 冷备份型 | ≥1天 | ≥1天 | 无限制 | 无 | 异步 |

### 20.3.5　灾备中心的解决方案

企业建立容灾系统需要考虑多方面的因素,建立切实可行的应急机制,需要针对具体情况,制定切合实际、投资合理的技术方案。

首先,要考虑企业各种业务对信息系统的依赖程度,如什么样的数据必须在多长时间内恢复、哪种业务能承受多大的数据丢失等,都要分析清楚各种业务的实际需求。这个等级划分的目的是让企业清楚为什么要从业务层面做灾难恢复,不同业务应该采取什么样的手段,如灾难类型、恢复速度、恢复程度等指标。其次,要研究可用技术和成本。根据可投入的资金量,选择和设计灾备方案,如备份的数据量大小、信息中心和灾备中心之间的距离和连接方式,灾难发生时所要求的恢复速度、信息中心和灾备中心的管理和经营方式等。因此,一个实际的灾备解决方案常常是综合权衡的结果,如图 20-12 所示。

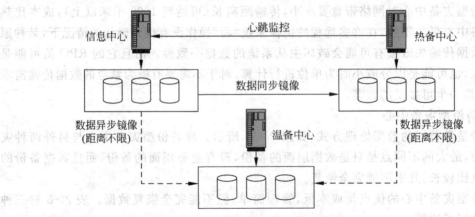

图 20-12　两地三中心的灾备方案

在同城中建立热接管的互备中心,接管的时间可以达到即时,数据丢失为零,中心之间的距离在100千米以内。在此双中心内,可以提供一个高可用系统的体系设计,防范非区域性灾难的故障,如某些硬件的故障、区域性火灾等。热接管互备中心实质上是实现了一个跨中心的高冗余系统设计。比如,在系统的磁盘系统发生故障时,无须启动灾备系统,可以自动热切换到同城另一个新的磁盘系统上,确保业务继续运行。在跨城市、远距离之间的中心建立异步的灾难备份中心,以防范区域性灾难。此两中心之间的距离可以是几千千米以上,数据的复制技术是异步的,加上应用系统层面的自动化管理,系统的接管可以做到绝大部分的自动化,减少人为的操作错误,尤其是在灾难发生时,无法保证了解系统的技术人员一定可以到现场进行恢复操作。因此在灾备方案设计及实施中,是否可以做到极大化的系统操作自动化是一个非常重要的考量方面。

双机热备份系统采用"心跳"方法保证主系统与备用系统的关联。所谓"心跳",指的是主从系统之间相互按照一定的时间间隔发送通信信号,表明各自系统当前的运行状态。一旦"心跳"信号表明主机系统发生故障,或者备用系统无法收到主机系统的"心跳"信号,则系统的高可用性管理软件认为主机系统发生故障,主机停止工作,并将系统资源转移到备用系统上,备用系统将替代主机发挥作用,以保证网络服务运行的不间断。

### 20.3.6 灾备中心的选址原则

灾备中心地点的选择需要慎重,要从人文环境、基础环境、自然环境和经济环境等几个方面加以考虑。

**1. 人文环境**

(1) 应远离政治性群体事件易发地区或政治敏感地区。
(2) 应远离重大军事目标或军事敏感地区。
(3) 应远离重大工程。

**2. 基础环境**

(1) 信息中心与灾备中心应处于不同的通信、供电、交通控制区域。
(2) 应选择交通便利,从信息中心有两条或以上道路可到达的地区。
(3) 应选择电力供应安全、稳定、可靠地区,电力等基础设施发达的地区。
(4) 应选择通信方便可靠,通信等基础设施发达的地区。

**3. 自然环境**

(1) 地震、地质、水文、气象等自然与地质条件的综合评定。
(2) 应远离地震、洪水等自然灾害易发地区,其选址不应有重大地质灾害发生记录。
(3) 应避开产生粉尘、油烟、有害气体,以及生产或贮存具有腐蚀性、易燃、易爆物品的工厂、仓库、堆场等。
(4) 应远离强振源和强噪声源,避开强电磁场干扰。

**4. 经济环境**

(1) 经济发展水平。
(2) 人力资源,如高校数量、IT人员数量、其他科研教育机构数量。
(3) 成本因素,如人力成本、水电气资源成本、土地成本、各种个人消费成本。
(4) 政策条件,如土地政策、人才政策、税收政策。

按照上述原则评估现有灾备中心选址的城市和区域,我们会发现以下问题:选址北京、上海会直接导致成本显著提高;选择成都可能会没有认真评估近成都地区的地震断裂带的影响;选择一些小型城市,人力资源可能成为瓶颈。除这些比较明显的问题,比对这些要素,我们会发现现有灾备中心选址中还存在大量的不足和潜在问题。如:自然地理条件较差,灾备中心将会面临较高的地震等自然灾害风险;配套设施条件的不足,将导致水电等关联成本的提升;周边环境的恶化有可能导致高科技设备的可用性降低,以及危及运维人员的安全;选择成本较高的区域,将导致本来就投资大、效益小的灾备中心投入产出矛盾更为突出;对政策环境的忽略,将有可能面临政策风险;一些中小型城市高科技人才资源的欠缺将导致灾备中心运维IT人才资源短缺,运维人员素质降低,尤其在灾难发生时风险加大;而社会经济环境条件较差会导致灾备中心原材料及配件供应不足。从目前国内大多数灾备中心的选址条件看,上述问题都或多或少存在,这对灾备中心而言,蕴藏着巨大的投资风险。

对企业来说,灾备中心是信息化建设的重要组成部分,是业务连续性管理的重要手段。而灾备中心的选址失误将导致灾备中心本身面临灾难,最终导致灾难备份措施的失效。

### 20.3.7 制定灾备方案的要素

**1. 灾难恢复资源要素**

支持灾难恢复各个等级所需的资源可分为如下7个要素。

(1) 数据备份系统:一般由数据备份的硬件、软件和数据备份介质(以下简称"介质")组成,如果是依靠电子传输的数据备份系统,还包括数据备份线路和相应的通信设备。

(2) 备用数据处理系统:指备用的计算机、外围设备和软件。

(3) 备用网络系统:最终用户用来访问备用数据处理系统的网络,包含备用网络通信设备和备用数据通信线路。

(4) 备用基础设施:灾难恢复所需的、支持灾难备份系统运行的建筑、设备和组织,包括介质的场外存放场所、备用的机房及灾难恢复工作辅助设施,以及容许灾难恢复人员连续停留的生活设施。

(5) 专业技术支持能力:对灾难恢复系统的运转提供支撑和综合保障的能力,以实现灾难恢复系统的预期目标。包括硬件、系统软件和应用软件的问题分析和处理能力、网络系统安全运行管理能力、沟通协调能力等。

(6) 运行维护管理能力:包括运行环境管理、系统管理、安全管理和变更管理等。

(7) 灾难恢复预案。

**2. 成本效益原则**

根据灾难恢复目标,按照灾难恢复资源的成本与风险可能造成的损失之间取得平衡的原则,确定每项关键业务功能的灾难恢复策略,不同的业务功能可采用不同的灾难恢复策略。

### 20.3.8 建立有效的灾备体系

企业仅仅建立灾备中心还不够,还要有一套管理措施,即建立一个有效的灾备体系,这个体系由六个部分构成。

**1. 建立灾备处理的专门机构**

实施灾备应由董事会或高级管理层决策,指定高层管理人员组织实施。由科技、业务、财务、后勤支持等灾备相关部门组成专门机构。

**2. 分析灾备需求**

重要的信息系统灾备需求包括对数据处理中心的风险分析,对业务进行分析以及确定灾难恢复目标。

**3. 制定灾备方案**

灾备方案可以分为 7 个等级。一个完整的灾备方案的设计需要基于灾备需求分析所得出的各业务系统的灾难恢复目标,并且需要考虑技术手段、投资成本、管理方式等多方面的因素,诸如数据备份方案、备份处理系统、灾备中心建设、规程和管理制度。

**4. 实施灾备方案**

按照所制定的灾备方案,完成灾备工作。实施过程中要严格按照灾备方案的要求和内容进行。落实相关的规章制度,应用灾备方案,建设和运行灾备中心。

**5. 制定灾难恢复计划**

主要目的是规范灾难恢复流程,使重要的信息系统在灾难发生后能够快速地恢复数据处理系统的运行和业务运作,同时可以根据灾难恢复计划对其数据处理中心的灾难恢复能力进行测试,并将灾难恢复计划作为相关人员的培训内容之一。

**6. 保持灾难恢复计划的持续可用**

在灾难恢复计划制定以后,为保证计划的可用性和完整性,需要制定相应的变更管理流程,定期审核制度和定期演练制度。

## 案例6  9·11 事件——IT 风险对企业的影响

**【资料】**

2001 年 9 月 11 日,恐怖分子劫持了四架美国民航客机,其中两架撞坍了纽约世贸中心"双子大厦",一架撞毁华盛顿五角大楼的一角,另一架坠毁。这一系列袭击导致 3000 多人死亡,并造成数千亿美元的直接和间接经济损失。

"9·11 事件"使得美国经济一度处于瘫痪状态,对一些产业造成了直接经济损失和影响。地处纽约曼哈顿岛的世界贸易中心是 20 世纪 70 年代初建起来的摩天大楼,造价高达 11 亿美元,是世界商业力量的会聚之地,来自世界各地的企业共计 1200 家之多,平时有 5 万人上班,每天来往办事的业务人员和游客约有 15 万人。两座直冲云霄的大楼一下子化为乌有,人才损失难以用数字估量。

世贸中心聚集了大批世界金融界的精英。世界多家金融服务公司驻扎在曼哈顿世贸中心。世界著名投资银行摩根斯坦利添惠在世贸中心两座楼里租的地盘颇大,几乎占整个中心出租面积的 10%。从事石油、黄金和其他商品期货的纽约商品交易所地处世贸中心两座楼的对面,也属于世界金融中心。知名投资银行美林在世界金融中心也拥有大片地盘。相当多的世界级银行在此有办公室,其中包括美洲银行和德意志银行等。Cantor Fitzgerald 是一家金融服务公司,它的总部就在世贸中心两座楼之一的顶层。Keefe Bruyette Woods 是一家小型的专业银行,总部也设在世贸中心。日本的银行如 Yokohama 和富士信贷银行等也在其中。此外,AIG 保险集团、ABAI 保险公司也在其中。

"9·11事件"后,总部设在世贸大楼的1200家大型企业因为信息数据库的丧失而无法开展经营而破产或陷入困境,其中申请破产保护的金融机构包括纽约银行这样的大型金融机构,而同在该大楼里,虽然主数据库亦遭受损害,但事先进行了异地数据灾备的摩根士丹利、德意志银行第二天即宣布自己在世界各地的业务正常进行。

【思考题】

1. 在企业对未来的种种考量中,很少有极端的突发性灾难的位置,这首先是因为它们确实没有办法预测,同时从心理学的角度来说,人们在潜意识里总是不愿意去思考和面对那些最糟糕的未来。"9·11事件"在很大程度上改变了许多人的态度,因为他们亲眼目睹了"最糟糕的可能性"是如何成为"最糟糕的现实"的。调查一个企业,分析企业的IT风险,找出企业在管理方面存在的问题。

2. 据明尼苏达大学的一项研究显示,金融企业在由于灾难而导致的突然停止运营后,两天之内所受损失为日营业额的50%,若两个星期之内无法恢复信息系统,75%的公司将陷入业务停顿,43%的公司甚至再也无法开业,信息的存储于是成为了决定企业生死的关键。进一步的研究表明,金融业可忍受最长停机时间是2天,其他行业的企业稍微宽松一些,但也极不乐观,比如销售业最长忍受停机时间为3天左右,制造业最长忍受停机时间为5天左右,保险业则为5天半。仿佛处于休克状态的危急病人,企业的生死也会在这短短几天内被决定,它们必须为这些极端的情况预先做出准备。调查一个企业,评估该企业的IT风险意识,并就其不合理的方面提出改善措施。

# 参考文献

1. 陈耿，王万军. 信息系统审计[M]. 北京：清华大学出版社，2009.
2. 陈耿，韩志耕. 计算机审计[J]. 财会通讯，2013(5)上：95-97.
3. 陈耿，倪巍伟，朱玉全. 审计知识工程[M]. 北京：清华大学出版社，2006.
4. 陈耿. 网络环境下的信息系统审计职能与类型[J]. 南京审计学院学报，2012(1)：45-50.
5. 陈耿，景波，陈圣磊，冯国富. 计算机审计[M]. 大连：东北财经大学出版社，2012.
6. 陈圣磊，陈耿，薛晖. D-S证据理论在审计证据融合中的应用研究[J]. 计算机工程与应用，2010.36.
7. 景波，刘莹，陈耿. 电子取证技术在持续审计中的应用研究[J]. 南京审计学院学报，2011.04.
8. 李凤鸣. 审计学原理[M]. 上海：复旦大学出版社，2008.
9. 杨周南. 会计信息系统——面向财务业务一体化[M]. 北京：电子工业出版社，2006.
10. 劳顿等著. 管理信息系统(原书第11版)[M]. 薛华成译. 北京：机械工业出版社，2011.
11. 薛华成. 管理信息系统[M]. 第5版. 北京：清华大学出版社，2007.
12. 黄梯云. 管理信息系统[M]. 北京：高等教育出版社，2004.
13. 刘臣宇，朱海秦. 管理信息系统的开发与应用[M]. 北京：国防工业出版社，2006.
14. 邝孔武. 信息系统分析与设计[M]. 北京：清华大学出版社，2000.
15. 张维明. 信息技术及其应用[M]. 北京：清华大学出版社，2003.
16. 王珊，萨师煊. 数据库系统概论(第4版)[M]. 北京：高等教育出版社，2006.
17. 王能斌. 数据库系统教程(第2版)[M]. 北京：电子工业出版社，2008.
18. 钱勇，秦小麟. 数据库入侵检测研究综述[J]. 计算机科学，2004,31(10)：15-18.
19. 肖杰浩. Oracle 10g数据库安全策略研究[J]. 信息安全，2007,12：37-38.
20. 方勇. 信息系统安全理论与技术[M]. 北京：高等教育出版社，2008.
21. 张敏，徐震，冯登国. 数据库安全[M]. 北京：科学出版社，2005.
22. 张军，冯秀彦，褚云霞，吕秀鉴. Windows安全配置[M]. 北京：人民邮电出版社，2011.
23. Lampson BW, A note on the confinement problem[J], Communications of the ACM, 1973, 16(10): 613-615.
24. 程迎春. Windows安全应用策略和实施方案手册[M]. 北京：人民邮电出版社，2005.
25. Simson Garfinkel, Gene Spafford, and Alan Scbwartz, Practical Unix & Internet Security[M], O'Reilly Media, 2003.
26. 齐治昌，谭庆平，宁洪. 软件工程[M]. 第2版. 北京：高等教育出版社，2004.
27. 汪琦，周福明，顾庆，陈道蓄. 一种基于过程分解的工作量估算模型[J], 计算机科学，2005,32(04)：197-200.
28. 李明树，何梅，杨达，舒风笛，王青. 软件成本估算方法及应用[J]. 软件学报[J], 2007,18(04)：775-795.
29. 蒋辉，尹俊文，何鸿君，方礼远. 功能点方法的分析与比较[J]. 计算机工程与科学，2009,(05)：87-90.
30. 宫云战，高文玲，李晓维. 软件故障暴露率的计算方法[J]. 计算机辅助设计与图形学学报，2003,15(06)：751-755.
31. 颜炯，王戟，陈火旺. 基于模型的软件测试综述[J]. 计算机科学，2004,31(02)：184-187.
32. 黎波涛. 不可否认协议及其形式化分析[D]. 南京：东南大学计算机学院，2005.
33. 龚俭，吴桦，杨望. 计算机网络安全导论[M]. 第2版. 南京：东南大学出版社，2010.
34. Douglas R. Stinson, 密码学原理与实践[M]. 第3版. 冯登国译. 北京：电子工业出版社，2009.

35. 谢希仁.计算机网络[M].第5版.北京：电子工业出版社,2008.
36. 蒋建春,马恒太,任党恩,卿斯汉.网络安全入侵检测：研究综述[J].软件学报,2000,11(11)：1460-1466.
37. 李国乐,林志强,茅兵.堆溢出的攻击演变与防范[J].计算机工程与应用,2006,25：102-107.
38. Friedl. An illustrated guide to IPSec [EB/OL]. http://www.unixwiz.net/techtips/iguide-ipsec.html.
39. Kremer S, Markowitch O, Zhou J. An intensive survey of non-repudiation protocols[J]. Computer Communications,2002,25(17)：1606-1621.
40. Zhou J, Gollmann D. A fair non-repudiation protocol // Proc. IEEE Symposium on Security and Privacy, Oakland,CA,1996：55-61.
41. Zhou J. and Gollmann D. Evidence and Non-repudiation. Journal of Network and Computer Applications,1997,20(3)：267-281.
42. Onieva J,Zhou J,Carbonell M,Lopez J. Intermediary non-repudiation protocols // Proceedings of the CEC. Newport Beach,CA,USA,2003：207-214.
43. Onieva J,Zhou J,Lopez J. Non-repudiation protocols for multiple entities. Computer Communications, Elsevier,2004,27(16)：1608-1616.
44. ISO/IEC. 1991. 1st WD 13888-2. non-repudiation Using a Symmetric Key Algorithm. JTC1/SC27/WG2 N83. ISO/IEC.
45. ISO/IEC. 1996. DIS 10181-4. Information Technology-Open Systems Interconnection-Security Frameworks in Open Systems-Part 4：non-repudiation. ISO/IEC.
46. ISO/IEC. 1997. 2nd CD 13888-3. Information Technology-Security Techniques-non-repudiation-Part 3：Using Asymmetric Techniques. JTC1/SC27 N1379. ISO/IEC.
47. ISO/IEC. 1998. 3rd CD 13888-2. Information Technology-Security Techniques-non-repudiation-Part 2：Using Symmetric Encipherment Algorithms. JTC1/SC27 N1276. ISO/IEC.
48. ISO/IEC. 2004. 13888-1. Information Technology-Security Techniques-non-repudiation-Part 1：General Model. JTC1/SC27. ISO/IEC.
49. ISO/IEC, Information technology-security Techniques-Evaluation Criteria for IT Security. Part 1：Introduction and General Model. 2nd ed. 2005. (Available at URL：http://standards.iso.org/ittf/PubliclyAvailableStandards/c040612_ISO_IEC_15408-1_2005(E).zip,accessed on April 14,2006).
50. ITU-T X. 813. 1996. Information Technology-Open Systems Interconnection-Security Frameworks for Open Systems：non-repudiation Framework. ITU-T X. 813.
51. Louridas P. Some guideliness for non-repudiation protocols. ACM SIGCOMM Computer Communication Review,2000,30(4)：29-38.
52. 林闯.可信网络研究[J].计算机学报,2005,28(5)：751-758.
53. 斯蒂芬·A·罗斯,伦道夫·W·韦斯特菲尔德,杰弗里·F·贾菲,布拉德福德·D·乔丹.罗斯公司理财——原理与应用[M].北京：中国人民大学出版社,2009.
54. 中国注册会计师协会.财务成本管理[M].北京：中国财政经济出版社,2012.
55. 周国富,马成文.投资分析教程[M].北京：中国统计出版社,2006.
56. 国家发展与改革委.建设项目经济评价方法与参数[M].第3版.北京：中国计划出版社,2006.
57. 彭华彰.政府效益审计论[M].北京：中国时代经济出版社,2006.
58. 蔡春,刘学华.绩效审计论[M].北京：中国时代经济出版社,2006.
59. 罗伯特·卡普兰.平衡计分卡：化战略为行动[M].刘俊勇译.广东：广东经济出版社,2004.
60. 孟秀转,于秀艳,郝晓玲,孙强.IT治理：标准、框架与案例分析[M].北京：清华大学出版社,2012.
61. 方红星,池国华.内部控制[M].大连：东北财经大学出版社,2011.
62. 企业内部控制编审委员会.企业内部控制配套指引解读与案例分析[M].上海：立信会计出版社,2010.

63. 张俊民.内部控制理论与实务[M].大连：东北财经大学出版社,2012.
64. 杨锡才,彭浪.企业内部控制：规范与应用[M].北京：经济管理出版社,2009.
65. 张继德.企业内部控制配套指引实施与操作[M].北京：经济科学出版社,2011.
66. 胡为民.内部控制与企业风险管理——案例与评析[M].北京：电子工业出版社,2009.
67. 胡为民.内部控制与企业风险管理——操作实务指南（第二版）[M].北京：电子工业出版社,2009.
68. 邱胜利.内部控制与操作风险管理——操作实务指南[M].北京：中国金融出版社,2009.
69. 彭桃英,庄凯.简析美国 PCAOB 第二号审计准则及其对审计的影响[J].中国注册会计师,2005(9)：75-76.
70. 杜美杰.信息系统内部控制：过程控制和环境控制的结合[J].财务与会计.2010(12)：48-50.
71. 安存红,张双才.会计信息系统内部控制制度构建——基于《企业内部控制应用指引第 18 号-信息系统》[J].中国管理信息化,2010,13(21)：5-6.
72. 陈翔.信息系统的一般控制和应用控制分析[J].会计之友,2010(1)：50-52.
73. 胡晓明.基于层级结构的企业 IT 控制系统评价体系构建[J].会计研究,2012(5)：43-49.
74. 罗正军.蔡舒菊,方志耕.制造型企业 ERP 系统实施后评价研究[J].统计与决策,2010,(22).
75. 方滨兴.建设网络应急体系.保障网络空间安全[J],通信学报.2002(5)：4-8.
76. 姜誉,孔庆彦.主机安全检测中检测点与控制点关联性分析[J].技术研究,2012,(5)：1-3,14.
77. http://www.isaca.org
78. http://www.sac.gov.cn
79. http://jsfw.audit.gov.cn:1009/servicesite1/servlet/NewListForNormalServlet
80. http://wenku.baidu.com/view/bf8a5a1cb7360b4c2e3f6486.html
81. http://wenku.baidu.com/view/a934ef708e9951e79b89274b.html
82. http://articles.e-works.net.cn/Security/Article70550_1.htm